Quellen zur Geschichte der deutschen Gewerkschaftsbewegung
im 20. Jahrhundert

# Quellen zur Geschichte der deutschen Gewerkschaftsbewegung im 20. Jahrhundert

Begründet von
**Erich Matthias**

Herausgegeben von
**Klaus Schönhoven und Hermann Weber**

**Band 14**

**Die Interzonenkonferenzen der deutschen Gewerkschaften
1946–1948**

# Die Interzonenkonferenzen der deutschen Gewerkschaften 1946–1948

Eingeleitet und bearbeitet
von Werner Müller

Gefördert von der Deutschen Forschungsgemeinschaft,
der Friedrich-Ebert-Stiftung, der SAPMO-Stiftung
und der Hans-Böckler-Stiftung


Bibliografische Information der Deutschen Bibliothek

Die Deutsche Bibliothek verzeichnet diese Publikation in der
Deutschen Nationalbibliografie; detaillierte bibliografische Daten
sind im Internet über *http://www.dnb.ddb.de* abrufbar.


ISBN 978-3-8012-4158-2

Besuchen Sie uns im Internet: *www.dietz-verlag.de*

# Inhalt

# Vorwort der Herausgeber

Der Wiederaufbau der deutschen Gewerkschaften nach dem Zweiten Welt-krieg erfolgte in den vier Besatzungszonen unter politischen, ökonomischen und sozialen Rahmenbedingungen, die sich nicht auf einen gemeinsamen Nenner bringen lassen. Von Anfang an prägte die zonale Regionalisierung Deutschlands auch den gewerkschaftlichen Reorganisationsprozess, für den es weder eine nationale Koordinationszentrale noch einen interalliierten Kon-sens zwischen der Sowjetunion, den USA, Großbritannien und Frankreich gab. Ein Ziel der vier Siegermächte war es jedoch, die spontan auftretenden und zunächst autonom handelnden deutschen Gewerkschaftsgründer in ihre eigenen politisch-programmatischen Neuordnungskonzepte einzubinden und mit Hilfe des Besatzungsrechtes unter ihre Kontrolle zu bringen.

Doch trotz der von den Besatzungsmächten errichteten Barrieren und ver-fügten Beschränkungen versuchten die auf der zonalen Ebene eingehegten gewerkschaftlichen Einzel- und Dachverbände beharrlich, über die Zonen-grenzen hinweg Kontakte aufzunehmen und zusammenzuarbeiten. Diese Bestrebungen fanden ihren nachhaltigsten Niederschlag in den Interzonen-konferenzen der Gewerkschaftsbünde. Sie bildeten trotz der ständigen Ver-schärfung des Ost-West-Konflikts und seiner Eskalation bis zum Kalten Krieg zwei Jahre lang ein Forum für den gewerkschaftlichen Meinungsaustausch, auf dem eine Basis für die Wiederherstellung der nationalen Gewerkschafts-einheit geschaffen werden sollte.

In der vorliegenden Quellenedition spiegelt sich die Intensität dieser gesamt-deutschen Gewerkschaftsinitiativen vielfältig wider. Dokumentiert und kom-mentiert werden die von den Gewerkschaftsrepräsentanten aus allen vier Besatzungszonen seit Sommer 1946 geführten Diskussionen über Fragen des wirtschaftlichen und sozialen Neuaufbaus Deutschlands, über die Prinzipien der Wirtschaftsdemokratie und der Mitbestimmung, über die rechtliche Aus-formung des Tarif- und Arbeitsrechtes, über Probleme der Entnazifizierung und über die Stimmungslage in der deutschen Zusammenbruchsgesellschaft. Sichtbar werden in den überlieferten Protokollen und Briefwechseln die noch bestehenden Gemeinsamkeiten, aber auch die sich vertiefenden Unterschiede zwischen kommunistischen und nichtkommunistischen Ordnungsvorstel-lungen für Nachkriegsdeutschland. Wie begrenzt der Handlungsspielraum für blockübergreifende Gewerkschaftskontakte war, belegt dieser Quellen-band immer wieder. Der Versuch eines gewerkschaftlichen Brückenbaus über die vier Zonen hinweg scheiterte endgültig im Sommer 1948, als die

Berlin-Blockade den bipolaren Spannungszustand zwischen Ost und West dramatisch verschärfte. Fortan gab es für lange Zeit keinen Raum mehr für gesamtdeutsche Gewerkschaftsbeziehungen.

Der erfolgreiche Abschluss dieses Editionsprojektes wäre ohne die nachhaltige Unterstützung von Personen und Institutionen nicht möglich gewesen. Der Dank der Herausgeber gilt der Deutschen Forschungsgemeinschaft für die Bereitstellung von Sach- und Personalmitteln in der Anfangsphase der Bearbeitung. Anschließend übernahm die Hans-Böckler-Stiftung die weitere finanzielle Förderung der Forschungsarbeiten. Für die Drucklegung des Bandes engagierten sich die SAPMO-Stiftung, die Hans-Böckler-Stiftung sowie die Friedrich-Ebert-Stiftung.

# Einleitung

Die Konferenzen, Ausschusssitzungen und Arbeitstagungen der deutschen Gewerkschaften aus allen vier Besatzungszonen und aus Berlin in den Jahren zwischen 1946 und 1948 waren aus historischer Sicht ein bemerkenswerter Versuch, im Spannungsfeld des wachsenden Gegensatzes zwischen den Alliierten und den immer größer werdenden Gräben zwischen den politischen Lagern auf deutscher Seite eine Kooperation der Gewerkschafter über die Zonengrenzen hinweg zu begründen. Über eine dauerhafte Zusammenarbeit, regelmäßige Informationen und Abstimmung gewerkschaftspolitischer Ziele sollte langfristig das Ziel einer einheitlichen deutschen Gewerkschaftsorganisation verfolgt werden.

## 1. Gewerkschaftseinheit ohne Wirtschaftseinheit?

Die Alliierten hatten bereits vor Kriegsende deutlich gemacht, dass sie Gewerkschaften für den Wiederaufbau in Deutschland als unverzichtbares Element ansehen würden. Für die Bewältigung der wirtschaftlichen Folgelasten von Diktatur und Krieg kam ihnen naturgemäß ein besonderer Stellenwert zu. Alliierte Regelungen für gesamtdeutsche Gewerkschaftsorganisationen kamen allerdings nie zustande; 1946 und 1947 scheiterten sie am Widerstand Frankreichs. Der Alliierte Kontrollrat als oberste Verwaltungs- und Regulierungsinstanz der vier Besatzungsmächte in Deutschland[1] erließ nach langen und kontroversen Debatten[2] in seinem Arbeitsdirektorat am 3. Juni 1946 die Direktive Nr. 31 des Alliierten Kontrollrates über die »Grundsätze für die Errichtung von Gewerkschaftsverbänden«.[3] Dort wurden für deren Aufbau das Demokratie-Prinzip und die Möglichkeit des Zusammenschlusses nach Industriegewerkschaften und auf Zonen-Ebene festgehalten. Aufgrund des Widerstandes des französischen Vertreters begrenzte sich diese Direktive auf Regelungen für die jeweiligen Zonen. Die Möglichkeit zu überzonalen Kontakten oder Zusammenschlüssen war damit nicht gegeben; das hing nach wie vor von den jeweiligen Militärgouverneuren ab. Auch wenn die alliierten Militärgouverneure in der Folgezeit die Vier-Zonen-Treffen deutscher Gewerkschaftsführer mehr oder weniger stillschweigend duldeten, blieb eine

---

1  Vgl. Mai: Kontrollrat.
2  Ebenda, S. 119 ff.
3  Aufbau der Gewerkschaften, S. 159 f.

formelle Erlaubnis des obersten Gremiums der Alliierten in und für Deutschland aus.

Die im Kontrollrat sichtbare Dominanz der Eigeninteressen der vier Besatzungsmächte war indes lediglich die Konsequenz der Prinzipien alliierter Deutschlandpolitik. Eine gemeinsame Gestaltung der deutschen Nachkriegsordnung wurde zwar als Ziel wahrgenommen, aber die interalliierten Abkommen und Regelungen förderten in der Praxis einen Zonen-Partikularismus und die Abschottung der Besatzungsgebiete gegeneinander.

Deren Schlusselement bildete die erste Deklaration der vier Sieger vom 5. Juni 1945, noch bevor die Besatzungszonen ihre 1944 festgelegten Grenzen aufwiesen und die Ostgrenze Deutschlands noch nicht von der Sowjetunion einseitig fixiert war. Diese »Berliner Deklaration« hatte die Zuständigkeiten der Alliierten als höchste Instanz in Deutschland völkerrechtlich begründet: Die vier Regierungen betonten, sie »hereby assume supreme authority with respect to Germany, including all the powers possessed by German Government«.[4] Die in den Protokollen über die Bildung der Besatzungszonen vom September und November 1944[5] fixierte Souveränität jeder Besatzungsmacht in ihrer Zone blieb davon unberührt und erwies sich letztlich als weitaus dominierender als die deklarierten gemeinsamen Interessen.

Trotz gegenteiliger Intention und Deklaration verschärfte die Potsdamer Erklärung der Drei Mächte diese Zielkonflikte weiter. Die Grunddifferenzen konnten in Potsdam noch durch Formelkompromisse überdeckt werden. Es bestand Konsens über die Unausweichlichkeit eines tiefgreifenden Wandels in Deutschland, »es existierten jedoch keine konkreten Übereinkünfte oder Vereinbarungen über die Art und Weise seiner Verwirklichung«, hatte Alexander Fischer schon vor Jahrzehnten festgehalten.[6] Von den Zeitgenossen kaum wahrgenommen, wirkte der Reparationskompromiss in der Praxis als Element der wirtschaftlichen Teilung. Zwar waren dort die Prinzipien der »uniformity of treatment of the German population throughout Germany« sowie die Behandlung Deutschlands während der Besatzungszeit »as a single economic unit« verkündet worden,[7] aber die Regelung, die jede Besatzungsmacht ermächtigte, ihre Reparationsbedürfnisse primär aus ihrer Zone zu befriedigen,[8] hoben das gleichzeitig vereinbarte Prinzip, Deutschland als wirtschaftliche Einheit zu behandeln, faktisch auf. Zugleich war der Weg für die Herausbildung gegensätzlicher Wirtschaftssysteme frei. »Damit wurde«, so hielt Gerhard Wettig fest, »wie vom Kreml bereits praktiziert, eine getrennte Entscheidung über ausschlaggebende Ressourcen festgelegt. Das lief faktisch auf die Etablierung zweier separater Wirtschaftsgebiete hinaus.«[9]

---

4 Wiedergegeben u. a. in Münch: Dokumente des geteilten Deutschland, S. 19 ff.
5 So im Londoner Abkommen über Kontrolleinrichtungen in Deutschland vom 14.11.1944, wiedergegeben in: ebenda, S. 29.
6 Fischer: Deutschlandpolitik, S. 156.
7 Münch: Dokumente des geteilten Deutschland, S. 35 und S. 37.
8 Vgl. für vieles Loth: Teilung der Welt, S. 114.
9 Wettig: Deutschland-Politik, S. 87.

Zugleich setzte die sowjetische Besatzungsmacht in ihrer Zone vom Frühsommer 1945 an eine Fülle von Strukturumbrüchen durch, die letztlich spätestens Mitte 1946 in ein eigenständiges Wirtschaftssystem für die sowjetische Besatzungszone gemündet hatten. Mitte 1946 – nach dem Abbruch der amerikanischen Reparationslieferungen nach Osten und der Überführung der wichtigsten Großbetriebe der SBZ zu Reparationszwecken in sowjetisches Eigentum in Form »Sowjetischer Aktien-Gesellschaften (SAG)«[10] – kann von einem einheitlichen deutschen Wirtschaftssystem nicht mehr gesprochen werden. Dem waren umfangreiche Beschlagnahmeaktionen zu Reparationszwecken, die Schließung der Banken und Konfiskation von Guthaben, die Enteignung des Großgrundbesitzes mit Ausnahme des kirchlichen Besitzes, die Enteignungen weiter Teile der Industrie aufgrund der Befehle Nr. 124 und 126 der Sowjetischen Militäradministration in Deutschland im Oktober 1945 vorausgegangen.[11] In detaillierter Kenntnis sowjetischer Akten hielt Jochen Laufer fest: »Es gibt nicht die geringsten Anzeichen für eine sowjetische Bereitschaft, die Ergebnisse dieser ›Umwälzung‹ – zum Beispiel die Bodenreform, die Enteignung der Nazi- und Kriegsverbrecher, die Abschaffung des Berufsbeamtentums – zugunsten einer gesamtdeutschen Einigung mit den Kriegsverbündeten zurückzunehmen.«[12]

Im Mai 1946 meldete General Clay[13] das unbestreitbare Faktum nach Washington, dass die einzelnen Zonen wirtschaftlich gegeneinander abgeschottet seien.[14] Wirtschaftliche Kontakte waren die Ausnahme geworden: Seit Ende 1945 gab es Verträge zwischen Ländern unterschiedlicher Zonen, die einen Handel auf recht niedrigem Niveau fixierten und dem Grundsatz der Tauschgeschäfte folgten.[15]

Parallel zur Tagung des Rates der Außenminister in Paris im März/April sowie im April/Mai 1946 änderte die Sowjetunion ihre Strategie. Sie forderte nun – ein Politbüro-Beschluss der KPdSU (B) war dem vorausgegangen[16] – einen Friedensvertrag für Deutschland, die Wiederherstellung der wirtschaftlichen und politischen Einheit Deutschlands, die Bildung des in Potsdam beschlossenen deutschen Staatssekretariats, erneut die Berücksichtigung ihrer Reparationswünsche und Mitkontrolle über das Ruhrgebiet.

Der sowjetische Außenminister Molotow[17] forderte im April 1946 in Paris die Vier-Mächte-Verfügung über das Ruhrgebiet sowie als Kernelement der

---

10 Karlsch: Reparationsleistungen, S. 55 ff.
11 Vgl. für vieles Weber: Geschichte der DDR, S. 65 ff. – zu den wirtschaftlichen Grundlagen vgl. Schwarzer: Zentralplanwirtschaft, S. 65 ff.; für Sachsen sehr detailliert Halder: »Modell für Deutschland«, S. 131 ff.
12 Laufer: Stalins Friedensziele.
13 Lucius Dubignon Clay (23.04.1897–16.04.1978), Berufssoldat, 1945–1947 stellvertretender US-Militärgouverneur für Deutschland, 1947–1949 Militärgouverneur.
14 Graml: Teilung Deutschlands, S. 120.
15 Kruse: Wirtschaftsbeziehungen, S. 17 f.
16 Laufer: Stalins Friedensziele, S. 154.
17 Wjatscheslaw Michailowitsch Molotow (25.02.1890–8.11.1986), 1930–1941 Vorsitzender des Rates der Volkskommissare der UdSSR, 1939–1946 und 1953–1956 Volkskommissar bzw. Minister für Auswärtige Angelegenheiten.

deutschen Entwaffnung die Übertragung der politischen, wirtschaftlichen und gesellschaftlichen Umbrüche aus der SBZ auf ganz Deutschland. Die »vierseitige Kontrolle über das Ruhrindustriegebiet, Liquidierung der deutschen Monopolvereinigungen und Verbot ihrer Wiederherstellung, Ausrottung der Überreste des Nazismus, Hilfe für das deutsche Volk bei der Errichtung demokratischer Ordnungen, Durchführung einer demokratischen Bodenreform in ganz Deutschland« interpretierte er nun als Elemente der »grundlegenden Ziele der Okkupation Deutschlands«.[18]

Im Juli 1946 konkretisierte er die sowjetische Position. Er bekannte sich zu einem deutschen Einheitsstaat und lehnte eine Deindustrialisierung und Reagrarisierung Deutschlands ab. Als Voraussetzung eines Friedensvertrages nannte er die Bildung einer einheitlichen deutschen Regierung, »die demokratisch genug ist, um alle Überreste des Faschismus in Deutschland auszurotten, und verantwortlich genug ist, um allen ihren Verpflichtungen den Verbündeten gegenüber nachzukommen, darunter besonders auch den Reparationslieferungen an die Verbündeten.«[19] Demokratie im Sinne des zeitgenössischen sowjetischen Konzepts[20] auf der einen sowie die Priorität von Reparationsleistungen auf der anderen Seite bildeten nun den Grundpfeiler der sowjetischen Vorstellungen. Darüber hinaus lehnte Molotow die Föderalisierung Deutschlands ab, wie sie einige der Westmächte befürworteten. Er verknüpfte die Reparations- mit der Ruhrfrage und ließ das in eine unüberhörbare Drohung münden: »Die Tatsache, dass bisher kein Reparationsplan aufgestellt wurde, ungeachtet der wiederholten Forderungen der Sowjetregierung, den einschlägigen Beschluss der Berliner Konferenz auszuführen, sowie der Umstand, dass bis auf den heutigen Tag das Ruhrgebiet keiner interalliierten Kontrolle unterstellt wurde, worauf die Sowjetregierung bereits vor einem Jahr bestand, sind bedrohliche Anzeichen vom Standpunkt der Gewährleistung der Interessen des künftigen Friedens und der Sicherheit der Völker. Wir sind der Auffassung, dass die Erfüllung dieser Aufgaben nicht länger aufgeschoben werden darf […].«[21]

Die Differenzen zu den Amerikanern waren offensichtlich. Deren stellvertretender Militärgouverneur Clay hielt fest: »Die Vereinigten Staaten sind bereit, zu entmilitarisieren, zu entnazifizieren, Anlagen der Schwerindustrie zu demontieren und sie als Teil der Reparationsleistungen zu verwenden. Deutschland muss als wirtschaftliche Einheit behandelt werden. Die einheimischen Hilfsquellen müssen zuerst die notwendigsten deutschen Bedürfnisse befriedigen und als zweites Exportgüter produzieren, mit denen wichtige Importe finanziert werden können.«[22] Die Nah- und Fernwirkungen dieser beiden gegensätzlichen Standpunkte, hier: Sicherung von Lebensstandard

---

18 So in einer Rede am 14.4.1946, zitiert in Wettig: Deutschlandpolitik, S. 111 f.
19 Molotow: Außenpolitik, S. 73.
20 Müller: Nachkriegsdeutschland.
21 Molotow: Außenpolitik, S. 72.
22 So Clays Position in der Zusammenfassung von John Gimbel. Gimbel: Besatzungspolitik, S. 110 – Im gleichen Kontext befürwortete Clay den Aufbau der Gewerkschaften (»Durchführung eines energischen Gewerkschaftsprogramms«).

und wirtschaftliche Gesundung zuerst, dort: Priorität für Reparationen und (angesichts des sowjetischen Faschismus-Verständnisses[23]) für Umbrüche der Eigentumsverhältnisse, für das Ziel einer deutschen Wirtschaftseinheit und damit auch die deutschen Gewerkschaften sind unübersehbar.

Die erste, später nicht mehr so bezeichnete und von Willi Richter[24] nach Frankfurt am Main einberufene Interzonenkonferenz trat (im Juli 1946[25]) zu einer Zeit zusammen, als es nicht nur voneinander abgeschlossene Zonen, sondern real schon unterschiedliche Wirtschaftssysteme gab. Eine gesamtdeutsche Gewerkschaftsorganisation hätte bereits zu diesem Zeitpunkt ein Zusammenschluss für unterschiedliche Wirtschaftsverfassungen sein müssen – eine Konsequenz, die den Einberufern und Akteuren der Interzonenkonferenzen nicht bewusst sein konnte.

Während die Sowjetunion auf das Durchsetzen von Präjudizien setzte, die formell nicht den Potsdamer Prinzipien entgegenstanden und sogar als deren einzige Form der Realisierung propagiert wurden, die aber zugleich auch die politischen Machtverhältnisse zugunsten der Kommunisten verschoben und eine Entwicklungsmöglichkeit in Richtung »volksdemokratischer« Strukturen eröffnete, verschoben die Westalliierten im Allgemeinen Grundsatzentscheidungen auf wirtschaftlichem Feld. Generell vermieden sie nachhaltige Eingriffe in die Eigentumsstrukturen der Industrie. Die Briten als Verfügungsmacht über den wichtigsten schwerindustriellen Komplex in Deutschland, das Ruhrgebiet, handelten zögerlich. Erst im Dezember 1945 wurde das Eigentum der Bergbauindustrie des Ruhrgebietes beschlagnahmt und unter Treuhandverwaltung gestellt. Die amerikanische Militärverwaltung wurde ab November 1947 einbezogen, die französische ab März 1949. Erst im August 1946 folgte eine britische Treuhandverwaltung für die Montanindustrie des Rhein-Ruhr-Gebietes.[26] Treuhandverwaltungen sowie Neuordnung der Wirtschaft im Westen statt Enteignungen im Osten, Mitbestimmung[27] statt Staatseigentum wurden nach dem Tiefpunkt der wirtschaftlichen Lage im Westen Deutschlands im Winter 1946/47[28] zu Eckdaten unterschiedlicher Konzeptionen in Ost und West und ihrer jeweiligen Gewerkschaften. Wie gegensätzlich die

---

23 Das leitete sich immer noch aus der Dimitroff-Formel des Jahres 1935 ab, die Faschismus als »die offene, terroristische Diktatur der reaktionärsten, chauvinistischsten, am meisten imperialistischen Elemente des Finanzkapitals« definierte.
24 Willi Richter (1.10.1894–27.11.1972), Metallarbeiter, 1913 Mitglied des Deutschen Metallarbeiterverbandes, ab 1921 Vorsitzender des Betriebsrates der städtischen Betriebe und Verwaltungen in Frankfurt am Main, 1928–1933 Geschäftsführer des Kartells des Allgemeinen Deutschen Gewerkschaftsbundes (ADGB) in Darmstadt, nach 1933 mehrfach verhaftet, illegale Tätigkeit, 1946–1949 Vorsitzender des Freien Gewerkschaftsbundes (FGB) Hessen, 1947 Mitglied des Gewerkschaftsrates in der Bizone, 1947–1949 Mitglied des Frankfurter Wirtschaftsrates, 1949–1962 Mitglied des Bundesvorstandes des DGB, 1956–1962 Vorsitzender des DGB, 1949–1957 Mitglied des Bundestages (MdB) für die SPD. Vgl. auch Beier: Richter.
25 Vgl. Dok. 5.
26 Vgl. Einleitung, in: Montanmitbestimmung, S. XX ff.
27 Ebenda, S. XXIII ff.
28 Vgl. im Einzelnen: Abelshauser: Wirtschaftsgeschichte, S. 32 ff.

Grundpositionen waren, verdeutlicht eine Notiz Wilhelm Piecks[29] in einer Unterredung mit Stalin am 31. Januar 1947: »Verstaatlichung ist richtig – Vergesellschaftung – Sozialisierung – Wirrwarr«.[30]

Der Leiter der Propagandaverwaltung der Sowjetischen Militäradministration in Deutschland (SMAD), Tjulpanov[31], hielt im September 1946 in einem Lagebericht fest: »Gegen Anfang dieses Sommers zeigten sich die Ergebnisse der grundsätzlich unterschiedlichen Politik, die in unserer sowjetischen Besatzungszone und in den anderen Zonen durchgeführt wurde. Das, was von den Deutschen früher nur als eine geographische Teilung in vier verschiedene Zonen aufgefasst wurde, das begann man jetzt ganz anders zu verstehen. Es wurde wahrgenommen, dass die Zonen sich unterschiedlich entwickelten und eine unterschiedliche sozialökonomische Gestalt annehmen.«[32]

Die Sowjetunion ihrerseits reagierte auf die von ihr beschleunigte Teilung der deutschen Wirtschaft, indem sie mit politischen Kampagnen für die deutsche Einheit die Initiative wiederzugewinnen trachtete.

Diese Alternative war vermutlich schon 1945 von Stalin mit erwogen worden und in den sowjetischen Planungen für die Nachkriegszeit seit 1944 mit enthalten. Wilhelm Pieck hatte, wenige Wochen vor seiner Rückkehr nach Deutschland, in einer Unterredung mit Stalin, Molotow und Shdanow[33] am 4. Juni 1945 in Moskau notiert, »es wird 2 Deutschlands geben«, und das »trotz aller Einheit der Verbündeten«.[34] Stalin antizipierte damit zweifelsfrei nicht die Spaltung Deutschlands, sondern verwies auf die aus seiner Sicht unterschiedliche Interessenlage der Alliierten.[35] Wiederum Wilhelm Piecks Notizen zeigen, wie weit die sowjetische Führung unter »Einheit« das eigene Modell der Nachkriegsordnung verstand: »Einheit Deutschlands sichern durch einheitliche KPD [,] einheitliches ZK [,] einheitliche Partei der Werktätigen [,] im Mittelpunkt einheitliche Partei«.[36] Im Frühjahr 1947 war die

---

29 Wilhelm Pieck (3.01.1876–7.09.1960), 1895 Mitglied der SPD und im Holzarbeiterverband, 1916 Spartakusbund, Gründungsmitglied der KPD, Mitglied der Zentrale/des Zentralkomitees (ZK), 1932 Kandidat des Politbüros, ab Ende 1935 amtierender Vorsitzender der KPD, ab 1946 Vorsitzender der SED, ab 1949 bis zu seinem Tode Präsident der DDR.

30 Badstübner; Loth: Wilhelm Pieck, S. 112.

31 Sergej Ivanovic Tjulpanov (1901–1984), Berufssoldat, Oberst, 1945–1949 Chef der Verwaltung für Zensur und Propaganda (später: für Information) der Sowjetischen Militäradministration in Deutschland (SMAD), 1949 Generalmajor, seit 1950 Dozent, seit 1957 Professor in Leningrad.

32 Stenogramm des politischen Lageberichts von S. Tjulpanov vor der Kommission des ZK der KPdSU (B) zur Überprüfung der Arbeit der Propagandaverwaltung, in: Bonwetsch; Bordjugov; Naimark: Dokumente, S. 71.

33 Andrej Alexandrowitsch Shdanow (26.02.1896–31.08.1948), Bolschewik sei 1915, seit 1930 Mitglied des ZK der KPdSU (B), seit 1935 Kandidat, seit 1939 Mitglied des Politbüros. Auf der Gründungskonferenz des Kominform im Herbst 1947 Begründer der »Zwei-Lager«-Theorie.

34 Badstübner; Loth: Wilhelm Pieck, S. 50.

35 So auch Laufer: Stalins Friedensziele, S. 152.

36 Badstübner; Loth: Wilhelm Pieck, S. 50 – Die Auflösung von Abkürzungen aus der Vorlage ist hier stillschweigend übernommen. Die beiden letzten Wörter sind in der Vorlage unterstrichen und bilden einen der zu dieser Zeit außerordentlich seltenen Hinweise auf eine Einheitspartei der Linken.

Lage für die Sowjetunion so prekär geworden, dass kein anderer Weg blieb, als die Mehrzahl der Westdeutschen gegen die Westalliierten zu mobilisieren.

Im Vorfeld der nächsten Außenministerkonferenz, die sich zum ersten Mal schwerpunktmäßig mit dem Problem Deutschland auseinandersetzen sollte, forcierte die SMAD die Erarbeitung eines Verfassungsentwurfs für Deutschland, der Ende Oktober dem ZK der KPdSU (B) vorgelegt wurde.[37] In Gesprächen der SED-Führung am 31. Januar 1947 mit Stalin und Suslow[38] wurde der Plan einer Volksabstimmung über die Einheit Deutschlands gebilligt. Die sowjetischen und die SED-Führer rechneten mit deutlich mehr als 30 Millionen Zustimmungen bei 50 Millionen Stimmberechtigten.[39] Ansonsten bekräftigte die Runde die sowjetische Position. »Amerikaner sprechen von wirtsch. Vereinigung, sind aber gegen einheitl. Regierung – ohne pol. Einheit heißt aber wirtsch. Vereinigung – Vereinigung der Okkupanten«, hielt Pieck in seinen Notizen fest. Eine »Zentralregierung unter Kontrolle der Alliierten«, daran hielt die Sowjetunion fest, hatte den Friedensvertrag zu unterschreiben, wie es Molotow in Paris gefordert hatte.

Wiederum war es der sowjetische Außenminister Molotow, der im März 1947 auf der Moskauer Außenministerkonferenz die unterschiedlichen Vorstellungen offen legte.

Er forderte über das Bekannte hinaus, »den deutschen Konzernen, Kartellen und Trusten die Fabriken und andere Unternehmungen« zu entziehen und sie »in das Eigentum des deutschen Staates« zu überführen. Dabei seien »die demokratischen Parteien und die freien Gewerkschaften Deutschlands heranzuziehen.« Einem detaillierten Vorschlag zur Reparationsregelung ging die Aufforderung voraus, das »Abkommen über die wirtschaftliche Vereinigung der britischen und der amerikanischen Zone als annulliert zu betrachten, da es die wirtschaftliche Einheit Deutschlands verletzt.«[40]

Die Sowjetunion förderte im Frühsommer 1947 nicht nur den Plan einer Volksabstimmung, sondern unterstützte im Alliierten Kontrollrat auch Arbeiten an einem gesamtdeutschen Parteien- und Gewerkschaftsgesetz.

Die Bildung der Bizone, nicht nur von den Sowjets, sondern auch von der SED und dem FDGB abgelehnt, zum 1. Januar 1947 sollte dem Ziel wirtschaftlicher Konsolidierung und Selbstständigkeit der beiden größten westlichen Zonen dienen. Zur Zeit der Moskauer Konferenz war sie jedoch alles andere als eine effiziente Einrichtung. Warum sie, wie Molotow behauptete, eine Verletzung der wirtschaftlichen Einheit Deutschlands bedeuten sollte, wurde nie erläutert. Molotow verhüllte nun kaum, dass er sich die wirtschaftliche Zukunft Deutschlands nur nach dem Modell der sowjetischen Besatzungszone vorstellen konnte. Seine Ausführungen über Enteignungen

---

37 Creutzberger: Sowjetische Besatzungsmacht, S. 125.
38 Michail Andrejewitsch Suslow (21.11.1902–25.01.1982), seit 1941 ZK der KPdSU, 1949/50 Chefredakteur der »Prawda«, seit 1955 Mitglied des Präsidiums/Politbüros der KPdSU.
39 Badstübner; Loth: Wilhelm Pieck, S. 111.
40 Ebenda, S. 406 f.

und Verstaatlichungen unter Einbeziehung von Parteien und Gewerkschaften lassen keinen anderen Schluss zu.

Weiterführende Umbrüche in Wirtschaft und Gesellschaft der sowjetischen Besatzungszone bedurften nun nicht mehr der Rücksichtnahme auf gesamtdeutsche Interessen. Im Sommer 1947 wurde nicht nur der offene Gegensatz zwischen den Alliierten manifest, sondern die reale wirtschaftliche Teilung Deutschlands seit 1945, die Herausbildung unterschiedlicher Wirtschaftsordnungen seit dem Sommer 1946 erhielt nun auch ein normatives Fundament. Im Mai/Juni 1947 überschlugen sich fast die Ereignisse. Zunächst wurde das lockere und ineffiziente Gebilde Bizone reformiert und mit einer arbeitsfähigen alliierten und deutschen Leitung ausgestattet.[41] Damit war zugleich auch ein entscheidendes Präjudiz für das zukünftige Wirtschaftssystem gesetzt.

Die Ankündigung eines Hilfsprogramms für Europa mit der Rede des US-Außenministers Marshall[42] in der Harvard-Universität kaum einen Monat später grenzte zwar die Sowjetunion und die Länder, die mehr und mehr in ihren Machtbereich gerieten, formal nicht aus, präferierte aber eindeutig ein System freien Handels.

Die Sowjetunion setzte mit der Bildung der Deutschen Wirtschaftskommission (DWK) auf Befehl der SMAD exakt zur gleichen Zeit einen Kontrapunkt. Mit der DWK war im Osten nicht nur der Kern einer späteren Zentralregierung für die sowjetische Besatzungszone geschaffen, in der die Schlüsselstellungen ausschließlich in der Hand früherer Kommunisten in der SED waren, sondern damit wurden auch die förmlichen Grundlagen zentralistischer Planwirtschaft gelegt.[43] Mit der Ausweitung ihrer Befugnisse Ende 1947 und Anfang 1948 reagierten die sowjetischen Besatzungsbehörden formal auf einen Kompetenzzuwachs der Bizonen-Verwaltung im Westen, faktisch jedoch wuchs die DWK damit in die Rolle der wirtschaftlichen und politischen Zentralinstanz für die sowjetische Besatzungszone hinein,[44] ohne zugleich Rücksicht auf die Wahlergebnisse der Landtagswahlen vom Herbst 1946 nehmen zu müssen. Die getrennten Währungsreformen in West und Ost im Juni 1948 waren letztlich nur Konsequenzen unterschiedlicher Wirtschaftssysteme.[45]

---

41 Benz: Besatzungsherrschaft, S. 53.
42 George Catlett Marshall (31.12.1880–16.10.1959), US-Politiker, 1939–1945 US-Generalstabschef, 1945–1947 Sonderbotschafter in China, 1947–1949 Außenminister, 1950–1951 Verteidigungsminister.
43 Vgl. Steiner: Wirtschaftskommission.
44 Die Durchsetzung des Vormacht- und Führungsanspruchs der DWK gelang nicht bruchlos. Vgl. die unterschiedlichen Ausprägungen in Sachsen und Mecklenburg-Vorpommern in: Halder: »Modell für Deutschland« sowie Brunner: Souveränität.
45 Vgl. Laufer: Währungsfrage, S. 455 ff.

## 2. Gewerkschaftseinheit trotz konträrer Prinzipien?

Die seit 1945 andauernde wirtschaftliche Teilung Deutschlands sowie die sich schnell ausformenden unterschiedlichen Wirtschaften, denen mehr und mehr gegensätzliche Wirtschaftsordnungen zugrunde lagen, ließen letztlich den Bemühungen um eine gesamtdeutsche Gewerkschaft, sei es als festere Organisation, sei es als loses Bündnis von Landes- oder Zonengewerkschafts-bünden keine historische Wirkungsmöglichkeit. Der Zerfall der alliierten Siegerkoalition und die Auswirkungen des Ost-West-Konflikts sollten jedoch nicht vergessen machen, dass bereits die erste Interzonenkonferenz der deutschen Gewerkschaften im Juli 1946 mit einer beachtlichen Hypothek aus der Geschichte belastet war. Es standen sich dort – und in allen weiteren Konferenzen – mit den Gewerkschaften der Westzonen und dem FDGB der sowjetischen Zone Exponenten unterschiedlicher Gewerkschaftskon-zeptionen gegenüber. Alle Teilnehmer bekannten sich auf den ersten Blick zu gleichen oder ähnlichen Grundprinzipien. Die Delegierten der vier Zonen und Berlins nahmen einander als Gewerkschafter wahr, die eine einheitliche Gewerkschaftsbewegung allen äußeren Zwängen und Problemen zum Trotz erstrebten. Anfangs latent, später immer mehr offen wurde sichtbar, dass sie unterschiedliche Konzeptionen unter dem Oberbegriff »Einheitsgewerk-schaft« verfolgten. Das betraf nicht Debatten um Organisations- und Arbeits-formen, sondern die anfänglich (bewusst oder unbewusst) ausgeklammerten Grundfragen gewerkschaftlicher Zielsetzungen und ihrer Rolle in Wirtschaft und Gesellschaft Nachkriegsdeutschlands.

Selbstverständlich reichten die Wurzeln dieses Dissenses bis in die Weimarer Republik zurück. Während sich die freien, christlichen und sozialliberalen Gewerkschaften noch Anfang 1933 aufeinander zu bewegt hatten und un-mittelbar vor der Zerschlagung ihrer Organisationen einen »Führerkreis der vereinigten Gewerkschaften« konstituierten,[46] blieben die Kommunisten, ihre »Revolutionäre Gewerkschaftsopposition« (RGO) und ihre »Roten Verbän-de« abseits. Sie waren zunächst bemüht, – gemäß dem allgemeinen Kurs der Kommunistischen Internationale und der Roten Gewerkschaftsinternationale (RGI)[47] – ihre Separatorganisationen fortzuführen und zugleich die anderen Gewerkschaftsrichtungen zu bekämpfen.

Erst der VII. (und letzte) Weltkongress der Komintern vom Sommer 1935 brachte eine Änderung. Die dieser Tagung folgende »Brüsseler« Parteikon-ferenz der KPD setzte auch die Eckdaten für die Gewerkschaftspolitik der Kommunisten neu. Die schwach besuchte Konferenz im Exil erhob nun den Anspruch, eine Neuorientierung der KPD-Arbeit auf den Weg zu bringen. Die KPD schwor für die Zukunft eigenen »Massenorganisationen« ab und favorisierte eine Einheitsgewerkschaft. Allerdings erhob sie dort einen ein-deutigen Führungsanspruch und erklärte sich nicht bereit zu einem Verzicht auf die Bekämpfung der Sozialdemokratie. »Die Kommunistische Partei ist

---

46 Vgl. Gewerkschaften im Widerstand, S. 23 ff. und S. 127 ff.
47 Vgl. dazu Tosstorf: Profintern.

für die Einheit und die volle Selbständigkeit der Gewerkschaftsbewegung und wird ihren Wiederaufbau mit allen Kräften fördern und unterstützen«, formulierte zwar die Hauptresolution dieser Tagung für die Öffentlichkeit.[48] Aber intern hatte Walter Ulbricht[49] in seinem Referat zu dieser Frage keine Zweifel daran gelassen, dass es den Kommunisten nicht nur um eine Einheitsgewerkschaft schlechthin, sondern um solche ging, die »auf dem Boden des Klassenkampfes« standen und die den Sturz »der kapitalistischen Klassenherrschaft überhaupt« erstrebten.[50] Fritz Heckert[51], führender Komintern-Funktionär, räumte zwar ein, dass die Gewerkschaften »um ihrer selbst willen aufgebaut werden müssen«, gleichzeitig sei es aber eine »Selbstverständlichkeit«, dass sie »in der Richtung Revolution sich entwickeln werden, und dass wir sie in diese Richtung treiben können, und dass es nicht mehr möglich sein wird, dass die Gewerkschaften vom platten Reformismus wie ehemals beherrscht sind«.[52] Paul Bertz[53], am Ende der Konferenz ins ZK der KPD wiedergewählt, verwies auf das französische Beispiel: »Marty[54] hat uns klargelegt, als sie Konzessionen machten, dass sie diese nicht machten in dem Glauben, dass die Gewerkschaftsführer Frankreichs andere Leute geworden sind, aber dass sie Konzessionen gemacht haben, um die Arbeiter von diesen Leuten zu trennen«.[55]

Heckert wie Bertz hatten damit deutlich gemacht, dass sie weder bereit waren, Mehrheitsplattformen zu respektieren, noch dass sie weiterhin gewillt waren, der alten »ultralinken« Maxime zu folgen, die »Massen« von den gewählten Führungen abzuspalten.

Im Moskauer Exil hatte die Emigrationsparteiführung diese ambivalente Haltung noch konkretisiert, einerseits ein klares Bekenntnis zur Einheitsgewerkschaft abgelegt, andererseits einen eindeutigen Führungsanspruch formuliert.

---

48 Protokoll »Brüsseler Konferenz«, S. 818.
49 Walter Ulbricht (30.06.1893–1.08.1973), Tischler, 1912 Mitglied der SPD und des Holzarbeiterverbandes, 1919 KPD, ab 1923 Mitglied der Zentrale/des ZK, 1929 Mitglied des Politbüros, 1945 als Leiter der »Gruppe Ulbricht« zurück nach Berlin, 1946 Zentralsekretariat der SED, 1949 Politbüro, seit 1950 Generalsekretär/Erster Sekretär des ZK der SED, 1971 abgelöst.
50 Referat des Genossen Walter [Ulbricht, W. M.] »Die Arbeit in der Deutschen Arbeitsfront und der Wiederaufbau der freien Gewerkschaften.« Protokoll »Brüsseler Konferenz«, S. 182–217, hier S. 210.
51 Fritz Heckert (28.03.1884–7.04.1936), seit 1902 Mitglied der SPD und des Zentralverbandes der Maurer, 1916 Spartakusbund, 1919 KPD, von 1920 bis zu seinem Tode mit kurzer Unterbrechung Mitglied der Zentrale/des ZK der KPD, ab 1921 Exekutivkomitee der RGI, 1928 Kandidat des Exekutivkomitees der Komintern (EKKI).
52 Protokoll »Brüsseler Konferenz«, S. 363.
53 Paul Bertz (8.08.1886–19.04.1950), seit 1903 Deutscher Metallarbeiter-Verband, seit 1910 SPD, 1919 KPD, 1925–1927 und ab 1929 ZK-Kandidat, Mitglied des Reichskomitees der RGO, 1935 und 1939 im ZK bestätigt, 1944/45 Funktionsverlust, 1950 Freitod.
54 André Marty (6.11.1886–23.11.1956), Ingenieur, 1920 Mitglied der KP Frankreichs, seit 1925 Mitglied ihres Politbüros, 1934–1935 Chefredakteur von »L' Humanité«, 1935–1943 Mitglied des Präsidiums und des Sekretariats des EKKI.
55 Protokoll »Brüsseler Konferenz«, S. 465.

Wilhelm Florin[56] hielt im Sommer 1944 fest: »Seien wir uns darüber klar, dass wir genötigt sind, vorerst die Macht mit anderen in den Gewerkschaften zu teilen«. Die Absage an die alten Strukturen umschrieb Florin, »ihre Keimform muss entstehen, noch ehe hinter den Besatzungstruppen sogenannte Gewerkschaftsleitungen anrücken. Nur so haben wir den ersten Erfolg gegen den Reformismus davongetragen.«[57] Die KPD-»Richtlinien zur Gewerkschaftsarbeit« vom August 1944, von Hermann Matern[58] formuliert, enthielten nicht nur ein Bekenntnis zur innergewerkschaftlichen Demokratie und der weltanschaulichen Toleranz,[59] sondern umschrieben auch ein breites Tätigkeitsfeld der intendierten Einheitsgewerkschaften. Nur am Rande schimmerte die KPD-Position durch, so in der Beschreibung der Gewerkschaften als »wirkliche Schulen des Klassenkampfes« und der überraschenden Prognose, dass sich die Entwicklung in Deutschland unterschiedlich nach Besatzungsregimen entwickeln werde. »Damit wird die Gefahr der Entstehung getrennter und zersplitterter Gewerkschaften riesengroß. Damit erhalten emigrierte und in Deutschland verbliebene Kräfte, die den alten Zustand wiederherstellen und die alte Politik unter neuen Bedingungen fortsetzen wollen, sehr wirksame Unterstützung«, beschwor die KPD.[60] Offensichtlich sah sich die Partei selbst als einzige Garantin einer neuen und zugleich einheitlichen Gewerkschaftsbewegung bei gleichzeitiger Ausschaltung der Emigranten und der in Deutschland verbliebenen »alten Gewerkschafter«. Die Ansprüche der Moskauer Führung waren damit deutlich genug formuliert.

Zur Wirtschaftspolitik hatte Wilhelm Florin wenige Wochen zuvor ausgeführt, von Anton Ackermann[61] festgehalten: »Vorbild Sowjetunion Antiimperialistischer demokratischer Volksstaat«.[62] Derselbe notierte im Oktober 1944 im Manuskript einer Vortragsdisposition: »Antisowjetpolitik ist für Deutschland Landesverrat«.[63]

Diese Konzeption: Führungsanspruch, Ausschluss der »alten« Funktionäre und Kampf gegen die frühere Gewerkschaftspolitik (des »Reformismus«) bestimmten das Bild in dem sich formierenden FDGB in Berlin und in der

---

56 Wilhelm Florin (16.03.1894–5.07.1944), vor 1914 Mitglied im Deutschen Metallarbeiter-Verband, 1917 USPD, 1920 KPD, seit 1925 ZK, seit 1929 Politbüro, 1935–1943 Sekretär des EKKI.
57 »Unsere Perspektive zum Aufbau der Gewerkschaften«, Juni 1944, in: »Nach Hitler kommen wir«, S. 205 f.
58 Hermann Matern (17.06.1893–24.01.1971), seit 1911 SPD, seit 1919 KPD, als Mitglied der »Gruppe Ackermann« 1945 zurück nach Deutschland, 1946 Zentralsekretariat der SED, 1948 bis zu seinem Tode Vorsitzender der Zentralen Partei-Kontroll-Kommission der SED.
59 »Richtlinien zur Gewerkschaftspolitik«, August 1944, in: »Nach Hitler kommen wir«, S. 228.
60 Ebenda, S. 230.
61 Anton Ackermann (25.01.1905–4.05.1973), 1926 Mitglied der KPD, 1928 Absolvent Lenin-Schule in Moskau, seit 1935 ZK der KPD und Kandidat des Politbüros, 1945 ZK-Sekretariat, seit 1946 Zentralsekretariat der SED, 1949 Kandidat des Politbüros der SED, 1953 degradiert.
62 »Wirtschaftspolitik im neuen Deutschland«, Juli 1944, in: »Nach Hitler kommen wir«, S. 214.
63 »Deutschland und die Sowjetunion«, Oktober 1944, in: Ebenda, S. 238.

sowjetischen Besatzungszone. Walter Ulbricht hatte das Ende August 1945 in Halle an der Saale vor einer Reihe von Funktionären herausgestrichen, als er den Grundsatz »parteipolitischer Neutralität« der Gewerkschaften unübersehbar in Abrede stellte und zugleich auf den Unterschied von früheren, »in der Hauptsache« sozialdemokratischen Gewerkschaften und den nunmehrigen einheitlichen freien Gewerkschaften hinwies.[64] Dass er den Funktionären, die die Kriegskredite 1914 bewilligt hatten, denen, die an der Zentralarbeitsgemeinschaft des Jahres 1918 beteiligt waren und den Trägern der »Kapitulation« vom Mai 1933 eine Absage erteilte, lag in der Logik des KPD-Geschichtsverständnisses.[65] Zugleich rechtfertigte er die »revolutionäre Gewerkschaftsopposition, die unvermeidlich war angesichts einer Politik, die zu dem bekannten Aufruf des Bundesvorstandes des ADGB, an der Nazidemonstration am 1. Mai 1933 teilzunehmen, führte.«[66]

In Berlin gelang es den KPD-Führern, sich an führender Stelle in den Konstituierungsprozess des FDGB einzubringen und nicht zuletzt mit Hilfe der Besatzungsmacht die wichtigsten Vorsitzenden-Funktionen zu erobern. Darüber hinaus wollten sie das mit Hilfe einer entsprechend ihren Interessen formulierten Wahlordnung zementieren.

Ende August 1945 beklagte sich Hermann Schlimme[67] in einer Sitzung des Vorbereitenden Gewerkschaftsausschusses für Groß-Berlin: »Eine im weitesten Sinne demokratische Wahlordnung setzt ein Vertrauen in die Bundesleitung voraus. Es schmerze ihn sehr, wenn er heute feststellen müsse, dass diese Voraussetzung für eine gemeinsame Arbeit nicht voll gewährleistet ist.«[68] Bernhard Göring[69] unterstützte dieses Urteil: Es habe »in der Arbeit in den Bezirken und anderen gewerkschaftlichen Gliederungen ein gewisses Misstrauen Platz gegriffen.«[70]

---

64 Ulbricht: Gewerkschaften, S. 54.
65 Ebenda, S. 51.
66 Ebenda, S. 49.
67 Hermann Schlimme (14.09.1882–10.11.1955), Drechsler, 1899 Mitglied im Deutschen Holzarbeiterverband (DHV), 1906 SPD und Mitglied im Deutschen Transportarbeiterverband, 1911–1921 dessen Bezirksleiter in Halle, 1918 Unabhängige Sozialdemokratische Partei Deutschlands (USPD), danach wieder SPD, 1923–1931 persönlicher Mitarbeiter von Theodor Leipart, 1931–1933 Sekretär des Bundesvorstandes des ADGB, 1933–1937 illegale Tätigkeit, 1937 verhaftet, 1937–1940 Zuchthaus Brandenburg-Görden und Amberg, 1945 SPD, 1946 SED, 1946–1951 2. Vorsitzender des FDGB-Vorstandes Groß-Berlin, 1946–1955 Mitglied des FDGB-Bundesvorstandes.
68 Sitzungsbericht Nr. 10 vom Freitag, dem 31. August 1945, 10.00 Uhr, in: Gewerkschaftlicher Neubeginn, S. 82.
69 Bernhard Göring (21.11.1897–1.12.1949), kaufmännischer Angestellter, 1916 Mitglied des Zentralverbandes der Handlungsgehilfen und der SPD, 1922–1923 Sekretär des Hauptvorstandes des Allgemeinen freien Angestellten-Bundes (AfA-Bund), 1933, 1937 und 1939 wegen illegaler politischer Arbeit verhaftet, 1934–1941 selbstständiger Gewerbetreibender, 1941–1945 Abteilungsleiter, Verbindungen zu Widerstandskreisen, 1945 SPD, 1946 SED, 1946–1949 Mitglied und Sekretär des FDGB-Bundesvorstandes und dessen 2. Vorsitzender, 1948/49 Mitglied der Deutschen Wirtschaftskommission (DWK).
70 Gewerkschaftlicher Neubeginn, S. 83.

Die erste zum 23. September 1945 anberaumte Delegiertenwahl zu einer Stadtkonferenz des FDGB in Berlin[71] wurde von der Alliierten Kommandantur auf Intervention der Westalliierten abgesagt, nachdem diese in der Wahlordnung und im Zuschnitt der Wahlkreise erhebliche Verletzungen des Demokratie-Prinzips festgestellt hatten. Erst am 18. Dezember 1945 gestatteten die Alliierten nach langen internen Debatten die Delegiertenwahlen unter Auflagen. So durfte der Vorstand nur für ein Jahr amtieren, und es hatten innerhalb von sechs Monaten die Statuten der Landesorganisation der Kommandantur vorzuliegen.[72]

Wie rigide die KPD-Führung die Berliner Gewerkschaften zu dirigieren versuchte, zeigte ein Brief von Hermann Schlimme, der später zum Parteigänger der SED werden sollte, an Hans Vogel[73] in London vom Oktober 1945. Schlimme beklagte sich: »Die KPD hat ihre Leute in der Bundesleitung am Band und es ist kaum ein Beschluss möglich, der nicht zuvor durch das Zentralkomitee sanktioniert worden ist. Ich habe mich gewehrt, dass die Parteien die Oberhoheit über die Gewerkschaften erhalten, weil ich darin den Beginn der Aufspaltung erblicke. Wegen dieser Auffassung habe ich mich bereits ziemlich unbeliebt gemacht und deshalb wird alles in Bewegung gesetzt, um eine kommunistische Führung in dieser Einheitsfront zu bekommen.«[74]

Der Kampf um die Vorsitzenden-Funktionen zeigte sich auch in den Landesverbänden der sowjetischen Zone. Einzig wurde in Mecklenburg-Vorpommern mit Hans Pollock[75] zunächst ein Sozialdemokrat zum Vorsitzenden gewählt. Nach drei Monaten Amtszeit (und einer Wiederwahl) wurde er mit fadenscheinigen Begründungen zum Rücktritt gezwungen und durch einen Kommunisten ersetzt.[76]

Die Wahlmanipulationen im Vorfeld der Delegiertenwahlen zum 1. FDGB-Kongress in der sowjetischen Besatzungszone waren schon früh durch Gustav Dahrendorf[77] bekannt gemacht worden[78] – er hatte den Begriff »Zwangsvereinigung« in den Westzonen in die Debatten eingebracht.

---

71 Vgl. das Schreiben des Vorbereitenden Gewerkschaftsausschusses an die Alliierte Kommandantur vom 7. September 1945 sowie den Sitzungsbericht vom 19.09.1945, in: Ebenda, S. 94 und S. 106 f.

72 Brunner: Sozialdemokraten, S. 86 ff.

73 Hans Vogel (16.02.1881–6.10.1945), langjähriger SPD-Bezirkssekretär in Franken, 1927 Mitglied des Parteivorstandes der SPD, seit 1931 Mitvorsitzender, 1933 2. und seit 1939 Vorsitzender des Exil-Parteivorstandes in London, 1919–1933 Mitglied des Reichstages (MdR).

74 Hermann Schlimme an Hans Vogel in London, 2.10.1945, in: DGB-Archiv im Archiv der sozialen Demokratie, Bonn (AdsD), NL Hans Gottfurcht, 11.

75 Hans (Johann) Pollock, (9.01.1901–17.12.1963), vor 1933 Gesamtverband der Arbeiter der öffentlichen Betriebe und des Personen- und Warenverkehrs, nach (erzwungenem) Rücktritt 2. Vorsitzender des FDGB Mecklenburg-Vorpommern und Mitglied des FDGB-Bundesvorstandes, 1947 Flucht in den Westen.

76 Geschichte SED Mecklenburg, S. 100, S. 115 ff., S. 171 – Hier wurde wahrheitswidrig angegeben, er sei »aufgrund ernster Kritik an seiner Arbeit« zurückgetreten.

77 Gustav Dahrendorf (8.02.1901–30.10.1954), vor 1933 SPD, 1932–1933 MdR, aktiv im Widerstand gegen Hitler, Juni 1945-Februar 1946 Zentralausschuss der SPD in Berlin, ab 1946 in Hamburg.

78 Vgl. SPD, Landesorganisation Hamburg; mit geringen Textveränderungen wiederabgedruckt in Dahrendorf: Mensch.

Der erste Kongress des FDGB im Februar 1946 in Berlin stand also, deutschlandpolitisch gesehen, unter wenig günstigen Voraussetzungen. Zumindest die Auseinandersetzungen im Berliner FDGB dürften die Gewerkschafter der Westzonen zuvor erreicht haben. Aber der FDGB, dessen Berliner Führung sich seit Dezember 1945 »Bundesvorstand« nannte, hatte selbstbewusst parallel zur Delegiertenkonferenz zu einer gesamtdeutschen Zusammenkunft, zu einer Interzonenkonferenz, eingeladen.[79] Die telegrafische Einladung erging allerdings viel zu kurzfristig, als dass die Gewerkschaften des Westens hätten angesichts der Situation des Winters 1945/46 (Verkehrsverbindungen, Interzonenpässe) noch darauf reagieren können. Aber der sich formierende FDGB-Bundesvorstand wollte auf jeden Fall die Initiative ergreifen.

Wiederum Walter Ulbricht nutzte die Tribüne des Kongresses, den FDGB als eigentliche Einheitsgewerkschaft darzustellen und zugleich »alte Gewerkschafter« zu diskriminieren: »Die Einheit, wie sie hier auf der Gewerkschaftskonferenz zum Ausdruck kommt, wird dazu beitragen, die Einheit der Gewerkschaftsbewegung in allen Teilen Deutschlands zu entwickeln. So wie hier Gewerkschafter den verschiedenen politischen Richtungen angehören, kameradschaftlich zusammenarbeiten, sich kameradschaftlich beraten, so wird es bald im Ruhrgebiet und hoffentlich bald auch in Hamburg werden. Wenn es Gewerkschafter gibt, die die Auffassung vertreten, man müsse die Gewerkschaften nach Zonen organisieren, wie es z. B. von jenem Gewerkschaftsfunktionär in Hamburg, Herrn Spliedt[80], geschieht,[81] so antworten wir von dieser Konferenz aus mit der Losung: Gewerkschaftler aller Zonen, vereinigt euch!«[82]

Den gleichen Tenor nahm eine Entschließung des Bundesvorstandes des FDGB vom 29. April 1946 auf. Defizite im Aufbau der Einheitsgewerkschaft sah man im Westen, als man formulierte: »Das Interesse der deutschen Arbeiterschaft erfordert die Beseitigung aller Hemmungen, die einem beschleunigten Wiederaufbau im Wege stehen. Deshalb gibt der Vorstand der Hoffnung und dem Wunsche Ausdruck, dass in den westlichen Zonen der Aufbau der Freien Gewerkschaften beschleunigt nach demokratischen Grundsätzen unter Berücksichtigung aller aktiven Gruppen der Arbeiter- und Angestelltenbewegung einheitlich erfolgt.«[83]

---

79 Stiftung Archiv der Parteien und Massenorganisationen der DDR im Bundesarchiv (SAPMO BArch), FDGB-Bundesvorstand, 2971.
80 Franz Spliedt (18.01.1877–18.10.1963), Tapezierer, ab 1895 Mitglied des Allgemeinen Deutschen Tapeziervereins, ab 1912 Vorsitzender des Allgemeinen Deutschen Tapeziervereins, 1921 Wechsel zum ADGB, 1931–1933 Vorstandsmitglied des ADGB, 1932–1933 MdR, nach 1933 inhaftiert, nach 1945 maßgebliche Beteiligung beim Wiederaufbau der Gewerkschaften in der Britischen Zone, Mitglied des vorläufigen Zonenvorstandes der Gewerkschaften der Britischen Zone, Vorsitzender des Verwaltungsausschusses der Freien Gewerkschaft Hamburg, 1946 Vorsitzender des Gewerkschaftsausschusses Hamburg/Schleswig-Holstein, 1950–1952 Redakteur der »Welt der Arbeit«, Beilage Nordmark.
81 Vgl. Dok. 1.
82 Protokoll FDGB. 9.–11. Februar 1946, S. 120.
83 Wiederaufbau und interzonale Verbindungen, in: Geschäftsbericht FDGB, S. 45.

Nun sind parteipolitisch motivierte Dissonanzen und Differenzen, wie sie hier im Vorfeld des ersten FDGB-Kongresses sichtbar wurden, weder ohne historische Vorbilder noch von einzigartiger Konstellation. Die Auseinandersetzungen im sich formierenden FDGB bedurften nicht nur des Hintergrundes der sich vertiefenden Auseinandersetzung zwischen den Siegermächten, vor allem in der Vier-Mächte-Stadt Berlin, sie liefen zugleich vor der Folie des heftigen Streites um die Zwangsvereinigung von Sozialdemokraten und Kommunisten zur SED in der sowjetischen Zone ab. Mit der SED-Gründung (die sich gemäß ihrer kommunistischen Protagonisten und der Sowjetischen Militäradministration als Modell für ganz Deutschland darstellen sollte) war nun die entscheidende Barriere auch im innerdeutschen Feld aufgetürmt. Die Bruchlinien zwischen der SED auf der einen und den nichtkommunistischen Parteien des Westens auf der anderen Seite erwiesen sich in der Folgezeit als unüberwindlich.[84] Auch die deutschen Gewerkschaften konnten sich dem nicht entziehen, zumal sich der FDGB schnell, noch im Jahr 1946, zum Parteigänger der SED entwickelte. Im Vorfeld der Wahlen in der sowjetischen Zone und in Berlin im September und Oktober 1946 erließ der Bundesvorstand des FDGB am 23. August 1946 einen Aufruf, in dem er offen für die SED und vor allem gegen die SPD in Berlin Stellung nahm. Er verwahrte sich zugleich gegen »eine neue Antisowjetpropaganda in offener und versteckter Form«.[85]

In offener SED-Diktion formulierte der FDGB-Bundesvorstand: »Die Losung der wirtschaftlichen Einheit beinhaltet auch die Einheitlichkeit in der Verjagung der Monopolisten aus ihren Machtpositionen und in der wirklichen Einschaltung der Gewerkschaften in die verantwortliche Wirtschaftsführung sowie die Durchsetzung des Mitbestimmungsrechts der Gewerkschaften in allen Betrieben und in der gesamten Wirtschaftsverwaltung Deutschlands.«[86]

Im Frühjahr und Sommer 1946, noch vor der ersten Interzonenkonferenz in Frankfurt am Main, war der FDGB in seiner Führung eine von Kommunisten dominierte Organisation, aber noch nicht in der Struktur umgeformt zu einer »marxistisch-leninistischen Massenorganisation«. Auf dem ersten Kongress im Februar 1946 hatte sich noch (vor allem durch den Berliner Dr. Otto Suhr[87]) die Opposition artikulieren können.[88] Namhafte nichtkommunistische Gewerkschafter (so Bernhard Göring oder Hermann Schlimme) wirkten in den FDGB-Führungsgremien mit und waren regelmäßig Teilnehmer der Inter-

---

84 Müller: Gründung der SED.
85 Aufruf des Vorstandes: »Wir wollen den Frieden!«, in: Geschäftsbericht FDGB, S. 40.
86 Für ein politisch und wirtschaftlich geeintes Deutschland, ebenda, S. 15 – Im Original fett gedruckt.
87 Otto Suhr, Dr. rer. pol. (17.08.1894–30.08.1957), Volkswirt, 1919 Eintritt in die SPD, 1925–1933 Leiter Wirtschaftspolitische Abteilung Allgemeiner Freier Angestellten-Bund in Berlin, nach 1933 freiberuflicher Volkswirt, illegale Arbeit, u. a. Verbindung zu Wilhelm Leuschner, nach 1945 zunächst Magistrat von Groß-Berlin, bis Juni 1946 Leiter Abteilung Organisation der Deutschen Zentralverwaltung der Industrie, Generalsekretär SPD Berlin, November 1946 Stadtverordneten-Vorsteher, später Präsident Westberliner Abgeordnetenhaus, ab 1948 Direktor Deutsche Hochschule für Politik, 1949–1952 MdB.
88 Vgl. Dok. 5, Anm. 9.

zonenkonferenzen. Möglicherweise setzten sie und eine Vielzahl weiterer »alter Gewerkschafter« ihre Hoffnungen auf eine gesamtdeutsche Gewerkschaftsorganisation, gleich welcher Art – es hätte ihnen mit Sicherheit Spielraum gegenüber der »kameradschaftlichen Zusammenarbeit« kommunistischer Provinienz eingeräumt.

Auch in der Gewerkschaftsbewegung der Westzonen zeigten sich selbstverständlich diese parteipolitischen Friktionen. Kommunisten verfügten dort mitunter über beachtliche Minderheitenpositionen, was sie nicht vor dem Vorwurf einer falschen Politik durch ihre Parteiführung immunisierte. Welche »Fehler« die kommunistischen Gewerkschafter aus der Sicht ihrer eigenen Parteiführung, des ZK in Berlin, begangen hatten, wird aus den internen Debatten einer erweiterten ZK-Sitzung in Berlin im Januar 1946 deutlich. Es wurden genannt: Die Kommunisten hätten früh einen »vorbereitenden Gewerkschaftsausschuss« bilden müssen, der eine Plattform veröffentlichen sollte. Damit hätten sie »den Charakter der neuen Gewerkschaft« aufgezeigt.[89] Die Plattform, also die kommunistische Gewerkschaftskonzeption, war wichtiger als Regularien: Anstatt »in Düsseldorf den Entwurf einer Plattform, dass die Arbeiter aufgeklärt werden über den Charakter der Gewerkschaften, in den Vordergrund zu stellen, entwirft man Satzungen.«

Die Hochburgen kommunistischer Gewerkschafter, etwa im Bergbau des Ruhrgebiets[90] oder in der Metallgewerkschaft in Mannheim, bereiteten den Gewerkschaftsführern des Westens einige Kopfschmerzen. Aber es blieben hier Minderheiten. Die Eroberung von Mehrheiten, die Fälschungen und Manipulationen erfordert hätte, gelang hier nie.

Der Blick auf die alten Friktionen im Gewerkschaftslager insbesondere zwischen Sozialdemokraten und Kommunisten liefert für die kurze Phase der Interzonenkonferenzen nur vordergründig ein eindeutiges Bild. Die Scheidelinie zwischen Ost und West scheint klar und stabil, aber längst nicht alle Sachfragen folgten parteipolitischen Vorgaben. Vielleicht erklärt das, warum die Interzonenkonferenzen der deutschen Gewerkschaften erst begannen, als die gesamtdeutschen Kontakte zwischen den politischen Parteien im Allgemeinen in Agonie verfielen.

## 3. Auftakt und Arbeitsweise der Interzonenkonferenzen (Juli 1946 – März 1947)

Die Akteure zählten neun Interzonenkonferenzen der Gewerkschaftsbünde zwischen dem November 1946 in Mainz und dem August 1948 in Enzisweiler bei Lindau am Bodensee.[91] Zufällig fanden also die erste und letzte Interzonenkonferenz in der französischen Zone statt, also unter der Regie

---

89 Protokoll Nr. 1/58 der erweiterten Sitzung des Sekretariats vom 5.-7. Januar 1946, in: Benser; Krusch: Dokumente, S. 458.

90 Neuerdings Kössler: Abschied von der Revolution, S. 175 ff.

91 Vgl. dazu die einzige, aber sehr einseitige Gesamtdarstellung (aus der Sicht des FDGB): Behrendt: Interzonenkonferenzen.

der Besatzungsmacht, die die Einheit Deutschlands in den Nachkriegsjahren am intensivsten zu verhindern trachtete. Zu zwei Konferenzen durften die Vertreter des französischen Besatzungsgebiets nicht anreisen, bei einer (der »offiziell« ersten in Mainz) fehlten die aus der britischen Besatzungszone. Voraus ging eine von Willi Richter in Frankfurt am Main organisierte Tagung im Juli 1946,[92] an der zwar Vertreter der vier Zonen und Berlins teilnahmen, die aber nicht in die spätere Zählung einbezogen wurde.

Neben den Tagungen der Bünde gab es im gleichen Zeitraum rund 100 Interzonenkonferenzen, Interzonenausschusssitzungen und Arbeitstagungen der Einzelgewerkschaften.[93] Schon die Zahl der Tagungen einzelner Industrieverbände beleuchtet den Stellenwert für den wirtschaftlichen Wiederaufbau. Im Bergbau, fraglos die Schlüsselbranche für die Gesundung der Wirtschaft, gab es sechs gewerkschaftliche Interzonenkonferenzen und drei Besprechungen, dagegen im Bereich Chemie nur zwei Konferenzen und zwei Ausschusssitzungen, im Organisationsbereich der späteren Gewerkschaft ÖTV sah es besonders finster aus: Die Gewerkschaften der öffentlichen Betriebe verzeichneten lediglich eine, die für Handel und Transport keine Zusammenkunft.[94] Der zweifache Auftakt in Frankfurt am Main im Juli und in Mainz im November 1946 wies allerdings bereits eine umfangreiche Vorgeschichte auf. Nach der oben erwähnten Einladung durch den Kommunisten und designierten FDGB-Vorsitzenden Hans Jendretzky[95] verfolgten das sowohl der FDGB als auch »alte Gewerkschafter«. Der Bundesvorstand des FDGB beauftragte seine drei Vorsitzenden (Hans Jendretzky, Bernhard Göring und Ernst Lemmer[96]) am

---

92 Vgl. Dok. 5.
93 Die umfangreichste dieser Aufstellungen ist wiedergegeben in Behrendt: Interzonenkonferenzen, S. 498–501. Die Zählweise für diese Zusammenkünfte ist mitunter strittig, daher kann weder Vollständigkeit noch die Richtigkeit der Einstufung als Interzonenkonferenz oder Interzonenausschusssitzung belegt werden. Sie bleiben im Folgenden unberücksichtigt. Vgl. zur Problematik der Konferenzen der Einzelverbände Müller: Interzonenkonferenzen.
94 Vgl. dazu die allerdings nicht sehr präzisen Angaben in Behrendt: Interzonenkonferenzen, S. 498 ff., der seinerseits bemüht ist, eine große Zahl von Zusammenkünften zu dokumentieren. – Nicht gezählt sind selbstverständlich gewerkschaftliche Kontakte und Institutionen auf Bizonen- (und später Westzonen)-Ebene.
95 Hans Jendretzky (20.07.1897–2.07.1992), Metallarbeiter, 1912–1916 Mitglied der Metallarbeiterjugend, Mitglied des Deutschen Metallarbeiterverbandes, 1919 USPD, 1920 KPD, 1923 Mitglied des Deutschen Verkehrsbundes, 1919–1927 Übernahme von gewerkschaftlichen Funktionen auf regionaler und betrieblicher Ebene, 1928–1932 Abgeordneter des Preußischen Landtags, 1934 verhaftet und zu drei Jahren Zuchthaus verurteilt, 1937/38 KZ Sachsenhausen, ab 1938 Schlosser und Lagerverwalter in Berlin, 1943/44 Mitarbeit in Widerstandsgruppen, 1944 verhaftet, 1944/45 Zuchthaus Brandenburg-Görden und Nürnberg, 1945 KPD, 1946 SED, 1946–1948 Mitbegründer und 1. Vorsitzender des FDGB, 1948–1953 Vorsitzender der SED-Landesleitung bzw. Bezirksleitung Groß-Berlin, 1950–1953 Kandidat des Politbüros des ZK der SED, 1953 wegen angeblicher Unterstützung von Rudolf Herrnstadt und Wilhelm Zaisser Ausschluss aus dem Politbüro, 1956 Rehabilitierung und Aufhebung der Parteistrafe, 1957–1959 Stellvertreter des Innenministers, 1960–1962 Minister und Leiter der Zentralen Kommission für Staatliche Kontrolle beim Ministerrat, 1959–1989 Mitglied des Bezirksvorstandes Berlin des FDGB, 1987 Ruhestand.
96 Ernst Lemmer (28.04.1898–18.08.1970), 1918 Mitglied des Soldatenrates, Delegierter zum Kongress der Arbeiterräte Essen, Mitglied der Deutschen Demokratischen Partei (DDP), ab 1930 der Deutschen Staatspartei, 1919–1922 Studium der Volkswirtschaftslehre in Marburg und Frankfurt am Main, Volontariat bei der »Frankfurter Zeitung« u. a. Zeitungen, 1922–1923

29. April 1946, »alle Möglichkeiten auszunutzen, um die engste Verbindung mit den führenden Gewerkschaftsfunktionären in den westlichen Zonen aufzunehmen und in einen unverbindlichen Gedankenaustausch auf dem Wege persönlicher Besprechungen einzutreten.«[97]

Im Gegensatz zu Ulbrichts vehementer Forderung auf dem ersten FDGB-Kongress schraubte hier, wenige Wochen später, der FDGB-Vorstand die Erwartungen und Ansprüche deutlich herunter. Persönliche Gespräche erschienen ihm angebracht.

Offenkundig waren diese Kontakte auf die »alten Gewerkschafter« begrenzt, da die Kommunisten im FDGB über zu wenige Ansprechpartner verfügten. Albert Behrendt berichtete (allerdings ohne Quellenangaben), dass Hermann Schlimme sich in Bayern mit Georg Reuter und anderen[98] getroffen habe, dass Bernhard Göring und Ernst Lemmer briefliche Kontakte nach Frankfurt am Main und in die Britische Zone gepflegt hätten.[99]

Dennoch: Der Gedanke einer deutschen Gewerkschaftseinheit über die Zonengrenzen hinweg lag sozusagen in der Luft. Der Brief von Franz Spliedt Anfang Juni 1946 dokumentiert bereits ein größeres Spektrum an Kontakten über die Zonengrenzen hinweg.[100] Er informierte umgehend Hans Böckler[101]

---

Generalsekretär des Gewerkschaftsrings Deutscher Arbeiter-, Angestellter- und Beamten-verband (Hirsch-Dunckersche Gewerkschaft), 1924–1933 MdR, ab 1933 Auslandskorrespondent für verschiedene Zeitungen, Verbindung zu Widerstandskreisen, 1945 Mitbegründer der CDU in Berlin, 1945–1949 Mitglied des Gründungsausschusses und 3. Vorsitzender des FDGB, Mai 1949 Übersiedelung nach Berlin (West), 1950–1956 Mitglied des Abgeordnetenhauses und Vorsitzender der CDU-Fraktion, 1956/57 Bundesminister für Post- und Fernmeldewesen, 1957–1962 für Gesamtdeutsche Fragen, 1964/65 für Vertriebene, Flüchtlinge und Kriegsgeschädigte, 1965–1969 Sonderbeauftragter des Bundeskanzlers für Berlin (West).

97 Wiederaufbau und interzonale Verbindungen, in: Geschäftsbericht FDGB, S. 45.
98 Georg Reuter (24.06.1902–28.01.1969), Schlosser, ab 1918 Mitglied des DMV, 1920–1923 Angestellter der Verwaltungsstelle Gelsenkirchen des DMV, 1923–25 Geschäftsführer der Verwaltungsstelle Gelsenkirchen, 1925–1927 Angestellter der Bezirksleitung, 1927–1929 Angestellter der Vorstandsverwaltung des Verbandes der Gemeinde- und Staatsarbeiter, 1929–1933 Vorstandssekretär bzw. Vorstandsmitglied des Gesamtverbandes der Arbeitnehmer der öffentlichen Betriebe und des Personen- und Warenverkehrs, 1933 verhaftet, 1946 2. Vorsitzender der Arbeitsgemeinschaft Freier Münchener Gewerkschaften, 1946–1949 Generalsekretär im Vorläufigen Ausschuss der Bayrischen Gewerkschaften bzw. des Bayrischen Gewerkschaftsbundes, 1948 Sekretär des Gewerkschaftsrates für die Bi- bzw. Trizone, 1947–1949 Mitglied des Wirtschaftsrates des Vereinigten Wirtschaftsgebietes, 1949–1959 stellvertretender Vorsitzender des DGB.
99 Behrendt: Interzonenkonferenzen, S. 102 f. – Entsprechende Belege im Archiv des früheren FDGB konnten bisher nicht aufgefunden werden. Dass die drei die genannten Verbindungen knüpften, aber keine Notizen über Besuche oder Kopien von Briefen anfertigten, erscheint sehr unwahrscheinlich.
100 Vgl. Dok. 1.
101 Hans Böckler (26.02.1875–16.02.1951), Gold- und Silberschläger, ab 1894 Mitglied des Deutschen Metallarbeitervereins (DMV), 1903–1910 Sekretär des DMV im Saargebiet, dann Frankfurt am Main, 1910–1912 Bezirksleiter des DMV in Schlesien, 1912–1916 Redakteur der Metallarbeiter-Zeitung in Berlin, 1916–1918 hauptamtlicher Funktionär des DMV in Danzig, Oberschlesien und im Siegerland, nach 1933 mehrfach verhaftet, illegale Tätigkeit, 1946 Vorsitzender des Bezirkes Nordrhein der Gewerkschaften in der Britischen Zone, März 1946 – April 1947 Vorsitzender des vorläufigen Zonenvorstandes der Gewerkschaften

in Köln, Hans Böhm[102] in Bielefeld und Albin Karl[103] in Hannover.[104]

Rund drei Wochen vergingen zwischen dem Versand der Einladung (vom 25. Juni 1946) durch Willi Richter und der ersten Interzonenkonferenz in Frankfurt am Main am 13. und 14. Juli. Die Schwierigkeiten blieben: Noch Ende 1946 beklagte sich Bernhard Göring über den Zwang, die Konferenzen »gewissermaßen auf Hintertreppen zu arrangieren«.[105]

Das erste Treffen wies eine umfangreiche Tagesordnung auf. Sie umfasste die Probleme des Gewerkschaftsaufbaus, des Vermögens, die Gewerkschafts-schulung, Sozialversicherung, Arbeitsrecht, Betriebsrätewesen und – nicht zu-letzt – das Mitbestimmungsrecht in der Wirtschaft.[106] 18 Redner aus allen vier Zonen sprachen zu den Tagesordnungspunkten; die von Göring eingebrachte Presseerklärung hielt fest, dass in den Fragen der Wirtschafts- und Sozialpolitik eine »weitgehende Übereinstimmung erzielt« wurde. Naturgemäß nahmen die Berichte über den Gewerkschaftsaufbau breiten Raum ein. Die Vertreter der Westzonen zeichneten ein buntscheckiges Bild und räumten ein, Rückstände im Organisationsaufbau aufzuweisen. Jendretzky entwarf für die sowjetische Zone ein optimistisches Bild bis hin zur Förderung seiner Arbeit durch die »Anwesenheit der russischen Gewerkschaftsdelegationen.« Probleme sah er in Berlin lediglich »durch die dort befindlichen vier Militärregierungen.« Die Schwierigkeiten bei der Delegiertenwahl in Berlin bezeichnete er als über-wunden, ebenso »starke Spannungen von der politischen Seite her«. Ob er damit die Nachwirkungen der in Berlin besonders heftigen Auseinanderset-zungen um die Bildung der SED meinte, ließ er offen.

---

(BBZ), ab November 1947 Vorsitzender des bizonalen, später trizonalen Gewerkschafts-rates, 1949–1951 Vorsitzender des Bundesvorstandes des DGB. Vgl. Borsdorf: Böckler. Bd. 1.; Lauschke: Böckler. Bd. 2.

102 Hans Böhm (8.04.1890–18.07.1957), Möbelpolierer und Metallarbeiter, 1920–1928 Be-triebsrat bzw. Betriebsratsvorsitzender der Krupp-Werke Essen, ab 1930 Geschäftsführer des Gesamtverbandes der Arbeitnehmer der öffentlichen Betriebe und des Personen- und Warenverkehrs in Bielefeld, 1946–1947 Mitglied des Zonenausschusses der Gewerkschaften in der Britischen Zone, ab 1947 hauptamtlicher Beisitzer im Bundesvorstand des Deut-schen Gewerkschaftsbundes (DGB) (Britische Besatzungszone), 1949–1956 Mitglied des Geschäftsführenden Bundesvorstandes des DGB, 1949–1957 MdB für die SPD.

103 Albin Karl (5.02.1889–4.01.1976), Porzellanmaler, ab 1905 Mitglied des Verbandes der Porzellanarbeiter und verwandter Berufe, 1911 Vorsitzender der Ortsverwaltung Neustadt bei Coburg, ab 1912 zweiter Gauleiter, ab 1919 Gauleiter für Thüringen, 1919–1926 Mit-glied des Hauptvorstandes dieser Gewerkschaft, ab 1926 Sekretär und Vorstandsmitglied des Keramischen Bundes in der Vereinigung freischaffender Architekten (VfA), 1928–1933 2. Vorsitzender des Verbandes der Fabrikarbeiter Deutschlands, nach 1933 verhaftet, illegale Tätigkeit, 1945 Vorsitzender des vorläufigen Vorstandes der Allgemeinen Gewerkschaft in Hannover, 1946–1947 Mitglied des vorläufigen Zonenvorstandes der Gewerkschaften der Britischen Zone, ab April 1947 stellvertretender Vorsitzender des Bundesvorstandes des DGB (Britische Besatzungszone), 1949–1956 Mitglied des Geschäftsführenden Vorstandes des DGB.

104 DGB-Archiv im AdsD, Landesbezirk Nordmark, Schriftwechsel 1946–1948 – zu den ge-nannten Personen s. weiterführend die Angaben in: Organisatorischer Aufbau.

105 Vgl. Dok. 10.

106 Vgl. Dok. 5.

Die Tagung konnte angesichts des engen Zeitrahmens und der Fülle der Tagesordnungspunkte nur einer ersten gegenseitigen Information dienen. Wie hoch der Informationsstand im Einzelnen war, verdeutlichte ein Beitrag von Franz Spliedt aus Hamburg: »Die Besatzungszonen sind in zwei Teile, so weit die Wirtschaft in Frage kommt, gespalten. In der russischen Zone hat bereits der Gedanke der Gemeinwirtschaft Form angenommen, die unserem Gedankengang näher kommt, wohingegen in den anderen 3 Zonen die Wirtschaft sich noch in den alten Bahnen bewegt.« Das und die beschwichtigenden Worte Jendretzkys zu den Konflikten in Berlin mögen auch anderen Delegierten der Westzonen ein recht positives Bild über den FDGB vermittelt haben, so dass man letztlich eine weitgehende Übereinstimmung erreicht zu haben glaubte. Jendretzky regte zum Schluss an, die Konferenzen mögen im Abstand von zwei Monaten tagen, und legte eine vorläufige Tagesordnung vor. Er wollte aber auch die »Schaffung eines Interzonenorgans« zur Diskussion gestellt wissen.

Der vom FDGB gewünschte nächste Sitzungstermin (September 1946) konnte nicht eingehalten werden, da die Gewerkschafter der britischen und amerikanischen Zone in die Vorarbeiten einer bizonalen Kooperation involviert waren. Fast entschuldigend schrieb Werner Hansen[107] im Oktober an Göring, die Gewerkschafter beider Zonen seien »zu einer Reihe von fruchtbaren Ergebnissen gekommen, weil die praktische Entwicklung auch die Gewerkschaften beider Zonen zu einer engeren Zusammenarbeit drängt.«[108] Implizit kündigte Hansen eine Absage für das Treffen in Berlin an, »wenn nicht die Gewähr gegeben ist, dass konkret Fragen besprochen werden, die ebenfalls einer dringenden Entscheidung oder mindestens einer dringenden Aussprache bedürfen«. Im Klartext: Informationsaustausch war ihm weniger wichtig als die konkrete Zusammenarbeit auf der Ebene der Bizone.

So weit sichtbar, reagierte Göring zunächst nicht. Freilich hatten sich die führenden Funktionäre des FDGB zuvor in den Wahlkämpfen in den Ländern der sowjetischen Zone und in Berlin engagiert; die Konsequenzen der verheerenden Wahlniederlage der SED in Berlin am 20. Oktober 1946 überlagerte offenkundig zunächst die Brisanz von Hansens Brief.

Die Entwicklung überzonaler Kontakte nahm nach außen hin eine überraschende Wendung, die sich, wenn auch für die Öffentlichkeit kaum sichtbar, schon länger angebahnt hatte. Der Weltgewerkschaftsbund (WGB) zog die Initiative an sich und lud zu einer Besprechung ein,[109] die später offiziell als erste Interzonenkonferenz gezählt wurde.

---

107 Werner Hansen (Wilhelm Heidorn) (31.07.1905–15.06.1972), kaufmännischer Angestellter, 1931–1933 Vorstandsmitglied der Ortsverwaltung Bremen des ZdA, nach 1933 illegale Tätigkeit, 1937 Emigration nach Frankreich, 1939 nach Großbritannien, hier Mitglied der Landesgruppe deutscher Gewerkschafter, 1945 Mitglied des Siebener-Ausschusses für die Nord-Rheinprovinz, 1946–1947 Leiter des Zonensekretariats der Gewerkschaften in der Britischen Zone, 1947–1956 1. Vorsitzender des Landesbezirks Nordrhein-Westfalen des DGB, 1956–1969 Mitglied des Geschäftsführenden Bundesvorstandes des DGB.
108 Vgl. Dok. 7.
109 Vgl. die unterschiedlichen Berichte Dok. 8 und 9.

WGB-Generalsekretär Louis Saillant[110] trug selbst einen längeren Bericht über die Aktivitäten seiner Organisation und die Gespräche mit dem Alliierten Kontrollrat in Berlin vor. Hier habe der WGB die Zusicherungen erhalten, dass der Kontrollrat periodische Zusammenkünfte der deutschen Gewerkschaften aus den vier Zonen erlaube. Das wäre in der Tat eine Konkretisierung, wenn nicht eine Erweiterung der Gewerkschaftsdirektive Nr. 31 gewesen. In der Tat hatte der WGB im Frühjahr 1946 dem Arbeitsdirektorat einen solchen Vorschlag unterbreitet, eine Beschlussfassung jedoch immer wieder aufgeschoben, bis letztlich die dürre Regelung der Direktive Nr. 31 verabschiedet wurde. Insofern war Saillants Bericht über diesen Punkt von einem nicht gerechtfertigten Optimismus gekennzeichnet: Gesamtdeutsche Konferenzen standen nach wie vor unter dem Erlaubnisvorbehalt der einzelnen Militärgouverneure.[111] Zudem hatte der Alliierte Kontrollrat es abgelehnt, sich auf nichtstaatliche Kooperationspartner zu stützen.

Erfolg hatte Saillant mit seiner Anregung, regelmäßig im Abstand von zwei Monaten Interzonenkonferenzen zu veranstalten. Auch der Teilnehmerkreis wurde festgelegt: je vier Delegierte aus den einzelnen Zonen und zusätzlich zwei Vertreter der Berliner Gewerkschaften. Die Tagungen sollten von einem Repräsentanten des WGB begleitet werden. Die Rolle des WGB schrumpfte damit gegenüber seinen ursprünglichen Intentionen deutlich. Er war weder Vermittler zum Kontrollrat noch Koordinator der unterschiedlichen Verbände.

Aus Saillants Sicht drängte vor allem das Problem der Entnazifizierung. Er regte dazu die Bildung einer Kommission an, die kurzfristig einen Bericht über die einzelnen Zonen zu erstellen hatte, ferner war geplant, dass sich eine Delegation des WGB ein eigenes Bild der Verhältnisse in Deutschland machen sollte.

Die zweite Interzonenkonferenz in Hannover (nach der späteren Zählung) im Dezember 1946 bewältigte ein beachtliches Programm. Gemäß der Vorgabe des WGB lagen drei umfangreiche Berichte zum Stand der Entnazifizierung vor oder wurden nachgereicht. Der aus der amerikanischen Zone fehlte allerdings. Jendretzky lieferte für die sowjetische Zone einen Bericht ab, der, wie zu erwarten, die Maximen der sowjetischen Besatzungsmacht und KPD/SED widerspiegelte.[112] Im Kern der Maßnahmen standen Enteignungen und Elitenwechsel, sie zielten also auf eine soziale Umwälzung. Hingegen verdeutlichen die Berichte aus der britischen und französischen Zone die langwierige und mühsame Prozedur der Bestrafung von individuell Schuldigen. Bekanntlich blühten Missgriffe, Denunziation, auf der anderen Seite konnten sich Belastete nicht selten als unentbehrlich darstellen. Diese völlig konträren Berichte deuteten die gegensätzlichen Grundkonzeptionen schon an, die mit den beiden weiteren Vorträgen von Willi Richter zur Wirtschaftspolitik und

---

110 Louis Saillant (1910–1974), französischer Gewerkschafter, aktiv in der Widerstandsbewegung, 1944 Präsident des Nationalrats der Résistance, 1944–1948 Sekretär der CGT, 1945–1969 Generalsekretär des WGB.
111 Im Detail: Mai: Kontrollrat, S. 127 f.
112 Vgl. Dok. 11e.

Hermann Schlimme zum Mitbestimmungsrecht der Gewerkschaften und Betriebsräte noch nicht in dieser Schärfe, aber deutlich zutage traten.[113] Richter sprach sich für eine Art Gemeinwirtschaft aus, was der Konzeption seiner Gewerkschaft entsprach, während Schlimme gemäß FDGB-Zielen für eine »Einheit der Gewerkschaften und in gemeinsamer Arbeit mit einer sozialistisch orientierten Staatsführung« plädierte.

Zu Beginn ihrer Sitzung in Hannover legten die Delegierten die Verfahrensregeln fest. Die Anregungen von Saillant aus Mainz goss man nun in eine einstimmig verabschiedete Geschäftsordnung. Bei Bedarf hatten die je vier Delegierten aus den einzelnen Zonen und die Vertreter Berlins das Recht, Sachverständige hinzuzuziehen. Später wurde die Runde noch um je einen Zonensekretär erweitert. Letztlich waren die Kompetenzen weit gefasst, sie sollten »insbesondere über einen gemeinsamen Aufbau der Gewerkschaften beraten, und dafür einheitliche Grundsätze aufstellen.«[114] Wie unter diesen Umständen nicht anders zu erwarten, war die Geschäftsordnung in hohem Maß auf Konsens ausgerichtet. Die Tagesordnung war auf der letzten Sitzung festzulegen, die Sitzungsleitung oblag gemeinschaftlich vier Delegierten aus jeder Zone und die Ergebnisse waren in einen Kommuniqué festzuhalten. Von Abstimmungen und Mehrheitsentscheidungen war nicht die Rede.

Die folgende Tagung im Februar 1947 in Berlin beschloss die Einrichtung eines Organisationsausschusses, der aber in seiner ersten Sitzung im März in Frankfurt am Main sich der Angestelltenproblematik widmete. Ihm gehörten je zwei Vertreter einer Zone und ein Berliner an.[115] Ohne Erfolg beantragte Göring, einen weiteren ständigen Ausschuss, einen Arbeitsausschuss, einzurichten, um die laufenden Geschäfte zu erledigen. Als dessen technischen Sekretär schlug er den Zonensekretär des FDGB vor.[116] Auf diese Anregung gingen die übrigen Delegierten nicht weiter ein.

Die 3. Interzonenkonferenz in Berlin attestierte den Gewerkschaften, über die Zonengrenzen hinweg ein beachtliches Stück zusammengewachsen zu sein, so »dass ihre Einheit als Realität aufgefasst werden kann«. Sie meinte, einen für die gesamte deutsche Entwicklung beachtlichen Weg zurückgelegt zu haben. Diese Sichtweise mag den Beteiligten nicht unbedingt als übertriebener Optimismus erschienen sein. Gemessen an den Parteien und erst recht gemessen an den staatlichen Instanzen sahen die Gewerkschafter nicht ohne Grund hoffnungsvoll in die Zukunft. Natürlich unterschätzten sie die äußeren Faktoren, und naturgemäß sahen sie die Sprengkraft unterschiedlicher gewerkschaftlicher Konzeptionen nur sehr vage. Sie wollten voran zu größerer organisatorischer Geschlossenheit. Sie ahnten nicht, dass sich in diesem Kontext die großen Differenzen erst offenbaren würden.

---

113 Vgl. Dok. 11g und 11h.
114 Vgl. Dok. 11a.
115 Vgl. Dok. 14.
116 Vgl. Dok. 15.

## 4. Um einen deutschen Gewerkschaftskongress

Ein Beschluss des Weltgewerkschaftsbundes beschleunigte die Debatten um eine neue Stufe gesamtdeutscher Integration. Im Juli 1947 in Paris hatte sein Generalrat beschlossen, die deutschen Gewerkschaften im Grundsatz als Mitglied aufzunehmen und zuvor ein Verbindungsbüro in Deutschland einzurichten. Es sollten die Vertreter der vier Zonen zur nächsten WGB-Sitzung eingeladen werden. An eine Mitgliedschaft knüpfte der WGB jedoch die Bedingung, dass ein Gewerkschaftszentrum geschaffen und mit dessen Vorbereitung, der Abhaltung einer Delegiertenkonferenz, bald begonnen würde. Bis zum Zusammentreten dieses Kongresses wollte er die Interzonenkonferenzen als deutsche Vertretung anerkennen.

Die 5. Interzonenkonferenz in Badenweiler begrüßte einstimmig diese Initiative und berief zu seiner Realisierung einen Arbeitsausschuss, dem nicht weniger als 14 Mitglieder und die vier Zonensekretäre angehören sollten.[117] Ein derart großes Gremium musste schon als kleine Interzonenkonferenz erscheinen; in der Tat hatte es gewichtige und, wie zu zeigen sein wird, kontroverse Entscheidungen zu fällen. Zugleich verlagerte man eine der entscheidenden Zukunftsfragen in eine Kommission.

Noch vor der Tagung in Badenweiler hatte Göring im Juli erstmals Grundsätze für »die Durchführung eines Reichskongresses« vorgelegt. Er orientierte sich in seinem Entwurf an den Maximen von traditionellen Delegiertenkonferenzen, die aber die Besonderheiten des FDGB enthielten. Er sah auf 8.000 Mitglieder eines Landesverbandes einen Delegierten zum Reichskongress vor. Dieser wählte nach seinem Entwurf einen vorläufigen Vorstand von neun bis elf Mitgliedern und einen Ausschuss von 50 bis 60 Mitgliedern. Dem Vorstand oblag die Ausarbeitung einer vorläufigen Satzung, er konnte zum Programm Stellung nehmen. Wer das formulieren sollte, blieb offen. Mit der Bestellung des Vorstandes endete die Tätigkeit der Interzonenkonferenzen.

Görings Plan[118] hätte dem FDGB angesichts des nach wie vor verzögerten Gewerkschaftsaufbaus in den Westzonen die Mehrheit im »Reichskongress« beschert. Dass er damit bei den Vertretern der Westzonen auf große Resonanz hätte stoßen können, bleibt naturgemäß fraglich. Ob allerdings umgekehrt alle Delegierten des FDGB in einer solchen Situation auf die Politik ihrer Führung hätten eingeschworen werden können, muss offen bleiben.

Nach Görings Vorstoß kehrte für rund zwei Monate Ruhe ein. Mitte September 1947 tagte der Arbeitsausschuss zum ersten Mal in Berlin. Hier wurden nicht nur die unterschiedlichen Positionen deutlich, sondern es kam auch zu einem peinlichen Auftritt Jendretzkys gegen Fritz Tarnow[119]. In der Aus-

---

117 Vgl. Dok. 26.
118 Vgl. Dok. 24.
119 Fritz Tarnow (13.04.1880–23.10.1951), Tischler, ab 1900 Mitglied des DHV, ab 1906 Sekretär des DHV in Stuttgart, ab 1908 in Berlin, ab 1919 Mitglied des Vorstandes, 1920–1933 Vorsitzender des DHV, 1928–1933 Vorstandsmitglied des ADGB, 1928–1933 MdR, 1933 Verhaftung, Emigration über die Tschechoslowakei, Schweiz, Belgien, Niederlande, ab 1936 Dänemark, 1940 Schweden, ab 1936 Vertreter der Auslandsvertretung Deutscher Gewerk-

schusssitzung schlug Jendretzky vor, einen Termin für einen Gewerkschaftskongress spätestens im Frühjahr 1948 anzuberaumen und die Vorbereitungs-
arbeit Kommissionen zu überlassen. Albin Karl konterte, erst müssten die
Aufgaben des zukünftigen Bundes fixiert und die deutsche Wirtschaftseinheit
gesichert sein, ehe man Termine festlegen könne. Ferner monierte er die Berichterstattung des FDGB, die den Eindruck erweckt hatte, eine Zwei-Zonen-
Kooperation sei in Badenweiler abgelehnt worden.[120]

Karl, Richter und Schleicher wehrten sich gegen Angriffe aus dem FDGB,
auch gegen die Unterstellung, man arbeite dort gegen die Gewerkschaftseinheit. Dabei sprach Schleicher Jendretzky das Recht ab, »die westlichen
Gewerkschaftsbünde zensieren zu dürfen, als sei er heute schon Vorsitzender
eines deutschen Gewerkschaftsbundes«. Die Affäre um Fritz Tarnow, von
Jendretzky inszeniert, vergiftete das Klima zusehends und verstärkte die Polarisierung zwischen Ost und West. Dieser hatte in einer Abendveranstaltung
im Zusammenspiel mit dem SMAD-Obersten Tjulpanov Tarnow lächerlich
gemacht, was die beiden (einzigen) anwesenden westdeutschen Vertreter
Matthias Schneider[121] und Adolf Ludwig[122] aus der französischen Zone mit
Erregung quittierten.

Diese Ausschusssitzung hatte am Vorabend des 2. Parteitages der SED in
Berlin vom 20. bis 24. September 1947 stattgefunden, der Partei, deren Par-
teivorstand Jendretzky angehörte. Die SED bekannte sich hier zur Planwirtschaft, erteilte dem Marshall-Plan eine Absage und nahm eindeutig Kurs auf
eine Orientierung nach Osten.[123] Walter Ulbricht, ebenfalls Vorstandsmitglied
des FDGB, forderte, dass »der Wirtschaftsplan erfüllt und übererfüllt wird«
und die Gewerkschaften die Entwicklung der Industrie »zu fördern« hätten.[124]
Alles das dürfte den westlichen (nichtkommunistischen) Delegierten des Arbeitsausschusses eine wenig erstrebenswerte Perspektive vermittelt haben.

Der Arbeitsausschuss entschloss sich, eine relativ knappe und nüchterne
Entschließung zu verabschieden, die die Entscheidung (in Anbetracht ihrer
Tragweite) wieder an die Interzonenkonferenz zurückgab. Er empfahl, einen

schaften, ab 1942 Mitglied der Landesgruppe deutscher Gewerkschafter in Schweden,
November 1947 – Oktober 1949 Sekretär des Gewerkschaftsrates für die Bizone bzw. für
die Trizone.

120 Vgl. Dok. 26.
121 Matthias Schneider (24.02.1896–29.10.1947), Tischler, vor 1933 Vorsitzender des DHV
und ADGB-Kartells Baden-Baden, 1946 Vorsitzender des gewerkschaftlichen Zentralbüros
Baden-Baden und Umgebung, 1947 Vorsitzender der Landesvereinigung der Holzarbeiter
Süd-Baden, Vorstandsmitglied des Badischen Gewerkschaftsbundes und Zonensekretär der
Gewerkschaften der Französischen Zone.
122 Adolf Ludwig (27.06.1892–18.02.1962), Schuhfabrikarbeiter, ab 1910 Mitglied, 1919–1923
hauptamtlicher Sekretär, 1924–1933 Ortsvorsitzender des Zentralverbandes der Schuhmacher Deutschlands in Pirmasens, 1933 entlassen, mehrmalige Verhaftung und KZ-Auf-
enthalt, 1933 Flucht ins Saarland, 1935 nach Frankreich, 1943 Anschluss an die Bewegung
Freies Deutschland für den Westen, 1945 Beauftragter der Gewerkschaften für Hessen-Pfalz,
1947–1958 Vorsitzender des AGB Rheinland-Pfalz bzw. des DGB-Landesbezirks Rheinland-Pfalz, 1949–1962 MdB für die SPD.
123 Für vieles: Malycha: SED, S. 263 ff.
124 Protokoll SED. 20–24. September 1947, S. 311.

Beschluss zu fassen, möglichst bald einen Gewerkschaftskongress zu veranstalten und mit dessen Vorbereitung den Ausschuss zu beauftragen. Diesem oblag die Erarbeitung der Organisationsgrundsätze, eines Satzungsentwurfs und einer Wahlordnung. Ferner hatte das Gremium Vorschläge für die Vereinheitlichung der Organisation zu entwerfen.[125]

Die 6. Interzonenkonferenz in Bad Pyrmont im Oktober 1947 übernahm das und ergänzte es um einen Punkt, der den westlichen Delegierten wichtig war, nämlich dass es Bünden frei stehe, sich über einzelne Zonengrenzen hinweg zu vereinigen. Mit knapper Mehrheit fand eine Resolution Anklang, dass der WGB die Interzonenkonferenzen als deutsche Repräsentation ansehen möge, solange kein Dachverband existierte. Dem widersprach Bernhard Göring heftig und forderte, über die von ihm eingebrachte Resolution als die weitergehende abzustimmen.

Mit der knappsten Mehrheit von elf zu zehn Stimmen beschlossen die Delegierten nun:

»Die 6. Interzonenkonferenz der deutschen Gewerkschaften in Bad Pyrmont beschließt die Einberufung eines allgemeinen deutschen Gewerkschaftskongresses zum Frühjahr 1948.

Der Kongress hat die Aufgabe:

1.) Grundsätze für die gewerkschaftliche Arbeit in ganz Deutschland in allgemeiner Übereinstimmung auszuarbeiten,

2.) die Wahl einer Generalkommission der deutschen Gewerkschaften

3.) und die Wahl eines Beirates der Generalkommission vorzunehmen.«[126]

Die im Dezember 1947 folgende Ausschusssitzung in Nienburg an der Weser stand vor dem Problem, diese widersprüchliche Situation zu bereinigen. Deutlich zeigen sich die kontroversen Grundpositionen. Die Vertreter der sowjetischen Zone und Berlins hatten Görings Vorschlag zu einem Kombinationsmodell weiterentwickelt. Zu einem »Sockel« von jeweils 65 für die drei größeren Zonen und 45 Delegierten für die kleinste Zone und Berlin sollten je ein Vertreter auf 10.000 Verbandsmitglieder hinzugewählt werden.[127] Zudem reichten die FDGB-Vertreter einen Vorschlag für einen Termin (Ende April 1948) und einen Tagungsort (Berlin) ein.

Die Delegierten der amerikanischen Zone reagierten ablehnend; die Gewerkschafter der französischen Zone folgten ihnen. Sie hielten eine Konferenz aus 20 oder 30 Delegierten[128] pro Besatzungszone für ausreichend angesichts der heterogenen Strukturen der Besatzungsgebiete und Organisationsprinzipien. Die Gewerkschafter der britischen Zone hielten unterschiedliche Mandate, wie vom FDGB vorgeschlagen, für denkbar, wandten ein, dass mit 1200 bis 1300 Delegierten kaum ein arbeitsfähiger Kongress zustande kommen könne.

---

125 Vgl. Dok. 28b.
126 Vgl. Dok. 31.
127 Vgl. Dok. 32.
128 Die Zahl ist in der Vorlage durch handschriftliche Korrekturen nicht exakt zu entziffern.

Letztlich gab Albin Karl zu bedenken, ob nicht eine Generalkommission auf anderen Wegen konstituiert werden könne als über einen Kongress.

Mangels Konsensfähigkeit wurde die Entscheidung vertagt und deren Vorbereitung in Kommissionen delegiert. Es wurden zwei benannt. Eine mit der Aufgabe, Richtlinien für Aufbau, innere Einrichtung und Verwaltung der Gewerkschaften und des Bundes sowie einer Generalkommission und eines Beirates zu erarbeiten und eine weitere für Richtlinien zur Gewerkschaftspolitik. Vorsitzende beider Kommissionen waren FDGB-Funktionäre, im ersten Fall Hermann Schlimme, im zweiten Ernst Krüger[129].

In Nienburg lag ein Entwurf (offenkundig aus dem FDGB) vor, der einer zukünftigen Generalkommission weitreichende Kompetenzen zuwies, so in der Wirtschafts- und Sozialpolitik, dem Arbeitsrecht und auch der Lohn- und Preispolitik.[130] Ferner oblag ihr, die »notwendigen ideellen und organisatorischen Vorbereitungen zur Schaffung eines Freien Deutschen Gewerkschaftsbundes für ganz Deutschland zu treffen und die innerorganisatorischen Arbeiten der Gewerkschaft zu festigen.« Selbstverständlich hatte er auch den »Anschluss« an den Weltgewerkschaftsbund zu betreiben.

Es war sehr unwahrscheinlich, dass die Westzonen-Gewerkschafter eine derartige Machtfülle der Gewerkschaftszentrale akzeptieren würden, die noch einschloss, »allgemeine Richtlinien für die Arbeit der Gewerkschaften festzulegen«, und eine Bindungswirkung gegenüber den einzelnen Gewerkschaften beanspruchte. Der Plan übernahm die hierarchisch-zentralistische Struktur des FDGB der sowjetischen Zone und orientierte sich in seinen Kompetenzansprüchen (Preispolitik) an einer staatsgelenkten Zentralverwaltungswirtschaft.

Noch vor der Arbeitsausschusssitzung in Nienburg hatten sich der DGB der britischen Zone und Markus Schleicher aus der amerikanischen Zone sehr skeptisch geäußert.

Der Vorstand des DGB (Britische Zone) richtete ein Schreiben an seine Mitgliedsverbände, um eine Entscheidung von ihnen angesichts der Widersprüchlichkeit der Beschlüsse der 6. Interzonenkonferenz von Bad Pyrmont zu erbitten. Er sah (durchaus korrekt) das Problem darin, dass eine Entschließung vor einem gesamtdeutschen Kongress Klarheit über den organisatorischen Aufbau sowohl des künftigen Bundes wie auch der einzelnen Gewerkschaften fordere, die zweite hingegen sollte die Entscheidung über die Grundsätze und den organisatorischen Aufbau dem Kongress selbst überlassen. Eher beiläufig betonten die Verfasser, Hans Böckler und Hans vom Hoff[131]: »Einmütigkeit

---

129  Ernst Krüger (9.01.1895–26.10.1970), 1945 Eintritt in die KPD, 1946 SED, 1946 Mitglied im FDGB-Landesvorstand Groß-Berlin, 1947–1950 Mitglied im FDGB-Bundesvorstand, 1948/49 Generalsekretär des FDGB-Bundesvorstandes, 1948–1950 Mitglied des Volksrates bzw. der Volkskammer, Abteilungsleiter im Magistrat von Groß-Berlin und ebenda Mitglied des SED-Landesvorstandes.
130  Vgl. Dok. 32a.
131  Hans vom Hoff (1.05.1899–15.11.1969), kaufmännischer Angestellter, 1919 ehrenamtlicher Funktionär im Zentralverband der Angestellten (ZdA), 1923–1933 Bezirksleiter des ZdA in Essen, Düsseldorf und Hagen, 1933 entlassen, 1935/36 wegen Vorbereitung zum Hochverrat

wird wohl darüber bestehen, dass baldmöglichst ein gesamtdeutscher Gewerk-schaftskongress stattfinden soll.«[132]

In einem zeitgleichen Sachstandsbericht zeigte sich Markus Schleicher in Stuttgart sehr viel skeptischer. Er sah eine Reihe von Problemen: So sei zu-nächst die Zustimmung der Alliierten »gegenwärtig nicht zu erreichen«. Die organisatorischen und ideologischen Differenzen zwischen den Bünden lie-ßen noch nicht die Perspektive eines notwendigen Ausgleichs erkennen. Ein allgemeiner Kongress, der nicht die Gründung eines Gewerkschaftsbundes konkret beschließen könne, würde »lediglich ein Tummelplatz für politische Auseinandersetzungen«.[133]

Der FDGB-Bundesvorstand billigte selbstverständlich die Vorschläge seiner Vertreter in Bad Pyrmont und Nienburg.[134] Einen Tag später zeigten sich zwischen dem ersten und zweiten Vorsitzenden Nuancen in der Beurtei-lung der Lage[135]: Jendretzky polemisierte gegen die Gewerkschaftsführer des Westens, sie gäben »ständig Lippenbekenntnisse zur Einheit ab, versuchen jedoch in der Praxis, die Vorwärtsentwicklung zum gesamtdeutschen Ge-werkschaftskongress zu hemmen. Ihr Wortführer ist Tarnow.« Er diagnosti-zierte ferner: »Fatalistische Stimmungen im Westen.« Göring kritisierte die ablehnende Haltung der Vertreter der amerikanischen Zone in Bad Pyrmont und in Nienburg und stellte den Kompromisswillen des FDGB dar. So habe der WGB beschlossen, Wahlen seien nach der Stärke der Organisation vor-zunehmen. »Vertreter des FDGB haben weiteren Spielraum bei der Wahl der Bundesdelegierten gegeben, um hier entgegenzukommen.« Pikanterweise sprach in dieser Sitzung zwischen den Beiträgen von Jendretzky und Göring Herbert Warnke[136] über die »Schaffung einer neuen Ideologie zur Arbeit«. Damit begann die FDGB-Führung den Kampf gegen die freigewerkschaftli-chen Traditionen und setzte ein Signal zur Transformation des Verbandes in eine stalinistische »Massenorganisation«. Unmittelbar zuvor hatte der Berg-

---

inhaftiert, nach 1946 Mitglied des Zonenausschusses der Gewerkschaften der Britischen Zone, 1947 stellvertretender Vorsitzender, ab 1947 Mitglied des Bundesvorstandes des DGB (BBZ), 1948 Mitglied des Hauptausschusses der DAG (Deutschen Angestellten Gewerk-schaft), 1948 Mitglied des Gewerkschaftsrates der vereinten Zonen Frankfurt am Main, 1949–1952 Mitglied der Geschäftsführung des Bundesvorstandes des DGB, Leiter Abt. Wirtschaftspolitik.

132  Vgl. Dok. 33.
133  Vgl. Dok. 34.
134  Vgl. Dok. 35a.
135  Vgl. Dok. 35b.
136  Herbert Warnke (24.02.1902–26.03.1975), Nieter, 1923 KPD, 1924–1928 Mitglied des DMV (ausgeschlossen), 1927 Mitglied der KPD-BL Wasserkante, 1929/30 Betriebsratsvorsitzen-der bei Blohm & Voss Hamburg, nach Arbeitslosigkeit hauptamtlicher Funktionär, Sekretär des Bezirkskomitees der RGO in Bremen, 1932/33 MdR, nach 1933 illegale Tätigkeit, 1933–1935 Sekretär der RGI in Saarbrücken und Paris, 1936–1938 Mitglied der Abschnitts-leitung Nord der KPD in Kopenhagen, 1939 Ausbürgerung, anschließend in Schweden, 1939 – November 1943 Haft und Internierung in Langmora, 1943 Chefredakteur der Zeit-schrift »Der Weg ins Leben«, Februar 1946 Vorsitzender des Landesvorstandes des FDGB Mecklenburg-Vorpommern, Mitglied des Bundesvorstandes, 1948–1975 1. Vorsitzender des Bundesvorstandes des FDGB, 1953–1969 einer der Vizepräsidenten des WGB.

arbeiter Adolf Hennecke[137] die Leistungsnorm in einer Schicht mit fast 380 % erfüllt. Das sah die FDGB-Führung als Signal zum Kampf gegen das bisherige Lohnsystem.[138] Dass der FDGB damit – und vor allem mit der folgenden Propagandakampagne – die westdeutschen Gewerkschafter für die eigenen Ziele gewinnen konnte, erscheint zweifelhaft.

Die folgende Tagung des Arbeitsausschusses Anfang Januar in Hallthurm bei Berchtesgaden konstatierte in wichtigen Fragen nur einen Dissens. Es war unmöglich, sich über die Zusammensetzung eines deutschen Gewerkschaftskongresses, das Wahlverfahren und einen Tagungsort zu einigen. Die gegensätzlichen Ansichten darüber hatten sich seit dem Vormonat nicht verändert.[139]

Die beiden in Bad Pyrmont benannten Kommissionen erledigten einen Teil der ihnen auferlegten Arbeiten. Als relativ problemlos erwies sich die Erarbeitung einer Satzung. In der Frage der Mitgliedschaft (im FDGB beim Bund, im Westen bei den Einzelgewerkschaften) konnte ein Kompromiss gefunden werden. Auch die »Grundsätze und Aufgaben zur Vereinigung der deutschen Gewerkschaften« wurden letztlich beschlossen; beides sollte der 7. Interzonenkonferenz in Dresden zum abschließenden Votum vorgelegt werden.

Die Grundsatzerklärung stellte einen Kompromiss dar, der im Aufgaben- und Zielkatalog deutlich freigewerkschaftliche Positionen sichtbar werden ließ. Gewerkschaften wurden als Interessenvertreter wirtschaftlicher, sozialer und kultureller Belange definiert, zugleich das Bekenntnis zur parteipolitischen und religiösen Neutralität fixiert. Eine einseitige Bindung an eine Partei war damit nicht aufgenommen. Die Gewerkschaften erwarteten nach diesen Grundsätzen von den Parteien »die politische und gesetzgeberische Förderung ihrer Interessen und Forderungen.«

Einen Kompromiss stellten auch die Forderungen nach Entnazifizierung dar. Der Grundsatz der Säuberungen der Betriebe von »nazistischen Elementen« harmonierte mit den Forderungen der westdeutschen Gewerkschaften, blieb hingegen hinter den Vorstellungen von FDGB und SED zur Entfernung »faschistischer« Elemente zurück. Auch die Forderung nach »Auflösung« oder nach »Überführung der Konzerne, sowie kartell-monopolitischer oder monopolähnlicher Betriebe« sowie der Grundstoff- und Montanindustrien »in Gemeineigentum« entsprachen im Wesentlichen den Forderungen westlicher Gewerkschaften.[140] Zum zentralen Punkt »Neuordnung der Wirtschaft« nannten die Grundsätze den »Aufbau eines Systems geplanter und gelenkter Wirtschaft«, wiederum die Überführung der Schlüsselindustrien in Gemeineigentum sowie die Errichtung eines zentralen Amtes für Wirtschaftsplanung

---

137 Brunner: Sozialdemokraten, S. 261 und S. 263.
138 Aus der Sicht des FDGB: Aus der Arbeit des FDGB, S. 129. Insgesamt Brunner: Sozialdemokraten, S. 257 ff.; ferner Werum: Gewerkschaftlicher Niedergang, S. 110 ff.
139 Vgl. Dok. 36.
140 Vgl. Dok. 36b. Zu Stalins Auffassung zu Gemeineigentum und Sozialisierung s. Einleitung Anm. 12.

als ein Element wirtschaftlicher Selbstverwaltung unter paritätischer Einbeziehung der Gewerkschaften.[141]

Offenkundig war auf dem Feld der Programme der FDGB zu Kompromissen und selbst zu Verletzungen seiner elementaren Vorstellungen bereit, aber nicht bei Plänen, die seine erwartete Mehrheit auf einen gesamtdeutschen Gewerkschaftskongress hätte in Frage stellen können. Auf der Ebene eindeutiger Machtpolitik war er nicht bereit, von seinen Positionen abzurücken. Für die westdeutschen Gewerkschaften ihrerseits erschien eine FDGB-Kongressmehrheit ebenso undenkbar. Damit waren die Verhandlungen um einen gesamtdeutschen Kongress endgültig in der Sackgasse gelandet. Nicht nur das als ferneres Ziel war damit zumindest vorerst gescheitert, sondern auch die Versuche, Übergangsregelungen und -gremien einzurichten. Der FDGB favorisierte eine Generalkommission der Gewerkschaften, die westdeutschen einen Zentralrat. Beides scheiterte an der Ablehnung der jeweils anderen Seite.

Überraschend lenkte der FDGB jedoch während der 7. Interzonenkonferenz im Februar 1948 in Dresden in der letzten Frage ein, einen Zentralrat der deutschen Gewerkschaften auf der Grundlage von Delegationen durch die Bünde zu bilden.[142] Diesem Gremium sollten die Kompetenzen der Interzonenkonferenzen zufallen, allerdings »mit stärkeren Vollmachten ausgestattet«.[143] Eine Debatte um Grundsatzerklärung und Statut – vom Arbeitsausschuss ausdrücklich als vorläufig gekennzeichnet – wurde ebenso einmütig an diesen zurückverwiesen.

Der FDGB-Vorstand lud zwar turnusgemäß zur nächsten Ausschusssitzung vom 12. bis 13. März 1948 in Gotha, bat aber zwei Wochen später dringend die Gewerkschaftsbünde der Westzonen, eine Einladung zur Konferenz der Gewerkschaften der Marshall-Plan-Länder[144] am 8. und 9. März 1948 in London nicht wahrzunehmen. Als die westdeutschen Gewerkschaften das ablehnten und der Termin verstrichen war, lud der FDGB erneut zu einer Ausschusssitzung am 2. und 3. April 1948 ein. Fritz Tarnow antwortete darauf am 15. März und wies auf das Kernproblem hin. Der FDGB hatte angegeben, er betrachte eine »Teilnahme an einer nicht vom WGB einberufenen Konferenz als eine nicht in unserem Interesse liegende Handlung. Marshallplan bedeutet Spaltung Deutschlands und der Welt in zwei Lager und gefährdet den Frieden, irgendwelche Hilfspläne können nur von einer deutschen Zentralstelle abgeschlossen werden.«[145] Tarnow antwortete mit scharfen Worten: »Wenn überhaupt Worte einen Sinn haben, dann bedeutet das doch die Anklage gegen die Gewerkschaftsleitungen der drei Westzonen, dass sie an Maßnahmen

---

141 Vgl. Dok. 37. Diese Palette von Forderungen entsprach im Wesentlichen den Zielvorstellungen der westdeutschen Gewerkschaften. Ein konzises Programm der westdeutschen Gewerkschaften gab es zu dieser Zeit naturgemäß nicht. Es erscheint aber zulässig, die »Münchener Grundsätze« von 1949 auf den hier behandelten Zeitraum zu übertragen. Vgl. dazu Hemmer: Grundsatzprogramme, S. 353 f.
142 Vgl. Dok. 42 f.
143 Vgl. Dok. 42.
144 Vgl. Borsdorf: Marshall-Plan, S. 207.
145 Zitiert in der Antwort von Tarnow, vgl. Dok. 46.

zur Spaltung Deutschlands und damit auch der deutschen Gewerkschaftsbewegung mitarbeiten. Entweder besteht Euer Vorwurf zu Recht, dass dies
eine Spaltung Deutschlands bedeutet und dann könnt Ihr doch ehrlicherweise
mit ihnen keine feste Gemeinschaft eingehen. Oder ihr habt Euch inzwischen
davon überzeugt, dass die von Euch eingenommene Stellungnahme nicht
haltbar ist, aber dann muss das zuvor klargestellt werden.«[146] Tarnow forderte,
dieses Problem auszuräumen, bevor über weitere Perspektiven interzonaler
Gewerkschaftseinheit diskutiert werden könne. Er regte an, daher die nächste
Interzonenkonferenz vorzuverlegen.

Der FDGB antwortete in moderatem Ton und unterstrich seine Kooperations-
bereitschaft. Aber er verwies auf die zu erwartende Einladung an die deutschen Gewerkschaften zur Sitzung des Exekutivkomitees des WGB in Rom
und wollte deswegen die 8. Interzonenkonferenz in Heidelberg verschieben.

Die Heidelberger Tagung vom 13. bis 15. Mai 1948 fand unter dem Vorzeichen
eines mühsam erzielten Kompromisses statt. Nicht Hans Böckler, sondern
Willi Richter sprach über die Londoner Konferenz und den Marshall-Plan,
daneben berichtete Bernhard Göring über die WGB-Tagung in Rom.[147] Die
Konferenz demonstrierte in ihrem Beschluss zu diesem Punkt einen kom-
pletten Dissens und ermöglichte jedem Zonenverband, eigene Wege zu gehen:
»Solange in Deutschland durch die verschiedenen Zonen die Gestaltung der
wirtschaftlichen und politischen Entwicklung von den Besatzungsmächten
unterschiedlich behandelt wird, werden die einzelnen Gewerkschaftsbünde
im Rahmen der gegebenen Möglichkeiten arbeiten.« Das Bekenntnis zur deutschen Gewerkschaftseinheit blieb dann nur noch eine Formel: »Unbeschadet
der gegenwärtigen Verhältnisse halten die Vertreter der Interzonenkonferenz
an dem Ziel der zukünftigen Schaffung einer einheitlichen, wirtschaftlichen
und politischen Gestaltung für ganz Deutschland fest.«

Der Kernpunkt, der Auftrag von Dresden an den Arbeitsausschuss, Modali-
täten für den geplanten Zentralrat und die Grundsatzerklärung zu beraten,
wurde gar nicht erst behandelt, sondern auf die nächste Interzonenkonferenz
vertagt.

Der Pressebericht kaschierte das geschickt: »Nach einem Zwischenbericht
von Albin Karl, Düsseldorf, über die Ergebnisse der Beratungen des Arbeitsausschusses, der mit der Vorbereitung zur Bildung des Zentralrates betraut
war, wurde dieser Ausschuss mit der weiteren Klärung der Grundsätze beauftragt, nach denen die Konstituierung des Zentralrates erfolgen soll.«

Den letzten Akt bildete die Arbeitsausschusssitzung in Salzgitter-Lebenstedt
vom 9. bis 10. Juli 1948. Angesichts der völlig unterschiedlichen wirtschaftlichen und politischen Verhältnisse hielten es die Delegierten der amerikanischen und der britischen Zone für wenig ertragreich, über einen Zentralrat
weiter zu verhandeln. Die FDGB-Delegierten aus der sowjetischen Zone und
Berlin wollten genau das – nun trotz alledem. Josef Vogel[148] aus der franzö-

---

146  Ebenda.
147  Vgl. Dok. 48.
148  Josef Vogel (21.11.1883–8.03.1975), seit 1901 in den christlichen Gewerkschaften organisiert,
     nach 1918 im Hauptvorstand des Reichsverbandes der deutschen Post- und Telegraphen-

sischen Zone plädierte für einen Kompromiss und regte an, interimistisch ein Interzonensekretariat zur Erledigung der laufenden Geschäfte zu bilden.[149]

Tatsächlich war damit die Debatte um das Thema beendet. Die 9. Interzonenkonferenz in Enzisweiler bei Lindau vom 17. bis 18. August 1948 diskutierte bis zu ihrem vorzeitigen Abbruch nur über die Vertretung der Berliner Gewerkschafter, über die Hinzuziehung der »Unabhängigen Gewerkschaftsopposition« (UGO).[150] Dieses Problem war in Heidelberg angesprochen, aber letztlich ausgeklammert worden.

Der FDGB tat so, als ob die Dinge ihren Lauf nähmen. Er beschloss am 9. August 1948 noch Richtlinien für die Schaffung eines Zentralrates der deutschen Gewerkschaften,[151] lud nach dem Scheitern der 9. Interzonenkonferenz zu einer weiteren ein[152] und bildete noch 1948 ein »Büro für deutsche Gewerkschaftseinheit.«[153]

## 5. Einheit als Ziel – einheitliche Ziele?

Im Mai 1947 formulierte der FDGB-Vorsitzende Hans Jendretzky unerwartet deutlich, dass es dem FDGB in den Interzonenkonferenzen vorrangig darum ging, die Verhältnisse der sowjetischen Besatzungszone auf ganz Deutschland zu übertragen: »Die Forderung nach Vereinigung der Gewerkschaften in ganz Deutschland hat daher auch den tieferen Sinn, den gemeinsamen Kampf unter Zugrundelegung der Erfahrungen in der Sowjetischen Zone zu führen und jeden Angriff von vornherein unwirksam zu machen.«[154]

In der ersten Interzonenkonferenz im Juli 1946 in Frankfurt am Main attestierte, wie oben angeführt, ein dem Kommunismus kritisch gegenüber stehender Gewerkschafter wie Franz Spliedt der sowjetischen Zone einen Vorsprung auf dem Weg zur Gemeinwirtschaft. Das ließe die Vermutung zu, dass die programmatischen und ordnungspolitischen Zielsetzungen der Gewerkschaften in Ost und West nur allmählich als diachron wahrgenommen wurden. Fraglos markiert die konträre Einschätzung von Entnazifizierung durch FDGB und Gewerkschaften der Westzonen eine erste beachtliche konzeptionelle Differenz.

Unmittelbar nach den Berichten zur Entnazifizierung folgten in der 2. Interzonenkonferenz in Hannover im Dezember 1946 die Referate von Willi

---

beamten, Beisitzer im Bundesvorstand des Deutschen Beamtenbundes, 1928 2. Vorsitzender des Badischen Gewerkschaftsbundes, 1946 Vorsitzender der Landesvereinigung des Post- und Telegrafenwesens in Baden (Französische Zone), 1949 2. Vorsitzender der Deutschen Postgewerkschaft. Die Schreibweise des Vornamens wechselt zwischen Josef und Joseph.
149  Vgl. Dok. 50a.
150  Vgl. aus der Retrospektive des DGB: Berliner Gewerkschaftsgeschichte.
151  Vgl. Dok. 51.
152  Vgl. Dok. 54.
153  Vgl. Dok. 56.
154  Vgl. Dok. 19, Anlage 4.

Richter aus Frankfurt am Main und Hermann Schlimme aus Berlin zum Komplex Demokratisierung der Wirtschaft und Mitbestimmung.

Ausgehend von dem Postulat, Wirtschaft sei »nicht mehr Privatsache, sondern Angelegenheit der Gewerkschaft«, skizzierte Richter ein umfassendes Modell von Mitbestimmung.[155] Gewerkschaften hätten »das sittliche Recht, innerhalb der Wirtschaft gleichberechtigt mit den Unternehmern und Verwaltungen an dem Wirtschaftsaufbau und der Wirtschaftsführung mitzuwirken.« Er forderte dazu die Umgestaltung der wirtschaftleitenden Institutionen »auf demokratischer Grundlage«. Diese Überlegungen liefen auf die Bildung einer zentralen Institution hinaus, die nach »Wirtschaftsbezirken und Branchen« unterteilt sein sollte. Als deren Exekutive benannte er einen »Landwirtschaftsrat« (gemeint war offenbar ein Landeswirtschaftsrat) mit einem Präsidium. Die Gremien waren paritätisch aus den Gewerkschaften sowie denen der privaten und öffentlichen Wirtschaft zu besetzen. Ihre Aufgaben bestanden darin, das Zusammenwirken »der Arbeitnehmer und Unternehmer [...] auf allen gemeinsamen Gebieten des Sozial- und Wirtschaftslebens zu fördern«.

Richter lehnte sich hier weitgehend an die Vorstellungen zur Wirtschaftsdemokratie aus der Weimarer Zeit an und übernahm auch die Konzeption eines Reichswirtschaftsrates mit seinen regionalen und branchenbezogenen Untergliederungen. Für ihn mündete das Konzept in ein System von Selbstverwaltung in der Wirtschaft, in dem Kapital und Arbeit gleichberechtigt nebeneinander standen. Das führte nach seiner Meinung auch »zur Beseitigung der auf dem Kapitalbesitz beruhenden Herrschaft über die Wirtschaft.«

Richter sprach also nicht über eine Enteignung von Unternehmen, sondern er wollte in erster Linie eine Demokratisierung der Verfügungsmacht erreichen. Folglich war in seiner Konzeption auch Platz für Unternehmerverbände, deren Existenz als Interessenvertretung er für ebenso legitim hielt wie die der Gewerkschaften. Zwischen beiden fungierte das System der demokratisierten Kammern als Ausgleichs- und Vermittlungsinstanz.

War bei Richter die Mitbestimmung ethisch begründet, so zog sich Schlimme auf die von KPD und SED propagierten ökonomischen Determinanten zurück (»Faschisten in allen Ländern Europas und Japans waren zugleich Träger der Großindustrie und der Hochfinanz.«). Grundlage seiner Mitbestimmungsforderungen waren folglich weitgehende Enteignungen, die Schließung der Großbanken, die Auflösung »der Konzerne sowie der Kartell- und Unternehmer-Organisationen. Übernahme der Konzernbetriebe, soweit sie nicht den Besatzungsbehörden unterstehen, durch die Landes-, Provinzial- oder Stadtverwaltungen.«[156]

Er forderte das »volle Mitbestimmungsrecht« der Gewerkschaften und führte Beispiele an (so aus der vorläufigen Berliner Handwerkskammer), dass die

---

155  Vgl. Dok.11 f.
156  Vgl. Dok.11 g.

Gewerkschaften dort über 30 % der Sitze verfügten; gefordert sei in einem Antrag an die Alliierte Kommandantur die Parität.

Weiterhin verwies er auf die Beteiligung der Gewerkschaften in den wirtschaftspolitischen Ausschüssen des Magistrats der Stadt Berlin und in einer Reihe von Kontroll- und Überwachungsgremien. Unternehmerverbände sollte es nach seinen (und denen des FDGB) Vorstellungen nicht mehr geben. Das »volle Mitbestimmungsrecht« bei Schlimme bedeutete ein Mitwirkungsrecht in allen möglichen staatlichen, politischen und ehrenamtlichen Gremien (etwa Preisausschüsse zur Kontrolle von Preiswucher und des Schwarzmarktes).

Für das Feld der Wirtschaft sah Schlimme ein Mitbestimmungsrecht der Betriebsräte auf der Grundlage von Betriebsvereinbarungen vor.[157] Das sollte wirksam sein »bei der Gestaltung der Produktion, bei der Kalkulation und Warenverteilung, bei der Einstellung, Entlassung, Versetzung und Beförderung der Arbeiter und Angestellten«. Er hielt fest, dass Betriebsordnungen mit solchen Kompetenzen »teilweise erst durch Streiks in den Betrieben durchgesetzt werden konnten.«

Die 4. Interzonenkonferenz in Garmisch-Partenkirchen griff das Problem der Neuordnung der Wirtschaft auf; dazu referierte Hans Jendretzky aus dem FDGB. Für ihn war die Sachlage recht einfach: In der sowjetischen Zone war das Problem insgesamt gelöst, und es konnte nur noch darum gehen, deren Verhältnisse auf ganz Deutschland zu übertragen.[158] Zugleich lehnte er die Mitbestimmungsforderungen, wie sie von Willi Richter oder Fritz Tarnow verfochten wurden, ab. Auf Vorschlag des Bayrischen Gewerkschaftsbundes wurde auf eine Diskussion im Anschluss an das Referat verzichtet und an eine Kommission der Auftrag erteilt, »die noch strittigen Punkte klären zu lassen, worauf eine Entschließung zur Neugestaltung der Wirtschaft entworfen werden könne«.[159] Die dann verfasste »Entschließung zur Neuordnung der Wirtschaft« ist vermutlich während der Tagung in einer Arbeitsgruppe erstellt und schließlich am letzten Tag einstimmig verabschiedet worden.

Diese Resolution stellt offenkundig den Gipfel der Gemeinsamkeiten der deutschen Gewerkschaftsorganisation dar, auch wenn sie deutlich hinter die Forderungen Jendretzkys und den Positionen des FDGB zurückfiel. Der Pressebericht der Konferenz gab Folgendes wieder:

»Die Konferenz legte deshalb ihre Auffassung zur Neugestaltung der ökonomischen und sozialen Verhältnisse in Deutschland ebenfalls in einer Entschließung nieder.

---

157 Zum Mitbestimmungsrecht der Betriebsräte in der Sowjetischen Zone vgl. Suckut: Betriebsrätebewegung, S. 319 ff. – Der FDGB verzeichnete bis zum Jahresende 1946 knapp 14.000 solcher Betriebsvereinbarungen. Der FDGB-Bundesvorstand hatte dazu eine Reihe von Muster-Vereinbarungen versandt. Zum Teil mussten die gewählten Betriebsräte erst noch von der Notwendigkeit der Betriebsvereinbarungen überzeugt werden. Vgl. Geschäftsbericht FDGB, S. 160 und S. 161.
158 Vgl. Dok. 19, Anlage 4.
159 Vgl. Dok. 19.

Wesentlichste Punkte dieser Entschließung sind:

a) die Wiederherstellung der wirtschaftlichen Einheit,

b) der Aufbau eines Systems geplanter und gelenkter Wirtschaft, die Vergesellschaftung der wichtigen Schlüsselindustrien sowie der Kredit- und Versicherungsinstitute,

c) die Errichtung eines zentralen deutschen Amtes für Wirtschaftsplanung und -lenkung,

d) die Erhöhung der Industrieproduktion Deutschlands für den friedlichen Bedarf über den vom Kontrollrat vorgesehenen Umfang hinaus,

e) die Einstellung der Demontage von Industrieanlagen,

f) die Aufstellung und Durchführung eines Export- und Importplanes,

g) die Durchführung einer Bodenreform unter Mitwirkung von Selbstverwaltungsorganen der Landwirtschaft und der Gewerkschaften,

h) die Erfassung der für die Volksernährung notwendigen Agrarpolitik nach einem einheitlichen Ablieferungsplan,

i) die Durchführung einer einheitlichen Währungs- und Finanzreform für ganz Deutschland sowie ein gerechter Lastenausgleich, wobei Sachwerte und Geldvermögen gleichgestellt sind.«[160]

Diese Forderungen waren als »Sofortprogramm« in einem Grundsatzpapier der FDGB-Führung enthalten.[161] Diese wurden als Einzelpunkte in die Entschließung zur Neuordnung der Wirtschaft in Garmisch-Partenkirchen eingebracht. Es steht zu vermuten, dass das Grundsatzpapier des FDGB als Vorlage für die Resolution diente und zuvor nur die für die westlichen Gewerkschafter unannehmbaren Passagen gestrichen wurden. Zu diesen zählte der Anspruch des FDGB, »dass die neuen deutschen Gewerkschaften weitgehendsten politischen Einfluss auf die Gestaltung des neuen demokratischen Staates nehmen«, ferner die Pflicht, »einen entschiedenen Kampf gegen die Reaktion, gegen den Kapitalismus, zu führen«, sowie gegen hemmende Kräfte in diesem Kampf »in den eigenen Reihen«. Enthalten war im FDGB-Text naturgemäß auch die Verurteilung der »Politik der Arbeitsgemeinschaft«.

Die folgende Interzonenkonferenz in Badenweiler im August 1947 nahm den Tenor dieser Entschließung im Zusammenhang mit der Kohlenkrise wieder auf: »Die deutschen Gewerkschaften wiederholen deshalb ihr früher bereits gestelltes Verlangen auf Vergesellschaftung der Kohlenwirtschaft, als der ersten, im Friedensinteresse zu vergesellschaftenden Grundstoffindustrien. Bis zur Erfüllung dieser Forderung ist die sofortige Übertragung der Kontroll- und Verteilungsbefugnisse an deutsche Behörden dringend notwendig.« Hier war, wie auch in der Garmisch-Partenkirchener Resolution, die zentrale Forderung des FDGB, die Verstaatlichung, umgangen.[162]

---

160 Vgl. Dok. 19, Anlage 14.
161 Vgl. Dok. 20.
162 Vgl. Dok. 26.

In zwei Grundsatzerklärungen, des FDGB vom Mai 1947[163] einerseits und von Fritz Tarnow vom Januar 1948[164] andererseits, kam überdeutlich zum Ausdruck, dass die Gewerkschaften in Ost und West unterschiedlichen, ja sogar gegensätzlichen Positionen anhingen, die eine politische Einheit ausschlossen.

Der FDGB sah in den Gewerkschaften zum Ersten Organisationen des Klassenkampfes. Der entschiedene Kampf gegen »Reaktion, den Kapitalismus« war deswegen Pflicht, um den »Rhythmus der kapitalistischen Entwicklung Konjunktur – Krise – Krieg« zu überwinden.

Zum Zweiten kam ihnen in der Sicht des FDGB eine eminente quasi-parteipolitische Bedeutung zu. Sie sollten nicht mehr nur auf sozialpolitischem und arbeitsrechtlichem Gebiet tätig werden, sondern in Wirtschaft und Gesellschaft verantwortlich tätig sein. Sie sollten eine zukünftige deutsche Zentralregierung mit tragen und an Vorbereitung und Abschluss eines Friedensvertrages beteiligt sein. Insgesamt war es »die erste Aufgabe der deutschen Gewerkschafter, für die wirtschaftliche und politische Einheit Deutschlands zu kämpfen.« Der innere Zustand und die Orientierung der Gewerkschaftsbewegung waren dem FDGB außerordentlich wichtig. Sie mussten mit dem Kern freigewerkschaftlicher Traditionen brechen: »Die deutschen Gewerkschafter wissen, dass im Kampf gegen den Kapitalismus stets solche Kräfte in den eigenen Reihen in Erscheinung treten, die diesen Kampf hemmen. Besitzen solche Kräfte leitende Funktionen in der Gewerkschaftsbewegung, dann können sie diesen Kampf entscheidend beeinflussen. Vor 1933 betrieben solche Kräfte, die in entscheidenden Spitzenfunktionen saßen, eine Politik der Arbeitsgemeinschaft mit dem Kapital.«

Damit waren auch die Gegner in den eigenen Reihen benannt, die nicht nur vor 1933 existierten, sondern auch noch 1947. Mit Drohgebärde fügte der FDGB-Autor an: »In unserer jetzigen Gewerkschaftsbewegung gibt es dieselben Kräfte wie damals, die aus der Vergangenheit nichts gelernt haben. Sie stimmen der Schaffung der Einheit der Gewerkschaftsbewegung zu und handeln entgegengesetzt – bizonal.[165] Sie geben an, Feinde des Kapitalismus zu sein, und sind Förderer der Unternehmerverbände, plädieren für die Investierung ausländischen Kapitals und empfehlen den Gewerkschaftlern, nicht mehr von Sozialisierung zu sprechen.«

Der FDGB orakelte düster: »Selbst Kräfte aus unseren eigenen Reihen, Vertreter einer Minorität werden im Bunde mit den offenen Feinden unserer Bewegung Versuche unternehmen, den Entwicklungsprozess zu hemmen. Sie werden jede innergewerkschaftliche Demokratie mit Füßen treten und nicht vor Handlungen zurückschrecken, die Abspaltungen von der großen Gewerkschaftsbewegung zur Folge haben. Als Sammelbecken von Gewerkschaftsfein-

---

163  Einige wesentliche Grundsätze für die deutschen Gewerkschaften, Dok. 20.
164  Entwurf einer gewerkschaftlichen Prinzipienerklärung, Dok. 41.
165  Vgl. auch Dok. 30a. Der FDGB sah den Zusammenschluss der Gewerkschaften in der Britischen und der Amerikanischen Zone bekanntlich als Hindernis auf dem Weg zu einer einheitlichen deutschen Gewerkschaftsorganisation an. Vgl. Dok. 21a. Göring sprach hier von einer »unfreundlichen Haltung gegenüber der Ostzone«.

den, insbesondere Nazielemente, werden sie dann ihre verräterische Arbeit an der Arbeiterklasse im Bündnis mit dem Kapitalismus durchführen.«

Es gibt keine Indizien dafür, dass diese Positionen in der westdeutschen Gewerkschaftsbewegung hätten mehrheitsfähig sein können. Was hier als »Vertreter einer Minorität« diskriminiert werden sollte, war in der Tat das Gros der westdeutschen Gewerkschafter und vor 1933 die überwältigende Mehrheit der Mitglieder in den ADGB-Verbänden. Die Position des FDGB deckte sich bereits eindeutig mit dem zeitgenössischen sowjetischen und SED-Verständnis von »Reformismus«.

Tarnow nahm dagegen die Selbstdefinition der Gewerkschaften als Vertreter der sozialen und wirtschaftlichen Interessen der Arbeitenden auf, betonte die Unabhängigkeit von Staat und Parteien. Er sprach weder von Wirtschaftsordnungen noch vom Kapitalismus, aber vom demokratischen Staat, da »die Existenz und die Tätigkeit der Gewerkschaften nur in der Freiheit einer demokratischen Staatsordnung gesichert sind, gehört der Kampf für die Verwirklichung der Demokratie zu ihren wichtigsten Aufgaben.«

Er definierte Demokratie eindeutig im parlamentarisch-pluralistischen und liberalen Sinne, mit freien Wahlen, Mehrheitsprinzip, Schutz der Menschenrechte, Meinungsfreiheit und Freiheit von Furcht.

Die Delegierten der britischen und amerikanischen Zone betonten in der folgenden Arbeitsausschusssitzung in Salzgitter-Lebenstedt, dass die zuvor nach einigen Debatten verabschiedete Erklärung zu den »Grundsätzen und Aufgaben zur Vereinigung der deutschen Gewerkschaften« nur gelten können in Verbindung mit der von Fritz Tarnow verfassten Deklaration.[166] Damit stießen zwei einander ausschließende Grundrichtungen der Gewerkschaftsbewegung in Deutschland offen aufeinander.

## 6. Gewerkschaftliche Arbeitsfelder

Wollte der FDGB das Hauptaugenmerk auf allgemeinpolitische Bereiche gerichtet sehen und die Gewerkschaften der Westzonen sich auf die traditionelle Interessenvertretung sozialer und wirtschaftlicher Belange konzentrieren, schloss das eine mögliche Kongruenz auf vielen Feldern gewerkschaftlicher Tätigkeit nicht aus. Die Interzonenkonferenzen widmeten sich einer Fülle von Themen, die generell von Gewerkschaften behandelt wurden. Dazu zählen die beiden großen Bereiche der Frauen- und Jugendpolitik. Erstaunlicherweise wurden Frauenfragen (angesichts der demographischen Verschiebungen durch den Krieg und allen sozialen Folgen) recht spät behandelt, und zwar auf der 6. Interzonenkonferenz in Bad Pyrmont im Oktober 1947, nebenbei die einzige Tagung, in der Frauen in größerer Zahl vertreten waren. Es referierte Friedel Malter[167] aus dem FDGB. Sie forderte ein Recht auf Arbeit für Frauen,

---

166 Vgl. Dok. 37.
167 Friedel Malter (1.11.1902–21.12.2001), Weberin und Kontoristin, 1925 Mitglied im Deutschen Textilarbeiterverband, 1926 Eintritt in die KPD, 1926–1930 Abgeordnete des

einen besseren Arbeits- und Gesundheitsschutz sowie gleiche Entlohnung für Frauen.[168]

Wesentlich umfangreicher behandelte man die Jugendprobleme. Vom 15. bis 17. Januar 1948 fand in Hallthurm eine eigene Interzonenjugendkonferenz statt,[169] die, anders als die üblichen Runden, einen breiteren Kreis von Teilnehmern umfasste. Von 52 eingeladenen Delegierten erschienen 51.[170] Die Tagung verabschiedete eine Reihe von Resolutionen, so zur Reform des Jugendarbeitsschutzes, des Jugendrechts und der Berufsausbildung. Neuland betrat man mit einer Entschließung zur Entwicklung der Studentenschaft.[171] Immerhin hatten Jugendfragen schon zweimal zuvor auf der Tagesordnung gestanden (im November 1946 in Mainz und im Februar 1947 in Berlin).

Als Dauerthema in den Gewerkschaften erwies sich die Einrichtung der ersten Arbeitskommission während der 3. Interzonenkonferenz im Februar 1947 in Berlin. Sie befasste sich mit der Organisationsfrage der Angestellten. Im März führte dazu der Ausschuss eine gesonderte Beratung durch, die in Empfehlungen mündete, die im Mai 1947 in Garmisch-Partenkirchen als Richtlinien verabschiedet wurden. Erstrebt werden sollte überall »eine einheitliche Organisation aller Arbeitnehmer«, jedoch blieben die Richtlinien insgesamt vage.[172] Im Februar 1947 wurden Grundsätze für die Neugestaltung der Sozialversicherung beschlossen, die die Einheitlichkeit der Sozialversicherungsträger und die »maßgebende Mitwirkung« der Versicherten forderten. Als schwieriger erwies sich eine gemeinsame Haltung zum Arbeitsgerichtswesen, zum Betriebsräterecht, dem Kündigungsschutz und dem Urlaubsanspruch, da hier entweder alliiertes oder Länderrecht galt. Immerhin appellierte die Konferenz von Badenweiler (August 1947) an den Alliierten Kontrollrat, den von ihm verordneten Lohnstopp zu lockern. Zum Arbeitsrecht und vor allem zum Betriebsrätewesen (die auch das Verhältnis der Gewerkschaften zu den Betriebsräten regelten) verabschiedete diese Konferenz umfangreiche Richtlinien. Für das Feld der Betriebsräte betonte hier der Berichterstatter Markus Schleicher in der Konferenz fast resigniert: »Es ist festgestellt, dass die gegenseitigen Informationen aus den verschiedenen Zonen nur ein uneinheitliches Bild vermitteln konnten. Zu erkennen war, dass wir überall nur eingeengt und eingeschränkt arbeiten können.«[173]

Das war vermutlich symptomatisch für weitere Teile konkreter gewerkschaftlicher und sozialpolitischer Arbeit und mag erklären, warum diese Felder eher

---

schlesischen Provinziallandtages, 1929 RGO, 1931–1933 Mitglied des preußischen Landtages, 1933 illegale Tätigkeit, 1933–1938 inhaftiert, 1938–1944 Angestellte in Breslau, 1944 KZ Ravensbrück, 1945/46 Leiter der Frauenabteilung im ZK der KPD, 1946 Eintritt in die SED, 1946–1989 Mitglied des FDGB-Bundesvorstandes, 1946–1952 Sekretär und Hauptabteilungsleiter im FDGB-Bundesvorstand, dann Staatssekretärin, 1956 aus gesundheitlichen Gründen aus Staats- und Gewerkschaftsfunktionen ausgeschieden.

168  Vgl. Dok. 31b.
169  Vgl. Dok. 40.
170  Vgl. Dok. 40b.
171  Vgl. Dok. 40h.
172  Vgl. Dok. 19, Anhang 9.
173  Vgl. Dok. 26.

beiläufig in den Konferenzen behandelt wurden. Letztmalig standen in Bad Pyrmont (Oktober 1947) Sachfragen auf der Tagesordnung, so »Die Frau in der Gewerkschaft« (Referentin Friedel Malter, Berlin); die Kohlenversorgung (Referent August Schmidt[174], Bochum) oder die Entschließung zur Sozialversicherung.

Nach dieser Tagung dominierten endgültig die großen Streitfragen, die sich letztlich auch als die zentrifugalen erwiesen: des deutschen Gewerkschaftskongresses, die Kontroverse Marshall-Plan versus Weltgewerkschaftsbund (und damit die Frage der Anlehnung nach Westen oder nach Osten) und natürlich das Problem der Berliner Gewerkschaften. Angesichts der Weltlage und der unterschiedlichen Konzeption des FDGB und der Westzonen-Gewerkschaften war keine Lösung mehr möglich.

Die in der Wurzel in der Weimarer Zeit zwischen freien, christlichen und sozialliberalen Gewerkschaften einerseits sowie ihren kommunistischen Parteien andererseits angelegten konzeptionellen und organisationspolitischen Gegensätze blieben trotz verschiedener Wandlungen und Wendungen nach 1945 virulent. Die Vision einer deutschen Gewerkschaftseinheit überdeckte anfänglich das reale Ausmaß der tatsächlichen Divergenzen über Wesen und Inhalt der gewerkschaftlichen Tätigkeit. Die Vorgeschichte und der Beginn der Interzonenkonferenzen im Frühjahr und Sommer 1946 trugen bereits latent den Keim des Scheiterns in sich: Der FDGB der sowjetischen und die Verbände der Westzonen waren nur auf den ersten flüchtigen Blick miteinander kompatible Gewerkschaften. Der offene Ausbruch des Kalten Krieges und die immer deutlicher sichtbare Teilung Deutschlands machten schnell offenkundig, dass Wunsch und Ziel einer deutschen Gewerkschaftseinheit nur auf dem Wege der Ausdehnung des einen Prinzips auf Kosten, d. h. durch Eliminierung des jeweils anderen erreichbar gewesen wäre. Ein »dritter Weg« der deutschen Gewerkschaften zwischen Ost und West war ebenso illusionär wie auf partei- und wirtschaftspolitischem Feld.


## 7. Zur Einrichtung der Edition

Der Band folgt in den Grundzügen den von Siegfried Mielke besorgten Editionen zur Gewerkschaftsentwicklung in der Nachkriegszeit. Nachteilig aus der Sicht einer Edition über die Interzonenkonferenzen ist in erster Linie, dass sich diese genannten Bände ausschließlich auf die Westzonen konzentrieren und ein aus der Gewerkschaftsgeschichte so problematisches und kompliziertes Feld wie die Berliner Entwicklung unbehandelt lassen. Beides, die Tätigkeit des FDGB in der sowjetischen Zone wie die Geschichte der Berliner Gewerkschaften bis 1950, als sich die UGO dem Deutschen Gewerkschafts-

---

174 August Schmidt (8.05.1878–7.06.1965), Bergmann, 1919–1928 Sekretär beim Vorstand des Bergbauindustriearbeiter-Verbandes, 1928–1933 dessen 2. Vorsitzender, 1933 kurzzeitige Verhaftung, anschließend unter Polizei- und Gestapoaufsicht, Dezember 1946 bis Juli 1953 Vorsitzender des Industrieverbandes bzw. der IG Bergbau, ab Oktober 1949 Mitglied des Bundesvorstandes des DGB.

bund der Bundesrepublik Deutschland als Landesbezirk Berlin anschloss, würde erheblich zum besseren Verständnis der Interzonenbeziehungen und -konferenzen beitragen.

Eine Besonderheit ist für die vorliegende Edition jedoch zu verzeichnen. Die Dokumentationen zur Gewerkschaftspolitik in den Westzonen müssen selbstverständlich die Ebene der Alliierten einbeziehen. Dies gilt in noch viel größerem Maße für die Beziehungen zwischen den vier Zonen. Daher erschien es unerlässlich, einleitend auf die seit Kriegsende untergegangene Wirtschaftseinheit Deutschlands einzugehen. Schwierig ist zudem immer noch die Forschungslandschaft zur sowjetischen Deutschlandpolitik, auch wenn seit jüngerer Zeit eine umfangreiche Dokumentation von Akten des sowjetischen Außenministeriums vorliegt.[175]

Die folgende Edition konzentriert sich auf Dokumente der Interzonenkonferenzen der Gewerkschaftsbünde oder deren engeren Umkreis. In wenigen Fällen wurde auf Vorlagen des FDGB oder Berichte an die Militärregierung zurückgegriffen. Da zu den Geschäftsgrundlagen der Konferenzen die Gemeinsamkeit der Informationspolitik gehörte, war die Überlieferung in den Jahren vor 1989/90 schon recht gut, selbstverständlich ergänzten die Bestände des ehemaligen FDGB die Kenntnisse in wertvoller Weise.

Aufgrund der Entstehungsgeschichte und der Überlieferung der Texte (maschinenschriftlich oder hektographiert, in seltenen Fällen gedruckt) blieb nicht aus, dass eine Fülle von kleinen (inhaltlich irrelevanten) Textvariationen (durch Abschreiben, fehlende Umlaute bei Schreibmaschinen usw.) vorliegt, die in der Edition unberücksichtigt bleiben. Es erschien daher auch zweckmäßig, die Rechtschreibung behutsam zu modernisieren. Die Archivsignaturen sind teilweise durch Neuverzeichnungen der Bestände überholt. Die fortlaufend neu erstellten Signaturen sind über Konkordanzlisten zu erschließen.

Es bleibt der Dank an die Vielen, die zum Gelingen des Projekts beigetragen haben. Zunächst sind zu nennen die Mitarbeiter der Archive in Berlin, Bonn und Hamburg, ebenfalls ist Dank geschuldet dem ehemaligen Archiv des DGB in Düsseldorf und seinem Leiter Dr. Dieter Schuster. Bei den Personendaten (deren Recherche wesentlich schwieriger war als erwartet) halfen zusätzlich die Archivare des Internationaal Instituut voor Sociale Geschiedenis in Amsterdam, des Instituts für Zeitgeschichte in München und des Instituts zur Erforschung sozialer Bewegungen in Bochum. Siegfried Mielke (Berlin) und Gerhard Beier (Kronberg) überließen dem Bearbeiter in der Frühzeit des Projekts eine Reihe von Aktenkopien.

Das Bundesarchiv förderte mit einem Zuschuss aus Mitteln des früheren FDGB die Arbeiten und die Drucklegung. Frau Dr. Solveig Simowitsch verifizierte viele der inzwischen verlagerten oder neu verzeichneten Akten und erstellte Entwürfe für Kommentierung und Einleitung. Mit manchen Hinweisen zur Kommentierung (und seinen Kenntnissen über den FDGB) half Herr Privatdozent Dr. Detlev Brunner. Einige Recherchen unternahm trotz

---

175 UdSSR und deutsche Frage.

eigener Forschungsvorhaben Herr Privatdozent Dr. Mario Niemann. Frau Barbara Heine übernahm das Entziffern und Abschreiben der z.T. schwer lesbaren Vorlagen auf schlechtem Nachkriegszeit-Papier. Frau Antje Strahl und Herr Martin Buchsteiner suchten, ordneten, korrigierten unermüdlich und beschwerten sich bei mir zu Recht (über meine Fehler) – und erstellten das Register.

# Verzeichnis der Dokumente

# Dokumente

DOKUMENT 1

## 6. Juni 1946: Spliedt an Schlimme wegen Einberufung einer »möglichst« schnellen interzonalen Besprechung.

**Bibliothek für Sozialgeschichte in der Forschungsstelle für Zeitgeschichte Hamburg.**
**Akte Gewerkschaften Interzonenkonferenzen der Gewerkschaftsbünde 1945–1949.**
**Maschinenschrift. 551-8-2.**

Mein lieber Hermann!

Wir werden versuchen, den Brief an Fricke[1] zu expedieren. Über die Zweckmäßigkeit einer möglichst schnellen interzonalen Besprechung zwischen den Gewerkschaftern haben wir uns auf unserer Zonenkonferenz in Bielefeld[2] Ende voriger Woche eingehend unterhalten. Der Plan wurde einmütig gutgeheißen. Vorschläge bezüglich Zeit und Ort wird unser neu gegründetes Zonensekretariat in Bielefeld[3] machen. Wir müssen vielleicht bei der Terminfestsetzung beachten, dass die Formalitäten zur Einreiseerlaubnis für den einen oder anderen etwas schwierig sein werden. Ich denke, wir wählen zweckmäßigerweise Frankfurt am Main, damit auch die Süddeutschen einen Tagungsort möglichst schnell erreichen können.

Soeben erhalte ich ein Schreiben von Nikolaus Bernhard[4]. Teile ihm doch bitte mit, dass sein Schreiben sofort an den Baugewerksbund weitergeleitet ist. Paul Bebert[5] wird ihm sicherlich umgehend antworten. Ich wundere mich nur über das Schreiben des Kollegen Bernhard an die anfragende Kommunis-

---

1  Fritz Fricke (26.10.1894–9.11.1961), seit 1909 aktiv in der Arbeiterjugend, 1912 Eintritt in die SPD, 1912–1933 Mitglied des Zentralverbandes der Angestellten (ZdA), leitete von 1921–1933 die Gewerkschaftsschule in Berlin, emigrierte 1933 über die Tschechoslowakei nach Schweden, dort bis 1945 Vorstandsmitglied, Sekretär und Jugendleiter der Landesgruppe deutscher Gewerkschafter. Spliedt stand seit Februar 1946 mit Fricke in brieflicher Verbindung und forderte ihn auf, aus dem schwedischen Exil nach Hamburg – anstatt nach Berlin – zurückzukehren. Fricke war später im DGB-Bundesvorstand für Bildungsfragen zuständig.
2  Die Zonenkonferenz der Gewerkschafter der Britischen Besatzungszone in Bielefeld fand vom 30.5. bis 1.6.1946 statt.
3  Die Gründung des Zonensekretariats war bereits im März 1946 in Hannover beschlossen worden. Der Standort Bielefeld erklärt sich aus der Nähe zu den zentralen Zonenverwaltungen. Das Bielefelder Sekretariat wurde mit Werner Hansen und Ludwig Rosenberg als hauptberuflichen Sekretären besetzt. Es wurde am 10.6.1947 wieder geschlossen, als der Bundesvorstand für die Britische Zone seine Arbeit in Düsseldorf aufnahm.
4  Nikolaus Bernhard (3.04.1881–18.08.1957), Maurer, vor 1933 Vorsitzender des Deutschen Baugewerksbund, Mitglied des ADGB-Bundesvorstandes, MdR Sachsen (SPD), nach 1933 illegale Arbeit und mehrmalige Verhaftung, zuletzt August/September 1944 KZ Sachsenhausen, ab 1945 1. Vorsitzender des Verbandes der Bauarbeiter/IG Bau Berlin sowie ab 1947 3. Vorsitzender des FDGB Berlin, am 1.12.1948 Rücktritt von allen Gewerkschaftsämtern.
5  Paul Bebert (3.10.1893–3.05.1976), Bauarbeiter, ab 1919 Mitglied des Deutschen Baugewerksbundes, 1925–1933 Angestellter beim Hauptvorstand dieser Gewerkschaft, 1933 verhaftet, 1935–1937 KZ Papenburg, 1945 1. Vorsitzender der Verwaltungsstelle Hamburg der IG Bau, Steine, Erden.

tische Partei in Hamburg. Wir hier verbitten uns jedenfalls aufs energischste jede Einmischung irgendeiner Partei in Betriebsratsangelegenheiten.[6]

Mit bestem Gruß
Verwaltungsausschuss der Freien Gewerkschaften Hamburg
Dein Franz Spliedt

DOKUMENT 2

# 19. Juni 1946: Göring und Jendretzky an Spliedt.

**Bibliothek für Sozialgeschichte in der Forschungsstelle für Zeitgeschichte Hamburg. Akte Gewerkschaften Interzonenkonferenzen der Gewerkschaftsbünde 1945–1949. Maschinenschrift. 551-8-2.**

Lieber Franz!

Wir nehmen Bezug auf das an Dich gerichtete Schreiben des Kollegen Lemmer und Dein bei uns eingegangenes Telegramm, wofür wir sehr danken. Nach der inzwischen vom Kontrollrat erlassenen Anordnung über die Koordinierung der Gewerkschaften in den einzelnen Zonen[1] erscheint uns die zwischen uns vorgesehene persönliche Aussprache zur weiteren Klärung der Auffassungen über gemeinsame Grundsätze für den Aufbau und das gewerkschaftliche Arbeitsprogramm sehr wichtig.

Inzwischen hat ja die Zusammenkunft Eures Zonenausschusses[2] stattgefunden. Wir würden es sehr begrüßen, wenn wir mit Dir und einigen anderen Freunden möglichst umgehend zusammenkommen könnten, bevor die – wie wir erfahren – in Aussicht genommenen Besprechungen mit den anderen Vertretern der Westzonen stattfinden.

Der Dringlichkeit wegen übermitteln wir Dir diese Zeilen auf diesem Wege[3] und hoffen, recht bald von Dir zu hören.

---

6   Das Betriebsrätegesetz des Alliierten Kontrollrats vom 10.4.1946 (Gesetz Nr. 22) regelte für ganz Deutschland Wahl und Kompetenzen der Betriebsräte. Wählbar waren nur in dem betreffenden Betrieb beschäftigte Personen, ihre Wahl musste geheim und nach demokratischen Grundsätzen erfolgen. Die Pflicht zur parteipolitischen Unabhängigkeit war nicht formuliert, die Betriebsräte hatten jedoch »ihre Aufgaben in Zusammenarbeit mit den anerkannten Gewerkschaften« auszuführen. Vgl. Official Gazette of the Control Council for Germany (Amtsblatt des Kontrollrats in Deutschland), Berlin 1945–1948; zur Vorgeschichte des Betriebsrätegesetzes und den Zielen der Alliierten vgl. Fichter: US-Gewerkschaftspolitik, S. 176–205.

1   Direktive Nr. 31 des Alliierten Kontrollrats vom 3.07.1946 (Grundsätze für die Errichtung von Gewerkschaftsverbänden).

2   Vgl. Dok. 1, Anm. 4.

3   Gemeint ist vermutlich ein persönlicher Kurier; denn mit der postalisch unzureichenden Anschrift (Herr Franz Spliedt, Hamburg) wäre der Zustelldienst der Reichspost nicht zurechtgekommen. Weitere Hinweise auf die Beförderungsart sind auf dem Dokument nicht zu erkennen.

58

Viele herzliche Grüße
Dein Bernhard Göring und Hans Jendretzky
PS: Vielleicht wäre es Euch möglich, schon am 1. oder 2. Juli nach Berlin
zu kommen.[4] Für Unterkunft und Verpflegung wird gesorgt.

DOKUMENT 3

## 25. Juni 1946: Einladung von Willi Richter zur Interzonen-konferenz nach Frankfurt am Main.

**Bibliothek für Sozialgeschichte in der Forschungsstelle für Zeitgeschichte Hamburg. Akte Gewerkschaften Interzonenkonferenzen der Gewerkschaftsbünde. Maschinenschrift. 551–8-2.**

Werter Kollege!

Nachdem in den einzelnen Zonen, Ländern und Provinzen der Neuaufbau der Gewerkschaften bestimmte Formen angenommen hat, wurde wiederholt von verschiedenen Seiten darauf hingewiesen, dass es zweckmäßig sein dürfte, wenn die verantwortlichen Kollegen in den Gewerkschaften der einzelnen Zonen zu einem Meinungsaustausch zusammenkommen würden. In dieser Aussprache wären insbesondere die mit dem Neuaufbau der Gewerkschaften entstandenen Probleme zu behandeln; auch könnten noch andere sozial-politische Fragen besprochen werden.

Aufgrund gelegentlicher Rücksprachen mit Kollegen von der hiesigen Zone und kürzlich mit dem Kollegen Hans Böhm, Bielefeld, soll eine derartige Besprechung am Samstag, dem 13., und Sonntag, dem 14. Juli 1946, in Frankfurt am Main stattfinden. Dieselbe soll am Samstag um 11.00 Uhr in Frankfurt am Main, Zimmerweg 12 (in der Nähe des Hauptbahnhofes) beginnen.

Wir würden es begrüßen, wenn Sie oder ein anderer verantwortlicher Vertreter der dortigen Gewerkschaften an der Aussprache bestimmt teilnehmen würde.

Mit bestem Gruß
Richter
N.B. Falls Übernachtung gewünscht wird, bitten wir, uns dies umgehend telefonisch (oder telegrafisch) mitzuteilen, sowie die Ankunftszeit.

---

4  Hier wie an mehreren anderen Stellen zeigt sich von vornherein der Versuch, die Vertreter der Westzonen auseinander zu halten und gegebenenfalls Separatverhandlungen mit den einzelnen Westzonen zu führen.

DOKUMENT 4

## 11. Juli 1946: Pressenotiz Bernhard Göring für Agence France Press (AFP).

**Stiftung Archiv der Parteien und Massenorganisationen der DDR im Bundesarchiv (SAPMO-BArch). Akte 1. Interzonenkonferenz in Mainz vom 7.–8. November 1946. Organisatorische Vorbereitung und Durchführung. Maschinenschrift. DY 34/22971.**

Pressenotiz für die Agence France Press

Wie wir erfahren, werden Berliner Gewerkschaftsfunktionäre, und zwar die Herren Jendretzky, Göring, Lemmer und Schlimme, zu einer ersten Fühlungnahme mit Gewerkschaftsvertretern der westlichen Zone am Sonnabend und Sonntag in Frankfurt am Main sein.

Es ist anzunehmen, dass diese erste Besprechung sich in der Hauptsache mit Fragen technisch-organisatorischer Art über den Aufbau der Gewerkschaften in den einzelnen Zonen beschäftigen wird und dass darüber hinaus Fragen grundsätzlicher Art über die künftige Arbeit der freien Gewerkschaften auf sozialpolitischem, wirtschaftlichem und kulturpolitischem Gebiet zur Debatte stehen.

Dieses Zusammentreffen ist besonders im Hinblick auf die vor kurzem bekannt gewordene Empfehlung an die Besatzungsmächte der Exekutive des Weltgewerkschaftsbundes von Bedeutung.

Die Gewerkschaftsmitglieder in allen Zonen werden die Aussprache und ihr Ergebnis mit großer Aufmerksamkeit verfolgen. Die positive Stellungnahme der Berliner Gewerkschaften und der Gewerkschaften der östlichen Zone zur Frage der Einheit der Gewerkschaftsbewegung über ganz Deutschland ist bekannt.

11. Juli 1946

DOKUMENT 5

## 13.–14. Juli 1946: Protokoll der Interzonenkonferenz Frankfurt am Main.

**DGB-Archiv im AdsD. Bestand Gewerkschaftsrat der vereinten Zonen. Maschinenschrift. 13/143-Interzonenkonferenzen.**

Tagesordnung:

1.) Gewerkschaftsaufbau

2.) Innere Aufgaben

3.) Gewerkschaftsvermögen

4.) Gewerkschaftsschulung (Ada Ffm.)

5.) Sozialversicherung

6.) Betriebsrätegesetz

60

7.) Arbeitsgerichtsgesetz

8.) Arbeitsversicherungsgesetz

9.) Mitbestimmungsrecht in der Wirtschaft

Kollege *Richter,* Frankfurt am Main, begrüßt die anwesenden Delegierten. Die heutige Zusammenkunft soll sich mit dem Aufbau der Gewerkschaften in allen Zonen beschäftigen. Weiter soll geprüft werden, wie in Zukunft derartige Zusammenkünfte arrangiert werden. Es ist zu prüfen, ob eine Zentralstelle für sämtliche Zonen geschaffen werden kann. Zur Abfassung eines Berichtes für die Presse werden folgende Kollegen bestimmt: Hansen, Bielefeld, Hennen[1], Koblenz, Kronberger[2], Frankfurt am Main.

Kollege *Jendretzky,* Berlin, sprach als Mitglied des Vorstandes des Freien Deutschen Gewerkschaftsbundes (FDGB) Berlin. Er gibt der Freude Ausdruck, dass jetzt endlich die Möglichkeit gegeben ist, in diesem Gremium zusammensitzen zu können. Er schildert die gesamte Entwicklung der Gewerkschaftsbewegung im russisch besetzten Gebiet. Er macht besonders darauf aufmerksam, mit welchen Schwierigkeiten sie in Berlin zu kämpfen haben, die ausgelöst worden sind durch die dort befindlichen vier Militärregierungen.[3] Weiter führte er aus: Wir haben darauf Wert gelegt, dass in Betriebswahlen die Delegierten zu der Konferenz gewählt werden. Der FDGB versuchte die Organisationsbasis zu schaffen, um jederzeit die Industriegewerkschaften aufzubauen. Es bestanden starke Spannungen von der politischen Seite her. Diese Spannungen haben wir überwunden. Sie wurden ausgeglichen durch einen Beschluss der Delegiertenkonferenz, die bei den Wahlen nicht in Erscheinung traten. In Berlin finden noch die Konferenzen der Industriegewerkschaften statt, auf denen die Leitungen der Industriegewerkschaften gewählt werden. In der übrigen Russischen Besatzungszone sind diese Wahlen bereits durchgeführt.[4] – Die Frauen sind bei den Leitungen der einzelnen Gewerk-

---

1   Michael Hennen (9.08.1897–24.05.1951), Metallarbeiter, ab 1919 Mitglied des Deutschen Metallarbeiterverbandes, 1945 Mitglied des provisorischen Bezirkskomitees der Einheitsgewerkschaft für den Bezirk Koblenz, Industriegruppe Metall, ab Mai 1947 2. Vorsitzender des Allgemeinen Gewerkschaftsbundes (AGB) Rheinland-Pfalz, 1948 Mitglied des Präsidiums der Zonenkonferenz der Gewerkschaftsverbände in der Französischen Besatzungszone, Beisitzer im Landesvorstand der Industriegewerkschaft Metall in Rheinland-Pfalz.

2   Paul Kronberger (21.01.1897–11.07.1955), Bankkaufmann, ab 1913 Mitglied des Allgemeinen Verbandes der Deutschen Bankangestellten, 1933 verhaftet, 1933–1935 KZ Sachsenhausen, Zuchthaus Tegel, 1935 Ausbürgerung und Ausweisung, Emigration in die Tschechoslowakei, 1938 nach Großbritannien, 1941 Mitglied der Landesgruppe deutscher Gewerkschafter in Großbritannien, 1946 Mitglied des »Vorbereitenden Vorstandes« des Freien Gewerkschaftsbundes Hessen (FGBH), Vorsitzender der Landesgewerkschaft Banken und Versicherungen im FGB Hessen, 1948–1953 Bezirksleiter der DAG.

3   Seit August 1945 hatte es in Berlin Streit um eine Delegiertenkonferenz des FDGB auf Stadtebene gegeben. Die Westalliierten hatten im Oktober/November bekräftigt, dass sie die bis dahin durchgeführten Delegiertenwahlen bis dahin als ungültig ansehen würden. Die Alliierte Kommandantur erklärte sich am 18.12.1945 einverstanden, Neuwahlen zu einer Stadtdelegiertenkonferenz des FDGB durchführen zu lassen. Vgl. Brunner: Sozialdemokraten, S. 86–95.

4   Die Gründungskonferenzen der 15 Einzelgewerkschaften fanden ausnahmslos zwischen dem 11. und 18.06.1946 statt. Vgl. Müller: Freier Deutscher Gewerkschaftsbund. Vgl. auch Geschäftsbericht FDGB, S. 279–384.

schaften in starkem Maße herangezogen. Bei der Wahl kam es uns darauf an, Funktionäre wählen zu lassen, die auf dem Boden der Gewerkschaftseinheit[5] stehen. Wir sind dagegen, dass politische Gesichtspunkte dabei eine Rolle spielen. Anlässlich der Aussprache mit den französischen und amerikanischen Gewerkschaftsvertretern wurde die Frage aufgeworfen, ob die Abführung eines Betrages von 30 Prozent an den FDGB nicht eine Einengung der Selbständigkeit der Industriegewerkschaften bedingt. Nach Meinung des Referenten wird die Selbständigkeit dadurch nicht eingeengt.

Nach meinen Feststellungen sind die Arbeitgeberverbände in den westlichen Zonen rege an der Arbeit. Die Möglichkeit, den Streik zu propagieren, ist uns nicht gegeben.[6] Es wird deshalb eine andere Form des Kampfes gewählt, die des Sitzstreikes, von dem wir bisher bereits vier hatten. Die Industriegewerkschaft innerhalb der Russischen Besatzungszone ist von einer viel durchgreifenderen Struktur als dies in den anderen Zonen der Fall ist. Die Selbständigkeit der Industriegewerkschaft leidet nach unserer Auffassung nicht, auch wenn die Beitragszahlungen in dieser Form durchgeführt werden, wie wir sie vorgenommen haben. Eine Förderung unserer gewerkschaftlichen Arbeit erfahren wir durch die Anwesenheit der russischen Gewerkschaftsdelegationen. Nach Ansicht der russischen Delegation muss zwischen der Leitung der Industrieorganisation und den Betrieben eine enge Verbindung herbeigeführt werden. Wir in der Russischen Zone haben achtzehn Industriegewerkschaften. Lehrer, freie Berufe und Angestellte, das sind die Gewerkschaften, die uns noch Kopfzerbrechen bereiten. Bei den Angestellten gehen wir davon aus, dass alle Schichten erfasst werden müssen, die früher zu den anderen Gewerkschaften außer den freien gehörten. Außer den kaufmännischen besteht noch eine Angestelltengewerkschaft für technische Angestellte. Dies trifft nur auf Berlin zu. In der Kammer der Technik[7] glauben wir alle Kreise erfassen zu können, die sich bisher von gewerkschaftlichen Gedanken abgekehrt fühlten. Wir hoffen, die Frage der Lehrerorganisation in der nächsten Zeit lösen zu können. Bei den Ärzten besteht noch der Standesdünkel. Wir beabsichtigen, den Bund medizinischer Berufe als Gruppe 15a zu den öffentlichen Betrieben zu nehmen. Vorerst ist es ein Versuch. Bei der kommenden Betriebsrätewahl müssen die Industriegewerkschaften als selbständige Organisationen auftreten. Die beschlossenen Satzungen des FDGB sind nicht endgültig.[8]

---

5  Mit diesem Terminus umschrieb Jendretzky den Anspruch, KPD-Funktionäre in den FDGB-Vorständen zumindest »paritätisch«, tunlichst aber mehrheitlich vertreten zu sehen. Vgl. dazu illustrierend Gniffke: Ulbricht, S. 145 ff.

6  Mit seiner ersten Streikordnung, beschlossen in der Sitzung des Bundesvorstandes vom 28./29.11.1946, hatte der FDGB faktisch auf Streiks in den verstaatlichten Betrieben verzichtet. Das Streikrecht galt danach nur »im Kampf gegen das kapitalistische Unternehmertum und die Begleiterscheinungen der kapitalistischen Verhältnisse«. Vgl. Geschäftsbericht FDGB, S. 37 f.

7  Vgl. Herbst; Ranke; Winkler: DDR. Bd. 1, S. 456–463. Vgl. auch Aus der Arbeit des FDGB, S. 199–202 sowie Herbst; Küchenmeister; Winkler: Technik.

8  Der I. Kongress des FDGB verabschiedete nur eine vorläufige Satzung. Insbesondere der Berliner Delegierte Dr. Otto Suhr bemängelte unklare Formulierungen in den Satzungen und vor allem Probleme in der zugehörigen Wahlordnung. Gegen Jendretzky und Ulbricht

Weder in Berlin noch in der Russischen Zone gibt es Beamte. Damit ist die organisatorische Frage für uns geklärt. Alle Beamtenrechte sind aufgehoben. Die bisherigen Beamten gelten als Angestellte. Es wird von dem Kontrollrat abhängen, ob es bei dieser Regelung bleibt. Die Aussprache mit den Vertretern des Weltgewerkschaftsbundes hat ergeben, dass diese Delegierten sich für die Industriegewerkschaft ausgesprochen haben. Unser Bestreben geht dahin, in Berlin eine Verbindungsstelle zu schaffen, die in dauerndem Verkehr mit dem Weltgewerkschaftsbund steht. Diese Stelle soll auch die Verbindung mit den einzelnen Zonengewerkschaften fördern.

Kollege *Böckler,* Köln: Obwohl wir nur eine Besatzungsmacht haben, sind die Schwierigkeiten, die wir zu überwinden haben, erheblich. Es war uns lange nicht möglich, nur mit den nächstgelegenen Orten und Gebieten in Verbindung zu kommen. Dieser Zustand hat es mit sich gebracht, dass wir alle Arten von Organisationsformen in der Englischen Zone aufzuweisen haben. Die erwünschte Organisationsform fehlt noch. In der Nord-Rheinprovinz kam es uns darauf an, möglichst alle Beschäftigten zu einer Organisation zusammenzufassen. Auch heute noch stehen wir vor einem Kunterbunt von Organisationen und Organisationsformen. In den drei Regierungsbezirken waren wir gezwungen, 29 autonomische Verbände zu gründen. Seit einigen Wochen sind wir daran, diese Verbände zusammenzufassen. Die einzelnen Industrieverbände beabsichtigen wir in einer Spitze zusammenzufassen. Bei der Schaffung von Gewerkschaften legen wir uns die Frage vor, sollen die Gewerkschaften alten Stils wieder erstehen? Nach unserer Auffassung sollte das nicht der Fall sein, sondern wir betrachten sie als Wirtschaftsorganisation, die nicht nur die Lohn- und Arbeitsbedingungen zu regeln hat. Wir gehen dabei von den Überlegungen aus, dass die deutsche Wirtschaft auf eine sehr lange Zeit hinaus einen krankhaften Zustand aufweisen würde. Nach unserer Meinung müsste davon ausgegangen werden, die gesamte Wirtschaft zu beeinflussen. Von diesem Gesichtspunkt ausgehend müsste dann eine entsprechende Organisationsform gefunden werden. In Zukunft wird das Wirtschaftsleben eine starke genossenschaftliche Form annehmen müssen. Die Gewerkschaften haben nicht nur die Pflicht, soziale Fragen zu lösen, Lohn- und Arbeitszeit, sondern eine beherrschende Stelle in der Wirtschaft einzunehmen. Wenn ein Wiederaufbau durchgeführt werden soll, dann müssen wir zu einer gelenkten Wirtschaft und zu gelenkten Preisen kommen.

---

gewandt, klagte er die Wahlfälschungen im Vorfeld des Kongresses an: »Ich kann dieser Beurteilung der Wahlordnung nicht zustimmen, und ich glaube, auch ein großer Teil der übrigen Kollegen wird der Meinung sein: wenn eine Wahlordnung so gut ist, braucht man sie nicht nachträglich in den Ergebnissen zu korrigieren.« Ferner gab er an, dass er die Statuten am Vortag zum ersten Mal zur Kenntnis bekommen habe. Protokoll FDGB. 9.–11. Februar 1946, S. 163. Zur vorläufigen Satzung vgl. ebenda, S. 200–204 und S. 232–239. Erst der 2. Kongress vom 17.–19.4. verabschiedete dann eine endgültige Satzung, nachdem durch die Zwangsfusion von KPD und SPD zur SED die Streitigkeiten um die Wahlordnung nach außen erledigt waren. Protokoll des 2. Kongresses des FDGB, S. 239–249. Bestätigt wurde ohne Änderungen ferner die vom Bundesvorstand im November 1946 beschlossene Streikordnung. Vgl. Dok. 5 Anm. 7.

Kollege *Karl*, Hannover: In dem Gebiet von Niedersachsen haben wir die Organisationsform Allgemeine Gewerkschaft oder Freier Gewerkschaftsbund. Die Unterteilung erfolgt nach Wirtschaftsgruppen. Die Beiträge laufen in der Zentralkasse zusammen, werden aber dann den einzelnen Wirtschaftsgruppen zugeleitet. Von den Gesamtbeiträgen bleiben 45 Prozent in der Zentralkasse. Alle Unterstützungen mit Ausnahme von Streik laufen über die Zentralkasse. Für die Angestellten haben wir besondere Gruppen gebildet. Die Angehörigen der freien Berufe, soweit sie Arbeitnehmer sind, gehören der Gruppe Angestellte an. Den übrigen ist es freigestellt, wo sie sich organisieren wollen. Wir haben unseren Aufbau im Bezirksmaßstab durchgeführt. Wir haben zur Zeit 37 Bezirksgewerkschaften zu verzeichnen, die sich auf den Stadt- und Landkreis erstrecken. Im Stadt- und Landkreis Hannover sind rund 50 Prozent der Beschäftigten organisatorisch erfasst.

Kollege *Schiefer*, München: Bayern zählt achteinhalb Millionen Einwohner ohne Pfalz und Lindau.[9] Südbaden zählt zur Französischen Zone. Der Aufbau erfolgt in Industrieverbänden und die Angestellten sind in den Industrieverbänden erfasst. Wenn wir zu einer Angestelltenorganisation kommen, dann nur für die Angestellten, die in der privaten Wirtschaft beschäftigt sind. Eine Unterscheidung zwischen Werkmeister und Techniker lehnen wir ab. Zu den bereits vorhandenen 10 Gruppen kommt die Gruppe Land- und Forstwirtschaft. Als 12. Gruppe die privaten Angestellten und als 13. Gruppe die geistig und kulturell Schaffenden. In Hessen bestehen 15 Industriegruppen, in Württemberg-Baden 13. Nach meiner Meinung wird der Landesaufbau d. h. die landesmäßige Zusammenfassung, auf lange Zeit das Bleibende sein. Die Führung muss in der Hand der Zentrale liegen und nicht in den einzelnen Industriegewerkschaften. Das Bestreben der Gruppen bezeichnet Schiefer als reinsten Separatismus. Er verweist dabei auf die Haltung in der Gestaltung und im Aufbau einer einheitlichen Sozialpolitik. Wir ziehen unsere Industriegruppen landesmäßig in zentraler Errichtung auf, die dann im Bund zusammengefasst werden. Die Gewerkschaften müssen in der Wirtschaft verankert werden, wenn sie ihre Aufgabe erfüllen wollen.

Kollege *Hennen*, Koblenz: Ich kann nur über die französische Nordzone berichten. Bei unserem Aufbau ließen wir uns von dem Gedanken leiten: Eindringen in die Wirtschaft. Als Grundlage dazu dienten die Einheitsgewerkschaften mit Spartenbildung. Durch die Militärregierung wurden wir gezwungen, den Aufbau nach Industrieverbänden durchzuführen. Wir haben zusammen 11 Industriegruppen, die durch Ortskartelle, Kreiskartelle zusammengefasst sind. Die Industriegruppen sind zentral zusammengefasst. Nach Auffassung der Mitgliedschaft in den Betrieben war die Zusammenfassung im früheren Allgemeinen Deutschen Gewerkschaftsbund nicht so straff, wie das die Verhältnisse erforderten. Organisatorisch sind die Belegschaften heute viel stärker erfasst als in den Jahren 1928/29.

---

9  Bayern verlor bei der Neubildung der Länder die linksrheinischen Gebiete (Pfalz) und der bayrische Kreis Lindau fiel an die Französische Besatzungszone. Vgl. Benz: Handbuch, S. 382 ff.

Kollege *Fischer*[10], Ludwigshafen: In unserem gewerkschaftlichen Aufbau kommen wir schlecht voran. Die Ursachen sind darin zu suchen, dass die französische Militärbehörde uns zu viele Vorschriften macht. Von den 85 gegründeten örtlichen Gewerkschaften sind bisher 23 noch nicht genehmigt. Von Ludwigshafen aus haben wir mit Baden-Baden keinerlei Verbindung.

Alsdann wurde zur Diskussion zum ersten Tagesordnungspunkt geschritten.

Kollege *Ehrhardt*[11], Stuttgart: In Württemberg stand am Anfang der Gewerkschaftsbund als Organisation. Heute ist der Aufbau der Industriegruppen durchgeführt. Die Angestellten haben eine eigene Organisation. Durch den Zusammenschluss mit Baden[12] sind wir einheitlich ausgerichtet.

Kollege *Göring*, Berlin: Die Wahlen zum Bund haben in den Betrieben stattgefunden. Die Verantwortung liegt demnach bei den Funktionären in den Betrieben. Die Vorstände der Industrieverbände erhalten in Berlin von den gesamten Einnahmen 25 Prozent, in der übrigen Russischen Zone 30 Prozent. Die Meinung der Berliner Kollegen geht dahin, verschiedene Arten der Unterstützungseinrichtungen wieder einzuführen. Für diese Unterstützungen ist bereits ein Sonderfonds geschaffen worden. Nach Görings Ansicht soll in allen Zonen der Aufbau nach gleichen Richtlinien und Gesichtspunkten durchgeführt werden. Göring befürwortet weiter den Zusammenschluss der Industriegewerkschaften im Zonenmaßstab. Unsere Aufgabe muss es sein, alle beruflich Tätigen gewerkschaftlich zu erfassen. Die Angestellten stellen ein Millionenheer dar, sie gilt es ideologisch zu erfassen und zu beeinflussen. Wenn wir einen Neuaufbau der Wirtschaft durchführen und ein demokratisches Staatswesen schaffen wollen, dann müssen wir die Angestellten haben. Die neue Wirtschaft muss getragen werden von der Mitbestimmung und Mitwirkung der Arbeitnehmer in den Betrieben. Die Angestelltenorganisation als Sonderorganisation muss ein Glied des Gewerkschaftsverbandes sein. Die heutige Aussprache muss ergeben, dass Einmütigkeit darüber besteht, nach welchen Gesichtspunkten der Aufbau zu erfolgen hat, und zwar nach Industrieverbänden unter Berücksichtigung der besonderen Angestelltenverhältnisse, die in einer eigenen Organisation zusammengefasst werden können.

Kollege *Spliedt*, Hamburg: Über die Ziele sind wir uns wohl alle einig, nur ist die Frage, welcher Weg begangen werden soll. Der Aufbau der Wirtschaft wird sich in anderen Bahnen vollziehen als das früher der Fall war. Wir wer-

---

10 Karl Fischer (22.09.1877–25.02.1950), Metallarbeiter, vor 1933 Bevollmächtigter des DMV, 1946 Kassierer des Zentralverbandes der Metallindustrie Hessen-Pfalz, seit 1946 Stadtrat in Ludwigshafen.
11 Max Ehrhardt (12.09.1895–11.09.1968), Handlungsgehilfe, ab 1914 Mitglied des ZdA, 1919–1930 Sekretär und stellvertretender Geschäftsführer des ZdA, Bezirk Leipzig, 1931–1933 Gauleiter des ZdA für Württemberg-Hohenzollern, 1933 verhaftet, 1945 stellvertretender Präsident des Württembergischen Gewerkschaftsbundes und Leiter der Fachgruppe Angestellte des provisorischen Angestelltenausschusses im Gewerkschaftsbund, ab 1946 Vorsitzender des Angestelltenverbandes im Gewerkschaftsbund Württemberg-Baden, Mitglied des Zonenausschusses der Angestelltenverbände in der Amerikanischen Zone, 1949–1960 Leiter und 1.Vorsitzender des Landesverbandes Württemberg-Baden und Mitglied des Hauptvorstandes der DAG.
12 Gemeint ist Nordbaden.

den zu einer stärkeren Gemeinwirtschaft kommen müssen. Die Besatzungszonen sind in zwei Teile, soweit die Wirtschaft in Frage kommt, gespalten.
In der Russischen Zone hat bereits der Gedanke der Gemeinwirtschaft Form
angenommen, die unserem Gedankengang näher kommt, wohingegen in
den anderen 3 Zonen die Wirtschaft sich noch in den alten Bahnen bewegt.
Der Kampf um den Lohn wird kein politischer sein, sondern er wird mit
den Machtmitteln der Gewerkschaften ausgetragen werden müssen. Kollege
Spliedt ist im Gegensatz zu Kollege Schiefer der Meinung, dass der Aufbau
der Gewerkschaften im Zonenmaßstab erfolgen muss. Unser Aufbau zu Industriegewerkschaften ergab 12 Gruppen, dazu kommt die Angestelltenbewegung. Bei den Angestellten ist die Frage zu prüfen, wie können wir die
Angestellten am stärksten beeinflussen, in der eigenen Organisation oder in
der Industrieorganisation. Der Gedanke der Industriegewerkschaft hat sich
auch heute bei den Arbeitern noch nicht vollständig durchgesetzt. Wir haben
dafür Beispiele auf den Hamburger Werften. Die Obliegenheiten des Bundes
müssen weit darüber hinausgehen, was wir vor 1933 gehabt haben.

Kollege *Böhm*, Bielefeld: Die heutige Zusammenkunft ist ein halbes Jahr zu
spät zusammengetreten. Ich bin ein Anhänger der Industrieorganisation einschließlich der Angestellten. Wer die Frage der Organisationsform lösen will,
muss über zwei Fragen entscheiden:

1.) Sollen wir selbständige Angestelltenvorstände bejahen?

2.) Was erwarten wir vom Bund und welche Aufgaben hat er zu erfüllen?

Kollege *Schlimme*, Berlin: Die Meinung der Illegalen[13] während der Naziherrschaft ging bereits dahin, nach dem Zusammenbruch eine einheitliche
Organisation zu schaffen. Das Primäre beim Gewerkschaftsaufbau ist das,
wer die Finanzhoheit besitzt. Die Angestelltenverbände in Berlin sind selbständige Organisationen.

Kollege *Vollmerhaus*[14], Koblenz: In der Französischen Zone sind jetzt die Unternehmerverbände zugelassen als soziale Gegenspieler. Vollmerhaus schlägt
vor, dass ein Organisationsausschuss für die westliche Zone geschaffen wird,
um den organisatorischen Aufbau einheitlich zu führen. In der Französischen
Zone wird verlangt, dass Angestelltengewerkschaften geschaffen werden. Es
soll auch bei der Post eine Trennung zwischen Arbeitern und Angestellten
erfolgen. Vollmerhaus glaubt feststellen zu können, dass die Finanzhoheit im
Bund liegen muss. Die Russische Zone hat ihren Aufbau unter günstigeren
Bedingungen durchführen können als das in den übrigen Zonen der Fall ist.
Bei Einführung von Unterstützungseinrichtungen sollte man auch in Berlin
auf die anderen Zonen Rücksicht nehmen.

---

13  Insgesamt: Gewerkschaften im Widerstand.
14  Carl Vollmerhaus (8.10.1883–14.05.1979), Schumacher, vor 1933 Vorsitzender des ADGB-
    Bezirksausschusses Berlin-Brandenburg-Grenzmark, 1933 Verhaftung, 1.09.1939–28.04.1945
    KZ-Haft in Sachsenhausen, ab 1945 Mitglied im Vorstand des Berliner Verbandes der Leder-
    arbeiter, Hauptsekretär des Zentralausschusses der SPD in Berlin, ab Juni 1946 2. Vor-
    sitzender der Einheitsgewerkschaften von Rheinland-Hessen-Nassau, ab 1948 Vorsitzender
    des Arbeitsgerichtes Koblenz.

Kollege *Kronberger,* Frankfurt am Main: Aus den Berichten der einzelnen Vertreter geht hervor, dass der Aufbau in den einzelnen Zonen nicht einheitlich durchgeführt wurde. Der Aufbau in Frankfurt vollzog sich auf der Grundlage des Industrieverbandes. An Hemmungen seitens der Militärregierung hat es nicht gefehlt. In anderen Städten Hessens erfolgte der Aufbau der so genannten Einheitsgewerkschaft. Die Industriegewerkschaften müssen Finanzhoheit besitzen. Der Weiteraufbau in Hessen wird jetzt in dem Landesmaßstab durchgeführt. Unsere Ansicht geht dahin, vorerst keine Zonengewerkschaften zu fördern, weil wir darin eine Gefahr erblicken, die der Reichseinheit Schwierigkeiten bereiten werden. Beim Aufbau der Angestelltenbewegung muss die parteipolitische Neutralität unter allen Umständen gewahrt bleiben.

Kollege *Ehrhardt,* Stuttgart: Wir in Württemberg werden die Angestellten in einer eigenen Gewerkschaftsbewegung zusammenfassen. In Württemberg haben wir bereits 15.000 Angestellte erfasst, wohingegen in Baden nur 3.000 organisiert sind. Wir haben einige Beispiele, aus denen hervorgeht, dass in den Betrieben die Zusammenarbeit zwischen Angestellten und Arbeitern nicht immer gut war. Das Bestreben der Industrieverbände in Württemberg-Baden geht dahin, die Finanzhoheit zu erlangen.

Kollege *Pfetzing*[15], Kassel: Eine einheitliche Auffassung ist für mich nicht vorhanden. Die Organisationsform ist abhängig von Personen, die die Führung in den Händen haben. Unseren Aufbau in Kassel haben wir so durchführen müssen wie in Frankfurt. Die Delegierten, die an der Landeskonferenz teilnehmen, müssen gewählt und autorisiert sein. Der FDGB muss der Kopf für alle organisatorischen Arbeiten sein. Die Organisationsform in den 4 Zonen muss gleichmäßig ausgerichtet sein. In der Organisation muss die parteipolitische Neutralität gewahrt bleiben.

Kollege *Göring,* Berlin: Es darf im Aufbau der neuen freien Gewerkschaften in Deutschland keine Meinungsverschiedenheiten geben. Der Bund muss das Primäre sein, der Träger der Sozial- und Wirtschaftspolitik. Die Industriegewerkschaften sind verpflichtet, sich dem Bund einzuordnen. Die Frage der Finanzierung ist erst eine Frage zweiter Linie. Wir sind die Träger der Mitgliedseinnahmen und verteilen die Beträge an die einzelnen Verbände.

Kollege *Fischer,* Ludwigshafen, wiederholt seine Darlegungen über den Neuaufbau und die Hemmungen, die ihm die Militärregierung auferlegt. Wir werden aufgrund der erlassenen Befehle der Militärregierung die Verbandstage einberufen, ob wir jedoch zu einem Ergebnis kommen, lässt sich noch nicht übersehen. Unsere Meinung geht dahin, den einzelnen Industrieverbänden Selbstständigkeit zu gewähren, während die Beitragskassierung usw. zentral durchgeführt werden soll.

---

15 Paul Pfetzing (10.05.1887–20.08.1951), Kupferschmied, ab 1907 Vorsitzender der Verwaltungsstelle Kassel des Verbandes der Kupferschmiede Deutschlands, ab 1918 Mitglied, ab 1926 Vorsitzender des Betriebsrates der Lokomotivenfabrik Henschel in Kassel, 1945–1951 Vorsitzender des FGB Hessen bzw. der Kreisverwaltung des DGB in Kassel.

Kollege *Hansen,* Bielefeld: Mein Ziel als Angestellten-Vertreter ist, die Angestellten so nah wie möglich an die Arbeiter heranzuführen. In der Britischen Zone ist es gelungen, die Angestellten, soweit sie in gewerblichen Betrieben tätig sind, zu organisieren. In Hamburg sind nur 12 Prozent der Angestellten erfasst. Die Angestellten haben keine gewerkschaftliche Tradition, wie das auch bei einem Teil der Arbeiter der Fall ist. Diese Situation müssen wir ausnutzen, um auch die Angestellten organisatorisch zu erfassen. In längeren Ausführungen setzt sich Hamburg dafür ein, dass die Angestellten in den Industrie-Verbänden erfasst werden.

Kollege *Karl,* Hannover, bespricht die von Göring eingebrachte Entschließung über den zukünftigen gewerkschaftlichen Aufbau. Der vorliegende Wortlaut dieser Entschließung ist nach seiner Meinung nicht dazu angetan, draußen eine einheitliche Gewerkschaftsbewegung zu schaffen.

Kollege *Lemmer,* Berlin, geht auf die von Göring eingebrachte Entschließung ein.

Kollege *Richter,* Frankfurt am Main: Unsere Absicht in der Amerikanischen Zone besteht darin, den Aufbau der Gewerkschaften im Ländermaßstab durchzuführen. Die Grundlage bilden die seit geraumer Zeit bestehenden Länder, die bereits politische Aufgaben erledigen. Die Länder werden bestehen bleiben, das Gleiche kann man von den Ländergewerkschaften annehmen. Es ist deshalb notwendig, eine Stärkung der Ländergewerkschaften durchzuführen und die Zonengewerkschaften so lange wie möglich hinten anzustellen. Dies dürfte im Interesse der Reichseinheit liegen. Wenn wir den Gedanken des Aufbaus der Zonengewerkschaften fördern, kann sich das bei späterem Zusammenschluss zur Reichsgewerkschaft nachteilig auswirken. Sollten wir gezwungen werden, einen Zonengewerkschaftsbund zu schaffen, dann aber nur als loses Gebilde.

Zur Angestelltenfrage vertritt Kollege Richter den Standpunkt, die Angestellten in die Industriegewerkschaften einzugliedern. Er hält eine Aufteilung in Arbeiter- und Angestelltengewerkschaften nicht für vorteilhaft. Die Schaffung von Angestelltengewerkschaften würde den Berufsegoismus fördern.

Die Mehrzahl der Delegationsredner hat den Gedanken der Industriegewerkschaften und den Bund als höchste Spitze anerkannt.

Kollege *Jendretzky,* Berlin: In der Russischen Zone sind 119.000 Angestellte erfasst. Von 200.000 Bergarbeitern sind 167.000 organisiert. Die in diesen Industriegewerkschaften organisierten Angestellten haben erklärt, sie gehen aus der Industriegewerkschaft nicht heraus. Der Diskussionsredner lehnte finanzielle Selbstständigkeit der Industriegewerkschaften ab.

Kollege *Richter,* Frankfurt am Main, verliest den Antrag von Vollmerhaus, Koblenz, der die Einsetzung eines Organisationsausschusses verlangt.

Sonntag, den 14. Juli 1946

Kollege *Richter,* Frankfurt am Main, eröffnet kurz vor 9 Uhr die Sitzung und teilt mit, dass wir noch eine reichhaltige Tagesordnung zu erledigen haben, und ersucht die Anwesenden, sich an die Tagesordnung zu halten.

Kollege *Spliedt,* Hamburg, erklärt, dass die von dem Kollegen Hansen erhobenen Vorwürfe gegen die Hamburger Angestelltenorganisation unberechtigt seien.

Kollege *Schlimme,* Berlin, spricht zum 2. Punkt der Tagesordnung. Er weist einleitend in seinen Ausführungen darauf hin, dass das Bestreben der Berliner Kollegen dahin ginge, einen Stundenlohn als Beitrag zu erheben. Zur Unterstützungseinrichtung erklärt er, dass sie sich darauf beschränkt hätten, nur in Notfällen Zahlungen zu leisten. Weiter ist beabsichtigt, im Sterbefall eine Unterstützung zu gewähren, soweit sich die Möglichkeit ergibt, später auch Streik- und Maßregelungsunterstützungen einzuführen. Soweit die Arbeitslosenunterstützung in Frage kommt, ist Schlimme der Meinung, dass man auch diese Unterstützungsart einführen muss, wenn das Mitglied mindestens 60 Beiträge geleistet hat. Es besteht die Absicht, diese Unterstützung ab 1. Oktober 1946 einzuführen. Alle diese Fragen müssen im Statut des Bundes festgelegt werden, wohingegen die Satzungen der Industrie-Verbände sich nur auf allgemeine Dinge beschränken müssen. In der Innerorganisation Berlins sind bereits 500 Angestellte beschäftigt und folgende Abteilungen eingerichtet:

1.) Organisationsfragen

2.) Wirtschaftspolitik

3.) Sozialpolitik

4.) Schulungs- und Bildungsfragen

5.) Frauenfragen

6.) Presse und Rundfunk

7.) Arbeitsrechtsfragen

Zur Erfassung des Gewerkschaftsvermögens haben wir eine Treuhandgesellschaft gegründet.

Für die einzelnen Unterabteilungen wie Neue Heimat usw. sind Sachwalter gestellt.

In der Ostzone sind sämtliche privaten Versicherungsgesellschaften zu einer Einheit zusammengeschlossen. Die Vermögen der Arbeitsfront sind mit 5,2 Milliarden angegeben. Nach dem Gesetz Nr. 2 des Kontrollrats[16] unterstehen die Vermögen der ehemaligen Deutschen Arbeitsfront dem Kontrollrat.

Die Frage der Bauhütten werden wir in den nächsten Tagen in Angriff nehmen. Der ADGB verfügte bei der Beschlagnahme der Vermögen durch den Nazibetrug über 250 Millionen Goldmark außer den Sachwerten.

Kollege *Richter,* Frankfurt am Main: Obwohl wir die Industrieorganisationen aufgebaut haben, haben wir einheitliche Kassenverwaltung, einheitliche Mit-

---

16 Alliiertes Kontrollratsgesetz Nr. 2 vom 10.10.1945 (Auflösung und Liquidierung der Nazi-Organisationen). Artikel I: NSDAP, Gliederungen, angeschlossene Verbindungen und die von ihr abhängigen Organisationen, einschließlich halbmilitärischer Organisationen und alle anderen Einrichtungen sind verboten und müssen aufgelöst werden. Artikel II: Alle Immobilien, Einrichtungen, Fonds, Konten, Archive, Akten u. a. sind beschlagnahmt. Vgl. Mai: Kontrollrat.

gliedsbücher, einheitliche Beiträge. Richter ist der Meinung, dass man als Beitragsgrundlage einen Stundenlohn nehmen sollte. Dieser Beitrag soll dann auf den Monat umgerechnet werden. Die in Frankfurt geltenden Beitragssätze sind aus der in der Anlage beigefügten Beitragtabelle ersichtlich. Unterstützungseinrichtungen haben wir noch nicht geschaffen, weil die Voraussetzungen hierzu noch nicht gegeben sind.

Als erste Unterstützungsart glauben wir die Invalidenunterstützung einzuführen bzw. Weihnachten eine einmalige Unterstützung zur Auszahlung zu bringen. Die übrigen Unterstützungseinrichtungen sind abhängig von der Neugestaltung der Währung. Soweit Gruppen in Frage kommen, die in einer krisenfesten Beschäftigung stehen und Unterstützungseinrichtungen nicht in Anspruch zu nehmen brauchen, sollen diese vielleicht durch die Einführung eines erhöhten Sterbegeldes entschädigt werden. Soweit das ehemalige Gewerkschaftsvermögen in Frage kommt, haben wir uns auch hier in Frankfurt eingeschaltet und Treuhänder gestellt. Für Hessen soll eine Gesellschaft für Vermögensverwertung und -verwaltung gebildet werden.

Kollege *Fischer,* Ludwigshafen, fragt an, wie es mit den Beiträgen sei, die von den Betrieben abgezogen aber noch nicht eingezogen seien. Ein Teil dieser Beiträge ist an uns überwiesen worden. Die Militärverwaltung hat einen Aufruf erlassen und aufgefordert, die noch vorhandenen und noch nicht abgeführten Beiträge auf ein Konto der Militärregierung zu überweisen.

Kollege *Vollmerhaus,* Koblenz: Im Bezirk Koblenz wurde von der Militärregierung angeordnet, dass die noch nicht abgeführten Beiträge einem besonderen Konto zu überweisen seien, dass später einem besonderen Konto der Gewerkschaften überwiesen werden soll.

Kollege *Jendretzky,* Berlin: Die Abteilungsleiter der Gewerkschaften werden in den Betrieben gewählt und müssen sich jedes Jahr zur Neuwahl stellen. Sie sind gleichzeitig verantwortliche Vorstandsmitglieder.

Jendretzky befürwortet eine Zentralstelle zur Erfassung sämtlicher Gewerkschaftsvermögen. Wir sind z. Zt. dabei, uns einen Gesamtüberblick über die ehemaligen vorhandenen Vermögen durch die einzelnen Landesgewerkschaften bzw. Industriegewerkschaften zu verschaffen. Wir müssen über die Vermögensfrage mit den Mitgliedern des Kontrollrats in dauernder Verbindung bleiben. Wir erstreben nicht eine zonenmäßige Feststellung und Erfassung, sondern eine zentrale Erfassung.

Kollege *Hansen,* Bielefeld: Wir erstreben, dass die Vermögen an uns direkt zurückgegeben werden und nicht über die Selbstverwaltung erfolgt. In der Englischen Zone besteht die Möglichkeit, dass das ehemals den Gewerkschaften gehörende Vermögen an die neu gegründeten Gewerkschaften zurückgegeben wird. Anders steht es allerdings mit denjenigen Teilen, die die DAF erworben hat.

Kollege *Schlimme,* Berlin: Bei der Rückgabe des Gewerkschaftsvermögens dürfen die einzelnen Verbände den Anspruch auf Rückgabe nicht erheben. Die Frage der Rückgabe muss eine zentrale Regelung erfahren. Man darf auch keine Zugeständnisse machen für denjenigen Teil, der ab 1933 zugewachsen ist, denn diese Vermögensteile sind ja von den ehemaligen Mitgliedern der Gewerkschaften aufgebracht.

Kollege *Richter*, Frankfurt am Main, zu Punkt 4 der Tagesordnung – Gewerkschaftliche Schulungsaufgaben. In der Gewerkschaftsbewegung herrscht ein großer Mangel an geeigneten Kräften. Wir sind deshalb gezwungen, für Nachwuchs zu sorgen. Dies kann nur geschehen, wenn wir entsprechende Bildungseinrichtungen schaffen. Außer den Abendkursen, die sich auf die verschiedensten Gebiete erstrecken, müssen wir eine Mittelstufe schaffen, aus der die einzelnen Spezialisten hervorgehen. Als Spitze dieser Bildungseinrichtung muss die Akademie der Arbeit in Frankfurt am Main wieder ins Leben gerufen werden.[17] Über den Neuaufbau der Akademie der Arbeit haben wir uns erlaubt, vor einiger Zeit ein Exposé auszuarbeiten und Euch zuzustellen. Diesem Exposé lag ein Voranschlag bei. Mich würde es interessieren, zu erfahren, wie die Kollegen im Einzelnen zu unserem Vorschlag stehen. Wir betrachten die Einrichtung der Akademie der Arbeit nicht als eine Zonenangelegenheit, sondern als eine Frage zentraler Art.

Kollege *Böckler*, Köln: Es ist ohne Zweifel, dass wir heute auf dem Gebiet des Bildungswesens mehr tun müssen als das früher der Fall war, weil wir einen Ausfall von rund 13 Jahren zu verzeichnen haben. In der letzten Zeit sind Bestrebungen festzustellen, dass sich Kreise mit der Bildungsarbeit beschäftigen, um einen Nachwuchs für die Gewerkschaften zu bekommen, die dazu gar nicht berufen sind. Ein derartiger Plan lag insbesondere in Münster vor. Aus dem uns zugestellten Protokoll ist nicht zu ersehen, dass dabei den Gewerkschaften eine Einflussnahme gewährt wird. Die Gewerkschaften sollen lediglich im Kuratorium dieser Institution vertreten sein. Nach reiflicher Überlegung sind wir zu dem Ergebnis gekommen, dass wir diesen Einrichtungen mit einem gewissen Misstrauen gegenüberstehen müssen. Wir müssen mehr dazu kommen, eigene Schulen zu schaffen. Wir wollen einen bestimmten Einfluss in der Wirtschaft haben, dann müssen wir auch dazu übergehen, Einrichtungen zu schaffen, die eine durchgreifende Bildung ermöglichen. Ich denke dabei, dass 3 bis 4 Jahre in Frage kommen, um die Voraussetzungen zum Besuch der Universitäten zu ermöglichen.

---

17 Am 31.03.1933 erfolgte durch SA und Kriminalpolizei die gewaltsame Schließung. Nach 1945 ergriffen drei ehemalige Hörer der AdA, Willi Richter, Heinrich Sauer und Franz-Josef Furtwängler, mit Unterstützung der einstigen Akademiedozenten Prof. Sturmfels und Prof. Michel die Initiative zum Neubeginn. Am 10.04.1946 wandte sich ein »vorbereitender« Ausschuss mit einem Aufruf an die deutschen Länderregierungen und Gewerkschaften aller vier Besatzungszonen, die Wiedererrichtung der AdA zu unterstützen. An die Regierungen der Länder erging die besondere Bitte, jeweils einen Teil der früheren finanziellen Leistungen des Landes Preußen zu übernehmen. In diesem Anschreiben verwies der Ausschuss auf die »Aufgaben der Arbeitnehmerorganisationen beim Wiederaufbau in Wirtschaft und Verwaltung und bei der Demokratisierung des öffentlichen Lebens« und auch darauf, dass der »organische Führernachwuchs der Arbeitnehmerschaft durch Verfolgung in der Nazi-Ära, durch Kriegseinwirkungen und eine weitgehende soziologische Atomisierung der ehemaligen organisierten Arbeitnehmerschaft vernichtet oder ausgeschaltet« sei. Aufgabe der Akademie solle die Schulung aktiver Gewerkschafter, örtlicher Funktionäre und Unterfunktionäre bis zum Wiederaufbau lokaler und regionaler Gewerkschaftsschulen sein und der halbjährige Kursbesuch die Vollendung eines Studiums ermöglichen. Die Wiedereröffnung der Akademie der Arbeit erfolgte am 12.04.1946. Vgl. Wittrock: »Akademie der Arbeit«.

Kollege *Schlimme*, Berlin: Für Studenten an der Berliner Universität, die infolge der finanziellen Verhältnisse ihr Studium nicht durchführen können, haben wir bereits RM 50.000,- gestiftet. Ähnliche Stiftungen wurden auch in Sachsen gemacht. Wir sind bereit, uns an der Akademie der Arbeit zu beteiligen, wenn wir die Möglichkeit haben, auch auf die Auswahl der Lehrer einen Einfluss zu bekommen. Wir würden empfehlen, die Kurse der AdA nicht auf ein Jahr auszudehnen, sondern erst auf 4 Monate zu beschränken.

Kollege *Göring*, Berlin: Gegenüber den bestehenden Bildungseinrichtungen, Universitäten usw. muss man ein gewisses Misstrauen haben, der Lehrplan und der Lehrstoff haben sich gegenüber früher wenig oder gar nicht geändert. Uns kommt es darauf an, die Schüler in diesen Bildungseinrichtungen ideologisch und geistig auszurichten. Bei der Akademie der Arbeit kommt es uns darauf an, zu wissen, ob die Schule in unserem Sinne wirkt. Bei der Auswahl der Schüler ist Vorsicht am Platze.

Kollege *Jendretzky*, Berlin: Wir müssen neben der Bildung der Funktionäre auch dazu übergehen, die Lehrenden auszubilden oder in unserem Sinne zu beeinflussen. Es ist deshalb notwendig, auch ein Lehrerseminar zu schaffen. Wir haben uns in Berlin auch in das Institut für Wirtschaftsforschung eingeschaltet. In Berlin besteht ein Institut »Wissenschaftliches Forum«, an dem wir mitarbeiten. Die Auswahl der Arbeiterstudenten muss mit großer Vorsicht geübt werden. Man kann dabei von verschiedenen Gesichtspunkten an diese Frage herantreten. In einigen Fällen werden die Schüler von den Betrieben vorgeschlagen und die Betriebsbelegschaften bringen auch die finanziellen Mittel zum Studium auf. Für die Jugend haben wir auch erhebliche Mittel zur Verfügung gestellt.

Kollege *Richter*, Frankfurt am Main: Es muss unsere Hauptaufgabe sein, die Erziehungs- und Bildungsfrage in Deutschland neu zu gestalten, dazu ist es notwendig, dass wir alle Bildungseinrichtungen benutzen. Bei der Bildungsarbeit darf man den Gegner nicht ausschalten, d. h. man muss auch seine Ansicht über die einzelnen Probleme hören. Nur dadurch ist es möglich, eine Schärfung des Geistes zu schaffen. Wenn die Akademie der Arbeit im Laufe dieses Jahres noch ihre Pforten öffnet und wir das Gewerkschaftshaus zurückbekommen, ist dieses Haus hier (Zimmerweg 12) als Internat vorgesehen.

Kollege *Göring*, Berlin, zu Punkt 5 der Tagesordnung – Sozialversicherung. Im Gegensatz zu der Russischen Zone könnten die Versicherungsanstalten in den westlichen Zonen auf noch vorhandene Bankguthaben zurückgreifen. In der Russischen Besatzungszone sind bekanntlich die Bankkonten gesperrt. Angesichts der Leistungen, die erforderlich sind, mussten wir uns die Frage vorlegen, was geschehen kann, um Leistungen zu vollbringen, die nur einen einigermaßen Ausgleich schaffen. Wir gingen deshalb davon aus, dass das nur über den Weg der Vereinheitlichung der gesamten Sozialversicherung geschehen kann. Um leistungsfähig zu sein, mussten die Sonderanstalten beseitigt werden. Bei der Neuschaffung mussten wir uns vorerst auf die Grenze der Arbeitsunfähigkeit beschränken. Bei dem Leistungsprinzip wird man an dem wirtschaftlichen Können nicht vorübergehen können.

72

In der Frage des Berufsunfalls muss darauf Bedacht gelegt werden, den Unfallgeschädigten bald wieder berufsfähig zu machen. Das kann durch entsprechende Umschulung geschehen. Der Unfallgeschädigte soll nur so lange einen Ausgleich als Rente erhalten, so lange er berufsbehindert ist. Den Bergarbeitern können wir keine Sonderstellung einräumen. Die Altrentner werden bei uns nach ihren früheren Sätzen behandelt. Maßgebend für die Berechnung der Rente ist lediglich die Frage, hat der Unfallgeschädigte noch die Möglichkeit, sich etwas zu verdienen. Die Höhe des Einkommens bis zu RM 80.-- wird auf die Rente nicht angerechnet. Derjenige Teil, der RM 80.-- übersteigt, wird dann bei der Bemessung der Rente in Anrechnung gebracht. Die Bemessung der Rente erfolgt auf der Grundlage des Einkommens der letzten 3 Jahre. Nach unserer Auffassung muss angestrebt werden, die Sozialversicherung in die Gewerkschaften einzugliedern. Die Verwaltungskörper der Sozialversicherung sollen sich mit zwei Dritteln aus Vertretern der Gewerkschaften und mit einem Drittel aus Vertretern der Provinzial- und Landesverwaltung zusammensetzen und ernannt werden. Unsere Feststellungen haben ergeben, dass sich der Kontrollrat der Auffassung, die wir vertreten, nähert. – Kriegsbeschädigte gelten als Arbeitsbeschädigte.

Kollege *Richter*, Frankfurt am Main, erläutert sein Schema über den Aufbau der Sozialversicherung. Die Aussprache mit Dr. Schellenberg[18] hat ergeben, dass eine einheitliche Auffassung über den Aufbau besteht. Der Versichertenkreis muss auf alle Schaffenden ausgedehnt werden. Krankenversicherung, Erwerbsbeschränktenversicherung und Ruhegeldversicherung sind die drei Gruppen, die in einem Versicherungsträger zusammengefasst sind. Der Versicherungsträger erstreckt sich auf das Land. In die Erwerbsbeschränktenversicherung sollen auch die Kriegsbeschädigten eingegliedert werden. Unter die Erwerbsbeschränkten fallen alle, ganz gleichgültig aus welchen Ursachen die Erwerbsbeschränkung eingetreten ist. Die Mittel, die für diese Gruppe aufgebracht werden müssen, können nicht nur von den Versicherten geleistet werden, sondern der Staat muss entsprechende Zuschüsse leisten.

Unser Versicherungsaufbau sieht auch eine Zusatzversicherung vor. Diese muss den einzelnen Betrieben überlassen werden. Diese Zusatzversicherung beruht auf freiwilliger Grundlage. Auch bei Arbeitsplatzwechsel ist die freiwillige Versicherung als Zusatzversicherung möglich.

---

18 Ernst Schellenberg (20.02.1907–6.06.1984), Angestellter in einer Privatversicherung, Studium an der Deutschen Hochschule für Politik, Assistent und Lehrbeauftragter am Hochschulinstitut für Versicherungswissenschaften, 1933 Promotion, 1938 Leiter der Kalkulationsabteilung beim Reichsverband der Privatversicherungen in Berlin, 1942 Seminarleiter des Berliner Hochschulinstituts für Versicherungswissenschaft, zwischen 1946 und 1948 Professor für Versicherungswesen und Direktor am Institut für Sozialwesen und Versicherungswesen an der Humboldt-Universität zu Berlin, 1948 Eintritt in die SPD, nach Kriegsende stellvertretender Abteilungsleiter für Sozialwesen im Magistrat von Groß-Berlin, dann Direktor der Versicherungsanstalt Berlin, der Krankenversicherungsanstalt und bis 1958 der Allgemeinen Ortskrankenkasse in Berlin, 1952–1976 MdB, seit 1957 Vorsitzender des Bundestagsausschusses für Sozialpolitik, gilt als Initiator der Rentenreform von 1957, 1960–1973 Mitglied des SPD-Parteivorstandes, 1969 stellvertretender Vorsitzender der SPD-Bundestagsfraktion.

Die Gewerkschaften, die auf dem Gebiet der Sozialversicherung grundsätzlich einer Meinung sind, müssen diese auch nach außen hin geltend machen und das Sozialwerk zur Durchführung bringen.

Kollege *Vollmerhaus*, Koblenz, kritisiert die Berliner Entwicklung auf dem Gebiet der Sozialversicherung. Vollmerhaus gibt zu bedenken, ob es möglich ist, die Knappschaftsversicherung in diesen Rahmen mit einzubeziehen.

Kollege *Spliedt*, Hamburg: In diesen Tagen findet in Berlin eine Zusammenkunft statt, um für alle vier Zonen den Entwurf für die Sozialversicherung fertigzumachen. In dem Beirat hat man den Sachverständigen keine Bewegungsfreiheit gegeben. Die grundsätzlichen Fragen waren ihnen vorgeschrieben. In einer Zeitschrift, die in England weit verbreitet ist, wird die Ansicht vertreten, dass die Frage der Sozialversicherung von der Besatzungsmacht gelöst werden muss. Die Frage, ob alle Schaffenden versicherungspflichtig sein müssen, haben wir ebenfalls erwogen, und es ist uns gelungen, entsprechende Bestimmungen in die deutsche Fassung hineinzubringen. Ob es jedoch gelingt, dass diese akzeptiert werden und in Anwendung kommen, ist uns bis zur Stunde noch nicht bekannt. Dass die Frage der Knappschaftsversicherung in den allgemeinen Rahmen aufgenommen werden muss, darin besteht keine Meinungsverschiedenheit. Anders ist es mit der Frage, ob wir für den Bergbau eine besondere Regelung treffen müssen. Dabei ist zu beachten, dass der Ruhrbergbau überaltert ist und wir gezwungen sind, neue Arbeitskräfte anzuwerben. Die Schwere des Bergmannsberufes erfordert es, dass er auch bei der Bemessung der Rente besonders bedacht werden muss.

Kollege *Ehrhardt*, Stuttgart: Nach dem für Hessen ausgearbeiteten Entwurf soll die Belastung 16 Prozent betragen im Gegensatz zu der Ostzone, wo es 20 Prozent ausmacht. Infolge der hohen steuerlichen Belastung darf eine weitere Belastung durch die Sozialversicherung nicht erfolgen.

Die CDU in Württemberg hat bereits bei den letzten Wahlen den Gedanken vertreten, keine selbständige Versicherung für die Angestellten zu schaffen.

Bei der Zusatzversicherung bezüglich des Krankengeldes muss man mit auftretenden Schwierigkeiten rechnen. Ehrhardt empfiehlt, die Zusatzversicherung bezüglich des Krankengeldes nicht mit der gesamten Sozialversicherung zu verknüpfen.

Kollege *Schlimme*, Berlin: Bei Neuaufbau der Sozialversicherung in Berlin waren 100.000.000 Reichsmark Schulden vorhanden. Als Neueinrichtung haben wir die so genannten Gesundheitshelfer eingeführt. Diese Gesundheitshelfer werden durch Ärzte aus- und weitergebildet. Die Zahl dieser beträgt monatlich mindestens 400. Die Sterbefälle an Tuberkulose sind 3,5 Mal größer als 1938. Kindersterbefälle 9 Mal höher als 1938.

Kollege *Göring*, Berlin, spricht sich gegen den Einbau einer Zusatzversicherung in die Sozialversicherung aus. Als Grundsatz muss aufgestellt werden, von Fall zu Fall zu prüfen und dass der Versicherte diesen Beitrag selbst zahlt.

Kollege *Karl*, Hannover, zu Punkt 6 der Tagesordnung – Betriebsrätegesetz[19]. Bei dem Betriebsrätegesetz haben wir es mit einer fertigen Tatsache zu tun, im Gegensatz zu der Sozialversicherung. Es dürfte aufgrund der gesetzlichen Bestimmungen die Möglichkeit in Erscheinung treten, dass in einigen Betrieben keine Betriebsräte geschaffen werden. Beachtlich ist bei den gesetzlichen Bestimmungen, dass die Gewerkschaften stark eingeschaltet sind; sie sind berufen, bei der Wahl des Betriebsrates mitzuwirken. Nach den Bestimmungen des Kontrollratsgesetzes hat der Betriebsrat die Aufgabe, die Anwendungen der von den Gewerkschaften abgeschlossenen Betriebsvereinbarungen zu überwachen. Die Möglichkeit, bei Entlassungen Einspruch zu erheben, sieht das Gesetz nicht vor. Es muss dies über den Weg der Betriebsvereinbarung verankert werden. Es wird sich als notwendig herausstellen, dass seitens der Gewerkschaften für diese Betriebsvereinbarungen Richtlinien herausgegeben werden. Das Wahlverfahren ist von der Betriebsvertretung zu beschließen. Auch hierfür müssen die Gewerkschaften Richtlinien herausarbeiten. Das Wahlverfahren selbst unterliegt dem Beschluss der Belegschaft. In der Englischen Zone ist die Frage aufgeworfen worden, ob nach den alten Bestimmungen die Betriebsrätezahl aufrechterhalten werden soll. Im Allgemeinen wird der Standpunkt vertreten, dass man bei größeren Betrieben die Zahl der Betriebsratsmitglieder etwas verringern soll. Es ist zu empfehlen, keine Listenwahl durchzuführen, sondern Personenwahlen vorzunehmen. Soweit die Ersatzleute in Frage kommen, dürfte es sich empfehlen, diejenigen, die dabei die meisten Stimmen nach den aktiven Mitgliedern erhalten haben, zu bezeichnen. Dies muss jedoch von der Belegschaft beschlossen werden. Bei der Aufstellung der Kandidaten sind die Minderheiten, insbesondere Angestellte, zu berücksichtigen. Diese Bestimmung muss auch für die nicht so stark besetzten Abteilungen und für die Frauen und Jugendlichen Anwendung finden. Soweit die Wahlberechtigung in Frage kommt, sieht das neue Gesetz das Wahlalter nicht vor. Was die Frage des Aufsichtsrates anbelangt, sind die Bestimmungen außerordentlich mangelhaft, denn sie haben nur Anspruch auf Unterrichtung.

Kollege *Böhm*, Bielefeld, spricht sich gegen die Schaffung von Ergänzungen zum Kontrollratsgesetz aus. Nach Auffassung von Böhm ist das neue Gesetz besser als das alte, weil das ja nur ein Rahmengesetz darstellt und ausbaufähig ist. – Der Wert liegt nicht in den Paragraphen, sondern es kommt auf den Geist an, von dem das Gesetz erfüllt wird.

Kollege *Pfetzing*, Kassel: Die Jugendlichen nehmen bereits an den Sitzungen der Betriebsräte teil. Sie werden damit entsprechend vorgeschult. Die Richtung muss von den Alten kontrolliert werden.

Kollege *Mittwich*[20], Stuttgart: Das Betriebsrätegesetz des Kontrollrats erkenne ich als gut an, denn es gibt den Gewerkschaften die Möglichkeit, sich ein-

---

19 Alliiertes Kontrollratsgesetz Nr. 22 vom 11.04.1946, vgl. Dok. 2 Anm. 1.
20 Philipp Mittwich (27.05.1887–26.07.1969), Schuhmacher, 1919 USPD, 1920 KPD, 1924 SPD, 1920–1933 Leiter des Bezirkes Württemberg-Baden und Hohenzollern des Zentralverbandes der Schuhmacher Deutschlands, 1933 verhaftet, ab 1946 Vorsitzender des Interessenverbandes Schuhe und Leder Württemberg-Baden, Vorsitzender des Zonenausschusses der IG

zuschalten. Mittwich spricht sich gegen Ausführungsbestimmungen des Kontrollratsgesetzes aus. Die Gewerkschaften sind die Träger des Gesetzes und nur sie in Verbindung mit den Betriebsräten haben das Recht, Änderungen zu veranlassen.

Kollege *Vollmerhaus,* Koblenz, beantragt Schluss der Debatte.

Kollege *Jendretzky,* Berlin: Die Berliner Kollegen lehnen die Verhältniswahl bei der Betriebsrätewahl ab. Die Termine zur Betriebsrätewahl liegen bei uns bereits fest und sollen bis Anfang August durchgeführt sein. Jendretzky empfiehlt, für alle Zonen die Betriebsrätewahl bis zu einem bestimmten Zeitpunkt durchzuführen.

Kollege *Lemmer,* Berlin, erklärt, dass er mit dem Wahlverfahren, wie es hier empfohlen wird, einverstanden ist. Auf die Durchführung des Verhältniswahlrechtes verzichtet er jedoch unter den Voraussetzungen, dass es als allgemein bindend anerkannt wird, dass die politischen und sonstigen Minderheiten bei der Aufstellung der Kandidatenliste und der Durchführung der Wahlen im Interesse der Einheit unserer neuen Gewerkschaften in loyaler Weise berücksichtigt werden.

Es besteht einmütig die Auffassung, dass weder Länderregierungen noch sonstige Institutionen das Recht haben, zu dem vom Kontrollrat erlassenen Betriebsrätegesetz besondere Ausführungsbestimmungen zu erlassen.

Arbeiter, Angestellte und Beamte bilden die Arbeitnehmervertretungen in den Betrieben.

Es darf nur Personenwahl und keine Listenwahl durchgeführt werden.

Kollege *Richter,* Frankfurt am Main, zu Punkt 7 der Tagesordnung – Arbeitsgerichtsgesetz. Richter führt aus, dass wir bestrebt sein müssen, die Arbeitsgerichte in die Arbeitsämter einzugliedern, damit kein unnötiger Behördenapparat geschaffen werden muss.

Kollege *Ehrhardt,* Stuttgart: In Württemberg-Baden wurde der Versuch unternommen, die Arbeitsgerichte mit 4 Beisitzern zu besetzen und denjenigen, die sich bisher mit dieser Frage noch nicht beschäftigt haben, die Möglichkeit zum Einarbeiten zu geben. Wir sind mit dieser Ansicht nicht durchgedrungen, weil die Arbeitgebervertreter erklärten, dass sie nicht so viel politisch Unbelastete hätten, um diese Posten zu besetzen.

Kollege *Richter,* Frankfurt am Main: In der Amerikanischen Zone haben wir in jedem Land einen Arbeitsminister und ein Arbeitsministerium, dem die gesamten Ressorts unterstellt sind. Die Gesamtfragen auf diesem Gebiet werden für die Amerikanische Zone im Länderrat behandelt. Die Arbeitsamtsbehörden müssen neben der Sozialversicherung stehen und nicht in die Sozialversicherung eingegliedert werden.

---

Schuh und Leder in der Amerikanischen Zone, Beisitzer im Bundesvorstand des Gewerkschaftsbundes Württemberg-Baden, 1949–1959 1. Vorsitzender der Gewerkschaft Leder für die Trizone bzw. für die Bundesrepublik Deutschland, Mitglied des Bundesvorstandes des DGB.

Richter führt zu Punkt 9 – Mitbestimmung in der Wirtschaft – aus, dass dieses Thema allein eine Konferenz erforderlich machen würde. Im Augenblick komme es darauf an, hervorzuheben, dass die Gewerkschaften im Verein mit den Betriebsräten alles versuchen müssen, sich in die Wirtschaft einzuschalten. Das Gleiche trifft zu für die Industrie- und Handelskammern sowie für die Verwaltungskörper der öffentlichen Betriebe usw. Die Wirtschaft ist nicht eine Angelegenheit, die nur die Unternehmer angeht, sondern in allererster Linie die Arbeitnehmer. Die Industrie- und Handelskammern haben ihren öffentlichen Charakter verloren, sie sind keine Zwangsorganisationen mehr, sondern beruhen auf freiwilligem Zusammenschluss. Ihre Aufgabe liegt nur in Beratung, nicht in Bestimmung. Die Handwerkskammern sowie die Innungen werden in ihrer Tätigkeit nicht beschränkt. Eine Aussprache mit den Vertretern der Handwerkskammern hat ergeben, dass sie bereit sind, die Gewerkschaften als gleichberechtigte Faktoren in den Handwerkskammern anzuerkennen. Über die Mitwirkung in diesen Institutionen muss eine Vereinbarung getroffen werden.

Um die gesamten wirtschaftlichen Fragen behandeln zu können, haben sich Vertreter der Gewerkschaften mit der Industrie- und Handelskammer geeinigt, einen Landeswirtschaftsrat zu gründen. Bei dem Landeswirtschaftsamt Hessen ist in neuerer Zeit ein Wirtschaftsbeirat gebildet worden. Dieser Beirat soll nicht nur bei der Preisbildung mitwirken, sondern auch bei der Zuteilung von Rohstoffen. Gewerkschaften, politische Parteien und Vertreter der Wirtschaftsverbände sind vertreten. Soweit die Unternehmervereinigungen in Frage kommen, hat die zuständige Militärregierung zugesagt, dass sich die Arbeitgeber in einzelnen Industriezweigen zusammenschließen dürfen und zwar wirtschaftliche Vereinigungen. Ihre Aufgabe besteht darin, lediglich wirtschaftliche Fragen wahrzunehmen und zu regeln. Die Frage der Lohn- und Arbeitsbedingungen fällt noch nicht in das Arbeitsfeld dieser Vereinigungen. Zum Abschluss von Lohn- und Arbeitsbedingungen muss ein sozialer Gegenspieler auf Arbeitgeberseite vorhanden sein.

Kollege *Göring*, Berlin: Im Mittelpunkt aller unserer Besprechungen muss die Frage stehen, wie können wir uns in die Wirtschaft einschalten. Über die Industrie- und Handelskammer allein ist das nicht möglich. Die Auflösung der Wirtschaftsgruppen ist in der Russischen Zone radikal durchgeführt. In der Russischen Zone wurde zur Durchführung und Leitung in der Wirtschaft eine Wirtschaftszentrale geschaffen.[21] Die Zentralverwaltung ist eine zentrale Lenkungsstelle. Sie ist eine von der Militärregierung getragene Einrichtung. Die Hauptfunktionäre werden jedoch von uns gestellt. Die leitenden Stellen wurden von der Besatzungsmacht berufen. Die Aufgabe besteht in erster Linie darin, die noch vorhandenen Rohstoffe zu erfassen und planmäßig zur Verteilung zu bringen. Eine gesetzliche Verankerung dieser Institutionen und die Mitwirkung der Gewerkschaften liegen noch nicht vor. – Die Industrie- und Handelskammern wurden neu aufgebaut und die Drittelung in der Besetzung

---

21 Gemeint ist die Bildung der Zentralverwaltungen in der Sowjetischen Zone aufgrund des Befehls Nr. 17 der Sowjetischen Militäradministration (SMAD). Vgl. Zank: Wirtschaftliche Zentralverwaltungen.

durchgeführt. Sie haben beratende Funktionen. Durch die Mitbestimmung haben wir die Möglichkeit, den Wiederaufbau der Wirtschaft zu kontrollieren, damit er nicht wieder zur Kriegsproduktion Verwendung findet. Unser Bestreben geht dahin, keine Arbeitgeberorganisationen zu schaffen als soziale Gegenspieler. Bei Abschluss von Tarifverträgen können die in der Industrie- und Handelskammer vertretenen Arbeitgebergruppen herangezogen werden. Aussprachen mit der amerikanischen Militärregierung, Berlin, haben ergeben, dass diese Stellen für unsere Absichten ein sehr großes Verständnis an den Tag gelegt haben.

Kollege *Karl*, Hannover: Auch wir haben uns schon lange mit der Frage der Einschaltung in die Wirtschaft beschäftigt. Zur Frage der Neugestaltung der Industrie- und Handelskammer vertreten auch wir den paritätischen Standpunkt. Entsprechende Pläne haben wir bereits ausgearbeitet. Zu allen wichtigen Fragen, die in der Industrie- und Handelskammer auftauchen, werden wir hinzugezogen. Doch mit diesem Zustand geben wir uns noch nicht zufrieden; wir müssen eine gesetzmäßige Grundlage haben. – Ich neige der Auffassung zu, wir sollten getrost Arbeitgeberverbände bestehen lassen.

Kollege *Vollmerhaus*, Koblenz: Die von den Berlinern geschaffenen Richtlinien sind richtig und müssen durchgeführt werden, wenn wir dieselben Verhältnisse in den westlichen Besatzungszonen hätten.

Kollege *Kronberger*, Frankfurt am Main: Im hessischen Gebiet sollen nach Anweisung des Herrn Brodnitz als Vertreter des Wirtschaftsdepartements 2 Arbeitsorgane geschaffen werden, und zwar die Industrie- und Handelskammern und die wirtschaftlichen Vereinigungen der Arbeitgeber. Die Schaffung des Landeswirtschaftsrates für Groß-Hessen wird von der amerikanischen Stelle abgelehnt. Seitens der Industrie- und Handelskammer wird den Gewerkschaften der Vorschlag gemacht, Arbeitskammern zu bilden. Aus Vertretern der Industrie- und Handelskammer sollte dann ein wirtschaftliches Direktorium geschaffen werden. Unsere Forderung bleibt paritätische Zusammensetzung der Industrie- und Handelskammer.

Kollege *Böhm*, Bielefeld, wirft die Frage auf: Brauchen wir überhaupt einen Partner auf der Gegenseite? Wir wollen nicht nur keine paritätische Zusammensetzung der Kammer, sondern wir wollen auf allen Seiten das Arbeitgeberelement ausschalten.

Kollege *Ehrhardt*, Stuttgart, unterstreicht nochmals die Ausführungen zur Frage der Industrie- und Handelskammer und wirtschaftlichen Vereinigungen der Arbeitgeber. Er weist mit Nachdruck auf die Haltung der amerikanischen Regierungsstellen hin, die sie gerade hier in diesem Versammlungsraum eingenommen haben. Wenn wir vorankommen wollen, müssen wir nach klaren Richtlinien und Gesichtspunkten arbeiten und ein klares Programm aufstellen.

Damit ist der letzte Punkt der Tagesordnung erledigt.

Kollege *Richter*, Frankfurt am Main, gibt bekannt, dass Kollege Jendretzky einen Vorschlag eingereicht hat, welche Tagesordnungspunkte bei der nächsten Interzonenkonferenz zur Verhandlung kommen sollen. Richter ist der Meinung, dass man die Frage der Sozialversicherung mit besprechen sollte, weil anzunehmen ist, dass der Kontrollrat diese Frage zur Entscheidung bringt. Desgleichen müssten die Tarif- und Lohnfragen mit besprochen werden. Die Frage der Mitbestimmung in der Wirtschaft wird immer behandelt werden müssen.

Die Schaffung eines Interzonenorgans soll ebenfalls zur Diskussion gestellt werden. Weiter liegt eine Anregung der Kollegen Jendretzky, Schlimme und Göring vor, die verlangt, dass die Interzonenkonferenz in Abständen von 2 Monaten zusammentritt.

Es wird folgende vorläufige Tagesordnung festgesetzt:

1. Aufbau der Gewerkschaften (Industriegewerkschaften und Gewerkschaftsbund)

2. Übertragung des DAF-Vermögens an die Gewerkschaften

3. Tarif- und Lohnfragen

4. Sozialversicherung

5. Mitbestimmung in der Wirtschaft

6. Interzonenorgane

Nächste Interzonenaussprache September 1946 in Berlin.

Kollege *Spliedt*, Hamburg, setzt sich für die von dem Kollegen Vollmerhaus ausgearbeitete Erklärung ein, die zur Veröffentlichung kommen soll.

Kollege *Göring*, Berlin, verteilt die von ihm eingebrachte Erklärung über die Zusammenkunft der Interzonenkonferenz für Rundfunk und Presse:

»Erstes Interzonentreffen deutscher Gewerkschaftler.

Gewerkschaftsvertreter aller besetzten Zonen Deutschlands versammelten sich am 13. und 14. Juli dieses Jahres in Frankfurt am Main.

In allen behandelten, die Gewerkschaft berührenden Fragen der Wirtschafts- und Sozialpolitik wurde weitgehende Übereinstimmung erzielt. Weitere Aussprachen sind vorgesehen.«

Kollege *Böhm*, Bielefeld, empfiehlt, die nächste Tagung der Interzonenkonferenz in Bielefeld abzuhalten.

Kollege *Göring*, Berlin, ist der Ansicht, dass im Hinblick auf die zu erledigende Tagesordnung Berlin als Tagungsort gewählt werden soll.

Kollege *Lemmer*, Berlin, wünscht, dass zu beiden weiteren Konferenzen Vertreter der ehemaligen christlichen Gewerkschaften hinzugezogen werden.

Kollege *Richter*, Frankfurt am Main, erwidert, dass von den ehemaligen christlichen Gewerkschaftlern fast niemand mehr in Diensten der Gewerkschaft steht, da sie zum größten Teil in Regierungspositionen eingerückt sind.

Kollege *Spliedt*, Hamburg, spricht sich für Berlin als nächsten Tagungsort aus.

Kollege *Böhm*, Bielefeld, zieht seinen Antrag, in Bielefeld die nächste Zusammenkunft abzuhalten, zurück.

Kollege *Richter*, Frankfurt am Main, spricht allen Delegierten seinen Dank für die rege Mitarbeit während dieser zwei Tage aus.

Diese 1. Interzonenkonferenz von Vertretern der Gewerkschaften und Gewerkschaftsbünde aus allen Zonen und Ländern Deutschlands ist ein Meilenstein in der Geschichte der neuen deutschen Gewerkschaftsbewegung.

Kollege Richter wünscht allen Kollegen eine gute Heimreise und eine erfolgreiche Arbeit im Dienste der Arbeitnehmer und ihrer Gewerkschaften.

Vorsitz: Willi Richter

DOKUMENT 6

# 13.–14. Juli 1946: Entschließungsentwurf Göring (FDGB).

**SAPMO-BArch. Akte 1. Interzonenkonferenz in Mainz vom 7.–8. November 1946. Organisatorische Vorbereitung und Durchführung. Maschinenschrift. DY 34/22971.**

Die erste interzonale Zusammenkunft der Vertreter der neuen freien Gewerkschaften empfiehlt, den Aufbau der einheitlichen Gewerkschaften in Deutschland auf der Grundlage des Industriegewerkschaftsprinzips durchzuführen.

Für die Angestellten wird die Bildung von Angestellten-Gewerkschaften für die gegenwärtige Entwicklungsphase für zweckmäßig gehalten, sie bilden jedoch in Sicherung des einheitlichen gewerkschaftlichen Vorgehens in den Industriebetrieben keine besondere Betriebsgewerkschaftsleitung. Sie wählen einen Obmann, der die Verbindung mit der Angestellten-Organisation aufrechterhält, im Betrieb aber der zuständigen Betriebsgewerkschaftsleitung angehört.

Der Bund und seine Gliederung sind Träger der Exekutive in allen grundsätzlichen Fragen der Wirtschafts-, Sozial- und Gewerkschaftspolitik. Die Industrie-Gewerkschaften leisten die speziellen Aufgaben für ihre Industrie und führen die Bundesbeschlüsse auf der Grundlage der Bundessatzung durch.

Um den einheitlichen Aufbau der Gewerkschaften nach diesen Empfehlungen durchzuführen, wird ein korrespondierender Ausschuss eingesetzt, der bis zur nächsten interzonalen Zusammenkunft eine entsprechende Vorlage ausarbeiten wird.

DOKUMENT 7

## 18. Oktober 1946: Zonensekretariat Britische Zone (Hansen) an FDGB (Göring).

**SAPMO-BArch. Akte 1. Interzonenkonferenz in Mainz vom 7.–8. November 1946 in Mainz. Organisatorische Vorbereitung und Durchführung. Maschinenschrift. DY 34/22971.**

An den Freien Deutschen Gewerkschaftsbund
Bundesvorstand
z. Hd. des Herrn Bernhard Göring
Berlin C 2
Wallstraße 61–65

Werter Kollege Göring!

Leider komme ich erst heute zur Beantwortung Deines Briefes vom 4. September, weil ich zuvor mit den Kollegen unseres Zonenausschusses und Zonenvorstandes über die Angelegenheit unseres Berliner Besuches eine Entscheidung herbeiführen wollte.

Wir haben außerdem inzwischen Gelegenheit gehabt, mit den Kollegen der Amerikanischen Besatzungszone zu sprechen. Wir waren in Frankfurt, um mit ihnen eine Reihe von Fragen zu besprechen, die sich aus der wirtschaftlichen Zusammenlegung der beiden Zonen[1] ergeben. Während dieser Besprechung ist als gemeinsame Auffassung zum Ausdruck gebracht worden, dass wir gern von Euch eine genauere Tagesordnung haben möchten, um entscheiden zu können, ob eine Reise nach Berlin in diesem Augenblick sinnvoll ist. Während unserer Frankfurter Tagung mit den Kollegen der Amerikanischen Besatzungszone sind wir zu einer Reihe von fruchtbaren Ergebnissen gekommen, weil die praktische Entwicklung auch die Gewerkschaften beider Zonen zu einer engeren Zusammenarbeit drängt. Die Kollegen möchten nicht nach Berlin fahren, wenn nicht die Gewähr gegeben ist, dass konkret Fragen besprochen werden, die ebenfalls einer dringenden Entscheidung oder mindestens einer gemeinsamen Aussprache bedürfen. Sie wollen also die endgültige Entscheidung davon abhängig machen, welcher Beratungsstoff vorliegt.

Ich wäre Dir dankbar, wenn Du mir bald Eure Vorschläge übermitteln würdest und bin inzwischen mit kollegialen Grüßen

Dein Werner Hansen

---

1 Vgl. Benz: Handbuch, S. 311 ff.

81

DOKUMENT 8

# 7.–8. November 1946: Bericht über Besprechung mit Saillant in Mainz (Georg Reuter).

**SAPMO-BArch. Akte 1. Interzonenkonferenz in Mainz vom 7.–8. November 1946. Organisatorische Vorbereitung und Durchführung. Maschinenschrift. DY 34/22971.**

An der Besprechung nahmen teil:
Vertreter der deutschen Gewerkschaften,
Vertreter der Amerikanischen und
Vertreter der Sowjetischen Besatzungszone.
Nicht erschienen waren die Vertreter der Britischen Besatzungszone.

Für die US-Zone nahmen teil:
Schleicher[1], Stuttgart,
Reuter, München,
Richter, Frankfurt am Main.

Die angekündigten Vertreter der AFL[2] waren nicht anwesend.

Den Besprechungen mit Saillant ging ein Empfang durch den Herrn Gouverneur, General Jakobsen, Mainz, voraus.

Bei diesem Empfang gab Saillant seiner Freude darüber Ausdruck, dass die deutschen Gewerkschaften durch ihre Vertreter dem Ruf des »Weltgewerkschaftsbundes« gefolgt seien. Nach einem Dank an den Herrn Gouverneur für die Gastfreundschaft sagte Saillant, er hoffe, dass die folgenden Besprechungen die Möglichkeit zu einer Verbindung zwischen den beiden Organisationen (Weltgewerkschaftsbund und deutsche Gewerkschaften) schaffen würden. Namens der deutschen Gewerkschaftsvertreter dankte Schlimme, Berlin, für die zugegangene Einladung. Er sagte, wir sind uns bewusst, welche Verantwortung wir für die deutsche und internationale Gewerkschaftsbewegung übernehmen. Wir wünschen von diesen Besprechungen, zunächst Möglichkeiten einer engeren Zusammenarbeit in den Besatzungszonen zu bekommen.

---

1   Markus Schleicher (25.04.1884–11.03.1951), Tischler, ab 1901 Mitglied des DHV, 1904–1909 Bevollmächtigter der Verwaltungsstellen Wilhelmshaven bzw. Bremerhaven des DHV, 1920–1933 Generalsekretär und Mitglied des Hauptvorstandes des DHV sowie Mitglied des Bundesausschusses des ADGB, 1933 verhaftet, ab 1946 Vorsitzender des Gewerkschaftsbundes Württemberg-Baden, Geschäftsführender Vorsitzender des gewerkschaftlichen Zonenausschusses für die Amerikanische Zone, ab 1947 Mitglied des Gewerkschaftsrates für die Bizone, ab 1949 1. Vorsitzender der IG Holz für die Trizone bzw. die Bundesrepublik Deutschland, Mitglied des Bundesvorstandes des DGB, 1950–1951 1. Vorsitzender des Landesverbandes Baden-Württemberg des DGB.

2   American Federation of Labor, amerikanischer Gewerkschaftsbund, der 1886 gegründet wurde. 1955 wiedervereinte sich die AFL mit dem amerikanischen CIO (Congress of Industrial Organizations), von dem sie 1938–1955 getrennt war. 1949 trat die AFL dem Internationalen Bund Freier Gewerkschaften (IBFG) bei, trat aber 1969 wieder aus. Die AFL war als ein entschiedener Gegner des WGB gegen eine kommunistische Mitarbeit in den Gewerkschaften und lehnte die Schaffung einer neuen Internationale ab. Vgl. Lösche: Vereinigte Staaten.

Nach diesem Begrüßungsakt zogen sich die Vertreter der Militärregierung und der Presse zurück.

An der nun folgenden Konferenz unter Vorsitz von Saillant im Dienstzimmer des Gouverneurs nahmen ausschließlich deutsche Gewerkschaftsvertreter teil. Vom Büro des WGB waren anwesend:

Herr Preuss[3] und eine Sekretärin.

Die erste Ansprache Saillants enthielt folgende Gedanken:

»Diese erste Veranstaltung ist der Anfang einer Serie von Konferenzen mit den deutschen Gewerkschaften, um sie mit gleichen Rechten und Pflichten wieder in den Schoß der internationalen Gewerkschaftsbewegung zurückzuführen. Der WGB hat seit einem Jahr die Entwicklung in Deutschland aufmerksam verfolgt. Die erste Zusammenkunft zwischen den deutschen Gewerkschaften und den Vertretern des WGB kommt nicht von heute auf morgen, ich, Saillant, habe sie eigentlich seit dem 17. März 1946 vorbereitet. Um diese Konferenz zu ermöglichen, musste eine Anzahl von Leuten überzeugt werden.

Die Möglichkeiten, solche Zusammenkünfte öfter abzuhalten, müssen studiert werden, um über die Schwierigkeiten zu sprechen und Informationen zu erhalten. In einem Monat tritt der Vorstand des WGB in Paris zusammen, ich werde dem Vorstand Bericht über diese Konferenz erstatten.«

Der WGB hat die Verbindungen mit dem Interalliierten Kontrollrat (IKR)[4] wegen der deutschen Gewerkschaften bereits im vorigen Jahr, also 1945, aufgenommen. Dem Briefwechsel des Generalsekretariats mit IKR folgte ein erster Besuch von Saillant beim IKR in Berlin. Bei dieser Gelegenheit machte Saillant einen ersten Besuch bei den Berliner Gewerkschaften. Anfang 1946 besuchte eine Kommission des Weltgewerkschaftsbundes die in der Bildung begriffenen Gewerkschaften in allen 4 Besatzungszonen.

Beratungsgegenstände der Kommission waren 1. die Entnazifizierung, 2. die Rechte der Gewerkschaften. Am 17. März 1946 hatte Saillant eine neue Besprechung beim IKR. Auf Grund dieser Besprechungen wurde am 18. März 1946 auf Vorschlag von General Koeltz (Frankreich) vom IKR beschlossen, welche Grundsätze für den Aufbau der deutschen Gewerkschaften Geltung haben sollen. Der IKR teilte dem WGB mit, dass er mit seinen Vorschlägen einverstanden sei.

Unsere Vorschläge waren:

1. Die deutschen Gewerkschaften erhalten das Recht, periodisch in den 4 Zonen einen Meinungsaustausch zu veranstalten,

2. der WGB erhält das Recht, sich mit Vertretern der deutschen Gewerkschaften zu versammeln und zu beraten,

---

3 Albert Preuss (10.01.1904–06.05.1994), seit 1919 Gewerkschaftsmitglied, 1934 Emigration nach Frankreich, ab 1940 in der Résistance, nach 1945 Sekretär für die deutschsprachigen Länder im WGB, später Leiter der Vertretung des DGB in Paris, Gründer des Deutschen Hilfswerkes in Frankreich.
4 Gemeint ist der Alliierte Kontrollrat.

3. das Arbeitsdirektorium im IKR wurde angewiesen, mit dem WGB zusammenzukommen, um Beschwerde und Vorschläge zu besprechen.

Der Vorstandssitzung, welche vom 17. bis 24. Juni in Moskau stattfand, wurde der Bericht der Kommission vorgelegt und zugleich Bericht erstattet über die Beratungen und die Ergebnisse der Beratungen mit IKR.

Am 13. und 17. Juli hatten 8 Delegierte des WGB eine Besprechung mit dem Arbeitsdirektorium des IKR in Berlin. Das Arbeitsdirektorium des IKR gab dem WGB am 21. August 1946 die Antwort, dass der IKR einverstanden ist

1. mit einer aktiven Mitarbeit der deutschen Gewerkschaften in der Frage der Denazifizierung,

2. dass die Artikel 9 und 24 des betreffenden Kontrollratsgesetzes über die Ausschaltung der ehemaligen Nazis schärfstens eingehalten werden,

3. dass die Gewerkschaftsgründungen nicht nur zu genehmigen, sondern auch die Existenz der Gewerkschaften zu fördern sind.

4. Die Militärregierungen sollen den Gewerkschaften helfen, soweit als möglich Räume zur Verfügung zu stellen.

5. Die Militärregierungen sollen Mittel für die Propaganda zur Verfügung stellen (gemeint ist die Genehmigung der Gewerkschaftspresse in Deutschland).

6. Die Gewerkschaften sollen gefördert werden, um insbesondere die Jugend wirtschaftlich zu schützen.

7. Der IKR erlaubt periodische Zusammenkünfte der Gewerkschaften in den 4 Besatzungszonen zur Vorbereitung einer deutschen Gewerkschaftsbewegung.

Die Vorstandssitzung des WGB, die am 29. September 1946 in Washington stattfand, hat den Bericht des Generalsekretärs über die deutsche Gewerkschaftsbewegung und die vom Generalsekretariat unternommenen Schritte einstimmig angenommen. Nach meiner Rückkehr am 15. Oktober 1946 nach Europa habe ich (Saillant) diese heutige Zusammenkunft sofort vorbereitet.

Am 6. Oktober 1946 hat eine Besprechung der 4 Arbeitsdirektoren des IKR der 4 Besatzungszonen in Baden-Baden stattgefunden. Diese haben beschlossen, in der Zeit vom 15. Januar bis 15. Februar 1947 soll eine Kommission des WGB den Stand in der Frage der Entnazifizierung und den Stand in den deutschen Gewerkschaften studieren. Den Weg und die Aufgabe dieser Kommission sollen die Gewerkschaften der 4 Besatzungszonen in Deutschland festlegen und bestimmen.

Die Vertreter der deutschen Gewerkschaften dankten durch Schlimme, Berlin, für den eingehenden Bericht und für die bisherigen Bemühungen des WGB. Es wurde beschlossen, die Besprechungen auf den 8. November früh zu vertagen.

Am Abend des 7. November fand eine gesellige Zusammenkunft statt.

An dieser nahmen teil:
General Jacobsen, Vertreter der französischen Militärregierung,
der Generalsekretär des WGB,
die deutschen Delegierten,
der Regierungspräsident für die Provinz Rheinhessen und
Vertreter der Mainzer Gewerkschaften.

Bei der Besprechung am 8. November 1946 wurde von Saillant zunächst der Inhalt einer von ihm an den Rundfunk der ganzen Welt gegebenen Verlautbarung über die erste Zusammenkunft mit deutschen Gewerkschaftsvertretern durch den WGB verlesen. Die Welt erfahre an diesem Tage, an dem die Interalliierten Mächte durch ihre Außenminister die Besprechungen über den deutschen Friedensvertrag beginnen, von der Zusammenkunft der deutschen Gewerkschaften mit dem WGB.

Sodann wurde auf Vorschlag Saillants beschlossen, eine Gewerkschaftskommission von 4 Mitgliedern zu bilden, welche die Aufgabe hat, einen Bericht über den Stand der Entnazifizierung in Deutschland zusammenzustellen. Bei dieser Kommission sollen alle Dokumente zentralisiert werden. Die Berichte sollen Aufschluss darüber geben, ob und wie die Verordnungen für die Entnazifizierung durchgeführt worden sind. Der Kommission sollen angehören:
für die Französische Zone: Schneider, Baden-Baden,
für die Amerikanische Zone: Schleicher, Stuttgart,
für die Russische Zone: Jendretzky, Berlin,
für die Britische Zone: Hansen, Bielefeld.

Die Kommission soll im Dezember 1946 zusammentreten und den Bericht zusammenstellen. In der Aussprache zu diesem Punkt wurde Übereinstimmung darüber erzielt, dass die Länder- bzw. Zonengewerkschaften bei der Eigenart und der Verschiedenheit der Verhältnisse in diesem Punkt in den einzelnen Zonen ihre Berichte gesondert zusammenfassen. Aufgabe der Kommission bleibt dann lediglich, die Berichte zusammenzufassen.

Weiter schlug Saillant vor, in Abständen von 2 Monaten abwechselnd in den 4 Zonen Zusammenkünfte der Vertreter der Gewerkschaften der 4 Zonen abzuhalten. An diesen Zusammenkünften soll jeweils ein Repräsentant des WGB teilnehmen. Dabei soll jede Gewerkschaftsbewegung der 4 Zonen durch 4 Abgesandte vertreten sein.

Berlin wurde wegen seiner Sonderstellung die Entsendung von 2 Vertretern eingeräumt. Als Ort für die nächste Tagung wurde von Saillant Hannover in der Britischen Zone und als voraussichtlicher Termin die Zeit vom 15. bis 20. Dezember 1946 vorgesehen. Die Einladung und die Vorbereitung übernimmt das Generalsekretariat des WGB.

Sodann teilte Saillant mit, der Vorstand des WGB habe auf seiner letzten Tagung in Washington beschlossen, die Berufsorganisationen könnten sich noch nicht einem internationalen Berufssekretariat[5] anschließen, ehe nicht

---

5  Vgl. Gottfurcht: Gewerkschaftsbewegung, S. 98 ff. Die Internationalen Berufssekretariate (IBS) bestanden auch nach 1945 fort und bildeten eine Art Konkurrenz zum zentralistischen Anspruch des WGB. Gottfurcht hielt fest: »Bei der Gründung des Weltgewerkschaftsbundes

eine deutsche Gewerkschaftsbewegung besteht, welche in ihrer Gesamtheit den Anschluss an die internationale Gewerkschaftsbewegung vollzogen hat.

Zur Frage der Mitarbeit der Gewerkschaften in der Wirtschaft schlug Saillant vor, der nächsten interzonalen Konferenz in Hannover einen schriftlichen Bericht aus allen 4 Zonen über die rechtliche und tatsächliche Stellung der Gewerkschaften in der Wirtschaft und über die Forderung der Gewerkschaften in diesem Punkt zu erstatten. Als Berichterstatter wurden gewählt:
für die Französische Zone: Ludwig, Neustadt,
für die Amerikanische Zone: Richter, Frankfurt am Main,
für die Sowjetische Zone: Schlimme, Berlin, und
für die Britische Zone: Hansen, Bielefeld.

Sodann wurde beschlossen, die neue Kommission des WGB zum Studium der deutschen Verhältnisse soll ihren Weg durch die 4 Zonen wie folgt nehmen:
Französische Zone vom 15.–21. Januar 1947,
Amerikanische Zone vom 22.–28. Januar 1947,
Britische Zone vom 29. Januar bis 4. Februar 1947,
Sowjetische Zone vom 5.–12. Februar 1947.

Am ersten Tag des Besuches in einer Zone soll die Kommission eine Sitzung mit dem Zonen-Gewerkschaftsvorstand abhalten. Dieser Sitzung soll folgen eine Besprechung mit den Vorständen der Industrie-Gewerkschaften. Es sollen sich anschließen Konferenzen mit Gewerkschaftsfunktionären und Betriebsräten.

Dann teilte Saillant mit, das Informationsblatt des WGB soll künftig in deutscher Sprache erscheinen. Es wurde vereinbart, es erhalten die Gewerkschaften in der Französischen, Amerikanischen und Britischen Zone je 600 Stück, die Gewerkschaften in der Sowjetischen Zone einschließlich Berlin 500 Stück. Der Versand erfolgt an die Zonenvorstände, welche das Mitteilungsblatt an ihre Gewerkschaften bzw. deren Vertrauensleute weiterleiten. Der Bezug ist kostenlos. Sodann wurde durch Aussprache die Schaffung eines Programms für die arbeitende Jugend angeregt. Die Beratung und Beschlussfassung eines solchen Jugendprogramms solle auf einer der nächsten Konferenzen erfolgen.

Die von Reuter, München, vorgetragenen Gedanken wurden von allen Konferenzteilnehmern einschl. Saillant gebilligt. Insbesondere soll das bestehende deutsche Jugendgesetz geprüft und abgeändert werden. Ferner soll die Schuljugend bereits mit dem Gewerkschaftsgedanken bekannt gemacht werden.

Zum Schluss der Tagung wurde noch das Problem der deutschen Kriegsgefangenen erörtert. Dabei wurde von Jendretzky, Berlin, auf das Schicksal der Kriegsgefangenen des deutschen Regiments 999 hingewiesen. Diese Gefangenen setzen sich zu drei Viertel aus Antifaschisten (ehemaligen KZ-Häftlingen) zusammen.

---

1945 und seinem Zerfall 1949 waren die Stellung der IBS und ihre Probleme sehr umstritten. Der Widerspruch zwischen der demokratischen Auffassung, die für eine weitere Autonomie der IBS eintrat, und der kommunistischen Auffassung, nach der die autonomen IBS in unselbständige Berufsabteilungen des Weltgewerkschaftsbundes umgewandelt werden sollten, ließ sich nicht lösen« (S. 101).

Schleicher, Stuttgart, wünschte, der WGB möge dahin wirken, dass neben den Vertretern der Kirchen auch deutschen Gewerkschaftsvertretern die Möglichkeit gegeben würde, mit deutschen Kriegsgefangenen in allen Ländern Fühlung zu nehmen, damit auch in dieser Frage die Deutschen erkennen lernen, dass der Gedanke der Solidarität durch die Gewerkschaften lebe. Saillant betonte, das Problem der Kriegsgefangenen sei das delikateste von allen. Schon vor Beendigung des Krieges habe die internationale Gewerkschaftsbewegung beschlossen, den Gewerkschaften müsse das Recht der Mitsprache bei der Unterbringung und der Gestaltung der Arbeitsverhältnisse der Kriegsgefangenen eingeräumt werden. Saillant erklärte sich bereit, Einzelfälle von Kriegsgefangenen, welche aktive Gewerkschaftsmitglieder waren und unter dem Nazismus den Gewerkschaftsideen treu geblieben seien, durch das Sekretariat des WGB behandeln zu lassen. Die Besprechungen dieser ersten Zusammenkunft endeten mit Erklärungen von deutscher Seite, welche dem WGB für die bisherigen Unternehmungen in allen Fragen Dank sagten. Der Generalsekretär gab zum Schluss folgende offizielle Verlautbarung für die Öffentlichkeit bekannt:

»Am Donnerstag, dem 7. November 1946, fanden sich in Mainz Gewerkschaftsvertreter der deutschen Besatzungszonen zusammen unter dem Vorsitz des Herrn Louis Saillant, Generalsekretär des Weltgewerkschaftsbundes. Das war das erste Mal, dass eine solche Zusammenkunft stattfand. Sie hat den deutschen Gewerkschaftsvertretern erlaubt, mit den Vertretern des WGB Informationen auszutauschen über den gegenwärtigen Stand und die Entwicklung der Gewerkschaften in Deutschland und die Meinung und Entscheidungen des Exekutiv-Büros des WGB zu den gleichen Angelegenheiten. Die Konferenz wurde fortgesetzt am Freitag, dem 8. November 1946, vormittags um halb 9 Uhr, um zu prüfen:

1. die Entnazifizierung der deutschen Wirtschaft,

2. die regelmäßigen interzonalen Gewerkschaftszusammenkünfte und die Rechte der Gewerkschaften,

3. die Vorbereitung eines Besuches einer Delegation des WGB zu Anfang des Jahres 1947 in den 4 Zonen,

4. die Erziehung der Jugend und die Gewerkschaftspresse in Deutschland.«

DOKUMENT 9

# 7.–8. November 1946: Bericht über Konferenz mit Saillant (P. Kappes, Freiburg).

**DGB-Archiv im AdsD. Bestand Gewerkschaftsrat der vereinten Zonen. Maschinenschrift. 13/143-Interzonenkonferenzen.**

Bericht über die am 7. und 8. November 1946 in Mainz stattgefundene Konferenz der deutschen Gewerkschaftsvertreter mit Louis Saillant, Generalsekretär des Weltgewerkschaftsbundes

Die im Konferenzsaal des Reichsbahndirektionsgebäudes in Mainz statt-
findende Tagung wurde durch den Gouverneur der Militärregierung Hessen-
Pfalz, Herrn General Jacobsen, der in Begleitung des Direktors für Arbeits-
wesen Herrn Gross sowie einer Reihe zuständiger Offiziere erschienen war,
herzlich begrüßt, nachdem durch einen Vertreter der Zivilverwaltung die
offizielle Eröffnung der Zusammenkunft vorgenommen worden war. Auf
Anregung des Herrn Generals Jacobsen zogen sich dann die Vertreter der
Besatzungsbehörde zurück, um die Gewerkschaftsvertreter unter sich zu lassen. Die Feststellung der Anwesenheitsliste ergab, dass aus der amerikanisch
besetzten Zone drei, aus der russischen fünf und aus der französischen sieben
Vertreter anwesend waren. Die Englische Zone war wegen anscheinend nicht
rechtzeitiger Einladung nicht vertreten. Schlimme, Berlin, übernimmt auf Anregung der Delegierten den Vorsitz. In der anschließenden allgemeinen Aussprache wurde die vor einigen Monaten in Frankfurt am Main stattgefundene
Gewerkschaftskonferenz erwähnt, an der Vertreter aus der Russischen, Englischen und Amerikanischen Zone teilgenommen und welche als erste Fühlungnahme der deutschen Gewerkschaften untereinander anzusehen ist. Auf
Aufforderung des Vorsitzenden gab der anwesende Sekretär des Weltgewerkschaftsbundes Preuss die Gründe bekannt, die Anlass zu der Einberufung der
gegenwärtigen Konferenz gaben. Er erklärte, dass Generalsekretär Saillant es
den deutschen Gewerkschaften überlasse, die Punkte zu bestimmen, über die
verhandelt werden solle. Die erste Besprechung mit Saillant werde am Nachmittag in den Räumen des Militärgouvernements stattfinden. Im weiteren
Verlauf der nun sich anschließenden Aussprache stellten die Vertreter der
Russischen Besatzungszone fest, dass der Aufbau der Gewerkschaften dort in
vollem Umfange schon seit Monaten fertig sei. Ähnlich äußerten sich die Vertreter aus der Amerikanischen Zone, welche darauf hinwiesen, dass sie mit
den Gewerkschaften in der Englischen Zone eng zusammenarbeiteten und
dort auch dasselbe zutreffe. Die amerikanische Regierung habe außerdem
in den letzten Tagen den Gewerkschaften die volle Freiheit gegeben, ihre
Arbeiten durchzuführen. Es wäre wünschenswert, dass für alle Besatzungszonen eine Ausgleichung im Aufbau stattfände, nur dann sei eine ersprieß-
liche Zusammenarbeit aller Zonen möglich, die Voraussetzung für eine Eingliederung der deutschen Gewerkschaften in die Weltgewerkschaftsbewegung
sei. Es wurden folgende Punkte festgelegt, die Gegenstand der Besprechung
mit Generalsekretär Saillant sein sollen:

1. Verhältnis der deutschen Gewerkschaften zum Weltgewerkschaftsbund,

2. Abhaltung von regelmäßigen Zusammenkünften der Gewerkschaftsvertreter aus den vier Besatzungszonen,

3. Mitwirkung der Gewerkschaften beim Aufbau der deutschen Wirtschaft.

Nachmittags 3 Uhr fand dann die angeregte Besprechung im Gebäude des
Militär-Gouvernements statt, an der wieder Herr General Jacobsen und Herr
Direktor Gross nebst einer Reihe Offiziere teilnahmen. Nach der Eröffnungs-
ansprache verließen die Vertreter der Besatzungsbehörde die Sitzung. Generalsekretär Saillant erläuterte dann in längeren Ausführungen die Gründe,

die zur Einberufung der gegenwärtigen Tagung geführt haben. Mit den von den Gewerkschaftsvertretern vorgeschlagenen Besprechungspunkten erklärte er sich einverstanden, wünschte aber dazu eine Behandlung der Denazifizierungsmaßnahmen in der deutschen Wirtschaft, weiter eine Besprechung der Gewerkschaftsjugendfrage und der Gewerkschaftspresse. Die anschließende Aussprache dauerte über zwei Stunden. Bei der Besprechung der Interzonenzusammenkünfte hob Saillant hervor, dass eine Angleichung des Gewerkschaftsaufbaues notwendig sei und er würde die notwendige Unterstützung dazu geben. Die Fortsetzung der Aussprache wurde dann auf den anderen Tag vertagt.

Am Abend des 7. November war im Konferenzsaal des Reichsbahndirektionsgebäudes auf Einladung des Regierungspräsidenten eine gesellige Veranstaltung, zu der Herr General Jacobsen und Herr Direktor Gross mit Begleitung und außerdem zahlreiche Vertreter der Mainzer Gewerkschaften erschienen waren. Generalsekretär Saillant hielt im Verlaufe des Abends eine ausgezeichnete Ansprache, die manchmal von starkem Beifall der anwesenden Gewerkschaftler unterbrochen wurde und einen tiefen Eindruck hinterließ. Er bezeichnete die gegenwärtige Zusammenkunft in Mainz als eine historische Stunde in der Gewerkschaftsbewegung der Welt. Heute sei den deutschen Gewerkschaften der Weg zum Eintritt in den Kreis des Weltgewerkschaftsbundes geöffnet worden. Die Fühlungnahme mit den 70 Millionen derselben sei nun Tatsache geworden. Saillant schilderte dann seine Tätigkeit als Präsident der französischen Widerstandsbewegung, bei der die Gewerkschaften die Hauptträger waren. Die Leiden, die Frankreich während der deutschen Besatzung habe mitmachen müssen, seien noch nicht vergessen und auch jetzt leide die werktätige Bevölkerung immer noch schwer unter den Folgen des Krieges, aber trotz allem habe schon in der letzten Zeit des Krieges, wo die Kämpfe noch andauerten, der Weltgewerkschaftsbund sich mit dem Wiederaufbau der deutschen Gewerkschaften beschäftigt und Vorbereitungen dazu getroffen. Damals sei die Stimmung gegenüber der deutschen Arbeiterschaft noch sehr bitter gewesen, aber heute schon wäre es möglich, die Vorbereitungen zu treffen und die Bedingungen zu schaffen für eine Aufnahme der deutschen Gewerkschaften in den Kreis des Weltgewerkschaftsbundes. Die deutschen Gewerkschaften müssten jetzt trotz der schweren Zeit, die sie jetzt mitmachen müssten in Bezug auf Ernährung und sonstige Misshelligkeiten, den Nazismus helfen auszurotten und dazu ihre ganze Kraft zur Verfügung stellen. Der Weltgewerkschaftsbund würde bei diesem Kampf hinter ihnen stehen und ihnen seine volle Unterstützung gewähren. Man wisse, dass in der gewerkschaftlich organisierten Arbeiterschaft die schärfsten Gegner des Nazismus vorhanden seien. Faschismus und Kapitalismus seien die wahren Urheber jeden Krieges und die Arbeiterschaft der ganzen Welt habe das größte Interesse daran, dass die genannten Kräfte ihren Einfluss verlieren. Dann wäre ein neuer Krieg unmöglich und die Arbeiter der ganzen Welt könnten die Früchte ihrer Arbeit zur Besserstellung und Hebung ihrer Lage verwenden. Von deutscher gewerkschaftlicher Seite wurden die Ausführungen warm begrüßt und darauf abgehoben, dass Tausende deutscher Gewerkschaftler ihren Kampf gegen den Nationalsozialismus mit Gefängnis, Zuchthaus und

Konzentrationslager und teilweise mit dem Tode hätten bezahlen müssen und dass die meisten der alten Gewerkschaftler, die jetzt beim Wiederaufbau der Gewerkschaften tätig seien, aus diesen genannten Kreisen stammen und alles tun werden, um den Faschismus zu bekämpfen und die deutsche Gewerkschaftsbewegung wieder in die Höhe zu bringen. Sie dürfen deshalb hoffen, dass man ihnen helfe bei dieser schweren Aufgabe und man sehe mit vollem Vertrauen auf die Zusagen, die heute Kamerad Saillant in der Beziehung gegeben hat.

Die Fortsetzung der Zusammenkunft am Vormittag des 8. November fand wieder unter dem Vorsitz des Kameraden Saillant statt und es wurde die Frage der Denazifizierung der deutschen Wirtschaft in erster Linie besprochen. Um eine einheitliche Durchführung dieses Problems zu gewährleisten und eine Nachprüfung auftretender Schwierigkeiten bei der Durchführung der Reinigungsmaßnahmen vorzunehmen, wurde auf Vorschlag von Saillant eine aus je einem Vertreter der vier Besatzungszonen bestehende Kommission gebildet, die ihre Tätigkeit umgehend aufnehmen und dem Weltgewerkschaftsbund fortlaufend Berichte darüber unterbreiten soll. In Bezug auf die Zusammenarbeit der Gewerkschaften der vier Besatzungszonen wurde beschlossen, dass in Zukunft mindestens alle zwei Monate eine Interzonenzusammenkunft in der Zusammensetzung der heutigen stattfinden soll und wurde die Zeit vom 17.–20. Dezember dafür bestimmt und Hannover als Tagungsort. Zur Frage des Mitbestimmungsrechts der Gewerkschaften und der Betriebsräte in der Wirtschaft äußerten sich mehrere Vertreter und es wurde auf Vorschlag von Kamerad Saillant ein aus je einem Vertreter der vier Besatzungszonen bestehender Ausschuss gebildet, wobei jeder Vertreter einen eigenen Bericht zu der Frage ausarbeiten und der nächsten Interzonenzusammenkunft unterbreiten soll, um nach Stellungnahme dem Weltgewerkschaftsbund zugeleitet zu werden.

Die für anfangs Januar 1947 vorgesehene Deutschlandreise einer Delegation des Weltgewerkschaftsbundes soll durch die Spitzenorganisation der einzelnen Besatzungszonen vorbereitet werden und es wird Saillant dafür eintreten, dass eine derartige Einrichtung auch in der Französischen Besatzungszone baldmöglichst geschaffen wird. Da die Delegation schon vom 15.–20. Januar in der Französischen Zone anwesend sein wird, ist die Schaffung einer solchen Spitzenorganisation sehr dringend, da rechtzeitig die Vorbereitungen für die Betriebsbesichtigungen, die Rücksprachen mit den zuständigen Gewerkschaften und Betriebsräten getroffen werden müssten.

Bei Besprechung der Jugendfrage wiesen die Vertreter der Russischen Besatzungszone darauf hin, dass sie die arbeitende Jugend schon vom 14. Lebensjahre an als ordentliche Mitglieder der Gewerkschaften aufnehmen dürften und dasselbe auch für die Englische und Amerikanische Zone zutreffe. Es müsse dieses für die vier Besatzungszonen gleichmäßig geregelt werden, um überall eine straffere Erfassung der Jugendlichen in den Gewerkschaften zu ermöglichen. Kamerad Saillant versprach, für diese Vereinheitlichung einzutreten, da die Frage der Erfassung der Jugend die Gewerkschaften von der größten Bedeutung sei und die Zukunft der Gewerkschaften davon abhänge.

In Bezug auf die Gewerkschaftspresse teilte dann Saillant noch mit, dass das Bulletin des Weltgewerkschaftsbundes in Zukunft auch in deutscher Sprache herausgegeben werden würde und so viele Exemplare davon geliefert würden, dass den hauptsächlichsten Funktionären ein solches regelmäßig ausgehändigt werden könnte.

Das Kriegsgefangenenproblem wurde auch eingehend behandelt und Kamerad Saillant gab Auskunft über die Maßnahmen, die das Büro des Weltgewerkschaftsbundes schon seit geraumer Zeit zur Erleichterung der Lage derselben unternommen. Er hob dabei besonders darauf ab, dass ein großer Teil der Kriegsgefangenen den Wunsch geäußert habe, als freier Arbeiter in Frankreich tätig zu sein und gehe daraus sicher hervor, dass die Lage derselben nicht schlecht sei. Die Anregung, Antifaschisten unter denselben bevorzugt freizugeben, könne dadurch gefördert werden, dass die nötigen wahrheitsgetreuen Unterlagen für die Betreffenden beigebracht würden, um dem Büro des Weltgewerkschaftsbundes unterbreitet zu werden zwecks Weiterleitung und Befürwortung an die zuständigen Stellen.

gez. Peter Kappes[1], Freiburg

# 12. November 1946: Göring an Gewerkschaftliches Zonensekretariat Bielefeld (Hansen).

**SAPMO-BArch. Akte 1. Interzonenkonferenz in Mainz vom 7.–8. November 1946. Organisatorische Vorbereitung und Durchführung. Maschinenschrift. DY 34/22971.**

An das Gewerkschaftliche Zonensekretariat
z. Hd. Herrn Werner Hansen
Bielefeld
Herforder Str. 45

Interzonenkonferenz – Tagung in Mainz

Lieber Kollege Hansen!

Ich nehme Bezug auf Dein Schreiben vom 18.10., das hier Ende Oktober einging.

Inzwischen erhielten wir die Einladung für die Tagung in Mainz, die ja auch Euch zugegangen sein wird. Im Übrigen erhielten wir sie so kurzfristig, dass ich glaubte, Dein Schreiben direkt bei diesem Treffen mit Dir besprechen zu können.

---

1  Peter Kappes (20.12.1889–1960), Buchdrucker, seit 1926 für die SPD im Freiburger Bürgerausschuss, vor 1933 Sekretär des Fabrikarbeiterverbandes, ab 1933 mehrmals verhaftete, 1946 Vorsitzender des Ortsausschusses Freiburg-Stadt und Land, 1948 beratendes Mitglied des Bundesvorstandes des Badischen Gewerkschaftsbundes, 1946–1990 Stadtrat in Freiburg, stellvertretender Leiter des Arbeitsamtes Freiburg und Oberregierungsrat im badischen Arbeitsministerium.

Grundsätzlich zu der für Berlin vorgesehenen interzonalen Besprechung: Die Festsetzung des Termins scheitert nicht zuletzt daran, dass vom Kontrollrat noch immer keine Zustimmung zur Abhaltung derartiger Besprechungen vorliegt. Wir Berliner und Vertreter der Ostzone wollen uns nicht noch einmal der Gefahr aussetzen, derartige Zusammenkünfte gewissermaßen auf Hintertreppen zu arrangieren. Es muss uns Gewerkschaftern das Recht zuerkannt werden, solche Besprechungen durchzuführen. Wir haben deshalb einen entsprechenden Antrag an den Kontrollrat gerichtet, wovon Du ja Kenntnis hast. Inzwischen haben wir von den verschiedenen Besatzungsmächten inoffiziell Mitteilung erhalten, dass sie sich auch für unseren Antrag einsetzen werden. Schließlich hat es auf der Konferenz in Mainz der Kamerad Saillant übernommen, unser Gesuch ebenfalls zu unterstützen. Wir können nunmehr sehr bald mit einer Klärung der Angelegenheit rechnen.

Wir haben in Mainz sehr bedauert, dass die Vertreter der Englischen Zone nicht anwesend waren und finden nur die Erklärung, dass auch für Euch die Terminsetzung so kurzfristig war, dass Ihr die nötigen Papiere nicht mehr beschaffen konntet. Wir haben mit Zustimmung von Saillant beschlossen, in der Woche vom 15.–21. Dezember eine Interzonenkonferenz in Hannover, auf jeden Fall aber in der Englischen Zone abzuhalten. Wir haben auch über die Tagesordnung Vorschläge gemacht, die mit Saillant abgesprochen sind. Die Tagesordnung soll demnach u. a. vorsehen »Entnazifizierung der deutschen Wirtschaft«. Hierzu soll je ein Bericht aus jeder Zone erstattet werden unter Beifügung des entsprechenden Materials. Als Berichterstatter sind vorgesehen: Für die Ostzone und Berlin der Kollege Jendretzky, für die Amerikanische Zone der Kollege Schleicher, für die Französische Zone der Kollege Schneider und – vorbehaltlich Eurer Zustimmung – für die Englische Zone der Kollege Hansen.

Ein weiterer Tagesordnungspunkt befasst sich mit dem »Mitwirkungsrecht der Gewerkschaften in der Wirtschaft«. Hierzu sollen sprechen: Schlimme, Berlin, Ludwig, Neustadt, Richter, Frankfurt am Main, Hansen, Bielefeld oder ein anderer Kollege aus der Englischen Zone.

Weitere Tagesordnungspunkte sind: »Vorbereitung des Besuches einer Delegation des Weltgewerkschaftsbundes vom 15. Januar bis 15. Februar 1947 in den vier Zonen« und schließlich »Umerziehung der deutschen Jugend und die Gewerkschaften«.

Kollege Saillant hat die Vorbereitungen dieser Tagung übernommen und wird mit dem Alliierten Kontrollrat, der zuständigen Zonengewerkschaft und der Besatzungsmacht sprechen. Wir erwarten also gewissermaßen die Einladung von Euch. Die vorgenannte Tagesordnung kann selbstverständlich ergänzt werden, soweit von Euch Vorschläge gemacht werden.

In der Anlage übersende ich Dir die Nr. 265 der »Freien Gewerkschaft«, die den Bericht über die Tagung in Mainz enthält.

Mit kollegialem Gruß!
Dein Göring

DOKUMENT 11

## 18./19. Dezember 1946: Interzonenkonferenz in Hannover (FDGB).

**SAPMO-BArch. Akte 2. Interzonenkonferenz in Hannover vom 18.–19. Dezember 1946. Protokoll, organisatorische Vorbereitung und Durchführung. Maschinenschrift. DY 34/22972.**

Interzonenkonferenz der Gewerkschaften am 18. und 19. Dezember 1946 in Hannover

Tagesordnung:

1.) Entnazifizierung in der Wirtschaft

2.) Mitwirkung der Betriebsräte und Gewerkschaften in der Wirtschaft

3.) Die Neugestaltung der Sozialversicherung

4.) Rückgabe des Gewerkschaftsvermögens

5.) Kriegsgefangenenfrage

Teilnehmer:

Englische Zone:
Herr Böckler, Köln
Herr Böhm, Bielefeld
Herr Jahn, Bielefeld
Herr Spliedt, Hamburg
Herr Hansen, Bielefeld
Herr Karl, Hannover

Russische Zone:
Herr Schlimme, Berlin
Herr Göring, Berlin
Herr Lemmer, Berlin
Herr Chwalek[1], Berlin
Herr Kaufmann[2], Berlin
Herr Jendretzky, Berlin

---

1  Roman Chwalek (24.07.1898–27.11.1974), 1919–1930 Schlosser im Reichsbahnausbesserungswerk Oppeln, 1.Vorsitzender des Betriebsrates, 1920 KPD, 1920–1931 Mitglied ihrer Bezirksleitung Oberschlesien, 1924–1930 Stadtverordneter in Oppeln, 1930–1933 Mitglied des Reichstags, November 1932 Organisationsleiter des Reichskomitees der Revolutionären Gewerkschaftsopposition (RGO), 1933 wegen illegaler politischer Tätigkeit verhaftet, 1934 Verurteilung zu drei Jahren Zuchthaus, 1937 – Juni 1939 KZ Sachsenhausen, September 1939 erneute Verhaftung, wenige Tage später wieder entlassen, 1939–1945 Schlosser in Berlin, 1945 Mitarbeiter der Kommunalen Verwaltung in Berlin-Britz, 1946–1955 Mitglied des FDGB-Bundesvorstandes, 1946–1949 Vorsitzender des Landesverbandes Groß-Berlin, 1949/50 Vorsitzender der IG Eisenbahn, 1950–1953 Minister für Arbeit und 1953/54 für Eisenbahnwesen in der DDR, 1954–1968 Vorstandsmitglied, ab 1957 1. Stellvertreter des Präsidenten des Verbandes Deutscher Konsumgenossenschaften, 1968 Ruhestand.

2  Adolf Kaufmann (21.05.1904–11.12.1976), Schriftsetzer, 1921 SPD, 1929–1933 Sachbearbeiter Arbeitsamt Celle, Mitglied ADGB-Ortsausschuss, ab 1933 illegale Arbeit, 1937 Verurteilung zu zwei Jahren Gefängnis wegen »Vorbereitung zum Hochverrat«, 1943 Soldat, Kriegsgefangenschaft, 1944 Mitglied des Nationalkomitees »Freies Deutschland« (NKFD), Antifaschulung, 1945 Rückkehr nach Berlin, KPD/SED, 1946–1950 Leiter des Vorstands-

93

US-Zone:
Herr Schiefer[3], München
Herr Reuter, München
Herr Schleicher, Stuttgart
Herr Richter, Frankfurt am Main

Französische Zone:
Herr Hennen, Koblenz
Herr Fleck, Tuttlingen
Herr Ludwig, Neustadt
Herr Schneider, Baden/Baden
Herr Kappes, Freiburg/Breisgau

Weltgewerkschaftsbund:
Herr Chambeiron[4], Paris
Herr Preuss, Paris

Die Konferenz nahm zu der von den Delegierten der Sowjetischen Zone vorgelegten Geschäftsordnung Stellung, und die folgende Geschäftsordnung wurde einstimmig angenommen:

Zusammensetzung, Aufgabe und Geschäftsordnung der Interzonenkonferenz der Gewerkschaften Deutschlands.

1. Zusammensetzung der Tagungen:

Die Interzonenkonferenzen der Gewerkschaften finden bis auf Weiteres in der Regel alle 2 Monate abwechselnd in den 4 Zonen Deutschlands statt. Die Gewerkschaftszentralen in den 4 Besatzungszonen entsenden je 4 offizielle Vertreter. Berlin delegiert 2 weitere Vertreter. Falls es die Beratungen erfordern, können mit Zustimmung der Konferenz zu dem Kreis der offiziell Delegierten Sachverständige für die einzelnen Tagesordnungspunkte zugezogen werden.

2. Zweck und Aufgaben der Tagungen:

Die Konferenzen dienen dem Zweck der Information und der Aussprache über

a) gewerkschaftspolitische,

b) wirtschaftspolitische,

c) sozialpolitische und

d) kulturpolitische Fragen

---

sekretariats des FDGB, ab 1951 Mitglied ZV IG Druck und Papier, 1952–1959 Sekretariat IG Druck und Papier.

3  Gustav Schiefer (17.07.1876–19.05.1956), SPD, Schreiner, 1894 Mitglied des DHV, ab 1911 hauptamtlicher Angestellter des Arbeitersekretariats in München, 1919–1933 Geschäftsführender Vorsitzender des Ortsausschusses des AGDB in München, 1933 verhaftet, 1944 KZ Dachau, ab 1946 Mitglied des gewerkschaftlichen Zonenausschusses für das amerikanisch besetzte Gebiet Deutschlands, 1946–1947 geschäftsführendes Vorstandsmitglied des Vorläufigen Ausschusses der Bayrischen Gewerkschaften, 1947 stellvertretender Präsident des Bayrischen Gewerkschaftsbundes, 1947–1956 Mitglied des Bayrischen Senates.

4  Robert Chambeiron (22.05.1915), KPF, Mitglied des Rates im Nationalen Widerstandskomitee Frankreichs, führendes Mitglied der CGT.

mit dem Ziel, gemeinsame gewerkschaftliche Grundlagen zu erarbeiten. Die Konferenzen sollen insbesondere über einen gemeinsamen Aufbau der Gewerkschaften beraten und dafür einheitliche Grundsätze aufstellen. Die Teilnahme von Vertretern der internationalen Gewerkschaftsbewegung zur gegenseitigen Information ist erwünscht.

3. Geschäftsordnung

Die Konferenzen werden vorbereitet von der Gewerkschaftszentrale der Zone, in der die Tagung stattfindet. Die Tagesordnung wird auf der vorhergehenden Vorkonferenz festgelegt. Jede Konferenz wählt sich ihre Leitung, welche aus je einem Vertreter der 4 Zonen besteht. Es wird über jede Konferenz ein Beschlussprotokoll gefertigt, das den Teilnehmern zugeht. Über jede Tagung wird ein gemeinsames Communiqué herausgegeben. Die Berichterstattung über den Verlauf der Konferenz bleibt den einzelnen Zonenvorständen für ihren Wirkungsbereich überlassen. Dabei ist das gemeinsame Communiqué zugrunde zu legen.

DOKUMENT 11a

## 18./19. Dezember 1946: Interzonenkonferenz Hannover (offizielles Protokoll und Anhang).

**DGB-Archiv im AdsD. Bestand Gewerkschaftsrat der vereinten Zonen. Maschinenschrift. 13/143-Interzonenkonferenzen.**

Einleitung:

Die Konferenz wurde am 18. Dezember 1946, vormittags 10.00 Uhr im Beratungszimmer des Oberbürgermeisters der Stadt Hannover (Rathaus) von Karl, Hannover, eröffnet.

Karl begrüßte die erschienenen Vertreter der Militärregierungen, den Oberbürgermeister der Stadt Hannover und nach ihrem infolge Verkehrsschwierigkeiten verspäteten Eintreffen, die Vertreter des Weltgewerkschaftsbundes.

Anschließend wurden Begrüßungen und Wünsche durch Mr. Blumer und den Oberbürgermeister Weber und später durch Monsieur Chambeiron mit Beifall zur Kenntnis genommen. (Die Ausführungen des Letzteren sind als Anlage beigefügt.)

Nachdem die Vertreter der Militärregierungen sowie der Oberbürgermeister sich verabschiedet hatten, erfolgte die Wahl des Präsidiums. Gewählt wurde von jeder Zone je ein Vertreter, und zwar:
Amerikanische Zone: Schiefer, München
Britische Zone: Karl, Hannover
Französische Zone: Fleck, Tuttlingen
Russische Zone: Jendretzky, Berlin

Fleck, Tuttlingen, nahm mit der Einschränkung an, dass nach dem noch zu erwartenden Eintreffen des Kollegen Schneider, Baden-Baden, dieser an sei-

95

ne Stelle tritt. Das gewählte Präsidium verständigte sich dahingehend, dass Karl, Hannover, die Konferenz leiten soll.

Die Konferenz gab sich dann die auf Seite 3 vermerkte Tagesordnung mit der Ergänzung, dass vorweg über einen von den Kollegen aus der Russischen Zone vorgelegten Entwurf betreffend Zusammensetzung, Aufgaben und Geschäftsordnung der Ersten Interzonenkonferenzen beraten und Beschluss gefasst wird. Dieser Entwurf wurde nach einigen Abänderungen angenommen (Siehe Seite 4).

Zu Punkt 1 der Tagesordnung »Entnazifizierung« machte *Jendretzky*, Berlin, einleitende Ausführungen. Er stellte der Konferenz einen ausführlichen Bericht über die Entnazifizierung in der Russischen Zone zur Verfügung. Durch eine sehr ausführliche Aussprache stellte sich heraus, dass die Berichte für die anderen Zonen teils wegen der Kürze der zur Verfügung stehenden Zeit, teils aber auch wegen anderer Schwierigkeiten innerhalb der Zonen noch nicht fertig gestellt werden konnten. Besonders wird von den Vertretern der französisch besetzten Zone darüber geklagt, dass es ihnen nicht einmal wegen der von der Militärregierung erlassenen Bestimmungen möglich war, zu einer Beratung zusammenzutreffen. Die Vertreter des Weltgewerkschaftsbundes drängten darauf, wenn auch nicht einen Gesamtbericht, so doch aber die Einzelberichte sofort bzw. am Schluss der Tagung zu erhalten. Die Verständigung erfolgte dahin, dass, soweit Einzelberichte abgegeben werden können, dies geschehen soll. Diese Einzelberichte sollen aber nur zur vorläufigen Orientierung des Büros des Weltgewerkschaftsbundes dienen, und es wird ausdrücklich darauf verwiesen, dass sie zunächst zu Vergleichszwecken und zu Veröffentlichungen nicht zu verwenden sind. Es soll abgewartet werden, bis von der vorgesehenen Kommission (Schleicher, Stuttgart, Hansen, Bielefeld, Schneider, Baden-Baden, Göring, Berlin) die Einzelberichte behandelt und ein Gesamtbericht gegeben ist. Es besteht die Absicht, diesen Gesamtbericht noch so rechtzeitig herauszustellen, dass er der Delegation des Weltgewerkschaftsbundes, die im Januar/Februar 1947 eine Deutschland-Reise durchzuführen gedenkt, noch für ihre Reise zur Verfügung steht. Das Ergebnis der Aussprache fand seinen Niederschlag in der formulierten »Stellungnahme zur Frage der Entnazifizierung«, die als Anlage beigefügt ist.

Zu Punkt 2 der Tagesordnung »Mitwirkung der Betriebsräte und Gewerkschaften in der Wirtschaft« wurde der Konferenz vom Kollegen *Richter*, Frankfurt am Main, eine Abhandlung »Wirtschaft ist nicht mehr Privatsache, sondern Angelegenheit der Gemeinschaft« und von dem Kollegen Schlimme, Berlin, eine Abhandlung »Das Mitbestimmungsrecht der Gewerkschaften und Betriebsräte in der deutschen Wirtschaft« unterbreitet. Es gaben Vertreter aller Zonen Berichte und Anregungen. In vollkommener Übereinstimmung wurde durch die Aussprache festgestellt, dass die Demokratisierung der Wirtschaft Voraussetzung für die Sicherung der politischen Demokratie ist und dass es deshalb vor allem auch notwendig ist, die Entmachtung der Monopole, Kartelle und Konzerne herbeizuführen. Die zu diesem Punkt angenommene Entschließung ist als Anlage beigefügt.

96

Zu Punkt 3 der Tagesordnung »Neugestaltung der Sozialversicherung« machte *Richter,* Frankfurt am Main, die einleitenden Ausführungen. Trotzdem dem Kontrollrat die Vorschläge aus den Zonen unterbreitet und die Vorschläge der Englischen und Amerikanischen Zone weitgehend aufeinander abgestimmt sind, hält er es für notwendig, dass sich eine Kommission, die aus Vertretern aller 4 Zonen besteht, mit der Neugestaltung der deutschen Sozialversicherung befasst. Die Konferenz stimmt mit dieser Auffassung überein. Es wird beschlossen, in diese Kommission je 2 Experten aller 4 Zonen zu delegieren. Sie sollen erstmalig am 11. Januar 1947 in Frankfurt zusammentreten. Die Experten sind von jeder Zonenleitung dem Kollegen Richter, Frankfurt am Main, unverzüglich mitzuteilen.

Zu Punkt 4 der Tagesordnung »Rückgabe des Gewerkschaftsvermögens« gibt *Karl* nach kurzer Diskussion der Angelegenheit als Meinung der Konferenz Folgendes zu Protokoll:

Ich glaube, erklären zu dürfen, die gewerkschaftliche Interzonenkonferenz bringt erneut den dringenden Wunsch zum Ausdruck, dass die Überführung des Gewerkschaftsvermögens auf die neue Gewerkschaftsbewegung baldigst erfolgen soll. Bei den vorgesehenen Besprechungen mit der Delegation des Weltgewerkschaftsbundes wird diese Angelegenheit erneut erörtert werden.

Zu Punkt 5 der Tagesordnung »Kriegsgefangenenfrage« brachten mehrere Sprecher die Verbundenheit der Gewerkschaften mit den Kriegsgefangenen, soweit diese nicht besonders belastet sind, zum Ausdruck. Es wurde der Hoffnung Ausdruck gegeben, dass alle Siegerländer alle Kriegsgefangenen, die nicht besonderer Vergehen schuldig sind, baldigst zu ihren Angehörigen entlassen.

Mit Genugtuung nahm die Interzonenkonferenz im Verlauf der Tagung Kenntnis von folgendem Entschließungsprojekt des Vorstandes des Weltgewerkschaftsbundes:

»Der Vorstand des Weltgewerkschaftsbundes nimmt die seit der Untersuchung der Delegierten des Weltgewerkschaftsbundes bis heute festgestellten Resultate über die Situation der gewerkschaftlichen Organisation in den 4 Besatzungszonen zur Kenntnis und beschließt:

1.) die Bedingungen zu untersuchen, unter denen die deutschen Gewerkschaften, wie es bereits bei den österreichischen Gewerkschaften geschehen ist, in den Gewerkschaftsbund aufgenommen werden können,

2.) die notwendigen vorausgehenden Verhandlungen in dieser Beziehung zu beginnen sowie dem Generalrat des Weltgewerkschaftsbundes einen Bericht und Vorschläge über die gründliche Untersuchung dieser Verhandlung zu unterbreiten.«

In Verbindung damit teilte Kollege Chambeiron mit, dass Vertreter der deutschen Gewerkschaftsbewegung sehr wahrscheinlich zu dem voraussichtlich im September in Prag stattfindenden Weltgewerkschaftskongress eingeladen werden.

Als Tagesordnung für die nächste Interzonenkonferenz werden folgende Beratungspunkte vorgesehen:

1.) Aufbau der deutschen Gewerkschaften

2.) Gewerkschaften und Jugend

3.) Die Gewerkschaftspresse

4.) Die deutsche Sozialversicherung

Eine während der Tagung der Konferenz eingegangene Begrüßungsadresse der Dresdener Betriebsräte wurde von der Konferenzleitung wie folgt beantwortet:

»Die interzonale Gewerkschaftskonferenz dankt den Dresdner Betriebsräten für die übermittelten Wünsche und Grüße. Durch Behandlung des Tagesordnungspunktes ›Mitwirkung der Betriebsräte und Gewerkschaften in der Wirtschaft‹ bestätigte die Konferenz erneut die Verbundenheit zwischen Betriebsräten und Gewerkschaften beim Neuaufbau und der Lenkung der deutschen Wirtschaft.«

Schleicher bringt die Befriedigung der Konferenzteilnehmer über die technische Organisierung und Durchführung der Konferenz sowie ihren Dank zum Ausdruck.

Karl schließt darauf offiziell die Konferenz am 19. Dezember 1946, abends 19.00 Uhr.

Anschließend kamen die Konferenzteilnehmer zu einer gemeinsamen Einladung der Herren Minister für Aufbau und Arbeit sowie Wirtschaft nach. Zu dieser Veranstaltung waren auf Wunsch der Konferenzleitung die Vertreter der Presse geladen. Der Herr Minister für Wirtschaft, Kubel[1], begrüßte die Geladenen und übermittelte die Entschuldigung des Herrn Minister für Aufbau und Arbeit, Seebohm[2]. Herr Minister Kubel verwies auf die Bedeutung der Gewerkschaften bei dem Neuaufbau der Wirtschaft und bei der Wirtschaftsplanung und -lenkung.

Karl dankte namens der Konferenzteilnehmer für die Einladung, brachte das Wollen und die Bereitwilligkeit der Gewerkschaften bezüglich ihrer Mitwirkung in der Wirtschaft zum Ausdruck, anschließend begrüßte er die Vertreter der Presse und überreichte diesen nach der Verlesung den von der Interzonenkonferenz gut geheißenen Pressebericht nebst den Entschließungen.

Hannover, 23. Dezember 1946

---

1  Alfred Kubel (25.05.1909–22.05.1999), 1925 Mitglied der Gewerkschaft und des Internationalen Sozialistischen Kampfbundes (ISK), ab 1928 Industriekaufmann, nach 1933 Widerstand gegen den Nationalsozialismus, 1937 vom Volksgerichtshof zu einem Jahr Gefängnis verurteilt, 1946 Ministerpräsident des Landes Braunschweig, seit 1947 verschiedene Ministerämter in Niedersachsen, 1970–1976 Ministerpräsident des Landes Niedersachsen.

2  Hans-Christoph Seebohm (4.08.1903–17.09.1967), 1921–1928 Studium der Bergwissenschaften, 1932 Promotion zum Dr.-Ing., 1933–1946 leitende Funktionen im Bergbau und in der Industrie, 1946–1948 Mitglied des Niedersächsischen Landtages und Minister für Aufbau, Arbeit und Gesundheitswesen in Niedersachsen, später langjähriger Bundestagsabgeordneter und Bundesminister für die Deutsche Partei (DP), dann für die CDU.

Anhang

Bericht für die Presse

Bevollmächtigte Delegierte aus allen Besatzungszonen traten am 18./19. Dezember in Hannover zur Interzonenkonferenz der Gewerkschaften Deutschlands zusammen. An den 2-tägigen Verhandlungen nahmen als Beauftragte des Weltgewerkschaftsbundes Robert Chambeiron und Albert Preuss teil. Die Delegierten wurden von Vertretern alliierter Militärregierungen und vom Oberbürgermeister der Stadt Hannover im Rathaus begrüßt.

Die günstige Entwicklung der gewerkschaftlichen Zusammenarbeit aller Zonen fand in der Annahme einer Geschäftsordnung Niederschlag, durch die für ihr weiteres Zusammenwirken ein Rahmen geschaffen wird. Danach sollen die Interzonenkonferenzen künftig in der Regel alle zwei Monate abwechselnd in den 4 Zonen stattfinden. Vor Eintritt in die Tagesordnung machte Robert Chambeiron vom Weltgewerkschaftsbund grundsätzliche Ausführungen, die das starke Interesse auch der ausländischen Gewerkschaften an dem Aufbau des neuen deutschen Gewerkschaftswesens bekunden. Von ihm wurde ausgeführt, dass vor allem das Problem Entnazifizierung in allen Zonen Deutschlands vom Weltgewerkschaftsbund mit lebhaftestem Interesse verfolgt wird, da man in ihrer erfolgreichen Durchführung und Beendigung eine entscheidende Voraussetzung für die Stabilität der demokratischen Erneuerung Deutschlands erblicke. Chambeiron wies auf die Bedeutung des für den Januar in Aussicht stehenden Besuches einer Kommission des Weltgewerkschaftsbundes hin, die sich vom Stand der deutschen Gewerkschaftsentwicklung ein neues Bild machen wolle, nachdem mit der Erweiterung der gewerkschaftlichen Zusammenarbeit innerhalb der Zonen und zwischen den Zonen der erste Schritt zur Vorbereitung der Vereinigung der deutschen Gewerkschaften erfolgt sei.

Von der Konferenz wurde eine umfangreiche Tagesordnung erledigt, deren Ergebnisse in einigen Entschließungen formuliert sind. Im Mittelpunkt stand die Erörterung der Entnazifizierungsfrage, deren unbefriedigender Stand sowie die Unterschiedlichkeit der Behandlung in den einzelnen Zonen festgestellt wurden. Einen breiten Raum nahm auch die Behandlung der Fragen nach der Mitwirkung der Betriebsräte und Gewerkschaften in der Wirtschaft ein. Die Konferenz vertritt die Auffassung, dass die Sicherung des Friedens und der Demokratie sowie die Freiheit der Persönlichkeit nur möglich seien, wenn der Neuaufbau der deutschen Wirtschaft und ihre Lenkung auf demokratischer Basis durch wirksamen, unmittelbaren Einfluss der Gewerkschaften und Betriebsräte erfolgt. Für die Weiterbehandlung der aktuellen Probleme der deutschen Sozialversicherung wurde eine Kommission eingesetzt, die in Kürze weitere konkrete Pläne ausarbeiten soll.

Die für den Aufbau der neuen Gewerkschaften als immer dringlicher angesehene Frage der Rückgabe des früheren Gewerkschaftsvermögens wurde erörtert. Es wird die baldige Regelung dieser Angelegenheit gemäß den bereits vom Kontrollrat gegebenen Zusagen erwartet.

Schließlich beschäftigte sich die Konferenz mit dem Schicksal der deutschen Kriegsgefangenen. Der tiefen Verbundenheit der deutschen Gewerkschaften mit den Kriegsgefangenen in allen Ländern wurde ebenso wie der Hoffnung Ausdruck gegeben, dass alle Kriegsgefangenen, die nicht besonderer Vergehen schuldig sind, nunmehr in Kürze in die Heimat zu ihren Angehörigen zurückkehren können.

Von der Interzonenkonferenz wurde mit großer Befriedigung von der Erklärung des Weltgewerkschaftsbundes nach seinem Studium über die Situation der gewerkschaftlichen Entwicklung in den 4 Besatzungszonen Deutschlands Kenntnis genommen.

Nach dieser Erklärung hat der Weltgewerkschaftsbund beschlossen, die Voraussetzungen zu untersuchen, unter denen die deutschen Gewerkschaften in den Weltgewerkschaftsbund aufgenommen werden sollen.

Für die nächste Interzonenkonferenz, die Mitte Februar stattfinden wird, wurde als Tagungsort Berlin bestimmt.

Entschließungen

Betr.: Das Mitbestimmungsrecht der Gewerkschaften und Betriebsräte in der Wirtschaft

Das Wohl der Werktätigen, die Sicherung des Friedens, die Freiheit der Persönlichkeit und die Demokratie können nur dann gesichert werden, wenn der Neuaufbau der deutschen Wirtschaft auf demokratischer Basis durch wirksamen, unmittelbaren Einfluss der Gewerkschaften und Betriebsräte erfolgt. Zwei Weltkriege haben den Beweis erbracht, dass die zum Krieg treibenden Kräfte in Deutschland in der Zusammenballung der Kapitalmächte in Monopolen, Kartellen, Konzernen und Trusts und in dem Missbrauch ihrer wirtschaftlichen Vormachtstellung zu suchen sind.

Alle Versuche der Gewerkschaften, seit 1919 die Demokratisierung der Wirtschaft mit Hilfe des Artikels 165 der Reichsverfassung von Weimar[3] das Betriebsrätegesetzes vom 2. Februar 1920[4] durchzusetzen, sind auf den schärfsten Widerstand des damaligen Reichsverbandes der deutschen Industrie und der Vereinigung der deutschen Arbeitgeberverbände gestoßen. Das gegenseitige Herrenrecht in der Wirtschaft blieb trotz der jahrelangen Arbeit und Bemühungen der Arbeitnehmerorganisationen aufrechterhalten.

Die Gewerkschaften fordern daher das paritätische Mitbestimmungsrecht in allen Zweigen der Wirtschaft. Für die Betriebsräte sind durch Abschluss entsprechender Betriebsvereinbarungen aufgrund des Kontrollratsgesetzes Nr. 22 die erforderlichen Voraussetzungen geschaffen. Dazu gehört insbesondere die

---

3  Artikel 165 der Weimarer Reichsverfassung erklärte, dass die Tarifverträge von den Sozialparteien als rechtsverbindlich anerkannt und die Gewerkschaften zur »Regelung der Lohn- und Arbeitsbedingungen und zur gleichberechtigten Mitwirkung bei der gesamten wirtschaftlichen Entwicklung« berufen wurden. Der Artikel stellte den Arbeitern und Angestellten »gesetzliche Vertretung in Betriebsräten, Bezirksarbeiterräten und im Reichsarbeiterrat« in Aussicht.

4  Dieses Betriebsrätegesetz blieb hinter den Vorstellungen vieler, insbesondere der linken Gewerkschafter zurück. Potthoff: Freie Gewerkschaften, S. 163 ff.

Mitwirkung der Betriebsräte bei der Produktion, der Kalkulation, Kontrolle und Warenverteilung. Die Entmachtung der Monopole, Kartelle und Konzerne gemäß den Potsdamer Beschlüssen ist dringend notwendig, damit eine dem Frieden dienende Nachkriegsproduktion für alle Zeiten gesichert ist.

Die Demokratie in allen Institutionen und Organen der Wirtschaft wie den Kammern für Handwerk, Industrie und Landwirtschaft wird für die Planung und Lenkung der paritätischen Mitarbeit der Gewerkschaften gefordert. Ohne die Verwirklichung dieser Mindestforderungen ist ein Neuaufbau der deutschen Bedarfsdeckungswirtschaft undenkbar. Die derzeitigen deutschen Wirtschaftsprobleme verlangen die Beseitigung der Zonengrenzen und damit die Herstellung der wirtschaftlichen und politischen Einheit Deutschlands.

Stellungnahme zur Frage der Entnazifizierung

Die am 18. und 19. Dezember 1946 tagende Gewerkschaftliche Interzonenkonferenz nahm die Berichte der Gewerkschaftsvertreter über den Stand der Entnazifizierung entgegen. Sie stellt den anwesenden Ländern und Zonen-Vertretern anheim, ihre Berichte bzw. vorläufigen Teilberichte den Vertretern des Weltgewerkschaftsbundes auf ihren Wunsch auszuhändigen.

Die Konferenz stellt fest, dass die Entnazifizierung der deutschen Wirtschaft und Verwaltung immer noch unbefriedigend ist. Für die Sicherung des Friedens und die Errichtung einer neuen demokratischen Ordnung in Deutschland ist die Durchführung von einheitlichen Richtlinien für alle Zonen Deutschlands zur endgültigen Entmachtung aller nazistischen und militaristischen Aktivisten erforderlich. Grundsätzlich ist zu fordern, dass jeder Betroffene dort entnazifiziert wird, wo er während des Naziregimes gelebt bzw. gewirkt hat.

Die Deutschen sind in ihren Entschließungen bezüglich der Entnazifizierung nicht frei, sondern an die Maßnahmen der Besatzungsmächte gebunden. Die Entnazifizierungsmaßnahmen der Militärbefehlshaber weisen in den 4 Zonen große Unterschiede auf. Die Gewerkschaften der Länder können und dürfen nur im Rahmen der ihnen von den Militärbehörden zugewiesenen Aufgaben an der Entnazifizierung mitarbeiten. Diese Tatsachen erschweren die einheitliche Berichterstattung.

Die bis jetzt vorliegenden Teilberichte sind unverzüglich zu Zonenberichten zusammenzufassen. Die Berichterstatter werden alsdann versuchen, aus den vorliegenden Berichten einheitliche Schlussfolgerungen zu ziehen.

Die Berichterstatter werden ermächtigt und verpflichtet, den Gesamtbericht bis Mitte Januar 1947 fertigzustellen.

[Es folgt die Geschäftsordnung. Vgl. Dokument 11]

DOKUMENT 11b

## 18./19. Dezember 1946: Begrüßungsansprache Chambeiron, Interzonenkonferenz Hannover.

SAPMO-BArch. Akte 2. Interzonenkonferenz in Hannover vom 18.–19. Dezember 1946. Protokoll, organisatorische Vorbereitung und Durchführung. Maschinenschrift. DY 34/22972.

Ausführungen des Kameraden Chambeiron auf der Interzonenkonferenz am 18. und 19. Dezember 1946 in Hannover

In Abwesenheit des Kameraden Saillant, Generalsekretär des Weltgewerkschaftsbundes, bin ich beauftragt, die große Weltgewerkschaftsorganisation auf der Konferenz der Deutschen Gewerkschaften, die heute in der Stadt Hannover tagt, zu vertreten. In meiner Begleitung befindet sich Kamerad Preuss, der sicher vielen von Ihnen bekannt ist.

Im Namen des Weltgewerkschaftsbundes heiße ich alle hier im Saale anwesenden Delegierten herzlich willkommen. Ich bin überzeugt, dass diese Zusammenkunft viel dazu beitragen wird, eine große Anzahl von Problemen, die mit der Wiedergeburt der freien Gewerkschaftsbewegung ihres Landes zusammenhängen, gründlich zu klären.

Es ist das zweite Mal, dass eine Konferenz die Vertreter der Gewerkschaften aller vier Zonen unter dem Präsidium des Weltgewerkschaftsbundes vereinigt.

Wie Ihnen schon der Generalsekretär des Weltgewerkschaftsbundes bei seinem letzten Besuch klar gemacht hat, hat der Weltgewerkschaftsbund nie aufgehört, das Problem des Wiederaufbaues der freien deutschen Gewerkschaftsbewegung mit dauernder und großer Aufmerksamkeit zu verfolgen.

Seit der Londoner Konferenz[1], Vorgänger der internationalen Zusammenkunft in Paris, in der der Weltgewerkschaftsbund gegründet wurde, haben es die gewerkschaftlichen Organisationen der im Krieg gegen die verbrecherischen Kräfte des Faschismus befindlichen demokratischen Länder für unbedingt notwendig gehalten, dass die Stimme der Gewerkschaften dieser Länder von den Besatzungsbehörden bei der Regelung des deutschen Problems gehört wird.

---

1  Vom 6. bis 17.02.1945 trafen sich 204 Delegierte aus 53 nationalen und internationalen Organisationen zu einer Konferenz in London. Sie wollte einen einheitlichen Weltgewerkschaftsdachverband einrichten und damit die europäischen und Weltverbände der weltanschaulichen Richtungsgewerkschaften überwinden. Man kam abschließend überein, dass der Vorstand der Weltgewerkschaftskonferenz einen Versuch unternehmen sollte, eine neue Konferenz in Paris einzuberufen. Ziel sollte es sein, eine neue Weltorganisation mit dem Namen Weltgewerkschaftsbund zu schaffen und den Statutenentwurf zu erarbeiten. Zwischen dem 25.09. und 8.10.1945 nahm die Weltgewerkschaftskonferenz ihre Beratungen in Paris wieder auf. Vertreten waren 56 nationale und 20 internationale Organisationen, die 55 Länder repräsentierten. Auf diesem Pariser Kongress wurde am 3.10.1945 der Weltgewerkschaftsbund gegründet. Vgl. Gottfurcht: Gewerkschaftsbewegung, S. 169 ff.

Der Beschluss vom Februar 1945 legte die vom Weltgewerkschaftsbund zu befolgende Generallinie in Bezug auf die Lösung des deutschen Problems fest. Diese Linie wurde durch die Entschließung auf dem Pariser Kongress genauer präzisiert. Man kann ohne Übertreibung sagen, dass diese Entschließung sehr weitgehend mit denen in dieser Konferenz zu erörternden Fragen übereinstimmt.

Unter den in der heutigen Tagesordnung befindlichen Punkten werden drei von ihnen Gelegenheit zur gründlichen Untersuchung geben. Von den in Mainz bestimmten Kameraden sind in dieser Beziehung Berichte ausgearbeitet. Der 1. Bericht behandelt die Entnazifizierung in allen Sektoren der deutschen Wirtschaft. Ich zögere nicht zu sagen, dass wir uns alle darüber einig sind festzustellen, dass von der Lösung dieses Problems die praktische Durchführung von Vorschlägen, die sich aus den anderen Berichten ergeben können, abhängt.

Der Kampf gegen den Nationalsozialismus nahm immer den ersten Platz in den Aktionen des Weltgewerkschaftsbundes ein. Der Kongress von Paris hat erklärt, dass der Kampf für die schnelle und endgültige Ausrottung der letzten Wurzeln des Faschismus eine der wesentlichsten Aufgaben des Weltgewerkschaftsbundes ist. Allein die totale und vollständige Durchführung dieser Entschließung ermöglicht, dass der Frieden und die Freiheit der Welt niemals wieder gefährdet werden. Der Weltgewerkschaftsbund ist überzeugt, dass allein die Arbeiterklasse Deutschlands fähig ist, eine wirklich demokratische Regierung zu bilden, würdig im Schoße der demokratischen Nationen aufgenommen zu werden. Darum hat es der Weltgewerkschaftsbund für notwendig gehalten, sich an Ort und Stelle über die Bedingungen, unter denen die Politik der Entnazifizierung durchgeführt wird, in Deutschland zu informieren.

Eine Untersuchungskommission hat Deutschland während des Monats Februar des Jahres besucht. Ich habe die Ehre gehabt, dieser Delegation anzugehören. In allen besuchten Städten hatte die Kommission die Gelegenheit, sich über diese Frage mit den Vertretern der Gewerkschaften zu unterhalten.

Viele unter ihnen sind heute hier und erinnern sich sicher. Die Generalidee des Weltgewerkschaftsbundes ist, dass die Entnazifizierung nur dann gut und richtig durchgeführt wird, wenn sie denjenigen anvertraut wird, die wirklich überzeugte Antinazis sind. Unsere Untersuchung in Deutschland hat uns erlaubt, mit Genugtuung festzustellen, dass unter den in Deutschland vorhandenen antinationalsozialistischen Kräften eine der wichtigsten unter ihnen die Gewerkschaften sind.

Wir haben diese unsere Auffassung den alliierten Behörden mitgeteilt. Wir haben ihnen ohne Ausnahme alle die von ihnen vorgebrachten Kritiken über die Schwierigkeiten, die Sie bei der Durchführung Ihrer Aufgaben antreffen, zur Kenntnis gebracht. Nichts ist im Unklaren gelassen.

In diesem an die alliierten Behörden gegebenen Bericht, dessen Veröffentlichung in deutscher Sprache und dessen Verteilung in Deutschland der Weltgewerkschaftsbund beschlossen hat, haben wir einen nach dem anderen die

Sektoren des wirtschaftlichen Lebens Deutschlands untersucht. Verschiedene Vorschläge in Bezug auf die festgelegte Generallinie wurden auf den verschiedenen internationalen Konferenzen des Weltgewerkschaftsbundes untersucht. Der Interalliierte Kontrollrat hat eine gewisse Zahl von unseren Empfehlungen akzeptiert.

Louis Saillant hat gelegentlich der vorausgegangenen Konferenz Ihnen Mitteilung gemacht. Zum Beispiel die aktive Teilnahme, die die deutschen Gewerkschaften in der Entnazifizierung haben sollen. Die Ausführungen zu der Bestimmung Nr. 9[2] der Durchführungsverordnung vom 12. Januar, Nr. 24[3], die die Wiederbeschäftigung von entlassenen Personen, die wichtige Stellen in einer Zone bekleideten, betrifft, werden in einer anderen Zone sehr ernst gehandhabt.

Die heute zur Diskussion gestellten Berichte werden uns sicher zeigen, was in dieser Beziehung geleistet worden ist. Das habe ich Ihnen bereits vorher gesagt. Alle Kritiken, vorgebracht im Februar, sind der Aufmerksamkeit aller Alliierten unterbreitet.

Sie sind sehr oft begründet, auch das haben wir gesagt. Andere dagegen enthielten nicht genügend stichhaltige Beweise, und ich glaube nicht, dass das eine Arbeitsmethode ist, die das Klima des notwendigen Vertrauens zur Durchführung unserer gemeinsamen Sache schafft.

Ich glaube mich zu erinnern, dass im letzten Februar wir vereinbart haben, dass Sie an den Sitz des Weltgewerkschaftsbundes über frühere Nazis, die in ihren leitenden Stellen belassen worden sind, berichten. Ich muss sagen, dass wir nichts erhalten haben. Vielleicht haben Sie auf eine Gelegenheit gewartet, um mit den Vertretern des Weltgewerkschaftsbundes zusammen zu kommen, damit Sie mündlich über Ihre Beobachtungen berichten können. Wenn nicht, bin ich gezwungen zu denken, um mit den Worten eines Philosophen Ihres Landes zu sprechen: »Alles ist am besten in den schönsten der Welten«.

Kürzlich ist also der Weltgewerkschaftsbund informiert worden, dass eine gewisse Entnazifizierungskommission, in der Vertreter der Gewerkschaften mitwirkten, Beweise einer eigentümlichen Nachsicht gegenüber früheren Nazis, die noch heute in führenden Stellen der deutschen Industrie sind, geübt haben. Ohne Zweifel werden für diese Haltung wichtige wirtschaftliche Dinge angeführt. Ich rufe Ihnen die Doktrin des Weltgewerkschaftsbundes in dieser Beziehung in Erinnerung. Die absolute Notwendigkeit erkennbaren Willens zur Entnazifizierung mit dem Wunsche der totalen Durchführung.

Wir dürfen nicht aus dem Auge verlieren, dass der Kampf gegen die Bastionen des Faschismus nicht unabhängig von dem Kampfe gegen die Führer der Schwerindustrie, die den Weg Hitlers und seiner Bande zur Machtergreifung

---

2  Alliiertes Kontrollratsgesetz Nr. 9 vom 30.11.1945 (Beschlagnahme und Kontrolle des Vermögens der I.G. Farbenindustrie).
3  Direktive Nr. 24 des Alliierten Kontrollrates vom 12.01.1946 (Entfernung von Nazis und feindlichen Personen aus verantwortungsvollen Dienststellen und Positionen zu alliierten Zwecken).

geebnet haben, sein kann. Mit anderen Worten wird die Entnazifizierung nur im Prinzip, aber nicht in der Tatsache existieren.

Weil der Weltgewerkschaftsbund bei der Wiedergeburt und Entwicklung einer freien Gewerkschaftsbewegung in Deutschland behilflich sein will, hat er den alliierten Behörden vorgeschlagen, die Interzonenzusammenkünfte zu genehmigen. Dieser Vorschlag wurde vom Arbeitsdirektorium in Berlin günstig aufgenommen. Dem Weltgewerkschaftsbund wurde im letzten August darüber Mitteilung gemacht, Interzonenkontakte mit großzügigem Charakter, wenn auch nicht offiziell, so doch mindestens inoffiziell, können zwischen den Gewerkschaften der 4 Zonen stattfinden.

Das ist der erste Schritt zur Vereinigung der deutschen Gewerkschaften im nationalen Rahmen. Diese Zusammenkünfte erlauben den deutschen Gewerkschaften die Verbindungen, die sie einigen, enger zu gestalten. Sie erlauben weiter, gemeinsam Probleme zu untersuchen, deren Lösungen sicher gänzlich andere wären und der Gewerkschaftseinheit schaden würden, wenn die Gewerkschaften der einzelnen Zonen, jede für sich abgeschlossen, weiterleben würden. Weil es sich um die Einheit handelt, sei es mir erlaubt, Ihnen zu sagen, dass es ein wertvolles Eigentum ist und dass alles getan werden muss, um dieses Eigentum gegen gewisse Versuche, die sich in diesem Lande abzeichnen,[4] zu konservieren. Diese Einigkeit, seien Sie versichert, ist die sicherste Garantie der Aufwärtsentwicklung zu einer baldigen Teilnahme am internationalen Gewerkschaftsleben. Die Aussprache über die Punkte der zu spielenden Rolle der Gewerkschaften im wirtschaftlichen Leben Deutschlands, in der Erziehung der deutschen Jugend und in der gewerkschaftlichen Presse wird mit dem lebhaftesten Interesse der Delegierten des Weltgewerkschaftsbundes verfolgt werden.

Die Frage der Umerziehung der deutschen Jugend ist eine außerordentlich ernste. Der Weltgewerkschaftsbund glaubt, dass die Gewerkschaften, mehr als eine andere Gruppe, damit beauftragt werden müssen, die Umerziehung des deutschen Volkes im demokratischen Sinne durchzuführen, und zwar nicht nur mit Worten, sondern mit täglicher, mühseliger Arbeit, im besonderen für die Jugend, deren ganzes Gewissensleben jahrelang unter dem Hitlerregime sich abgespielt hat und deren Ideologie radikal geändert werden muss, wenn Deutschland seinen Platz in den vereinigten freien Nationen wiederfinden will.

Es ist notwendig, dass die deutschen Gewerkschaften versuchen müssen, die Jugend zu sich heranzuziehen. Ich sage nicht, dass sie das nicht getan haben, sicher muss aber auf diesem Gebiet noch sehr viel getan werden. Die ganze Welt ist sich einig darüber, dass die Zukunft Deutschlands mit der Zukunft der deutschen Jugend eng verbunden ist.

Mit den Worten eines von Ihnen, gesprochen in Mainz, zu reden, kann es sich nicht darum handeln, eine sportliche Jugend heranzuziehen, sondern eine solche, die die Arbeit liebt und respektiert.

---

4  Offensichtlich richtet sich dieser Passus gegen die Zusammenarbeit der Gewerkschaften in der Britischen und Amerikanischen Zone.

Um bei der Durchführung dieser Aufgaben behilflich zu sein, ist der Weltgewerkschaftsbund beim Arbeitsdirektorium vorstellig geworden, dass der deutschen Gewerkschaftsbewegung Erleichterungen bewilligt werden, damit sie u. a. wieder in den Besitz ihrer Häuser kommen, die ihnen von der Arbeitsfront genommen worden sind; und muss ihnen die Möglichkeit gegeben werden, ihre Aussichten und ihre Arbeiten weitgehendst in der Presse verbreiten zu können. Sicher hängt die Lösung dieser Probleme von der Lösung anderer ab, z. B. jener, die die Schwierigkeit der Unterbringung und die Zurverfügungstellung des notwendigen Papiers darstellen.

Vielleicht bringt uns die heutige Arbeit glückliche Vorschläge. Ich hoffe es, Louis Saillant hat Ihnen schon mitgeteilt, dass das Arbeitsdirektorium die Empfehlungen des Weltgewerkschaftsbundes zu seinen eigenen gemacht hat, natürlich mit der Reserve, die ich vorhin angezeigt habe.

Das ist, Kollegen, was ich Ihnen zu sagen habe. Ich bin überzeugt, dass aus dieser Zusammenkunft praktische für die Lösung der sich augenblicklich stellenden Probleme für die Gewerkschaftsbewegung Ihres Landes gefunden werden. Seien Sie versichert, dass diese Vorschläge ernsthaft von dem Vorstand des Weltgewerkschaftsbundes untersucht werden. Ich will dem Wunsche Ausdruck geben, den Willen der deutschen Gewerkschaftsbewegung, der Bildung einer einheitlichen demokratischen Gewerkschaftsbewegung, den die anderen zum Weltgewerkschaftsbund gehörenden Arbeitsorganisationen von Ihnen erwarten, klar und deutlich zeigen werden.

DOKUMENT 11c

## 16.–18. Dezember 1946: Bericht Jendretzky Entnazifizierung.

**SAPMO-BArch. Akte 2. Interzonenkonferenz in Hannover vom 18.–19. Dezember 1946. Protokoll, organisatorische Vorbereitung und Durchführung. Maschinenschrift. DY 34/22972.**

Bericht über die Entnazifizierung der Wirtschaft in der Sowjetischen Besatzungszone und Berlin[1]

Dieser Bericht wurde als Auftrag nach der Aussprache auf der interzonalen Gewerkschaftskonferenz in Mainz am 7./8. November 1946 für die interzonale Gewerkschaftskonferenz am 18./20. Dezember 1946 in Hannover zusammengestellt.

Die Entnazifizierung der deutschen Wirtschaft steht im engsten Zusammenhang mit der Sicherung des Mitbestimmungsrechtes der Gewerkschaften und Betriebsräte.

---

1 Zur Entnazifizierung als radikaler Elitenwandel in der Sowjetischen Besatzungszone vgl. Welsh: Entnazifizierungs- und Personalpolitik; Melis: Entnazifizierung. Zum Komplex des »Antifaschismus« in der Sowjetischen Zone vgl. Münkler: Antifaschismus.

Die von den Gewerkschaften und Betriebsräten auf dem Boden des Mitbestimmungsrechtes geschaffenen Betriebsvereinbarungen sind die ersten Voraussetzungen zur Sicherung des Mitbestimmungsrechtes.

Die Unternehmerkreise in Deutschland in allen Zonen wehren sich gegen den Abschluss von Betriebsvereinbarungen. In verschiedenen Fällen haben die Gewerkschaften nur durch Streik den Abschluss von Betriebsvereinbarungen erreichen können.

Umso notwendiger wird jetzt der ständige Austausch der gewerkschaftlichen Erfahrungen auf dem Gebiet des Kampfes um die beschleunigte Weiterführung der Entnazifizierung in der Wirtschaft.

Diesem Zweck soll der vorliegende Bericht dienen.

Hans Jendretzky
1. Vorsitzende des FDGB Sowjetische Zone

Entnazifizierung und Mitbestimmungsrecht der Gewerkschaften in der Wirtschaft in der Sowjetischen Besatzungszone:

Der Bericht erhebt keinen Anspruch darauf, ein erschöpfendes Bild zu geben. Er ist aufgebaut auf den zurzeit vorhandenen Unterlagen, die der FDGB bei seinen Untersuchungen über den Stand der Entnazifizierung in der Wirtschaft zusammengestellt hat.

Die Denazifizierung der Sowjetischen Besatzungszone kann man wohl im Wesentlichen als abgeschlossen betrachten. Das, was sich jetzt vollzieht, ist der Kampf für die Vernichtung der nazistischen Ideologie im Bewusstsein der Menschen und die Bekämpfung rückläufiger faschistischer Tendenzen.

Die Denazifizierung war ein Prozess sozialer Reformen, der getragen und geführt wurde von den konsequent demokratischen Kräften, vor allem von den beiden sozialistischen Parteien bis zur Vereinigung und Schaffung einer einheitlichen Arbeiterpartei und den Gewerkschaften.[2] Die beiden bürgerlichen Parteien waren auf der Grundlage der Blockpolitik in diesen Kampf mit einbezogen. Die rasche Durchführung der Denazifizierung verhinderte eine Sammlung der reaktionären Kräfte.

Nach dem Zusammenbruch erstanden die Gewerkschaften mit an der Spitze. Die alten Gewerkschafter und Betriebsräte, Vertrauensleute zusammen mit den Kräften der beiden sozialistischen Parteien mit Unterstützung durch die Besatzungsmacht, sorgten für die Versorgung der Bevölkerung, setzten Betriebe und den völlig ruinierten Verkehr wieder in Gang.

Die Nazis, Fabrikbesitzer, Aufsichtsräte der Monopolwirtschaft waren nach dem Westen geflüchtet.[3]

---

2  Jendretzky blendet hier alle bekannten Schwierigkeiten der Gründung der SED als Zwangsvereinigung aus, die den Gewerkschaftern der Westzonen mehr als befremdlich erscheinen mussten. Zum Problem der Sozialdemokraten im FDGB vgl. Brunner: Sozialdemokraten.
3  Damit griff Jendretzky ein zeitgenössisches Stereotyp des kommunistischen Teils der SED- und der FDGB-Führung auf. Tatsächlich aktive Nationalsozialisten waren wie in den Westzonen auch (dort allerdings zum geringeren Teil) interniert oder inhaftiert – neben vielen Opfern von Denunziation oder schlichtweg Unschuldigen. Vgl. Sowjetische Militärtribunale.

Der jetzige Stand der Entwicklung der Produktion und der Versorgungslage der Bevölkerung in der Sowjetischen Besatzungszone ist das Werk der Initiative der in den Arbeiterorganisationen organisierten Kräfte und das Resultat einer konsequenten Politik der Entnazifizierung der Wirtschaft, Verwaltung und des Geisteslebens.

Die großen Reformen waren:

1. Die Agrarreform[4],

2. Industriereform (Volksentscheid in Sachsen[5] und die Übernahme des Ergebnisses des Volksentscheides auf alle Länder und Provinzen der Sowjetischen Besatzungszone),

3. Schulreform.

Gleichzeitig erfolgte:

a) die Auflösung der Unternehmerverbände, VDI (Verein Deutscher Ingenieure usw.),

b) die Reinigung der Verwaltungen und Betriebe von allen aktiven Nazis,

c) die Schaffung neuer demokratischer Verwaltungsorgane, besonders auch einer demokratischen Polizei.

Die Gesamtausmaße der Entnazifizierung sind bedeutend.

Die Entnazifizierung nach dem 8. Mai 1945 war zuerst eine spontane. Die Arbeiter warfen die Faschisten aus den Betrieben und Verwaltungen. Nach dem 10. Juni 1945, nach der Genehmigung der antifaschistischen Parteien und Gewerkschaften in der Sowjetischen Besatzungszone, bildeten die Blockparteien mit den Gewerkschaften, Frauenausschüssen usw. in den Kreisen, Provinzen und Ländern Ausschüsse, die in geordneten Arbeitsverfahren alle Fälle überprüften und in den Betrieben Treuhänder einsetzten.

Dann folgten die Befehle der SMAD Nr. 124 (der die Maßnahmen zur Reinigung der Betriebe von Nazisten und ihre Stellung unter Sequester vorsieht); der Befehl Nr. 97, der die Bildung der zentralen Sequesterkommis-

---

Bd. 2. Zu den Enteignungen nach 1945, die vorgeblich der »antifaschistisch-demokratischen Umwälzung« dienen sollten, tatsächlich aber (entsprechend der geltenden kommunistischen Begrifflichkeit von »Faschismus«) der Beseitigung der privat-kapitalistischen Wirtschaftsordnung dienten, vgl. exemplarisch Halder: »Modell für Deutschland«, S. 131 ff. Schwarzer: Zentralplanwirtschaft. – Zudem überging Jendretzky in diesem Zusammenhang den gesamten Komplex der sowjetischen Demontagen, Reparationen aus laufender Produktion und der Übergabe der wichtigsten Industriebetriebe in sowjetisches Eigentum als »Sowjetische Aktiengesellschaften« (SAG). Vgl. Karlsch: Reparationsleistungen, S. 110–135.

4  Gemeint ist die Bodenreform. Vgl. Bauerkämper: Bodenreform; Kluge: Bodenreform.

5  Der Volksentscheid in Sachsen am 30.06.1946 bildete den Auftakt für die Verstaatlichung der Industrie in der SBZ. In Sachsen befanden sich 4.800 der rund 7.000 Betriebe, die durch den SMAD-Befehl Nr. 124 vom 30.10.1945 beschlagnahmt worden waren. Im Februar 1946 schlug die sächsische KPD einen Volksentscheid vor, der die Enteignung der Kriegs- und Naziverbrecher und die Überführung ihrer Betriebe in das Staatseigentum beschließen sollte. An diesem Volksentscheid in Sachsen nahmen 3,4 Millionen Wähler teil, von denen sich 2.683.401 (77,6 Prozent) für »ja«, also für eine Enteignung und Überführung entschieden. Lediglich 16,5 Prozent stimmten mit »nein«, 5,8 Prozent der Stimmen waren ungültig. Vgl. dazu: Weber: Geschichte der DDR, S. 67 ff.

sion anordnete, und der Befehl Nr. 154, der die Form der Abwicklung der Sequestrierung festlegt.

Es ist noch nicht über das Schicksal aller Betriebe, die unter Sequester stehen, entschieden. Der letzte Teil liegt augenblicklich noch bei der SMAD in Karlshorst zur Begutachtung.

Der Volksentscheid in Sachsen entschied das Schicksal der Betriebe der Nazis und Kriegsinteressenten. Die politischen Ergebnisse von Sachsen werden von allen Ländern und Provinzen übernommen.

Enteignete Betriebe in der Sowjetzone[6]

| | Zur Enteignung gelangte Betriebe | Davon an Private oder an Besitzer zurückgegebene | Landeseigene Betriebe |
|---|---|---|---|
| Land Sachsen | 1.897 | 379 | ca. 1.897 |
| Provinz Sachsen | 1.855 | 706 | 496 |
| Brandenburg | 1.391 | 573 | 1.283 |
| Mecklenburg-Vorpommern | 1.192 | 451 | 592 |
| Thüringen | 1.003 | 400 | 520 |

In Thüringen wurden aus der Industrie 50.549 und aus der Verwaltung 47.544 Nazis entfernt.

In der Provinz Sachsen wurden 35.115 Nazis aus der Verwaltung entlassen.

Diese Zahlen sind keine endgültigen.

Die landeseigenen Betriebe

Die in den Besitz der öffentlichen Hand übergegangenen Betriebe der Nazis und Kriegsinteressenten bilden einen beachtlichen Teil der Grundindustrien und Industrien der Sowjetischen Besatzungszone. Die landeseigenen Betriebe gelten als ein Sondervermögen der Länder und Provinzen und werden nach betriebswirtschaftlichen Grundsätzen verwaltet. Das Ziel in diesen landeseigenen Betrieben ist, eine gute Organisation und hohe Produktivität unter verantwortlicher Teilnahme der Gewerkschaften und Betriebsräte herbeizuführen.

Alle diese Betriebe werden zusammengefasst unter einer Landesverwaltung für landeseigene Betriebe, die unterteilt werden entsprechend der Größe des Objektes und der Bedürfnisse in Industrieverwaltungen.

Neben dem Direktorium »landeseigene Betriebe« sowie der Industrieverwaltung steht ein Verwaltungsrat, der sich zusammensetzt aus Betriebsräten der technischen und kaufmännischen Intelligenz der Betriebe und Gewerkschaftsvertretern.

---

6  Die Zahlen werden hier wie in der Vorlage wiedergegeben.

Der Verwaltungsrat hat beratende und kontrollierende Funktion. Er wird gehört bei der Einstellung und Entlassung leitender Persönlichkeiten, bei der Planung und Durchführung des Produktionsprogramms.

In diesen Betrieben ist das demokratische Mitbestimmungsrecht der Gewerkschaften und der Betriebsräte ausgebildet. Die Bildung solcher Verwaltungsräte ist jetzt überall im Gange, also noch nicht abgeschlossen. Durch diese Organisation wurden Tausende gewerkschaftlich organisierte Arbeiter aktiv in die Führung der Wirtschaft eingeschaltet.

Über die Denazifizierung der Betriebsleitungen

Der Bundesvorstand des FDGB Sowjetische Zone ließ durch seine Hauptabteilung für Betriebsräte eine Stichprobe in rund 100 Betrieben der Sowjetischen Zone durchführen, um festzustellen, wie sich die Auswirkungen über die Denazifizierung der Betriebsleitungen praktisch bemerkbar machen.

In diesen 100 Betrieben spielt die jetzige Tätigkeit in Bezug auf die Säuberung der Betriebsleitungen von Nazis und sonstigen Reaktionären schon keine entscheidende Rolle mehr.

Die Säuberung ist im Allgemeinen abgeschlossen.

In den Berichten ist allerdings auf die Mitwirkung der Betriebsräte und Gewerkschaftsbetriebsgruppen bei der vorausgegangenen Säuberung noch mal Bezug genommen.

Hierbei lassen sich 3 Punkte als wichtig festhalten, die im Hinblick auf die westlichen Zonen von Bedeutung sind.

1.) In einer Reihe Direktionen sind an die Stelle entfernter Reaktionäre und Nazis nunmehr Gewerkschaftskollegen – zum Teil Arbeiter aus der Belegschaft des Betriebes – getreten, und zwar hat sich das (was zu betonen besonders wichtig ist) zu Gunsten einer Entfaltung der Produktion ausgewirkt. (Kein Wunder, da mit den Reaktionären ja die Saboteure verschwanden).[7]

2.) Die entfernten Reaktionäre und Nazis sind meistens nach dem Westen geflohen.

3.) Die Betriebsräte haben in allen Fragen des Betriebes das volle Mitbestimmungsrecht.

Folgende Zitate aus den erwähnten Gewerkschaftsberichten seien hier als Material angeführt (wobei hinzugefügt werden darf, dass es sich dabei um für die gesamten betrieblichen Verhältnisse in der Ostzone typische Fälle handelt).

Auto-Union, Chemnitz (Belegschaft 1.400 Mann):

»Die Direktion und der Aufsichtsrat hatten es als willige Gefolgschaftsmitglieder ihres ›Führers‹ vorgezogen, sich noch vor dem Einmarsch der Roten Armee nach dem Westen abzusetzen. Heute gehört der Betrieb dem Lande Sachsen. Der Betriebsrat hat in allen Fragen volles Mitbestimmungsrecht.«

---

7   Mit den Eigentümern und Produktionsleitern wurde häufig auch unersetzliches Fachwissen aus den Betrieben entfernt – ein Punkt, den der FDGB nie zur Diskussion brachte. Vgl. Schwarzer: Zentralplanwirtschaft, S. 97 ff.; Halder: »Modell für Deutschland«.

Mansfeld AG, Metallwarenfabrik Rothenburg (Provinz Sachsen, Belegschaft 495):

»Im August 1945 konnten wir als Betriebsrat erreichen, dass der reaktionäre Betriebsleiter, Hilbert, entlassen wurde. Wir suchten uns einen neuen Betriebsleiter, Bemehl, und jetzt ging die Produktion los. Damals hatten wir 140, jetzt 495 Belegschaftsmitglieder.«

Landwirtschaftliche Kreisgenossenschaft, Greifswald (Belegschaft 750):

»Unser Raiffeisen-Betrieb wurde nach dem Zusammenbruch von Kollegen aus dem Betrieb wieder in Gang gesetzt und von früheren faschistischen Elementen bereinigt. Es wurde sofort ein Betriebsrat gewählt, der das volle Mitbestimmungsrecht besitzt.«

Leuna-Werke[8] (Belegschaft 32.901):

»In der Betriebsleitung gibt es keine Nazisten und Reaktionäre mehr. Der deutsche Werksleiter, Dr. Eckard, ist Mitglied der SED und gibt jede Auskunft und jede Einsicht in die Geschäftspapiere. Wöchentlich finden zwischen Geschäftsleitung und Betriebsrat Sitzungen statt, durch die der Einfluss des Betriebsrates auf die Führung der Geschäfte gesichert wird.«

Anhaltische Kohlenwerke, Welzow (Belegschaft 2.242):

»Unser Betrieb wurde bereinigt und zum Treuhänder der Provinzialverwaltung der Genosse Günter Berentz eingesetzt. Wir haben Mitbestimmungsrecht auch in der Produktion.«

Deutsche Saatzuchtgesellschaft, vormerklich Gebrüder Dippe, Quedlinburg:

»Die Wahl des derzeitigen Betriebsrates erfolgte am 26. Juli 1946. Seine erste durchgeführte Maßnahme bestand in der Beseitigung des bis dahin tätigen Vorstandes des Betriebes, der sich als hemmend und untragbar für die Entwicklung des Betriebes erwiesen hat. Das Verhältnis zwischen dem Betriebsrat und der neuen Betriebsleitung ist sehr gut.«

Zuckerraffinerie, Halle (Belegschaft 800):

»Die Betriebsleitung wurde gesäubert. Unser bisheriger Betriebsratsvorsitzender, langjähriger Raffinerie-Arbeiter, wurde technischer Direktor.«

Gummi-Werke, Biesteritz (Belegschaft 1.100):

»Durch die Säuberung der Betriebsleitung sind wir unseren früheren reaktionären Betriebsleiter los. Die Aufsicht liegt jetzt bei dem Genossen Rybarczyk aus Wittenberg.«

Kurmärkische Zellwolle und Zellulose AG., Wittenberge (Belegschaft 1.409):

»Unser Betrieb gehörte dem so genannten Phri-Konzern an, deren Hauptleitung sich in Hamburg befindet. Wir sind aber durch Beschluss der Gesamtbelegschaft aus dem Konzern ausgeschieden. Das Werk ist jetzt Besitz der Provinzverwaltung. Zum Treuhänder wurde im März des Jahres in geheimer

---

8 Die Leuna-Werke unterstanden, wie andere SAG, nicht deutscher, sondern sowjetischer Jurisdiktion. Vgl. Karlsch: Reparationsleistungen, S. 112.

Abstimmung der bisherige Werkmeister, Kollege Muchow, gewählt, der das Werk zur Zufriedenheit der Belegschaft leitet.«

Universelle Werke, Dresden (Belegschaft 1.296):

»Nachdem der so genannte Betriebsführer nach dem Westen geflüchtet war, bestimmte die Belegschaft einen Treuhänder, der zusammen mit dem Betriebsrat die Geschicke des Betriebes in die Hand nahm.«

Philipp Holzmann AG, Dresden (Belegschaft 650):

»Hauptsitz der Firma ist Frankfurt am Main. In Leipzig und Halle ist die Enteignung erfolgt, in Dresden haben wir Schritte dazu eingeleitet.«

Britzer Eisenwerke bei Eberswalde (Belegschaft 413):

»Die Leitung des Werkes ist nach dem Westen geflohen. Die Belegschaft setzte die Produktion wieder in Gang und arbeitet jetzt unter der Leitung eines Treuhänders.«

Olympia-Büromaschinen bei Eberswalde (Belegschaft 413):

»Im Juli 1945 setzte sich der damalige aktive Nazi-Direktor Wassow (persönlicher Freund von Sauckel) vor dem Einmarsch der Roten Armee nach dem Westen ab. An seine Stelle traten zwei Arbeiter, und zwar 1 Dreher und 1 Schlosser, in die Direktion ein.«

Das sind einige Beispiele von vielen Tausenden. Sie illustrieren uns den ganzen Prozess der Säuberung, der Entfaltung des Mitbestimmungsrechtes, der Einsetzung von Treuhändern, die Liquidierung der Konzerne und die Übereignungen, einen Prozess, auf dessen Gesamtheit wir natürlich hier nicht eingehen können.

Beginn der Nationalisierung des Bergbaues.

Vor den neu gewählten demokratischen Parlamenten der Länder und Provinzen steht jetzt die Aufgabe, durch weitere Gesetzesakte die Rechte des Volkes auf die Kriegsverbrecher-Betriebe zu festigen.

Im Provinziallandtag der Provinz Sachsen hat die SED den ersten Antrag zur Verstaatlichung der gesamten Kohlenindustrie in der Provinz Sachsen eingebracht. Die anderen Länder und Provinzen werden in Kürze diesem Beispiel folgen.

Die Verstaatlichung der Kohlenindustrie ist die Verstaatlichung der ersten Grundindustrie der Sowjetischen Besatzungszone.

Die Bergarbeiter haben heldenhaft gearbeitet und die Produktion unter den widrigsten Verhältnissen und größten Schwierigkeiten auf fast Vorkriegszeit gebracht. Sie konnten dies nur, weil der Einfluss der faschistischen Betriebsführer der Riebeck-Montan, IG Farben usw. in der Betriebsführung beseitigt wurde und diese Leute keine Sabotage begehen konnten.

Die Betriebsräte waren in dieser Zeit die Betriebsführer. Wenn die Verstaatlichung der Kohlenindustrie beschlossen und sie den sächsischen Industrieverwaltungen angeschlossen wird, dann werden die Betriebsräte und Gewerkschaftsfunktionäre der Bergarbeiter in den Verwaltungsräten die Zügel fest in den Händen halten.

Die Entwicklung im Bergbau ist für die ganze Zone charakteristisch, wie nach der Entnazifizierung die Entwicklung der Produktion unter dem Einfluss der Gewerkschaften vor sich gegangen ist.

Am 1. Dezember 1946 hat eine Konferenz von ca. 508 Vertretern des gesamten Kohlenbergbaues der Sowjetischen Zone in Anwesenheit führender Vertreter der sowjetischen Militärverwaltung in Leipzig stattgefunden.

Die Konferenz nahm Stellung zu den Aufgaben des Planes für das Jahr 1947.

Rückschauend wurde dort erwähnt, dass, wenn nach dem totalen Zusammenbruch Kohlenbergbau und Gesamtindustrie wieder in Gang kamen, dies der Aktivität der Arbeiter, Techniker und Ingenieure zu verdanken war. Jedoch hätte die eigene Kraft nicht ausgereicht, wenn nicht die großzügige Unterstützung durch die Vertreter der sowjetischen Besatzungsmacht zu Hilfe gekommen wäre. Die Ergebnisse der Sowjetischen Besatzungszone im Kohlenbergbau sind vor allen Dingen der Säuberung der Kohlenwirtschaft von Naziaktivisten und Trustherren zu verdanken, der endgültigen Liquidierung der Konzerne und Syndikate, der Überführung der Gruben, Tagebaue und Brikettfabriken in die Hand des Volkes und dem Mitbestimmungsrecht der Belegschaften, vertreten durch Gewerkschaften und Betriebsräte.

Dadurch war es möglich, dass trotz starker Zerstörungen durch Krieg und Nazisprengkommandos Ende 1945 in der Steinkohle der Sowjetischen Zone bereits wieder 150 Prozent der Leistung des Juni und in der Braunkohle sogar 200 Prozent und in der Briketterzeugung 225 Prozent der Junileistung (1945) erzielt wurden. Durch die planmäßige Arbeit des gesamten Kohlenbergbaues der Zone im Verlaufe des Jahres 1946 wurde die Leistung weiter gesteigert und erreicht im Monat Oktober 1946:
in der Steinkohle 76,6 Prozent des Monatsdurchschnitts von 1938,
in der Braunkohle 91,4 Prozent des Monatsdurchschnitts von 1938,
in der Brikettproduktion 99,8 Prozent des Monatsdurchschnitts von 1938

und dies trotz schwieriger geologischer Bedingungen im sächsischen Steinkohlenbergbau, während die Steinkohlenförderung im Ruhrgebiet im Monat Juli 1946 bei 38,3 Prozent des Tagesdurchschnittes des Jahres 1938 lag und im Saargebiet, das die höchste Förderung Westdeutschlands aufweist, bei 50,6 Prozent (Leistung im Zwickau-Oelsnitzer-Revier 74,3 Prozent) gegenüber 1938.

Auch die Förderung pro Kopf und Schicht (auf die Untertagebelegschaft bezogen) zeigt dieselbe Entwicklung. Während sie an der Ruhr bei 60 Prozent und an der Saar bei 70 Prozent der Zahl von 1938 liegt, erreichten die Bergarbeiter des Zwickauer Reviers 86,8 Prozent der Leistung von 1938.

Selbst die Förderleistung in der rheinischen Braunkohle, die unter wesentlich günstigeren Abbauverhältnissen arbeiten, betrug im Juli 1946 nur 72,2 Prozent der Leistung von 1938 und die Schichtleistung lag dort bei 78,1 Prozent gegenüber 1938, während in der mitteldeutschen Braunkohle, unter ungünstigeren geologischen Verhältnissen, 85,3 Prozent der Förderung und 94,4 Prozent Schichtleistung von 1938 erreicht wurden.

113

Wo liegen die Ursachen für diese verschiedenartige Entwicklung?

1.) Die Ernährung der Bergarbeiter in der Sowjetischen Zone ist besser als die ihrer Arbeitskameraden im Westen. Durch die demokratische Bodenreform und durch die Hilfe der sowjetischen Militärverwaltung ist in dieser Zone eine bessere Versorgung derjenigen gewährleistet, die auch die schwere Arbeit leisten.

2.) Die durchgeführten demokratischen Maßnahmen, Beseitigung der Konzerne, Syndikate, Unternehmerverbände, die Säuberung der Bergbau- und Grubenleitungen, starke Entwicklung der demokratischen Selbstverwaltung, Sicherung der demokratischen Rechte bis in die unterste Einheit des Betriebes hinein, die Erkenntnis der Bergarbeiter, dass sie ihre Arbeit für das Wohl des gesamten Volkes durchführen, ist eine weitere Erklärung für diese verschiedenartige Entwicklung.

Zur Sicherung der demokratischen Rechte und der Besserung der sozialen Lage der Bergarbeiter wurde der erste Tarifvertrag in der Sowjetzone und in ganz Deutschland nach dem Zusammenbruch abgeschlossen.[9] Der Tarifvertrag für den Bergbau der Sowjetzone setzt die Bergarbeiter an die Spitze aller Lohngruppen und befestigt das Mitbestimmungsrecht.

Der Plan für 1947 soll in der Steinkohle bis zum 4. Quartal 1947 die Leistung des 3. Quartals 1946 um mindestens 25 Prozent übertreffen. Die Braunkohlen- und Briketterzeugung des 3. Quartals 1946 soll im Jahre 1947 um 10 Prozent gesteigert werden.

Entscheidend für diesen Produktionsaufschwung wird die konsequente Durchführung des Planes sein. Nachdem die erste Voraussetzung für die Steigerung der Förderung die Entmachtung der Nazis, Kriegsinteressenten und Syndikatsherren war, ist die zweite Voraussetzung der Übergang zur planvollen Produktion, der eine Steigerung der bisherigen Leistung für die Zukunft garantieren wird.

Bezeichnend ist, dass der Präsident der Zentralverwaltung für Brennstoffversorgung in der Sowjetischen Zone der alte Gewerkschafter und Bergarbeiterführer Gustav Sobottka[10] ist, während ihm gegenüber in der Liste der jetzigen

---

9  In seiner Sitzung vom 29./30.07.1946 hatte der Bundesvorstand des FDGB einen »Beschluß zum Abschluß von Tarifverträgen« gefasst. Als seine Vertragspartner benannte er Verhandlungskommissionen aus den Fachabteilungen der Industrie- und Handwerkskammern, Landwirtschaftskammern und »Vertretern der Unternehmer«. Unternehmer-Verbände wurden in der SBZ hingegen nie zugelassen. Am 28./29.11. begrüßte der Bundesvorstand des FDGB den Abschluss des ersten Tarifvertrages für den Bergbau der Sowjetischen Zone und nutzte die Gelegenheit, um sich mit den Forderungen der Ruhr-Bergarbeiter zur Durchsetzung des Mitbestimmungsrechts »der Gewerkschaften und Betriebsräte« solidarisch zu erklären. Geschäftsbericht FDGB, S. 28.

10  Gustav Sobottka (12.07.1886–6.03.1953), Bergmann, 1909 Mitglied im freien Bergarbeiterverband, 1910 SPD, 1912–1914 Gewerkschaftsvertrauensmann, 1918 USPD, 1920 KPD, im selben Jahr wegen oppositioneller politischer Tätigkeit Ausschluss aus der Gewerkschaft, 1921–1930 Leiter der Industriegruppe Bergbau in der Gewerkschaftsabteilung der Zentrale bzw. des ZK der KPD, Delegierter des III., IV. und V. Weltkongresses der Kommunistischen Internationale (KI), 1929 Mitbegründer und Mitglied der Reichsleitung der RGO, 1928–1935 Generalsekretär des Internationalen Komitees der Bergarbeiter bei der Roten Gewerkschafts

Leiter des westdeutschen Bergbaues ausschließlich ehemalige Generaldirektoren und Prokuristen der großen Montankonzerne und der verschiedenen Kohlensyndikate stehen. In der Ostzone ist also der Leiter der Zentralverwaltung ein Gewerkschafter, zu dem die Bergarbeiter und die Bevölkerung volles Vertrauen haben können, während dies im Westen nicht der Fall ist.

Der Produktionsplan für das Jahr 1947 unterscheidet sich von den bisher aufgestellten Plänen dadurch, dass nicht nur festgelegt wird, wieviel hergestellt werden soll, sondern dass er einen vollkommenen Plan für die Wiederherstellung des Bergbaues der Ostzone und für die Verbesserung im sozialen Leben der Bergarbeiter umfasst. Es ist nicht mehr nur den Provinzen und Ländern überlassen, welche Lebenslage die Bergarbeiter haben werden, sondern der Plan bestimmt jetzt, welche Verbesserungen zu gewähren sind und in welchem Ausmaß Güter des täglichen Bedarfs von der Zentralverwaltung Handel und Versorgung den Bergarbeitern direkt zur Verfügung zu stellen sind, wie die Wohnungsfrage für die Bergarbeiter zu lösen ist und wie die Gesundheit der Bergleute durch Zurverfügungstellung von Plätzen und Sanatorien und Kurorten geschützt werden muss.

Die Durchführung der für 1947 vorgeschlagenen Produktionssteigerung der Kohle in der Ostzone erfordert neue Methoden. Mindestens wöchentlich und regelmäßig müssen die Belegschaften über den Stand der Planerfüllung Bericht erhalten und darüber beraten. Zum Plan dürfen nicht nur die Wirtschaftsorgane Stellung nehmen, sondern an seiner Beratung müssen die Vertreter der 3 antifaschistischen demokratischen Parteien teilnehmen. Unsere gegenwärtige demokratische Ordnung beruht auf dem Block der 3 antifaschistischen Parteien, der Gewerkschaften und der Bauernorganisationen. Darum ist es notwendig, dass auch alle diese Organisationen mindestens einmal im Quartal über den Plan und seine Durchführung beraten. Die Schulung neuer leitender Kräfte für den Bergbau, die Herstellung eines neuen Verhältnisses zwischen Intelligenz und Bergarbeitern wird gleichfalls entscheidende Voraussetzung für den zu organisierenden Produktionsaufschwung sein.

Interessant ist noch, dass zur Auffüllung führender Kader des Bergbaues der Sowjetzone und zu seiner Demokratisierung 1945 bewährte und ausgesuchte Bergarbeiter auf der Bergakademie Freiburg in Sonderkursen zu führenden Kadern des Kohlenbergbaues entwickelt werden. Vom Beginn des Jahres 1947 an werden neue Steigerschulen in Merseburg und Senftenberg eröffnet.

---

internationale (RGI) in Moskau, Berlin, Saarbrücken und Paris, 1928–1932 Mitarbeiter des Westeuropäischen Büros der KI, 1933 Emigration ins Saargebiet, 1935 Paris, November 1935 Moskau, dort im Zentralrat der sowjetischen Gewerkschaften tätig, 1937 Aberkennung der deutschen Staatsbürgerschaft, 1938 aus ZR der Gewerkschaften entlassen, Parteiüberprüfung im Zusammenhang mit der Verhaftung seines Sohnes durch das NKWD, 1938–1939 stellvertretender Leiter der ökonomischen Abteilung bei der Redaktion der »Deutschen Zentral-Zeitung«, ab Juni 1941 Mitarbeit in der deutschen Redaktion des Moskauer Rundfunks, Einsätze in Kriegsgefangenenlagern, 1943 Mitglied des NKFD, ab 6.05.1945 Leiter der »Gruppe Sobottka« in Mecklenburg-Vorpommern, bis November 1945 Vorsitzender der Landesleitung der KPD Mecklenburg-Vorpommern, 1947–1948 Präsident der Zentralverwaltung für Brennstoffindustrie, 1948–1949 Leiter der Hauptverwaltung Kohle bei der DWK, 1949–1951 Leiter der Hauptabteilung Kohle im Ministerium für Industrie/Schwerindustrie in der DDR.

Das ist mit einer der wichtigsten Wege, mit dem die Gewerkschaft ihren Einfluss im Kohlenbergbau und das Mitbestimmungsrecht im Kohlenbergbau sichert.

Die neuen Industrie- und Handelskammern als auch Handwerkskammern, die anstelle der alten reaktionären Industrie- und Handelskammern zu Organen der demokratischen Wirtschaft umgebildet wurden, haben außer Vertretern der Verwaltung, der Wirtschaft ebenfalls Vertreter der Gewerkschaften in ihrer Leitung.

Solche Industrie- und Handelskammern gibt es in Thüringen, Mecklenburg-Vorpommern, Brandenburg, Provinz Sachsen und Land Sachsen. Diese Industrie- und Handelskammern sind wirkliche demokratische Organisationen, in denen die kommunalen und provinzialen Selbstverwaltungsorgane mit den Vertretern der Gewerkschaften und der Unternehmer zu gleichen Teilen mit gleichen Rechten und Pflichten sitzen. Alle Präsidenten der Industrie- und Handelskammern sind aus der Arbeiterbewegung hervorgegangene Männer. Die Gewerkschaften stellen in jedem Fall den Vizepräsidenten. Jede Kammer hat 20 Fachausschüsse, in denen die Unternehmen und Gewerkschaften paritätisch vertreten sind. Man kann sagen, dass heute in der Sowjetischen Besatzungszone rund 1.000 Funktionäre des FDGB nur in den Spitzen der Industrie- und Handelskammern tätig sind.

Dasselbe Bild ist in den Handwerkskammern, die organisatorisch ziemlich ähnlich wie die Industrie- und Handelskammer aufgebaut sind. Die Präsidenten der Handwerkskammern sind ebenfalls Kollegen, die aus dem gewerkschaftlichen Leben kommen. Auch hier stellen die Gewerkschaften den Vizepräsidenten und die Vorstandsmitglieder für die Kammern und sitzen paritätisch in den Fachausschüssen mit den Handwerksmeistern. Die Gewerkschaften üben auch in den Handwerksgenossenschaften ihren Einfluss aus und haben das Recht, in den Vorstand und Aufsichtsrat dieser Genossenschaften ihre Delegierten zu entsenden (auf je 3 Aufsichtsrats- oder Vorstandsmitglieder kommt ein FDGB-Delegierter). Die Organisation des Handwerks ist mannigfaltig und sehr verzweigt, und zur Besetzung aller Funktionen, soweit sich das jetzt überblicken lässt, benötigen wir ca. 15.000 Gewerkschaftsfunktionäre, die ihre Tätigkeit alle ehrenamtlich ausüben müssen.

Diese Ziffern zeigen, dass die Gewerkschaften in der Sowjetischen Besatzungszone entscheidend die weitere demokratische Entwicklung der Wirtschaft und die Formung des demokratischen Bewusstseins beeinflussen.

Bodenreform

Gesamtbodenfläche, die enteignet wurde, 2.745.000 ha.

Darauf wurden rund 410.000 Bauernfamilien eingesetzt.
Davon sind rund:
220.000 Neubauern,
80.000 Landzuweisungen an landarme Bauern,
65.000 Landzuweisungen an Landarbeiter,

45.000 in Eigentum überführte Pachtstückparzellen, d. h. Bauernwirtschaften,

410.000 Bauernwirtschaften.

Rund 9.800 Großgrundbesitze wurden enteignet, davon waren rund 8.000 Junker- und Privatbesitze.

Beispiele:

In Brandenburg wurde Graf v. Brühl zu Pförten mit rund 21.940 ha enteignet. Auf diesem Boden sind rund 2.300 Neubauern angesiedelt.

In der Provinz Sachsen wurden enteignet:
Fürst zu Stollberg-Wernigerode mit rund 22.000 ha,
Graf Stollberg-Rossla mit rund 9.000 ha,
Graf Stollberg-Stollberg mit rund 8.000 ha.

Auf diesen rd. 39.000 ha sind über 4.000 Neubauern angesetzt worden.

Im Land Sachsen besaß der Fürst Günther von Schönburg-Waldenburg 8.600 ha. Darauf sind rund 1.000 Neubauern eingesetzt.

In Mecklenburg hat der ehemalige Großherzog rund 10.600 ha Boden. Ihm folgte der Fürst zu Schaumburg-Lippe, der ja auch im Westen noch Besitz hat, mit 9.900 ha Boden. Auf diesen beiden Besitztümern sind rund 1.800 Neubauern eingesetzt.

In Anhalt hat der Herzog von Anhalt 18.300 ha Land besessen, dazu noch 1.200 ha in der Provinz Sachsen.

Auf diesen Ländereien sind neben einigen Saatzuchtgütern, die der Bauernschaft zur Verfügung stehen, immerhin über 1.500 Neubauern eingesetzt.

In Thüringen besaß der Fürst Reuß jüngere Linie rund 10.800 ha Boden.

Auch hier sind über 1.000 angesiedelt worden.

Vergleiche

Brandenburg: 498 Adlige hatten 804.576 ha im Besitz. Demgegenüber hatten 64.227 Zwergbauern nur 104.447 ha.

Land Sachsen: 310 Junker hatten 145.050 ha.

35.317 Kleinbauern hatten nur 70.547 ha.

Provinz Sachsen: 386 Adlige besaßen 288.426 ha.

101.395 kleinbäuerliche Betriebe besaßen nur 125.362 ha.

Mecklenburg: 334 adlige Großgrundbesitzer hatten 377.300 ha.

20.545 Zwergbauern besaßen nur 25.574 ha.

Anhalt: 35 adlige Grundbesitzer besaßen 34.645 ha.

10.865 Kleinbauern hatten 12.901 ha Besitz.

Thüringen: 149 Junker hatten 45.055 ha.

46.634 Kleinbetriebe aber nur 63.204 ha.

Mit dieser Ungerechtigkeit hat die Bodenreform nun aufgeräumt. Durchschnittlich die kleinere Hälfte des Großgrundbesitzes war verpachtet.

16 der größten adligen Grundbesitzer in Deutschland besaßen insgesamt 550.221 ha.

Auf einer solchen Fläche sind jetzt rd. 90.000 Bauernfamilien unterge-bracht. – In Gesamt-Deutschland besaßen 3.164 Adlige 3.610.614 ha. Auf diesem Boden, der knapp 10 Prozent der Gesamtackerfläche Deutschlands beträgt, können rund 600.000 Bauernfamilien angesetzt werden.

Beispiele Thüringen über die Verwaltung landeseigener Betriebe

Es wurde eine Hauptverwaltung landeseigener Betriebe in Weimar gebildet. Diese arbeitet mit einem kleinen Angestelltenapparat, und ihre Aufgabe liegt insbesondere in der Herausarbeitung von Richtlinien und Anweisungen, nach denen ein einheitliches Arbeiten in diesen Betrieben geschehen kann. Des Weiteren besteht ihre Aufgabe darin, für die Steigerung der Produktion unter Hebung ihrer Qualität Sorge zu tragen.

Die Betriebe gleicher Branche wurden zusammengefasst und einer Indus-triegruppenleitung unterstellt. Insgesamt wurden 7 solcher Industriegruppen-leitungen gebildet, und zwar:

| Industriegruppe | Sitz | Anzahl der verwalteten Betriebe |
| --- | --- | --- |
| Maschinenindustrie | Erfurt | 70 |
| Elektroindustrie | Erfurt | 37 |
| Chemie-Metallurgie | Erfurt | 41 |
| Baumaterialien | Weimar | 39 |
| Textilindustrie | Gera | 41 |
| Brennstoff-Bergbau | Altenburg | 18 |
| Glas-Porzellan | Ilmenau | 40 |

Neben den Betrieben, die voll im Besitz des Landes sind, gibt es noch so genannte Anteilsbetriebe. In solchen Betrieben wurde nur der Anteil der Kriegsschuldigen enteignet und in den Besitz des Landes überführt, während die Unbelasteten weiter ihr Besitzrecht behielten. In diesen Betrieben tritt die Hauptverwaltung als Gesellschafter nach Maßgabe des ihr zustehenden Anteils auf. Es handelt sich um folgende Betriebe:
in der Maschinenindustrie 12 Anteilsbetriebe,
in der Elektroindustrie 2 Anteilsbetriebe,
in der Chemie-Metallurgie 6 Anteilsbetriebe,
in der Baumaterialindustrie 3 Anteilsbetriebe,
in der Textilindustrie 12 Anteilsbetriebe,
in der Glas- und Porzellanindustrie 4 Anteilsbetriebe.

Die Aufgabe der Industriegruppenverwaltungen liegt in der unmittelbaren Kontrolle und Aufsicht der Betriebe, in der Vereinheitlichung der Arbeits-methoden, und zwar nach dem höchsten Stand, sowie in zusammenfassender Lenkung und sozialer Ausgestaltung. Jedem Betrieb steht ein Betriebsleiter vor, der der Industriegruppen-Verwaltung für seine Arbeit voll verantwort-lich ist.

Wie werden nun die Arbeiter an der Leitung und damit in der Verantwortung für den Betrieb beteiligt?

Die Tätigkeit des Betriebsrates wurde bereits durch das Betriebsrätegesetz geregelt. Hierin besteht kein Unterschied zwischen landeseigenen und Privatbetrieben. Ferner wird jedoch in jedem landeseigenen Betrieb dem Betriebsleiter ein Verwaltungsausschuss zur Seite gestellt. Dieser Verwaltungsausschuss setzt sich zusammen aus Mitgliedern der Betriebsleitung, des Betriebsrates und einigen mit dem Betrieb gut vertrauten, bewährten Arbeitern und Angestellten. In großen Betrieben werden auch Vertreter der kommunalen Selbstverwaltungskörperschaften hinzugezogen. Der Verwaltungsausschuss nimmt in regelmäßigen Sitzungen den Bericht des Betriebsleiters entgegen. Dieser Bericht soll über alle allgemeinen und internen Betriebsvorgänge informieren, handele es sich um die Bewegung der Arbeitskräfte in den Betrieben, um die Arbeitsmoral, Arbeitsdisziplin, Ein- und Verkauf von Rohmaterialien und Fertigprodukten, um den unmittelbaren Produktionsvorgang selbst oder um die Finanzverhältnisse. Zu allen Fragen nimmt der Verwaltungsausschuss Stellung und legt danach seine Meinung zu den Problemen fest.

Nachdem der Verwaltungsausschuss ausgiebig über alle Fragen des Betriebes informiert wurde, wird dieser Bericht über die Lage des Betriebes der gesamten Belegschaft zur Kenntnis gebracht.

Jeder Arbeiter im Betrieb soll also über die Fortschritte und Schwierigkeiten im Werke genau im Bilde sein, ihm sollen zum Beispiel die Zusammenhänge zwischen mangelnder Arbeitsdisziplin, Schäden im Betrieb, Ausschussproduktion usw. und den Erträgnissen des Betriebes unmittelbar gezeigt werden. Die verantwortlichen Leute in der Hauptverwaltung landeseigener Betriebe sind überzeugt davon, dass durch die Entwicklung einer solchen Methode ein Höchstmaß von Leistung erbracht wird. So wie in den Betrieben sollen auch bei den Industriegruppen-Verwaltungen sowie bei der Hauptverwaltung landeseigener Betriebe Verwaltungsausschüsse gebildet werden.

Durch eine Rationalisierung der Arbeit, durch Beseitigung unnötiger Arbeitsvorgänge und nicht durch Herabdrücken der Löhne sollen die Einkünfte des Betriebes gesteigert werden. Eine solche Steigerung ist nur möglich, wenn die gesamte Belegschaft versteht, dass die Produktion im eigenen Interesse und zum Nutzen des gesamten Landes erfolgt.

Neue Beziehungen bahnen sich gleichzeitig an zwischen der technischen Intelligenz und den Arbeitern. Die Folge wird eine Entfaltung vieler befähigter Kräfte sein, die bisher in ihrer freien Entwicklung gehemmt wurden. Die gesamte Arbeiterschaft dieser Betriebe wird an der technischen Entwicklung ihrer Produktion teilnehmen und diese somit auf einen höheren Stand bringen. Wenn die Arbeiter in den Betrieben nach dem Zusammenbruch ohne Rücksicht auf Bezahlung, ohne Rücksicht auf festgesetzte Arbeitszeit im Betrieb blieben und diese wieder aufbauten, dann werden sie nun in den landeseigenen Betrieben mit noch mehr Elan arbeiten und demzufolge auch noch größere Erfolge haben.

Es wird auch nicht mehr vorkommen, dass, wie es in einem nun landeseigen gewordenen Betrieb vorher der Fall war, mehrere Buchhalter eine Geheimbuchhaltung führen, für die von dem früheren Besitzer außergewöhnlich hohe Gehälter bezahlt wurden. Die Konzernherren und Kriegsschuldigen versuchten, die Gewinne zu verschleiern, damit den Arbeitern die Profite nicht bekannt wurden. Es ist selbstverständlich, dass diese Geheimbuchhaltung sofort liquidiert und so wie alles andere auch den Arbeitern im Betrieb zugänglich gemacht wurde.

Die Organisation der landeseigenen Betriebe ist der Form wie dem Inhalt nach etwas Neues. Sie tritt an die Stelle unverantwortlicher Konzernleitungen und geheimer Trustverflechtungen, sie deckt die Wirtschaftsbeziehungen vor dem Schaffenden klar auf. Ihr Inhalt wird bestimmt durch den Willen der demokratischen Kräfte zum Wiederaufbau und zur Arbeit für den Frieden. Die landeseigenen Betriebe werden eine Garantie gegen geheime Kriegsproduktion und gegen Organisierung von Brutstätten nazistischer Reaktion sein. Sie bilden eine Garantie für die Sicherung demokratischer Freiheiten und für den Aufstieg unseres neuen Deutschlands.

Beispiel Land Sachsen über neue Industrie- und Handelskammern

Die schwere wirtschaftliche Situation, in der Deutschland sich heute, ein Jahr nach dem totalen Zusammenbruch des Nazismus befindet, zwingt zum effektivsten Einsatz der uns verbliebenen Produktionsstätten und zu äußerster Sparsamkeit in der Anwendung der knapp bemessenen Rohstoffe. Darum muss jedes Missverständnis zwischen Erzeugung und Bedarf, zwischen Arbeitskräften und Produktionsmitteln unter allen Umständen vermieden werden. Unsere Produktion wird von den Selbstverwaltungsorganen der Länder und Provinzen planmäßig gelenkt.

Mit den bisherigen Organen der Wirtschaft, den früheren Wirtschaftskammern, kann diese Aufgabe unmöglich gelöst werden. Die Wirtschaftskammern vor 1933 waren Zusammenschlüsse von Unternehmungen, die durch ihre Beiträge die Mitgliedschaft in den Kammern erwarben und in ihnen Selbstverwaltungsorgane eines uneingeschränkten kapitalistischen Wirtschaftsprinzips sahen. Ihre Vertreter wurden in die Organe der Kammern berufen und waren in den weitaus meisten Fällen zugleich die Vertreter der Unternehmerorganisationen und Unternehmerverbände. In der großen Linie gesehen waren diese Organisationen Instrumente einer Wirtschaftspolitik, die gegen die Demokratie gerichtet war und die die großen kapitalistischen Interessen vertraten. Während die sozialpolitischen Verbände der Unternehmer die Löhne und Arbeitsbedingungen der Arbeiter und Angestellten auf direktem Wege niedrig hielten, beeinflussten die wirtschaftspolitischen Organisationen, die eine Ausbeutung der Verbrauchermassen durch eine entsprechende Preispolitik anstrebten, entscheidend die Tätigkeit der alten Wirtschaftskammern.

Nach 1933 drückte das Hitlerregime mit seinem Führerprinzip sehr bald auch den Wirtschaftskammern seinen Stempel auf. Immer deutlicher ordneten sich die Aufgabegebiete der Kammern einem autoritären Wirtschaftsprinzip un-

120

ter. Als im Laufe dieser Entwicklung die gesamte Wirtschaft zu einem Instrument der Kriegsvorbereitung wurde, war es mit jeder freien Entfaltung wirtschaftlicher Kräfte endgültig vorbei.

Nach dem Zusammenbruch im Mai vorigen Jahres und beim Neubau unseres Staats- und Wirtschaftslebens traten Kräfte in Erscheinung, die bisher einflussloses Objekt der Wirtschaft waren. Die Arbeiterschaft fühlte sich mitverantwortlich für den Aufbau der Wirtschaft, ihre Mitwirkung ist die beste Garantie für die Ausschaltung der Feinde des friedlichen Aufbaus. Die Männer und Frauen, die die Arbeiterbewegung der Wirtschaftsführung gab, wollen mit voller Verantwortung für die Verwirklichung eines demokratischen Wirtschaftsprinzips tätig sein. Dass bei einer solchen Entwicklung die Wirtschaftskammern in ihrer alten Form nicht bestehen bleiben konnten, ist wohl selbstverständlich. Sie befanden sich seit Mai vorigen Jahres in Liquidation, zumal Unternehmerverbände in der Sowjetischen Zone Deutschlands verboten sind.

Mit der Verordnung der Landesverwaltung Sachsen vom 29. Oktober 1945 über die Bildung neuer Industrie- und Handelskammern im Lande Sachsen ist nunmehr etwas grundsätzlich Neues in der Organisation unserer Wirtschaft entstanden. Die demokratische Mitwirkung aller lebendigen und aufbauwilligen Kräfte ist sichergestellt und damit ist ein wichtiger Schritt zur Verwirklichung wahrer Demokratie überhaupt getan.

Die Aufgaben der neuen Industrie- und Handelskammern

Das Neue in den Kammern ist aber nicht nur ihre veränderte personelle Zusammensetzung, sondern auch ihre grundsätzlich andere Aufgabenstellung. Sie werden nicht so genannte Selbstverwaltungsorgane der Wirtschaft sein (diese waren immer nur die Organe der führenden und kapitalkräftigsten Kreise der Wirtschaft), sondern sie werden die Selbstverwaltung des Landes, der Städte und Kreise beraten und die gute Durchführung aller Maßnahmen auf dem Gebiete der Wirtschaft durch ihre enge Verbindung zu den Wirtschaftreibenden sicherstellen.

Es wäre jedoch falsch, die neuen Industrie- und Handelskammern lediglich als verlängerten Arm der Wirtschaftslenkung zu betrachten, sie sind Organe mit eigenen Aufgaben und mit eigener Existenzberechtigung. Beratung der Betriebe, Ausarbeitung und Unterbreitung von Gutachten und Vorschlägen bei Preisbildung und Preisüberwachung, betriebs- und revisionstechnische Betreuung, Vorschläge von Sachverständigen und Unterstützung der fachtechnischen Ausbildung aller in der Wirtschaft Tätigen gehören zu ihren vornehmsten Aufgaben. Darüber hinaus ist ihre Mitwirkung bei dem Zustandekommen von Gesamtvereinbarungen über Lohn- und Arbeitsbedingungen sichergestellt, und ihre Verpflichtung ist es, – und das ist wohl mit eine der wichtigsten Aufgaben – die Erziehung der im Wirtschaftsleben Stehenden zu demokratischem Denken und Handeln durchzuführen.

Leitung und Aufbau der Kammern

Die neuen Kammern sind aufgebaut auf demokratischem Prinzip, das heißt nicht auf der Grundlage der Mitgliedschaft der Firmen und damit der alleinigen Interessenvertretung der Unternehmer von Industrie und Handel. Das kommt bereits zum Ausdruck in der Zusammensetzung des Vorstandes, dem in gleicher Zahl Vertreter der Gewerkschaften, Vertreter der Industrie- und Handelsunternehmungen und Vertreter der Wirtschafts-, Arbeits- und Sozialverwaltungen angehören. Sie werden von diesen Gruppen vorgeschlagen und von der Landesverwaltung bestätigt. Damit repräsentieren sie alle Kräfte, die in der Wirtschaft maßgebend tätig sind. Das private Unternehmertum soll aus dem Wirtschaftsprozess nicht ausgeschaltet werden. Doch neben ihm stehen die Männer und Frauen des schaffenden Volkes, die durch ihre verantwortungsbewusste und wirtschaftsbejahende Tätigkeit seit den Maitagen des vorigen Jahres sich nicht nur ein Anrecht auf Mitwirkung, sondern auf Mitbestimmung erworben haben. Das ist nicht die Auswirkung einer vorübergehenden Situation, sondern beruht auf einer grundsätzlichen Entscheidung, beruht auf dem Willen, wahrhafte Demokratie auch im Wirtschaftsleben Wirklichkeit werden zu lassen.

Neben der veränderten Zusammensetzung des Vorstandes als wichtigstem Kammerorgan ist aber auch die Stellung des Präsidenten eine andere. Er ist nicht mehr nur ehrenhalber der verantwortliche Leiter der Landeskammer. Er wird von der Landesverwaltung berufen, ist hauptamtlich angestellt und gilt als im öffentlichen Dienst stehend. Das ist eine weitere grundsätzliche Änderung im Vergleich zu den früheren Wirtschaftskammern und hat mit der früheren Praxis, nach der der Präsident der Kammer ein Vorstandsmitglied irgendeiner großen Aktiengesellschaft war, nichts mehr gemein. Auch die Direktoren der Kammern sind in der Regel hauptamtlich tätig. Diese Regelung entspricht der konsequenten Auffassung, dass wir unsere Tätigkeit mit voller Verantwortung leisten.

Die Mittel für die Geschäftsführung der Landeskammer und ihrer nachgeordneten Organe, der Kreiskammern, die in der Regel ihren Sitz am Ort des Landratsamtes haben, werden in Umlageverfahren durch die Unternehmer aufgebracht. Das bedeutet keine Mitgliedschaft wie bei den früheren Wirtschaftskammern, sondern stellt die finanzielle Grundlage für die Kammern dar, die in lebendiger Verbindung die gemeinsamen wirtschaftlichen Interessen wahrzunehmen haben. Durch ihre Vertretung in den Organen der Kammern werden die fortschrittlichsten Kräfte des Unternehmertums einen positiven Einfluss auf die Tätigkeit der Kammern geltend machen können.

Die lebendigen Kräfte des Wirtschaftslebens, besonders die komplizierten und differenzierten unserer sächsischen Wirtschaft, würden unmöglich erfasst werden – lediglich durch die Bildung der Kammervorstände. Es gibt so unendlich viele Einzelfragen des wirtschaftlichen Prozesses, die eine nahe Verbindung zu den Betrieben erfordern. Deshalb ist in den Ausführungsbestimmungen zur Verordnung über Bildung der Kammern festgelegt, dass für die Industrie, gegliedert nach 12 Hauptgruppen, und für den Handel, nach 6 Hauptgruppen gegliedert, je nach der Struktur der Wirtschaft und dem im Kammerbezirk dafür vorhandenen Bedürfnis Fachausschüsse und Unterausschüsse gebildet werden, und zwar im gleichen Verhältnis wie die Vorstände, also in der Dreiteilung: Gewerkschaften, Unternehmungen, Selbstverwaltung des Landes oder Bezirks. Diese Fachausschüsse sind nicht selbständige Organe der Kammern, sondern arbeiten nach Richtlinien und Weisungen, die ihnen vom Vorstand gegeben werden. Sie können nach Bedarf erweitert und neu berufen werden. Zur Durchführung ihrer besonderen fachlichen Aufgaben sollen sie in ständiger Verbindung mit den Referenten und Sachbearbeitern der Kammerabteilungen stehen.

Bericht über die Entnazifizierung der Wirtschaft in Berlin

Der Entnazifizierungsprozess in Verwaltung und Wirtschaft steht in Berlin unter dem Aspekt der Alliierten Kommandantur. Da in den 4 Sektoren Berlins die jeweiligen Bestimmungen der einzelnen Militärregierungen solange Geltung haben, bis ein entsprechender einheitlich gefasster Beschluss der Alliierten Kommandantur vorliegt, ist die Handhabung der Maßnahmen zur Reinigung der Wirtschaft von faschistischen Elementen nicht einheitlich.

In der öffentlichen Verwaltung der Stadt Berlin ist die Reinigung von faschistischen Elementen so gut wie restlos durchgeführt.

Rund 27.000 Nazis wurden aus den Ämtern entfernt.

In der Wirtschaft der Stadt Berlin mit 8.776 Betrieben (mit über 5 Beschäftigten) sind 876 Betriebe, die treuhänderisch verwaltet werden.

Zahlen über die aus führenden Wirtschaftspositionen entfernten Nazis und nazistischen Aktivisten sind nicht vorhanden.

Der FDGB hat einen besonderen Gesetzentwurf zur Frage der Konzerne verfasst und der Stadtverordnetenversammlung der Stadt Berlin vorgelegt.

Er hat folgenden Wortlaut:

Entwurf eines Gesetzes zur entschädigungslosen Enteignung der Kriegs- und Naziverbrecher, der Konzerne und Großunternehmen.

Die Stadtverordnetenversammlung wolle beschließen:

Zur Sicherung des Friedens und der Demokratisierung der Wirtschaft die Konzernbetriebe und Großunternehmungen, die Betriebe, Vermögenswerte und sonstiges Eigentum von Kriegsverbrechern, aktiven Nazis, Kriegsinteressenten und großen Kriegsgewinnlern in die Hände des Volkes zu übernehmen.

§ 1 Das Eigentum von Kriegsverbrechern, Naziaktivisten, Kriegsinteressenten und großen Kriegsgewinnlern wird entschädigungslos zugunsten der Stadt Berlin enteignet.

Von der Enteignung werden erfasst:

a) wirtschaftliche Unternehmungen,

b) Betriebe und Geschäftsunternehmen,

c) Banken und Versicherungsunternehmungen,

d) bewegliches und unbewegliches Vermögen,

e) Rechte und Patente und

f) private Vermögenswerte.

§ 2 Konzerne und Großunternehmen und privatkapitalistische Unternehmungen, die monopolistischen Charakter haben, werden entschädigungslos zugunsten der Stadt Berlin enteignet.

§ 3 Berliner Unternehmungen und Vermögenswerte von gesamtdeutscher Bedeutung, die gemäß § 1 oder 2 enteignet werden, werden Eigentum des deutschen Volkes; bis zur Bildung einer gesamtdeutschen Regierung werden diese treuhänderisch von der Stadt Berlin verwaltet.

§ 4 Die Durchführung der Enteignung obliegt einem besonderen Ausschuss der Stadtverordnetenversammlung nach näherer Bestimmung durch eine Durchführungsverordnung.

Der Ausschuss stützt sich auf die Mitarbeit des Freien Deutschen Gewerkschaftsbundes.

§ 5 Gemäß § 1 enteignete Betriebe und Vermögenswerte, an deren Übernahme das deutsche Volk und die Stadt Berlin kein Interesse haben, können zugunsten der Stadt Berlin an Dritte veräußert werden.

Gleichzeitig wurde ein Entwurf über die Verwaltung der enteigneten Betriebe vom FDGB mit eingereicht.

Er hat folgenden Wortlaut:

Entwurf eines Gesetzes über die Verwaltung der enteigneten Betriebe.

Die Stadtverordnetenversammlung für Berlin wolle das Gesetz über die Verwaltung der enteigneten Betriebe beschließen:

A Der enteignete Betrieb

Wirtschaftliche und rechtliche Form des Betriebes

§ 1 Die der Stadt Berlin durch Gesetz vom [Datum fehlt in der Vorlage] 1946 übereigneten wirtschaftlichen Unternehmungen und die nach demselben Gesetz einstweilen in treuhänderischer Verwaltung der Stadt Berlin verbleibenden Unternehmungen bleiben wirtschaftlich selbständige Unternehmungen.

§ 2 Verkehrs- und Versorgungsbetriebe und die mit ihnen verbundenen Rechte und Vermögenswerte, die nach dem Gesetz vom [Datum fehlt in der Vorlage] 1946 der Stadt Berlin übereignet wurden, werden den bereits bestehenden städtischen Unternehmungen der gleichen Art angeschlossen.

§ 3 Unternehmungen mit engen produktionstechnischen Verflechtungen zu anderen ebenfalls enteigneten Unternehmungen bleibt engste Zusammenarbeit gesichert.

§ 4 Die wirtschaftlich selbständigen Betriebe sind rechtlich Teile der »Hauptverwaltung der enteigneten Betriebe«, der Gesamtheit aller enteigneten und treuhänderisch geleiteten Unternehmungen.

Aufgaben der Betriebe

§ 5 Die enteigneten und treuhänderisch geleiteten Betriebe setzen ihre bisherige Tätigkeit fort.

124

§ 6 Die Leitung des einzelnen Betriebes besteht aus der Direktion, in kleineren Unternehmungen aus der Geschäftsleitung. Die Direktion bzw. Geschäftsleitung wird von der Hauptverwaltung eingesetzt.

§ 7 In jedem Betrieb wird ein Verwaltungsrat gebildet, der aus Vertretern des Betriebsrates und anderen Fachkräften des Betriebes zusammengesetzt wird.

§ 8 Der Verwaltungsrat des Betriebes ist regelmäßig zusammenzurufen und nimmt an allen Fragen des Betriebes, kaufmännischer und technischer Leitung, Personalfragen, Planung, Versorgung und Absatz, Finanzierung usw. beratend teil.

§ 9 Die Arbeits- und sonstigen sozialen und kulturellen Bedingungen in diesen Betrieben sollen vorbildlich sein.

§ 10 Das Mitbestimmungsrecht der Betriebsräte im Rahmen der gesetzlichen Bestimmungen und aufgrund besonderer betrieblicher Vereinbarungen wird ausdrücklich bestätigt.

B Zusammenfassung der Betriebe

Form der Verwaltung

§ 11 Alle enteigneten und treuhänderisch geleiteten Unternehmen[11] werden in einem selbständigen, außerhalb der Verwaltung des Magistrats arbeitenden Wirtschaftsorgan, der Hauptverwaltung der enteigneten Betriebe, zusammengefasst. Diese Hauptverwaltung der enteigneten Betriebe gliedert sich sachlich in Industrieverwaltungen. Weitere Untergliederungen werden nach Bedarf geschaffen.

§ 12 Die Hauptverwaltung der enteigneten Betriebe ist eine Körperschaft des öffentlichen Rechts. Die in ihr zusammengeschlossenen Betriebe sind unselbständige Zweigniederlassungen im üblichen handelsrechtlichen Sinne. Die Hauptverwaltung bildet ein Sondervermögen der Stadt Berlin.

Aufgaben der Verwaltung

§ 13 Die Hauptverwaltung und ihre Untergliederungen haben die angeschlossenen Betriebe nach wirtschaftlichen Grundsätzen zum Wohle des deutschen Volkes zu leiten. Ihr obliegt die Förderung des Zusammenarbeitens aller enteigneten und treuhänderisch geleiteten Unternehmen untereinander, wie auch die Abstimmung mit den Interessen der übrigen Gruppen der Wirtschaft, der privaten Industrie und des Handels.

§ 14 Die Hauptverwaltung mit ihren Untergliederungen wird von den sie bildenden Unternehmungen finanziert. Der Haushaltsplan unterliegt der Beschlussfassung der Generalversammlung der Hauptverwaltung. Die Ge-

---

11 Was Jendretzky hier skizziert, mündet in eine umfangreiche Bürokratie der Wirtschaftsverwaltung. Allein in den wirtschaftlichen Zentralverwaltungen der SBZ waren mehr als 3200 Personen beschäftigt, bis Ende 1947 war auf rund 6.200 gestiegen (freilich für alle Zentralverwaltungen, jedoch stellten die wirtschaftlichen Verwaltungen das bei weitem größte Kontingent). Zank: Wirtschaftliche Zentralverwaltungen, S. 201 ff. und S. 253 ff. Die Ebenen der Länder, Kreise, Gemeinden sowie der Betriebe und ihrer Zusammenschlüsse wiesen, wie von Jendretzky angedeutet, noch jeweils eigene Verwaltungsinstanzen für die Wirtschaft auf.

neralversammlung besteht aus je einem Vertreter der Betriebsleitung und des Verwaltungsrates der angeschlossenen Betriebe. Im übrigen finden für ihre Zusammensetzung, Aufgaben und Befugnisse die Bestimmungen über Generalversammlungen von Kapitalgesellschaften entsprechende Anwendung.

Leitung und Geschäftsführung

§ 15 Die Hauptverwaltung und die Industrieverwaltungen werden je von einem Direktorium geleitet. Die drei leitenden Direktoren der Hauptverwaltung, kaufmännische, technische und Personalleitung, werden vom Magistrat berufen. Die Direktionen der Industrieverwaltungen werden von der Hauptverwaltung ernannt.

§ 16 Neben den Direktorien der Hauptverwaltung und der Industrieverwaltungen wird je ein Verwaltungsrat gebildet. Dieser setzt sich aus den Betriebsräten und qualifizierten Kräften der enteigneten und treuhänderisch geleiteten Betriebe, den Beauftragten der Stadtverordnetenversammlung, des Magistrats und dem Freien Deutschen Gewerkschaftsbund zusammen.

§ 17 Der Verwaltungsrat hat aufsichtsführende und beratende Aufgaben. Er wird zu regelmäßigen Beratungen der Hauptverwaltungen und der Industrieverwaltungen herangezogen. Im Übrigen entsprechen seine Aufgaben und Befugnisse denen der Aufsichtsorgane bei Kapitalgesellschaften.

§ 18 Für die enteigneten und treuhänderisch geleiteten Betriebe ist die Stadtverordnetenversammlung das höchste Aufsichts- und Kontrollorgan.

§ 19 Zur Durchführung dieses Gesetzes beschließt die Stadtverordnetenversammlung Durchführungsverordnungen.

Als besonderes Beispiel, wie notwendig das Mitbestimmungsrecht der Gewerkschaften und Betriebsräte auf allen Gebieten des öffentlichen Lebens und der Wirtschaft ist, sei der Fall Siemens angeführt:

Die beiden Vorstandsmitglieder der Siemensdirektion, von Witzleben und Benkert, waren beide Wirtschaftsführer und äußerst aktive Faschisten. Von Witzleben, ehemaliger kaiserlicher Offizier, war als Konzerndirektor und Personalreferent verantwortlich für den Arbeitseinsatz der Ausländer und die politische Überwachung der Belegschaft. Seine Rolle als Chef der politischen Abwehr bei Siemens ist dokumentarisch belegt. Der Konzerndirektor und Wehrwirtschaftsführer Benkert, Freikorpskämpfer, war Mitglied der NSDAP, Inhaber der Kriegsverdienstkreuze, Vorsitzender des VDI und Beauftragter des Reichsministers für Rüstung und Produktion. Er war der Leiter des Einsatzstabes für den Wiederaufbau der Berliner Elektroindustrie. Er ist in Artikeln und Reden eindeutig als Nationalsozialist für den totalen Kriegseinsatz eingetreten. Er führte mit der SS die Verhandlungen über den Einsatz der Zwangsarbeiter, Juden und KZler. Seine schändliche Tätigkeit ist in allen Einzelheiten dokumentarisch belegt. Nach dem Sturz der faschistischen Diktatur hat die Belegschaft des Siemenswerkes die sofortige Entlassung des Kriegsverbrechers Benkert beschlossen. Aber der Personalchef v. Witzleben setzte sich bei allen entscheidenden Instanzen für Benkert ein und stellte ihn als völlig harmlos hin. So erreichte er, dass Benkert von der Zuständigen Kommandantur als Direktor bestätigt wurde. Die reaktionäre Clique der Kriegsverbrecher bei Siemens hielt zäh zusammen, sammelte ihre Kräfte und bemühte sich fieberhaft, alle Spuren der Vergangenheit zu verwischen. Sie bildete eine Schutzgarde von Lakaien um sich, entschied über Entlassungen, Einstellungen und das Aufrücken in entscheidende Positionen. Der Anschluss an die alte volksfeindliche Konzernpolitik war jetzt auch personell gewährleistet. So wurde das Siemensunternehmen zu einer neuen Bastion aller reaktionären Umtriebe in Berlin. Im Betrieb wurde mit Denunziationen und anderen heimtückischen Mitteln – unter Ausnutzung aller alten faschistischen Erfahrungen – die Entfaltung der demokratischen Kräfte gehemmt. Die Direktion wahrte die alten Traditionen des »Siemenshauses«: den gelben Werkgemeinschaftsgeist und die niedrigen Löhne.

Die Fälle Benkert und von Witzleben wurden vor der Entnazifizierungskommission Berlin-Spandau zur Verhandlung gebracht und ihre Entnazifizierung aufgrund des vorliegenden Materials abgelehnt. In einer Betriebsversammlung wurde dazu Stellung genommen. Die Betriebsräte, unter dem Vorsitz von Kollegen Jaeckel, befassten sich damit. Es wurde das Prüfungsverfahren eingeleitet, wobei die Betriebsräte, die sozialdemokratisch orientiert waren, sich gegen eine Behandlung des Falles aussprachen, bevor die Prüfungsinstanz dazu Stellung genommen hat.

Diese Stellungnahme deckt sich mit einem Schreiben der Britischen Militärregierung vom 23. September 1946, das in Abschrift beigefügt wird.

Der Magistrat der Stadt Berlin – Abteilung für Arbeit – versuchte aufgrund der geltenden Bestimmungen die im Betrieb befindlichen Nazis zum Sondereinsatz abzuziehen.

Daraufhin wurde an die Abteilung für Arbeit am 28. Oktober 1946 ein Schreiben gerichtet, in welchem die Britische Militärregierung die Beibehaltung von Witzlebens, Benkerts und Pohlmanns in den leitenden Stellungen des Siemens-Konzerns ausdrücklich festlegte.

Auch dieses Schreiben ist in der Anlage beigefügt.

Der Kampf der Gewerkschaften zur Sicherung der Demokratie wird dadurch erschwert, dass auch durch die ideologische Einstellung eines Teiles der Betriebsangehörigen, wie bei Siemens, nicht immer die entscheidenden Maßnahmen richtig verstanden werden, die notwendig sind, um das Mitbestimmungsrecht endgültig zu gewährleisten.[12]

Aus diesem Grunde hat der FDGB Groß-Berlin und insbesondere die Industriegewerkschaft Metall den Kampf um die ideologische Aufklärung über den Charakter der Konzernleitung und ihre Besetzung mit faschistischen Elementen weitergeführt, damit die Annahme des FDGB-Gesetzes zur Enteignung

---

12 Das bedeutet nichts anderes, als dass die FDGB-Führung in den genannten Siemens-Werken für ihre Programme in der Belegschaft keine Mehrheit fand. Aus der Perspektive der DDR-Historiographie unterstellte Siegfried Thomas eine Unterstützung der Konzernleitungen durch die westlichen Militärbehörden, daneben konzedierte er einen »starken Einfluß der alten Konzernideologie auf bestimmte Teile der Belegschaft«. Thomas: Entstehungsgeschichte SED, S. 101.

der Nazibetriebe nicht mehr durch die rein formale Auslegung des Begriffes Demokratie gehindert wird.[13]

Der FDGB wird auf diese Weise die demokratische Initiative der arbeitenden Bevölkerung fördern, um dadurch jeden Versuch der reaktionären Kräfte, wieder in führende Positionen zu kommen oder in diesen Positionen zu bleiben, unmöglich zu machen.

DOKUMENT 11d

# 16.–18. Dezember 1946: Bericht Entnazifizierung Britische Zone (Hansen).

**SAPMO-BArch. Akte 2. Interzonenkonferenz in Hannover vom 18.–19. Dezember 1946. Protokoll, organisatorische Vorbereitung und Durchführung. Maschinenschrift. DY 34/22792.**

Zur Entnazifizierung in der Britischen Besatzungszone.[1]

Inhalt:

I.   Allgemeiner Eindruck

II.  Gewerkschaften und Entnazifizierung

III. Dauer und Ergebnisse der Entnazifizierung

IV.  Zusammenarbeit in der Militärregierung

V.   Entnazifizierung in Sonderverwaltungen

VI.  Unberührte Landwirtschaft

VII. Sonderregelungen im Bergbau

VIII. Mängel in der Gesetzgebung

IX.  Schlussfolgerungen und Vorschläge

Zusammengestellt vom Gewerkschaftlichen Zonensekretariat für die Britische Besatzungszone. Bielefeld, Herforderstr. 45.

Vorbemerkung

Die Ergebnisse dieses Berichts sind zusammengestellt aufgrund von Informationen aus rund 100 Orten und Kreisen der Britischen Besatzungszone. Es handelt sich dabei sowohl um industrielle als ländliche Bezirke. Die Informationen stammen fast ausschließlich von Gewerkschaftskollegen, die in den Entnazifizierungsausschüssen tätig sind. Obwohl wir nicht alle Orte der Britischen Zone erfassen konnten, reichen die Informationsquellen aus, um daraus Schlussfolgerungen allgemeiner Natur ziehen zu können. Allerdings müssen wir auf eine Schwierigkeit hinweisen, die in den verschiedensten Berichten zum Ausdruck gekommen ist: Den Mitgliedern der Entnazifizierungsausschüsse wurde von Seiten der Militärregierung ein Schweigegebot für ihre

---

13 Damit macht Jendretzky deutlich, dass in seinem Verständnis von Demokratie das Mehrheitsprinzip nicht konstituierend war. Er folgte den zeitgenössischen SED-Maximen. Vgl. Müller: Nachkriegsdeutschland. Grundsätzlich: Müller: Kommunismus.

 1 Vgl. als Übersicht Vollnhals: Entnazifizierung.

Arbeit auferlegt. So mussten die Antworten sich im allgemeinen Rahmen halten.

## I. Allgemeiner Eindruck

1.) Der allgemeine Eindruck, den man aus den Berichten bekommt, ist, dass die Entnazifizierungsausschüsse wirklich bestrebt waren, sorgfältige Arbeit zu leisten und ihr Bestes taten, um ihrer Aufgabe gerecht zu werden. Dieses trifft vor allen Dingen für die Hauptausschüsse auf der örtlichen bzw. kreislichen Basis zu.

2.) Fast überall kommt zum Ausdruck, dass eine gute Zusammenarbeit der Ausschüsse mit den zuständigen Stellen der britischen Militärregierung vorhanden ist. Man hat den Eindruck eines gegenseitigen Bemühens, die Entnazifizierung zu einem befriedigenden Abschluss zu bringen. Die Tendenz der Militärregierung, die Entnazifizierung wirklich voranzutreiben, kommt zum Ausdruck in Urteilen wie z. B. dem folgenden:

»Nur in 11 Fällen ist die britische Dienststelle von der Beurteilung des Hauptausschusses abgewichen – und zwar zu Ungunsten der Überprüften.«

## II. Gewerkschaften und Entnazifizierung

Die Hinzuziehung der Gewerkschaften und der Betriebsräte zu der Arbeit der Entnazifizierungsausschüsse scheint im Allgemeinen befriedigend gelöst zu sein. Allerdings gibt es immer noch Ausnahmen und zwar vor allem in den mehr ländlichen Bezirken, wo die Reaktion noch am stärksten ist. Wir hören z. B. folgenden Alarm-Ruf aus Bassum (Grafschaft Hoya):

»In unserem Kreisgebiet, Landkreis Grafschaft Hoya, ist die ganze Entnazifizierung zu einer elenden, lächerlichen Farce herabgedrückt worden. Die treibende Kraft dieser Situation ist unser Landrat, gleichzeitig stellvertretender Ministerpräsident des Landes Niedersachsens und Präsident der FDP Herr Heile. Seine ganze Einstellung erhellt aus seinen eigenen Worten: »Wir können unmöglich alle führenden Nazis aus den leitenden Stellungen entfernen, sonst bekommen wir untragbare Elemente hinein. Wir müssen sie zu gewinnen versuchen!

Landrat Heile hatte im Sommer einen Denazifizierungshauptausschuss vorgeschlagen, wovon die Hälfte ehemalige Pgs. oder SA-Männer waren. Auf meinen Sturmlauf erfolgten eine Umbildung und auch die Hinzunahme von 3 Gewerkschaftsvertretern. Jetzt in diesen Tagen erfolgte eine Neubildung des Denazifizierungshauptausschusses, natürlich, wie nicht anders zu erwarten, ohne Vertreter der Gewerkschaften. Nun sind die Herren unter sich, ganz wie sie sich es wünschen. Ob mein Sturmlauf bei der örtlichen Militärregierung, die Landrat Heile vielfach stützt, Erfolg haben wird, möchte ich bezweifeln.«

Ähnliche Beschwerden kommen allerdings auch aus anderen ländlichen Kreisen:

Steinhude am Meer

»Bei der Entnazifizierung sind in unserem Bereich keine Gewerkschaftsvertreter zur Mitarbeit herangezogen«.

Lehrte

»Die im Mai 1946 errichtete Entnazifizierungskammer wurde durch Schreiben der Militärregierung vom 15. August 1946 aufgelöst. Bei der jetzt neu errichteten Entnazifizierungskammer sind die Gewerkschaften nicht beteiligt. Auf unsere Eingabe vom 20. Oktober 1946 haben wir bis heute keine Antwort erhalten.«

In dem angeführten Schreiben der Militärregierung heißt es:

»5. Es wird keine besondere Vertretung des Gewerkschaftsbundes in der neu zu bildenden Kammer geben; sie können aber eine Person einschließen, die sowohl ihre eigene Partei wie auch die Interessen des Gewerkschaftsbundes vertreten kann.«

Für die ausgeschlossenen Gewerkschafter sind zwei Arbeitgeber als so genannte »Unpolitische« in den Ausschuss hinein genommen.

Burgdorf

»Die Gewerkschaftskollegen sind offiziell im Ausschuss nicht vertreten. Es sind nur die Parteien mit je 2 Mitgliedern und 2 Unabhängige in der Kammer. Die Ausschüsse sind kleiner, aber fast genau so zusammengesetzt. Vor den Wahlen zur Gemeindevertretung waren auch hier Kollegen in der Kammer sowie in den Ausschüssen tätig. Dann wurde die Kammer aufgelöst, neugebildet, die Ausschüsse neu besetzt, aber ohne Gewerkschafter.«

Osterode/Harz

»Der im Kreis Osterode bestehende Ausschuss, und besonders dessen Vorsitzender, war von den Gewerkschaften nicht anerkannt worden. Aufgrund der Anordnung Nr. 38 des Alliierten Kontrollrates und der Beschwerden, die gegen den bisherigen Ausschuss eingegangen waren, wurde dieser aufgelöst und wird z. Zt. ein neuer gebildet. In dem Ausschuss, der aus Mitgliedern bestehen soll, ist allerdings nur ein Gewerkschafter vertreten.«

Haltern

»Zunächst muss ich feststellen, dass die Gewerkschaften nicht an der Entnazifizierung hier beteiligt sind. In den meisten Fällen sind die Mitglieder der betrieblichen Entnazifizierungskommission vom Arbeitgeber benannt worden.«

Aber auch in größeren Industrieorten wie z. B. Duisburg ist von der Militärregierung gefordert worden, dass die Betriebsräte nicht an der Entnazifizierung beteiligt sein dürfen. In dem Bericht unserer Duisburger Kollegen heißt es:

Duisburg

»Hier, wohl wie auch andernorts, ist in den Entnazifizierungsausschüssen der Betriebe ausdrücklich verlangt worden, dass Betriebsräte nicht mit tätig sein dürfen. Da die Betriebsräte meistens die geistig regsamsten Belegschaftsmitglieder repräsentieren, beweist diese Maßnahme, dass man versucht, den aktiven Teil der Belegschaft von der Entnazifizierung fernzuhalten. Die Entnazifizierung ist auch in diesem Fall von vornherein zum Misserfolg verurteilt, weil die Vertreter der Belegschaft in dem betrieblichen Unterausschuss nicht den gesetzlichen Schutz gegen betriebliche Maßnahmen haben, worüber die Betriebsräte verfügen.«

Ein anderer Mangel kommt in dem Bericht unserer Gelsenkirchener Kollegen zum Ausdruck.

Er bezieht sich auf die Zusammensetzung der betrieblichen Ausschüsse und darauf, dass den beteiligten Arbeitnehmern keinerlei Schutz gewährt wird:

Gelsenkirchen

»Die Bereinigung in den leitenden Verwaltungsstellen der Industrie muss als negativ betrachtet werden. Dieses findet 1. seine Ursache darin, dass die Zusammensetzungen der Unterausschüsse in den einzelnen Betrieben falsch waren. Laut Verordnung mussten die Unterausschüsse aus einem Vertreter der oberen Verwaltung, einem Angestellten und einem Arbeiter zusammengesetzt sein. Dadurch ergab sich, dass in vielen Untersuchungsausschüssen der Direktor selbst mit in den Untersuchungsausschuss kam. Da Angestellte und Arbeiter aber, aus Angst bei Beendigung der Entnazifizierung ihre Stellung zu verlieren, befangen waren und somit, falls es sich nicht um ganz krasse Fälle handelte oder um unliebsame Angestellte, die zu Beurteilenden als politisch tragbar beschrieben.«

Der mangelnde Schutz, der den Mitgliedern der betrieblichen Ausschüsse gewährt wird, kommt in einer Reihe von Berichten zum Ausdruck.

III. Dauer und Ergebnisse der Entnazifizierung

Trotz des ernsthaften Bemühens der großen Mehrzahl der Entnazifizierungsausschüsse und der Militärregierung kommt in fast allen Berichten irgendwie zum Ausdruck, dass die bisherigen Ergebnisse unbefriedigend sind.

Die einmütige Auffassung geht auch dahin, dass die ganze Entnazifizierungsaktion möglichst bald zum Abschluss gebracht werden müsste, da die fortlaufende Beunruhigung des öffentlichen Lebens, die durch die Entnazifizierung geschaffen wird, auf die Dauer für das gesamte Wirtschaftsleben und für eine vernünftige Wiederaufbauarbeit unerträglich ist. Die Urteile über die mögliche zeitliche Dauer der Entnazifizierung zeigen folgendes Bild:

Rinteln

»Die Entnazifizierung wird erst innerhalb eines Jahres abgeschlossen sein, wenn im bisherigen Tempo weitergearbeitet wird. Von 5.300 Fällen sind 1.106 bearbeitet.«

Gelsenkirchen

»Nicht einmal die Stadtverwaltung ist bis jetzt restlos überprüft worden. Den Berufungsausschüssen liegen etwa 300 Anträge vor. Etwa 8 Anträge werden pro Woche erledigt. Wenn im bisherigen Tempo weitergearbeitet wird, zieht sich die Arbeit noch über ein Dreivierteljahr hin.«

Goslar

»Wie lange die Überprüfungen andauern, ist nicht einmal schätzungsweise anzugeben, da aufgrund der Verordnungen die gesamten Überprüfungen dreimal durchgeführt werden müssen.«

Kreis Holzminden

»Im Allgemeinen ist die Entnazifizierung in diesem Kreis sehr gut vorangegangen. Wir haben 5.000 Fälle bearbeitet. Bei einer Zugrundelegung von 15–20.000 Fällen würde immerhin noch eine Zeit von 2 Jahren benötigt werden, um das Entnazifizierungsverfahren unter der Berücksichtigung der augenblicklichen Bestimmungen zum Abschluss zu bringen.«

Hildesheim

»Wir sind nicht gewillt, der allgemeinen Meinung beizutreten, die mit folgendem Ausspruch zum Ausdruck gebracht wird: ›Vom tausendjährigen Reich Adolf Hitlers blieben 12 Jahre Regierung und 988 Jahre Entnazifizierung.‹ Uns will jedoch scheinen, dass die Entnazifizierung bei diesem Schneckentempo noch mindestens 1–2 Jahre in Anspruch nehmen wird.«

Köln

»Bei Fortsetzung der Entnazifizierung im augenblicklichen Tempo würden 15–20 Jahre notwendig sein, um die Bereinigung durchzuführen.«

Stadthagen

»Die Entnazifizierung ist noch lange nicht abgeschlossen weil zu viele Berufungen vorliegen. Die Berufungsausschüsse haben ihre Arbeit noch nicht einmal begonnen.«

Paderborn

»In unserem Kreis, der 20–25.000 Fälle zu bearbeiten hat, sind ca. 1.800 erledigt. Es können bei gewissenhafter Prüfung durchschnittlich nur 100 Fälle in der Woche erledigt werden. Bei verantwortungsbewusstem Handeln müssen noch mit 4–5 Jahren Entnazifizierung gerechnet werden.«

Mörs

»Die Entnazifizierung ist zu 30 Prozent abgeschlossen. Im jetzigen Tempo könnte die Arbeit der Ausschüsse bis frühestens September 1947 abgeschlossen sein.«

Wolfsburg

»Die Entnazifizierung kann in 4 bis 5 Monaten als abgeschlossen betrachtet werden.«

Emden

»Schätzungsweise ist die Hälfte der zu behandelnden Fälle bearbeitet worden. Bei dem jetzigen Arbeitstempo würden noch 5–8 Monate benötigt.«

Lüdenscheid

»Im Lüdenscheider Stadtkreis sind etwa 8–9.000 Fälle zu überprüfen, von denen die leichteren Fälle etwa 25–30 Prozent erledigt sind.«

Duderstadt

»Nach uns gegebenen Informationen sind zwei Drittel der dafür infrage kommenden Personen bisher entnazifiziert. In 5–6 Monaten werden die Arbeiten des Hauptausschusses abgeschlossen sein.«

Hameln

»Bisher sind 3.500 Fälle bearbeitet, das ist etwa die Hälfte der zu Überprüfenden.«

Peine

»Nach einer Schätzung im Frühjahr rechneten wir mit insgesamt 12–15.000 Fällen. Davon sind bisher insgesamt ein Drittel bearbeitet.«

Mülheim/Ruhr

»Wenn in dem bisherigen Tempo weitergearbeitet wird, muss damit gerechnet werden, dass die ganze Angelegenheit mindestens noch 3 Jahre in Anspruch nehmen wird.«

Wanne-Eickel

»Bisher wurden 35–40 Prozent der in Frage kommenden Personen erfasst. Bei einer genügenden Belieferung mit Fragebogen hofft der Hauptausschuss, seine Arbeiten bis Ende 1947 beendet zu haben.«

Bremen

»Wir schätzen, dass die Arbeit vielleicht noch eineinhalb Jahre dauern wird.«

Gütersloh

»Bei dem bisherigen Tempo wird, ohne Übertreibung, die Entnazifizierung in 30 Jahren beendet sein.«

Jülich

»Bis zum 13. September sind etwa 2.000 Fälle behandelt, die aber zu 98 Prozent gemäß Verordnung Nr. 38 erneut zur Verhandlung gestellt werden und zwar auf Anordnung der Militärregierung.«

Wesermünde

»Nach den neuen Veröffentlichungen darf man wohl annehmen, dass die wirkliche Bereinigung ein bis eineinhalb Jahre dauern dürfte, wenn sie restlos durchgeführt werden soll.«

Verden

»Wenn die Arbeit der Ausschüsse in der bisherigen Form weitergeführt wird, dürften wir in 2 Jahren die Wirtschaft von Aktivisten bereinigt haben.«

Lemgo

»Der Kreis Lemgo hat 120.000 Einwohner. Nach grober Schätzung dürften etwa 20.000 von der Entnazifizierung betroffen werden. Der Kreisausschuss Lemgo hat in der Zeit seiner siebenmonatigen Tätigkeit rund 2.500 Fälle entschieden. Wird in dem bisherigen Tempo weitergearbeitet, dürfte die Entnazifizierung etwa 5 Jahre dauern.«

Oldenburg

»Nach der Verordnung Nr. 24 sind in der Zeit vom 22. April–November 1946 etwa 4.000 Fälle überprüft. Da die Kommissionen etwa 10–12.000 Fälle zur

Überprüfung haben, dürfte die endgültige Erledigung noch 10–12 Monate dauern. Voraussetzung ist allerdings, dass nicht durch neue Anordnungen der Militärregierung Verzögerungen entstehen.«

In den übrigen Berichten schwankt die für die Entnazifizierung noch vorgesehene Zeit von 3 Monaten bis zu einem Jahr. Es wäre also dringend erforderlich, das Tempo zu beschleunigen, denn wir halten es nicht für zweckmäßig, dass die Arbeit der Ausschüsse noch über das Frühjahr oder Sommer 1947 hinaus fortgesetzt wird. Wie die Arbeit in einer Reihe von Orten beweist, liegt eine solche Terminstellung durchaus im Bereich des Möglichen. Es hängt im Ganzen sehr wahrscheinlich davon ab, wieweit die britische Militärregierung in Zusammenarbeit mit den Gewerkschaften und den politischen Parteien eventuell sabotierende Kreise ausschaltet.

Doch mehr als die zeitliche Verzögerung spielt in den meisten Berichten die Sorge eine Rolle, dass die ganze Entnazifizierung (EN) nicht dazu führt, die wirklichen Aktivisten aus allen verantwortlichen Stellen im öffentlichen Leben auszuschalten. Die Kollegen sind realistisch genug, sich gegen die ewig wiederkehrenden Phrasen zu wenden: Die Kleinen hängt man, die Großen lässt man laufen! Es wird immer wieder zum Ausdruck gebracht, dass dies politische Propaganda ist, bedingt durch die Popularitätshascherei gewisser politischer Gruppen. Die Kollegen warnen vor der Verwirrung, die durch diese oberflächliche Propaganda angestiftet wird.

In einer Reihe von Berichten wird gesagt, dass es durch die energische Arbeit der Ausschüsse gelungen ist, auch die leitenden Stellen von belasteten Nazis zu bereinigen. Aber je mehr man sich mit der Materie beschäftigt, desto deutlicher wird es, dass das gewaltige Unrecht und die Verantwortung für das 3. Reich nicht mit Paragraphen, nicht durch Ausschüsse und nicht durch die Erfassung der Mitschuld in Fragebogen bereinigt werden kann. Die Zahl der Schuldigen, die auch heute noch in verantwortlichen Stellen sitzen oder die gesellschaftliche oder sonstige Querverbindungen zu einflussreichen Kreisen in Industrie und Verwaltung und auch zur Militärregierung haben, ist ungeheuer groß. Mit dem Zusammenbruch des 3. Reiches ist die gesellschaftliche Machtposition der Besitzenden nicht zusammengebrochen. Es hat leider in Deutschland beim Zusammenbruch keine spontane Aktion gegeben, die eine zwar grobe, aber einzig wirksame Abrechnung mit den verantwortlichen Kräften des 3. Reiches mit sich gebracht hatte. Weil dies nicht geschehen ist, werden heute auch die besten Gesetze und die größten Anstrengungen von verantwortungsbewussten Demokraten, die in den Entnazifizierungsausschüssen arbeiten, nur einen begrenzten Erfolg haben. Es entsteht immer mehr das Gefühl, dass man gegen eine Mauer rennt. Daraus resultiert auch ein gewisses Gefühl von Hoffnungslosigkeit, das sich mehr und mehr bei den beteiligten Kreisen durchzusetzen scheint.

In einer Reihe von Berichten kommt plastisch zum Ausdruck, wie weit die Verfilzung der gesellschaftlichen Organe geht und wie wirtschaftlich Bessergestellte auch heute noch die Möglichkeit haben, sich bei der Entnazifizierung durchzuschlängeln.

134

Remscheid

»Seit längeren Monaten ist die Entnazifizierung in Remscheid im Gange, über die Art und die Auswirkung ließe sich vieles, aber wenig Erfreuliches berichten. Im Endeffekt kommt bei der ganzen Geschichte nichts heraus.

In den Hauptausschüssen wird das entsprechende belastende Material zusammengetragen und dann geurteilt. In den allermeisten Fällen entspricht dieses Urteil dem gesunden Empfinden. Auch die Militärregierung schließt sich in der Regel dem Urteil an oder aber verschärft den Spruch. Dann erfolgt die Entlassung der Betreffenden. Jetzt beginnt das Drama. Handelt es sich um leitende Leute, wird alles in Bewegung gesetzt, um entlastendes Material zu bekommen. Bei der Position und den Verbindungen, über die sie verfügen, gelingt es ihnen in einer für sie besten Art. Dann wird beim Spruchausschuss Einspruch erhoben. Dort erscheinen also fast nur entlastendes Material und die entsprechenden Zeugen. Resultat ist dann: Zurücknahme des Urteils des Hauptausschusses. Handelt es sich bei diesem Verfahren um Betriebsinhaber und -leiter, so finden sich immer liebe Arbeiter aus dem Betrieb, die alles Gute für ihre Herren aussagen. Leider recht selten ist ein mannhaftes Einstehen gegen den Entnazifizierten. Die in unserem Sinne tätigen Besitzer des Spruchausschusses können sich sehr oft der Flut der Entlastungen nicht erwehren, und so kommen dann die Freisprüche zustande.«

Gelsenkirchen

»In den leitenden Verwaltungsstellen der Industrie ist die Bereinigung höchstens zu 20 Prozent gelungen. Die Vertreter der Industrie im Entnazifizierungsausschuss verteidigen stark ihre Schützlinge. Es ist auch festgestellt worden, dass von Seiten der Industrie- und Handelskammer ein Wechsel ihrer Besitzer vorgenommen wurde, wenn ein bestimmtes Werk zur Entnazifizierung stand. In Verwaltungen versucht man die höheren Angestellten mit dem Argument zu halten, sie seien unentbehrlich.«

Düsseldorf

»Hinderlich ist bei der Entnazifizierung, insbesondere von leitenden Personen, Leumundszeugnisse und Entlastungsmaterial, was selbst durch die Kommission beigegeben wird.

Wir können immer wieder die Beobachtung machen, dass Funktionäre aller politischen Parteien, außerdem aber auch kirchliche Kreise Leumundszeugnisse für NSDAP-Mitglieder ausstellen, die über den Rahmen eines nominellen Mitgliedes hinaus auch Tätigkeiten als Block- und Zellenleiter ausgeübt hatten.

Mit dem Gang der Entnazifizierung sind wir absolut nicht zufrieden, die Beschwerden aus den Kollegenkreisen innerhalb der Firmen und Behörden häufen sich, so dass es immer noch nicht gelingt, belastete Nazis, insbesondere solche, die auch heute noch in leitenden Stellungen tätig sind, zu entfernen. So führen wir seit Monaten schon einen Kampf um die Entnazifizierung innerhalb der Mannesmann-Röhren-Werke. Es war uns z. Zt. gelungen, im Verein mit der Manpower Division besonders die Hauptverwaltung von aktiven

Pgs. zu reinigen. Durch Intervention des General-Direktors Bungeroth von der Hauptverwaltung dieser Werke war es demselben gelungen, alle belasteten Pgs. wieder hereinzuholen, trotzdem sie innerhalb der Partei und ihren Gliederungen zum Teil einflussreiche und maßgebliche Stellungen innehatten. Wir hatten uns schon Beschwerde führend an den Zivil-Gouverneur Mr. Asbury gewandt, jedoch ist diese Aktion im Sande verlaufen. Zur Zeit haben wir einen neuen Vorstoß in dieser Richtung bei dem hiesigen Stadtkommandanten, Oberst Barker, eingeleitet. Derartige Fälle sind aber nicht vereinzelt, so befindet sich z. B. bei der Wicking'schen Bau- und Holzbedarf A.G. immer noch ein Direktor Döring, der noch im Januar 1945 Reichsschatzanweisungen in Höhe von 50.000,- zeichnete, der weiterhin ebenfalls im Januar 1945 noch durch Bekanntmachung die Belegschaft aufforderte, bis zum äußersten durchzuhalten und nicht am Endsieg des Führers Adolf Hitler zu zweifeln. Döring hatte auch in einer Bekanntmachung an seine Belegschaft nach der Judenpogromnacht das Verständnis für diese Grausamkeiten ausdrücklich anerkannt. Auch mit diesem Fall haben wir die Militärregierung beschäftigt, jedoch ohne Erfolg.«

Burgdorf

»Auf dem Werke, wo ich beschäftigt bin, wurden 4 Angestellte von den Engländern bedingt entlassen. Vom Entnazifizierungsausschuss ebenfalls. Es sind nun schon aber wieder einige Monate vergangen, sie haben aber immer noch ihre alten Posten inne. Zwei führende Angestellte (beides Oberingenieure) wollten wir mit aller Gewalt loswerden, da sie langjährige Mitglieder der NSDAP waren und sich auch sehr unliebsam während der letzten Jahre aufgeführt haben. Sie sitzen beide noch in ihren führenden Positionen drin, und die kleinen Anhänger setzt man auf die Straße, hoffentlich gibt es hier bald eine Wandlung, sonst ist unsere ganze Arbeit vergebens.«

Emden

»Die Reinigung der leitenden Stellen ist zum Teil durchgeführt worden. Da die Stellungnahmen des Ausschusses der Militärregierung zugeleitet werden und diese die endgültigen Entscheide trifft, hat der Ausschuss auf die Entlassungen keinen Einfluss. Teilweise sind führende Persönlichkeiten, trotzdem diese von dem örtlichen Ausschuss abgelehnt wurden, noch in ihren Stellungen tätig. Bei den kleinen Leuten ist dieses nicht der Fall.«

Hannoversch-Münden

»Die Betroffenen bzw. Entnazifizierten halten unter sich engen Kontakt, haben unter den jetzt bestehenden Parteien noch alte und gute Beziehungen und werden meist nicht zur Arbeit herangezogen, da sie entweder ärztliche Atteste besitzen oder auf dunklen Wegen erworbene Beschäftigungsnachweise. Außerdem warten sie auf Revanche in kurzer Zeit.«

Peine

»Zur Frage, Bereinigung der leitenden Stellen in Industrie und Verwaltungen, möchte ich nur einen Fall schildern, der durchaus keine Einzelerscheinung ist. Der hiesige Leiter des Ernährungsamtes Dr. Bender war Mitglied der

NSDAP seit 1. Mai 1933, der SA seit 1933. Er war dort nach seinen eigenen Angaben Oberscharführer. Jetzt gibt er in seinem Fragebogen Scharführer an und behauptet seinerzeit die falsche Angabe gemacht zu haben, da er sonst eventuell noch ins KZ gekommen wäre (eine lächerliche Ausrede). Es sind zunächst Deutsche, die sich schützend vor diese Leute stellen. Leider ist es auch hier so, dass der wirtschaftlich Schwache wenig Entlastungszeugnisse beibringen kann, während der wirtschaftlich Starke aus allen Schichten der Bevölkerung Entlastungszeugen findet. Es gibt Fälle, wo Offiziere der Besatzungsmacht sich schützend vor Nazis stellen, sobald man aber genügend Mut besitzt, dagegen anzugehen, geben sie es auf. Also noch einmal, nach meiner Auffassung sind es Deutsche, die dafür verantwortlich sind, dass die kleinen Pgs. gehängt und die großen geschützt werden.«

Hildesheim

»Erfahrungsgemäß können wir Euch weiterhin mitteilen, dass die Pgs., die am meisten Verbindungen haben, sich am leichtesten durch das Entnazifizierungsverfahren durchschleusen können. Die kleineren Leute haben diese Möglichkeit nicht und sind deshalb den Bestimmungen der Verordnung am meisten unterlegen. Die zuständigen englischen Dienststellen geben sich sowohl den Anschein einer außerordentlichen Korrektheit. Da sie jedoch in den wenigsten Fällen die Zusammenhänge kennen, sind sie aber bereit, auf das ›billige‹ beigebrachte Entlastungsmaterial einzugehen.

Nicht alle Entnazifizierungsausschüsse zeigen eine Besetzung, wie sie für ein korrektes Verfahren notwendig ist.

Ein Beispiel: Der Berufungsausschuss in Hildesheim, der bislang 5 Mitglieder hatte, die gute und korrekte Arbeit leisteten, wurde umbesetzt, indem man die nach Alfeld liegenden Fälle nach Einbeck überwies und so erreichte, dass die aus dem Kreis Alfeld stammenden Mitglieder des Berufungsausschusses ausscheiden mussten. Beide Mitglieder sind dadurch aus der Arbeit genommen, ohne in Einbeck eingesetzt zu werden. Wir haben den dringenden Verdacht, dass dieses ›Spiel‹ vorgenommen wurde, um die beiden missliebigen linksgerichteten Mitglieder zu beseitigen.

Nach unserem Dafürhalten kann eine wirklich gute und verantwortungsbewusste Entnazifizierung nur geleistet werden, wenn die Ausschüsse von Mitgliedern der Partei und den Gewerkschaften zusammengesetzt werden und die Gewerkschaften erheblichen Anteil an der Besetzung haben. Auch hier ein Beispiel:

Der Hauptausschuss soll neu zusammengesetzt werden mit folgender Besetzung:
2 Mitglieder der CDU
2 Mitglieder der SPD
1 Mitglied der NLP[2]
1 Mitglied der KPD
1 Mitglied des Zentrum

---

2 Niedersächsische Landespartei, vgl. Schmollinger: Die Deutsche Partei, in: Stöss: Parteien-Handbuch.

1 Mitglied der Gewerkschaft
1 Mitglied der Industrie- und Handelskammer
1 Mitglied der Handwerkskammer.

Dabei ergibt sich, dass mit der Ausnahme der beiden SPD-Mitglieder und eines Gewerkschafters und des einen Kommunisten 6 dem Bürgertum zugetane Mitglieder vorhanden sind, die selbstverständlich in der Lage bleiben, in jedem Fall die Überstimmung vorzunehmen. – Ähnlich liegt es beim Berufungsausschuss.«

Bottrop

»Von der Industriegruppe Bau wird uns berichtet, dass zwei ehemalige Entnazifizierte der Rheinischen Stahlwerke, Leineweber und Eckstein, jetzt in Privat bei der Baufirma Ernst Bremer beschäftigt werden. Ebenfalls wird ein Entnazifizierter mit Namen Karl Stietz, früher Finanzamt, jetzt bei der Firma Oppenberg beschäftigt. Obwohl der Industrieverband Bau bereits am 30. August 1946 beim Arbeitsamt Bottrop eine diesbezüglich Eingabe gemacht hat, werden diese Leute weiterhin als Aufsichtspersonen beschäftigt und ist auch noch nichts unternommen worden.«

Noch schlechter als in diesen aus meist mehr industriellen Gebieten genommenen Beispielen macht sich dieser Umstand in einem Bezirk bemerkbar, in dem vor 1933 die Nazis ihre so genannte Durchbruchsschlacht geschlagen haben: Wir meinen das Land Lippe mit seinem mehr ländlichen Charakter. Aus einem Bericht, der aus diesem Bezirk stammt, entnehmen wir Folgendes:

Salzuflen

»Der Kreisausschuss hat sein Bestes getan, die Verwaltung und Wirtschaft von untragbaren Nazi-Elementen zu säubern. Zu welchen Ergebnissen er gekommen ist, soll an Hand von einigen Beispielen dargelegt werden.

Der örtliche Fachausschuss Bad Salzuflen hat bis Mitte Juli 1946 insgesamt 345 Fälle bearbeitet. Für die Stadtverwaltung ergibt sich folgendes Bild:

20 Fälle überprüft, davon abgelehnt 11 Fälle, befürwortet 9. Durch die Militärregierung wurden 5 Amtsentfernungen ausgesprochen, also 50 Prozent der geforderten Fälle. Keiner dieser Fälle betraf einen führenden Posten. Alle 5 Betroffenen waren Angestellte ohne besonderen Verantwortungsbereich.

Für Hoffmanns Stärkefabriken A.G., einem Industrieunternehmen mit ca. 600 Mann Belegschaft ergab sich folgendes Bild:

15 bearbeitete Fälle betrafen ausschließlich leitende Angestellte. 11 Fälle wurden abgelehnt, 4 befürwortet. Von der Militärregierung wurde nur eine Entlassung ausgesprochen, also nur 10 Prozent der zur Entlassung vorgeschlagenen Personen.

Für Ärzte, Zahnärzte und Dentisten ergab sich folgendes Bild:

9 Fälle bearbeitet, 5 abgelehnt, 4 befürwortet. Von der Militärregierung wurde keine Entlassung ausgesprochen, also 0 Prozent der zur Entfernung vorgeschlagenen Personen.

Die einzelnen Fachausschüsse in Bad Salzuflen haben seit Mitte Juli 1946 insgesamt 281 Fälle bearbeitet, 31 Personen wurden als belastet beurteilt, 16 Personen erhielten die Beurteilung eines Minderbelasteten. In keinem einzigen Fall ist von der Militärregierung eine Entlassung ausgesprochen worden.

Soweit das Bild, wie es sich aus der Statistik ergibt. Noch betrüblicher sieht es aus, wenn man die Praxis betrachtet. Die Ausführungsbestimmungen schreiben vor, dass alle von der Militärregierung Entfernten ihre Arbeitsstellen unmittelbar zu verlassen oder ihre Geschäfte sofort zu schließen haben. In der Wirtschaft hat sich das so ausgewirkt, dass alle Leute sofort nach Erhalt des Bescheides nach der Kreiskommandantur gegangen sind und dort die Erlaubnis erhalten haben, ihre Geschäfte bis auf Weiteres weiterzuführen. So wurden zum Beispiel in Schötmar 17 Geschäftsschließungen verfügt, aber nicht einer der Geschäftsleute hat seinen Laden geschlossen. In der Verwaltung wurden durchweg nur die kleinen Angestellten von der Entnazifizierung betroffen. Für leitende Angestellte haben sich über ihre Befugnisse hinaus andere leitende Persönlichkeiten, die aufgrund ihrer politischen Vergangenheit in ihren Ämtern belassen wurden oder gar erst eingesetzt wurden, mit Erfolg bei der Militärregierung eingesetzt, indem sie auf ihre Unentbehrlichkeit als Fachkraft hinwiesen. In diesem Zusammenhang muss auch auf die Berufungsausschüsse hingewiesen werden, die 60 von 100 Personen, deren Entlassung von der Militärregierung angeordnet wurde, wieder zu Ehren zu bringen.

Alles in allem ist der praktische Erfolg der Entnazifizierung im Lande Lippe bis auf den heutigen Tag gleich null.

Erfassung kaltgestellter Nazis durch das Arbeitsamt

Das Arbeitsamt Schötmar hat kaum einen der kaltgestellten Nazis dem Arbeitseinsatz zugeführt. Nicht selten wurden sie sogar zur Dienstleistung bei der Militärregierung verpflichtet. Andere Nazis wurden aufgrund einer ärztlichen Bescheinigung von jeglicher Arbeit befreit und laufen seit Monaten beschäftigungslos herum. Sie leben von ihren ersparten Geldern. Das Arbeitsamt führt die von dem Kreisausschuss geleistete Arbeit keineswegs konsequent weiter.

Verhalten der Verwaltungsbehörden gegenüber Ausschüssen

Den Verwaltungsbehörden ist bekannt, dass die Kreisausschüsse völlig unabhängig sind und selbständig arbeiten. Trotzdem ist sowohl in Brake wie in Salzuflen versucht worden, sich selbstherrlich in Entnazifizierungsangelegenheiten einzumischen. Nicht allein, dass Einsicht in die Akten genommen wurde, es wurde auch über die Ausschüsse hinweg direkt mit der Militärregierung verhandelt und Ergebnisse vorweggenommen oder abgeändert, die den Beschlüssen der Kreisausschüsse zuwiderliefen. Zwar hat diese Aktivität in etwa nachgelassen. Es ist aber noch keine Gewähr gegeben, dass die Verwaltungsbehörden in dieser Hinsicht ihren Kompetenzbereich nicht überschreiten. Es muss mit Bedauern festgestellt werden, dass auch heute noch leitende Persönlichkeiten mit Hilfe von Brancheoffizieren der Militärregierung unablässig und immer wieder versuchen, ausgebootete Nazis wieder in ihre

139

früheren Ämter zu bringen, während sie grundsätzlich politisch zuverlässige Personen wegen mangelnder Fachkenntnisse ablehnen. Es liegt so etwas wie Systematik darin, die Posten, die besetzt werden müssen, nicht zu besetzen. Sie lassen die grundsätzliche Vorschrift, dass politisch einwandfreie Personen mit weniger gutem Fachwissen in jedem Fall politisch unzuverlässigen Fachkräften vorzuziehen sind, bewusst außer Acht, so dass Grund besteht, ihr Verhalten als Sabotage anzusehen. Es ist deshalb nicht verwunderlich, dass noch heute alle führenden Positionen von politisch unzuverlässigen Elementen besetzt sind. In keinem Fall ist ein erklärter Antifaschist in einer leitenden Stellung zu finden. Auch die überwachende Tätigkeit der Betriebsräte wird eher gehindert als gefördert.«

IV. Zusammenarbeit mit der Militärregierung

Obwohl, wie wir schon einmal sagten, im großen und ganzen die Zusammenarbeit der Entnazifizierungsausschüsse mit der Militärregierung durchaus zufrieden stellend ist, gibt es eine Reihe von unteren Militärinstanzen, die offenbar einen bremsenden Einfluss ausüben. Dafür die folgenden Beispiele:

Rheydt

»Die Schwierigkeiten in der Entnazifizierung von leitenden Funktionen sind unserem Anschein nach größtenteils darauf zurückzuführen, dass es den Anschein erweckt, als wenn seitens der Industrieoffiziere der Gedanke vorherrscht, dass es wichtiger ist, diese leitenden Funktionen in ihrer bisherigen Zusammensetzung zum Wiederingangbringen der Wirtschaft zu belassen, als die Bestrafung der Schuldigen laut Entnazifizierungsvorschriften durchzuführen. Es ist tatsächlich festzustellen, dass bei der Reinigung der leitenden Stellen in Industrie und Wirtschaft sowie Verwaltung um einen Belasteten mehr Lärm entsteht, als bei 10 so genannten kleinen Leuten.«

Lebenstedt

»Bei allen Besprechungen mit zuständigen Herren der Militärregierung habe ich darauf aufmerksam gemacht, dass nach erfolgter Überprüfung durch die Ausschüsse die endgültige Entscheidung der Militärregierung seit Monaten aussteht. Bei über 300 Überprüfungen, die den zuständigen Stellen der Militärregierung zugeleitet wurden, liegt bisher noch in keinem Falle die Entscheidung der Militärregierung vor. Dadurch wird das Ansehen der Entnazifizierungsausschüsse in der breitesten Öffentlichkeit in Misskredit gebracht, da allgemein die Bevölkerung zu der Auffassung kommen muss, die Entnazifizierungsausschüsse nicht arbeiten und belastete Pgs. dadurch in ihren Stellungen oder in ihren Betrieben verbleiben.«

Werdohl

»Von allen überprüften Personen sind bis zum heutigen Tage erst einige Stellungnahmen von Seiten der Militärregierung in Arnsberg erfolgt.«

Einbeck

»Es ist bedauerlich, dass die von den Hauptausschüssen eingereichten Urteile zum großen Teil von der Militärregierung nicht bestätigt sind. So sind heute noch Vorschläge, die im April vorgelegt sind, nicht erledigt. Auch muss man eine ungleichmäßige Behandlung verschiedener Fälle feststellen. So sind sehr oft Abweichungen von den Vorschlägen des Hauptausschusses von der Militärregierung vorgenommen. Personen, die vom Hauptausschuss für tragbar erklärt sind, hat die Militärregierung als nicht tragbar anerkannt und umgekehrt sind Leute vom Hauptausschuss für nicht tragbar und von der Militärregierung für tragbar erklärt. Diese Entscheidungen der Militärregierung haben dazu geführt, dass die Mitglieder des Hauptausschusses mit den Entscheidungen nicht einverstanden sind und daher der gesamte Ausschuss jetzt seinen Rücktritt erklärt hat.«

Nordhorn

»Von der Entnazifizierung sind wohl die an leitenden Stellen stehenden Pgs. in Industrie und Verwaltung erfasst worden, wir haben aber leider zu verzeichnen, dass eine Anzahl dieser abgebauten Kräfte wieder durch die Militärregierung Osnabrück in ihre alten Ämter eingesetzt worden sind. Das trifft bei der Post, Eisenbahn und beim Arbeitsamt zu. Die Kreis- und Stadtbehörden sind jetzt durch das Entnazifizierungsbüro erfasst worden. Die Bearbeitung ist noch im Gange. Beim Arbeitsamt hat die Belegschaft durch Abstimmung die Wiedereinstellung entnazifizierter Angestellter und Beamter in ihre alten Positionen abgelehnt. Regierungsinspektor Rojer (früher Zellenleiter der NSDAP und Ortsobmann der DAF) musste auf Druck der Militärregierung wieder eingestellt werden. Des weiteren wurde mitgeteilt, dass abgebaute Arbeitsamtleiter auf Anordnung der Militärregierung durch das Landesarbeitsamt Hannover-Region wieder in leitende Stellungen der Arbeitsämter eingesetzt werden sollen. Wenn die EN auf dieser Basis weitergeführt werden soll, werden tatsächlich nur die kleinen Pgs. davon betroffen.«

Mülheim/Ruhr

»Da die letzte Entscheidung in allen Fällen sich die Militärregierung vorbehalten hat, kommt es viel vor, dass die Entscheidungen des Ausschusses von den Militärs aufgehoben werden. Durch diese Handlungen entstehen oft die stärksten Gegensätze und zwar dahingehend, dass stark Belastete durchlaufen und Minderbelastete ausgeschieden werden.

Dadurch werden starke Missverhältnisse geschaffen, die bei uns schon oft zu der Meinung führten, zu überlegen ob es überhaupt Zweck hat, dass unsere Leute noch weiter in diesen Ausschüssen verbleiben sollen. Umso mehr als uns der leitende Offizier des Ausschusses noch am gestrigen Tage mitteilte, dass er sich verbiete, dass die Gewerkschaften sowie auch die politischen Parteien versuchten auf die Arbeitsweise der Entnazifizierungsausschüsse Einfluss auszuüben. Monatelang schon hatten wir die Militärregierung darum gebeten, ab und zu mit uns Besprechungen abzuhalten, um einmal zu allen brennenden Fragen Stellung nehmen zu können. Bisher ist dieses aber von der Seite der Militärregierung leider noch immer abgelehnt worden.«

Viersen

»Die Bereinigung der höheren Stellen ist nicht gelungen. Diese Stellen waren vor Beginn der EN von der Militärregierung schon bestätigt worden.

141

Von einer zufriedenstellenden Zusammenarbeit zwischen Militärregierung und Entnazifizierungsausschuss kann nicht die Rede sein.

Die britische Dienststelle hat in den verschiedensten Fällen eine andere Anordnung getroffen als von den Ausschüssen vorgeschlagen wurde.«

Verden

»Viele leitende Stellen sind noch immer von Nazis besetzt. Die Behörden haben bis auf wenige Ausnahmen immer noch das gleiche Bild. Sind wirklich Angestellte oder Beamte entlassen, so fanden sie oft bei englischen Dienststellen neue Beschäftigung unter oft viel günstigeren Bedingungen.«

Bottrop

»Der Vorsitzende des bisherigen Entnazifizierungsausschusses Hauptmann a. D. Schäfer (SPD) wurde auf Anordnung der Militärregierung ohne Angabe von Gründen abberufen. Eine Erklärung hierüber wurde den Stadtverordneten nicht gegeben. Daraufhin zogen die beiden Linksparteien ihre Vertreter aus dem Ausschuss zurück.«

Duisburg

»Es ist hier in Duisburg eine bekannte Tatsache, dass die Entnazifizierung nur die kleinen Leute trifft, während die führenden Persönlichkeiten in der EN günstig davon kommen. Die ganz großen Leute werden von den Engländern in besonderen Verfahren behandelt, auf die der Entnazifizierungsausschuss keinen Einfluss hat. Auch sind Fälle bekannt, in denen die Militärregierung eine andere Entscheidung getroffen hat als der Entnazifizierungsausschuss vorgeschlagen hatte.«

Haltern

»Über die Zusammenarbeit mit den Stellen der Militärregierung ist zu bemerken, dass von diesen Stellen keinerlei Nachrichten an die Entnazifizierungskommissionen eingehen. Die meisten Entnazifizierten sind in ihren Stellen gelassen worden und sollen noch einmal überprüft werden.«

Herford

»Es ist festzustellen, dass bei der Entnazifizierung durch die Besatzungsmächte in der Hauptsache nur untergeordnete Beamte entlassen sind wogegen die Schlüsselstellungen durchweg noch von nationalsozialistischen Beamten besetzt sind. Allerdings ist ein großer Teil hiervon überprüft und als tragbar bezeichnet, jedoch ist die Entfernung aus dem Amt nur in sehr wenigen Fällen erfolgt.

Die Zusammenarbeit mit der zuständigen Stelle der Besatzungsbehörde und des EN-Ausschusses ist nur sehr locker.

Eine erhebliche Anzahl überprüfter Fälle wurden von der britischen Dienststelle in D2[3] abgeändert. Auch hier konnte man feststellen, dass sich die Abänderungen durchweg zu Ungunsten der kleineren Beamten und unseren

---

3  Gemeint ist vermutlich die Einordnung in die Kategorie II. Zu den Entnazifizierungsrichtlinien vgl. Vollnhals: Entnazifizierung.

Funktionären ausgewirkt hat, wogegen man in höheren Stellen besonders bei der Polizei solche Beamte im Dienste gelassen hat, die für uns nicht tragbar sind.«

Osnabrück

»Bei der Militärregierung liegen große Stöße Fragebogen, aber nur verhältnismäßig wenige Entscheidungen sind bis jetzt getroffen worden.

Eine durchgreifende Reinigung der leitenden Stellen in Industrie und Verwaltung ist bis jetzt noch nicht gelungen. Auf Anordnung der Militärregierung sollen nur Fälle vom Inspektor aufwärts im Regierungshauptausschuss bearbeitet werden. Ein Kollege der Reichsbahn konnte berichten, dass von 26 höheren Beamten der RB Direktion Münster noch keiner überprüft ist und noch alle im Amt sind. Der am niedrigsten Belastete war seit dem 1. Mai 1933 Mitglied der Partei gewesen. Wenn die Beurteilungen nunmehr, wie vorgesehen, für die höheren Beamten und Angestellten in den Regierungshauptausschuss verlagert werden, wird dabei eine weit niedere Einschätzung herauskommen. Wenn in der Kreisebene die Unterausschüsse alle vorliegenden Fälle zu beurteilen haben, wird ein zutreffenderes Urteil abgegeben werden können, weil die in Frage kommenden Personen am Orte besser gekannt werden, leichter Auskünfte eingeholt werden können, von solchen Leuten, die genauestens über das Verhalten und die Tätigkeit des zu Beurteilenden unterrichtet sind. Uns scheint, als wenn deutsche Stellen oder einflussreiche Nationalsozialisten bei maßgebenden englischen Stellen Gehör gefunden haben und nunmehr die höheren Beamten und Angestellten im Regierungsausschuss verhandelt werden. Den Unterausschüssen, so wird jetzt die Sache schon gehandhabt, verbleiben nur noch die kleinen Leute zur Beurteilung.

Es muss alles versucht werden zu erreichen, dass die Beurteilung aller Fälle ganz gleich, ob es sich um hochgestellte oder kleine Persönlichkeiten handelt, in der Kreisebene vorgenommen werden.«

Paderborn

»Die Zusammenarbeit mit der örtlichen Militärregierung kennzeichnet sich dadurch aus, dass die Militärregierung jede Unterstützung verspricht.

Von ca. 160 Einzelfällen bei der Entnazifizierung der Polizei, die mit Gerechtigkeitssinn und gewissenhafter Sorgfalt vom Ausschuss einstimmig als untragbar angesehen wurden, sind von der Militärregierung 32 Fälle günstiger, also tragbar, beurteilt worden.

Zwei führende Polizeioffiziere während der Nazizeit, der eine ein Hauptmann, der andere ein Oberleutnant. Beide waren Parteigenossen (Pg.) und SS-Werbeoffiziere. Der eine erhielt vom Ausschuss einstimmig die schlechteste Beurteilung, der andere erhielt dieselbe Beurteilung mit großer Mehrheit. Von der britischen Dienststelle erhielten beide die Beurteilung D2. Der eine ist als Hauptmann heute Leiter der Polizei, der andere als Oberleutnant Polizeioffizier.

Beide Herren waren während der Nazizeit mit ›Vorzug‹ Polizeioffiziere geworden.

Ein Herr wurde von den Nazis als Landwirtschaftsrat nach Paderborn geholt. Er war Pg. seit 1. Mai 1933 aktiv. Während der ganzen Nazizeit war er als Ratsherr tätig. Der Ausschuss gab diesem Aktivisten einstimmig D1. Die britische Dienststelle bestätigte ihn wieder zur Ausübung seiner alten Stelle als Landwirtschaftsrat!

Zwei Fälle liegen vor, bei dem der Ausschuss einstimmig D1 beschloss, die britische Dienststelle beurteilte diese Fälle mit D2. In beiden Fällen handelt es sich um ›Übersetzer‹ bei den britischen Dienststellen. Ein Fall männlich, ein Fall weiblich.

Ein Mann war Berufssoldat, Stabsfeldwebel, als solcher Wehrmachtsstreifenführer. In Paderborn galt er als gefürchteter Streifenführer und typischer Vertreter des preußischen Militarismus. Er war kein Pg. Aber sehr schäbiger Militarist. Der Ausschuss beschloss einstimmig D1. Die britische Dienststelle gab ihm D2 und heute ist dieser Mann bei der Polizei.

Ein Fall, der Mann war seit dem 1. Mai 1937 Pg. und übte das Amt zur Überwachung der Predigten in der Kirche aktiv aus. Der Ausschuss gab dem Mann D1. Die britische Dienststelle gab dem Mann D2.

Es sind hier ausdrücklich nur Einzelheiten über solche Fälle aufgeführt, bei denen vom Ausschuss einstimmige Beschlüsse gefasst wurden.«

Siegburg

»In wiederholten Fällen entschied sich eben die Militärregierung für die Weiterbeschäftigung der in gehobener Stelle tätigen Pgs.

Als Beispiel: Der beim hiesigen Arbeitsamt tätige Leiter der Berufsberatungsstelle, den der Betriebs EN-Ausschuss insoweit freigesprochen hatte, dass man gegen eine Beschäftigung in untergeordneter Stellung keine Bedenken erhöbe, wurde von der Militärregierung ausdrücklich für die Tätigkeit in seinem vorherigen Rang freigegeben.«

Gütersloh

»Die britische Dienststelle geht mit dem deutschen Ausschuss nicht immer einig. So ist es wiederholt vorgekommen, dass bei kleinen Leuten die Note ›verschärft‹ und bei solchen in gehobenen Stellungen die Note ›gemildert‹ gegeben ist.«

Alfeld

»Durch die Entscheidung der Militärregierung ist mancher Kleine ausgebootet, während mancher Große in seiner Stellung verblieben ist.

Nicht unberücksichtigt darf hierbei bleiben, dass beispielsweise auf Veranlassung der Militärregierung in Fällen, wo es sich um einen Großen handelte und sich der deutsche Ausschuss ablehnend geäußert hatte, solche Fälle wiederholt, (in einem Fall sogar dreimal) zur nochmaligen Behandlung an den deutschen Ausschuss zurückgewiesen wurde.«

Ganz allgemein ist auch die Klage darüber, dass die militärischen Dienststellen die Ausschüsse nicht über die Ergebnisse der Entscheidungen der Militärregierung unterrichten. Dasselbe gilt auch für die Berufungsausschüsse.

144

Die Ausschussmitglieder müssen natürlich die Lust an der Arbeit verlieren, wenn sie nichts darüber hören, welche Entscheidungen in Bezug auf ihre Begutachtungen und Vorschläge gefallen sind.

V. Entnazifizierung in Sonderverwaltungen

Als ein besonderes Hemmnis für eine erfolgreiche EN hat sich herausgestellt, dass für gewisse Sonderverwaltungen besondere Ausschüsse gebildet wurden, in denen vor allem nach dem Prinzip gearbeitet wird, dass »eine Krähe der anderen die Augen nicht aushackt«. Wir denken vor allem an die Reichsbahn, Reichspost, Polizei und Justiz.

Was die Post angeht, möchten wir vor allem auf eine Stellungnahme hinweisen, die von einer Konferenz der Gewerkschaftsvertreter der US- und Britischen Zone, dem Zonenbetriebsrat beim Oberpostdirektorium in München und dem Zentralbetriebsrat der deutschen Post in der Britischen Zone ausgearbeitet worden ist:

Frankfurt am Main

»Teilweise fehlen die Voraussetzungen einer politischen Reinigung fast vollständig, so dass in den Spitzenverwaltungen der Post noch Nazisten und Reaktionäre führend tätig sind, die in keiner Beziehung eine Gewähr für die tatsächliche Neugestaltung einer einwandfreien Demokratie bieten.

Besonders die oberste Leitung der Post in Bad Salzuflen muss als vollständig ungeeignet bezeichnet werden, um in Zukunft die Geschicke von Tausenden von Postbediensteten weiterlenken zu können. Die Leitung setzt sich vorwiegend aus Ministerialräten zusammen, die zum größten Teil politisch belastet sind und zum anderen Teil Mitarbeiter eines verbrecherischen Reichspostministers waren und dessen Verfügungen im Sinne des Nationalsozialismus willig weitergegeben und zur Durchführung gebracht haben. Dadurch sind Tausende Postbedienstete der unteren Gruppen der NSDAP oder ihren Gliederungen in die Arme getrieben worden. Auch noch heute beweisen diese führenden Herren, dass sie nicht ernstlich gewillt sind, in der Verankerung einer starken sauberen Demokratie Verantwortliches zu leisten.

Die Vertreter der Gewerkschaften und der Betriebsräte haben mit Sorge diese Entwicklung beobachtet und den Eindruck erhalten, dass die Militärregierung der Britischen Zone ungenügend aufgeklärt und im nazifreundlichen Sinne beeinflusst wird, während die gewählten Berufsvertreter der Postbediensteten bisher nicht genügend oder keine Möglichkeit hatten, aufklärend bei der Militärregierung wirken zu können.«

Diese Stellungnahme wird noch unterstrichen durch einen Bericht, der aus dem Sitz der Hauptpostverwaltung stammt und in dem folgendes zum Ausdruck kommt:

Salzuflen

»Die Oberpostdirektion für die britische Besatzungszone hat sich in Bad Salzuflen niedergelassen. Mit ihr sind viele Leute vornehmlich aus der Russischen Besatzungszone und aus Berlin gekommen, die zu überprüfen ernsthafte Schwierigkeiten bereitet. Zwar ist bekannt geworden, dass verschiedene

Leute meist aus dem mittleren Beamtenstande wegen ihrer politischen Vergangenheit entlassen wurden. Aber es gibt kaum zu bedenken, dass in den vergangenen Monaten hunderte von Fragebogen geholt wurden, von denen nicht einer zurückgekommen ist. Wo sie bleiben, weiß niemand. Rein äußerlich betrachtet kann die politische Säuberung bei der Reichspost keineswegs befriedigen, zumal wenn man bedenkt, dass beim Ortsausschuss Bad Salzuflen schwere Anzeigen gegen Angehörige der Oberpostdirektion direkt aus Berlin einlaufen.«

Bonn

»Ein anderes typisches Beispiel für die Entnazifizierung bei der Reichspost ist die Entlassung des Gewerkschaftsmitgliedes Alfred Schmidt, Bonn, aus dem Bonner Unterausschuss. Schmidt wurde sehr wahrscheinlich auf Veranlassung des Präsidenten Baumhoff kaltgestellt, weil er sich in mehreren Artikeln in der ›Rheinischen Zeitung‹ berechtigter Weise gegen die eigenartigen Entnazifizierungsauffassungen des Präsidenten Baumhoff gewandt hatte. Offiziell wurde Schmidt von dem zuständigen Branch Offizier Major Morgan entlassen. Was hinter den Türen des Direktionszimmers geschah, wissen wir nicht; können es aufgrund vieler Erfahrungen nur vermuten.«

Ähnlich liegen offenbar die Dinge auch noch bei der Reichsbahn. Wir verweisen dafür auf einen Bericht von Wanne-Eickel.

Wanne-Eickel

»Sehr rückständig auf dem Gebiete der Entnazifizierung ist das Personal der Reichsbahn. Leider ist bisher noch nicht entschieden, ob der örtliche Entnazifizierungsausschuss für diese Arbeit zuständig ist.«

Lingen

»Zusammenarbeit zwischen Besatzung und Ausschüssen war stets gut. Als Sonderfall kommt bei uns die Reichsbahn infrage. Wir haben größere Eisenbahnwerke hier und darum Interesse daran. Zuerst sollte die Reichsbahn die Sache selber machen. Dann hieß es, auch die Reichsbahner unterstehen den örtlichen Entnazifizierungsausschüssen. Jetzt wieder soll die Reichsbahn ihre Sache selber machen. Und wir hätten es mit einem Ausschuss in Osnabrück zu tun.

Praktisch ist dadurch bei diesen Behörden abgesehen von krassen Fällen, noch nichts geschehen.

Über die Justizverwaltung können wir nicht einmal einen Bericht geben, weil uns vorläufig dort die gewerkschaftliche Organisierung nicht erlaubt ist, so dass die Vorgänge bei der Justiz praktisch unserer Kontrolle entzogen sind. Wir entnehmen nur Urteile, die ein berechtigtes Aufsehen in der Öffentlichkeit erregen, wie sehr in der Justiz noch der alte reaktionäre Geist herrscht. Gerade in der Justizverwaltung scheint es uns notwendig zu sein, die Sonder-Ausschüsse zu beseitigen, die praktisch Richter in eigener Sache sind.

Wie sehr gerade in der Justiz mit besonderen Maßstäben gemessen wird, macht die nachstehende Verordnung des Präsidenten des Landesarbeitsamtes Hannover vom 22. Oktober 1946 deutlich:

146

›Dem Oberlandesgerichtspräsidenten von Celle, dem höchsten Beamten der deutschen Rechtsordnung des Landes Hannover ist unterbreitet worden, dass einige Richter, die entnazifiziert und ihres Postens enthoben wurden, während sie das Ergebnis ihres Einspruches abwarteten, gemäß den Bestimmungen der englischen Behörden Handarbeit zugewiesen bekommen haben. In manchen Fällen besteht diese Handarbeit aus Arbeit die sie dazu zwingt, Pferdefuhrwerke durch die Straßen ihrer Heimatstadt zu treiben oder aus wirklich mit der Hand auszuführenden Arbeiten in der Öffentlichkeit.

In Zukunft wollen sie dafür sorgen, dass Richter und andere verantwortliche Rechtsbeamte, die während des Einspruches gegen ihre Entlassung arbeitsverpflichtet wurden, Beschäftigung erhalten, durch die sie nicht der Öffentlichkeit zur Schau gestellt werden. Büroarbeiten erscheinen am besten geeignet.‹«

Was die Polizei angeht, verweisen wir als Beispiel auf den Paderborner Bericht, den wir bereits an anderer Stelle zitiert haben. Bei der Polizei ist es besonders deutlich geworden, dass die verantwortlichen militärischen Dienststellen viel zu sehr nach dem bloßen Gesichtspunkt der Leistungsfähigkeit geurteilt haben. Dabei wurde auf die Vergangenheit der an verantwortlicher Stelle stehenden Beamten nicht genügend Rücksicht genommen. Wir entnehmen dem Bericht unserer Düsseldorfer Kollegen:

Düsseldorf

»Die Entnazifizierungskommission bei der hiesigen Polizei hat mit ihren Aufgaben am 20. August 1946 begonnen. Bearbeitet wurden bis heute ca. 16.000 Fälle. Diese Arbeiten gehen ihrem Abschluss entgegen. Gemäß Verordnung 24 mussten etwa 75 Prozent der bereits zur Entlassung gekommenen Beamten wieder eingestellt werden. Durch die Militärregierung wurden wieder eingestellt bzw. in den Dienst belassen, trotzdem sie von der Entnazifizierungskommission und dem Hauptausschuss als untragbar abgeschrieben wurden:

1. Der Chef der Polizei, Polizeirat Heck
2. der stellvertretende Chef der Polizei, Polizeirat Simons
3. der Kriminalrat Mittelsteiner, als Leiter der Kriminalpolizei
4. die Kriminalpolizei-Oberinspektorin Gipkens
5. der Kriminalpolizei-Obermeister Fritz
6. der Polizei-Oberinspektor Uner
7. der Polizei-Oberinspektor Leineweber
8. der Polizei-Inspektor Köhnen
9. der Polizei-Inspektor Inmann
10. der Polizei-Inspektor Prill
11. der Polizei-Oberinspektor Gehrke

Ferner die Kriminalpolizeibeamten de Mölders und Mangen und noch etwa 10–12 Beamte der Schutzpolizei.«

Unsere Düsseldorfer Kollegen haben sich veranlasst gesehen, eine Beschwerde an den Innenminister des Landes Nordrhein-Westfalen zu richten. Diese Beschwerde, die am 22. Oktober abgeschickt wurde, ist bisher nicht nur ohne Erfolg sondern auch ohne Antwort geblieben. Auch bei der Polizei macht sich besonders hinderlich bemerkbar, dass es bisher den Polizeibeamten verboten worden ist, sich gewerkschaftlich zu organisieren. Die Gewerkschaften könnten daher kaum Einfluss auf die Entnazifizierung ausüben und haben auch kaum die Möglichkeit einer Kontrolle.

VI. Unberührte Landwirtschaft

Während bisher in der Industrie und Verwaltung zumindest ein Versuch unternommen ist, die EN durchzuführen, gibt es ein weites Gebiet, in dem sie bisher praktisch noch nicht einmal begonnen ist. Es handelt sich um die Landwirtschaft. Dabei wissen wir, dass sich eine Reihe von Aktivisten nach dem Zusammenbruch in die ländlichen Gebiete zurückgezogen haben.

Auch von Seiten der Militärregierung ist offenbar eingesehen worden, dass dieser Zustand nicht mehr tragbar ist. Wie allerdings die Entnazifizierung auf diesem Gebiet in Angriff genommen werden soll, wird aus folgenden Beispielen aus ländlichen Gebieten deutlich:

Oldenburg

»Die Kommission für den Stadtkreis Oldenburg hat von der Militärregierung vor einigen Wochen den Auftrag erhalten, den Reichsnährstand innerhalb 8 Tagen zu überprüfen. Dabei wurde der Kommission eine Liste mit den Namen der zu überprüfenden Personen zugeleitet, in der auch Namen solcher Personen aufgeführt und näher bezeichnet waren, die einstweilen nicht überprüft werden sollten, obgleich gerade diese als Aktivisten bekannt waren. Es dürfte wohl allgemein bekannt sein, dass sich besonders beim Reichsnährstand sehr große Nazis, SS, Militaristen und Leute aus dem Osten (zugewanderte Junker) eingenistet haben.«

Jülich

»Das Einzige, wo es bei der Entnazifizierung hapert, ist die Landwirtschaft, und nach Anordnung heutigen Datums sind die großen Güter nach jeweiliger namentlicher Benennung durch die Militärregierung in Angriff genommen.«

VII. Sonderregelung im Bergbau

Im Bergbau ist nach wiederholten Klagen ein beratender EN-Sonderausschuss gebildet worden, der in seiner Mehrzahl aus Gewerkschaftsvertretern bestand. Aufgrund der Arbeiten dieses Ausschusses ist die EN im Bergbau als beendigt erklärt worden. Was die Verantwortung der Gewerkschaften in diesem Sonderausschuss angeht, muss allerdings ein nicht unwesentlicher Vorbehalt gemacht werden: Der Sonderausschuss hatte sich bei seinen Arbeiten unbedingt an die §§ 5 und 8 der Verordnung Nr. 24[4] zu halten. Das hat zur Folge gehabt, dass sich ca. 95 Prozent der Direktoren und Betriebsführer etc. als bedeutungslose Teilnehmer in den Angelegenheiten der NSDAP nach-

---

4  Hemken: Proklamationen.

weisen und darum auch nicht entnazifiziert werden konnten. Bei Anwendung der neuen Anordnung Nr. 38⁵ mit ihren mehr modifizierten Beurteilungen, hätte auch die Entnazifizierung im Bergbau sehr wahrscheinlich ein völlig anderes Gesicht bekommen.

## VIII. Mängel in der Gesetzgebung

Damit kommen wir zu einem ganz entscheidenden Mangel der Entnazifizierung. Es liegt in der Verordnung Nr. 24 selber begründet, in der es nur schwarze oder weiße Entscheidungen gibt, während ja die Praxis oft grau ausgesehen hat. In einer Reihe von Berichten wird auf diesen Mangel besonders hingewiesen.

Bremen

»Wir sind vor allen Dingen der Auffassung, dass das Gesetz Nr. 8⁶ und die Direktive 24 für die Entnazifizierung vollständig unzulänglich sind. Nach dem Gesetz Nr. 8 hatten die Prüfungsausschüsse lediglich zu entscheiden, ob derjenige der ein Vorstellverfahren eingereicht hat, als Aktivist oder als nominell anzusehen ist. Dieses Verfahren halten wir für zu roh. Nach dem Gesetz Nr. 38, das also demnächst wahrscheinlich kommen soll, sollen ja bekanntlich Nationalsozialisten in 5 Gruppen eingestellt werden. Wir halten dieses Verfahren für richtiger und vorteilhafter. Bei unseren Verfahren für die Wirtschaft, in dem ca. 7.000 Fälle durchgegangen sind, sind ungefähr 25 Prozent als Aktivisten und 75 Prozent als nominell erklärt worden. In vielen war es nach den Richtlinien des Gesetzes nicht möglich, jemand unbedingt als Aktivist zu bezeichnen, aber ihn als Mitläufer durchgehen zu lassen, war ebenfalls nicht richtig. Es fehlten uns also, wie wir bemerkten, die gesetzlichen Voraussetzungen für eine andere Beurteilung. Der besondere Mangel an diesem Verfahren ist, dass wenn jemand als nominell bezeichnet wurde, die Militärregierung sich dieser Auffassung anschloss, seine Sparkonten wieder freigegeben wurden und er dann wieder im Besitz der vollständigen Verfügungsfreiheit über sein Vermögen war.«

Cuxhaven

»Bei uns entsteht der Eindruck, und die Ereignisse beweisen uns, dass wir richtig vermuten, dass man an die in Wirtschaft und Verwaltung führend gewesenen Personen nicht herankommt.

Das scheint an der Verordnung Nr. 24 zu liegen. Die führenden Leute der Industrie waren als etwas weit blickende Menschen nicht politisch aktiv, gegebenenfalls nicht einmal in der NSDAP oder ihren Gliederungen. Dafür hatten sie nützliche Bekanntschaften oder Freundschaften mit führenden Parteileuten. Für das politische Aushängeschild wurden die 100prozentigen, teils leitenden Angestellten vorgeschoben. Dafür sitzen die jetzt zum Teil.«

---

5   Ebenda.
6   Gemeint ist das Gesetz Nr. 8 der US-Militärregierung für Deutschland, das auch für Bremen als US-Enklave in der Britischen Zone galt. Es untersagte die Beschäftigung aller NSDAP-Mitglieder in allen anderen als gewöhnlichen Positionen. Vgl. Fürstenau: Entnazifizierung, S. 39, Niethammer: Entnazifizierung, S. 228 ff. Vergleichend aus für die deutsche Perspektive in Ost- und Westzonen nunmehr Herf: NS-Vergangenheit, S. 87 ff. und S. 239 ff.

Meschede

»Bisher sind ungefähr 20 Fälle von Werksinhabern und Betriebsleitern durch. Bei drei Fällen, wo das Vermögen der Firmeninhaber schon gesperrt ist, geht die Sache nicht recht vorwärts. Es liegt hier daran, dass eben so vieles für die Ablehnung wie die Anerkennung des Betriebsinhabers spricht. Nach Zugrundelegung der Verordnung Nr. 24 ist es nicht möglich, diesen Fällen gerecht zu werden. Da mit der politischen Belastung auch eine automatische Wirkung und Übernahme durch einen Treuhänder erfolgt, können in der Weiterführung des Betriebes oftmals große Schwierigkeiten entstehen. Nach Anwendung der Verordnung Nr. 38 könnte man die Fälle gerecht beurteilen. Bei der Verordnung Nr. 24 gibt es nur schwarz oder weiß. Eine nennenswerte Reinigung von Personen in führender Stellung ist daher noch nicht erfolgt.«

Olsberg

»Die neue Anordnung Nr. 38 entspricht insofern besser dem Rechtsempfinden, als sie nicht unbedingt zur sog. ›Schwarz-Weiß-Entscheidung‹ zwingt und Sühnemaßnahmen aller Art offen lässt. Der Nachteil, dass unter Umständen ein großer Teil der Fälle nochmals durchgearbeitet werden müsste, würde durch die Möglichkeit einer gerechten Beurteilung ausgeglichen.«

Paderborn

»Bei der Anwendung der Verordnung Nr. 24 werden den einzelnen Fällen je nach Art ihrer Nazi-Tätigkeit folgende Empfehlungen erteilt:

M = Zwangsweise Entlassung.

D1 = Nach freiem Ermessen zu Entlassende nicht empfohlen.

D2 = Nach freiem Ermessen zu Entlassende dürfen angestellt werden.

N = Negativ – keine Bedenken gegen eine Anstellung.

R = Empfohlen für die Anstellung (Eine Person kommt nur in diese Kategorie, wenn die prüfenden Autoritäten mit Bestimmtheit wissen, dass sie ausgesprochene Antinazis sind. Solche Personen, wie frühere KZ-Insassen, mögen in diese Kategorie kommen.)

Haben die Ausschüsse z. B. einen Fall, bei dem die Empfehlung D2 zu gelinde ist, weil der zu Entnazifizierende fast jede Stelle oder Stellung bekleiden kann, aber die Empfehlung D1 zu hart, weil der Träger dieser Empfehlung die Existenz verliert, dann stehen die Mitglieder der Ausschüsse vor einer schier unlöslichen Frage.

In einem wie im anderen Falle müssen sie gegen ihre Gerechtigkeit wollendes Gewissen handeln.

Die Anwendung der Verordnung Nr. 38 würde es möglich machen, den Fall mit einer Buße zu belegen, einem Strafmaß, das zwischen den vorerwähnten Empfehlungen D1 und D2 läge.

Dieserhalb muss angestrebt werden, dass die Verordnung Nr. 38 recht bald zur Anwendung gelangt, wie in der US-Zone.«

Osnabrück

»Gegenwärtig ist immer noch die Verordnung Nr. 24 die Grundlage, nach der die Entnazifizierungsausschüsse zu arbeiten haben. Nur ganz vereinzelt lässt die Militärregierung es durchgehen, wenn Ausschüsse Vorschläge nach der Verordnung Nr. 38 vorlegen.

Die Verordnung Nr. 24, so berichten unsere Kollegen in den Ausschüssen einstimmig, ist ein großer Mangel bei der Bearbeitung solcher Fälle, wo auf Minderbelastete oder Mitläufer entschieden werden muss. Nur in einzelnen solcher Fälle stimmte in letzter Zeit die Militärregierung den Vorschlägen der Ausschüsse zu, die eine Zurückversetzung von Beamten und Angestellten zum Ziele hatten.«

Wenn man also auch im allgemeinen sagen kann, dass die Entnazifizierung eine Verantwortung der Deutschen selber ist und dass sie wahrscheinlich die Vollmachten in der Hand hatten, sie einwandfrei durchzuführen, so wird gerade von verantwortungsbewussten Kollegen die in den Entnazifizierungs-ausschüssen tätig sind, darauf hingewiesen, dass die Schematik der Verord-nung Nr. 24 ihnen ihre Arbeit ungeheuer erschwert hat. Allgemein wird darum darauf gedrängt, dass die Anordnung Nr. 38 mit den entsprechenden Ausführungsbestimmungen möglichst bald in der Entnazifizierungspraxis Anwendung findet. Es ist auch unverständlich, warum diese Anordnung, die z. Zt. propagandistisch groß aufgezogen der Öffentlichkeit übergeben wurde, bisher keine Anwendung fand. Man hofft, dass mit der Inkraftsetzung dieser Anordnung nach dem Unfug der Berufungsausschüsse Halt geboten wird, denn sehr weitgehend ist man der Auffassung, dass durch die Arbeit dieser Berufungsausschüsse wieder aufgehoben wird, was vorher in mühseliger Arbeit der Hauptausschüsse an Beurteilungen herausgearbeitet wurde. Wir verweisen nur auf zwei Beispiele die in den Berichten diesen Punkt heraus-stellen.

Wuppertal

»Starkes Ärgernis erregt bei uns die Tätigkeit des Berufungsausschusses. Die vom Hauptausschuss getroffenen Entscheidungen werden von diesem in sehr starkem Maße umgeworfen. Durch die so erfolgten Freisprüche haben wir eine Unmasse von Differenzen. Wir wurden gezwungen, den bisher von uns eingenommenen Standpunkt, dass uns eine Befugnis zur Nachprüfung von Entscheidungen des Haupt- und Berufungsausschusses nicht zusteht, abzugehen.«

Die mangelhafte Arbeit der Berufungsausschüsse ist oft erklärlich durch die Zusammensetzung, wie es das Beispiel Oldenburg klar macht.

Oldenburg

»Berufungsausschuss

1. Rechtsanwalt Löwenstein, Rechtsanwalt und Notar,

2. Dr. Bühnemörder, Richter beim Landgericht,

3. Wübbenhorst, Willy, Dezernent,

4. Wehlau, Obersekretär, Ordnungsamt,

5. Dr. Engelhart, Referendar,

6. Kellner, Inspektor, Versorgungsamt,

7. Wolff, Regierungsrat, Finanzamt,

8. Liemann, Rektor a. D.,

9. Dr. Just,

10. Dr. Mittweg, Arzt (Nur anwesend, wenn über Ärzte verhandelt wird)«

Einem anderen Unfug, dem unbedingt entgegen getreten werden muss, ist die Praxis, die Ausschüsse auf höherer gebietlicher Ebene zu errichten, wie das im Beispiel Oldenburgs besonders klar wird.

Oldenburg

»Landesausschuss im Staatsministerium.

1. Schröder, Landtagsabgeordneter Rastede, Bücherrevisor,

2. Albers, Ally, Ehefrau des verstorbenen Eisenbahnoberinspektors und Landtagsabgeordneten Albers,

3. Heise, Reinhold, Rastede, Kontrolleur,

4. Stratmann, Johann, Eisenbahnsekretär,

5. Varelmann, Franz, Angestellter,

6. Hinrichs, Delmenhorst, Schneidermeister,

7. Müller, Eduard, Mehrdorf, Bauer.«

Die Gewerkschaften sind also in diesem Ausschuss nicht vertreten. Wir verweisen ebenfalls auf die Beschwerde unserer Delmenhorster Kollegen.

Delmenhorst

»Weiterhin erschwert sich die Arbeit dadurch, dass höhere Beamte und freie Berufe nicht durch die örtliche Kommission gehen, sondern durch die Landesentnazifizierungsausschüsse. Die örtlichen Kommissionen sind eher in der Lage, Beweise einer nationalsozialistischen Einstellung zu erbringen, während bei den Berufsinstanzen Personen, die aufgrund ihrer guten Verbindungen günstige Referenzen beibringen können, entlastet werden. Es wird oft die Feststellung getroffen, dass kleine Leute, die für Beschäftigung empfohlen werden, von der höheren Instanz bzw. Militärregierung zur Entlassung gestellt werden, während Personen aus leitenden Stellungen, die von den Ausschüssen zur Entlassung empfohlen sind, umgekehrt behandelt werden.«

Bei einer Zusammensetzung dieser Ausschüsse wie sie im Oldenburger Beispiel aufgeführt ist, nimmt diese Praxis nicht Wunder. Dies sind nur einige Beispiele aus einer Reihe von Beschwerden, die auch in anderen Berichten geführt werden. Allgemein wehren sich die Kollegen dagegen, in den Ausschüssen über die Kreisebene hinauszugehen, weil mit diesen Versuchen meist führende Leute gedeckt werden sollen, denn in solchen Ausschüssen sitzen Personen, die aus dem gleichen Kreise stammen wie die zur Anklage stehenden. Unter solchen Bedingungen ist es meist ausgeschlossen, zu gerechten Urteilen zu kommen.

IX. Schlussfolgerungen und Vorschläge

Trotz des guten Willens der Militärregierung und der Mehrheit der an der Entnazifizierung beteiligten deutschen Kreise, bleibt das Resultat unbefriedigend. Das liegt zum wesentlichen Teil in Umständen begründet, an denen heute nichts mehr geändert werden kann, zum anderen in menschlichen und sonstigen Mängeln, die sofort geändert werden können. Zur sofortigen Beseitigung dieser Mängel machen wir folgende Vorschläge:

1. Obwohl in vielen Berichten darauf hingewiesen wurde, dass der bisherige Misserfolg der Entnazifizierung mit darauf zurückzuführen ist, dass die Anordnungen der Militärregierung zu oft wechselten, sollte möglichst sofort die neue Anordnung Nr. 38 durchgeführt werden. Es gibt eine Reihe von Ausschüssen, die den Beschluss fassten ihre Arbeit einzustellen, falls nicht bis zum Jahresende die Anordnung Nr. 38 zur Anwendung kommt. Die Einführung dieser Anordnung wird vor allem deshalb für notwendig gehalten, weil damit die Entnazifizierung aus ihrer bisherigen unfruchtbaren schematischen Handhabungen befreit werden kann.

2. Die Durchführung der Entnazifizierung ist in die Hände deutscher Stellen zu legen. Die Militärregierung sollte nur eine gute Kontrolle ausüben.

3. Spruchkammern sind zu bilden, die mit der ganzen Härte die wirklichen Hauptschuldigen treffen und im Einzelverfahren aburteilen. Die Möglichkeit zur Verhängung von Sühnemaßnahmen muss dabei gegeben sein, wie es in der Anordnung Nr. 38 vorgesehen ist. Bei der Zusammensetzung der Spruchkammern muss gesichert sein, dass nicht das Besitzbürgertum sondern die Vertreter der Gewerkschaften und wirkliche Antifaschisten die Mehrheit haben.

4. Toleranz könnte gewahrt werden gegenüber den kleinen Pgs. und den Mitläufern. Sind sie als Mitläufer beurteilt, erhalten sie darüber eine Bescheinigung und sind dadurch ein für alle mal von der politischen Belastung freigesprochen. Nur für den Fall, dass in der Folgezeit Material beigebracht wird, dass sie unter die Gruppe der Hauptschuldigen fallen können, wird ihre Sache neu aufgegriffen und vor die Spruchkammern gebracht werden.

Die Arbeitspapiere der schuldig befundenen müssen ein Kennzeichen bekommen, damit sie nicht an irgendeiner anderen Stelle in leitende Positionen hineinschlüpfen können, wie das bisher oft genug der Fall ist.

In den Fällen, wo die Entnazifizierung nur noch eine untergeordnete Tätigkeit ausführen könnte, sollte nicht nur das Arbeitsamt sondern auch die zuständige Gewerkschaft informiert werden, damit sie eine Kontrolle ausüben kann.

5. Selbst für nominelle Pgs. sollte eine Sühnemaßnahme vorgesehen werden, die vorsieht, dass sie in berufliche Positionen zurückversetzt werden, die sie vor dem Eintritt in die Partei innehatten. Eine Reihe dieser Parteimitglieder hat den Eintritt in die Partei deshalb vollzogen, weil sie dabei eine Bevor-

zugung in ihrer Beförderung erhofften. Dieser Vorteil, der aus ihrer Mitgliedschaft zu der NSDAP entstand, sollte rückgängig gemacht werden. Es geht auch nicht an, dass frühere Pgs. nach einer erfolgreichen Durchschleusung durch die Entnazifizierung wieder ihre alte Position beziehen, die sie aufgrund von Beförderungen während der Nazizeit erreichten und dass sie dadurch zu Vorgesetzten von bewährten Antifaschisten werden, die während der Nazizeit entlassen oder die zu mindestens nicht befördert wurden.

6. In den Unterausschüssen der Betriebe und Verwaltungen müssen die beteiligten Vertreter der Arbeitnehmer einen gesetzlichen Schutz bekommen etwa in der Form, wie er im Betriebsrätegesetz für Betriebsratsmitglieder festgelegt ist.

7. Damit die Arbeit der Spruchkammern spätestens bis zum Sommer 1947 abgeschlossen ist, wird es notwendig sein, in größeren Orten mehrere Kammern einzurichten. Die bisherige Praxis darf nicht fortgesetzt werden, die nur einen Hauptausschuss vorsah, ganz gleich ob es sich um eine Stadt von 50.000 oder 70.000 Einwohnern handelte.

8. Dringend erforderlich ist die beschleunigte Durchführung einer einheitlichen Entnazifizierung in allen Besatzungszonen. Dadurch würde sehr wahrscheinlich auch eine bessere Zusammenarbeit in der Entnazifizierung zwischen den Zonen erfolgen.

In einer Reihe von Berichten kommt zum Ausdruck, dass es bisher kaum möglich gewesen ist, die vielen Flüchtlinge einer genauen Prüfung zu unterziehen. Man muss sich fast ausschließlich auf die Fragebogen-Angaben der Beteiligten verlassen, die in den seltensten Fällen nachzuprüfen sind. Wir hören von unseren Kollegen, dass sie verschiedentlich versucht haben, Nachforschungen anzustellen. So schreibt uns z. B. der Gewerkschaftsbund aus Düsseldorf, dass er sich bereits am 18. Oktober an den FDGB nach Berlin gewandt hat, um eine Auskunft über den augenblicklichen Düsseldorfer Polizeimajor Heck zu bekommen. Bis heute ist noch keine Antwort eingetroffen. Wir müssen natürlich von den deutschen Gewerkschaftskollegen aus anderen Zonen erwarten können, dass sie solche Antworten mit der nötigen Dringlichkeit behandeln, da nur so wenigstens bei den wichtigsten Funktionären der Versuch einer Nachprüfung von Angaben gemacht werden kann.

Anfang Dezember 1946, Werner Hansen

DOKUMENT 11e

# 16.–18. Dezember 1946: Bericht Entnazifizierung Französische Zone (Ludwig/Schneider).

**DGB-Archiv im AdsD. Bestand Gewerkschaftsrat der vereinten Zonen. Maschinenschrift. 13/143-Interzonenkonferenzen.**

Bericht über die Entnazifizierung in der Französischen Zone

Die Durchführung der Entnazifizierung in der Französischen Zone ist auf der Verordnung Nr. 24 aufgebaut, jedoch sind in jeder Provinz andere Ausführungsbestimmungen, gedeckt bzw. angeregt durch die Besatzungsbehörde, herausgegeben worden, so dass in der Zone von keiner einheitlichen Entnazifizierung gesprochen werden kann.

Der Aufbau der Entnazifizierungskommissionen ist in allen 4 Provinzen so ziemlich derselbe und umfasst:

1. Behörde und Verwaltung

2. Ärzte

3. Post

4. Eisenbahn

5. Landwirtschaft

6. Banken und Versicherungen

7. Wirtschaft (umfassend Industrie, Handel und Handwerk)

Was die ersten sechs Positionen anbetrifft, so sind die Ausschüsse in der Regel in allen 4 Ländern oder Provinzen nach politischen Gesichtspunkten gebildet worden. Dabei fällt erschwerend ins Gewicht, dass dem so genannten Stammausschuss stimmberechtigte Fachmitglieder zugestellt worden sind, die die Entschlüsse im Allgemeinen im ungünstigen Sinne beeinflussen.

Die Ausschüsse der Wirtschaft wurden ursprünglich wie folgt aufgebaut: 4 Vertreter der Gewerkschaften und jeweils 1 Vertreter der Patronate, je nach dem Fall, wie er behandelt wurde, Industrie, Handel oder Handwerk, welche jedoch jeweils nur eine Stimme vertraten. Somit war der Einfluss der Gewerkschaften mit 4 gegen 1 gesichert.

Diese Zusammensetzung gilt für die Ermittlungsausschüsse in den Landkreisen.

Diese Ermittlungsausschüsse hatten nur den Tatbestand festzulegen und Vorentscheidungen zu treffen. Die Hauptentscheidungen wurden nur einer Kommission im jeweiligen Lande übertragen. Dieser Zustand führte zu Verzögerungen der Hauptentscheidungen. Im Lande Baden wurde beispielsweise im Monat Mai ein Staatskommissar eingesetzt, der die politische Reinigung zu fördern hatte. Seine Verbesserungsvorschläge zur klareren und schnelleren Durchführung der Entnazifizierung blieben liegen bis November und dann wurden sie von der Militärregierung verworfen. Diese hatten vorgesehen, dass in jedem Landkreis neben dem Ermittlungsausschuss gleichzeitig auch ein Hauptausschuss eingesetzt werden sollte zur schnelleren Erledigung der Einzelfälle. In Freiburg häuften sich infolge dieser Verzögerung der Umstellung die Akten zu Tausenden, ohne dass endgültige, von der Militärbehörde genehmigte Entscheidungen herauskamen.

Im Monat November wurden nun statt der einen Hauptkommission 7 gebildet, den Ermittlungsausschüssen die Auflage gemacht, bis zum 15. Dezember 1946 alle Vorentscheidungen abgeschlossen zu haben und den 7 Hauptkommissionen einen Termin zum 15. Januar 1947 gesetzt. Diese Überstürzung in der Behandlung der Fälle hat vielfach zu Unklarheiten beigetragen. Hinzukommt, dass bei Entscheidungen, die tatsächlich herausgekommen sind, die Besatzungsbehörde sich vorbehalten hat, ihre Zustimmung zu erteilen, zu versagen, oder auch Abänderungen zu verlangen. Diese Vorgänge rufen den Unwillen breitester Schichten der Gewerkschaftsfunktionäre hervor.

Im übrigen haben wir gerade was Baden anbetrifft festgestellt, dass in anderen Zonen des Reiches Aktivisten bei uns Unterschlupf suchen, um hier dann der Entnazifizierung zu entgehen.

*Schneider:* In Süd-Württemberg ist der Aufbau der Ausschüsse bzw. Kommissionen ähnlich. Die Tätigkeit dieser Säuberungsausschüsse konnte allerdings erst im November/Dezember 1945 beginnen und zwar anhand der Richtlinien, die von den zuständigen Landesleitungen – also Inneres und Wirtschaft – mit Genehmigung der Militärregierung herausgegeben wurden. Das Arbeiten dieser Ausschüsse war äußerst schwierig. Es kam zur Bestellung eines Säuberungskommissars und zur Herausgabe der Rechtsordnung über die politische Säuberung vom 28. Mai 1946. Ein großer Teil der Fälle war aber bereits nach den alten Richtlinien erledigt. Auch nach der neuen Rechtsanordnung ist sowohl die Verwaltung als auch die Wirtschaft – bei der letzteren alle Betriebe mit über 20 Arbeitnehmern – überprüft. Ein Ergebnis hierfür ist noch nicht bekannt, da die letzte Zivilinstanz – also Säuberungskommission – vor allem aber auch die Militärregierung ihre Entscheidungen noch nicht veröffentlicht haben. In der Verwaltung sind die Ergebnisse der Bürgermeister, Finanzämter, der Forstwirtschaften der Polizei bekannt. Kritisiert wird, dass das Ergebnis der ersten Instanz in vielen Fällen nicht berücksichtigt wurde.

Eine außerordentliche Erregung herrscht darüber, dass führende Nazis, ehemalige Blockleiter, Ortsgruppenleiter, heute noch durch die vorstehend aufgezeigten Verhältnisse in Amt und Würden sind und die antifaschistische Bevölkerung an eine wirkliche Entnazifizierung nicht mehr glaubt.

Es ist eine offene Tatsache, dass im Lande Württemberg an maßgebenden Stellen der Wirtschaft ehemalige Nazis aus anderen Zonen sitzen und alle Entscheidungen im reaktionären Sinne beeinflussen. Wir führen hier einen Fall aus der Verwaltung an. Im Kreis auf dem Landratsamt Tuttlingen, ist ein Assessor Fahz, der die Entscheidungen über Zuzug usw. zu treffen hat. Derselbe war Mitglied der SA und der NSDAP. Die Erhebungen des Untersuchungsausschusses in Frankfurt ergaben kein genaues Bild, da derselbe in den dortigen Kreisen nicht bekannt ist. Aus der Wirtschaft: In der Zellstoff AG Ehingen/Donau, in der bis vor kurzem 10stündige Arbeitszeit herrschte, die durch das Eingreifen der Gewerkschaften bzw. der Gewerbeaufsicht heruntergesetzt wurde, ist ein Direktor namens Pickelhaupt, ehemaliger Nazi aus der Amerikanischen Zone. Dieser Betrieb steht unter französischer Kontrolle. Dieser Nazi sieht seine Aufgabe darin, ehemalige Antifaschisten und politisch Verfolgte zu entlassen und zwar den Ingenieur Jung und den Prokuristen Meyer. In beiden Fällen wurde nicht einmal die Zustimmung des Arbeitsamtes eingeholt, und sind z. Zt. beim Arbeitsgericht Ehingen Klagen anhängig. Dieser Pickelhaupt wird von dem französischen Offizier, dem das Werk unterstellt ist, gedeckt.

Wir sind in der Lage, aus Verwaltung und Wirtschaft noch ähnliche Fälle aufzuzeigen. Allgemein, sowohl in unseren politischen, wie auch in Gewerkschaftsversammlungen kommt die Unzufriedenheit über derartige Dinge offen zum Ausdruck. Diese erschwert nicht nur unsere gewerkschaftliche Aufbauarbeit, sondern die Aufbauarbeit von Wirtschaft und Verwaltung überhaupt. Wir würden es begrüßen, wenn insbesondere die unter französischer Verwaltung stehenden Betriebe als Musterbeispiel für eine durchgreifende Entnazifizierung angesprochen werden könnten.

Ganz allgemein würde von uns eine einheitliche Regelung mit genau umrissenen Vorschriften und den zu treffenden Sanktionen für alle 4 Zonen begrüßt werden. Allerdings fällt hier scharf ins Gewicht, dass unter Umständen die ganze Entnazifizierungsarbeit von vorn begonnen werden müsste. Es wären also Maßnahmen zu treffen, dass die ohne weiteres erkennbar Belasteten durch eine Rechtsordnung aus Verwaltung und Betrieben entfernt und erst nachträglich der neuen Überprüfung zugeführt werden müssten.

*Fleck*, Gewerkschaftsführer des Landesvorstandes der Gewerkschaften Süd-Württemberg:

In Rheinland/Hessen-Nassau liegen die Verhältnisse ähnlich wie in den anderen Provinzen, nur mit dem Unterschied, dass das Schwergewicht lt. Verordnung Nr. 24 bei den politischen Parteien liegt und nicht wie vorher bei den Gewerkschaften. Da die CDP[1] als politische Partei die stärkste gewesen ist, liegt die Hauptverantwortung bei dieser Partei. Es könnte z. B. möglich sein, dass bei der Koblenzer Elektrizitätsgesellschaft, der noch mehrere Betriebe angehören, führende aktive Nationalsozialisten heute noch Direktorenstellen bekleiden mit einem Jahresgehalt von 30–32.000 M., obwohl sie schon im Februar durch einen Säuberungsausschuss zur Entlassung vorgeschlagen worden sind.

Die Industrie- und Handelskammer erteilt Konzessionen für Geschäftseröffnungen an aktive Nazis und im Falle des Einspruchs von unserer Seite an deren Frauen.

Die Handwerkskammer hat einem schwer belasteten aktiven Nationalsozialisten die Genehmigung erteilt, sein Baugeschäft wieder zu eröffnen. Es ist der Bauunternehmer Kurt Kappus, Niederlahnstein bei Koblenz, was in der Bevölkerung große Empörung ausgelöst hat. Zusammenfassend wäre durch

---

1 Im Rheinland, in Westfalen und Rheinland-Pfalz trat die CDU zunächst unter diesem Namen auf. Vgl. Ute Schmidt: Die CDU, in: Stöss: Parteien-Handbuch, S. 490–660.

eine Zonenkonferenz der Gewerkschaften innerhalb der Französischen Zone ein einheitliches Arbeiten, auch auf dem Gebiete der Entnazifizierung gewährleistet.

*Hennen:* Entnazifizierung Hessen-Pfalz

Die Entnazifizierung der Beamten ist im wesentlichen abgeschlossen.

Ein politischer Säuberungsrat behandelt Einsprüche wegen zu milder oder zu harter Beurteilungen. Diese Entscheidungen sind von der Militärregierung noch nicht entschieden.

Örtlich ist auch die Entnazifizierung der Wirtschaft schon in Angriff genommen, aber oft unterbrochen durch zivile und militärische Stellen. In Pirmasens konnte z. B. die Kommission wochenlang nicht arbeiten, infolge solcher Unterbrechungen. Als unbefriedigend wird Langsamkeit der zentralen Entscheidungen empfunden. Die Zustimmungen der Militärbehörden erfolgen nur sehr zögernd. Gewerkschaftliche Wünsche auf Ernennung von Treuhändern werden nicht berücksichtigt. Als besonders krasser Fall ist Schuhfabrikant Phil. Rothaar, Waldfischbach, anzuführen. Dieser von allen Seiten geschützte Nazi geht nach wie vor in seinem Betrieb ein und aus.

Es fällt allgemein auf, dass sich die ehemaligen Nazigeschäftsleute und Nazibauern in bester Lage befinden, weil sie durch gegenseitigen Tausch lebenswichtiger Dinge einander helfen können und als erste ihre Häuser aufbauen.

*Ludwig:* Für alle 4 Provinzen kann gesagt werden, dass Teilbeschlüsse, wo die Säuberung schon tatsächlich vollzogen war, dadurch aufgehoben wurde, dass die betroffenen Personen, weil der französischen Sprache mächtig, neuerdings in guten Positionen bei der französischen Besatzungsbehörde in Dienst stehen, was allgemein als störend für alle weiteren Arbeiten sich auswirkt.

Schneider[2]

DOKUMENT 11f

## 16.–18. Dezember 1946: Vorlage Willi Richter (Wirtschaftspolitik). Wirtschaft ist nicht mehr Privatsache, sondern Angelegenheit der Gewerkschaft.

**DGB-Archiv im AdsD. Bestand Gewerkschaftsrat der vereinten Zonen. Abschrift, Maschinenschrift. 13/143-Interzonenkonferenzen.**

Wirtschaft ist nicht mehr Privatsache, sondern Angelegenheit der Gewerkschaft.

Nach zwei Weltkriegen, mit all ihren wirtschaftlichen, sozialen und kulturellen Folgen, steht das deutsche Volk vor einem Trümmerhaufen, wie er in der neueren Geschichte der Menschheit ohne Beispiel ist.

---

2  Ein Bericht über die Entnazifizierung in der US-Zone konnte nicht aufgefunden werden.

Seine Volkswirtschaft ist vernichtet, sein Volksvermögen stark reduziert und die Verbindungen mit der Weltwirtschaft sind abgeschnitten.

Wir leben in einer Wirtschaft, die keine Wirtschaft ist. Wir können nicht genug Boden bebauen, um davon leben zu können. Wir können nicht genug produzieren, um unseren Bedarf zu decken. Es fehlt an Ackerland für die Ernährung und an Rohstoffen und Arbeitskräften für die Produktion.

Die von der Arbeitnehmerbewegung in jahrzehntelangen Auseinandersetzungen mit der Reaktion bereits vor 1933 errungenen sozialpolitischen Regelungen aller Art sind auf ein Minimum herabgesunken, und dies ist noch gefährdet. Soweit noch für die Arbeitnehmerschaft nennenswerte kulturelle Einrichtungen wieder aufgebaut werden konnten, werden dieselben aus der wirtschaftlichen Konkursmasse erhalten. Die Aussichten sind gerade auf den beiden letztgenannten Gebieten sehr betrüblich. Auf dem Gebiet der gesamten Sozialpolitik und ebenso bei den kulturellen Maßnahmen ist zu beachten, dass der Inhalt und die Fortentwicklung gebunden sind an die wirtschaftlichen und geistigen Kräfte des jeweiligen gesellschaftlichen Lebens. Wir können keine noch so notwendigen Maßnahmen sozialer und erst recht nicht kultureller Art auf die Dauer erhalten und auch aufbauen, wenn nicht eine wirtschaftliche und gesellschaftliche Ordnung errichtet wird, die die Voraussetzungen gewährleistet.

Das sind Tatsachen, die erkannt werden müssen, um sie zu überwinden.

In dieser Situation müssen die Gewerkschaften, als die anerkannten und berufenen Vertreter der gesamten Arbeitnehmerschaft, handelnd eingreifen, darf nicht geduldet werden, dass die durch den Zusammenbruch und den Wiederaufbau entstandenen Lasten nur von der Arbeitnehmerschaft getragen werden. Die Lasten haben diejenigen zu tragen, die sie verursacht haben und die, welche die Mittel dazu haben.

Wir sind dem ganzen Volke gegenüber verantwortlich gemacht. Wir übernehmen diese Verantwortung. Wenn wir aber Verantwortung tragen, verlangen wir auch Mitbestimmung. Mitbestimmung auf allen Gebieten des gesamten wirtschaftlichen, sozialen und kulturellen Lebens unseres Volkes.

Mitbestimmungsrecht sowohl in den sozialpolitischen Fragen des Arbeitsverhältnisses, wie auch in Fragen des Produktionsprozesses des einzelnen Betriebs und in der gesamten Wirtschaft war bereits nach 1918 das Ziel schwerer wirtschaftlicher Kämpfe der verschiedenen Gruppen, welche diese wichtige Rechte errangen.

Unter diesen Gesichtspunkten waren besonders bedeutsam der Bergarbeiterstreik im mitteldeutschen Kohlengebiet anfangs März 1919 und der Angestelltenstreik in der Berliner Metallindustrie im April 1919.[1]

---

1 Seit Mitte Februar 1919 konstituierte sich im Ruhrgebiet eine umfassende Streikbewegung. Neben der Forderung nach einer neuen Arbeitszeitregelung bestand ein Hauptinteresse an der Sozialisierung der Betriebe, nach Bildung von Betriebsräten und nach einem Abbruch der Kämpfe im Ruhrgebiet. Generalstreik herrschte ab März 1919 auch in den mitteldeutschen Kohlerevieren. Im Mittelpunkt ihrer Forderungen stand die Bildung von Betriebsräten. Ihnen schlossen sich im März/April 1919 die Berliner Großbetriebe an. Daraufhin wurde zuge-

Die Durchführung des Mitbestimmungsrechtes erfordert Organe, die seine Träger sind, und Behörden, die, wenn die Organe sich nicht freiwillig zu einigen vermögen, für die Herbeiführung einer Vereinbarung zu sorgen haben.

Die Träger des Mitbestimmungsrechtes sind für das einzelne Unternehmen und für die Verwaltung die Betriebsräte.

Ein wahrhaft demokratisches Mitbestimmungsrecht der Betriebsräte setzt voraus, dass dieselben mitzuwirken haben in allen Betriebsangelegenheiten, und zwar sowohl in den sozialen, wie personellen und wirtschaftlichen Fragen. Dazu gehört auch, dass ihnen insbesondere weitgehendste Kontrollen eingeräumt werden und dass ihnen über alle Betriebsvorgänge Auskunft zu erteilen ist, sowie alle erforderlichen Unterlagen unterbreitet werden.

Während so das Mitbestimmungsrecht in den einzelnen Betrieben von den Betriebsräten wahrzunehmen ist, wird das Mitbestimmungsrecht in dem gesamten Wirtschaftszweig von der zuständigen Gewerkschaft wahrgenommen und für die gesamte Wirtschaft eines Landes, als ein Wirtschaftsgebiet, vor dem Landesgewerkschaftsbund.

Dadurch werden eventuell vorhandene egoistische Sonderinteressen von Betrieben oder Wirtschaftszweigen unterbunden und die Wirtschaft nach den Gesamtinteressen geleitet.

Die Gewerkschaften sind anerkannt als die Sachwalter der Arbeitskraft aller Arbeitnehmer und haben deshalb das sittliche Recht, innerhalb der Wirtschaft gleichberechtigt mit den Unternehmern und Verwaltungen an dem Wirtschaftsaufbau und der Wirtschaftsführung mitzuwirken. Zur Durchführung sind für die einzelnen Zweige der Wirtschaft und für die gesamte Wirtschaft die vorhandenen Institutionen, wie Industrie- und Handelskammern, Handwerkskammern, Landwirtschaftskammern usw., zu einer auf demokratischer Grundlage aufgebauten Wirtschaftskörperschaft umzugestalten.

Diese Institution sollte die gesamte Wirtschaft eines Landes umfassen, unterteilt nach Wirtschaftsbezirken und Branchen. Ihre Organe wären ein Landwirtschaftsrat mit Präsidium usw. Diese würden zu gleichen Teilen aus Vertretern der Gewerkschaften und Vertretern der Unternehmungen der privaten und öffentlichen Wirtschaft gebildet worden. Der Landwirtschaftsrat hätte insbesondere das Zusammenwirken der Arbeitnehmer und der Unternehmer durch ihre Vertretungen auf allen gemeinsamen Gebieten des Sozial- und Wirtschaftslebens zu fördern. Er sollte erstreben, durch Verhandlungen in wirtschaftlichen und sozialen Fragen eine gemeinsame Auffassung herzustellen. Weitere Aufgaben könnten ihm übertragen werden.

Damit würde die Grundlage der Selbstverwaltung der Wirtschaft und die Gestaltung und Lenkung der Wirtschaft verankert sein und gleichberechtigt von den Trägern der Wirtschaft, den Arbeitnehmern und Unternehmern wahrgenommen werden. Die Demokratisierung der Wirtschaft führt zur Beseitigung der auf dem Kapitalbesitz beruhenden Herrschaft über die Wirtschaft. Sie will die leitenden Organe der Wirtschaft umwandeln, damit dieselben

---

sichert, dass die Bildung von Betriebsräten per Verfassung verankert würde. Vgl. insgesamt Winkler: Arbeiterbewegung. 1918–1924, S. 159 ff.

160

nicht mehr Organe der kapitalistischen Interessen von Einzelnen sind, sondern Organe der Interessen der Allgemeinheit werden.

Aus all dem Vorstehenden geht zweifelsfrei hervor, dass die früheren und teilweise auch jetzt noch vorhandenen Regelungen keine Bestandsberechtigung mehr haben.

Die Arbeitnehmer waren früher und sind auch heute in ihren Gewerkschaften freiwillig organisiert zur Vertretung ihrer wirtschaftlichen und sozialen Interessen. Dieselben haben als Spitzenorganisation den Gewerkschaftsbund.

Die Unternehmer hatten früher ihre Wirtschaftsverbände, ihre Arbeitgeberverbände und ihre Industrie- und Handelskammern, oder Innungen und Handwerkskammern, oder Landwirtschaftskammern. In diesen Organisationen war die Mitgliedschaft zum Teil eine freiwillige, zum Teil zwingend angeordnet. Die Unternehmer haben heute ihre Wirtschaftsverbände, die auch »sozialrechtliche Arbeitsgemeinschaften« bilden, und ihre Industrie- und Handelskammern, oder Innungen und Handwerkskammern, oder Landwirtschaftskammern. Die Arbeitgeberverbände sollen nicht mehr errichtet werden; ihre Funktionen werden von den sozialrechtlichen Arbeitsgemeinschaften der Wirtschaftsverbände wahrgenommen. Die Kammern sind keine öffentlich-rechtlichen Körperschaften mehr, auch besteht keine Zwangsmitgliedschaft, und ihre Aufgaben sind eingeschränkt. Aber der aufmerksame Beobachter kann nicht behaupten, dass dadurch ihre Bedeutung und ihr Einfluss in Staat und Wirtschaft besonders gesunken wären. Ebenso ist feststehend, dass die Unternehmer zur Wahrnehmung ihrer Interessen zwei Organisationen in den Wirtschaftsverbänden und in den Kammern haben, während die Arbeitnehmer nur ihre Gewerkschaft haben.

Die Forderung der Arbeitnehmer und ihrer Gewerkschaften auf paritätische Zusammensetzung der Organe der Kammern und deren entsprechende Umgestaltung ist bekannt, und wird hoffentlich recht bald von den maßgebenden Stellen berücksichtigt werden.

Das nun schon seit Jahrzehnten immer wieder in Vordergrund der Geschehnisse tretende Verlangen der Arbeitnehmer und ihrer Gewerkschaften auf Mitbestimmung und somit Mitverantwortung auch in der Wirtschaft hat seine Grundlage in einem ethischen und wirtschaftlichen Verantwortungsbewusstsein der Massen.

Der Arbeitnehmer will nicht mehr nur als Arbeitnehmer an die Arbeitsstelle und an die Arbeitsaufgabe gebunden ohne Ausblick auf das wirtschaftliche Ganze zu sehen, seine Sachkunde und Erfahrung dafür fruchtbar zu machen und an der wirtschaftlichen Entwicklung mitzuschaffen. Es widersteht ihm, dass seine Arbeitskraft nur als Ware angesehen wird, dass er nur ein Produktionsmittel sein soll, sondern er will seinen Eigenwert auch als Mensch anerkannt wissen.

Das Eingreifen und Mitbestimmen der Gewerkschaften in das Getriebe des wirtschaftlichen Geschehens ist das Wesentliche der Demokratisierung der Wirtschaft. Hierdurch erwachsen neue Positionen, die nicht nur dem Gegenwartsinteresse der gesamten Arbeitnehmerschaft dienen, sondern zugleich auch die Keime einer gerechten, ökonomischen und gesellschaftlichen Organisation entwickeln.

In den Grundsätzen und Satzungen des Freien Gewerkschaftsbundes Hessen besagt der Artikel 7:

»Der Freie Gewerkschaftsbund Hessen ist der wesentlichste Träger der sozialen und wirtschaftlichen Neugestaltung. Seine wichtigste vornehmste und damit größte Aufgabe ist, mitzuwirken an der Überführung des individuell-kapitalistischen Systems in das gemeinschaftliche System. Diese Umgestaltung des Produktions- und Güterverteilungsprozesses ist das große Weltproblem.«

Willi Richter, US-Zone

DOKUMENT 11g

## 16.–18. Dezember 1946: Referat Schlimme: Das Mitbestimmungsrecht der Gewerkschaften und Betriebsräte in der deutschen Wirtschaft.

**SAPMO-BArch. Akte 2. Interzonenkonferenz in Hannover vom 18.–19. Dezember 1946. Protokoll, organisierte Vorbereitung und Durchführung. Maschinenschrift. DY 34/22972.**

Das Mitbestimmungsrecht der Gewerkschaften und Betriebsräte in der deutschen Wirtschaft.

Berichter: Hermann Schlimme, Berlin[1]

Ausgangspunkt ist die Erkenntnis, dass das Wohl der Arbeiter nur durch die Sicherung des Friedens, der Freiheit und Demokratie garantiert wird, wenn die Gewerkschaften den Aufbau neuer demokratischer Wirtschaftsformen unmittelbar beeinflussen. Die beiden Weltkriege haben dem deutschen Volke klar gezeigt, dass die zum Kriege treibenden Kräfte in Wirtschaft und Gesellschaft die Besitzer der Produktionsmittel, die Junker, die Monopolkapitalisten und Konzernherren in Deutschland waren. Auch der zweite Weltkrieg ist verursacht worden durch die kapitalistische Überproduktion und einen entsprechenden Unterverbrauch. Mehr als 6 Millionen Arbeitslose in Deutschland hungerten bei vollen Scheunen. Die Herrschaft des Faschismus in Deutschland war nur möglich durch die finanzielle Unterstützung der Monopolkapitalisten und Monopolherren auch aller reaktionärer Kreise, die sich gegen die aufstrebende Arbeiterklasse verschworen hatten. Inwieweit die Herren der internationalen Hochfinanz Hitler materiell unterstützt haben, beweist u. a.

---

1 Schlimme folgte hier der Position des FDGB-Bundesvorstandes, die auch in Form von »Schulungs«-Broschüren verbreitet wurde. Mit »Wirtschaftsdemokratie statt Gewerkschaftseinheit« war ein entsprechender Passus in einer FDGB-Broschüre vom Juli 1946 überschrieben. Vgl. Lehren aus der Gewerkschaftsbewegung, S. 18 ff.

ein Aufsatz über die Persönlichkeit des im Jahre 1939 verstorbenen Sir Henri Deterding, des Leiters der Royal Dutch Shell, in der Shell-Post, Jahrgang 11, vom 1. März 1939, wo es auf Seite 24 heißt:

»Am 1. Januar 1937 legte Deterding sein Amt als Generaldirektor des Shell-Konzerns nieder und verlegte seinen Wohnsitz nach Deutschland auf das mecklenburgische Gut Dobbin, das zu dieser Stunde seine sterbliche Hülle aufnimmt. [...] Er war ein aufrichtiger Verehrer der deutschen Nation und ihres großen Führers. Unter Verzicht auf jede Verwertung in der Öffentlichkeit stellte er in großzügiger Form aus seinen persönlichen Mitteln dem Winterhilfswerk Lebensmittel und landwirtschaftliche Produkte im Werte von vielen Millionen Gulden zur Verfügung und förderte darüber hinaus durch beträchtliche Stiftungen ländliche Siedlungen und andere soziale Vorhaben. Er war aus weltanschaulichen Gründen ein unversöhnlicher Feind des Bolschewismus und erkannte schon zu Beginn der nationalsozialistischen Entwicklung in Deutschland die enormen, in dieser Bewegung liegenden Kräfte des Aufbaues durch einheitliche Konzentration aller Kräfte.«

Als Dank für diese weitgehende materielle Unterstützung bereitete Hitler seinem Freunde Deterding ein Staatsbegräbnis, an dem die politischen Leiter der NSDAP mit dem Reichsstatthalter an der Spitze und zahlreiche ausländische Aristokraten teilnahmen. Offiziere der Luftwaffe überbrachten den letzten Gruß des General-Feldmarschalls Göring, und der Reichsminister Hilgenfeld legte den Kranz des Führers nieder und sagte:

»Im Namen und im Auftrag des Führers und Reichskanzlers Adolf Hitler grüße ich in Dir, Heinrich Deterding, den großen Freund der Deutschen.«

Inzwischen ist vor dem Weltgerichtshof in Nürnberg durch zahlreiche Dokumente die Zusammenarbeit zwischen den verantwortlichen Führern der deutschen Wirtschaft und der Nazi-Führung hinreichend belegt worden.

Bereits nach dem ersten Weltkrieg war der Führung der deutschen Freien Gewerkschaft klar geworden, dass der Krieg geradezu automatisch als rettende Institution aus der kapitalistischen Wirtschaftskrise eingeschaltet werden will, wenn es nicht gelingt, auf menschliche Weise mit diesem Problem fertig zu werden. Sie haben sich deshalb auf allen Kongressen der Gewerkschaften seit 1919 mit der Demokratisierung der Wirtschaft beschäftigt. Insbesondere der Kongress des Allgemeinen Deutschen Gewerkschaftsbundes behandelte 1928 in Hamburg die »Wirtschaftsdemokratie, ihr Wesen, Weg und Ziel«[2] und gab dazu ein besonderes Werk, betitelt »Wirtschaftsdemokratie«[3], heraus.

2  Schon zuvor hatte der spätere Reichsfinanzminister Hilferding auf dem Parteitag der SPD in Kiel 1927 ausgeführt: »Jetzt stellen sich die Gewerkschaften selbst immer mehr andere Aufgaben, nicht mehr nur die Beeinflussung des Staates auf sozialpolitischem Gebiet, sondern jetzt sind die herrschenden Prinzipien in der gewerkschaftlichen Bewegung der Kampf um die Betriebsdemokratie und der Kampf um die Wirtschaftsdemokratie. Die Wirtschaftsdemokratie ist die Unterordnung der wirtschaftlichen Privatinteressen unter das gesellschaftliche Interesse; Betriebsdemokratie ist die Aufstiegsmöglichkeit zur Leitung des Betriebes für den einzelnen je nach seinen Fähigkeiten.« Sozialdemokratischer Parteitag 1927, S. 77. Zum ADGB-Kongress 1928 in Hamburg, vgl. Gewerkschaftszeitung, Nr. 29, 21.07.1928, Nr. 37, 15.09.1928, Nr. 22, 22.09.1928.
3  Vgl. Wirtschaftsdemokratie.

163

Die Forderung nach dem Mitbestimmungsrecht der Gewerkschaften und Betriebsräte wurde im Januar/Februar 1919 durch den mitteldeutschen Generalstreik in Verhandlungen in der Weimarer Nationalversammlung durchgesetzt. Unter Führung des damaligen preußischen Ministers für Handel und Gewerbe, Otto Hué, wurden in Gemeinschaft mit Vertretern der Gewerkschaften Richtlinien über das Mitbestimmungsrecht der Arbeiter in den mitteldeutschen Bergbaubetrieben festgelegt, die später, im Februar 1920, den deutschen Reichstag veranlassten, das Betriebsrätegesetz zu schaffen. Kurze Zeit darauf wurde in einem besonderen Gesetz die Mitwirkung der Betriebsräte im Aufsichtsrat festgelegt. Gegen das wirtschaftliche Mitbestimmungsrecht der Arbeiterklasse wurde bis zum Jahre 1933 ein festgesetzter Kampf durch die Unternehmerorganisationen öffentlich und geheim geführt, denn die Demokratisierung der Wirtschaft bedeutete die schrittweise Beseitigung der Herrschaft, die sich auf dem Kapitalbesitz aufbaut, und die Umwandlung der leitenden Organe der Wirtschaft aus Organen der kapitalistischen Interessen in solche der Allgemeinheit. Unter dem Druck der aufstrebenden Gewerkschaftsbewegung wurde im Artikel 165 der Weimarer Verfassung die Mitwirkung der Gewerkschaften insoweit festgelegt, dass neben den Betriebsräten, Bezirkswirtschaftsräte, ein Reichsarbeiterrat und ein Reichswirtschaftsrat geschaffen werden, die an der Durchführung der Sozialisierungsgesetze mitarbeiten sollten. Reichsarbeiterrat, Reichswirtschaftsrat und Bezirkswirtschaftsräte wurden jedoch niemals gebildet, weil die bürgerlichen Mehrheiten in den verschiedenen Reichstagen eine gesetzliche Regelung verhinderten. Durch Verordnung vom Mai 1920 wurde nur der vorläufige Reichswirtschaftsrat geschaffen, der sich aus 125 Arbeitgeber-, Arbeitnehmer- und 75 Vertretern der freien Berufe, der Reichsregierung usw. zusammensetzte.

Der Kampf der Unternehmer gegen die Sozialisierungsbestrebungen wurde in einer Entschließung im November 1926 von sämtlichen Spitzenverbänden der Unternehmer unterstrichen, in der es heißt:

»Das private Eigentum ist die Grundlage unseres ganzen Kulturlebens. Dem geschichtlichen Werden unserer Wirtschaft und der Eigenart unseres Volkes, welches das Privateigentum und das Recht des einzelnen zur freien und selbständigen Betätigung in Industrie, Landwirtschaft, Handel und Gewerbe zu seinen höchsten Gütern zählt, entspricht es, dass Deutschlands Wirtschaft wesentlich Privatwirtschaft ist.«

Der wirtschaftliche Zusammenbruch Deutschlands nach der Inflation hat dazu geführt, dass das Reichsschuldbuch[4] im Jahre 1924 geschlossen wurde. Die deutschen Sparer hatten durch die Inflation alle Ersparnisse verloren, aber die besitzende Klasse hatte sich rechtzeitig in Sachwerte geflüchtet. Die Konzentrationsbewegung führte sehr schnell zur Bildung von Großunternehmungen, zur Verflechtung von Unternehmergruppen zu Konzernen auf allen Gebieten der deutschen Industrie und damit zur Marktbeherrschung. Nach einer amtlichen Statistik gab es bereits am 31. Oktober 1927 wieder 12.008 Aktiengesellschaften mit einem Nominalkapital von rund 18 Milliarden Goldmark. Davon waren 2.106 Aktiengesellschaften mit einem Ka-

---

4  Vgl. Feldman: Inflation.

pital von rd. 11 Milliarden in Konzernen verbunden. Eine Vorstellung von der Marktbeherrschung dieser Trustgebilde und von ihrer Machtstellung in der gesamtdeutschen Wirtschaft hat das deutsche Volk in der Phase des Faschismus erfahren und ihre Auswirkungen in der zweiten Weltkatastrophe kennengelernt.

Die Entwicklung der Kartelle, Syndikate und Konzerne in Deutschland führte schon vor dem ersten Weltkrieg zu internationalen Verflechtungen, so z. B. entstand schon vor 1914 das Kontinental-Europäische Rohstahl-Kartell, das Internationale Kartell der Glühlampenindustrie, das Europäische Aluminiumsyndikat, das Internationale Kupferwelthandelssyndikat, das Europäische Schienenkartell u. a. Die internationale Verfilzung ist bis zum Ausbruch des zweiten Weltkrieges und vor allem während des zweiten Weltkrieges deutlich geworden. Die Faschisten in allen Ländern Europas und Japans waren zugleich Träger der Großindustrie und der Hochfinanz.

Die Gewerkschaften haben, aus den Erfahrungen zweier Weltkriege belehrt, aus dieser Entwicklung die Schlussfolgerung gezogen und in Deutschland die Gewerkschaftseinheit geschaffen. Das Mitbestimmungsrecht und damit die Mitverantwortung für die Gestaltung und Lenkung der deutschen Wirtschaft ist die Voraussetzung für die Mitarbeit der Gewerkschaften auf wirtschaftspolitischem Gebiet. So verlangten die Gewerkschaften in Groß-Berlin und für die russisch besetzte Zone in Verfolg der am 2. August 1945 gefassten Potsdamer Beschlüsse[5] zur Sicherung des Friedens und der demokratischen Entwicklung:

a) Säuberung der Betriebsleitungen von Kriegsverbrechern, Mitgliedern der NSDAP und ihre Gliederungen und anderen und anderen Kriegsinteressenten. Übereignung dieser Betriebe an die Landes- bzw. Provinzial- oder Stadtverwaltungen.

b) Schließung der Großbanken in allen Gebieten Deutschlands und Übernahme der Banktätigkeit durch die Provinzial- und Landesbanken (später Zentralbank) und solche Privatbanken für einzelne Gebiete, die dem Handwerk, Gewerbe und den landwirtschaftlichen Genossenschaften dienen.

c) Liquidierung der Konzerne sowie der Kartell- und Unternehmer-Organisationen. Übernahme der Konzernbetriebe, soweit sie nicht den Besatzungsbehörden unterstehen, durch die Landes-, Provinzial- oder Stadtverwaltungen.

Der Freie Deutsche Gewerkschaftsbund Groß-Berlin hat in seiner ersten Betriebsrätevollversammlung im November 1946 beschlossen, die entschädigungslose Enteignung der Betriebe der Kriegsverbrecher und Nazi-Aktivisten in einer Gesetzesvorlage an die Stadtverordneten-Versammlung in Berlin zu fordern. Die Sozialistische Einheitspartei und die Sozialdemokratische Partei in Groß-Berlin haben ähnlich lautende Anträge an die am 20. Oktober 1946 neu gewählten Stadtverordneten-Versammlung eingereicht und am 5. Dezember 1946 übergab der Vorstand des FDGB Groß-Berlin zwei Gesetzent-

---

5 Damit interpretierte Schlimme die Potsdamer Übereinkunft im Sinne der SED und der FDGB-Führung. Vgl. Deuerlein: Quellen.

würfe über die entschädigungslose Enteignung und für die Verwaltung der enteigneten Betriebe, die wir in besonderer Anlage folgen lassen.

Da die neu gewählte Stadtverordnetenversammlung eine sozialistische Mehrheit von fast 70 Prozent der Mandate besitzt, ist die Annahme der Gesetzesvorlage wahrscheinlich. Vom vollen Mitbestimmungsrecht der Gewerkschaften und der Betriebsräte ist die Lösung und Überwindung aller Probleme für den friedlichen Neuaufbau der Wirtschaft abhängig. Die Gewerkschaften fordern daher das volle Mitbestimmungsrecht bei allen Produktionsaufgaben in den bestehenden Organen der Wirtschaft. In den Handwerkskammern und Industrie- und Handelskammern ist ihre Mitarbeit unerlässlich. Die vorläufige Handwerkskammer in Berlin als Vertretung der 53 Handwerksinnungen hat zugestimmt, dass in allen Organen, beginnend beim Präsidium der Kammer bis zu den Innungen, 30 Prozent Arbeitervertreter, von den Gewerkschaften benannt, mitwirken dürfen. Der Entwurf für die Neubildung der Industrie- und Handelskammer liegt seit Mai 1946 der Alliierten Kommandantur vor und sie verlangt die paritätische Mitarbeit der Gewerkschaften in allen Organen der Kammer. Bis zur Verabschiedung dieser Vorlagen arbeiten Vertreter der Gewerkschaften in allen wirtschaftspolitischen Ausschüssen des Magistrats der Stadt Berlin aktiv mit. Im Kampf gegen den Preiswucher sind in jedem Verwaltungsbezirk Berlins Preisausschüsse und Preisstrafausschüsse gebildet, in denen neben dem polizeilichen Gewerbeaußendienst Hunderte ehrenamtlicher Funktionäre der Gewerkschaften (Männer und Frauen) bei der Kontrolle der Preise und Festsetzung der Strafen mitwirken.

In den Entnazifizierungskommissionen der 20 Verwaltungsbezirke von Groß-Berlin wirken die Vertreter der Gewerkschaften mit. Es sind Bestrebungen im Gange, diese Aufgaben den politischen Parteien zu übertragen. Die Erfahrungen der Gewerkschaftsfunktionäre sind in einem gesonderten Exposé niedergelegt und werden dem Präsidium des Weltgewerkschaftsbundes überreicht.

In der russisch besetzten Zone sind die Syndikate und Kartelle aufgelöst und ihr Besitz an Bergwerken und sonstigen mobilen und immobilen Werten ist den Selbstverwaltungsorganen der Gemeinden, Provinzen oder Länder übertragen. In den Handwerkskammern und in den Handwerkslieferungsgenossenschaften sind die Vertreter der Gewerkschaften an den Verwaltungen beteiligt.

Für die Mitwirkung der Betriebsräte bei der Gestaltung der Produktion, bei der Kalkulation und Warenverteilung, bei der Einstellung, Entlassung, Versetzung und Beförderung der Arbeiter und Angestellten haben die Gewerkschaften in Groß-Berlin Muster für Betriebsordnungen ausgearbeitet, die teilweise erst durch Streiks in den Betrieben durchgesetzt werden konnten. Es ist der Wille der Gewerkschaften, den Missbrauch der wirtschaftlichen Vormachtstellung, wie er sich in der faschistischen Ära und im Ablauf des Zweiten Weltkrieges in so grausamer Weise vor aller Welt offenbart hat, nie wieder sich entfalten zu lassen. Die Durchsetzung des Mitbestimmungsrechtes in ganz Deutschland ist eine zwingende Notwendigkeit, die Niederlegung der Zonengrenzen die Voraussetzung für die Überwindung der faschistischen Ideologie, der dauernden Vernichtung des deutschen Militarismus und Imperialismus, für die Sicherung der Demokratie in Wirtschaft und Staat.

Die Gewerkschaften fordern eine Planung der Wirtschaft, wie sie in der sowjetisch besetzten Zone in Angriff genommen ist. Die Schaffung von Wirtschaftskammern und ihre Einbeziehung der Handwerks- und Industrie- und Handelskammern werden von den Gewerkschaften nicht abgelehnt. Die Gewerkschaftsfunktionäre können ihre Aufgaben nur erfüllen, wenn sie sich das geistige Rüstzeug erwerben, das sie befähigt, die gesellschaftliche Entwicklung richtig einzuschätzen und den weiteren Gang der Entwicklung vorauszusehen. Der Schutz der Arbeitskraft aller Werktätigen bei Krankheit, Unfall, Alter und Invalidität bleibt die Hauptaufgabe der Gewerkschaften. Sie haben deshalb für Groß-Berlin aus 156 verschiedenen Orts-, Betriebs-, Innungs- und anderen Kassen eine einheitliche Versicherungsanstalt geschaffen, die bei gleichen Beiträgen wesentlich höhere Leistungen vollbringt, als die deutschen Krankenkassen je geleistet haben. Die Gewerkschaften beseitigten mit Zustimmung der Alliierten Behörden die Berufsgenossenschaften und ähnliche überflüssige Einrichtungen und sicherten trotzdem allen Unfallgeschädigten den sozialen Schutz.

Die Gesundung der deutschen Wirtschaft, die Sicherung des Friedens und der Demokratie liegt in der Überwindung der einseitigen Vorherrschaft der kapitalistischen Wirtschaft und ihrem politischen Einfluss auf die faschistisch orientierten Regierungen. Alle Versuche der Gewerkschaften, Wirtschaftskrisen zu heilen, haben sich in den verflossenen Jahrzehnten als unmöglich erwiesen. Die Wissenschaft hat bisher nur Argumente geliefert für die Interessen der Kapitalmächte, die nur darauf hinausliefen, durch Produktionseinschränkungen, Preisstabilisierungen und Subventionen die Kapitalherrschaft aufrecht zu erhalten. Auch das Exportfieber gehörte in den Komplex der Beherrschung der Wirtschaft, es war die Triebfeder für den militaristischen Imperialismus. Die kapitalistische Produktion kennt nur einen Zyklus in der Reihenfolge: Konjunktur – Krise – Weltkrise – Weltkrieg! Von der privatkapitalistischen Seite her lässt sich die Überproduktion und Wirtschaftskrise nicht heilen, lassen sich weder Vollbeschäftigung noch wachsender stabiler Konsum und ein durchbluteter Wirtschaftskreislauf regeln.

Die deutsche Wirtschaft hat ein Drittel ihrer Bodenfläche verloren, 30 Prozent ihrer industriellen Kapazität sind erhalten geblieben. Die handwerkliche Fertigung überwiegt und verteuert jede Produktion, die Währung ist völlig zerrüttet, die Schuldenlast ins Gigantische gestiegen. Die Zahl der Kriegsopfer wird auf 8 Millionen Tote geschätzt, die Zahl der Kriegsversehrten und Flüchtlinge geht in die Millionen. So stehen die deutschen Gewerkschaften vor einer schier unlösbaren Aufgabe. Sie zu lösen ist nur möglich durch die Einheit der Gewerkschaften und in gemeinsamer Arbeit mit einer sozialistisch orientierten Staatsführung, die beide begreifen, dass der Krieg als der größte Ausbeuter und Vernichter aller Werte zugleich der Schöpfer neuer Krisen und damit neuer Kriege sein muss. Das ist das Problem aller Probleme, dass zu einer sozialen Lösung durchgekämpft werden muss!

167

Dokument 11h

## 16.–18. Dezember 1946: Vorlage Bildung einer Arbeitsgemeinschaft der Gewerkschaften mit Sitz in Frankfurt am Main (Richter).

SAPMO-BArch. Akte 2. Interzonenkonferenz in Hannover vom 18.–19. Dezember 1946. Protokoll, organisatorische Vorbereitung und Durchführung. Maschinenschrift. DY 34/22972.

Die Vertreter der Gewerkschaften der Zonen Deutschlands haben in ihrer am 18. und 19. Dezember 1946 in Hannover tagenden dritten[1] Interzonenkonferenz folgendes beschlossen: Durchdrungen[2] von dem Wunsche, eine freie demokratische Gewerkschaftsbewegung den deutschen Verhältnissen entsprechend neu aufzubauen, und von der Erkenntnis ausgehend, dass nur eine starke Gewerkschaftsbewegung bei all den großen Problemen auf den Gebieten der Wirtschaft und des sozialen und kulturellen Lebens im Interesse aller Beteiligten entscheidend mitwirken kann, wird zur Vorbereitung und Durchführung aller erforderlichen Maßnahmen eine Arbeitsgemeinschaft der Gewerkschaften (AdG) gebildet.[3]

a) Die Arbeitsgemeinschaft der Gewerkschaften besteht aus je vier bis sechs Vertretern der Gewerkschaften der einzelnen Zonen. Sie gibt sich ihre Geschäftsordnung selbst und fasst ihre Beschlüsse einstimmig.[4]

b) Die Arbeitsgemeinschaft der Gewerkschaften hat einen Vorstand.[5] Derselbe besteht aus der gleichen Zahl von Vertretern der einzelnen Zonen. Er fasst seine Beschlüsse einstimmig.[6]

c) Die Arbeitsgemeinschaft errichtet ein Büro.[7] Das Büro wird mit geeigneten Persönlichkeiten aus der Gewerkschaftsbewegung für die einzelnen Sachgebiete besetzt.

---

1  Während die Vertreter des WGB von der »zweiten« Interzonenkonferenz sprachen und die Vertreter des FDGB dieser Zählweise gefolgt sind, hat Richter die Frankfurter Konferenz stets mitgezählt, so dass aus seiner Sicht Hannover die Austragung der dritten Konferenz brachte. Die unterschiedliche Zählung der beiden »Lager« beginnt mit den Dokumenten über die Hannoveraner Konferenz.

2  Dieser Topos unterstreicht den Grundsatzcharakter des folgenden Textes. Dasselbe Wort steht am Anfang des Düsseldorfer Grundsatzprogramms des DGB von 1963, das noch unter Richters Einfluss entstand. Ebenso leitet es das Grundsatzprogramm von 1981 ein.

3  Das Kürzel »AdG« war historisch mit »Auslandsvertretung deutscher Gewerkschaften« belegt. Sie entstand 1935 in der Tschechoslowakei unter Heinrich Schliestedt. Nach dessen Tod (1938) übernahm Fritz Tarnow in Stockholm die Leitung der »AdG«. Vgl. Röder: Exilgruppen, S. 54 ff.

4  Die letzten fünf Wörter sind von Richter durchgestrichen.

5  In der Vorlage wurde »Vorstand« durchgestrichen und durch »Ausschuss« ersetzt.

6  Dieser Satz wurde handschriftlich nachgetragen.

7  Schon auf der Frankfurter Konferenz hatte Richter von der Notwendigkeit einer »Gewerkschaftszentrale« (Dok. 5) bzw. einer »Zentralstelle« gesprochen. Er verlas auch den Antrag Vollmerhaus' auf »Einsetzung eines Organisationsausschusses« (Ebenda).

d) Das Büro hat die Maßnahmen und Tagungen vorzubereiten und die Beschlüsse durchzuführen. Dies gilt sowohl für Angelegenheiten, die zwei oder mehrere Zonen betreffen.

e) Der Sitz des Büros ist Frankfurt am Main.

f) Die Kosten für das Büro werden von den Gewerkschaften der Zonen anteilmäßig getragen.

DOKUMENT 12

# 10. Januar 1947: Bericht der Gewerkschaften über den Stand der Entnazifizierung in den vier Besatzungszonen Deutschlands.

**DGB-Archiv im AdsD. Bestand Gewerkschaftsrat der vereinten Zonen. Maschinenschrift. 13/143-Interzonenkonferenzen.**

Bericht der Gewerkschaften über den Stand der Entnazifizierung in den vier Besatzungszonen Deutschlands

1. Unbeschadet dessen, dass einzelne Zonenberichte befriedigende Teilergebnisse in der nach unterschiedlichen Methoden durchgeführten Entnazifizierung nachweisen, bleibt der allgemeine Eindruck der, dass der durch die Berichte nachgewiesene Stand der Entnazifizierung durchaus nicht befriedigen kann.

2. Der Grund zu dieser Tatsache liegt zur Hauptsache darin, dass die Besatzungsmächte aller vier Zonen durchaus eine sehr unterschiedliche Durchführung der Entnazifizierung veranlasst und gefördert haben. Die Mitwirkung deutscher Stellen war zur Hauptsache an die Auffassungen und Anordnungen der Besatzungsmächte gebunden.[1]

3. Die unterschiedliche Handhabung der Entnazifizierung in den vier Zonen gestattet es auch heute noch den begüterten Nationalsozialisten, dem Entnazifizierungsverfahren innerhalb der Zonen immer wieder auszuweichen.

4. Das Entnazifizierungsgesetz der Amerikanischen Zone bietet die beste Möglichkeit zur Erfassung aller am Nationalsozialismus beteiligten Personen. Die Erfassungsbestimmungen dieses Gesetzes müssten deshalb in allen vier Zonen gleichmäßig zur Anwendung kommen.

5. Es erscheint nach den bisherigen Erfahrungen als durchaus zweckmäßig, wenn das Verfahren der Entnazifizierung für jeden Betroffenen unbedingt dort erfolgt, wo er während der Zeit des nationalsozialistischen Regimes gelebt und gewirkt hat.

6. Die Tatsache von Fehlentscheidungen in Einzelfällen ergibt sich im Wesentlichen einerseits aus anfänglich personellen Unzulänglichkeiten der

---

1  Siehe dazu die Einleitung.

Spruchkammerpraxis und andererseits aus dem Umfange des sachlichen Auf-
gabengebietes der Spruchkammerbehörden. Die Bewertung der vielseitigen
Belastungsmerkmale ist nicht allseitig besonders zu Beginn der Entnazifizierungsverfahren einheitlich gewesen (siehe Anwendung des Gesetzes Nr. 8 und
der Direktive 24). Die Aufzählung von Fehlentscheidungen in Einzelfällen
berechtigt deshalb nicht zu der Schlussfolgerung, dass die verantwortlichen
und aktiven Nationalsozialisten von den deutschen Behörden geschützt werden.

Vielfach sind Fehlentscheidungen durch öffentliches Eingreifen von den
deutschen Stellen überprüft und richtig gestellt worden. Es muss erreicht
werden, dass jeder deutsche Bürger im Besitz eines Ausweises über seine
erfolgte Entnazifizierung ist.

7. In der Amerikanischen Zone sind die Vermögensbestände aller belasteten
Personen beschlagnahmt. Ihre industriellen und wirtschaftlichen Betriebe
werden, soweit sie keine ausdrückliche Genehmigung der Militärregierung
für ihre weitere geschäftliche Tätigkeit erhalten haben, durch Treuhänder verwaltet. Diese wurden fast durchweg von der amerikanischen Militärregierung
eingesetzt. Der Einfluss und die Kontrolle der Militärregierung sind durch
die vor einiger Zeit erfolgte Unterstellung der treuhänderischen Vermögens-
verwaltung unter die deutschen Finanzbehörden durchaus nicht völlig ausgeschaltet. Die Beratungen über eine gesetzliche Regelung der treuhänderischen Verwaltung in der US-Zone sind noch nicht abgeschlossen. Deutsche
Behörden haben bisher auf die Verwendung und Eigentumsrecht beschlag-
nahmter mobiler und immobiler Vermögenswerte keinen Einfluss gehabt.
Die Entziehung der Geschäftsführung aus Gründen der Entnazifizierung ist
in der Amerikanischen Zone nicht gleichbedeutend mit der Beschlagnahme
von Betrieben oder der gesperrten Vermögenswerte. Im Gegensatz zu diesem
Verfahren sind in der Russischen Zone, soweit nicht ein Enteignungsakt zugunsten des russischen Staates und für Reparationszwecke erfolgt ist, alle unter Sequester stehenden Betriebe der Selbstverwaltung und der Ausnutzung
staatlicher oder kommunaler Behörden unterstellt. In der Englischen und
Französischen Zone werden die Treuhänder durch die Besatzungsbehörden
bestellt bzw. bestätigt.

Diese sehr unterschiedlichen Methoden im Rahmen aller Entnazifizierungsmaßnahmen müssen zur Folge haben, dass sich ein wirtschaftlicher Zustand
herausbildet, der sich immer mehr von einer einheitlichen Entwicklung und
Struktur der deutschen Volkswirtschaft entfernt und auch abträgliche wirtschaftliche Erscheinungen auslösen wird.

8. Ohne die Notwendigkeit und Bedeutung gesetzlicher Entnazifizierungsmaßnahmen einschränken zu wollen, muss grundsätzlich hervorgehoben
werden:

Den Nationalsozialismus in Deutschland allein durch Strafmaßnahmen überwinden zu wollen, ist unmöglich. Alle diese Maßnahmen haben nur einen
politisch begrenzten Wert. Der neue demokratische Staat wird beweisen
müssen, dass er in seiner Ideologie und in seiner politischen, wirtschaftlichen

und sozialen Lebensform sowie in seiner gesamten gesellschaftlichen Praxis überzeugend besser ist, als die Diktatur der Nationalsozialisten.

Die Erziehung der Jugend sowie das Erreichen einer völlig neuen geistigen und politischen Gesinnung und Haltung der vom Nationalsozialismus beeinflusst gewesenen Menschen und muss deshalb in den Vordergrund der Entnazifizierung gestellt werden. Die Gewerkschaften verlangen scharfe Sühnemaßnahmen für die Hauptschuldigen und Belasteten. Sie befürworten eine mildere Beurteilung all derjenigen, die durch ihr Verhalten während der Zeit der nationalsozialistischen Herrschaft und nach dem Zusammenbruch eine Haltung gezeigt haben, die sie als Mitläufer kennzeichnet und die erkennen lässt, dass sie für einen demokratischen Aufbau Deutschlands die gesinnungsmäßigen Voraussetzungen erfüllen oder aus eigener Initiative diese Mitwirkung bereits bewiesen haben. Es erscheint den Gewerkschaften als politisch gebotenes Erfordernis, die Gewinnung solcher Menschen für den neuen demokratischen und sozialen Staat zu fördern.

9. Den Vertretern des Weltgewerkschaftsbundes ist zu empfehlen, bei ihrer Untersuchung in Deutschland den Entnazifizierungsminister unter Hinzuziehung von Gewerkschaftsvertretern zu besuchen.

Frankfurt am Main, den 10. Januar 1947
Amerikanische Zone: Markus Schleicher
Britische Zone: Werner Hansen
Französische Zone: Matthias Schneider
Russische Zone: Hans Jendretzky.

DOKUMENT 13

## 11. Januar 1947: Entschließung (einer Vier-Zonen-Kommission) zur Sozialversicherung.

**DGB-Archiv im AdsD. Bestand DGB Britische Zone. Maschinenschrift. 5/DGAC 000007.**

Nach dem in der dritten[1] Interzonenkonferenz der Vertreter der Gewerkschaften der Zonen Deutschlands am 18. und 19. Dezember in Hannover gefassten Beschluss[2] haben die Vertreter der Gewerkschaften der Zonen über Sozialversicherungsfragen in ihrer Sitzung am 11. Januar 1947 zu Frankfurt am Main zur Neuregelung der deutschen Sozialversicherung Stellung genommen. In dieser Sitzung wurde beschlossen:

---

1   Hier wird in einem von allen vier Zonen akzeptierten Dokument einer Zählung gefolgt, die der später umstrittenen Auffassung entspricht, dass die Reihe der offiziellen Interzonenkonferenzen der Bünde mit der Frankfurter Konferenz begann. Vgl. dazu auch: Dok. 11h Anm. 1.

2   Siehe Dok. Nr. 11a. Demnach war die Kommission mit je einem Vertreter aus jeder Zone besetzt und mit besonderer Vollmacht ausgestattet, selbstständig eine gemeinsame Erklärung zu formulieren und den zuständigen Stellen zu übermitteln.

I. Die Neuregelung der deutschen Sozialversicherung in einem einheitlichen Sozialversicherungsgesetz für Krankheit, Erwerbsunfähigkeit und Alter sowie Erwerbsminderung (Unfall) vorzunehmen. Träger dieser Sozialversicherungen sollen für die Länder bzw. Provinzen gebildete Landesversicherungsanstalten, unterteilt in Bezirksstellen usw., sein. Zwischen den einzelnen Trägern ist für einen zweckentsprechenden Lastenausgleich eine zu schaffende Stelle vorzusehen. Sonderanstalten für einzelne Unternehmungen und Arbeitnehmergruppen sollen nicht geschaffen werden. Die Aufgaben der Landesversicherungsanstalten und ihrer Bezirksstellen sollen durch die Selbstverwaltung der Versicherten wahrgenommen werden. An Organen zur Durchführung der Selbstverwaltung sind zu bilden:

a) bei der Landesversicherungsanstalt ein Verwaltungsrat und Vorstand;

b) bei den Bezirksstellen ein Verwaltungsausschuss und Vorstand.

Die Vertreter der Versicherten werden auf Vorschlag der Gewerkschaften von den Versicherten und die der Unternehmer auf Vorschlag der Unternehmervereinigungen von den Unternehmern gewählt. Unter Aufrechterhaltung unserer grundsätzlichen Forderung auf volle Selbstverwaltung durch die Versicherten, sind wir damit einverstanden, dass in den Organen die Versicherten zwei Drittel und die öffentlichen und privaten Unternehmungen ein Drittel der Vertreter stellen.[3]

Zu dem Versichertenkreise müssen aus sozialrechtlichen und sozialethischen Gründen

a) alle Arbeitnehmer (Arbeiter, Beamte und Angestellte) in der Verwaltung, der gewerblichen Wirtschaft, der Land- und Forstwirtschaft, und zwar sowohl der ständig als auch der unständig Beschäftigte gehören;

b) alle selbständig erwerbstätigen Personen und ihre mithelfenden Familienmitglieder;

c) alle Unternehmer und ihre mithelfenden Familienmitglieder.[4]

Die Mittel für die Sozialversicherung sind durch Beitragsleistungen aufzubringen.

Der Beitrag darf einschließlich der Arbeitslosenversicherung und -vermittlung insgesamt nicht über 20 Prozent unter Zugrundelegung eines Höchstbetrages von jährlich RM 7.200 betragen. Von diesen 20 Prozent sind 16–17 Prozent für die Sozialversicherung ausschließlich der Unfallversicherung, deren Beiträge von den in Betracht kommenden Unternehmungen aufzubringen sind, zu verwenden. Die restlichen 3–4 Prozent sind für die Arbeitslosenversicherung und -vermittlung vorgesehen. Zur Gewährung und Aufrechterhaltung einer für den notwendigen Lebensunterhalt in Betracht kommenden Mindestren-

---

3  Zum Gedanken der Selbstverwaltung und der Drittel- bzw. Halbparität in den Selbstverwaltungsgremien sei auf Willi Richters Rede vor der 31. Vollversammlung des Wirtschaftsrates zur 1. Lesung des Gesetzes über die Wiederherstellung der Selbstverwaltung in der Sozialversicherung am 19.01.1949 verwiesen. Vgl. Wörtliche Berichte, S. 1257 f.

4  Die Einbeziehung der Unternehmerfamilien entsprach einem Konzept der Einheits- bzw. Volksversicherung, wie es langfristig seit der Zeit vor dem Ersten Weltkrieg bis in die 1970er Jahre von den Gewerkschaften und der Sozialdemokratie verlangt wurde. Siehe dazu u. a. Schellenberg: Bundestagsreden, S. 281 ff.

te und der seither erworbenen Rechte sind, soweit das Beitragsaufkommen nicht ausreicht, Staatszuschüsse zu leisten.

Die Sozialversicherung umfasst den Fall der Krankheit, der Erwerbsunfähigkeit des Alters, der Erwerbsminderung (Arbeitsunfall und Berufskrankheit) sowie des Todes.[5]

II. Als Grundlage für die Leistungen sollen im Allgemeinen die Vorschläge der Vertreter der Britischen Zone angesehen werden. Diese sind insbesondere:

1. Die Leistungen der Krankenversicherung werden für

a) den Versicherten;

b) den unterhaltspflichtigen Ehegatten des Versicherten;

c) die unterhaltsberechtigten Kinder bis zum vollendeten 15. Lebensjahr, bei voller Schul- oder Berufsausbildung bis zur Vollendung des 18. Lebensjahres;

d) ältere Kinder und sonstige Familienangehörige, die mit dem Versicherten in häuslicher Gemeinschaft leben und von ihm ganz oder überwiegend unterhalten wurden, wie folgt vorgeschlagen:

Krankengeld vom 4. Tage der Arbeitsunfähigkeit

a) für den Versicherten mit weniger als zwei unterhaltspflichtigen Angehörigen 50 Prozent des Grundlohnes;

b) für den Versicherten mit zwei unterhaltsberechtigten Angehörigen 55 Prozent des Grundlohnes;

c) für den Versicherten mit mehr als zwei unterhaltsberechtigten Angehörigen 60 Prozent des Grundlohnes.

Grundsätzlich wird das Krankengeld für 26 Wochen gezahlt. Besteht aber nach dem ärztlichen Gutachten die Aussicht, dass die Arbeitsunfähigkeit in absehbarer Zeit wiederhergestellt wird, so wird das Krankengeld bis zur Wiederherstellung gezahlt. Anstelle des Krankengeldes kann Krankenhauspflege gewährt werden. Sie hat dieselbe Dauer wie das Krankengeld.

Bei Krankenhauspflege werden folgende Geldleistungen gegeben:

a) Versicherte mit unterhaltsberechtigten Angehörigen erhalten ein Hausgeld von 25 Prozent des Grundlohnes. Hat der Versicherte jedoch zwei oder mehr unterhaltsberechtigte Angehörige, so beträgt das Hausgeld 33 ein Drittel Prozent des Grundlohnes;

b) Versicherte ohne Familienangehörige erhalten ein Taschengeld in Höhe von 15 Prozent des Grundlohnes.

Im Falle der Krankheit erhalten die Versicherten und ihre Angehörigen folgende Sachleistungen[6]:

---

5  Auch diese Zusammenfassung der seit Bismarcks Sozialgesetzgebung getrennten Bereiche entsprach dem Konzept der Einheits- bzw. Volksversicherung. (Siehe dazu Dok. 13 Anm. 4)

6  In der Vorlage sind die folgenden Punkte a)–g) mit arabischen Ordnungszahlen versehen. Um der systematischen Gleichstellung willen wurde entsprechend der Anordnung unter II., I., a)–d) hier die alphabetische Klassifikation vorgezogen.

a) Ärztliche und zahnärztliche Versorgung;

b) Arznei und andere Heilmittel;

c) Körperersatzstücke, orthopädische und andere Hilfsmittel;

d) Zahnersatz;

e) Krankenhauspflege;

f) Pflege in Heilstätten;

g) Hauspflege.

Krankenhaus- und Heilstättenpflege wird den Familienangehörigen für 26 Wochen gewährt. Ist sie über diese Zeit hinaus nötig, so übernimmt die Versicherung die Kosten bis zu 50 Prozent für weitere 13 Wochen.

Zu den Kosten für Arznei- und Heilmittel haben Familienangehörige 50 Pf. für jedes Verordnungsblatt zu zahlen. Zu den Kosten für Zahnersatz und kleine Hilfsmittel müssen Familienangehörige 30 Prozent der Kosten selbst bezahlen. Das Sterbegeld für den Versicherten soll das Zwanzigfache des täglichen Grundlohnes betragen, mindestens jedoch RM 100,-. Für Familienangehörige die Hälfte des Sterbegeldes, auf das der Versicherte Anspruch gehabt hätte.

2. Die Leistungen der Unfallversicherung sollen sich im Wesentlichen nach den bisherigen Bestimmungen richten.

3. Für die Rentenversicherung wird vorgeschlagen[7]:

a) Die Bestimmungen über die Anwartschaften nach dem seitherigen Recht zu belassen.

b) Die Invalidität soll bei 50 Prozent Erwerbsunfähigkeit gegeben sein.

c) Die Altersgrenze für die Altersrente wird für Frauen auf das 60. Lebensjahr herabgesetzt.

d) Die Rentenberechnung soll folgendermaßen erfolgen[8]: Grundbetrag RM 240,- jährlich. Dazu 1,2 Prozent des Durchschnittsverdienstes für jedes Versicherungsjahr. Das würde bedeuten, dass alle Invalidenrenten monatlich um RM 7,- erhöht werden. Die Renten aus der Angestelltenversicherung würden bei mehr als 20 Jahren Beitragsleistung ebenfalls eine wesentliche Steigerung erfahren.

Der Zuschlag für jedes unterhaltsberechtigte Kind soll RM 10,- monatlich betragen. Für die Berechnung der Hinterbliebenenrente werden folgende Sätze vorgeschlagen:

a) für Witwen 50 Prozent, mindestens RM 20,- monatlich;

b) für Vollwaisen 40 Prozent, mindestens RM 20,- monatlich;

---

7   In den folgenden Punkten wird auf das Alphabet umgestellt, vgl. Dok. 13 Anm. 6.

8   Es war immer wieder das Bestreben, eine »Rentenformel« zu finden, die es erlaubte, den jeweiligen Rentenanspruch ohne weitere Hilfsmittel zu berechnen. Die alte Reichsversicherungsordnung wurde als »ein Buch mit sieben Siegeln« betrachtet. Demgegenüber strebten Richter und seine Kollegen eine weniger »volksfremde«, d. h. leichter durchschaubare und erklärbarere Regelung an.

174

c) für Halbwaisen 25 Prozent, mindestens RM 10,- monatlich

der Rente, auf die der Verstorbene Anspruch gehabt hätte. Bei der Wieder-
verheiratung der Witwe soll wieder eine Abfindung in Höhe des Dreifachen
der Jahresrente gezahlt werden.

DOKUMENT 14

## 10.–12. Februar 1947: Interzonenkonferenz Berlin. Protokoll, Anlagen: Begrüßungsansprache Jendretzky, Tjulpanov; Vortrag: Reuter Jugendfrage; Bericht für die Presse.

**DGB-Archiv im AdsD. Bestand Gewerkschaftsrat der vereinten Zonen. Maschinen-
schrift. 13/143-Interzonenkonferenzen.**

Anwesenheitsliste:

Kontrollrat:

Französische Militärregierung:
Oberst Ziegel, Vorsizender des Arbeitsdirektoriums beim Alliierten Kontroll-
rat
Major Schwarz

Englische Militärregierung:
Oberst Foggon
Major M. W. Fisher
G. F. Blumer
H. Crow

Amerikanische Militärregierung:
Major F. Mullaney
Lt. G. Silver

Sowjetische Militäradministration:
Oberst Tjulpanov
Major Sokolka
Major Kogan
Major Eisin
Major Scheinis
Lamin

Deutsche Verwaltung für Arbeit und Sozialfürsorge:
Präsident Brack[1]

---

1  Gustav Brack (1.12.1892–6.12.1953), kaufmännischer Angestellter, 1920 SPD, 1921–1933
   Gauleiter des ZdA Thüringen, 1933 illegale Arbeit, Inhaftierung, Verurteilung wegen »Vorbereitung zum Hochverrat«, KZ Sachsenhausen, April 1945 Flucht, Juni 1945 Oberregierungsrat in Weimar, Mitbegründer der Erfurter SPD, 1946 SED, Mitglied des Sekretariats des
   SED-Landesvorstands Thüringen, 1946–1949 Präsident der Deutschen Zentralverwaltung

Vizepräsident Matern[2]
Vizepräsident Herm[3]

Englische Zone:
Karl, Albin Hannover
Spliedt, Franz Hamburg
Böckler, Hans Köln
Böhm, Hans Bielefeld
Jahn, Hans Bielefeld
Hansen, Werner Bielefeld

Amerikanische Zone:
Richter, Willi Frankfurt am Main
Kronberger, Paul Frankfurt am Main
Schiefer, Gustav München
Reuter, Georg München
Hagen, Lorenz[4] Nürnberg
Schleicher, Markus Stuttgart
Tarnow, Fritz Stuttgart

Französische Zone:
Ludwig, Adolf Neustadt an der Haardt
Schneider, Matthias Baden-Baden

Sowjetische Zone:
Jendretzky, Hans Berlin
Göring, Bernhard Berlin
Lemmer, Ernst Berlin

---

für Arbeit und Sozialfürsorge bzw. Leiter der Hauptverwaltung Arbeit und Sozialfürsorge der DWK, ab 1950 leitende Funktionen in der Sozialversicherung der DDR.

2  Hermann Matern (17.06.1893–24.01.1971), 1911–1914 Mitglied der SPD, 1918 USPD, 1919 Mitbegründer der KPD in Burg, 1931–1933 KPD Ostpreußen, 1932–1933 Mitglied des Landtages (MdL) Preußen, 1933/34 inhaftiert, Emigration, 1941–1945 UdSSR, Lehrer an der Zentralen Antifaschule Krasnogorsk, Angehöriger des NKFD, 1945 Rückkehr nach Deutschland als Mitglied der Initiativgruppe Ackermann, 1945/46 Mitglied des ZK der KPD und 1. Sekretär der BL Sachsen, 1946–1948 Vorsitzender des SED-Landesvorstandes Groß-Berlin, 1946–1971 Mitglied des Parteivorstandes bzw. des ZK, Mitglied des Zentralsekretariats bzw. des Politbüros, 1949–1971 Vorsitzender der Zentralen Parteikontrollkommission.

3  Max Herm (11.12.1899–7.04.1982), 1918 KPD, 1932–1933 MdR, 1933 illegale Arbeit, bis 1939 Inhaftierung in den KZ Sonnenburg, Lichtenburg und Buchenwald, 1939 Entlassung unter Polizeiaufsicht, 1944–1945 Haft im KZ Sachsenhausen, 1945 Oberbürgermeister von Brandenburg, 1945–1948 2. Vizepräsident der Deutschen Verwaltung für Arbeit und Sozialfürsorge, Hauptabteilungsleiter in der DWK, 1949–1952 Abteilungsleiter im ZK, 1952–1957 Direktor für Arbeit im Volkseigenen Betrieb (VEB) Stahl- und Walzwerk Brandenburg, ab 1957 erneut Oberbürgermeister von Brandenburg.

4  Lorenz Hagen (21.07.1885–23.07.1965), Maschinenschlosser, ab 1902 Mitglied des DMV, 1920–1930 Mitglied des Betriebsrates der Siemens-Schuckert-Werke in Nürnberg, 1928–1933 Vorsitzender und Geschäftsführer des Ortsausschusses des ADGB in Nürnberg, nach 1933 Widerstandstätigkeit, 1938–1940 KZ Dachau und Buchenwald, 1944 KZ Dachau, Anfang 1946 Vorsitzender der Arbeitsgemeinschaft Bayrischer Gewerkschaften und des AGB in Nürnberg, 1947–1949 Präsident des Bayrischen Gewerkschaftsbundes, November 1947 – Oktober 1949 Mitglied des Gewerkschaftsrates der Bizone, 1950–1955 Vorsitzender des Landesbezirks Bayern des DGB.

Kaufmann, Adolf Berlin
Warnke, Herbert Berlin
Maschke, Walter[5] Berlin

Groß-Berlin:
Chwalek, Roman Berlin
Schlimme, Hermann Berlin
Walter, Paul Berlin

Außerdem nahmen an einem Teil der Tagung die Kommission des Weltgewerkschaftsbundes und ein Vertreter der AFL als Gast teil.

Zeiteinteilung:
10. Februar 1947
9 Uhr Morgenkaffee und Frühstück
10 Uhr Eröffnung und Tagung
13 Uhr Mittagessen
14 Uhr Tagung
18 Uhr Abendessen
19.30 Uhr Empfang durch Deutsche Verwaltung für Arbeit und Sozialfürsorge
11. Februar 1947
8 Uhr Morgenkaffee und Frühstück
9 Uhr Tagung
13 Uhr Mittagessen
14 Uhr Tagung
17.30 Uhr Besuch Deutsches Theater »Pastor Hall« (Ernst Toller) anschließend Abendessen
12. Februar 1947
8 Uhr Morgenkaffee und Frühstück
9 Uhr Tagung
14 Uhr Mittagessen
15 Uhr Abschlusskundgebung in der Staatsoper in Gegenwart der Vertreter des WGB Festaufführung »Ballett der Staatsoper«

Tagesordnung:

1. Aufbau der deutschen Gewerkschaften

2. Gewerkschaften und Jugend

3. Gewerkschaftspresse

4. Deutsche Sozialversicherung

---

5  Walter Maschke (6.10.1891–15.09.1980), kaufmännischer Angestellter, 1908 SPD, 1912–1914 Gehilfe in der Buchhandlung »Vorwärts«, 1920 Reichsjugendsekretär der AfA, ab 1922 2. Jugendsekretär in Berlin im Bundesvorstand des ADGB, nach 1933 illegale Tätigkeit, Dezember 1933–1935 U-Haft in Berlin, ab Juni 1935 KZ Lichtenberg, November 1935-Februar 1936 »Schutzhaft« in Berlin, 1939-Dezember 1940 »Schutzhaft« im KZ Sachsenhausen, Dezember 1945 Sekretär des FDGB, seit 1946 Mitglied der SED, Leiter der Kulturabteilung des FDGB Groß-Berlin und Mitglied des Bundesvorstandes des FDGB.

Die Konferenz wurde am 10. Februar 1947, vormittags 10 Uhr, im Zonen-
sitzungssaal des FDGB, Berlin, Wallstraße 61–65 vom Kollegen Jendretzky
eröffnet. Kollege Jendretzky begrüßte die erschienenen Vertreter der Militärregierungen, die Vertreter der Deutschen Verwaltung für Arbeit und Sozialfürsorge und die Kollegen aus den westlichen Zonen Deutschlands. (Anlage 1)

Anschließend erfolgten Begrüßungen durch

Präsident Brack, Deutsche Verwaltung für Arbeit und Sozialfürsorge

Oberst Ziegel, Vorsitzender des Arbeitsdirektoriums beim Alliierten Kontrollrat

Oberst Tjulpanov, Chef der Politischen Verwaltung der SMA (Anlage 2)

Kollege Schlimme, Groß-Berlin

Nachdem die Vertreter der Militärregierungen und die Vertreter der Verwaltungen sich verabschiedet hatten, wurde das Präsidium in der gleichen
personellen Zusammensetzung wie in Hannover durch die Konferenz bestätigt:

Russische Zone, Jendretzky, Berlin
Amerikanische Zone, Schleicher, Stuttgart
Englische Zone, Karl, Hannover
Französische Zone, Schneider, Baden-Baden

Den Vorsitz führte Kollege Hans Jendretzky, Berlin.

Zu Punkt 1 der Tagesordnung: Aufbau der deutschen Gewerkschaften

Die Berichte der einzelnen Zonen gaben für die Russische und auch für
Groß-Berlin der Kollege Schlimme, für die Englische der Kollege Böckler, für
die Amerikanische der Kollege Schleicher, für die Französische der Kollege
Schneider. Den Berichten schloss sich eine ausführliche Aussprache an. Die
gewählte Redaktionskommission (Kollegen Böckler, Schleicher, Schlimme,
Lemmer) legte folgende Entschließung vor, die angenommen wurde:

Entschließung der Interzonenkonferenz vom 10.–12. Februar 1947 in Berlin

Seit dem völligen wirtschaftlichen und politischen Zusammenbruch Deutschlands vollzieht sich der Neuaufbau der Gewerkschaften aufgrund der Anordnung der Besatzungsmächte und der verschiedenartig gelagerten Verhältnisse in den einzelnen Besatzungszonen nach ungleichen Prinzipien. Das
gemeinsame Ziel muss auf die Bildung von Industriegewerkschaften und ihre
Zusammenfassung zu einer einheitlichen Gewerkschaftsbewegung gerichtet
sein.

Die Vertreter der Interzonenkonferenz sind überzeugt, dass die endgültige
Form der deutschen Gewerkschaftsbewegung durch die künftige politische
und wirtschaftliche Entwicklung eines neuen, einheitlichen Deutschlands
weitgehend bestimmt wird. Die Sehnsucht der arbeitenden Massen äußert
sich immer wieder in dem Willen nach einer starken Gewerkschaftsbewegung, die unter dem Gesetz religiöser Toleranz und parteipolitischer Neutralität steht. Die neuen Gewerkschaften werden ihre organisatorischen, sozialen, wirtschaftlichen und kulturellen Aufgaben nur erfüllen können, wenn

178

sie der Wirtschaft und dem Staate gegenüber als ein unabhängiges Ganzes auftreten.

Gewerkschaften können nicht willkürlich gemacht werden, sie müssen vielmehr unter planmäßiger Lenkung zu leistungsfähigen Organisationen heranwachsen. Während die Regelung der Lohn- und Arbeitsbedingungen vorwiegend Aufgabe der Industrieverbände ist, bedingen die sozialen und wirtschaftspolitischen Verhältnisse sowie die kulturelle Betreuung der Gewerkschaftsmitglieder eine enge organisatorische und finanzielle Zusammenfassung der Industrieverbände in einer großen einheitlichen deutschen Gewerkschaftsbewegung.

Um im Sinne dieser Leitsätze der gewerkschaftlichen Entwicklung den Weg zu ebnen, beschließt die Interzonenkonferenz die Einsetzung eines Organisationsausschusses. Dieser Ausschuss hat die organisatorischen Probleme zu klären und Vorschläge für Interzonenkonferenzen vorzulegen.

An den Kollegen Leipart[6] richtete die Konferenz folgenden Gruß:

Lieber Kollege Leipart!

Für alle Teilnehmer an der gegenwärtig tagenden interzonalen Gewerkschaftskonferenz wäre es eine große Freude und Ehre gewesen, wenn wir Dich, dessen Name aus der Geschichte der deutschen Gewerkschaftsbewegung nicht wegzudenken ist, in unserer Mitte hätten begrüßen können. Mit tiefstem Bedauern und dem Gefühl innigster Teilnahme nehmen wir Kenntnis davon, dass Dein augenblicklicher Gesundheitszustand das leider unmöglich machte.

Die Konferenz hat mich als ihren Vorsitzenden beauftragt, Dir, lieber Kollege Leipart, die herzlichsten Grüße mit dem aufrichtigsten Wunsche zu übermitteln, dass es Dir mit Deiner alten Energie und Zähigkeit doch noch möglich wird, Dich bald von Deinem Krankenlager zu erheben und unserer Bewegung mit Deinem klugen Rate noch ein Stück weiter auf ihrem Wege zu helfen.

Berlin, den 10. Februar 1947, Hans Jendretzky

Die Konferenz beschließt:

Der Organisationsausschuss besteht aus je 2 Vertretern der Zonen und einem Vertreter für Groß-Berlin. Er gibt sich im Übrigen seine Geschäftsordnung selbst.

Als vordringliche Aufgabe empfiehlt die Konferenz die Frage der Angestelltenorganisation zu behandeln und das Ergebnis ist der nächsten Interzonenkonferenz zu unterbreiten. An diesen Arbeiten soll außerdem je ein Sachverständiger aus Angestelltenkreisen teilnehmen. Die Tagung findet am 11.–13. März 1947 in Frankfurt am Main statt.

Zu Punkt 2 der Tagesordnung: Gewerkschaften und Jugend

Kollege Reuter (München) referiert über »Die neue deutsche Gewerkschaftsbewegung zur Jugendfrage« (Anlage 3). Den Ausführungen folgt eine lebhafte

---

6  Theodor Leipart (17.05.1867–23.03.1947), Drechsler, seit 1887 Mitglied des ADGB, 1920–1933 1. Vorsitzender des ADGB, 1922 stellv. Vorsitzender des Internationalen Gewerkschaftsbundes, 1946 Eintirtt in die SED. Vgl. Theodor Leipart.

Aussprache, an der sich die Kollegen aller Zonen beteiligen. Es wird empfohlen, den Vortrag nicht nur zur Berichterstattung, sondern auch als Funktionsmaterial für Jugendfunktionäre in den Zonen herauszubringen. Einigkeit besteht darin, keine organisatorische selbständige Jugendbewegung aufzuziehen, sondern im Rahmen der Gewerkschaften entsprechende Einrichtungen zu schaffen.

Zu Punkt 3 der Tagesordnung: Gewerkschaftspresse

Berichterstatter der Zonen waren die Kollegen Jendretzky, Chwalek/Berlin, Hansen, Richter und Ludwig. In der Aussprache wurde vor allem der Mangel an Papier für die Gewerkschaften in den westlichen Zonen Deutschlands hervorgehoben.

Zu Punkt 4 der Tagesordnung: Deutsche Sozialversicherung

Der Kollege Göring erstattete den Bericht von der in Hannover eingesetzten Kommission, die in Frankfurt am Main am 11. Januar 1947 getagt hatte. Nach einer nochmaligen Aussprache wurde folgende Entschließung angenommen:

Entschließung über die Grundsätze für eine reichseinheitliche Neugestaltung der deutschen Sozialversicherung.

Die am 10. und 11. Februar 1947 zur dritten Interzonentagung in Berlin versammelten Vertreter der Gewerkschaften aller Besatzungszonen haben den Kommissionsbericht, der in der Sitzung vom 11. Januar 1947 in Frankfurt am Main nach eingehenden Beratungen zustande kam, zur Kenntnis genommen. Die in diesem Bericht enthaltenen Grundsätze sehen eine Neuregelung der deutschen Sozialversicherung auf folgender Grundlage vor:

1. Schaffung eines einheitlichen Sozialversicherungsgesetzes für Krankheit, Erwerbsunfähigkeit und Alter, sowie Erwerbsminderung (Unfall) für ganz Deutschland;

2. Errichtung einheitlicher Sozialversicherungsträger in den Ländern und Provinzen unter Berücksichtigung eines zweckentsprechenden Lastenausgleichs zwischen den einzelnen Ländern;

3. Maßgebende Mitwirkung der Versicherten durch ihre Vertretungen – ihre Gewerkschaften – in den Organen der Selbstverwaltung;

4. Ausdehnung des Versichertenkreises auf alle Arbeitnehmer, sowie alle selbständig erwerbsfähigen Personen und Unternehmer, einschl. ihrer mithelfenden Familienangehörigen.

Rechtsanspruch auf die Leistungen und deren sozialen Gestaltung

Die zur Interzonenkonferenz in Berlin versammelten Gewerkschaftsvertreter stimmen diesen, von der Kommission in Frankfurt am Main gefaßten Beschlüssen in vollem Umfange zu.

Die Gewerkschaften erwarten vom Alliierten Kontrollrat in Deutschland, dass nunmehr die dringend notwendige reichsgesetzliche Neugestaltung der deutschen Sozialversicherung beschleunigt durchgeführt wird. (Anlage 4)

Kollege Jahn spricht den Dank der Konferenzteilnehmer über die technische Organisation und die Durchführung der Konferenz aus.

Kollege Jendretzky schließt die Konferenz am 12. Februar 1947 um 14.30 Uhr.

Die Konferenz fand ihren Abschluss mit einer Abschlusskundgebung und einer Festaufführung des Balletts der Staatsoper.

Berlin, den 13. Februar 1947

Anlage 1 zum Beschlussprotokoll der »Interzonalen Gewerkschaftskonferenz« 10.–12. Februar 1947 in Berlin

Begrüßungsansprache des Kollegen Jendretzky

Im Auftrage und im Namen des Bundesvorstandes des FDGB der Sowjetischen Zone und des FDGB-Vorstandes Groß-Berlin möchte ich die anwesenden Vertreter des Kontrollrates und der SMAD begrüßen und dafür danken, dass sie durch ihre Anwesenheit der Interzonenkonferenz der deutschen Gewerkschaften einen besonderen Wert geben. Gleichzeitig möchte ich den Herrn Präsidenten Brack sowie die Vizepräsidenten, Herrn Herm und Frau Matern, von der deutschen Verwaltung für Arbeit und Sozialfürsorge begrüßen, mit denen uns eine ständige und enge Zusammenarbeit in allen Fragen der Gestaltung der Lohn- und Arbeitsverhältnisse verbindet.

Ich begrüße meine Gewerkschaftskollegen aus den anderen Zonen Deutschlands, mit denen wir gemeinsam die auf der letzten Interzonenkonferenz in Hannover festgelegten Tagesordnungspunkte behandeln werden.

Die Bedeutung der Tagesordnung wird aus der Themenstellung ersichtlich. Den organisatorischen Aufbau der Gewerkschaften und ihr Gewerkschaftsprogramm sollen die Gewerkschaften aller Zonen aus eigener Initiative und eigener Verantwortung entwickeln. Die Führung der Gewerkschaften liegt heute fast ausnahmslos in den Händen von Funktionären, die gewerkschaftliches Wissen mit der Erkenntnis aus der hinter uns liegenden Nazizeit verbinden. Sie werden mit jungen und Nachwuchskräften in der Lage sein, den Neuaufbau der Gewerkschaften aus eigenen Kräften vorzunehmen.

Wenn als weiterer Tagesordnungspunkt die gewerkschaftliche Jugendarbeit behandelt wird, so werden wir davon ausgehen, dass die jungen Menschen, die den größten Teil der Tageszeit im Betrieb verbringen, dort nicht nur in ihrem beruflichen Werdegang, sondern auch in der Gestaltung ihres Charakters am stärksten beeinflusst werden. Gewerkschaftliche Jugendarbeit ist deshalb auch im Hinblick auf die Umerziehung des deutschen Volkes dringend erforderlich. Sie soll keine Konkurrenz gegenüber den Bestrebungen der anderen Jugendorganisationen insbesondere nicht gegenüber der Freien Deutschen Jugend (FDJ) sein.[7]

---

7  In der Sowjetischen Zone war die FDJ die einzige legale Jugendorganisation, eine Gewerkschaftsjugend als eigenständiger Verband war nicht zugelassen. Vgl. Mählert: Freie Deutsche Jugend, S. 20 ff.; Weber: Freie Deutsche Jugend, S. 665.

Die weitere Entwicklung unserer Gewerkschaftspresse, ihr Ausbau und ihre Ausgestaltung, wird von der Notwendigkeit getragen sein, wie wir noch stärker als bisher die Erfahrungen aus der täglichen Arbeit der Gewerkschaften der breiten Öffentlichkeit gegenüber vertreten und mitteilen.

Das letzte Thema unserer Konferenz ist dem Aufbau der einheitlichen deutschen Sozialversicherung gewidmet. In einer Vorkonferenz haben bereits die Vertreter aller Zonen in einer Entschließung ihre gemeinsame Meinung zusammengefasst. Sie wird die Grundlage zur Aussprache dieses wichtigen Punktes sein. Die Verordnung des Marschalls Sokolowskij über die Sozialversicherung in der Sowjetzone[8] wird ein besonderer Beitrag zu diesem Punkt sein. Die Interzonenkonferenz der Gewerkschaften tagt in einer für Deutschland schwierigen Situation. Die bevorstehenden Moskauer Verhandlungen über einen Friedensvertrag für Deutschland bestimmen weitgehendst die politische Diskussion in der deutschen Öffentlichkeit.

Im Zusammenhang damit sind viele Vorschläge über Deutschlands staatliche Zukunft gemacht worden. Die verantwortlichen politischen Funktionäre der antifaschistischen Parteien in Deutschland haben dazu Stellung genommen. In allen diesen Reden war der Gedanke der Einheit Deutschlands die Grundlinie.

Ich darf hier sagen, dass die Gewerkschaften den gleichen Gedanken vertreten. Die Einheit der Gewerkschaften ist gleichbedeutend mit der Einheit Deutschlands. Sie schließen sich nicht aus, sondern ergänzen sich.

Die Gewerkschaften werden Vorschläge, die eine Auflösung Deutschlands in Zwergstaaten vorsehen, als unreal und undiskutabel ansehen. Die politische und wirtschaftliche Einheit Deutschlands ist für die Entwicklung einer Friedenswirtschaft und der Demokratisierung Deutschlands unerlässlich.

Die Sicherung des Friedens, der Auf- und Ausbau einer lebendigen Demokratie und der Kampf gegen jede Spielart der Reaktion gehört mit zu dem Programm der Gewerkschaften.

Aus diesem Grunde muss die Auffassung einer der antifaschistischen-demokratischen Parteien zurückgewiesen werden, die in diesen Tagen in einer Veröffentlichung erklärt hat, dass bei den Friedensverhandlungen nur die politischen Parteien ohne Hinzuziehung der Gewerkschaften ihr Wort zu sprechen hätten und dass die Gewerkschaften lediglich berufsständige Interessenvertretungen wären. Die Gewerkschaften sind die größte Massenorganisation in Deutschland. Sie vertreten nicht nur wirtschaftliche, sondern auch im Interesse der Demokratisierung Deutschlands und im Interesse ihrer Millionen Mitglieder wichtige politische Interessen. Wenn schon überhaupt Vertreter deutscher Parteien bei Verhandlungen[9] über das künftige Schick-

---

8  Vgl. Frerich; Frey: Sozialpolitik, S. 12–28.
9  Damit übernahm der FDGB im Vorfeld der Moskauer Außenministerkonferenz März/April 1947 die Forderung der SED, eine »deutsche Zentralverwaltung sollte auf Vorschlag der demokratischen Parteien, Gewerkschaften und anderen großen demokratischen Organisationen durch den interalliierten Kontrollrat errichtet werden.« Beschluß des Parteivorstandes der SED vom 1.3.1947, in: Dokumente der SED, S. 163. Der 2. FDGB-Kongress im April

sal Deutschlands gehört werden, so können unmöglich die Gewerkschaften ausgeschaltet werden. Die Gewerkschaften vertreten die Interessen vieler Millionen Werktätiger und sind aus dem Aufbau Deutschlands nicht wegzudenken.

Es kann daher nur Gegnern des Aufbaues einer wirklichen Demokratie in Deutschland an der Ausschaltung der Gewerkschaften liegen. Nach wie vor soll der Standpunkt der Gewerkschaften deutlich gemacht werden, dass auch bei der Bildung einer deutschen Zentralregierung neben den Vertretern der politischen Parteien die Vertreter der Gewerkschaften sitzen müssen.

Meine Gewerkschaftskollegen aus den anderen Zonen mögen diesen Tagungsraum, in welchem der frühere ADGB als das Gehirn der deutschen Gewerkschaften die wichtigsten Probleme der deutschen Gewerkschaftsbewegung besprach und beschloss, als ein Zeichen dafür nehmen, dass nicht nur die kommende zentrale Leitung der freien Gewerkschaften in Deutschland ihren Sitz wieder in der Hauptstadt Berlin haben soll, sondern darüber hinaus mit der gleichen Gründlichkeit und Sachlichkeit, die die deutschen Gewerkschaftsführer von jeher ausgezeichnet haben, im Interesse der Werktätigen und im Sinne einer neuen fortschrittlichen und einheitlichen Gewerkschaftsbewegung die weiteren Grundlagen hierfür zu schaffen.

Anlage 2 zum Beschlussprotokoll der »Interzonalen Gewerkschaftskonferenz« 10.–12. Februar 1947 in Berlin.

Die Rede des Chefs der Politischen Verwaltung der SMAD, Oberst S. Tjulpanov

Im Auftrag des Obersten Chefs der SMAD, des Marschalls der Sowjetunion Sokolowskij, begrüße ich die Delegierten der Gewerkschaften aller vier Zonen Deutschlands als Gäste der Sowjetzone. Genau vor einem Jahr hatte ich die Möglichkeit, die gewählten Delegierten des Freien Deutschen Gewerkschaftsbundes in unserer Zone zu begrüßen. Inzwischen ist ein Jahr der Arbeit der Gewerkschaften vergangen. Wir können die Tätigkeit überblicken. Mit großer Aufmerksamkeit verfolgen wir die Arbeit der Gewerkschaften, und ich möchte nicht nur in offiziellem Auftrage einiges über die positiven und über die negativen Seiten der Gewerkschaftsarbeit sagen.

Die Gewerkschaften in Deutschland sind die größte Massenorganisation der Arbeiterklasse und in ihren Reihen sind auch die Angestellten und Intellektuellen und damit sind sie die größte Massenorganisation des Deutschen Volkes. Daher erscheint uns die ideologische Entwicklung der breiten Schichten der Gewerkschaftsmitglieder als besonders wichtig. Das Zusammenstehen, die Einigkeit und das politische Bewusstsein der Millionen Gewerkschaftsmitglieder ist eine wichtige Garantie für die Demokratisierung Deutschlands. Es ist ja allgemein bekannt, dass die deutschen Gewerkschaften durch die Spaltung in der Zeit vor Hitler in ihrer Aktivität gegenüber der Reaktion gegen Monopolkapitalisten und Militaristen gelähmt waren.

---

forderte dann »die Errichtung einer gesamtdeutschen Regierung, an deren Bildung die Gewerkschaften beteiligt sein müssen«. Protokoll des 2. Kongresses des FDGB, S. 220.

183

Dadurch gelang es Hitler, die Macht an sich zu reißen und den Völkern Europas und besonders den Völkern der Sowjetunion, wo fast 100.000 Dörfer und mehr als 31.000 Betriebe vollkommen zerstört wurden, großes Leid zuzufügen. Nicht zuletzt wurde auch das deutsche Volk selbst und besonders seine Arbeiterklasse durch dieses Hitlerregime in eine moralische Demoralisierung gebracht. Hier liegt eine der Hauptursachen für die niedrige Stufe des Klassenbewusstseins in der gegenwärtigen Lage gewisser Schichten der Arbeiterklasse in Deutschland. Es ist traurig, aber wahr!

Die Sowjetunion und das Sowjetvolk, das im Kampf um die Befreiung der Menschheit und zur Rettung der gesamten europäischen Zivilisation vor dem Hitlerfaschismus die schwersten Opfer bringen musste, legt besonderen Wert auf die Entwicklung einer fortschrittlichen Gewerkschaftsbewegung in Deutschland, deren Tradition früher ein Wegweiser für die Entwicklung der Gewerkschaften auch in anderen Ländern war und die jetzt ein Grundpfeiler der Entwicklung der Demokratie sein muss.

Mit großer Genugtuung stellen wir fest, dass mehr als 3 Millionen Gewerkschaftsmitglieder in der Sowjetischen Zone und fast eine halbe Million in Berlin fest auf dem Boden der Gewerkschaftseinheit stehen. Alle früheren Gewerkschaftsrichtungen vom ADGB über die christlichen und Hirsch-Dunckerschen Gewerkschaften bis zur revolutionären Gewerkschaftsopposition[10] existieren nicht mehr, sondern sind, da sie aus der Vergangenheit gelernt haben, in einer einheitlichen Gewerkschaftsbewegung fest zusammen. Alte Gewerkschafter wie Jakob Kaiser[11], der nicht nur Vorstandsmitglied im FDGB ist, sondern auch heute der Vorsitzende der Christlich-Demokratischen Union ist, vertreten den Gedanken der Gewerkschaftseinheit. Wir sehen auch im Vorstand des FDGB Funktionäre verschiedener früherer Gewerkschaftsrichtungen.

Die Entwicklung der Gewerkschaftsbewegung als eine einheitliche Bewegung ist nicht nur der Erfolg und das Verdienst der Gewerkschaftsleitung, sondern

---

10 Sergej I. Tjulpanov, Leiter der Informationsabteilung der SMAD und eine der Schlüsselfiguren der sowjetischen Verwaltung in Deutschland, zählte hier die RGO zu den früheren Richtungsgewerkschaften bzw. Gewerkschaftsrichtungen. Formal mangelte es der RGO allerdings an einem zentralen Merkmal einer Gewerkschaft, der Tariffähigkeit. Vgl. Müller: Lohnkampf.

11 Jakob Kaiser (8.02.1888–7.05.1961), Buchbinder, 1912 Zentrum, 1912–1921 Kartellsekretär (Geschäftsführer) der Christlichen Gewerkschaften Deutschlands (CGD) in Köln, 1921–1924 hauptamtliche CGD-Arbeit in Berlin, 1924–1933 Landesgeschäftsführer für Westdeutschland im Gesamtverband der CGD, 1928–1933 Mitglied des Reichsvorstandes des Zentrum, nach 1933 illegale Tätigkeit, 1936 acht Monate Haft, 1938 erneute Verhaftung, lebte nach dem 20.7.1944 illegal in Potsdam-Babelsberg, 1945 Mitbegründer der CDU für Berlin und die SBZ, ab Ende 1945 1.Vorsitzender der CDU, 1945 Mitglied des Vorbereitenden Gewerkschaftsausschusses Groß-Berlin, 1946/47 Mitglied des FDGB-Landesvorstandes Groß-Berlin, Dezember 1947 von der SMAD abgesetzt, ab Januar 1948 in Berlin-West, Bundesminister für Gesamtdeutsche Fragen. Vgl. Nebgen: Jakob Kaiser. Immerhin war Jakob Kaiser auf dem 1. FDGB-Kongress im Februar 1946 nicht in den Bundesvorstand gewählt worden. Das Protokoll vermerkte unter dem Punkt »Der Bundesvorstand« lapidar: »Die Konferenz beschloß außerdem, den Kollegen Jakob Kaiser mit Rücksicht auf seine gewerkschaftliche Tradition als beratendes Mitglied des Vorstandes heranzuziehen.« Protokoll FDGB. 9.–11. Februar 1946, S. 211.

in erster Linie der Arbeiterklasse und der Werktätigen selbst, die die nötige Lehre aus der Vergangenheit gezogen haben.

Uns sind die Schwierigkeiten der Entwicklung in der Gewerkschaftsbewegung in der gegenwärtigen Situation in Deutschland bekannt. Daher lässt uns unser großes Interesse an der Demokratisierung Deutschlands den Wunsch aussprechen, dass die Gewerkschaftsführer, die Gewerkschaftsfunktionäre und die Massen der Gewerkschaftsmitglieder die Einheit der Gewerkschaften gegen jeden Druck der Feinde dieser Einheit von innen und außen schützen.

Die Leiter der Gewerkschaften in ganz Deutschland werden die große Aufgabe der Demokratisierung und den Schutz der Demokratie nur lösen können, wenn sie gleichzeitig den Millionen Massen ihrer Gewerkschaftsmitglieder die große historische Verantwortung der Arbeiterklasse als dem wichtigsten Teil des deutschen Volkes zum Bewusstsein bringen und die Aktivität der Massen selbst in dieser Richtung entwickeln.

Der Militarismus und die militaristischen Cliquen waren immer die Basis der Reaktion und die treibende Kraft, die zu räuberischen und verbrecherischen Kriegen führte und besonders im monopolkapitalistischen Deutschland zum letzten Hitlerkrieg. Die Gewerkschaften haben die große Aufgabe, alle Wurzeln des Militarismus und des Nazismus zu beseitigen, die nicht nur die Nationalgefühle, sondern auch die große, klare und eindeutige Idee des Sozialismus für seine verbrecherischen Ziele ausgenutzt hat.

Die Gewerkschaften sollen die Interessen aller Werktätigen schützen, auch derjenigen, die durch den Nazismus betrogen und in seine Reihen hineingezogen wurden. Die Gewerkschaften müssen aber auch zur gleichen Zeit einen unaufhörlichen konsequenten und unerbittlichen Kampf führen, um die offenen und versteckten Nazisten aus allen Posten und Positionen zu vertreiben. Das sind die Voraussetzungen für die Schaffung eines einheitlichen, aber nicht mit preußischem Geist durchdrungenen, eines großindustriellen, aber nicht monopolimperialistischen, eines starken, nicht militaristischen und kriegerischen, sondern friedlichen, demokratischen deutschen Staates.

Die Sowjetische Militäradministration hat den Gewerkschaften Unterstützung und Hilfe gegeben. Dazu gehört der Erlass des Befehls Nr. 253[12], Gleicher Lohn für gleiche Arbeit, aufgrund von Vorschlägen der Gewerkschaften, die damit eine Forderung, die Bebel bereits vertreten hat, nämlich die Gleichberechtigung der Frauen und der Jugend im Betriebe zu sichern, vertritt. Weitere Vorschläge der Gewerkschaften z. B. der Ausbau der Sozialversicherung wurde durch einen besonderen Erlass zu einem Gesetz gemacht, das in fortschrittlichem Sinne den Werktätigen zugute kommt. Die Rückgabe des Gewerkschaftsvermögens wurde gesichert und weitere Maßnahmen zur Aushändigung und Übergabe getroffen.

---

12 Vgl. Inventar der Befehle SMAD, S. 11: SMAD-Befehl Nr. 253 vom 17.08.1946 (Gleichmäßige Bezahlung der Arbeit von Frauen, Jugendlichen und erwachsenen Männern für geleistete Arbeit).

Forderungen der Gewerkschaften zur Verbesserung der materiellen Lage der Werktätigen und besonders der Ernährung der Bevölkerung wurden auch in einem bestimmten Umfange erfüllt.

Die Sowjetische Administration ist auch für die Zukunft bereit, den Gewerkschaften ihre Unterstützung zu geben, wie es vor kurzem Marschall Sokolowskij persönlich in einer Aussprache ihren Gewerkschaftskollegen Jendretzky, Göring, Lemmer, Chwalek und Schlimme zugesichert hat.

Lassen Sie mich bitte zum Schluss meinen Leitgedanken wiederholen. Die Lösung aller praktischen Aufgaben, die heute vor den Gewerkschaften stehen, können nur dann gelöst werden, wenn nicht nur die Überparteilichkeit, die Unabhängigkeit und die Einheit der Gewerkschaften gesichert sind, sondern wenn zur gleichen Zeit die Gewerkschaften als bewusster politischer Faktor aufgrund des Bewusstseins der Arbeiterklasse ein festes Bollwerk der Demokratie sind.

Ich möchte mich nun von Ihnen, meine Herren, obwohl Sie die ganze Zeit der Tagung Gäste unserer Zone bleiben, verabschieden. Sie haben jetzt die Gelegenheit, indem wir Sie verlassen, ungehindert Ihre Probleme in Ihrem Rahmen zu besprechen. Ich wünsche Ihren Besprechungen und Ihren Beratungen besten Erfolg, im Interesse der Gewerkschaften und im Interesse Deutschlands!

Anlage 3 zum Beschlussprotokoll der »Interzonalen Gewerkschaftskonferenz« 10.–12. Februar 1947 in Berlin.

Georg Reuter, München: Die neue Deutsche Gewerkschaftsbewegung zur Jugendfrage

I. Allgemeines

Die deutschen Gewerkschaften aller Weltanschauungsrichtungen wurden im Jahre 1933 durch die von den Nationalsozialisten beherrschten Staatsorgane sowie durch die NSDAP und ihre Gliederungen zerstört. Aufgelöst und verboten wurde ebenfalls die gewerkschaftliche Jugendbewegung. Hunderte und Tausende junger deutscher Gewerkschaftsfunktionäre und -mitglieder haben schwerste Opfer für die Sache der Gewerkschaften und der Jugend auf sich genommen.

Die nach der totalen Kapitulation Deutschlands – welche zugleich die Niederringung des deutschen Militarismus und Nationalsozialismus bedeutete – in der Entwicklung begriffene neue deutsche Gewerkschaftsbewegung, ist vor eine Fülle von Aufgaben gestellt. Neben dem organisatorischen Neuaufbau aus der betrieblichen, örtlichen Landes- und Zonenebene heraus, ist die soziale, wirtschaftliche und rechtliche Stellung der Arbeitnehmer im Staats- und Gesellschaftsleben neu zu ordnen und zu fundieren. Zu den wichtigen Fragen, welche den neuen deutschen Gewerkschaften gestellt sind, gehört die Frage der werktätigen Jugend.

Die Aufgaben der neuen deutschen Gewerkschaften in der Jugendfrage sind groß und vielgestaltig. Ihre Bewältigung hängt nicht zuletzt von der Gestalt und Stärke ab, die die Gewerkschaften jetzt und in der Zukunft erlangen.

Die Bedeutung der Jugendfrage ist den Gewerkschaften um ihrer selbst, um der Jugend und der Zukunft des Volkes willen bekannt. Die Gewerkschaften wollen deshalb alle verfügbaren Kräfte entwickeln und alle ihr zu Gebote stehenden Mittel einsetzen, um der Jugend zu helfen.

II. Gewerkschaften, Jugend und Vergangenheit

Die Gewerkschaften haben seit ihrer Gründung den Fragen der schaffenden Jugend stets ihr ganz besonderes Augenmerk geschenkt. Die Abschaffung der Kinderarbeit, die Begrenzung der Arbeitszeit für die Jugend, die Regelung des Erholungsurlaubs, die Verbesserung der Lohn- und Arbeitsverhältnisse, das Koalitionsrecht der Jugend, die Einrichtung und Verbesserung der Berufsberatung und des Berufsschulwesens sind in erster Linie das Werk der deutschen Gewerkschaften durch Einflussnahme auf die Gesetzgebung und Verwaltung, durch entsprechende Gestaltung der Tarifverträge sowie durch die ständige Verbesserung des Arbeitsrechtes und der Sozialversicherung.

Die Gewerkschaften haben die Organe des Staates bei der Erfüllung ihrer Aufgaben zum Schutz und zur Pflege der Jugend in der Vergangenheit wirksam unterstützt.

Dieser erfolgreichen Arbeit für die schaffende Jugend war die Erziehungsarbeit an der Jugend nicht ebenbürtig. Elternhaus, Schule, Presse, Rundfunk und Staat haben in der Vergangenheit verabsäumt, der Jugend die Bedeutung und Leistungen der Gewerkschaften für die Jugend selbst und für das ganze Volk zu lehren. Diesem Umstand ist es in erster Linie zuzuschreiben, dass der Jugend der Wert der Gewerkschaften zu spät oder überhaupt nicht zum Bewusstsein gekommen ist.

So ist in der Vergangenheit – bis zum Jahre 1933 – die Jugend neben den Gewerkschaften aufgewachsen und, ohne um ihren Wert zu wissen, ins Leben getreten.

Der Versuch der Gewerkschaften, die Jugend durch eigene Bildungsarbeit, durch Aufklärung, Bibliotheken, Versammlungen usw. an die Gewerkschaften zu binden, ist nicht ohne Erfolg geblieben. Er hat aber keine umfassende Breitenwirkung erzielt. Auch die Schaffung von Jugendsekretariaten, die Herausgabe eigener Jugendzeitschriften, sowie die Abhaltung besonderer Jugendkonferenzen hat die Jugend in den Gewerkschaften nicht in dem Maße erfassen können, wie dies wünschenswert und notwendig gewesen wäre.

So ist die Arbeit der Gewerkschaften in der Vergangenheit eine segensvolle Epoche für die soziale, wirtschaftliche und rechtliche Stellung der schaffenden Jugend; aber ihr Einfluss auf die Masse der Jugend blieb ihr durch falsche amtliche Erziehungsmethoden und falsche Bildungstendenzen versagt.

Die jugendfürsorgerische Tätigkeit der Gewerkschaften ist von keiner anderen Organisation übertroffen worden; ihre Jugendbewegung hat leider zu keiner Zeit die ihr nach ihrem Wirken zukommende Bedeutung erlangt. Diese Feststellung mindert den Wert und die Leistungen der gewerkschaftlichen Jugendbewegung nicht herab; denn aus ihr sind junge Kräfte gewachsen, welche heute die Träger der neuen deutschen Gewerkschaftsbewegung sind.

III. Das Dritte Reich und die Jugend

Die grundlegend falsche Erziehung der deutschen Jugend, eingeschlossen der arbeitenden Jugend, u. a. im Elternhaus, in der Schule, in den Sportorganisationen, durch Presse, Literatur und Funk, hat die Jugend für falsche Ideale begeistert. Die Jugend hat Spiel und Sport höher gestellt als Beruf und Wissen.

Sie hat Freiheit, Recht und Frieden in ihrer Bedeutung nicht erkennen gelernt und ist deshalb zum willigen Werkzeug der Reaktion und des Krieges geworden.

Durch diese Kräfte wurde die Jugend aller Klassen und Konfessionen mit zum Störenfried der Welt. Ohne die Bedeutung dieses Vorganges zu erkennen, machte sich die Jugend zum Schergen ihres eigenen Leides. Alle, die unsere Jugend und unser Volk zum Krieg erzogen und zu ihm bereit gemacht haben, sind verantwortlich an den Toten, Krüppeln und Waisen sowie an der seelischen und materiellen Not unserer Jugend.

Eine falsche Erziehung in Methode und Bildungsziel hat unser Volk und die Jugend unseres Volkes und anderer Völker zugleich von den Höhen der Kultur und Zivilisation herabgestürzt, worauf sie von den, Freiheit und Frieden, sowie sozialer Gerechtigkeit dienenden Kräften unter schweren Anstrengungen und Opfern in Generationen gehoben worden war.

Die Vermittlung dieser Erkenntnis an die Jugend, die Gewinnung dieser Erkenntnis durch die Jugend selbst als eigene Anschauung, kann allein der Ausgangspunkt für eine neue bessere Ordnung werden. Nicht die Alten tragen die Schuld an dem Elend unserer Jugend, sondern der Nazismus und der Militarismus. Wer aber an den Ausgangspunkten einer Wende den Kampf der Generationen stellt, lenkt ab von der wahren Schuld und verhindert die bessere Erkenntnis.

Das Dritte Reich, seine kapitalistischen und militaristischen Kräfte haben das Volk und die Jugend ins Elend gestürzt.

IV. Die heutige Lage der Jugend

Armut und Not umgeben unsere Jugend, ihr Glaube und ihr Vertrauen sind missbraucht und sie steht ungläubig und voll Misstrauen im Leben. Teile der Jugend wenden ihre Erbitterung gegen jede Organisation der Gemeinschaft, weil die erzwungenen Gemeinschaften des Dritten Reiches, der die Jugend angehören musste, die Schuld und Mitschuld an ihrer Lage tragen und verkörpern.

Soweit neue Gemeinschaften der Jugend entstanden sind, ringen sie um bessere Erkenntnisse.

Die Jugend von heute ist das Kind des Nationalsozialismus und Militarismus. Sie ist der Arbeitsmann, die Arbeitsmaid und der Soldat von gestern. Die Jugend ist dem Elternhaus und der freien Gemeinschaft entfremdet. Sie ist zu großen Teilen unfertig oder untüchtig in den Friedensberufen. Die Jugend ist zum Teil ohne Heimat, ohne Elternhaus. Sie hungert und friert. Sie hat selbst keine Heime oder keine guten Heime. Sie hat keine genügende Kleidung und geringe Aussichten, dieselbe zu verbessern. Sie ist belastet mit den Eindrücken des grauenvollen Krieges an der Front und in der Heimat. Ihr Blick war, weil so erzogen, nur auf die Nation gerichtet, welche zusammengebrochen ist.

## V. Jugend und Schule

Der Staat, seine Bildungsanstalten und die ihn tragenden Vereinigungen müssen neben den freien Gemeinschaften der Jugend zum Träger dieses großen Werkes des Friedens und der Zukunft werden. Die Schulen aller Stufen sind vor neue große Aufgaben gestellt. Von der Erziehung eines friedfertigen, demokratisch gesinnten und freiheitsliebenden jungen Menschen hängt die Zukunft des Volkes ab. Diesem Bildungsziel muss die Ausbildung der Erzieher und müssen alle Bildungsmittel unterworfen sein. Was diesem Wesen fremd ist, muss aus der Schule und den Lehren verbannt werden. Geschichte, Aufgaben und Leistungen der Gewerkschaften sind als Lehrgebiet in die Unterrichtsfächer aller Schulen aufzunehmen. Die Gewerkschaften sind insbesondere an der Verwaltung der Berufs- und Fachschulen zu beteiligen.

## VI. Jugend und Beruf

Die Betreuung der schaffenden Jugend und ihre Beratung in beruflicher Hinsicht werden zu einer besonderen Aufgabe der Gemeinschaft. Die Wirtschaft, also Unternehmer und Gewerkschaften, müssen mit den in Selbstverwaltung befindlichen Stellen der Berufsberatung die junge Arbeitskraft so lenken, dass dem jungen Menschen und der Wirtschaft gleichermaßen gedient ist.

Betriebs- und öffentliche Lehrwerkstätten, insbesondere für Mangelberufe, welche gleichzeitig die Aufgabe der Nach- und Umschulung übernehmen, sind von den öffentlichen Körperschaften einzurichten und zu fördern. Das Ausbildungs- und Prüfungswesen ist in allen Berufen und in allen Berufsschulen unter stärkster Mitbeteiligung der Gewerkschaften neu zu gestalten.

## VII. Staatlicher Jugendschutz und Pflege

Die seelische und materielle Not der Jugend fordert gebieterisch eine Neuordnung des staatlichen und kommunalen Jugendschutzes und der Jugendpflege. Die Gewerkschaften sind als Vertretung der arbeitenden Jugend an der Verwaltung und in den Ausschüssen der Jugendämter maßgeblich zu beteiligen.

Von der jugendfürsorgerischen Tätigkeit sind alle Personen auszuschließen, welche nazistischen und militaristischen Tendenzen gehuldigt haben oder ihnen huldigen.

Das Jugendherbergswerk ist besonders zu fördern. Ebenfalls sind zu fördern alle Einrichtungen, welche der Gesunderhaltung und der Hebung der Gesundheit der Jugend dienen. Jugendheime und Jugendbibliotheken in amtlicher oder freier Verwaltung der Jugendverbände sind zu errichten und auszubauen.

Die Unterstützung der freien Jugendbewegung gehört zu den besonderen Aufgaben der amtlichen Jugendpflege.

VIII. Die eigene Jugendarbeit der Gewerkschaften

Um die Jugend mit den Aufgaben im Beruf und im gesamten Wirtschaftsleben vertraut zu machen, sollen in allen Betrieben gewerkschaftliche Jugendgruppen gebildet werden.

Der Jugend ist Sitz und Stimme in den Betriebsräten einzuräumen. In allen örtlichen Verwaltungsstellen der Gewerkschaften ist die Jugend zunächst im Rahmen der einzelnen Gewerkschaften und dann in der Gesamtheit derselben zu Jugendgruppen zusammenzufassen. Den gewerkschaftlichen Jugendgruppen ist in allen Verwaltungskörperschaften Sitz und Stimme einzuräumen.

Wo die Voraussetzungen gegeben sind, sollen die Gewerkschaften zentral und örtlich besondere Sekretariate für die Jugend errichten.

Die Vertrauensleute der Jugend sind in besonderen Kursen für ihre Aufgaben in den Betrieben und in den Gewerkschaften heranzubilden.

Die Gewerkschaften und Gewerkschaftsjugendgruppen sollen sich vornehmlich mit der Erfassung der schaffenden Jugend in den Gewerkschaften, ihrer allgemeinen beruflichen und wirtschaftlichen Fortentwicklung, ihrer Vertretung im Beruf und Betrieb, sowie der Ausgestaltung ihrer Lohn- und Arbeitsverhältnisse beschäftigen und ferner den Ausbau des Jugendschutzes in den Betrieben und Verwaltungen und im öffentlichen Leben bewirken.

Unterhaltung, Spiel und Sport gehören nicht zu den ersten und ureigensten Aufgaben der Gewerkschaftsjugendbewegung.

IX. Interzonale Zusammenarbeit der Gewerkschaftsjugend

Sofort nach dem Wiedererstehen einer allgemeinen deutschen Gewerkschaftsbewegung ist ein Gewerkschaftsjugendprogramm zu beraten und zu beschließen. Dieses Programm soll unter aktiver Beteiligung der in den Gewerkschaften organisierten Jugend auf einer gewerkschaftlichen Jugendkonferenz behandelt werden.

Um die Zusammenarbeit aller Jugendgruppen zu fördern, sollen die Jugendsekretariate in den Zonen und Ländern in einen schriftlichen Austausch ihrer bisherigen Erfahrungen treten.

X. Die Gewerkschaften sind die Interessenvertretung der schaffenden Jugend

Die interzonale Gewerkschaftskonferenz zu Berlin im Februar 1947 richtet an die gesamte werktätige Jugend in Stadt und Land und in allen Ländern und Zonen den Ruf:

»Tretet ein in unsere Gewerkschaften!«

Hitler hat die Gewerkschaften verboten und zerstört. Die Gewerkschaften waren und sind Eure Interessenvertretung. Die Gewerkschaften sind wiedererstanden, um für Euch eine bessere Zukunft zu bauen. Es liegt mit in Eurer Hand, durch die Stärkung der Gewerkschaften, dem Neuaufbau, dem Frieden und der Verbesserung Eurer sozialen, wirtschaftlichen, rechtlichen und kulturellen Lage zu dienen.

Bericht für die Presse

Vom 10.–12. Februar 1947 fand in Berlin die dritte Interzonenkonferenz der deutschen Gewerkschaften statt. An ihr nahmen die berufenen und gewählten Vertreter der Gewerkschaften aller vier Besatzungszonen teil.

Die Konferenz tagte im Hause des Freien Deutschen Gewerkschaftsbundes der Sowjetischen Besatzungszone und Berlin, dem früheren Bundeshaus des Allgemeinen Deutschen Gewerkschaftsbundes. Die Arbeitsdirektoren des Alliierten Kontrollrates begrüßten bei Beginn der Verhandlungen durch den französischen Oberst Ziegel die Teilnehmer. Für die Sowjetische Militäradministration fand Oberst Tjulpanov herzliche Worte für ihren erfolgreichen Tagungsverlauf.

Von der ersten Interzonengewerkschaftstagung zu Mainz über die Konferenz in Hannover hat nicht nur die gewerkschaftliche Entwicklung ziffernmäßig große Fortschritte gemacht, auch die Besprechungen in Berlin beweisen, dass die neue deutsche Gewerkschaftsbewegung gewillt ist, den gestellten Aufgaben gerecht zu werden. Die Berliner Interzonentagung bestätigt aber auch, dass über die Zonengrenzen hinweg die neue deutsche Gewerkschaftsbewegung auch innerlich in der verhältnismäßig knappen Zeitspanne von weniger als einem Jahr schon so weit zusammengewachsen ist, dass ihre Einheit als Realität aufgefasst werden kann. Die deutschen Gewerkschaften gehen hier einen für die gesamte deutsche Entwicklung bedeutungsvollen Weg.

Die Entwicklung der deutschen Gewerkschaftsbewegung hatte in den einzelnen Zonen einen verschiedenen Ausgangspunkt und vollzog sich daher unterschiedlich. Nach einer langen und gründlichen Aussprache wurden die Anschauungen der Konferenzteilnehmer in einer Entschließung über den Aufbau der gewerkschaftlichen Organisationen festgelegt. In ihr kommt die Übereinstimmung zum Ausdruck, dass der neue Gewerkschaftsaufbau auf dem Boden der Industriegewerkschaften, zusammengefasst in einem starken Bund, vor sich gehen soll.

Ein Organisationsausschuss wurde eingesetzt, der bis zur nächsten Interzonenkonferenz Vorschläge und Richtlinien für den weiteren einheitlichen Aufbau der gewerkschaftlichen Organisation geben soll.

Zu der Entwicklung und dem Stand der Gewerkschaftspresse nahm die Konferenz Berichte aus den einzelnen Zonen entgegen, wobei lebhafte Klage über die in einzelnen Zonen zu geringe Papierzuteilung geführt wurde.

Es wurde für die Erfüllung der gewerkschaftlichen Aufgaben und insbesondere auch für ihre Mitwirkung an der demokratischen Erneuerung Deutschlands als dringend notwendig bezeichnet, die Einflussmöglichkeiten der Gewerkschaften durch erhöhte Papierzuteilung zu verstärken.

Das Verhältnis der Gewerkschaften zur Jugend wurde durch ein besonderes Referat angesprochen, wobei in erster Linie auf die notwendige Umerziehung der deutschen Jugend hingewiesen wurde. Die Gewerkschaften verlangen, dass die gesamte Schuljugend, welche sich in der Berufserziehung befindet und auch jene jungen Menschen, die durch die Schuld des Dritten Reiches gehen mussten, mit der Geschichte, den Leistungen und den Aufgaben der deutschen Gewerkschaften vertraut gemacht werden. Der seelischen und materiellen Not der arbeitenden Jugend soll durch verstärkten staatlichen Jugendschutz und staatliche Jugendpflege sowie durch stärkste Berücksichtigung ihrer sozialen und wirtschaftlichen Verhältnisse in den neu zu schaffenden Tarifverträgen begegnet werden. Die Gewerkschaften lenken insbesondere die Aufmerksamkeit der Länderregierungen auf die Notwendigkeit der Auswahl richtiger Erzieher zur geistigen Erneuerung der jungen Generation.

Die Konferenz beschäftigte sich erneut mit der Neugestaltung der Sozialversicherung. Die Grundlage der Debatte bildete eine Entschließung, die von einem besonderen Ausschuss in Frankfurt am Main ausgearbeitet wurde.

Durch sie soll die Vereinheitlichung der künftigen deutschen Sozialversicherung gewährleistet und ihre allmähliche Leistungssteigerung erreicht werden.

Die Berliner Konferenz erhielt durch die Anwesenheit der Delegation des Weltgewerkschaftsbundes ihr besonderes Gepräge, auch ein Vertreter der AFL nahm als Gast teil. Mit den Delegierten des Weltgewerkschaftsbundes wurden eine Reihe von bedeutungsvollen Problemen erörtert, so unter anderem das Verhältnis der deutschen Gewerkschaften zum Weltgewerkschaftsbund, die Rückgabe des von den Gewerkschaften beanspruchten Vermögens, die Demontage der Betriebe und die Erhaltung der Arbeitsplätze sowie die Kriegsgefangenenfrage und die Beteiligung der deutschen Gewerkschaften bei den künftigen Friedensverhandlungen.

Als Ort der nächsten Tagung wurde München Anfang Mai 1947 bestimmt.

Anlagen

1. Entschließung zur Organisationsfrage
2. Entschließung zur Vereinheitlichung der Sozialversicherung
3. Das Referat zur Jugendfrage.


DOKUMENT 15

## 25. Februar 1947: Vorschlag für die Bildung des Arbeitsausschusses der Interzonenkonferenzen (Göring).

**SAPMO-BArch. Akte Arbeitsausschuss der Interzonenkonferenzen. Tagung vom 17.–19. September 1947 in Berlin. Maschinenschrift. DY 34/22976.**

Vorschlag für die Bildung des Arbeitsausschusses der Interzonenkonferenzen

Der Umfang der aufgrund der Geschäftsordnung der Interzonenkonferenzen von dieser Körperschaft zu erledigenden Arbeiten, die Vertretung aller vier Zonen bei wichtigen Besprechungen, in allen gemeinsamen Fragen, die mit dem Kontrollrat oder einzelnen Abteilungen des Kontrollrates erforderlich sind, die Stärkung der Autorität der Gewerkschaften aller vier Zonen gegenüber den Besatzungsmächten auf der Friedenskonferenz und bei gleichwertigen Anlässen, macht die Errichtung eines Arbeitsausschusses erforderlich. Der Arbeitsausschuss besteht aus je zwei Vertretern jeder Zone und einem Vertreter Berlins (wie der Organisationsausschuss). Er tritt mindestens einmal im Monat in Berlin zusammen.

Die Erledigung der erforderlichen technisch-bürolichen Angelegenheiten übernimmt der Zonensekretär der sowjetisch besetzten Zone. Den Vorsitz im Arbeitsausschuss haben abwechselnd alle Mitglieder des Arbeitsausschusses. Der Wechsel erfolgt in alphabetischer Reihenfolge.

Für den Fall von offiziellen Verhandlungen wird eine Verhandlungskommission bestellt, die sich aus je einem Vertreter der vier Zonen zusammensetzt. Bei wichtigen Aussprachen oder Teilnahme an besonders bedeutungsvollen Konferenzen (Friedenskonferenz, Tagung des Weltgewerkschaftsbundes) nimmt der gesamte Arbeitsausschuss teil.

25. Februar 1947

DOKUMENT 16

## 11.–12. März 1947: Organisationsausschuss der Inter-zonenkonferenzen in Frankfurt am Main.

**Bibliothek für Sozialgeschichte in der Forschungsstelle für Zeitgeschichte Hamburg. Akte Gewerkschaften Britische Zone, Zonenvorstand, -ausschuss, -sekretariat 1945–1949. Maschinenschrift. 551-2-0.**

Werte Kollegen!

Nachstehend erhaltet Ihr einen kurzen provisorischen Bericht über unsere Besprechungen, die wir vom 11.–13. März 1947 in Frankfurt am Main hatten:[1]

Am 11.–12. März 1947 tagte der interzonale Organisationsausschuss der Gewerkschaften der vier Zonen, der in Berlin eingesetzt worden war. Während dieser Ausschusssitzung wurde besprochen, wie weit es möglich ist, in der Frage der Organisierung der Angestellten zu einer einheitlichen Auffassung in allen vier Zonen zu kommen. Die beiliegende Entschließung ist das einstimmige Ergebnis dieser Besprechungen. Diese Entschließung dient vorläufig nur Eurer vertraulichen Information, weil sie selbstverständlich in allen Zonen erst von den zuständigen Körperschaften angenommen werden muss. Wir werden sie in der Britischen Zone in der Sitzung des Zonenvorstandes und Zonenausschusses zu besprechen haben, die am 12.–13. April 1947 statt-

---

1  Hansen fasst hier die Sitzung des Organisationsausschusses aller vier Zonen und die Bizonenkonferenz zusammen und verwischt damit die Grenzen und Kompetenzen beider Gremien.

finden wird. Es wird dann eventuell eine Aufgabe des Bundeskongresses sein, endgültig darüber zu beschließen, dass diese Resolution das Ergebnis einer sehr ernsthaften Diskussion ist, bei der vor allem zum Ausdruck kam, dass die Einheit der Gewerkschaftsbewegung auf dem Spiel steht.

Weil dieser Gesichtspunkt klar im Vordergrund stand, zeigten sowohl die Vertreter des Gedankens der Angestelltengewerkschaft, als auch die der Industriegewerkschaft den ernsten Willen zur Verständigung, die in dieser Besprechung gefunden werden sollte. Wir bitten die Kollegen, die beiliegende Entschließung ebenfalls in diesem Geiste zu beurteilen.

Am 13. März 1947 fand eine Besprechung zwischen den Vorständen der Gewerkschaften der Britischen und der Amerikanischen Zone statt. Im Mittelpunkt der Aussprache standen Wirtschaftsprobleme, bei denen ein gemeinsames Vorgehen beider Zonen erforderlich ist. Die beiliegende Resolution über die Stellung der Gewerkschaften zur wirtschaftlichen Selbstverwaltung wurde einstimmig angenommen. Alle Kollegen waren sich darüber klar, dass es keinen Sinn hat, die Neugestaltung der Wirtschaftskammern durch irgendwelche Kompromisse zu überbrücken, die die erforderliche Neugestaltung nur hinauszögern könnten.

Einen wichtigen Teil in der Debatte nahmen die jüngsten Vorkommnisse im Verwaltungsrat für Wirtschaft ein, die Dr. Agartz zu einem alarmierenden Artikel im »Handelsblatt« veranlasst haben.[2] Die Gewerkschaften beider Zonen waren der einheitlichen Auffassung, dass der wirtschaftliche Neuaufbau auf keinen Fall durch partikularistische Sonderberechnungen unmöglich gemacht werden darf. Unsere süddeutschen Kollegen werden bei den zuständigen Stellen in ihren Ländern die erforderlichen Schritte unternehmen. Außerdem wurde die beiliegende Entschließung zu diesem Fragekomplex angenommen.

Eine andere Entschließung befasst sich mit der erneut hinausgezögerten Ernennung der Treuhänder für die Schlüsselindustrien der Britischen Zone. Wir waren der Auffassung, dass es sich hierbei nicht nur um eine Angelegenheit handelt, die die Britische Zone nur allein angeht.

Wir haben die Kollegen der Amerikanischen Zone von unserem Beschluss in Kenntnis gesetzt, dass wir kein gemeinsames Büro in Frankfurt am Main eröffnen wollten.

Diese Auffassung wurde von unseren Kollegen zunächst mit Bestürzung aufgenommen. In der Aussprache konnten wir allerdings unsere Auffassung noch überzeugender zum Ausdruck bringen. Es wurde eine Verständigung darüber erzielt, dass die beiden Zonensekretariate für die Lösung gemeinsamer, sachlicher Tagesprobleme unbedingt zu einer besseren Zusammenarbeit kommen sollen.

---

2  Zur bizonalen Zusammenarbeit der Gewerkschaften im Vereinigten Wirtschaftsgebiet vgl. Aufbau der Gewerkschaften, S. 801 ff. Als Resümee vgl. Borsdorf: Marshall-Plan, S. 194–211. Zu Agartz vgl. die recht einseitige Darstellung. Hermann: Verraten und verkauft: Hier wird insbesondere der Hochverratsprozess gegen Agartz im Jahre 1957 behandelt.

Den Zonensekretariaten wurde außerdem die Aufgabe gestellt, sofort die nötigen Schritte zu unternehmen, um die bestehenden Fachausschüsse der Britischen Zone zu Zwei-Zonen-Körperschaften umzubauen. Bei dieser Diskussion kam als gemeinsame Auffassung ebenfalls zum Ausdruck, dass der organisatorische Zusammenschluss der Gewerkschaften beider Zonen eine möglichst bald durchzuführende Aufgabe ist.

Mit kollegialen Grüßen!
Gewerkschaftliches Zonensekretariat.
i. A. Werner Hansen

DOKUMENT 17

## 11.–12. März 1947: Entschließung des Organisationsausschusses zur Frage der Angestellten.

**DGB-Archiv im AdsD. Bestand Gewerkschaftsrat der vereinten Zonen. Maschinenschrift. 13/143-Interzonenkonferenzen.**

Der von der Interzonenkonferenz der Gewerkschaften eingesetzte Organisationsausschuss hat sich in seiner Sitzung am 11. und 12. März 1947 in Frankfurt am Main auftragsgemäß mit dem Problem der gewerkschaftlichen Erfassung der Angestellten beschäftigt.

Die Organisationsform der neuen Gewerkschaften wird weiterhin der wirtschaftlichen und industriellen Entwicklung unterliegen. Sie muss sich in ihrem Neuaufbau den sozialen und ökonomischen Verhältnissen der Gegenwart und der Zukunft anpassen.

Bei der Neugestaltung der Gewerkschaften kann die größte Kraft nur entfaltet werden durch eine Verständigung der Beteiligten.

Der Ausschuss stellt fest, dass bis zum Jahre 1933 die gewerkschaftliche Zersplitterung der Angestellten außerordentlich groß gewesen ist. Es wurden nicht weniger als 91 Angestelltenverbände gezählt, davon 13 Verbände der kaufmännischen und 29 der technischen Angestellten. Es muss hervorgehoben werden, dass bis 1933 besonders bei der Angestelltenschaft die Aufspaltung der gewerkschaftlichen Organisationen nach weltanschaulichen Grundgedanken die Bewegung geschwächt hat.

Gegenüber den bis 1933 bestandenen Verhältnissen ist es ein großer Fortschritt, dass die jetzt eingeleitete Konzentration in der Angestelltenbewegung zu einer organisatorischen Festigung und ideologischen Einheit führt. Die Überwindung der weltanschaulichen und organisatorischen Gegensätze innerhalb der Angestelltenschaft wird begrüßt und als ein gutes Zeichen für die notwendige Entwicklung zu einer gewerkschaftlichen Einheit aller Werktätigen angesehen.

Die Kommission sieht die Notwendigkeit, trotzdem zur weiteren Klarheit im Problem der gewerkschaftlichen Erfassung der Angestellten zu gelangen und empfiehlt die Schaffung von[1] Angestelltengewerkschaften im Rahmen der Gewerkschaftsbünde. Dabei erklärt sie, dass das endgültige Ziel in der organisatorischen Vereinigung aller Arbeitnehmer erblickt werden muss.

Die bevorstehenden großen Aufgaben, die die Gewerkschaften bei der Schaffung einer wahren Demokratie in der Wirtschaft zu erfüllen haben, zwingen aber die Arbeiter und Angestellten schon heute in den Betrieben, die in Gemeinwirtschaft überführt sind oder werden, eine einheitliche Organisation aller Arbeitnehmer zu schaffen.

Auch in den öffentlichen Verwaltungen und Betrieben sowie in öffentlichen Körperschaften ist die einheitliche Organisation aller Arbeitnehmer das Ziel. Insbesondere sollen in folgenden Industrien dahingehende Vereinbarungen getroffen werden: Bergbau, Chemie, Stahl und Eisen, Energieversorgung, öffentliche Verwaltung und Betriebe sowie die öffentlichen Körperschaften.

Um die hier aufgestellten Grundsätze zu verwirklichen, haben die satzungsmäßig festgelegten Organe der Bünde mit den in Frage kommenden Gewerkschaften Vereinbarungen über das beiderseitige Organisationsgebiet zu treffen. Die hiernach in Betracht kommenden Industriegewerkschaften oder die Angestelltengewerkschaft sind verpflichtet, alle im Betrieb befindlichen Arbeitnehmer (Arbeiter, Angestellte und Beamte) mitzuerfassen.[2]

Der Interzonenorganisationsausschuss[3] wird von den Vereinbarungen unterrichtet.

Frankfurt am Main, den 12. März 1947

Dokument 18

# 1. April 1947: Einladung Tarnows zur Interzonenkonferenz nach München.

**DGB-Archiv im AdsD. Maschinenschrift, DGB. Landesbezirk Baden-Würtemberg, 5/DGBE 276.**

Werte Kollegen!

Durch Beschluss der interzonalen Gewerkschaftskonferenz in Berlin wurde die Abhaltung der nächsten Konferenz auf den 6. bis 8. Mai 1947 in München[1] festgesetzt. Wir berufen hiermit diese Konferenz ein zum 6. Mai 1947, vormittags 10.00 Uhr in München in den Räumen des Gewerkschaftsbundes, Landwehrstraße 7–9. (…)

Wir bringen in Erinnerung, dass nach der in Hannover beschlossenen Satzung von jeder Zone vier Delegierte und für Groß-Berlin weitere zwei De-

---

1   In der zweiten Version heißt es statt »von« genauer »selbständiger«.
2   In der zweiten Version: »zu erfassen«.
3   In der zweiten Version: »Interzonenausschuss«.
1   Die Konferenz fand in Garmisch-Partenkirchen statt. Vgl. Dok. 19.

legierte zu entsenden sind. Durch Beschluss der Berliner Konferenz wurden diese Bestimmungen dahin erweitert, dass auch dem Zonensekretariat jeder Zone Sitz und Stimme eingeräumt werden soll.[2]

Der Vorstand des Bayrischen Gewerkschaftsbundes übernimmt die Regelung der Unterkunft der Delegierten und wird auch Maßnahmen zur Ordnung der Verpflegung treffen. Es wird gebeten, dass die Delegierten und der Zeitpunkt ihres Eintreffens rechtzeitig beim Sekretariat des Bayrischen Gewerkschaftsbundes, München, Landwehrstraße 7–9 gemeldet werden.

Mit kollegialem Gruß!
Zonensekretariat der Gewerkschaften der US-Zone
Fritz Tarnow

DOKUMENT 19

## 6.–8. Mai 1947: Interzonenkonferenz Garmisch-Partenkirchen (mit 14 Anhängen) (Protokoll der Vierten Interzonenkonferenz der Deutschen Gewerkschaften).[1]

**SAPMO-BArch. Akte 4. Interzonenkonferenz in Garmisch-Partenkirchen vom 6.–8. Mai 1947. Protokoll, Vorbereitung und Auswertung. Maschinenschrift, Broschüre. DY 34/22974.**

[Das Dokument beginnt mit den Ausführungen zu: Zusammensetzung, Aufgabe und Geschäftsordnung der Interzonenkonferenz der Gewerkschaften Deutschlands. Vgl. Dokument 11. Eingefügt wurde nur der neue Punkt 4]

4. Kommissionen

Die Konferenz kann für die Bearbeitung von Spezialfragen Kommissionen bilden. Einer Kommission muss je ein offizieller Vertreter der 4 Zonen angehören. Daneben können Spezialsachbearbeiter hinzugezogen werden.

Liste der anwesenden Delegierten

Amerikanische Zone:
Hagen, Lorenz; München
Richter, Willi; Frankfurt am Main
Schleicher, Markus; Stuttgart
Schiefer, Gustav; München
Tarnow, Fritz; Stuttgart

---

2  Die Neuerung kam von Markus Schleicher. Sie begünstigte Fritz Tarnow, der vorher über kein Mandat verfügte, und sie begünstigte die Westzonen, weil Berlin über keinen eigenen Zonensekretär verfügte.
1  Eine nur in Nuancen abweichende Fassung befindet sich im DGB-Archiv im AdsD, Bestand Gewerkschaftsrat der vereinten Zonen, 13/143-Interzonenkonferenzen.

Britische Zone:
Böckler, Hans; Köln
Böhm, Hans; Bielefeld
Hansen, Werner; Bielefeld
vom Hoff, Hans; Nienburg an der Weser
Karl, Albin; Hannover

Französische Zone:
Fleck, Fritz; Tuttlingen
Ludwig, Adolf; Neustadt
Schneider, Matthias; Baden-Baden

Russische Zone einschließlich Berlin:
Chwalek, Roman; Berlin
Göring, Bernhard; Berlin
Jendretzky, Hans; Berlin
Kaufmann, Adolf; Berlin
Krüger, Ernst; Berlin
Lemmer, Ernst; Berlin
Schlimme, Hermann; Berlin

Protokollführer:
Reuter, Georg; München
Liste der Gäste:

Vertreter der Militärregierung:
Keenan, Joseph W.; Berlin; Berater des Generals Lucius D. Clay in Arbeitsfragen
Major Kramer, A.; Berlin; Arbeitsabteilung, Militärregierung für Deutschland (US)
Silver, George; Berlin; Arbeitsabteilung, Militärregierung für Deutschland (US)
Stark, Wilfred; Berlin; Arbeitsabteilung, Militärregierung für Deutschland (US)
Loriaux, Frantz G.; München; Arbeitsabteilung, Militärregierung für Bayern.

Vertreter des Weltgewerkschaftsbundes:
Schevenels, Walther; Paris
Preuss, Albert; Paris

Tagesordnung:

1. Konstituierung der Konferenz

2. Stellungnahme zur Einführung der doppelten Sommerzeit

3. Friedensvertrag und deutsche Gewerkschaften, Referent: Ernst Lemmer, Berlin,

4. Verhandlungen des Organisationsausschusses für Angestelltenfragen, Referent: Bernhard Göring, Berlin.

5. Neugestaltung der Wirtschaft, Referent: Hans Jendretzky, Berlin.

6. Tarifvertragsrecht, Referent: Markus Schleicher, Stuttgart.

7. Betriebsräte und Arbeitsgerichtsgesetzgebung, Referent: Willi Richter, Frankfurt am Main.

8. Arbeitsvermittlung und Arbeitslosenversicherung, Referent: Albin Karl, Hannover.

9. Beitrags-, Unterstützungs- und Verwaltungsfragen.

Beschlussprotokoll

1. Verhandlungstag

Dienstag, den 6. Mai 1947

Lorenz Hagen, als Präsident des gastgebenden Bayrischen Gewerkschaftsbundes, eröffnete um 10.00 Uhr die Konferenz und begrüßte die Konferenzteilnehmer.

Die Konferenz wählte die Delegierten:
Böckler, Hans; Köln
Jendretzky, Hans; Berlin
Schleicher, Markus; Stuttgart
Schneider, Matthias; Baden-Baden

in das Büro mit Schleicher als Vorsitzenden.

Reuter, Georg; München, wurde als Protokollführer gewählt.

Der Vorsitzende machte den Vorschlag, die auf der »Dritten Interzonenkonferenz« in Berlin festgelegte vorläufige Tagesordnung um einen Punkt (Stellungnahme zur Einführung der doppelten Sommerzeit) zu erweitern.

Dieser Vorschlag wurde von der Konferenz einstimmig angenommen.

Der Vorsitzende begrüßte anschließend die unter Führung von Mr. Joseph Keenan anwesenden Vertreter der amerikanischen Militärregierung und die Vertreter des Weltgewerkschaftsbundes, Walther Schevenels und Albert Preuss, beide Paris.

Mr. Keenan überbrachte der Konferenz die Grüße und besten Wünsche von General Clay und Walther Schevenels die des Weltgewerkschaftsbundes (Ansprachen siehe Anhang 1 und Zu Punkt 2). Schleicher machte den Vorschlag, den Alliierten Kontrollrat zu bitten, den Beschluss der Einführung der doppelten Sommerzeit möglichst rasch wieder aufzuheben.

In der Diskussion war die Konferenz einstimmig der Ansicht, dass die Einführung der doppelten Sommerzeit in ihren Auswirkungen eine erhöhte Belastung der Arbeitnehmer bedeutete, was in Anbetracht der kritischen Ernährungslage unbedingt vermieden werden müsse.

Es wurde einstimmig beschlossen, ein Telegramm an den Kontrollrat zu richten, dessen Wortlaut von den Delegierten Böhm, Göring und Reuter entworfen werden sollte.

Der Vorsitzende vertagte die Konferenz um 13.00 Uhr und eröffnete sie um 14.45 Uhr wieder.

Zu Punkt 3) Lemmer erstattete ein Referat über die Stellung der deutschen Gewerkschaften zum kommenden Friedensvertrag (siehe Anhang 3).

Noch zu Punkt 2) Vor Eintritt in die Diskussion zu Punkt 3 der Tagesordnung verlas der Vorsitzende den Wortlaut des Telegramms an den Alliierten Kontrollrat (siehe Anhang 7), der von der Konferenz einstimmig angenommen wurde.

Noch zu Punkt 3) In der Diskussion wandten sich alle Delegierten einstimmig gegen das Zustandekommen eines Friedensstatus und für die Schaffung eines Friedensvertrages.[2]

Schlimme, Jendretzky und Chwalek führten aus, dass die Gewerkschaften in jedem Falle durch Mitunterzeichnung des Friedensvertrages zusammen mit den politischen Parteien[3] die Verantwortung für seine Durchführung übernehmen müssten.

Hansen stellte Einstimmigkeit darüber fest, dass das gesamte deutsche Volk und damit auch die Gewerkschaften bei der Schaffung des Friedensvertrages gehört werden müssen. Die Unterzeichnung desselben sei jedoch Angelegenheit einer deutschen Regierung.

Karl führte aus, dass im Falle des Einbauens der Gewerkschaften in eine künftige deutsche Regierung ihre Überparteilichkeit in Frage gestellt sei. Die Einhaltung des Vertrages hänge von der Gesetzgebung ab, welche ausschließlich Angelegenheit der politischen Parteien sei. Im Hinblick auf die Erhaltung der Einheit der deutschen Gewerkschaftsbewegung sei also ein Mitunterzeichnen unmöglich.

Auf Vorschlag des Vorsitzenden wurden die Delegierten vom Hoff, Reuter, Chwalek und Schneider einstimmig in eine Kommission gewählt, die zusammen mit dem Referenten, eine Entschließung zum Friedensvertrag entwerfen sollte.

Zu Punkt 4) Göring gab einen Bericht über die Verhandlungen des von der Dritten Interzonenkonferenz in Berlin eingesetzten Organisationsausschusses, der am 11. und 12. März 1947 in Frankfurt am Main tagte. Die dort gefasste Entschließung könne als vorläufige Grundlage für die Organisation der Angestellten angesehen werden und sei bereits vom Kongress der Gewerkschaften in der Britischen Zone und von verschiedenen Angestelltenkonferenzen in der Russischen Besatzungszone als solche verwendet worden. Sie gebe allen Angestellten die Möglichkeit, am Neuaufbau der deutschen Gewerkschaftsbewegung aktiven Anteil zu nehmen.

Der Vorsitzende machte den Vorschlag, in Anbetracht ihrer Wichtigkeit diese Frage ausführlich zu diskutieren und stellte hierzu Einstimmigkeit fest.

---

2  Die Moskauer Außenministerkonferenz wurde von der »Truman-Doktrin« überschattet. US-Präsident Harry S. Truman verkündete am 12.03.1947 die Zusicherung finanzieller Hilfe für die im Bürgerkrieg befindlichen Staaten Griechenland und die Türkei. Mit der anschließenden Erklärung zur Unverletzlichkeit der Staaten des Nahen Osten war das Hilfsangebot zugleich an alle »von Unfreiheit bedrohten freien Völker« gerichtet. Vgl. Loth: Teilung der Welt, S. 124 ff. und S. 163 ff.

3  Vgl. Dok. 14 Anm. 11.

Darauf vertagte der Vorsitzende die Konferenz um 18.35 Uhr.

2. Verhandlungstag
Mittwoch, den 7. Mai 1947

Der Vorsitzende eröffnete die Konferenz um 9.00 Uhr wieder und machte den Vorschlag, vor Eintreten in die Tagesordnung, zum 70. Geburtstag von August Schmidt, dem Vorsitzenden der Bergbau-Gewerkschaft in der Britischen Zone Stellung zu nehmen.

Es wurde einstimmig beschlossen, im Namen der Konferenz ein Glückwunschtelegramm an August Schmidt zu senden.

Noch zu Punkt 4) In der Diskussion führte Richter aus, dass die deutschen Gewerkschaften über ihre Vertretung rein beruflicher Interessen hinaus, auch die Lösung großer wirtschaftlicher Probleme in Angriff nehmen wollen. Dies sei jedoch nur durch eine auf dem Industriegewerkschaftsprinzip fußende Organisationsform wirksam zu verwirklichen, schlug Böckler vor, in der Entschließung hervorzuheben, dass als endgültiges Ziel die Zusammenfassung aller Arbeitnehmer in einer Organisation erblickt werden müsse, schlug Schleicher vor, die Frankfurter Entschließung als »Richtlinie« aufzufassen und sie dahingehend zu deuten, dass diesem von Böckler hervorgehobenen, endgültigen Ziel Rechnung getragen werde und innerhalb eines Gewerkschaftsbundes letztlich nur eine Angestelltenorganisation geschaffen werden solle.

Im Schlusswort wies Göring darauf hin, dass die Frankfurter Entschließung für ein Übergangsstadium gedacht sei und der Weiterentwicklung zu Industriegewerkschaften den Weg ebnen solle. Unter Zugrundelegung der Vorschläge Böckler und Schleicher möge die Frankfurter Entschließung angenommen werden.

Der Vorsitzende stellte bei der Abstimmung über die »Richtlinien zur Organisation der Angestellten« (siehe Anhang 9) Annahme derselben bei einer Stimmenthaltung fest.

Zu Punkt 5) Jendretzky erstattete ein Referat über die Neugestaltung der Wirtschaft (siehe Anhang 4).

Anschließend vertagte der Vorsitzende die Konferenz um 12.45 Uhr auf 14.30 Uhr.

Zur Geschäftsordnung machte Schiefer den Vorschlag, keine Diskussion an dieses Referat anzuschließen, sondern durch eine Kommission die noch strittigen Punkte klären zu lassen, worauf eine Entschließung zur Neugestaltung der Wirtschaft entworfen werden könne. Reuter erweiterte diesen Vorschlag dahingehend, dass zunächst auch die folgenden Referate ohne Diskussion entgegengenommen und jeweils Kommissionen gebildet werden sollen, die dann die entsprechenden Entschließungen entwerfen und zur Diskussion stellen können.

Der Vorsitzende stellte einstimmige Annahme des erweiterten Vorschlages durch die Konferenz fest.

Zu Punkt 6 und 7) Schleicher und Richter erstatteten die Referate über Tarifvertragsrecht und über Betriebsräte und Arbeitsgerichtsgesetzgebung (siehe Anhang 5 und 6). Beide Referenten wiesen jedoch darauf hin, dass es ihnen nur möglich war, jeweils den derzeitigen Stand der Verhältnisse in ihrer Besatzungszone aufzuzeigen. Um jedoch zu einheitlichen Ergebnissen für das ganze Reichsgebiet kommen zu können, ergebe sich die Notwendigkeit, dass die Konferenz zur Ausarbeitung von Richtlinien für diese Punkte je eine gesonderte Kommission wähle, die der nächsten Interzonenkonferenz Bericht erstatten solle.

In der Diskussion ergab sich kein Widerspruch hiergegen. Der Vorsitzende stellte bei der Abstimmung einstimmige Annahme dieses Vorschlages sowie der zu diesen Tagesordnungspunkten der Konferenz vorgelegten Entschließungen (siehe Anhang 10 und 11) fest.

Anschließend gab der Vorsitzende die Ergebnisse der Wahlen zu den Kommissionen bekannt:

Wirtschaftskommission:
als Referent: Jendretzky, Hans; Berlin
ferner: Schlimme, Hermann; Berlin
Göring, Bernhard; Berlin
Karl, Albin; Hannover
Böhm, Hans; Berlin
Tarnow, Fritz; Stuttgart
Hagen, Lorenz; München
Ludwig, Adolf; Neustadt
Schneider, Matthias; Baden-Baden.

Tarifrechtskommission:
Die Leitung dieser Kommission wurde Schleicher übertragen.

Arbeitsrechtskommission:
Die Leitung dieser Kommission wurde Richter übertragen.

Um 18.30 Uhr vertagte der Vorsitzende die Konferenz auf den nächsten Vormittag, um den Kommissionen Gelegenheit zur Ausarbeitung ihrer Entwürfe zu geben.

3. Verhandlungstag

Donnerstag, den 8. Mai 1947

Um 11.30 Uhr eröffnete der Vorsitzende die Konferenz wieder und bat, zunächst eine Pressekommission für die Erstellung eines offiziellen berichtes zu wählen. Er stellte Böckler, Göring und Reuter als einstimmig gewählte Mitglieder dieser Kommission fest. Sodann bat er die Berichterstatter der Kommissionen, ihre Entwürfe vorzulegen.

Noch zu Punkt 3) Lemmer verlas den Entwurf der Entschließung zum Friedensvertrag und stellte fest, dass er von den Mitgliedern der Kommission einstimmig abgefasst worden sei.

In der folgenden Diskussion wurden im Wesentlichen noch einmal die gleichen Punkte berührt wie im Anschluss an das Referat. Lemmer führte im Schlusswort aus, dass ein kommender Friedensvertrag die Liquidation eines Abenteuers darstelle. Nur eine demokratisch zustande gekommene Regierung könne ihn unterzeichnen und er müsse von allen Teilen des Volkes getragen werden. Die von der Moskauer Konferenz vorgesehenen deutschen Verwaltungsstellen können nur einen Sinn haben, wenn sie mit einer Exekutivgewalt ausgestattet würden, die die Durchführung ihrer Planungen gewährleiste.

Der Vorsitzende stellte bei der Abstimmung über die Entschließung zum Friedensvertrag (siehe Anhang 12) einstimmige Annahme fest.

Noch zu Punkt 5) Hagen verlas den Entwurf der Entschließung zur Neugestaltung der Wirtschaft (siehe Anhang 13).

Der Vorsitzende stellte bei der Abstimmung einstimmige Annahme derselben fest.

Zur Geschäftsordnung machte Lemmer den Vorschlag, zu den künftigen Interzonenkonferenzen auch aus den Westzonen Vertreter der früheren christlichen Gewerkschaften hinzuzuziehen.

Hierzu führte der Vorsitzende aus, dass dies von der Aktivität der christlichen Kollegen abhänge. Diese zögen jedoch meist die Tätigkeit in Regierungsstellen der mühevolleren Gewerkschaftsarbeit vor und überließen diese anderen.

Um 13.00 Uhr vertagte er die Konferenz und eröffnete sie um 14.30 Uhr wieder.

Zu Punkt 8) Karl gab den Delegierten die vom Ausschuss für Arbeitslosenversicherung und -vermittlung der Gewerkschaften der US- und Britischen Zone beschlossene Stellungnahme zur Frage der Arbeitslenkung, Arbeitsvermittlung und Arbeitslosenversicherung bekannt (siehe Anhang 8).

Sodann machte er den Vorschlag, in Anbetracht der Fülle der Aufgaben dieser Konferenz diesen Punkt von der Tagesordnung zu streichen und für die nächste Interzonenkonferenz erneut aufzustellen.

Dieser Vorschlag wurde einstimmig angenommen.

Zu Punkt 9) Schleicher machte den Vorschlag, auch diesen Punkt von der Tagesordnung abzusetzen und ihn für die nächste Interzonenkonferenz erneut aufzustellen. Auf dieser sollen Berichte von je einem Vertreter aus allen vier Zonen entgegengenommen werden, da es einem einzelnen Referenten nicht möglich sei, die verschieden gearteten Verhältnisse in allen Zonen eingehend zu studieren.

Dieser Vorschlag wurde einstimmig angenommen.

Grundsätzlich wurde ferner Einstimmigkeit festgestellt, dass eine engere gegenseitige Fühlungnahme in Organisationsfragen notwendig ist. Dabei solle es den einzelnen Verbänden aber nicht gestattet sein, sich eigenmächtig über den jeweiligen Organisationsstand ihrer zuständigen Bünde hinaus zusammenzuschließen.

Zur Geschäftsordnung verlas Reuter den von der Redaktionskommission einstimmig abgefassten offiziellen Bericht für die Presse (siehe Anhang 14).

Dieser wurde einstimmig angenommen.

Der Vorsitzende machte den Vorschlag, für die »Fünfte Interzonenkonferenz« als Tagungsort Baden-Baden zu wählen und sie vom 5.–7. August 1947 abzuhalten.

Die vorläufige Tagesordnung enthalte folgende Punkte:

1. Tarifvertragsrecht,

2. Betriebsräte- und Arbeitsgerichtsgesetzgebung,

3. Arbeitsvermittlung und Arbeitslosenversicherung,

4. Gewerkschaftliche Organisationsprobleme, Beitrags-, Unterstützungs- und Verwaltungsfragen.

Dieser Vorschlag wurde einstimmig angenommen.

Schlimme stellte den Antrag, die Gewerkschaften aus allen vier Zonen Deutschlands mögen sich an den Kosten des Grabsteines für Theodor Leipart beteiligen. Schleicher macht den Vorschlag, dass jede Zone sich mit einem Beitrag von 1.000 RM. beteiligen soll, um das Gedenken des Verstorbenen würdigen zu können.

Dieser Vorschlag wurde einstimmig angenommen.

Schlimme stellte den Antrag, der in der Französischen Zone lebenden Witwe von Lothar Erdmann[4] eine einmalige Unterstützung zu gewähren. Schleicher weist darauf hin, dass es besser sei, diesen Fall der zuständigen Landesregierung zu überweisen, die für solche Zwecke Mittel aus einem Wiedergutmachungsfonds bereitstellen kann.

Es wurde einstimmig beschlossen, dass die Delegierten der Französischen Zone die erforderlichen Schritte unternehmen sollen.

Tarnow gab ergänzend zur Frage der doppelten Sommerzeit einen Bericht, demzufolge es nach einer diesbezüglichen Rücksprache mit General Clay Sache der Vertreter der deutschen Arbeitnehmer sei, eine Verlegung der Arbeitszeit nach Einführung der doppelten Sommerzeit mit ihren Arbeitgebern zu vereinbaren. Ebenso können Bahnzeiten geändert werden, soweit dadurch nicht Züge betroffen werden, die im interzonalen Verkehr stehen.

Schevenels überbrachte der Konferenz eine Einladung, nach der je ein Vertreter der Gewerkschaften aus den vier Zonen und Berlin zu der am 9. bis 14. Juni 1947 in Prag stattfindenden Sitzung des Generalrates des Weltgewerkschaftsbundes als Gast oder Beauftragter teilnehmen könne.

Der Vorsitzende dankte im Namen der Konferenz für die Einladung und als vorläufige Teilnehmer wurden einstimmig gewählt:
für die Amerikanische Zone Tarnow,

---

4  Lothar Erdmann (12.12.1888–18.09.1939), Redakteur, 1921–1923 Leiter der IGB-Presseabteilung, 1923–1933 Angestellter ADGB-Bundesvorstand, seit 1924 Redakteur »Die Arbeit«, ab 1.09.1939 KZ-Haft im Lager Sachsenhausen, dort ermordet.

für die Britische Zone Böckler,
für die Französische Zone Schneider,
für die Russische Zone Jendretzky,
für Berlin Chwalek.

Mit dem Hinweis, dass die Konferenz einen weiteren Beitrag für die künftige Gewerkschaftsarbeit geleistet habe, dankte der Vorsitzende den Delegierten für ihre Mitarbeit und schloss die Konferenz um 16.30 Uhr.

Der Vorsitzende der Vierten Interzonenkonferenz:

Der Protokollführer: Markus Schleicher, Georg Reuter.

Anhang 1

Josef Keenan führt u. a. aus:

Persönlich möchte ich meinen Dank aussprechen für die Unterstützung, die Sie als Gewerkschaftsvertreter mir beim Besuch Ihrer Zonen gewährten.

Ich hatte in den letzten zwei Jahren die Aufgabe, bei der Wiedererrichtung der großen deutschen Gewerkschaftsbewegung mitzuhelfen. Dies im Besonderen in der Amerikanischen Zone. Um diese Aufgabe erfolgreich durchführen zu können, habe ich mich persönlich mit möglichst vielen Gewerkschaftlern in den drei Zonen, die ich bereisen konnte, in Verbindung gesetzt, dort aus erster Hand ihre Probleme und Schwierigkeiten studiert und mir ein gutes Bild über ihre Arbeitsweise verschafft. Bis jetzt hatte ich noch keine Möglichkeit, mit den Gewerkschaften in der Russischen Zone zu sprechen.

Ich habe also gewisse Beobachtungen und Erfahrungen gemacht, die ich Ihnen sagen möchte.

Ich komme aus den Vereinigten Staaten von Amerika und aus deren Gewerkschaftsbewegung. Diese kenne ich am besten und natürlich neige ich dazu, auch hier ähnliche Formen wie dort zur Entwicklung zu bringen. Aber es gibt gewisse Grundsätze im Gewerkschaftsleben, die für alle Gewerkschaften in der Welt gleiche Gültigkeit haben.

Persönlich glaube ich, dass zu ihren wichtigsten Aufgaben zählt, den bestmöglichen Lebensstandard für ihre Mitglieder zu garantieren, d. h. höchste Löhne, annehmbare Arbeitszeiten, wirksame Maßnahmen zur Unfallverhütung und Schutz gegen Berufskrankheiten zu erreichen.

Das sind alles wichtige Gebiete, die jeden Einzelnen berühren.

Ich muss zugeben, dass ich die Geschichte der deutschen Gewerkschaften immer noch nicht verstehe. Zum Beispiel ihre Beziehungen zu den politischen Parteien, wo die Grenzen für die Gewerkschaften und wo die der politischen Parteien verlaufen. Ich hoffe jedoch, diese Fragen für mich zu klären, bevor ich Deutschland verlasse.

Aber eines möchte ich hier offen aussprechen: dass ich nämlich durch Diskussionen, die ich mit Gewerkschaftern in den verschiedenen Zonen hatte, beunruhigt bin. Kurz nach dem Zusammenbruch haben sich deutsche Gewerkschafter an die Militärregierung gewandt mit der Bitte, eine unabhängige

Bewegung aufbauen zu können, und die Militärregierung hat zugesagt. Man war damals der Ansicht, dass die zuletzt bestehende Form der politischen und religiösen Richtungsgewerkschaften wegfallen und an deren Stelle neue, ohne diese Bedingungen entstehen würden. Ich habe Berichte gehört – und ich weiß nicht ob richtige oder falsche –, dass nun die alte christliche Gewerkschaftsrichtung doch wieder entstehen soll. Das wäre sehr gefährlich.

Die hier anwesenden Delegierten stellen die offizielle Familie der zukünftigen Gewerkschaften in Deutschland dar. Die Besatzung Deutschlands ist eine ganz außergewöhnliche, weil vier Mächte daran beteiligt sind, dadurch gibt es vier verschiedene gewerkschaftliche Anschauungen und vier verschiedene Gewerkschaftsformen. Es ist natürlich, dass die verschiedenen Militärregierungen auch verschiedene Einflüsse auf die Gewerkschaften ausüben.

In dieser Konferenz aber haben Sie Gelegenheit, die gewerkschaftliche Entwicklung in jeder Zone zu besprechen. In Zukunft wird Deutschland wieder als einheitliche Nation errichtet werden und die Gewerkschaften werden sich über das ganze Land erstrecken. Sie werden an der Ausarbeitung der Satzungen für diese Gewerkschaften beteiligt sein, zu denen die Mitglieder in einer Abstimmung Stellung nehmen werden. Nachdem Sie in diese Satzungen die Erfahrungen aus den Einflüssen von vier verschiedenen Gewerkschaftsformen eingebaut haben, können die neuen deutschen Gewerkschaften die besten der Welt werden.

Diese Konferenz findet in einer sehr kritischen Zeit statt. Ihre Tagesordnung enthält sehr wichtige Fragen, über die Sie hier verhandeln und beschließen werden. Die amerikanische Militärregierung wird daran sehr interessiert sein. Ich hoffe, dass die Beschlüsse befriedigend ausfallen und ein Beitrag zur Befriedung Deutschlands sein werden.

Anhang 2

Walther Schevenels führte u. a. aus:

Wir haben persönlich und als Vertreter des Weltgewerkschaftsbundes Interesse an der neuen deutschen Gewerkschaftsbewegung. Wir werden von dieser Konferenz eine Menge lernen können.

Ihr könnt bei Eurem demokratischen Neuaufbau auf unsere Hilfe rechnen und ich glaube, dass Euch diese Hilfe im Rahmen des bisher möglichen zuteil wurde.

Ich brauche nicht zu sagen, was zum Wiederaufbau einer normalen Welt erforderlich ist. Aber ich möchte sagen, dass wir beim Wiedererstarken und zur Erreichung der völligen Freiheit der Gewerkschaften unterstützen werden, wo wir dies als internationale oder als nationale Bewegung tun können.

Ich persönlich habe ein besonderes Vergnügen wieder mit allen Kollegen zusammenzukommen und zu erfahren, wie es vielen anderen geht. Ich hatte schon vor 1933 einen großen Anteil am Kampf gegen Hitler und einige Kollegen sind sogar hier, mit denen ich zusammen im Keller saß als wir damals planten, wie wir Deutschland wieder befreien könnten. Wir im Ausland haben die aufrechten Kollegen weder in Gedanken noch sonst wie jemals verlassen.

Wir intervenierten, wo es möglich war.

Dies alles diene auch zur Erklärung, warum ich seit 1945 noch nicht nach Deutschland gekommen bin. Außerdem gibt es noch viele politische und technische Hinderungsgründe, die ja jeder weiß.

Ich hoffe, in persönlicher Aussprache noch viel Neues über die letzte Vergangenheit zu erfahren und wünsche der Konferenz einen vollen Erfolg.

Anhang 3

Die Gewerkschaften und der Friedensvertrag. Leitsätze von Ernst Lemmer, Berlin

I. Die Außenministerkonferenz in Moskau

Das Ergebnis der Moskauer Konferenz[5] gibt weder Anlass zum Optimismus, noch zum Pessimismus. Der nachfolgende Überblick zeigt, dass zwar im ersten Anlauf noch keine Frage von größerer Bedeutung erledigt werden konnte. Doch hat Moskau wichtige Ergebnisse in der Vorbereitung eines künftigen Friedensvertrages für Deutschland gebracht. Die Auffassungen der großen Mächte zu allen wesentlichen Fragen sind dargelegt worden und es ist schließlich auch zur Bildung der für die Fortsetzung der Verhandlungen erforderlichen Atmosphäre zwischen den Mächten gekommen.

Auf der Versailler Friedenskonferenz hat es zwischen den Mächten keineswegs geringere Schwierigkeiten gegeben. Die Moskauer Beratungen waren von allen Seiten von einem bemerkenswerten Realismus getragen. Auf ihn ist es zurückzuführen, dass die Gefahr eines vollständigen Zusammenbruchs des deutschen Lebens und der sich daraus ergebenden Gefahren für ganz Europa nicht außer Acht geblieben sind. Ein Scheitern der Moskauer Konferenz ist offenbar von keiner Seite in Aussicht genommen worden.

Wenn in ausländischen Blättern und Rundfunkkommentaren oft stark pessimistische Äußerungen laut werden, so kann dies ein, bei schwierigen internationalen Verhandlungen durchaus üblicher Zweckpessimismus sein.

Die deutschen Gewerkschaften können sich freilich nach dem Moskauer Auftakt keine Illusionen über das definitive Ergebnis der weiteren Konferenzen machen. Der chaotische Zustand unseres Volkes und seiner Volkswirtschaft muss die Gewerkschaften selbstverständlich erwarten lassen, dass die nächste Konferenz in London konkrete Teilergebnisse bringen wird. Was das endlose Hinausschieben konkreter Entscheidungen bedeuten würde, liegt auf der Hand. Am Ende der Moskauer Konferenz kann jedoch festgestellt werden, dass sich zwar sehr langsam, aber doch auch deutlich genug sein wachsendes Verständnis für die derzeitigen Nöte und Notwendigkeiten des deutschen Volkes bemerkbar gemacht hat.

II. Meinungsverschiedenheiten der Großmächte

Über die Moskauer Verhandlungen ist in der Presse ausführlich berichtet worden, aber es ist nicht leicht, aus den Bruchstücken die Einstellung der

---

5  Vgl. Graml: Teilung Deutschlands, S. 143 ff.

Verhandlungspartner genau wiederzugeben, da ein offizieller Verhandlungstext nicht herausgegeben wurde.

Die zwei ersten Wochen waren damit ausgefüllt, den Bericht des Kontrollrats durchzusprechen und bewegten sich in ganz allgemeinen, oft stark polemischen Gesprächen. Erst von der dritten Woche ab ist versucht worden, in den Kern vorzustoßen.

In der Reparationsfrage und der damit in engem Zusammenhang stehenden Frage des Deutschland zu belassenden Industriepotentials[6], von deren Lösungen wiederum das Problem der Wirtschaftseinheit abhängt, zeigt sich der auf ideologischen und wirtschaftspolitischen Gründen bedingte Gegensatz der Angloamerikaner einerseits, der UdSSR andererseits in besonderer Stärke.

Russland verlangt aufgrund seiner unbestreitbaren ungeheuren Verwüstung durch den Krieg Wiedergutmachungen im Rahmen der wirtschaftlichen Leistungsfähigkeit Deutschlands. Das bezieht sich in erster Linie auf das Verlangen von Reparationen aus der laufenden Produktion, 10 Milliarden Dollar in 20 Jahren, und basiert auf einem Geheimabkommen von Jalta, das von den Gegenpartnern als durch das Potsdamer Abkommen überholt bezeichnet wird. Ein gewisser Fortschritt ist insofern erzielt, als sich Molotow bereit erklärte, Deutschlands Stahlproduktion auf 10 bis 12 Millionen Tonnen jährlich zu erhöhen.

Marshall kam den Russen insofern entgegen, als er sich bereit erklärte, gewisse beschränkte Reparationslieferungen aus der laufenden Produktion in Erwägung zu ziehen, falls die alliierten Mächte einwilligen, eine Anzahl von Fabriken, die zu Reparationszwecken demontiert und abgeliefert werden sollten, in Deutschland zu belassen. Vorbedingung sei, dass die Staaten, denen diese Werke als Reparationen zugesprochen wären, einverstanden seien, statt der Fabriken Reparationen aus der laufenden Produktion in gleichem Werte zu erhalten und dass der Vorschlag weder die Erhöhung der Besatzungskosten noch eine Verzögerung der Liquidierung der an Deutschland geleisteten Vorschüsse bewirke, auch nicht die Selbsterhaltung Deutschlands verzögere.

Molotow hat danach in einem Interview sich bereit erklärt, eine Erhöhung des deutschen Industriepotentials zuzugestehen.

Vollkommen abseits steht Bidault[7], der zwar die Notwendigkeit einer Steigerung der deutschen Industrieerzeugung anerkennt, aber gegen jede Erhöhung der Stahlquote ist und überhaupt vor jeder weiteren Erörterung bindende Zusicherungen über die Menge der an Frankreich vorweg abzuführenden Kohlenmengen und eine strenge Begrenzung des deutschen Kohlenverbrauchs verlangt. Seine Forderung beziffert sich ab 1. Juli des Jahres auf 500.000 und ab 1. Januar auf 1 Million Tonnen Ruhrkohle monatlich.

---

6  Das Industriepotential bildete ein Dauerthema im Alliierten Kontrollrat. Vgl. Mai: Kontrollrat, S. 305 ff.
7  Georges Bidault (5.10.1899–27.1.1983) war Außenminister Frankreichs zur Zeit der Interzonenkonferenzen.

Solange die Reparationsfrage nicht geklärt ist, kann das Problem der Wirtschaftseinheit nicht mit Erfolg aufgenommen werden. Denn Frankreich macht jede weitere Diskussion von der Lösung der Kohlenfrage abhängig und Russland von der Erfüllung seiner Wiedergutmachungsansprüche, welch letzteres der stellvertretende Außenminister Wyschinski besonders scharf unterstrichen hat.

Aber mag es auch noch Monate dauern, bis die Reparationsfrage durch einen vernünftigen Kompromiss gelöst ist, immerhin ist eine Klärung der grundlegenden Fragen erfolgt, die nicht steril bleiben wird. Ein zweifelloser Fortschritt ist, dass Marshall, Bevin[8] und Molotow die wirtschaftliche und politische Einheit Deutschlands als ein Problem auffassen, während Bidault erst zustimmen will, wenn Deutschlands zukünftige Struktur und seine Grenzen festgelegt sind.

Bekanntlich besteht die Alternative: Straff zentralisierter Einheitsstaat, oder Schwerpunkt der staatlichen Organisation in einem Föderativsystem, in dem die einzelnen Länder gegenüber der Zentralleitung weitgehende Machtbefugnisse haben.

Molotow ist der Verfechter des Zentralismus. Marshall und, wenn auch nicht so klar erkenntlich, Bevin plädieren für einen Bundesstaat, wobei aber die Frage der Abgrenzung der Kompetenzen zwischen Länder- und Zentralregierung noch völlig in der Schwebe ist.

Von einer Zerstückelung Deutschlands, wie sie nach der Enthüllung Molotows in der Konferenz von Teheran in 5 Staaten und im Jahr 1944 in drei Staaten, unter ihnen einen monarchisch-katholischen von Bayern-Österreich, ventiliert wurden, ist jetzt keine Rede mehr.

III. Provisorische Maßnahmen

In dem einen sind sich sämtliche Außenminister einig, dass zunächst provisorische Maßnahmen mit dem Ziel einer vorläufigen Regierung getroffen werden sollen, so dass schließlich Stufe um Stufe die definitive Lösung des deutschen Staatsproblems vorbereitet wird. Zunächst soll die Bildung von 7 Zentralverwaltungen für Finanzen, Verkehr, Außenhandel, Transport, Industrie, Ernährung, Landwirtschaft und Nachrichtenwesen erfolgen, nach drei Monaten die eines deutschen Beirats, als dessen Mitglieder je drei Vertreter der Länderregierungen fungieren sollen. Diese Mitglieder haben die politischen Parteien und die Gewerkschaften zu konsultieren.

Diese Lösung stellt also einen Kompromiss zwischen dem angloamerikanischen Vorschlag auf Zusammensetzung des Beirats aus den Ministerpräsidenten der Länder und dem russischen auf Erweiterung desselben durch Vertreter der Parteien, Gewerkschaften und antifaschistischen Organisationen dar. Nach weiteren 12 Monaten soll dann eine vorläufige Reichsregierung konstituiert werden.

---

8  Ernest Bevin (9.03.1881–14.04.1951), 1922 Mitbegründer der Transportarbeitergewerkschaft, ab 1925 Mitglied im Generalrat der TUC, 1940–1945 Minister für Arbeit und Wehrpflicht, 1945–1951 Außenminister.

Die Behandlung der Frage der künftigen deutschen Grenzen hat erwartungsgemäß noch zu keiner Übereinstimmung geführt. Selbst darüber konnte keine Einigung erzielt werden, ob die in Potsdam bestätigte Verwaltungsgrenze zwischen dem russisch besetzten Gebiet und dem polnischen Territorium als nur provisorisch oder endgültig anzusehen ist.

Über die wirtschaftliche Eingliederung des Saargebiets in das Finanz- und Wirtschaftssystem Frankreichs (ohne politische Einverleibung und mit den ursprünglichen Grenzen des Saargebiets, also ohne die eigenmächtige Einbeziehung von Teilen des Trierer Regierungsbezirks) bestehen anscheinend keine Meinungsverschiedenheiten. Die amerikanische Delegation schlägt sogar vor, dass die Verwaltung dieses Gebietes Frankreich allein sofort übertragen werden solle unter Zugrundelegung ihrer Vorkriegsgrenzen, unter angemessener Anpassung der französischen Reparationsansprüche und unter der Voraussetzung, dass die endgültige Festlegung der Grenzen im Friedensvertrag vorgenommen werde. Molotow hat die sowjetischen Vorbehalte gegenüber den französischen Ansprüchen aufrechterhalten.

In der Ruhrfrage[9] erklärte Marshall, dass es sich um zwei Probleme handele: einmal die Frage der Sicherheit gegen eine Verwendung der Rohstoffe für kriegerische Zwecke durch ein wiedererstarkendes Deutschland und zum anderen um eine richtige Verwendung von Kohle, Stahl und anderen Rohstoffen im Interesse Europas einschließlich Deutschlands. Er sei der Überzeugung, dass keine endgültige Lösung geschaffen werden soll, bevor der Rat die anderen Aspekte der Sicherheit, insbesondere des bekannten Vorschlages von Byrnes[10] auf Abschluss eines 40jährigen Viermächte-Abrüstungsvertrages gegen eine deutsche Wiederaufrüstung, in Betracht gezogen habe.

Es ist vereinbart worden, auf dieser Konferenz noch nicht auf diese Frage näher einzugehen. Alle sind bereit, demnächst hierüber zu verhandeln, sollte keine allgemeine Einigung zustande kommen, so ist man bereit, die wirtschaftliche Seite des Problems zu prüfen. Während der militärischen Besetzung Deutschlands hält Marshall eine besondere Verwaltung des Ruhrgebietes nicht für erforderlich. Nachher könnten besondere Maßnahmen zur Überwachung der Bodenschätze ratsam erscheinen, ohne dabei die deutsche Verantwortlichkeit für Verwendung und Verarbeitung dieser Bodenschätze einzuschränken.

Bevin will aus dem Ruhrpotential eine Quelle des Wohlstands für ganz Europa machen.

Molotow hält eine Viermächtekontrolle des Ruhrgebiets auch während der Besatzung für die europäische Sicherheit für unerlässlich, stimmt aber einer Abtretung dieses Gebietes nicht zu.

Bidault bleibt bei seiner schon wiederholt ausgedrückten Forderung der Abtrennung des Ruhrgebiets von Deutschland und der Internationalisierung dieses Gebietes.

---

9 Zu den Positionen der Alliierten in der Moskauer Konferenz vgl. Graml: Teilung Deutschlands, S. 178 ff.; zur Stagnation im Alliierten Kontrollrat: Mai: Kontrollrat, S. 397 ff.
10 James Byrnes (2.05.1879–9.04.1972), 1931–1941 Senator für South Carolina, 1945–1947 Außenminister der USA, 1951–1955 Gouverneur von South Carolina.

Auch in der Frage des Rheinlandes bleibt Bidault unnachgiebig und fordert eine ständige militärische Besetzung des linken Rheinufers und die politische wie wirtschaftliche Abtrennung des Rheinlandes durch Bildung eines oder mehrerer Rheinstaaten, deren Selbständigkeit von den Großmächten garantiert werden sollte. Der amerikanische Plan, Deutschland entwaffnet zu sehen, gebe Frankreich nicht die genügende Sicherheit. Selbst der neulich geschlossene englisch-französische Bündnisvertrag, der nach der englischen Ansicht Frankreich eine starke Sicherung gegen etwaige Angriffspläne Deutschlands geben sollte, ändert nichts an der französischen Unnachgiebigkeit.

Was die Regelung des Verfahrens zur Vorbereitung des Friedensvertrages betrifft, so steht Marshall auf dem Standpunkt, dass der Vertrag nicht von Deutschen unterschrieben werden solle, sondern als bindende Klausel in die künftige deutsche Verfassung aufgenommen werde und damit anstelle der Konsequenzen, die sich im Jahre 1918 aus der Unterzeichnung des Friedensvertrages für die Unterzeichner und die darin anschließende Agitation ergaben, das gesamte deutsche Volk zur Innehaltung verpflichtet werden solle. Bevin und Molotow sind dagegen für eine Unterzeichnung durch deutsche Bevollmächtigte.

Soweit es sich übersehen lässt, scheint ein Übereinkommen zu bestehen, dass deutsche Vertreter Gelegenheit haben sollen, ihre Ansichten auf der Konferenz in London vorzubringen.

Vollkommene Übereinstimmung besteht hinsichtlich der Durchführung einer totalen Entmilitarisierung und Denazifizierung. Diese soll in allen Zonen eine gleiche Behandlung erfahren. Nachdem die Auflösung Preußens allgemein beschlossen und durchgeführt ist, besteht auch Einverständnis, dass noch im Laufe dieses Jahres die Bodenreform durchgeführt werden soll und dass bis zum 1. Juli alle Kartelle aufgelöst und demnächst alle Befestigungsanlagen geschleift sein müssen.

IV. Gedanken zur Haltung der Gewerkschaften

Aus dem Bekenntnis eines chinesischen Staatsmannes zum Friedensschluss von Versailles:

»Friede wird sich nie zu wirklicher Versöhnung der Völker entwickeln, wenn nicht neben den amtlichen Kräften der Regierungsapparate die moralischen Kräfte der Völker mobilisiert werden. Den Regierungen sind Hemmungen und Hindernisse durch ihre amtliche Verantwortung auferlegt. Die moralischen Kräfte der Völker müssen dahin wirken, sie über diese Hemmungen hinweg zu bringen.«

Gewerkschaften und Parteien als Träger des Friedensschlusses.

Friedensstatut oder Friedensvertrag?

Gewerkschaften als Garant des Friedenswillens des deutschen Volkes, Weltfrieden als moralisches, politisches, ökonomisches und gesellschaftliches Problem.

Die völkerverbindende Kraft und Verantwortung der Arbeiterbewegung.

Besuch ausländischer Gewerkschaftsdelegationen – Gewerkschaftsdiploma-
tie.

Weltgewerkschaftsbund (vertritt 70 Millionen Mitglieder) und UNO Gewerkschaftsführer in den Kabinetten.

Potsdam (17. Juni 1945) – London (14. Januar bis 27. Februar 1947) – Moskau
(10. März bis 27. April 1947).

Noch ungeklärte Fragen:

a) Das Verfahren des Friedensschlusses

b) Deutsche Friedensdelegation? (Vorherige Regierungsbildung und Wahlen
zur Nationalversammlung?)

c) Der staatsrechtliche Aufbau eines neuen Deutschlands

d) Wirtschaftseinheit und Reparationen (Demontagen)

e) Die Grenzen

f) Ruhr und Saar

Hinzuziehung der kleinen Mächte – 18 Nationen nach London?

Die deutsche Situation 2 Jahre nach dem Waffenstillstand:

a) Lebensgrundlagen des deutschen Volkes erschüttert

b) Weitere Auflösung seiner letzten materiellen Substanz

c) Interzonenhandel – Zonenaußenhandel

d) Zonen- und Länderpartikularismus

e) Deutsches Chaos im Schatten weltpolitischer Spannungen

f) 70 Millionen Deutsche als Objekt des Friedens

g) Deutschland wird aber weltpolitische Realität bleiben

h) Übervölkerung – Auswanderung?

Demokratisierung – Gesellschaftlicher Neuaufbau – neonationalistische Un-
terströmungen:

a) Nationale Repräsentation[11]

b) Parteien und Gewerkschaften

c) Konzentration politischen Willens im demokratischen Deutschland

Solange keine Regierung besteht, sind die Parteien zusammen als nationales
Organ anzusprechen

a) Friedensbüros der Zonen, Länder und Städte

b) Drohende Schatten einer tieferen Scheidung zwischen dem westlichen
und östlichen Deutschland?[12]

---

11 Insbesondere die Gruppe um Jakob Kaiser bemühte sich um das Zustandekommen einer
»Nationalen Repräsentation« aus Kreisen der Parteien und der bedeutendsten Verbände.
Vgl. Conze: Jakob Kaiser, S. 133 ff.

12 Nach der gescheiterten Moskauer Außenministerkonferenz war die Gefahr einer Spaltung
Deutschlands auch für die Zeitgenossen deutlich zutage getreten. Sichtbares Indiz war das

c) Intensivierung der wirtschaftlichen Einheit Deutschlands

d) Keine Überwucherung durch Bürokratie und Verwaltung der Zonen und Länder

Deutsche Initiative und die Gewerkschaften.

Anhang 4

Gewerkschaften und Wirtschaft, Referat von Hans Jendretzky, Berlin

In der Herstellung der wirtschaftlichen und politischen Einheit Deutschlands sehen die deutschen Gewerkschaften eine der Voraussetzungen zur Sicherung der Existenz des deutschen Volkes und zur Erleichterung seiner gegenwärtigen Lage.

Der hinter uns liegende Winter mit all seinen Begleiterscheinungen hat deutlich werden lassen, wie notwendig wir die demokratische Neuordnung unserer Wirtschaft brauchen. Die Forderungen der Gewerkschaften, stärker als bisher in diese Neuordnung mit einbezogen zu werden, zeigen in den verschiedenen Zonen unterschiedliche Formen.

Diese Forderung hat aber auch noch keine grundsätzliche prinzipielle Klärung, wie diese Einbeziehung aussehen soll, erfahren.

Wenn also diese Forderung auf unserer Konferenz sich in einer Entschließung verdichten soll, die unterteilt ist nach Maßnahmen, die sich mit allen daraus sich ergebenden Problemen beschäftigt, dann wird es notwendig sein, diese Probleme mit anzusprechen.

Die Sowjetische Zone nimmt vom gewerkschaftlichen wie vom wirtschaftlichen Standort eine gewisse Sonderstellung ein, denn:

a) die Unternehmerverbände und Konzernherren sind liquidiert,

b) die Bodenreform durchgeführt,

c) das Mitbestimmungsrecht der Gewerkschaften und Betriebsräte weitestgehend

gesichert.

Umso mehr sind die Gewerkschaften der Sowjetischen Zone an eine gleiche Entwicklung auf derselben Ebene in den anderen Zonen interessiert. Eine Beseitigung der Zonengrenze könnte zu einem Angriff reaktionärer Kräfte auf diese fortschrittlichen Errungenschaften führen.

Die Forderung nach Vereinigung der Gewerkschaften in ganz Deutschland hat daher auch den tieferen Sinn, den gemeinsamen Kampf unter Zugrundelegung der Erfahrungen in der Sowjetischen Zone zu führen und jeden Angriff von vornherein unwirksam zu machen.[13] Das muss ganz offen aus-

---

Scheitern der Münchner Ministerpräsidentenkonferenz im Juni 1947. Vgl. Grünewald: Ministerpräsidentenkonferenz.

13 Damit wiederholte Jendretzky das Ziel des FDGB, die Verhältnisse der Sowjetischen Besatzungszone auf ganz Deutschland zu übertragen. Er befand sich damit im Einklang mit der Deutschlandpolitik der SED. Vgl. auch das Anfang 1947 formulierte Selbstverständnis des FDGB einer Dichotomie von Aufstieg und Blüte im Osten und Niedergang und Stagna-

gesprochen werden. Denn daraus erklären sich auch die Aufmerksamkeit und die Besorgnis, mit der die Vorgänge auf wirtschaftspolitischem Gebiet in den westlichen Zonen von den Gewerkschaften der Sowjetischen Zone verfolgt werden.

Wenn wir alle Tatsachen über die Wirtschaftskrise und die wirtschaftlichen Schwierigkeiten ins Auge fassen, dann zeigt sich ganz eindeutig, dass der Ausweg aus der Wirtschaftskatastrophe ein Kampf um die Demokratie in ganz Deutschland ist. Deutschland kann nicht aus der schwierigen Lage heraus, wenn nicht die Kräfte der Arbeiter, Angestellten und der technischen Intelligenz das volle Mitbestimmungsrecht haben.

Die Gewerkschaften werden auch ihre Aufgabe, die Lage der Arbeiter und Angestellten zu verbessern, nicht mit Erfolg durchführen, wenn sie nicht den gemeinsamen Kampf um das volle Mitbestimmungsrecht der Gewerkschaften und Betriebsräte führen. Auf der anderen Seite stellen wir einen ständig wachsenden organisierten Widerstand der Unternehmerkreise, insbesondere der Vertreter des Monopolkapitals gegen die Rechte der Werktätigen fest.

Wie sollen aber Planung und Lenkung in der Wirtschaft, die richtige Verteilung und Bewirtschaftung der Güter vorgenommen werden, wenn die Demokratie und die Einschaltung der Gewerkschaften nicht in allen Teilen der Wirtschaft und Verwaltung gesichert ist?

Damit wird die Frage der Enteignung der monopolistischen Wirtschaftsorganisationen zu einer Lebensfrage für das gesamte arbeitende Volk.

Warum sind die Gewerkschaften vor allem daran interessiert?

1. Weil diese monopolistischen Organisationen die Träger der imperialistischen Kriegspolitik waren und wieder sein wollen. Wenn wir also die friedliche Arbeit sichern wollen, müssen wir helfen, dass die Vertreter des Großkapitals nicht mehr Beherrscher monopolistischer Organisationen sind.

2. Solange diese monopolistischen Organisationen, die Trusts, Syndikate und Konzerne in der jetzigen Form bestehen, werden sie stets als Träger der autoritären Herrschaft wirken und ihre wirtschaftliche Macht einsetzen, um die Rechte der Gewerkschaftsmitglieder einzuschränken und zu beseitigen. Wenn also die Gewerkschaften die Rechte der Arbeiter erkämpfen, anständige Tarifverträge durchsetzen und das volle Mitbestimmungsrecht erreichen wollen, müssen sie alles tun, um die Macht der Monopole zu brechen.

---

tion im Westen: »Dort, wo die Gewerkschaften das volle Mitbestimmungsrecht haben, geht die wirtschaftliche Entwicklung vorwärts und schneller vorwärts als in den Teilen unseres Landes, in denen die Gewerkschaften noch völlig oder zumeist ausgeschaltet sind, in diesen Zonen beobachten wir entweder einen ganz langsamen und anarchistischen Aufbau oder gar eine Rückwärtsentwicklung.« Das Rezept des FDGB für eine Besserung der Lage war einfach: »Die Losung einer wirtschaftlichen Einheit beinhaltet auch die Einheitlichkeit der Verjagung der Monopolisten aus ihren Machtpositionen und in der wirklichen Einschaltung der Gewerkschaften in die verantwortliche Wirtschaftsführung sowie die Durchsetzung des Mitbestimmungsrechts der Gewerkschaften in allen Betrieben und in der gesamten Wirtschaftsverwaltung Deutschlands.« Geschäftsbericht FDGB, S. 12 und 15, Passagen jeweils fett gedruckt. Dass diese Sicht auf die Verhältnisse in der Sowjetischen Zone für die westlichen Gewerkschafter keinesfalls konsensfähig war, ist selbstverständlich.

3. Wenn die Gewerkschaften nur in einer Art täglicher Sisyphusarbeit die Interessen der Werktätigen vertreten, indem die durch Tarifverträge und Betriebsordnungen erreichten kleinen Verbesserungen durch Preiserhöhungen und andere wirtschaftspolitische Maßnahmen des Großkapitals wieder beseitigt werden können, so wird sich der alte Zyklus Krise – Teilkonjunktur – Krise – Teilkonjunktur immer wiederholen, d. h. eine Verbesserung der Lage der Werktätigen ist unter diesen Bedingungen nicht möglich.[14]

Wenn die Gewerkschaften ernstlich die Lage der Werktätigen verbessern wollen, müssen sie gemeinsam mit den Arbeiterparteien die Macht der Monopole brechen. Das ist die Voraussetzung für eine allmähliche Hebung der Lebenshaltung der Arbeiter und der Werktätigen in ganz Deutschland.

Von diesem Standpunkt aus genügt es in der gegenwärtigen Periode nicht von einem Mitbestimmungsrecht der Gewerkschaften oder der Betriebsräte in Konzernleitungen zu sprechen. Wir sprechen vom Mitbestimmungsrecht der Gewerkschaften und Betriebsräte in der Wirtschaft und verstehen darunter die Mitwirkung in den Wirtschaftsorganen, in Selbstverwaltungsorganen, Industrie- und Handelskammern sowie in staatlichen und privaten Unternehmungen.

Aber es ist ein Missverständnis, wenn die Forderung auf Mitbestimmungsrecht so ausgelegt wird, als ob wir das Mitbestimmungsrecht in Konzernleitungen fordern. Wir fordern die Enteignung der Konzerne und die Übergabe dieser Betriebe in die Hände des Volkes, die Übergabe der Leitung der Konzerne in die Hände der demokratischen Organe, also die Umwandlung dieser Betriebe in landeseigene Betriebe, die dem Volke gehören und von demokratischen Vertretern aus den Kreisen der technischen Intelligenz, der Gewerkschafter, Betriebsräte usw. geleitet werden. Das ist der prinzipielle Standpunkt.

Wir sind für die Liquidierung des Aufsichtsrats, weil wir für die Enteignung der Konzerne der Kriegsverbrecher sind. Also nicht um die Beteiligung, nicht

---

14 Damit betonte Jendretzky erneut das grundsätzlich andere Verständnis von Gewerkschaften, als es für die Vertreter der Westzonen galt. Vgl. Werum: Gewerkschaftlicher Niedergang und Brunner: Sozialdemokraten, jeweils passim. Schon im August 1946 hatte der Bundesvorstand in einem Aufruf »Wir wollen Frieden!« einen nur wenig verschlüsselten Aufruf zur Unterstützung der SED-Politik veröffentlicht. Er richtete sich (naturgemäß) gegen »reaktionäre Kräfte«. Wer damit gemeint war, wurde verklausuliert, aber deutlich ausgeführt: »Ihr nächstes Ziel ist es, die Einheit der Arbeiterschaft zu zerschlagen und das deutsche Volk gegen die sowjetische Besatzungsmacht einzustellen«. Der FDGB beklagte ferner eine »neue Antisowjetpropaganda« in offener und versteckter Form«. Zuletzt drohte er noch für die im Herbst stattfindenden Wahlen im Falle von Wahlenthaltung oder Abgabe ungültiger Stimmen: »Wer also Wahlsabotage begeht und einen ungültigen Stimmzettel abgibt, leistet den Reaktionären und faschistischen Elementen Hilfeleistung.« Aufruf des Bundesvorstandes des FDGB vom 23.12.1946, in: Geschäftsbericht FDGB, S. 40 f. – Vor dem Hintergrund der nur wenige Monate zurückliegenden Gründung der SED durch Zwangsvereinigung muss der Appell an die »Einheit der Arbeiterschaft« entweder als Beschwörung oder als Drohung an die früheren Sozialdemokraten erscheinen. Das gleiche gilt für das Problem der Wahlenthaltung für die Wahlen im September und Oktober 1946. Da die SPD dort nach dem Willen der Sowjetunion und der Kommunisten nicht kandidieren durfte, mussten auf breiter Front Enthaltungen und ungültige Stimmen erwartet werden. Die Wendung gegen eine »neue Antisowjetpropaganda« galt insbesondere der SPD des Westens und in Berlin. Dass der FDGB damit das Feld parteipolitischer Unabhängigkeit verletzte, ist offenkundig.

um das Mitbestimmungsrecht in den Aufsichtsräten der Konzerne oder in leitenden Organen der alten Syndikate geht es, sondern um ihre Liquidierung.

Daher kommt es, dass auch in der Sowjetischen Besatzungszone nicht etwa das Mitbestimmungsrecht im Kohlensyndikat und nicht etwa die Reorganisation des Kohlensyndikats gefordert wurde, sondern diese Organisationen sind vollständig zerschlagen und an ihre Stelle die Verwaltungen der landeseigenen Betriebe geschaffen worden. Auch der alte Syndikatvertriebsapparat für Kohle ist liquidiert und an seine Stelle sind Kohlenkontore getreten, die die Verteilung der Kohle und des Brennstoffs übernehmen.

Diese Maßnahmen, die gemeinsam mit den demokratischen Selbstverwaltungsorganen, mit den Landes- und Provinzialverwaltungen durchgeführt wurden, zeigen den prinzipiellen Weg, den wir im Kampf gegen Konzerne, Syndikate usw. beschreiten müssen.

Das bedeutet aber nicht, dass wir eine Form der Konzentration und der höheren Leitung von Betrieben liquidieren, nein, wir schaffen ein höheres Organ, nämlich das Organ des Wirtschaftsplanungsamtes der Länder und Provinzen und hoffentlich auch das Amt für Wirtschaftsplanung für ganz Deutschland. Aber solange wir das noch nicht können, weil wir in Deutschland nicht genügend selbst zu bestimmen haben, schaffen wir das Amt für Wirtschaftsplanung in den Ländern und Provinzen und damit eine höhere Lenkung, die über der bisherigen Lenkung durch die Konzerne steht, und zwar eine demokratische Lenkung, keine autoritäre, die von Vertretern des Großkapitals ausgeübt wird.

Von diesem Standpunkt aus führen wir den Kampf gegen die alten Konzernmachthaber in allen Teilen Deutschlands.

Wir wenden uns auch dagegen, dass der Versuch gemacht wird, einzelne Konzernbetriebe in den Besitz von Privatkapitalisten zu überführen. Es hat sich z. B. erwiesen, dass die so genannten Treuhänder oder andere Organe, die Einzelbetriebe von IG-Farben übernehmen sollen, zum größten Teil Strohmänner des Finanzkapitals waren. Mit anderen Worten: Die Liquidierung des IG-Farben-Konzerns erfolgt in der Weise, dass bestimmte Leute diese Betriebe aufkaufen, damit sie in einiger Zeit wieder zu einem neuen Konzern zusammengeschlossen werden können.

Um das von vornherein unmöglich zu machen, sind wir gegen jeden Versuch, solche Betriebe in privatkapitalistische Hände zu überführen. Nach unserer Meinung müssen alle Betriebe der Kriegsverbrecher und der Konzerne in die Hände des Volkes überführt werden oder solange wir keine deutsche Zentralregierung haben, in die Hände der Landes- bzw. Provinzialregierungen.

Wir als Gewerkschafter sind aus drei Gründen für diese Maßnahme:

1. Weil wir damit den Frieden, die friedliche Arbeit der Arbeitnehmerschaft und des Volkes sichern wollen.

2. Weil wir dadurch auf die Wirtschaftsentwicklung Einfluss ausüben und eine Wirtschaftsplanung sichern wollen. Wenn nämlich die großen Betriebe der Kriegsverbrecher und der Konzerne zu landeseigenen, d. h. staatlichen

Betrieben gemacht werden, haben die demokratischen Organe und die Gewerkschaften, die ja – wenigstens in der Sowjetzone – das Mitbestimmungsrecht haben, die Möglichkeit, auf die gesamte wirtschaftliche Entwicklung einzuwirken.

Auf diese Weise wird der Teil der Wirtschaft, der noch privatkapitalistisch ist, durch die Maßnahmen, die in den staatlichen Betrieben getroffen werden, mit beeinflusst. Es ist also absolut möglich, dass sich das Amt für Wirtschaftsplanung bei der Preisgestaltung und bei vielen anderen Aufgaben auf die Maßnahmen stützen kann, die in den staatlichen Betrieben getroffen werden, und da die staatlichen Betriebe die großen Betriebe sind, muss sich das auf die gesamte Wirtschaft auswirken.

3. Weil eine Demokratisierung der Wirtschaft und eine Verbesserung der Lage der Arbeiter und Angestellten nur zu erreichen ist, wenn die Macht des Monopolkapitals beseitigt wird.

Das ist ein Teil des Gewerkschaftskampfes.

Von diesen grundsätzlichen Gesichtspunkten ausgehend hat der Kampf um die betrieblichen Vereinbarungen neben dem Kampf um die Tarife gegenwärtig eine große Bedeutung. Wir sehen, dass die Unternehmerorganisationen auf diesem Gebiete begonnen haben, sich mit allen Mitteln gegen das Mitbestimmungsrecht der Betriebsräte und Gewerkschaften und gegen den Abschluss betrieblicher Vereinbarungen entschieden zu wehren, und dies nicht nur in der westlichen und südlichen Zone, sondern auch in der Sowjetischen Zone.

Deshalb halten wir es für notwendig, überall in den Betrieben den Kampf um die Betriebsvereinbarung in den Vordergrund zu rücken; denn sie ist eine der Voraussetzungen dafür, dass die Betriebsräte und die Gewerkschaften in der neu zu entwickelnden Wirtschaft bei der Preisfestsetzung mitbestimmen; sie müssen dafür sorgen, dass Waren, die im Betrieb hergestellt werden, entsprechend dem Verteilungsplan verteilt werden, und nicht, wie es heute zum Teil geschieht, auf den schwarzen Markt wandern, teilweise sogar mit Hilfe der Betriebsräte. Auf diese Weise vermeiden wir es auch, dass in einer Anzahl von Betrieben Waren hergestellt werden, die für die Bevölkerung ganz unnötig sind!

Die Auffassung, die Dr. Agartz auf dem Bielefelder Kongress in Hinsicht auf die Konzerne und die Übergabe in die Hände des Volkes vertreten hat[15], deckt sich mit der von mir auf dem 2. Kongress des FDGB der Sowjetischen Zone vertretenen Standpunkt:

Die Hauptschuld an der nationalen Katastrophe Deutschlands tragen daher die Herren dieser Konzerne, Großbanken und anderer monopolistischer Wirtschaftsorganisationen.

---

15 Gründungskongress des DGB für die Britische Zone. Vgl. Gewerkschaften in Politik und Wirtschaft, S. 800 f. – Zur Konzeption von Viktor Agartz vgl. Weinzen: Gewerkschaften, S. 161 ff.

Die Konzerne waren die Haupttreiber beim Verbot der Gewerkschaften im Jahre 1933.

Die Konzerne waren für die Einführung der Zwangsarbeit und der Konzentrationslager.

Die Generaldirektoren der Konzerne waren die Wirtschaftsführer und die Leiter der faschistischen Kriegswirtschaftsorganisationen und sie waren auch die Initiatoren der Ausplünderung und Zerstörung der Wirtschaft aller Länder im Interesse ihres Sonderprofits.

Niemand anders als die Konzerne und Großbanken haben in der Hitlerzeit, besonders aber im Kriege, hohe Gewinne gemacht zum Schaden des gesamten Volkes.

Die Konzern- und Bankherren sind auch diejenigen, die am engsten mit dem internationalen Konzernkapital verbunden sind. Es ist nicht schwer, den Freisprüchen von Schacht und Papen in Nürnberg die richtige Deutung zu geben, und die Konzernvertreter sind durchaus bereit, die deutschen Betriebe unter ausländischen Einfluss zu bringen, um der Verstaatlichung zu entgehen und sich höhere Gewinne zu verschaffen.

Es mutet daher etwas merkwürdig an, wenn im Zusammenhang mit der jetzt wiederum so viel besprochenen Sozialisierung im Westen Gewerkschaftsvertreter in Gewerkschaftszeitungen eine Auffassung vertreten, die den Gegnern der Gewerkschaften durchaus angenehm sein kann.

Wenn Dr. Herbert Bachmann, ein Mitarbeiter der Gewerkschaftszeitung in München, in einem Artikel in der Nr. 5 vom 10. März 1947 schreibt:

»Wir sollen alles, was wir in Deutschland tun, darauf abstellen, den baldigen Zufluss amerikanischen Kapitals herbeizuführen, wir sollten auch aus diesem Grunde Sozialisierungen unterlassen, wenn sie der Beteiligung amerikanischen Kapitals an der deutschen Wirtschaft hinderlich sind«.

Und wenn er weiterhin sagt:

»Die Sozialisierung ist nicht geeignet, unsere elende Lebenshaltung zu bessern«, so ist das schließlich das genaue Gegenteil von dem, was verantwortliche Gewerkschafter heute und nicht nur in Deutschland verlangen.

Diesem Kollegen Dr. Bachmann ist anscheinend bis heute noch nicht aufgegangen, dass der Kapitalismus die Ursache von Kriegen und Krisen ist und dass es ein Gesetz der kapitalistischen Wirtschaft ist, dass die relative Verelendung der Arbeiterklasse und auch die absolute Verelendung unter dem Kapitalismus nur dadurch aufgehoben werden kann, wenn die Arbeiterklasse rechtzeitig den Übergang zum Sozialismus herbeiführt. Wir wollen nicht von dem Kapitalismus in den Abgrund gerissen werden. Wir wollen, dass endlich die Macht derjenigen gebrochen wird, die immer nur Elend und Not im Gefolge ihrer Klassenpolitik gebracht haben. Die Auffassung des Dr. Bachmann, die er von der Sozialisierung hat, hat keinerlei Berührungspunkte mit einer Auffassung, wie sie bei Gewerkschaftsfunktionären von heute vorhanden ist. Wir sollen nach der Auffassung dieses Kollegen den ausländischen Kapitalisten zuliebe darauf verzichten, zwar noch keine Sozialisierung, aber eine wirkliche Demokratisierung der Wirtschaft durchzuführen. Aber vielleicht ist seine wirkliche Meinung die, dass die Übernahme von Großbetrieben und der Betriebe der Kriegsverbrecher nicht vorgenommen werden soll und anstelle dessen die Finanzierung der Privatbetriebe durch das amerikanische Kapital? Das hieße der zukünftigen Entwicklung einer notwendigen Demokratisierung in Deutschland den kapitalistischen Riegel vorschieben!

Und das kann nicht eindeutig genug abgelehnt werden!

Wir erinnern uns – 1918 hingen große Plakate in den Straßen – wir lasen: Die Sozialisierung ist da usw. Durchgeführt wurde nichts. Es gab eine Arbeitsgemeinschaft zwischen den Arbeitnehmer- und Arbeitgeberorganisationen. Die Konzerngewaltigen der damaligen Zeit waren sich darin einig, dass man akzeptable Vorschläge machen müsse, um die Werktätigen an die Interessen des Großkapitals zu binden. Die Großverdiener an Krieg und Inflation verstanden es ausgezeichnet, sich in der Weimarer Republik über die schlimmste Situation hinwegzuretten. Der Leiter des größten Konzerns, Hugo Stinnes, regte die Beteiligung der Arbeiter und Beamten am Kapitalertrag der Unternehmer an durch Ausgabe kleiner Aktien, und die Entscheidung über die Überführung wirtschaftlicher Unternehmungen in die Gemeinwirtschaft wurde in so genannten Sozialisierungskommissionen begraben.

In der Eingabe der Gewerkschaftsleitung der Englischen Zone an die britische Militärregierung wird über die so genannte Sozialisierung in der Weimarer Republik folgendes gesagt:

»Die mit großem revolutionärem Schwung eingeleitete Sozialisierungsmaßnahme nach 1918, die insbesondere die Sozialisierung des Kohlenbergbaues herbeiführen sollte, hat praktisch zu keinem Ergebnis geführt. Das Sozialisierungsgesetz vom 23. März 1919 war ein reines Rahmengesetz, das im Sinne der Sozialisierung eher einschränkend als fördernd gewirkt hat, da es jede Sozialisierungsmaßnahme an die Voraussetzungen der Gesetzgebung und der vollen Entschädigung knüpfte. Ebenso hat das am gleichen Tage verabschiedete spezielle Kohlenwirtschaftsgesetz keinen greifbaren Fortschritt gebracht, es brachte wesentlich nur die ›Sozialisierung des Absatzes‹.

Der Erfolg der eigentlichen Sozialisierung dagegen war gering. Sie beschränkte sich im Wesentlichen auf die Mitwirkung der Arbeitnehmer, Händler und Verbraucher an der Selbstverwaltung und auf die staatliche Kontrolle in der Kohlenwirtschaft (Reichskohlenamt).«

Was liegt näher, als aus diesen Erfahrungen der Vergangenheit ebenfalls die richtigen Lehren zu ziehen?

Kurz zusammengefasst handelt es sich im Wesentlichen um folgende Fehler, die nicht wiederholt werden dürfen:

1. Man darf sich gegenüber den Konzernen nicht auf halbe Maßnahmen beschränken. Die Konzerne waren Träger der imperialistischen Kriegspolitik schon im 1. Weltkrieg. Die Konzernherren sind auch die Hauptverantwortlichen für das Unglück des 2. Weltkrieges und für die Verbrechen des Hitlersystems. Deshalb erfordert die Sicherung des Friedens und der Demokratie

die Enteignung der Konzernbetriebe und ihre Überführung in die Hände des Volkes, d. h. des demokratischen Staates.

2. Es erwies sich als ein Fehler, wegen angeblicher wirtschaftlicher Schwierigkeiten den Großgrundbesitzern ihre Machtpositionen zu belassen, denn sie sind die Träger des deutschen Militarismus; aus ihren Familien gingen die Führer der kaiserlichen und der Hitlerarmeen hervor. Sie sind die ewigen Gegner der Demokratie. Ihre Enteignung ist die Voraussetzung für die Liquidierung des Faschismus und Militarismus auf dem Lande.

3. Die Enteignung der Konzernherren und Kriegsverbrecher darf nicht der reaktionären Bürokratie überlassen bleiben. Vertreter der Arbeiterschaft vor allem der Betriebsräte und demokratisch gesinnte Vertreter der technischen Intelligenz müssen als Organe der Regierung selbst die Leitung der Enteignungsmaßnahmen übernehmen. Die Wirtschaftsämter sind von Faschisten und Reaktionären zu säubern. An ihre Stelle sind demokratisch gesinnte Fachleute, vor allem erfahrene Gewerkschafter, zu berufen.

4. Die Belegschaften müssen selbst in Beschlüssen feststellen, dass der betreffende Großunternehmer Kriegsverbrecher war und aktiv die Hitlersche Kriegspolitik gefördert hat. Es ist vor allem Sache der Betriebsräte, das entsprechende Material zusammenzutragen.

Die Konzernherren bemühen sich, mit Hilfe der verschiedensten Manöver, ihre Machtstellungen zu halten, z. B. suchen sie zu beweisen, dass es eigentlich gar keine Konzerne gibt. Anstelle der Bezeichnung Konzern tritt die Benennung »Großunternehmen«. Es wird behauptet, dass durch den Konzern »keine gemeinsamen Kapitalinteressen« vertreten werden, sondern nur »technische Produktionszusammenhänge« bestehen. Konzernaktiengesellschaften verwandeln sich in Gesellschaften mit beschränkter Haftung. Bei Reemtsma übernimmt eine »Offene Handelsgesellschaft« die Leitung des Konzerns usw.

Die gegenwärtig betrügerischste Methode ist die so genannte »Konzernentflechtung«, die von Pg. Generaldirektor Dinkelbach geleitet wird. Er hat aus den wichtigsten Betrieben des Klöckner-Konzerns, des Otto-Wolff-Konzerns, der Gute-Hoffnungs-Hütte und des Stahl-Trusts vier neue Aktiengesellschaften geschaffen. Da Dinkelbach selbst Vorsitzender des Aufsichtsrates in diesen vier Aktiengesellschaften der Eisen schaffenden Industrie geworden ist, bedeutet diese »Entflechtung« nichts anderes als eine Umgruppierung der Kräfte einiger alter Konzerne zum Zwecke der Schaffung eines neuen Konzerns. Dinkelbach ist auf diesem Gebiete ein Fachmann, denn bereits im Dezember 1933 führte er die Neuorganisation der Vereinigten Stahlwerke durch. Es wurden damals 12 Betriebsgesellschaften gegründet. Dinkelbach war bis 1945 der Verwalter aller Aktien des Stahl-Trusts, also der einflussreichste Mann in den Vereinigten Stahlwerken.

Es lohnt sich, einen kurzen Blick auf den Stahl-Trust zu werfen, aus dem Herr Dinkelbach mit hervorgegangen ist.

Der Stahl-Trust war das Kernstück der faschistischen Kriegsorganisation. 1926 nach langen Verhandlungen als Stahlverein gegründet, stand dieser als Studiengesellschaft getarnte Verein mit einer Kapitalsumme von rund 800 Millionen Mark da. Ein Jahr später waren bereits Tochtergesellschaften gegründet und die Schwerindustrie von Mitteldeutschland und Oberschlesien unter Kontrolle genommen. Mit Hilfe des Systems der Tochtergesellschaften beherrschte dieser Stahl-Trust alle Gebiete Deutschlands, ohne dass dies nach außen hin in Erscheinung trat.

Es ist selbstverständlich, dass bei der Gründung des Stahl-Trusts die Groß-banken Pate gestanden haben. Im Aufsichtsrat saßen die maßgebenden Männer der Berliner Handelsgesellschaft, der D-Banken und andere. Große aus-ländische Banken waren ebenfalls damit verbunden. Die Bankfirma Dilton, Read & Co. New York, und die National City Bank of New York hatten eine große Anleihe des Stahl-Trusts in Amerika aufgelegt. An der Spitze des Riesenapparates standen Dr. Vögler, Ernst Pönsgen, Dr. Fritz Thyssen, Karl-Friedrich von Siemens, Friedrich Flick. Von einigen Dutzend Werkszeitungen und Tageszeitungen, wobei die »Deutsche Allgemeine Zeitung« im Bunde mit dem größten Filmunternehmen der damaligen Zeit, der »Ufa«, die größte Rolle spielte, wurde alles getan, um die im Interesse der Trusts und Konzerne liegende faschistische Propaganda dem deutschen Volke aufzuzwingen.

Es ist daher nicht erstaunlich, dass diese Männer den Faschismus zur Macht brachten und Deutschland in einen Weltkrieg trieben, der zu einem fast voll-kommenen Ausbluten des deutschen Volkes geführt hat.

Die schrankenlose Aufrüstungspolitik der Nazis brachte dem Stahl-Trust einen Reingewinn von 8,6 Millionen Mark im Jahre 1933, der anstieg auf 27,6 Millionen Mark im Jahre 1940.

Und die Abschreibungen, in denen ein großer Teil der Gewinne versteckt ist, stiegen von 45,8 Millionen Mark im Jahre 1933 auf 151,4 Millionen Mark im Jahre 1940.

Während der Hitlerzeit saßen diese Konzernherren in allen Wirtschaftsorga-nen, im Rüstungsrat usw.

Durch staatliche Zwangsmonopole, Lenkung der Auftragsverteilung und Rohstoffzuweisung haben sie die letzten Außenseiter unter ihre Herrschaft gezwungen. Mit dieser gewaltigen Konzentration wirtschaftlicher und poli-tischer Kraft in den Händen weniger Kriegsverbrecher und reaktionärer Monopolherren muss im demokratischen Deutschland endgültig Schluss gemacht werden.

Denn schon haben sich die antidemokratischen Kräfte in den noch bestehen-den Kontrollorganisationen im Westen Deutschlands ein neues Wirkungsfeld aufgebaut. Herr Pönsgen, ehemaliger Vorsitzender des Vorstandes des Stahl-Trusts, hat in Düsseldorf wieder den Vorsitz des Vereins der Eisenhütten übernommen, außerdem hat dieser Mann der Konzern- und Rüstungsindus-trie sich im neuen Aufsichtsrat der Hanomag und des Bochumer Vereins eingebaut.

Bevin hat in Moskau auf eine Frage Molotows nach 8 namentlich bekannten Konzernherren erwidert, dass der eine krank, der andere im Sanatorium, ein weiterer geflüchtet, ein vierter sich in Gewahrsam befindet usw. Wer aber die Praxis dieser Herren studiert hat, weiß sehr wohl, dass sich außer Dinkelbach auch noch andere, weniger bekannte Strohmänner gefunden haben, die die Politik der Erhaltung der Konzerne unter abgeänderten Formen betreiben. Dabei ist besonders die so genannte Entflechtung der Konzerne zu nennen. Wie geht nun gegenwärtig die so genannte »Entflechtung« vor sich?

Das Eigentumsrecht der Aktionäre derartiger Konzerne bleibt bestehen, aber die Betriebe selbst sind in den Händen neuer Aktiengesellschaften. Im Falle der Bestrafung von Kriegsverbrechern und Konzernherren sollen also nach dem Plan Dinkelbachs die Betriebe selbst im Besitze des Großkapitals bleiben.

Die neu gebildeten Aktiengesellschaften spekulieren darauf, dass sie anerkannt werden. Diese Aktiengesellschaften würden dann ihre Pachtsumme an den Staat zahlen, aber die Aktionäre selbst hätten weiterhin die Möglichkeit, aus den Betrieben hohe Profite zu ziehen. Die entscheidenden Positionen in den Aktiengesellschaften sind in den Händen von Männern, die ehemals leitende Stellungen in alten Konzernen innehatten.

Für die Behauptung, die so genannte »Entflechtung« diene der Demokratisierung, gibt es keinerlei Beweise. Wenn die Vertretung der Gewerkschaften in den Aufsichtsräten der Konzerne als Ausdruck der »Parität« betrachtet wird, so ist das wenig überzeugend, denn bei dieser »Parität« sind die alten Aktionäre weiter die Besitzer und die alten Konzernherren, die den leitenden Organen der faschistischen Kriegswirtschaft angehörten, haben die Hauptpositionen als kaufmännische oder technische Direktoren inne, und außerdem besitzen die Vertreter der Konzerninteressen die Mehrheit im Aufsichtsrat.

Es geht nach den Erfahrungen von zwei Weltkriegen nicht um das »Mitbestimmungsrecht« in den Konzernleitungen, sondern um die Enteignung der Konzernherren und die Übernahme der Leitungen durch Direktionen, denen demokratisch gesinnte Ingenieure und erfahrene Gewerkschafter angehören. Jeder andere Plan dient nur dem Zwecke, Zeit zu gewinnen, um die Macht der Konzernherren zu erhalten.

Manche Kollegen haben den Vorschlag gemacht, durch so genannte »Selbstverwaltung der Wirtschaft«, d. h. durch Lenkung der Wirtschaft mit Hilfe von Wirtschaftskammern oder Industrie- und Handelskammern, den Einfluss des Monopolkapitals zu schwächen. Dieser Weg wurde bereits nach 1918 ausprobiert. Bekanntlich waren Gewerkschaften paritätisch im Kohlenrat vertreten. Dort hatten sie das Mitbestimmungsrecht bei der Preisgestaltung und in einigen anderen wirtschaftlichen Fragen. Dieses Mitbestimmungsrecht erwies sich jedoch als leere Form, da die Konzerndirektionen die Produktion und die Verteilung in ihren Händen hatten.

Auch in vielen Fällen, wo die Gewerkschaften so genannten Wirtschaftsräten angehörten, waren die Positionen im Wirtschaftsapparat sowie die wichtigsten Funktionen im Staatsapparat von Vertretern des Konzernkapitals besetzt. Solange privatkapitalistische Konzerne bestehen, kann keine Rede von »Parität« sein. Als sich zeigte, dass der Metallarbeiterverband im

Eisenwirtschaftsbund keinen nennenswerten Einfluss ausüben konnte, da die Leitung der Produktion und deren Verteilung in den Händen der Konzernherren lag, traten die Vertreter des Metallarbeiterverbandes aus dem Bund aus. Schliestedt, einer der Führer der Metallarbeitergewerkschaft, erklärte dazu 1925, dass eine wirtschaftliche Demokratie auf diese Weise nicht zu erzielen sei, ohne das Eigentumsrecht der Unternehmer zu beschneiden bzw. aufzuheben.

Diese grundsätzliche Stellung gegen die »Selbstverwaltung der Wirtschaft« soll sich keineswegs gegen die Demokratisierung der Wirtschaftskammern bzw. Industrie- und Handelskammern richten. Als Hilfsorgane der Ämter für Wirtschaftsplanung können sie eine nützliche Funktion ausüben, wenn etwa die Hälfte ihrer Vorstandsmitglieder Gewerkschaftsvertreter sind.

Als Hilfsorgane für die staatlichen Wirtschaftsämter haben die Industrie- und Handelskammern oder – wie man in einigen Gebieten sagt – Wirtschaftskammern eine große Bedeutung. Diesen Kammern gehören in der Ostzone zu je einem Drittel Vertreter der Gewerkschaften, der Unternehmer und der demokratischen Selbstverwaltung an. Die Unternehmer haben also die Möglichkeit, in der Wirtschaftskammer sich mit den Gewerkschaftsvertretern und den Vertretern staatlicher Wirtschaftsorgane über die laufenden Wirtschaftsfragen und die Regelungen der Löhne und Arbeitsbedingungen zu verständigen.

Eine solche demokratische Wirtschaftspolitik stimmt aber im Wesentlichen mit den »Richtlinien für Wirtschaftspolitik«[16] überein, die – wenn ich recht informiert bin – im Jahre 1945 von Ollenhauer[17] in London veröffentlicht wurden. In dem Dokument wird gesagt, dass es notwendig sei, die wirtschaftliche Schlüsselstellung in öffentliches Eigentum zu überführen und alle Großkonzerne, die als private Gebilde selbständige Machtpositionen darstellen zu enteignen, mit Hilfe dieser Schlüsselstellungen die Gesamtwirtschaft staatlich zu planen, insbesondere durch die Entscheidung über Umfang und Zweck der Investierungen, privatkapitalistische Banken und Versicherungsinstitute, Bodenschätze, Bergbaubetriebe, die chemische und metallurgische Großindustrie, die Großproduktion von Baustoffen zu verstaatlichen, Bauland in öffentliches Eigentum zu überführen, geeignetes Land an Kleinpächter, landarme Bauern und Neusiedler in Erbpacht zu übergeben, den gesamten Außenhandel zur Sicherung der inneren Wirtschaft unter größtmöglichem Einbau in die europäische und Weltwirtschaft staatlich zu kontrollieren.

Man kann nur bedauern, dass sich anscheinend manche Kollegen nicht mehr an diese, ihre »eigenen Richtlinien« erinnern können.

---

16 Vgl. Röder: Exilgruppen, S. 235 f.
17 Erich Ollenhauer (27.03.1901–14.12.1963), seit 1918 Mitglied der SPD, ab 1920 zweiter Sekretär beim Hauptvorstand des Verbandes der Arbeiterjugendvereine Deutschlands, Redakteur der Arbeiterjugend, 1921 Sekretär der International of Working Youth, 1928 Vorsitzender der Sozialistischen Arbeiterjugend, ab 1933 Mitglied des Parteivorstandes der SPD, 1946–1952 stellvertretender Vorsitzender der SPD, 1952–1963 Parteivorsitzender der SPD und Fraktionsvorsitzender der SPD im Bundestag.

Die bereits dargelegte demokratische Wirtschaftspolitik ist die praktische An-wendung der programmatischen Beschlüsse des ersten Gewerkschaftskon-gresses der Ostzone Deutschlands. Im Kampf um eine solche demokratische Ordnung werden die Grundbedingungen geschaffen für die Sicherung des Rechtes auf Arbeit, für die Verbesserung der Lebenslage der Werktätigen und für fortschrittliche Tarifverträge. Anstelle des alten faschistischen und reaktio-nären Staatsapparates tritt ein neuer, in dem fortschrittlich demokratische Kräfte tätig sind:

Das vom Volk gewählte Parlament ist nicht nur die alleinige gesetzgeben-de Instanz, sondern gewährt auch den fähigen Kräften aus dem Volk die Möglichkeit zur Mitwirkung in der Verwaltung und garantiert die Volkskon-trolle. Die Betriebe der Kriegsverbrecher und Großbetriebe werden in die Hände des Volkes überführt, und weitgehendes Mitbestimmungsrecht der Gewerkschaften sowie Volkskontrolle in der Wirtschaft gesichert. Neben den Großbetrieben, den Betrieben staatlichen Charakters, sind den privatkapi-talistischen Unternehmungen weitgehende Möglichkeiten wirtschaftlicher Initiative gewährt.

Diese demokratische Wirtschaftspolitik, wie sie in den östlichen Gebieten Deutschlands schon besteht, ist kein Sozialismus, und es wäre auch falsch, die Enteignung der Großbetriebe schon als Sozialisierung zu bezeichnen. Im Sinne des Erfurter Programms der Sozialdemokratie[18] verstehen wir unter So-zialisierung: Die Überführung der privatkapitalistischen Produktionsmittel in die Hände des sozialistischen Staates. Gegenwärtig sind jedoch die Betriebe in der Mehrzahl noch privatkapitalistisch, und die Staatspolitik wird in der östlichen Zone Deutschlands von den antifaschistisch-demokratischen Par-teien getragen. Es besteht also keine Herrschaft der Arbeiterschaft, sondern die Zusammenarbeit der geeinten Arbeiterschaft mit der Bauernschaft, der fortschrittlichen Intelligenz und den demokratisch gesinnten Kreisen des Bür-gertums, die zum Teil den beiden bürgerlichen Parteien angehören. Wenn die demokratische Ordnung auch noch nicht als Sozialismus bezeichnet werden kann, so werden mit ihr doch die Vorbedingungen für den Übergang zu einer sozialistischen Ordnung geschaffen. Die Enteignung der Monopole und des Großgrundbesitzes, die Neubildung einer demokratischen Staatsverwaltung und das volle demokratische Bestimmungsrecht des Volkes schafft die Grund-lage, von der aus das Volk – wenn es das in seiner Mehrzahl wünscht – den Übergang zum Sozialismus vollziehen kann und wird.

Wenn in dem bereits erwähnten Memorandum der Gewerkschaften der Britischen Zone gesagt wird, dass mit der Überführung des Eigentums der Großindustrie in die Hände des Staates die Frage noch nicht endgültig ge-löst, sondern erst durch die Mitwirkung der Werktätigen über ihre berufenen Organe, die Gewerkschaften und Betriebsräte entschieden sei, nachdem aus den bestehenden Verwaltungen die alten Kräfte entfernt werden, so deckt sich das durchaus mit unserer Auffassung. Diese Beurteilung der notwen-

---

18 Das Erfurter Programm wurde auf dem Parteitag der SPD in Erfurt 1891 angenommen. Vgl. für vieles: Miller; Potthoff: Geschichte der SPD.

digen Säuberung der Verwaltungs- und Wirtschaftsorgane steht im Widerspruch zu der Forderung des Kollegen Fritz Tarnow auf dem Bayrischen Gewerkschaftskongress, wonach die Organe zur planmäßigen Lenkung der Wirtschaft von Unternehmern und -arbeitern paritätisch zusammengesetzt werden müssten.

Kollege Tarnow übersieht, nach meiner Auffassung, dass die entscheidenden Maßnahmen, die Enteignung der Großbetriebe und die Neubildung der staatlichen Wirtschaftsorgane sind. Der Hinweis auf die Schaffung von Ausschüssen als selbständige Organe lenkt von der nächstliegenden Aufgabe der Säuberung von Wirtschaft und Verwaltung doch nur ab.

Wie können Wirtschaftsausschüsse überhaupt wirksam sein, wenn sie von Seiten des Staatsapparates mit allen Mitteln sabotiert werden?

Schon Karl Marx wandte sich gegen die formale paritätische Zusammensetzung der Wirtschaftsorgane. Er sagte in seiner »Kritik des Gothaer Programms« (Seite 79):

»Zu diesem wäre zu bemerken, dass wir mit Arbeitskammern von halb Arbeitern und halb Unternehmern gelähmt wären. Auf Jahre hinaus werden da die Majoritäten stets auf Seiten der Unternehmer sein, wozu ein schwarzes Schaf unter den Arbeitern genügt.«

Dass aber in verschiedenen Teilen Deutschlands noch reichlich faschistischer Sand in der Wirtschaftsmaschine rieselt, dürfte wohl kaum ernsthaft bestritten werden können, wozu dann als Kehrseite der Medaille das fehlende Mitbestimmungsrecht der Arbeiter, Angestellten und der technischen Intelligenz verzeichnet werden muss.

Es erweist sich aber, dass die Gewerkschaften ihre besondere Aufgabe, die Lage der Arbeiter und Angestellten zu bessern, derzeitig nicht mit Erfolg durchführen können und Deutschland nicht aus der Katastrophe herauskommen kann, wenn die Gewerkschaften nicht das volle Mitbestimmungsrecht der Betriebsräte und Gewerkschaften durchsetzen!

Überblicken wir die Ereignisse der letzten Monate, so finden wir, dass in allen Teilen Deutschlands zwar demokratische Wahlen zu Parlamenten und anderen Körperschaften stattgefunden haben, jedoch im Kampf um die Demokratisierung der Wirtschaft sind wir erst in einem Teil Deutschlands, nämlich in unserer Zone – und das allerdings unter stärkster Einschaltung der Gewerkschaften – ein Stück vorwärts gekommen.

Hier ist wohl einer der Hauptgründe zu suchen, warum sich die gesamten Schwierigkeiten im Wirtschafts- und Ernährungssektor so verschärfen konnten und die Gewerkschaften in den anderen Zonen gezwungen waren, große Protestdemonstrationen und Streiks zu führen, die im Grunde genommen mehr bedeuten, als nur einen augenblicklichen Protest gegen unzureichende Lebensmittelzuteilungen. Denn trotz aller Zusicherungen sind die Potsdamer Beschlüsse hinsichtlich der endgültigen Ausrottung des Militarismus und Faschismus, der Auflösung und Enteignung der Kartelle, Syndikate, Trusts und monopolistischer Vereinigungen, nur langsam und zögernd in Angriff genommen worden, obwohl es in den Potsdamer Beschlüssen Abschnitt B, Punkt 12, ausdrücklich heißt:

»In praktisch möglichst kurzer Frist muss die deutsche Volkswirtschaft dezentralisiert werden, um die bestehende, besonders in der Gestalt von Kartellen, Syndikaten, Trusts und anderer monopolitischer Vereinigungen, zum Ausdruck kommende, übermäßige Konzentration der wirtschaftlichen Kräfte aufzuheben«.[19]

Das wäre schließlich auch für die anderen Zonen die Grundlage für die Enteignung der Betriebe der Kriegsverbrecher und für eine friedliche Entwicklung. Auf den ausländischen Konzerneinfluss haben ausländische Zeitschriften u. a. »New Statesman and Nation« schon im vergangenen Jahre offen hingewiesen: Die Zonenverschmelzung werde einen verstärkten Finanzeinfluss Amerikas auf beide Zonen bringen. Wenn beispielsweise General Motors über das Volkswagenwerk, United States Steel über die Vestag und Dupont über die IG-Farben Kontrolle erhalte, dann glaube man einer Verminderung der gemeinsamen angloamerikanischen Kontrollkosten sicher sein zu können. Die große Hoffnung der englischen Regierung aber, durch das Zweizonenabkommen die Besatzungskosten zu vermindern, werde sich kaum erfüllen. Der süddeutsche Föderalismus z. B. widersetze sich noch der Überführung nennenswerter Agrarüberschüsse in die Britische Zone. Durch die Zulassung des amerikanischen Finanzeinflusses aber werde in irgendeiner Form das »big business« der USA zur Übernahme der Kontrolle über die deutsche Industrie und den deutschen Wiederaufbau mit Hilfe amerikanischer Kredite ermuntert.

Die Zeitschrift hielt u. a. den Besuch des Direktors der Reconstruction Finance Co. in Berlin für den Versuch, ganz Westdeutschland als Teil eines amerikanischen Wirtschaftsweltreiches zu finanzieren. Die zahlreichen Beziehungen der amerikanischen Finanzmagnaten zu ihren Dienststellen tun ein Übriges. Man bedenke z. B. dass der Leiter der Abteilung zur Überwachung der Rüstungsindustrie im Senat, Draper, gleichzeitig stellvertretender Vorsitzender des New Yorker Bankhauses Dilton, Read & Co. ist. Nachdem dieses Bankhaus deutsche Schwerindustrie nach Versailles finanziert hat, dürfte es sich kaum für die Liquidierung der deutschen Konzerne und Kartelle einsetzen.

Der Zweizonenexportplan, für welchen im Laufe dreier Jahre ein Kredit von drei Viertel Milliarden Dollar nach Deutschland fließen soll, wird von seinen Geldgebern selbstverständlich nur unter der Voraussetzung einer ihnen genehmen Entwicklung in Deutschland gegeben. »New Statesman« ist der Meinung, dass die politische Entwicklung in USA und die Schwierigkeiten bei der Gewährung der 3.570-Millionen-Dollaranleihe an Großbritannien andeuten, dass die europäisch-deutsche Kreditoffensive der Vereinigten Staaten solche Sicherungen verlangen.

---

19 Zu den Potsdamer Beschlüssen, Abschnitt B, Punkt 12, heißt es im Original: »In praktisch kürzester Frist ist das deutsche Wirtschaftsleben zu dezentralisieren mit dem Ziel der Vernichtung der bestehenden übermäßigen Konzentration der Wirtschaftskraft, dargestellt insbesondere durch Kartelle, Syndikate, Trusts und andere Monopolvereinigungen.« Vgl. Deuerlein: Quellen, S. 357.

Diese englische Zeitschrift hält es für wünschenswert, die amerikanische Kredithilfe auf Stabilisierungsanleihen und Anleihen an die verstaatlichte Industrie zu beschränken. Im Übrigen aber sollte ein Fünfjahresplan die volle Beschäftigung Deutschlands nach dem Vorbild der Sowjetischen Zone sichern. Diesen Einsichten kann man von Deutschland aus nur zustimmen. Um sie zu unterstützen, muss Deutschland aber den Völkern der Welt beweisen, dass es zur Friedenssicherung nicht der Versklavung des deutschen Volkes bedarf, sondern dass die politische Entwicklung in Deutschland selbst, in erster Linie die Demokratisierung der Wirtschaft und Wirtschaftsverwaltung die beste Friedenssicherung ist.

Gestatten wir uns noch einen Überblick über unsere Lage und deren Ursachen. Während sich das Gesamtgebiet Deutschlands im Vergleich zu 1914 bedeutend verkleinert hat, wird sich unsere Einwohnerzahl mit mindestens 58 Millionen kaum vermindert haben. Das Verhältnis zwischen der früheren und der künftigen Gesamtfläche des Staatsgebietes ist ungefähr das gleiche wie das Verhältnis der früheren zur künftigen landwirtschaftlichen Fläche. Wir hatten 1914 eine landwirtschaftlich genutzte Fläche von etwa 35 Millionen ha, während wir wahrscheinlich noch etwa 23 Millionen ha behalten werden. Unsere Ernährungsmöglichkeiten aus eigener Scholle sind damit auf etwa zwei Drittel gegenüber 1914 abgesunken.

Nun war es schon 1914 so, dass wir unsere Bevölkerung aus der eigenen Scholle nicht ganz ernähren konnten. Unsere Nahrungs- und Futtermitteleinfuhr betrug 1914 etwa 3,4 Milliarden RM. Wollten wir somit die Lebenshaltung von 1914 wieder erreichen, benötigten wir mindestens die gleiche Einfuhr, wenn wir unterstellen, dass der Fortschritt in der landwirtschaftlichen Erzeugung die Erträge in der Zeit seit 1914 nicht unwesentlich gesteigert hatte, und voraussetzen, dass es uns alsbald gelingen könnte, den Rückschlag im landwirtschaftlichen Ertrag infolge der Schäden des Krieges zu beheben.

Wollen wir nun einführen, so müssen wir diese Einfuhr auch bezahlen können. Da die Länder unserer Einfuhr auf die Dauer weder zu einer Einfuhr ohne Bezahlung noch zu einer Einfuhr auf Kredit bereit sein werden, so müssen wir ausführen, um einführen zu können. Selbstverständlich werden wir zunächst alle landwirtschaftlichen Maßnahmen zur Steigerung unserer Ertragsmöglichkeiten aufbieten müssen. Dennoch wird es erforderlich bleiben, Nahrungsmittel im Ausland zu kaufen. Bevor wir aber Waren erzeugen können, die uns die Welt abzukaufen bereit ist, müssen wir Rohstoffe einführen, weil wir nicht nur ein nahrungsmittelarmes, sondern auch ein rohstoffarmes Volk sind.

Zudem müssen wir unsere Betriebe wieder auf einen Leistungsstand bringen, der zu Weltmarktpreisen zu produzieren erlaubt. Wir können mit unseren Erzeugnissen am Weltmarkt nur konkurrieren, wenn wir selbst hochwertige Leistungen zu Preisen anbieten können, die dem Produktionsstand der durch den Krieg nicht zerstörten Länder entsprechen. Vergessen wir nicht, dass Amerika, England, die Schweiz und noch viele andere Länder Fertigwaren am Weltmarkt anbieten. Unsere Ausfuhr muss somit zunächst die Rohstoffkosten aus der Einfuhr decken und sodann noch einen Überschuss zur Abdeckung der Lebensmitteleinfuhr abwerfen.

Hier liegt ein ungeheuer schwieriges Schicksalsproblem, wenn wir bedenken, dass wir auch Reparationen werden liefern müssen, dass wir mit unserem Industrieapparat dauernden Einschränkungen der zu Kriegszwecken tauglichen Erzeugungsstätten unterliegen, dass der Abbau gerade auch die Industrie betroffen hat, auf die sich unsere Ausfuhr stützte. Dazu kommt noch, dass wir auch vielfach die Fachkräfte nicht mehr haben, die wir zu Spitzenleistungen benötigen, sei es, dass sie im Kriege gefallen, sei es, dass sie körperlich und geistig nicht mehr hinreichend leistungsfähig, sei es, dass sie ausgewandert sind oder den Lockungen zur Auswanderung noch erliegen werden.

Eine ganz bedeutsame Schwierigkeit wird darin liegen, dass die wirtschaftlichen Interessen der alliierten Mächte, die selbstverständlich bei der Gestaltung des Friedensvertrages entscheidend zur Geltung kommen werden, recht verschieden liegen. Amerika und England, zwei Länder hochkapitalistischen Gepräges, sind große Exportländer, die die deutsche Wirtschaft, beziehungsweise ihre Ausfuhr so zu kombinieren bestrebt sein werden, dass ihre eigenen Interessen daraus keine Störung erfahren.

Ganz anders liegen die Interessen Russlands, die – von der Kriegsverhütung abgesehen – eine sehr gute Kombination mit unseren Aus- und Einfuhrinteressen gestatten. Das gleiche gilt, wenn auch in etwas anderem Sinne, gegenüber Frankreich.

So liegt denn unsere besondere Schwierigkeit in zwei Punkten:

1. Wir sind ein Land, das sich in seinem Staatsgebiet nicht aus eigener Scholle ernähren kann und daher auf Export angewiesen ist. In seiner imperialistischen Phase glich Deutschland diesen Nachteil durch Kapitalexport und Machtpolitik aus. Diese Möglichkeit entfällt nunmehr; unser Lebensproblem ist nur in einer neuen internationalen Kombination lösbar und darin liegt gleichzeitig das Problem einer neuen Weltwirtschaftsorientierung.

2. In seiner unsinnigen Außenpolitik hat das faschistische Deutschland versucht, das Problem seiner Lage zum zweiten Male mit dem Mittel der Gewalt zu lösen. Es hat unter Verachtung bedeutender, zum Kulturgut der großen zivilisierten Mächte gehörenden Grundsätze des Völkerrechts und der Menschlichkeit seine imperialistische Grundlage durch Krieg stützen und endgültig untermauern wollen. Die neue weltwirtschaftliche Kombination um Deutschland muss seine wirtschaftliche Einheit wahren.

Die Gesamtheit der Maßnahmen, die kommen müssen, kann aber nur einheitlich zusammengefasst durchgeführt werden. Unserer Wirtschaftspolitik sind folgende Aufgaben gestellt:

1. Aller Wirtschaftspolitik muss eine sich über das gesamte Deutschland erstreckende Bestandserfassung vorausgehen. Es muss festgestellt werden, was uns an Rohstoffquellen, landwirtschaftlichen Produktionsmöglichkeiten, gärtnerischen Erzeugungsmöglichkeiten und an Wald zur Verfügung bleibt. Klargestellt muss werden, was wir aus unserer Produktion abzuliefern haben

und was uns verbleibt. Unser Volksbestand muss untersucht werden, um Klarheit zu haben, wer in Deutschland erzeugt und wer verzehrt. Die Standorte der möglichen Produktion müssen mit den Möglichkeiten an Arbeitskräften in Bezug gesetzt werden. Wir müssen zu einer Übersicht über das Gegebene kommen.

2. Aus der Volkszahl und ihrer Struktur heraus müssen wir zu einer Bedarfsklärung kommen. Der Bedarf muss so abgestellt werden, dass er mit unserer Notwendigkeit zur Ein- und Ausfuhr harmoniert. Wir können nicht einfach produzieren, was irgendwer Lust hat. Wir müssen produzieren, was unbedingt notwendig ist und was zur Ausfuhr erforderlich ist.

3. Sehen wir in unserer Wirtschaftsordnung klar, so ist sofort an den vorzubereitenden Kriegs- und Sozialausgleich heranzugehen. Es ist auf die Dauer für einen Volksstaat nicht tragbar, dass das Kriegs- und Nachkriegsgeschehen dem einen alles nahm und dem anderen vieles oder alles beließ. Es muss ein gerechter Ausgleich gefunden werden, der unseren Opfern aus der Zeit des Nationalsozialismus, aus dem Kriege und aus den Wehen der Nachkriegszeit soweit wie möglich hilft. Hierin steckt auch das Problem der Umsiedler aus den geräumten Gebieten, das wiederum im engen Zusammenhang mit unserer Erzeugungs- und Bedarfsordnung steht.

4. Währung und Finanzen müssen neu geordnet werden, damit Kalkulation und Wirtschaftsrechnung, Einkommensbildung und Besteuerung zu endgültigen Grundlagen kommen. Die widerlichen Erscheinungen des Schiebertums, das sich besser zu ernähren vermag, als es ehrliche Arbeit gestattet, müssen verschwinden, weil sie die Grundlagen der jungen Demokratie zerstören.

5. Bei alledem wollen wir unsere Wirtschaft nicht zu einer bürokratischen Zwangsanstalt machen. Es sollen die demokratischen Kräfte berufen bleiben, daran mitzuarbeiten. Wir wollen Wirtschaftsorgane für Gesamtdeutschland schaffen. Nicht eine neue Bürokratie soll die Wirtschaft regieren, das Volk soll daran entscheidend mitwirken.

6. In dem Problem der Bedarfsordnung steckt das Problem des Wiederaufbaues der zerstörten Städte und Dörfer. Es schließt das Problem des Wiederaufbaues der Wohnungen und der Fabriken ein. Das Problem zerfällt in einen örtlichen Teil der Städtebauplanung und einen wirtschaftlichen Teil der Planung für Baustoffbedarf und Facharbeitertum.

7. All das Erforderliche kann nicht erreicht werden ohne die Menschen, die es schaffen sollen. Deutschland braucht dazu hervorragende Landwirte, hervorragende Betriebsfachleute, hervorragende Handwerker, findige Köpfe aller Art. Wir müssen unsere Begabungen suchen, sie fördern, ihnen Wirkungsmöglichkeit geben. Diese Menschen müssen aber auch so angesetzt werden können, dass sie ihrem Lande größten Nutzen bringen.

Ein Blick über alle diese Grundmaßnahmen zeigt ohne weiteres, dass man sie insbesondere zur Erreichung des notwendigen Zusammenklangs nicht dem so genannten freien Spiel der Kräfte überlassen darf. Die deutsche Wirtschaftsnot ist nur zu bewältigen, wenn das, was uns verbleibt, zu den erforderlichen

Maßnahmen planvoll eingesetzt wird. Nur bei geordnetem Wirtschaftsgefüge werden wir die Währungs- und Finanzreform durchführen können. Nur eine geordnete Wirtschaft kann auch den Ausgleich der Schäden aus der Gewaltzeit und dem Kriege erreichen.

Alles aber, ob Städtebau, Verkehrsneubau und vieles andere, kann nur durch eine Wirtschaftsplanung gewährleistet werden. Sie kann aber nur gelingen, wenn sie vom Volke selbst getragen wird. Nicht eine unkontrollierte Bürokratie, die schließlich wiederum den Weg des Dienstes an den Kapitalkräften geht, kann am Platze sein. Das Volk muss den Apparat und Gang seiner Wirtschaft mitbestimmen. Dazu werden demokratische Wirtschaftseinrichtungen dienen. Die Betriebsvertretungen in den Unternehmungen und die Gewerkschaften werden dabei eine entscheidende Rolle spielen müssen.

Anhang 5

Tarifvertragsrecht, Referat von Markus Schleicher, Stuttgart

Der Tarifvertrag ist ein Kind unseres Zeitalters. Er ist mit uns geboren, mit uns herangewachsen, ist 1933 mit den Gewerkschaften außer Kurs gesetzt worden und soll nun in neuer Form erstehen. Ein langer Weg geschichtlicher Entwicklung liegt zwischen dem ersten freien Tarifvertrag und der ersten gesetzlichen Tarifordnung der Nazizeit. Wir haben zu untersuchen, ob wir auf der Grundlage der gesetzlichen Tarifordnungen weiterbauen können, ob wir zum freien Tarifvertrag zurückkehren wollen und inwieweit wir neue Wege suchen und gehen müssen.

Wer Besseres schaffen will, wird sich die Lehren der Geschichte dienstbar machen. Nicht um Neues zu erzählen, sondern um die richtigen Nutzanwendungen aus der Vergangenheit zu ziehen, darf ich in Erinnerung bringen, dass der Tarifvertrag kein Schoßkind der Gewerkschaften ist, das einseitig gegen den Willen des Unternehmertums hochgepäppelt worden wäre.

Noch um die Jahrhundertwende herum tobte in der Gewerkschaftsbewegung der Kampf um die Zweckmäßigkeit schriftlicher Vereinbarungen mit den Unternehmern über die Regelung der Arbeitsverhältnisse. Es galt damals innerhalb der Gewerkschaften als besonders radikal, jede schriftliche Vereinbarung abzulehnen mit der Behauptung, der Abschluss von Tarifverträgen sei geeignet, die Gewerkschaftsbewegung einzuschläfern oder versumpfen zu lassen.

Wie hartnäckig dieser Kampf geführt worden ist, beweist der Ausschluss der Buchdrucker-Gewerkschaft aus dem Leipziger Gewerkschaftskartell mit der Begründung, die Buchdrucker erstrebten mit dem Abschluss des Tarifvertrages wirtschaftsfriedliche Ziele, die dem Kampfcharakter der Gewerkschaften widersprächen.

Auch nach Abklärung der Meinungen sind innerhalb der Gewerkschaftsbewegung Formeln gesucht worden, die den Sinn und den Zweck der Tarifverträge umschreiben sollten.

Clara Zetkin nannte einst den Tarifvertrag eine Waffenstillstandsurkunde, die den Gewerkschaften die Möglichkeit von Erholungs- und Ruhepausen bieten sollte. Andere Sachverständige wollten in dem Tarifvertrag keine Waffenstillstandsurkunde, sondern vielmehr eine Waffe sehen zur Aufrechterhaltung und Verbesserung der Arbeitsbedingungen während der tarifgebundenen Zeit.

Ebenso wie innerhalb der Gewerkschaftsbewegung war lange Zeit die Stellung des Unternehmertums zu Tarifverträgen umstritten.

Bis zum ersten Weltkrieg dauerten die Kämpfe um die grundsätzliche Anerkennung des Tarifvertrages – besonders in der Groß- und Schwerindustrie an. Der »Herr-im-Hause«-Standpunkt verbot den Unternehmern jede gemeinschaftliche Regelung der Arbeitsbedingungen mit den Gewerkschaften.

Allerdings war die Einstellung des Unternehmertums zum Tarifvertrag ebenso uneinheitlich wie in der Gewerkschaftsbewegung. Die Geschichte verzeichnet Riesenaussperrungen, die ausschließlich deshalb verhängt wurden, weil eine kleine Gruppe von Arbeitnehmern grundsätzlich den Kampf um die Anerkennung des Tarifvertrages führte. Zu derselben Zeit mussten die Gewerkschaften in anderen Industrien ebenso große Aussperrungen über sich ergehen lassen, weil die Unternehmer die Parole ausgaben: »Ohne Tarifvertrag keine Arbeit«.

Als typisches Beispiel hierfür kann die große Aussperrung 1906 im Deutschen Holzgewerbe gelten. Mit obiger Parole forderten die Unternehmer die Schaffung eines Reichstarifes für die gesamte Holzindustrie, während der Holzarbeiterverband glaubte, die Interessen seiner Mitglieder besser zu wahren, wenn er nicht mehr Tarife abschloss, als er Kraft seiner wirtschaftlichen Stärke verantworten konnte.

Erwähnenswert ist ferner, dass um die einheitliche Gestaltung der Ablauftermine der Tarifverträge Jahre hindurch mehr Machtkämpfe geführt wurden, als um die Gestaltung seines Inhaltes. Bei dem Ringen um den materiellen Inhalt des Tarifvertrages handelte es sich selbstverständlich um Auseinandersetzungen über die Vergrößerung des Anteils der Arbeitnehmer am Sozialprodukt.

Eine Schematisierung der gewerkschaftlichen Forderungen über einen Berufs- oder Industriezweig hinaus war früher nicht möglich und wird es auch in Zukunft nicht sein. Ausschlaggebend für die Erfolgsmöglichkeiten bleiben die industriellen und wirtschaftlichen Verhältnisse der einzelnen Industrien – wenigstens solange das Wirtschaftssystem ein kapitalistisches ist.

Fest steht, dass die deutschen Arbeitnehmer nur mit Hilfe von tarifvertraglichen Vereinbarungen ihre allgemeine Lebenshaltung planmäßig verbessert haben. Dies gilt z. B. für die Entwicklung in der Arbeitsnachweispolitik. Sie führte mit Hilfe des Tarifvertrages von den einseitigen Unternehmer- oder Arbeitnehmernachweisen zu paritätisch zusammengesetzten Arbeitsnachweisorganisationen,[20] bis schließlich die Ergebnisse der tarifvertraglichen Kämpfe im Arbeitsnachweisgesetz verankert worden sind.

---

20 Vgl. Preller: Sozialpolitik, S. 62 ff.

Ebenso planmäßig war die Tarifvertragspolitik auf dem Gebiete der Verkürzung der Arbeitszeit. Der Weg führte auch hier bei stufenweiser Herabsetzung der 60-Stundenwoche zum Achtstundentag.

Noch im Jahre 1910 erregten unsere Agitatoren in Gewerkschaftsversammlungen Heiterkeit, wenn sie die Forderung propagierten, auf dem Wege des Tarifvertrages zu einem Erholungsurlaub zu gelangen. Auch dieses Ziel ist in einem Jahrzehnt harter Tarifkämpfe erreicht worden. Heute besteht vielfach in den Köpfen unserer jungen Generation die Meinung, der Erholungsurlaub sei eine nationalsozialistische Errungenschaft.

In Wirklichkeit gab es 1933 kaum einen Tarifvertrag, in dem nicht bereits Ferien vorgeschrieben waren. Anzuerkennen ist allerdings, dass während der Zeit des Nationalsozialismus die tarifvertraglichen Ferien verbessert worden sind. Das geschah aber auf Kosten des Achtstundentages, der inzwischen nur noch auf dem Papier stand.

Ich wollte mit diesen Erinnerungen beweisen, dass die größten tarifvertraglichen Erfolge und Errungenschaften in eine Zeit fallen, in welcher der Tarifvertrag völlig frei war und keinem gesetzlichen Zwang unterlag – aber auch keinen gesetzlichen Schutz genoss.

Im alten Kaiserreich galt der Kollektivvertrag als Fremdkörper in der Gesetzgebung. Gesetzlichen Schutz genoss lediglich der persönliche Dienstvertrag durch das Bürgerliche Gesetzbuch. Ferner schrieb die Gewerbeordnung seit 1890 den Erlass von betrieblichen Arbeitsordnungen vor, die den Beginn und das Ende der täglichen Arbeitszeit, die Arbeitspausen sowie Zeit und Art der Lohnzahlung zwingend festlegten.

Der Tarifvertrag ist in der Praxis über diese gesetzlichen Bestimmungen hinweggeschritten. Lediglich gestützt auf die Macht und den Willen der vertragschließenden Parteien hat er sich – sogar teilweise gegen den Willen des Gesetzgebers – entwickelt.

Die zweite Periode der Geschichte des Tarifvertrages beginnt mit der gesetzlichen Regelung durch die Verordnung der Volksbeauftragten vom 23. Dezember 1918.

Diese Verordnung ist im Laufe eines Jahrzehnts mehrmals geändert worden. Ihre letzte Fassung stammt vom 1. März 1928. In einem einzigen Paragraphen ist für die wirtschaftlichen Vereinigungen das Recht zum Abschluss von Tarifverträgen geregelt. Es heißt dort sinngemäß: Sind die Arbeitsbedingungen durch Tarifvertrag geregelt, so gelten sie für rechtsverbindlich und unabdingbar, soweit nicht der persönliche Arbeitsvertrag günstigere Arbeitsbedingungen enthält.

Der Gesetzgeber hat eine umfassende gesetzliche Regelung bewusst vermieden, weil er die tarifvertragliche Entwicklung nicht hemmen wollte. Zweifellos lag seitens des Gesetzgebers der gute Wille vor, nach besten Kräften die tarifvertragliche Entwicklung zu fördern.

Schon während des ersten Weltkrieges wurden den Gewerkschaften und den Arbeitgeberverbänden bei Arbeitsstreitigkeiten Hilfsdienste zur Schlichtung von Streitigkeiten durch das so genannte Hilfsdienstgesetz angeboten.[21] Wenn dieses Gesetz damals auch rein aus staatlichen Interessen heraus entstand, so barg es doch den Anfang der ersten staatlichen Schlichtungshilfe in sich.

Die 1918 entstandene staatliche Schlichtungsordnung gab außer der Schlichtung von Streitigkeiten den Behörden des Staates das Recht, Tarifverträge verbindlich zu erklären, d. h. Zwangstarifverträge auch gegen den Willen einer oder gar beider Tarifparteien zu schaffen.[22] Eine weitere Möglichkeit zur Schaffung von Zwangstarifverträgen bot die Tarifvertragsverordnung durch die Ausdehnung eines Tarifvertrages auf Außenseiter in solchen Fällen, wo Tarifverträge innerhalb ihres Geltungsbereiches überwiegende Bedeutung erreicht hatten.

Der Weg von der staatlichen Vertragshilfe über den staatlichen Zwangstarif zum politischen Lohn ist uns allen noch in Erinnerung. Eine einheitliche und klare Stellungnahme der Gewerkschaften in diesem Ringen war nicht zu erreichen. Wie oft haben wir in dieser Zeit uns selbst verspottend gesagt: Zwangstarife sind ein großes Übel, sie kommen uns vor wie eine Zwiebel – man weint dabei und isst sie doch!

Aber die gesetzliche Entwicklung des Tarifvertrages hat weder bei der staatlichen Vertragshilfe, noch bei der Schaffung von Zwangstarifen Halt gemacht. Je mehr der Einfluss der demokratischen Kräfte auf die Staatsführung schwand, desto absoluter wurde die Lohnpolitik des Staates. Er begnügte sich nicht mit der Hilfeleistung beim Abschluss von Tarifverträgen und auch nicht bei der Schaffung von Zwangstarifen.

Mit der Notverordnung vom 8. Dezember 1931 nahm der Staat auch für sich das Recht in Anspruch, bestehende Tarifverträge aufzuheben und während der Laufdauer der Verträge Verschlechterungen anzuordnen. Mit einem Federstrich wurden nicht nur die vom Staat geschaffenen Zwangstarife, sondern auch die in freier Vereinbarung geschaffenen Verträge für nichtig erklärt und die Lohn- und Gehaltssätze auf den Stand vom 10. Januar 1927 zurückgeschraubt.

Dieser Lohneinschränkungsverordnung folgte die Tarifunterschreitungsverordnung. Sie gestattete eine Unterschreitung der Tariflöhne um 10 Prozent, wenn der Unternehmer seine Belegschaftsstärke um 5 Prozent erhöhte. Die Unterschreitung der Tariflöhne bis zu 50 Prozent war möglich, sofern der Unternehmer seine Belegschaftsziffer um 25 Prozent steigerte.

Während also die erste Verordnung nur die Tarifparteien und die Schlichtungsinstanzen zwang, die Tariflöhne zu senken, zielte die zweite Verordnung bewusst darauf ab, auch die Unabdingbarkeit des Tariflohnes zu zerstören. Begründet wurden diese Maßnahmen mit der Notwendigkeit der staatlichen Deflationspolitik. Der Lohn war hiermit absolut politisch geworden. Die politische Lohngestaltung hat gleichzeitig jede echte Tarifgemeinschaft zerstört und die Gewerkschaftsarbeit selbst bis zur Hilflosigkeit geschwächt.

---

21 Vgl. Bieber: Gewerkschaften, S. 296–383. Zur Reaktion der Gewerkschaften vgl. Gewerkschaften in Weltkrieg und Revolution, S. 301 f.
22 Vgl. Brauchitsch: Staatliche Zwangsschlichtung; Hartwich: Arbeitsmarkt.

Dieser Zeit des Niederganges folgte die dritte Periode unter Hitler, die ihren Auftakt mit der Auflösung der Gewerkschaften und der Arbeitgeberverbände nahm. Es wurden einfach die Tarifverträge durch gesetzliche Tarifordnungen ersetzt.

Anstelle der Tarifparteien traten die Treuhänder der Arbeit, die verpflichtet waren, Lohn- und Arbeitsbedingungen so zu lenken, wie es der nationalsozialistische Staat verlangte. Nicht mehr der freie Wille der wirtschaftlichen Verbände, sondern ausschließlich der Wille der Staatsmacht blieb entscheidend für die Gestaltung der Arbeitsbedingungen.

Welche Lehren aus diesen geschichtlichen Vorgängen haben nun die Gewerkschaften zu ziehen? Zunächst wird es auch in Zukunft kein tarifvertragliches Dogma geben, dem sich die Wirtschaft unterzuordnen hätte. Im Gegenteil, der Tarifvertrag wird den wirtschaftlichen Verhältnissen der Gegenwart Rechnung tragen müssen. Heute besteht unter unseren Volkswirtschaftlern weitgehend Übereinstimmung darin, dass ein Zurück zu der ungebundenen freien kapitalistischen Wirtschaft nicht möglich ist. Selbst wenn eine Sozialisierung in größerem Umfange nicht durchführbar ist, wird auf lange Sicht mit einer gelenkten Planwirtschaft zu rechnen sein. Wir müssen deshalb fragen, ob nicht zu einer gelenkten Volkswirtschaft auch eine planmäßige Lenkung der Lohn- und Arbeitsbedingungen gehört.

Unter dem Begriff »gelenkte Wirtschaft« will niemand einen staatlichen bürokratischen Wirtschaftsapparat verstehen. Man fordert eine sinnvolle Einschaltung der Unternehmerorganisationen und der Gewerkschaften in die Wirtschaft, sowie die Einschaltung der Unternehmerinitiative zur Erlangung eines gesunden wirtschaftlichen Wettbewerbs. Wer aber die Diktatur des Staates in der Produktion und in der Preisgestaltung verneint, wird sie bei der Lohngestaltung nicht fordern wollen. Schon daraus ergibt sich, dass die Beibehaltung der vom Staat erlassenen Tarifordnung verneint werden muss, obwohl diese rein staatliche Lohnpolitik auch eine Reihe von Vorzügen gegenüber dem freien Tarifvertrag aufzuweisen hat. Die staatliche Tarifordnung ist im Grunde nämlich nichts anderes, als die Ausdehnung der Beamtenbesoldung auf alle Arbeiter und Angestellten der Privatwirtschaft. Eine solche Besoldungsordnung schafft gleichmäßiges Recht innerhalb ihres Geltungsbereiches und ersetzt damit ohne aufregende Kämpfe jede Art von Zwangstarif. Ich bin sogar der Meinung, dass die Gewerkschaften auch in einer sozialisierten Wirtschaft und in sozialisierten Betrieben das Recht haben müssen, an der Gestaltung der Lohn- und Arbeitsbedingungen entscheidend mitzuwirken. Sobald man den Weg von der gesetzlichen Lohnordnung zum freien Tarifvertrag zurückgeht, ist zu überlegen, auf welcher gesetzlichen Basis ein kommendes Tarifvertragsrecht beruhen soll. Der freie Tarifvertrag setzt unbedingt gleichberechtigte Partner als Gegenspieler voraus. Er wird immer ein Vertrag zwischen Organisationen zugunsten Dritter, d. h. zugunsten der Mitglieder der Unternehmer- wie der Gewerkschaftsorganisationen bleiben. Der Schutz, den der Gesetzgeber dem Tarifvertrag geben kann, besteht in der Hauptsache in der Festlegung der Rechtsgültigkeit der Verträge sowie in der Unabdingbarkeit der vereinbarten Arbeitsbedingungen.

Genügt es nun, einfach die früheren Bestimmungen über die Rechtsgültigkeit und die Unabdingbarkeit wieder in Kraft zu setzen? Diese gesetzlichen Vorschriften waren im Jahre 1918 zweifellos recht und gut. Sie heute zu erneuern, würde bedeuten, auch die Rechtsprechung, die sich im letzten Jahrzehnt herausgebildet hatte, mit in Kauf zu nehmen. Dies ist schon deshalb unmöglich, weil wir die zum großen Teil tariffeindliche Judikatur nicht übernehmen dürfen, sie vielmehr ausrotten müssen. Ich komme deshalb zu der Schlussfolgerung, dass wir ein umfassendes Tarifvertragsgesetz gebrauchen, das klare Bestimmungen enthalten muss über:

a) die Rechtsnatur des Tarifvertrages und seine normative und obligatorische Wirkung;

b) die Tariffähigkeit der Vertragsparteien, die Frage der Tarifwilligkeit usw.;

c) die Unabdingbarkeit des Tarifvertrages, Verzicht auf den Tariflohn, Verzichterklärung, Verzichtwille usw.;

d) Auslegung des Tarifvertrages und Abgrenzung der tarifvertraglichen »Schiedsgerichtsbarkeit« von der Arbeitsgerichtsbarkeit;

e) Schriftform des Tarifvertrages, mündliche Abrede, Rechtsfragen über Kündigung von Verträgen usw.;

f) Friedenspflicht, ihr Wesen, ihr Bestehen und ihre Wirkung, Schadenersatzfragen usw.

Alle tarifvertraglichen Möglichkeiten, die sich in der Praxis eines Jahrzehntes als schädlich erwiesen haben, müssen durch Gesetz ausdrücklich verboten werden. Schwieriger als die Lösung dieser angedeuteten Probleme scheint mir die künftige Stellungnahme zum Tarifrecht.

Seit August 1946 besteht das Kontrollratsgesetz Nr. 35 über Vermittlungs- und Schlichtungsverfahren bei Arbeitsstreitigkeiten. Dieses Gesetz gibt der von den Tarifparteien vereinbarten Schiedsstelle den Vorrang vor der staatlichen Schlichtung. Der Staat selbst soll den Parteien jede Hilfestellung beim Abschluss von Tarifvereinbarungen angedeihen lassen. Sowohl die vereinbarten wie die staatlichen Schlichtungsstellen können Schiedssprüche fällen, die der Annahme der beiderseitigen Parteien bedürfen. Nur, soweit die Interessen der Besatzungsmächte berührt werden, kann der Militärbefehlshaber die bindende Wirkung eines Schiedsspruches für die Parteien anordnen. Damit ist der Zwangstarif – gemessen an dem früheren Zustand – weitgehend ausgeschaltet worden.

Die Militärregierung hat uns gezwungen, das Schlichtungsverfahren unkompliziert zu gestalten und den Parteien wieder die volle Verantwortung für ihr Tun und Handeln zu übertragen. Das Gesetz Nr. 35 ist von den Gewerkschaften ohne Kritik zur Kenntnis genommen worden. Wir werden gut daran tun, die Grenzen gewerkschaftlicher Macht rechtzeitig zu erkennen. Die neue Schlichtungsordnung dürfte in der Praxis genügend Anlass zum Nachdenken geben.

Ungelöst ist noch die zweite Möglichkeit des Zwangstarifes, nämlich die Ausdehnung des Tarifvertrages auf Außenseiter durch Allgemeinverbindlicherklärungen. Wir haben sie früher mehr aus wirtschaftlichen als aus agitatorischen Gründen bejaht. Es ist heute schwer, ein endgültiges Urteil über ihre Zweckmäßigkeit abzugeben und diese Art des Zwangstarifes kurzer Hand zu bejahen oder zu verneinen. Jedenfalls ist die Struktur unserer Wirtschaft sowie die Struktur der Unternehmerorganisationen und der Gewerkschaften eine andere geworden. Kann unter den veränderten Verhältnissen der alte Grundsatz noch Anwendung finden, der die Allgemeinverbindlicherklärung von der überwiegenden Bedeutung des Tarifvertrages im Tarifgebiet abhängig macht?

Die Notwendigkeit einheitlicher Vertragsverhältnisse kann aus wirtschaftlichen Gründen auch dort vorhanden sein, wo sich ein zahlenmäßiges Überwiegen des Tarifvertrages nicht nachweisen lässt.

Die ungünstigen Auswirkungen der Allgemeinverbindlicherklärung auf das Organisationsverhältnis der Arbeitnehmer sind uns allen bekannt. Sie gab großen Schichten unorganisierter Menschen Gelegenheit, die Errungenschaften der Vertragsparteien für sich in Anspruch zu nehmen und zum Dank dafür die gewerkschaftlichen Organisationen offen oder versteckt zu bekämpfen.

Bevor wir auf die alten Methoden zurückgreifen, sollten wir nach neuen Wegen suchen. Finden wir solche Wege nicht, dann wäre zu überlegen, ob nicht die Frage der Allgemeinverbindlicherklärung zurückgestellt werden kann, um den Gewerkschaften und den Unternehmerorganisationen die Verpflichtungen aufzuerlegen, ihre Organisationen so auszubauen, dass sich die Allgemeinverbindlicherklärung erübrigt.

Das größte Problem, das gelöst werden muss, lautet: Wie können wir das Interesse der gesamten Arbeitnehmerschaft an Abschluss und Durchführung der Tarifverträge so binden, dass der Tarifvertrag auch die Macht und die Stärke des gewerkschaftlichen Einflusses fördert?

Zwangstarife sind in keiner Form geeignete Mittel dazu.

Ich habe es unterlassen, der Konferenz eine Entschließung vorzulegen, da es mir nicht möglich ist, die organisatorischen, wirtschaftlichen und militärischen Verhältnisse außerhalb der Amerikanischen Zone zu übersehen. Wir haben uns in der Amerikanischen Zone mit der Frage beschäftigt, ob die Aufhebung des Arbeitsordnungsgesetzes[23] eine rasche gesetzliche Neuregelung des Tarifvertragswesens bedingt und festgestellt, dass der Tarifvertrag seither ohne jede gesetzliche Grundlage ist. Lediglich der individuelle Arbeitsvertrag ist noch durch die Bestimmungen des Bürgerlichen Gesetzbuches geschützt.

Wir haben in einem vorläufigen Gutachten an den Länderrat für unsere Zone den Standpunkt vertreten, dass eine umfassende gesetzliche Neuregelung des Tarifvertragswesens erforderlich ist, dass aber eine solche Neuregelung möglichst einheitlich für das ganze Reich erfolgen sollte. Um die Lücke, welche die Aufhebung des A.O.G. hinterlassen hat, schließen zu können, haben wir

---

23 Gemeint ist das »Gesetz zur Ordnung der nationalen Arbeit« vom 20.01.1934. Vgl. Schneider: Unterm Hakenkreuz, S. 168 f.

empfohlen, die Rechtsgültigkeit und die Unabdingbarkeit von Tarifverträgen vorübergehend auf dem Verordnungswege zu regeln.

Inzwischen ist eine Kommission beauftragt, den gesamten Fragekomplex zu überprüfen und wir beabsichtigen in nächster Zeit mit den Kollegen der Britischen Zone in Verbindung zu treten. Darüber hinaus stelle ich anheim, zu prüfen, ob Beratungen über das Tarifvertragswesen für alle vier Zonen in Angriff genommen werden können.

Die Frage: Zurück zum Tarifvertrag oder Ausbau der staatlichen Lohnordnung, hängt von dem Vorhandensein selbständiger Vertragspartner ab.

Sollte es in Zukunft keine vertragsfähigen Unternehmerorganisationen mehr geben, wird nichts anderes übrig bleiben, als an dem Ausbau der staatlichen Lohnordnung zu arbeiten. Für die Amerikanische Zone ist dieser Weg nicht gangbar, weshalb ich darauf verzichte, Vorschläge in dieser Richtung zu machen.

Anhang 6

Betriebsräte- und Arbeitsgerichtsgesetzgebung, Referat von Willi Richter Frankfurt am Main.

Die allgemeinen sozialen und wirtschaftlichen Fragen der Arbeitnehmer zu regeln, ist eine Aufgabe der Betriebsvertretung. Diese fand dabei ihre hauptsächliche Stützung in einer umfangreichen Betriebsrätegesetzgebung. Vorläufer der Betriebsräte waren Arbeiterausschüsse, die zuerst durch Tarifvereinbarungen und später durch Gesetz ihre Feststellung fanden. Mit dem Zusammenbruch 1918/19 entstand die Rätebewegung. Diese fand ihren gesetzlichen Niederschlag im Betriebsrätegesetz vom 4. Februar 1920. Hiernach ist das Betriebsräterecht ein verfassungsmäßiges Recht des Betriebes und der Betriebsrat ein Organ desselben.

Über das, an Stelle des Betriebsrätegesetzes von den Nazis geschaffene »Gesetz zur Ordnung der nationalen Arbeit« und die darin zum Ausdruck gebrachte autoritäre Tendenz zu sprechen, dürfte sich erübrigen.

Durch das Kontrollratsgesetz Nr. 22 (Betriebsrätegesetz) entstand ein neues Betriebsräterecht, das in seinen Artikeln die Grundzüge über die Errichtung von Betriebsvertretungen und ihren Aufgaben bringt. Hiernach ist die Betriebsvertretung ein Vertrauensorgan der Belegschaft und der Gewerkschaften. Die Betriebsvertretung wird unter Mitwirkung der Gewerkschaften errichtet und regelt in Zusammenarbeit mit den Gewerkschaften ihre Geschäftsführung selbst.

Das Kontrollratsgesetz Nr. 22 ist als ein Rahmengesetz anzusehen. Die einzelnen Aufgabengebiete können durch Vereinbarungen zwischen den Beteiligten festgelegt werden. Es empfiehlt sich, dass die Gewerkschaften Richtlinien sowohl hinsichtlich der Wahl und des Aufbaues und der Zusammensetzung der Betriebsvertretungen wie auch über deren Aufgaben und Befugnisse schaffen. Es sollte darauf hingewirkt werden, dass für jeden Betrieb und jede Verwaltung des öffentlichen Rechts eine gemeinsame Betriebsvertretung aller dort beschäftigten Arbeiter, Angestellten und Beamten gebildet wird, in welcher die einzelnen Gruppen entsprechend ihrer Stärke vertreten sein sollen.

Wie die sozialen, wirtschaftlichen und personellen Fragen gelöst werden sollen, kommt in der Forderung auf gleichberechtigte Mitbestimmung zum Ausdruck. Bereits in dem Betriebsrätegesetz von 1920 war auf den wesentlichen sozialen Gebieten die Mitbestimmung verankert.

Auf dem Gebiet der Mitbestimmung in personellen Fragen sind Regelungen zu treffen, wonach die Betriebsvertretung sowohl bei Einstellungen wie Entlassungen, ferner bei Besetzungen und Befürwortungen gemeinsam mit dem Unternehmer zu entscheiden hat. Hiernach muss der Unternehmer von den von ihm beabsichtigten Maßnahmen der Betriebsvertretung rechtzeitig Mitteilung machen, und es steht der Betriebsvertretung nach sachlicher, im Interesse des Betriebes und der betreffenden Arbeitnehmer erfolgten Prüfung das Recht der Mitbestimmung zu.

In dem Falle, wo eine Übereinstimmung zwischen Unternehmer und Betriebsvertretung nicht möglich ist, muss eine Instanz da sein, welche eine endgültige Entscheidung trifft. Dies sollte aus Zweckmäßigkeitsgründen in personellen Fragen das bereits vorhandene Arbeitsgericht sein. Die Durchführung der erzielten vollen Übereinstimmung bezüglich der Entscheidung erfolgt durch den Unternehmer.

Gleichberechtigte Mitbestimmung der Betriebsvertretung in wirtschaftlichen Fragen soll dazu beitragen, dass der Neuaufbau der gesamten Volkswirtschaft zum Wohle des ganzen Volkes und zur Befriedigung seines Bedarfes dient. Die Produktionsstätten dürfen nur einer Friedenswirtschaft dienen und deren Verwaltung nur der gesamten Bevölkerung. Sowohl der Betriebsrat wie der Unternehmer haben jeder für sich und beide zusammen in gemeinsamer Arbeit und Pflichterfüllung ihr ernstestes Bestreben auf die Hebung der Arbeitsfreudigkeit, Verbesserung der Lebenshaltung und -bedingungen der schaffenden Menschen zu richten, um somit einen hohen Stand der Wirtschaftlichkeit des Betriebes zu erlangen.

Der Betriebsrat hat ferner in allen sachlichen Angelegenheiten den Bestand, den Aufbau und die Entwicklung des Betriebes und des ganzen Unternehmens beeinflussend mitzubestimmen. Dazu gehört insbesondere die Bestimmung des Betriebszweckes, die Festsetzung des Produktionsprogramms usw. (Siehe z. B. § 30 des Entwurfes B eines Gesetzes zu Artikel 37 der Hessischen Verfassung[24]).

Eine wesentliche Frage ist die Einschaltung des Betriebsrates in die Aufsichts- und Kontrollorgane des Einzelbetriebes und der Unternehmer. Hier ist zu klären, ob der Betriebsrat, der durch die gleichberechtigte Mitbestimmung mit der Betriebsleitung seine Funktion ausübt, auch gleichberechtigt in den Aufsichtsorganen des Betriebes eingeschaltet werden soll.

---

24 Ein entsprechendes Ausführungsgesetz kam nie zustande. Vgl. Mühlhausen: Hessen, S. 256. Weiß-Hartmann: Gewerkschaftsbund Hessen, S. 166 ff.

Dies würde bedeuten, dass der Aufsichtsrat einer AG z. B. paritätisch zusammenzusetzen wäre und die Betriebsvertretung darin Sitz und Stimme hätte. Inwieweit dadurch Verantwortung für den Betriebsrat anfällt und diese sich erstreckt, bedarf besonderer Klärung. Hierbei ist zu beachten, dass ebenso wenig eine vermögensrechtliche Verantwortung der Betriebsvertretung und Belegschaft entstehen kann, wie andererseits Unternehmer auch nicht zur Verantwortung gezogen werden, wenn durch ihre Fehldispositionen Tausende von Arbeitnehmern brotlos werden und mit ihren Familien in Not und Elend geraten.

Zur Entscheidung von Meinungsverschiedenheiten in Wirtschaftsfragen sollte ein aus Vertretern des betreffenden Wirtschaftszweiges zusammengesetzter Wirtschaftsausschuss zuständig sein.

Die Durchführung der, je nach den besonderen Belangen eines Betriebes mittels Vereinbarung zwischen Betriebsleitung und Betriebsrat festzulegenden laufenden Geschäfte ist Sache der Betriebsleitung, wie sie auch die Durchführung der aus dem Mitbestimmungsrecht folgenden Maßnahmen zu übernehmen hat.

Das Kontrollratsgesetz Nr. 22 sieht in seinem Artikel I ausdrücklich die Errichtung von Betriebsvertretungen für den Einzelhandelsbetrieb vor. Hiernach können bei Unternehmungen mit mehreren Betrieben keine Betriebsvertretungen gebildet werden, die für das gesamte Unternehmen zuständig sind. Der nach altem Recht zulässige Gesamtbetriebsrat bzw. Sondervertretungen der verschiedensten Art kommen hiernach nicht mehr in Frage.

Die Fragen, die mehrere oder alle Unternehmen eines Betriebes betreffen, sind von der zuständigen Gewerkschaft zu regeln. Lediglich müssen die Betriebsratsvorsitzenden oder deren Stellvertreter zur Klärung derartiger Fragen mit der Gesamtleitung des Unternehmens in Verbindung treten und ihre Interessen in den Aufsichtsorganen des Gesamtunternehmens wahrnehmen. Die Arbeitsgerichtsbarkeit kam früher in den besonderen Gerichten für die einzelnen Gruppen von Arbeitnehmern und in ihren, für alle Arbeitnehmer geltenden gesetzlichen Bestimmungen des Arbeitsgerichtsgesetzes vom 23. September 1926 zur Wirkung. Das vom Kontrollrat erlassene Gesetz Nr. 21 (Arbeitsgerichtsgesetz)[25] regelt einige wichtige, für die Errichtung und Zusammensetzung sowie Tätigkeit der Arbeitsgerichte maßgebliche Grundsätze und besagt in seinem Artikel X[26], dass im Übrigen die Bestimmungen des Arbeitsgerichtsgesetzes vom 23. September 1926 angewendet werden sollen.

Es dürfte zweckmäßig sein, wenn möglichst eine Koordinierung der Bestimmungen des Kontrollratsgesetzes mit denen des Arbeitsgerichtsgesetzes vorgenommen wird, wobei zu beachten wäre, dass auch auf diesem Gebiet nicht dort angefangen werden soll, wo 1933 aufgehört werden musste. Auch hier ist die Weiterentwicklung zu beachten.

---

25 Alliiertes Kontrollratsgesetz Nr. 21 vom 30.03.1946 (Arbeitsgerichtsgesetz).
26 In Artikel X heißt es: »Die Vorschriften des deutschen Arbeitsgerichtsgesetzes vom 23.12.1926, jedoch in seiner ursprünglichen Fassung, sind vorläufig weiter anzuwenden, soweit sie nicht im Widerspruch zu den Bestimmungen dieses Gesetzes stehen.«

Insbesondere sollen im Hinblick auf die Tatsache, dass die Vorsitzenden in der 1. Instanz Laienrichter sein können, die formellen Bestimmungen des Arbeitsgerichtsverfahrens auf das notwendigste beschränkt werden.

Nach den Bestimmungen des Kontrollratsgesetzes Nr. 21, Artikel VI, sollen die Vorsitzenden des zweiten Rechtszuges eine entsprechende juristische Befähigung haben. Das besagt nicht, dass nur Personen, die eine zum Richteramt befähigende Ausbildung besitzen, in Frage kommen. Wir müssen als Gewerkschafter Wert darauf legen, dass für eine derartige Stelle der beste und befähigtste Richter in Arbeitssachen gerade gut genug ist.

Räumlich gesehen sollen Arbeitsgerichte für ein kleineres Wirtschaftsgebiet eingerichtet werden und in der Regel den Bereich eines Arbeitsamtes umfassen.

Der der Arbeitsrechtssprechung unterliegende Personenkreis sollte alle Arbeiter, Angestellten und Beamten umfassen. Insbesondere ist im Interesse der Beamten Wert darauf zu legen, dass auch sie die Vorzüge der Arbeitsgerichtsbarkeit erlangen. Auch für sie sollte deren Zuständigkeit in allen vermögensrechtlichen Streitigkeiten gegeben sein, damit die Beamten bei der Rechtsfindung und Rechtsentwicklung ebenfalls als Beisitzer in den Arbeitsgerichten bzw. in den eventuell zu errichtenden Kammern derselben unmittelbar mitwirken können und in den Genuss einer einfachen, schnellen und billigen Rechtsprechung kommen.

Im Gegensatz zu den früheren Regelungen sollen die Arbeitsgerichtsbehörden neben der Rechtssprechung in Arbeitsfragen auch für die Rechtsprechung in sozialen Fragen, d. h. in Streitfragen aus der gesamten Sozialversicherung wie auch der Arbeitslosenversicherung und -vermittlung zuständig sein. Hierfür könnten besondere Kammern bei den Arbeitsgerichten, besetzt mit geeigneten Vorsitzenden und Beisitzern, gebildet werden. Damit könnte eine Vielheit von Behörden vermieden werden, und andererseits eine Einheitlichkeit in der Rechtsprechung und Rechtsentwicklung auf dem Gesamtgebiet des sozialen Lebens gewährt werden.

Die Schaffung von Richtlinien über das gesamte Betriebsräterecht und die Koordinierung der für die Arbeitsgerichtsbehörden in Betracht kommenden Bestimmungen soll umgehend einem Ausschuss der Gewerkschaften aller Zonen übertragen werden. Es wäre zu wünschen, wenn die Interzonenkonferenz dem zustimmen würde, damit die erforderlichen Vorbereitungen getroffen werden könnten.

Anhang 7

Telegramm an Kontrollrat für Deutschland, Berlin:

»Gewerkschaften aller Zonen bitten im Namen der Schaffenden und ihrer Familienangehörigen die beabsichtigte Einführung der erweiterten Sommerzeit nicht zu vollziehen.

Gewerkschaften haben aus Gründen der Wirtschaft, des Schutzes der Arbeitskraft sowie der Gesundheit der Familienangehörigen stärkste Bedenken für jetzt und für die Zukunft.

Gewerkschaften bitten Kontrollrat bei allen entscheidenden Fragen künftig um vorheriges Gehör«.

Vierte Interzonenkonferenz der Deutschen Gewerkschaften

München-Garmisch, 6. Mai 1947

Anhang 8

Stellungnahme der Gewerkschaften zur Frage der Arbeitslenkung, Arbeitsvermittlung und Arbeitslosenversicherung

1. Die Arbeitsverwaltung, insbesondere Arbeitslenkung, Arbeitsvermittlung und Arbeitslosenversicherung, ist überzonal zu regeln.

2. Für diese Aufgaben ist als Träger eine für das gesamte Gebiet zuständige Anstalt als Körperschaft des Öffentlichen Rechts zu bilden.

3. Die Anstalt erfüllt ihre Aufgaben in voller Selbstverwaltung.

4. Die Anstalt ist zweckentsprechend gegliedert in:

a) Hauptstelle,

b) Landesarbeitsämter,

c) Arbeitsämter,

5. Organe sind:

a) bei der Hauptstelle: Vorstand und Verwaltungsrat,

b) bei den Landesarbeitsämtern: Geschäftsführender Ausschuss und Verwaltungsausschuss

c) bei den Arbeitsämtern: Geschäftsführender Ausschuss und Verwaltungsausschuss.

6. Die Organe setzen sich je zur Hälfte aus Vertretern der Arbeitnehmer und Arbeitgeber zusammen.

7. Die Aufgaben der Anstalt sind insbesondere: Arbeitslenkung, Arbeitsvermittlung, Berufsberatung, Umschulung, Lehrstellenvermittlung und die Durchführung der Arbeitslosenversicherung.

8. Der Arbeitslosenversicherungspflicht unterliegen alle Arbeitnehmer mit einer Beitrags- und Leistungsbegrenzung von 600 Mark Monatseinkommen.

9. Die Mittel für die Leistungen der Arbeitslosenversicherung sind durch Beiträge je zur Hälfte von den Arbeitnehmern und Arbeitgebern aufzubringen. Das Beitragsaufkommen ist grundsätzlich für die Arbeitslosenversicherung zu verwenden.

10. Rechtsanspruch auf Arbeitslosenunterstützung hat:

a) wer arbeitsfähig, arbeitswillig, aber unfreiwillig arbeitslos ist,

b) die Anwartschaft erfüllt hat.

11. Die Anwartschaft beträgt 26 Wochen.

12. Die Arbeitslosenunterstützung wird nach sozialen Gesichtspunkten unter Berücksichtigung des Familienstandes gestaffelt. Ihre Höhe richtet sich

grundsätzlich nach dem Einkommen, für welches Beiträge geleistet wurden. Es ist ein Mindest- und ein Höchstbetrag festzusetzen.

13. Durch die heutigen Verhältnisse ist eine Ortsklassenaufteilung nicht mehr gerechtfertigt.

14. Zur Entscheidung von Streitigkeiten sind Organe zu bilden.

Frankfurt am Main, den 3. Mai 1947.

Ausschuss für Arbeitslosenversicherung und -vermittlung der US- und Britischen Zone.

Anhang 9

*Richtlinien zur Organisation der Angestellten*

Der von der Dritten Interzonenkonferenz der Deutschen Gewerkschaften eingesetzte Organisationsausschuss hat sich in seiner Sitzung am 11. und 12. März 1947 in Frankfurt am Main auftragsgemäß mit dem Problem der gewerkschaftlichen Erfassung der Angestellten beschäftigt.

Die Organisationsform der neuen Gewerkschaften wird weiterhin der wirtschaftlichen und industriellen Entwicklung unterliegen. Sie muss sich in ihrem Neuaufbau den sozialen und ökonomischen Verhältnissen der Gegenwart und der Zukunft anpassen.

Bei der Neugestaltung kann die größte Kraft nur entfaltet werden durch eine Verständigung der Beteiligten.

Der Ausschuss stellt fest, dass bis zum Jahre 1933 die gewerkschaftliche Zersplitterung der Angestellten groß gewesen ist. Es wurden nicht weniger als 91 Angestelltenverbände gezählt, darunter 13 Verbände der kaufmännischen und 29 der technischen Angestellten. Es muss hervorgehoben werden, dass bis 1933 besonders bei der Angestelltenschaft die Aufspaltung der gewerkschaftlichen Organisationen nach weltanschaulichen Grundgedanken die Bewegung geschwächt hat.

Gegenüber den bis 1933 bestandenen Verhältnissen ist es ein großer Fortschritt, dass die jetzt eingeleitete Konzentration in der Angestelltenbewegung zu einer organisatorischen Festigung und ideologischen Einheit führt. Die Überwindung der weltanschaulichen und organisatorischen Gegensätze innerhalb der Angestelltenschaft wird begrüßt und als ein gutes Zeichen für die notwendige Entwicklung zu einer gewerkschaftlichen Einheit aller Werktätigen angesehen.

Die Kommission sieht die Notwendigkeit, trotzdem zu weiterer Klarheit im Problem der gewerkschaftlichen Erfassung der Angestellten zu gelangen und empfiehlt die Schaffung selbständiger Angestellten-Gewerkschaften im Rahmen der Gewerkschaftsbünde. Dabei erklärt sie, dass das endgültige Ziel in der organisatorischen Vereinigung aller Arbeitnehmer erblickt werden muss.

Die bevorstehenden großen Aufgaben, die die Gewerkschaften bei der Schaffung einer wahren Demokratie in der Wirtschaft zu erfüllen haben, zwingen aber die Arbeiter und Angestellten schon heute in den Betrieben, die in Gemeinwirtschaft überführt sind oder werden, eine einheitliche Organisation aller Arbeitnehmer zu schaffen.

Auch in den öffentlichen Verwaltungen und Betrieben sowie in öffentlichen Körperschaften ist die einheitliche Organisation aller Arbeitnehmer das Ziel.

Insbesondere sollen in folgenden Industrien dahingehende Vereinbarungen getroffen werden: Bergbau, Chemie, Stahl und Eisen, Energieversorgung, öffentliche Verwaltungen und Betriebe sowie die öffentlichen Körperschaften.

Um die hier aufgestellten Grundsätze zu verwirklichen, haben die satzungsmäßig festgelegten Organe der Bünde gemeinsam mit den in Frage kommenden Gewerkschaften Vereinbarungen über das beiderseitige Organisationsgebiet zu treffen. Die hiernach in Betracht kommenden Industriegewerkschaften oder die Angestelltengewerkschaft sind verpflichtet, alle im Betrieb befindlichen Arbeitnehmer (Arbeiter, Angestellte und Beamte) zu erfassen.

Der Interzonenausschuss wird von den Vereinbarungen unterrichtet.

Frankfurt am Main, den 12. März 1947.

Organisationsausschuss der Deutschen Gewerkschaften.

Anhang 10

Entschließung zur Frage des Tarifvertragswesens

Nach Kenntnisnahme des Referates über das Tarifrecht fasst die Vierte Interzonenkonferenz folgenden Beschluss:

Mit der Formulierung der Grundsätze eines neuen Tarifvertragsrechtes wird eine Kommission beauftragt. Sie soll aus je 3 sachverständigen Vertretern der vier Zonengewerkschaften und aus 2 Vertretern Berlins bestehen. Unter den Sachverständigen muss mindestens je 1 Vertreter Mitglied der Interzonenkonferenz sein. Die Vertreter sind von den Zonengewerkschaften zu benennen. Die Einberufung und Leitung der Kommission obliegt dem Referenten Kollegen Schleicher. Die Konferenz tagt am 8.–9. Juli in Frankfurt am Main.

München-Garmisch, 8. Mai 1947.

Vierte Interzonenkonferenz der Deutschen Gewerkschaften

Anhang 11

Entschließung zur Frage des Betriebsräterechts und Arbeitsgerichtswesens

Die Vierte Interzonenkonferenz der Deutschen Gewerkschaften fasst zu Punkt 7 der Tagesordnung nach Entgegennahme des Referates von Kollegen Richter über Betriebsräterecht und Arbeitsgerichtswesen folgenden Beschluss:

1. Zur Aufstellung von Richtlinien der Gewerkschaften in Ausführung des Kontrollratsgesetzes Nr. 22 (Betriebsrätegesetz), zur Schaffung eines Arbeitsgerichtsgesetzes unter Beachtung von Artikel X des Kontrollratsgesetzes Nr. 21 (Arbeitsgerichtsgesetz), sowie zur Ausarbeitung eine Kündigungsrechts ist ein Ausschuss der Gewerkschaften aller Zonen zu bilden.

2. Der Ausschuss setzt sich aus 3 sachverständigen Vertretern der Gewerkschaften jeder Zone sowie 2 Vertretern aus Berlin zusammen. Unter denselben soll je ein Vertreter, welcher die Zone auf den Interzonenkonferenzen vertritt, vorhanden sein. Die Durchführung aller Vorarbeiten und die Leitung des Ausschusses hat der Kollege Richter, Frankfurt am Main.

München-Garmisch, 8. Mai 1947.

Vierte Interzonenkonferenz der Deutschen Gewerkschaften

Anhang 12

Entschließung zum Friedensvertrag

Die Vierte Interzonenkonferenz der Deutschen Gewerkschaften hat zu den Ergebnissen der Moskauer Konferenz Stellung genommen. Sie ist sich bewusst, welche schicksalhafte Bedeutung der künftige Friedensschluss für Deutschland haben wird. Ohne Schwierigkeiten, die in der Lösung des deutschen Friedensproblems liegen, zu verkennen und ohne zu übersehen, dass durch die Moskauer Beratungen der Außenminister wichtige Ergebnisse in der Vorbereitung des Friedensvertrages erreicht worden sind, müssen die Repräsentanten der deutschen Gewerkschaftsbewegung jedoch die dringende Bitte äußern, dass der Frieden nicht mehr allzu lange auf sich warten lässt. Der durch die beispiellos verbrecherische Kriegsführung Hitlers entstandene chaotische Zustand ist nicht überwunden und das deutsche Volk leidet weiterhin große Not.

Zwei Jahre nach dem Zusammenbruch gibt es noch Zonengrenzen, die die wirtschaftliche und politische Einheit Deutschlands bisher unmöglich gemacht haben. Eine deutsche Regierung, die die berechtigten nationalen Interessen des Volkes wahrzunehmen hätte, besteht noch nicht. Die Moskauer Konferenz hat keine Klarheit geschaffen, wie völkerrechtlich und staatsrechtlich der Frieden für ein Volk wirksam gemacht werden soll, dessen Souveränitätsrechte durch die Besatzungsmächte ausgeübt werden. Die Konferenz begrüßt die Bemühungen, dem deutschen Volk eine vorläufige Repräsentation zu geben,[27] bis die auf der Moskauer Konferenz in Aussicht genommenen zentralen Regierungsorgane gebildet werden können. Die Vorarbeiten für den Friedensvertrag und die Aufgaben der inneren Neuordnung lassen eine derartige Zwischenlösung als notwendig erscheinen. Neben den in Moskau bereits erörterten künftigen deutschen Zentralverwaltungen wird von den Gewerkschaften auch eine solche für Arbeit und Sozialwesen für unbedingt erforderlich gehalten.

Der Friedensvertrag bestimmt für lange Zeit das Leben des deutschen Volkes. Die Konferenz ist der Meinung, dass das deutsche Volk Gelegenheit haben muss, seine Stimme zu Gehör zu bringen, indem auch Vertreter der Gewerkschaften vor den Außenministern der Mächte zu Wort kommen.

---

27 Vgl. zu den alliierten Plänen einer deutschen Verfassung Kessel: Deutschlandpolitik, S. 235–239.

Die Konferenz ist sich der großen Verantwortung der Gewerkschaften für eine stabile demokratische Entwicklung in Deutschland bewusst. Im Vertrauen auf einen Friedensvertrag, der dem deutschen Volke neue Lebensmöglichkeiten gibt, anerkennen die Gewerkschaften die Verpflichtung zur weitest möglichen Wiedergutmachung der durch den nazistischen Krieg anderen Völkern zugefügten Schäden. Die Voraussetzung hierfür ist der Aufbau einer den Bedürfnissen des deutschen Volkes und der Erfüllung der Reparationen dienenden Volkswirtschaft.

Die Gewerkschaften bekennen sich erneut zur baldigen Schaffung eines einheitlichen unteilbaren Deutschlands.

München-Garmisch, 8. Mai 1947.

Vierte Interzonenkonferenz der Deutschen Gewerkschaften

Anhang 13

Entschließung zur Neugestaltung der Wirtschaft

Das deutsche Volk leidet zwei Jahre nach dem Zusammenbruch der Naziherrschaft unter den katastrophalen Folgen, die durch sie verursacht wurden.

Als die größte Massenorganisation im deutschen Volke sind sich die Gewerkschaften ihrer besonderen Verantwortung für den Wiederaufbau des neuen demokratischen Deutschland bewusst. Daraus ergibt sich für sie Recht und Verpflichtung, ihre Auffassung und auch Forderungen zum Ausdruck zu bringen.

Dieses neue Deutschland muss auf gesichertem demokratischem Fundament erbaut werden und der Welt Garantien für ein friedliches Zusammenleben mit den anderen Völkern bieten. Das deutsche Volk darf sich dieser Pflicht nicht entziehen, nach Maßgabe seiner Kräfte und Mittel die von der Nazi-Gewaltherrschaft in der Welt angerichteten Schäden wieder gutmachen zu helfen. Die Gewerkschaften machen aber darauf aufmerksam, dass für die Sicherung der Demokratie und des Friedens ausreichende Lebensmöglichkeiten und eine dauernde soziale Befriedigung aller Schaffenden die wichtigsten Voraussetzungen sind.

Um diese Voraussetzungen in Deutschland zu schaffen, müssen die ökonomischen und sozialen Verhältnisse neu geordnet werden. Dazu gehört:

1. die Wiederherstellung der wirtschaftlichen Einheit Deutschlands, der baldigst die politische folgen muss.

2. der Aufbau eines Systems geplanter und gelenkter Wirtschaft, Vergesellschaftung der für die Lenkung der Gesamtwirtschaft wichtigen Schlüsselindustrien, Kredit- und Versicherungsinstitute.

3. die Errichtung eines zentralen deutschen Amtes für Wirtschaftsplanung und -lenkung und Aufbau eines Systems von Organen der wirtschaftlichen Selbstverwaltung. In diesen Organen sowie bei der Kontrolle des zentralen Amtes müssen die Gewerkschaften in voller Gleichberechtigung vertreten sein.

4. die Erhöhung der Industrieproduktion Deutschlands für den friedlichen Bedarf über den vom Kontrollrat vorgesehenen Umfang[28] hinaus, um die Versorgung des deutschen Volkes zu verbessern und die Wiedergutmachungsansprüche erfüllen zu können. Die Demontage von Industrieanlagen[29], die hierzu dienen können, muss eingestellt werden.

5. die Aufstellung und Durchführung eines Export- und Importplanes sowie die Eingliederung Deutschlands in die Weltwirtschaft mit dem Ziele, die wirtschaftliche Selbständigkeit Deutschlands wieder herzustellen. Größere Auslandskredite für Rohstoffe und Lebensmittel sind auf absehbare Zeit dazu notwendig.

6. die Durchführung einer Bodenreform in Verbindung mit der Aufstellung eines einheitlichen Landwirtschaftsplanes zur restlosen Bebauung und besseren Ausnützung der landwirtschaftlichen Nutzflächen. Die Mitwirkung von Selbstverwaltungsorganen der Landwirtschaft unter angemessener Beteiligung der Gewerkschaften ist dabei sicherzustellen. Die Erfassung der für die Volksernährung notwendigen Agrarprodukte muss nach einem einheitlichen Ablieferungsplan mit einer durchgreifenden Kontrolle der Durchführung gewährleistet werden.

7. die Durchführung einer einheitlichen Währungs- und Finanzreform für ganz Deutschland nach erfolgter wirtschaftlicher Einheit. Mit der Reform muss ein gerechter Lastenausgleich unter besonderer Berücksichtigung der wirtschaftlich Schwachen sowie eine tiefgreifende progressive Vermögensabgabe verbunden werden. Sachwerte und Geldvermögen sind dabei gleichzustellen.

Die Interzonenkonferenz der deutschen Gewerkschaften sieht mit Besorgnis, dass die am Hitlerregime und dem Krieg hauptverantwortlichen reaktionären und militärischen Kräfte, die im Monopolkapitalismus und der Verwaltung verankert waren, ihre Position zum Teil halten bzw. sie zurück gewinnen. Daher ist die sofortige Durchführung der von den Gewerkschaften gestellten Forderungen eine zwingende Notwendigkeit.

Die Gewerkschaften, die sich für den Frieden und den demokratischen Neuaufbau Deutschlands besonders verantwortlich fühlen und einsetzen, müssen durch ihren Zusammenschluss in ganz Deutschland zu einer einheitlichen Kraft werden.

München-Garmisch, 8. Mai 1947.

Vierte Interzonenkonferenz der Deutschen Gewerkschaften

Anhang 14

Bericht für die Presse

Vom 6.–8. Mai 1947 fand im Schulungsheim des Bayrischen Gewerkschaftsbundes im Raintaler Hof bei Garmisch-Partenkirchen die Vierte Interzonen-

---

28 Vgl. Mai: Kontrollrat, S. 312–327 (Industrieniveauplan vom März 1946) und S. 436–449 (Revision des Industrieniveauplans 1947).
29 Vgl. u. a. Karlsch; Buchheim: Kriegsschäden.

konferenz der Deutschen Gewerkschaften statt. Alle Zonen Deutschlands waren vertreten.

Die Konferenzteilnehmer wurden mit herzlichen Worten von dem Präsidenten der Bayrischen Gewerkschaften Lorenz Hagen begrüßt. Dann wurde die Konferenz nach Wahl des Büros von Markus Schleicher, Stuttgart, eröffnet und geleitet. Er begrüßte die anwesenden Vertreter der amerikanischen Militärregierung unter Führung von Mr. Joseph Keenan und die Vertreter des Weltgewerkschaftsbundes Walther Schevenels und Albert Preuss. Mr. Keenan überbrachte der Konferenz die Grüße und besten Wünsche von General Clay, und Walther Schevenels übermittelte der Konferenz die des Weltgewerkschaftsbundes.

Die für den 11. Mai vom Kontrollrat verordnete Einführung der erweiterten Sommerzeit veranlasste die Konferenz, an den Kontrollrat ein Telegramm zu richten, in welchem die Gewerkschaften namens aller Schaffenden bitten, von der Einführung der erweiterten Sommerzeit Abstand zu nehmen. In diesem Zusammenhang forderten die Gewerkschaften, dass sie künftig vor der Verabschiedung von Gesetzen und Erlassen, welche die schaffenden Menschen betreffen, gehört werden.

Der 1. Verhandlungstag brachte ein grundlegendes Referat von Ernst Lemmer, Berlin über die Stellung der deutschen Gewerkschaften zum kommenden Friedensvertrag. Seine Gedanken fanden ihren Niederschlag in einer einstimmig angenommenen Entschließung. In dieser wird von den Gewerkschaften die Erwartung ausgesprochen, dass der Frieden nicht mehr allzu lange auf sich warten lässt. Die Gewerkschaften erwarten, dass bei den Vorarbeiten zur Schaffung des Friedensvertrages auch ihre Stimme gehört und beachtet wird. Die Gewerkschaften vertrauten darauf, dass ein Vertrag geschaffen wird, der dem deutschen Volke neue Lebensmöglichkeiten gibt. Sie anerkennen die Verpflichtung zur weitest möglichen Wiedergutmachung.

Zur Neugestaltung der Wirtschaft referierte der Vorsitzende der Gewerkschaften der Sowjetischen Zone Hans Jendretzky, Berlin. Bedingt durch die Aufteilung Deutschlands in vier Besatzungszonen hat die deutsche Wirtschaft nach ihrem Zusammenbruch bisher keine einheitliche und den Verhältnissen Rechnung tragende Entwicklung nehmen können. Die Konferenz legte deshalb ihre Auffassung zur Neugestaltung der ökonomischen und sozialen Verhältnisse in Deutschland ebenfalls in einer Entschließung nieder.

Wesentlichste Punkte dieser Entschließung sind:

a) die Wiederherstellung der wirtschaftlichen Einheit,

b) der Aufbau eines Systems geplanter und gelenkter Wirtschaft, die Vergesellschaftung der wichtigen Schlüsselindustrien sowie der Kredit- und Versicherungsinstitute,

c) die Errichtung eines zentralen deutschen Amtes für Wirtschaftsplanung und -lenkung,

d) die Erhöhung der Industrieproduktion Deutschlands für den friedlichen Bedarf über den vom Kontrollrat vorgesehenen Umfang hinaus,

e) die Einstellung der Demontage von Industrieanlagen,

f) die Aufstellung und Durchführung eines Export- und Importplanes,

g) die Durchführung einer Bodenreform unter Mitwirkung von Selbstverwaltungsorganen der Landwirtschaft und der Gewerkschaften,

h) die Erfassung der für die Volksernährung notwendigen Agrarpolitik nach einem einheitlichen Ablieferungsplan,

i) die Durchführung einer einheitlichen Währungs- und Finanzreform für ganz Deutschland sowie ein gerechter Lastenausgleich, wobei Sachwerte und Geldvermögen gleichgestellt sind.

Nach einem von Bernhard Göring, Berlin, erstatteten Bericht des Organisationsausschusses zur Frage der gewerkschaftlichen Erfassung der Angestellten wurde die von diesem Ausschuss vorgelegte Entschließung bei einer Stimmenthaltung angenommen. Danach besteht für diejenigen Angestellten für die nicht Industriegewerkschaften als zuständig erklärt worden sind, die Möglichkeit, sich in besonderen Angestelltengewerkschaften im Rahmen der Gewerkschaftsbünde zu organisieren. Die neuen deutschen Gewerkschaften erwarten, dass nach dieser Entscheidung der Konferenz die Angestellten besonders aktiv am Neuaufbau der Wirtschaft und der Gewerkschaftsbewegung teilnehmen.

Das Tarifvertragsrecht wurde von Markus Schleicher, Stuttgart, die Fragen der Betriebsräte und der Arbeitsgerichtsbarkeit von Willi Richter, Frankfurt am Main behandelt. Beide Referenten zeigten auf, in welchem Umfang das Dritte Reich die von den Gewerkschaften in Jahrzehnten geleistete soziale Arbeit zerstört hat. Um die Grundlagen für die Neugestaltung des Arbeits- und Tarifvertragsrechts zu gewinnen, wurden von der Konferenz zwei besondere Arbeitsausschüsse gebildet. Sie werden das Ergebnis ihrer Beratungen der nächsten Interzonenkonferenz unterbreiten. Eine Feststellung verdient hervorgehoben zu werden: Nach Auffassung der Konferenz sollten die Betriebsräte in engster Verbindung mit den Gewerkschaften nur Organe ihrer Belegschaft und der einzelnen Betriebe sein.

Am Schluss der Konferenz überbrachte der Vertreter des Weltgewerkschaftsbundes Walther Schevenels, Paris, den deutschen Gewerkschaften die Einladung als Gäste an der im Juni 1947 in Prag stattfindenden Sitzung des Generalrats des Weltgewerkschaftsbundes teilzunehmen. Die deutschen Gewerkschaften werden durch fünf Delegierte in Prag vertreten sein.

München-Garmisch, 8. Mai 1947.

Vierte Interzonenkonferenz der Deutschen Gewerkschaften.

DOKUMENT 20

# Mai 1947: Entwurf: Einige wesentliche Grundsätze für die deutschen Gewerkschaften (FDGB/Jendretzky).

**SAPMO-BArch. Akte 4. Interzonenkonferenz in Garmisch-Partenkirchen vom 6.–8. Mai 1947. Protokoll, Vorbereitung und Auswertung. Maschinenschrift. DY 34/22974.**

Entwurf

Einige wesentliche Grundsätze für die deutschen Gewerkschaften

1. Die deutschen Gewerkschaften haben 2 Jahre nach dem Zusammenbruch des Hitlerfaschismus nahezu 8 Millionen Mitglieder und sind damit die größte Massenorganisation des werktätigen Volkes in Deutschland. Diese 8 Millionen Mitglieder arbeiten in den Betrieben, auf dem Lande, im Handel und im Verkehr und sind daher das Fundament der deutschen Wirtschaft.

Den Gewerkschaften im neuen demokratischen Deutschland erwächst daraus nicht nur das Recht, sondern die Pflicht, bei der Gestaltung der deutschen Wirtschaft entscheidend mitzuwirken.

Die entscheidende Mitwirkung bei der Neugestaltung der Wirtschaft bedingt die Mitwirkung an der politischen Gestaltung des neuen demokratischen Deutschlands, eines Deutschlands, ohne dessen Einheit eine deutsche Wirtschaft und insbesondere die wirtschaftliche Versorgung des deutschen Volkes nicht möglich ist.

Deshalb ist es die erste Aufgabe der deutschen Gewerkschafter, für die wirtschaftliche und politische Einheit Deutschlands zu kämpfen.

2. Die deutschen Gewerkschaften, denen in der Vergangenheit vom kapitalistischen Staat nur das Recht zugestanden wurde, die Interessen der Arbeiter und Angestellten auf sozialpolitischem und arbeitsrechtlichem Gebiet zu vertreten, können im neuen demokratischen Deutschland nicht mehr nur auf diesen Gebieten tätig sein.

Sozialpolitik und Arbeitsrecht sind von der Staatsform und dem politischen Inhalt des Staates abhängig.

Es ist deshalb notwendig, dass die neuen deutschen Gewerkschaften weitgehendsten politischen Einfluss auf die Gestaltung des neuen demokratischen Staates nehmen.

3. Die Schuldigen am Elend der Völker Europas und auch des deutschen Volkes, die deutsche Reaktion, gestützt auf ausländische Monopolisten, wollen Deutschland wieder zum Tummelplatz des Kapitalismus machen. Sie beherrschen im Westen Deutschlands nach wie vor die Wirtschaft, behindern die demokratische Entwicklung des deutschen Volkes, unterdrücken die Arbeiter und Angestellten und beginnen bereits wieder, nach Übernahme öffentlicher Ämter in Landesregierungen und bizonalen Wirtschaftsämtern, die politische Macht auszuüben.

Weitere Erfahrungen lehren uns, dass der Rhythmus der kapitalistischen Entwicklung Konjunktur – Krise – Krieg ist.

Die deutsche Reaktion ist auch bereit, an der Seite anderer Staaten – zusammengeschlossen im Westblock – einen Krieg gegen den sozialistischen Staat, die SU und die europäischen Staaten, in denen die Macht des Kapitals gebrochen ist, erneut einen Eroberungskrieg anzustreben. Ein solcher Krieg, geführt in Europa, würde Deutschland als Kriegsschauplatz haben.

Es ist deshalb die Aufgabe der deutschen Gewerkschaften, einen entschiedenen Kampf gegen die Reaktion, den Kapitalismus, zu führen.

4. Die deutschen Gewerkschafter wissen, dass im Kampf gegen den Kapitalismus stets solche Kräfte in den eigenen Reihen in Erscheinung treten, die diesen Kampf hemmen.

Besitzen solche Kräfte leitende Funktionen in der Gewerkschaftsbewegung, dann können sie diesen Kampf entscheidend beeinflussen. Vor 1933 betrieben solche Kräfte, die in entscheidenden Spitzenfunktionen saßen eine Politik der Arbeitsgemeinschaft mit dem Kapital.

Die Gewerkschaftsbewegung, dadurch uneinig und geschwächt, konnte deshalb vom Faschismus widerstandslos vernichtet werden. In unserer jetzigen Gewerkschaftsbewegung gibt es dieselben Kräfte wie damals, die aus der Vergangenheit nichts gelernt haben. Sie stimmen der Schaffung der Einheit der Gewerkschaftsbewegung zu und handeln entgegengesetzt – bizonal.[1] Sie geben an, Feinde des Kapitalismus zu sein, und sind Förderer der Unternehmerverbände, plädieren für die Investierung ausländischen Kapitals und empfehlen den Gewerkschaftlern, nicht mehr von Sozialisierung zu sprechen. Ihre Inkonsequenz lässt sie vor jedem Schritt des Kapitalismus kapitulieren, das aber schwächt unsere Bewegung und nützt dem Kapitalismus.

Es ist deshalb die Aufgabe der deutschen Gewerkschaften, im Kampf gegen die Reaktion konsequent und kompromisslos zu sein. Die Aufgabe der deutschen Gewerkschaften aber ist es, bei der Auswahl ihrer leitenden Funktionäre besonders wachsam zu sein.

5. Es ist der Wille aller deutschen Gewerkschafter, eine Vereinigung zu einer gesamtdeutschen Organisation entsprechend der Beschlüsse des WGB und der 5. Interzonenkonferenz in Badenweiler baldmöglichst durchzuführen. Je näher die deutschen Gewerkschaften dieser Vereinigung kommen, desto aggressiver werden die Maßnahmen der offenen Feinde der Einheit sein. Nichts fürchtet die Reaktion mehr, als die Einheit der Arbeiterklasse. Es wird daher mit allen Mitteln versucht werden, die Entwicklung zur Einheit aufzuhalten. Pressekampagnen, Lügenmeldungen, Verleumdungen, Spaltungsmanöver usw. dürften angewendet werden. Selbst Kräfte aus unseren eigenen Reihen, Vertreter einer Minorität werden im Bunde mit den offenen Feinden unserer Bewegung Versuche unternehmen, den Entwicklungsprozess zu hemmen.

---

1  Vgl. Jendretzky Dok. 20. Der FDGB sah den Zusammenschluss der Gewerkschaften in der Britischen und Amerikanischen Zone bekanntlich als Hindernis auf dem Weg zu einer einheitlichen deutschen Gewerkschaftsorganisation an. Vgl. Dok. 21a.

Sie werden jede innergewerkschaftliche Demokratie mit Füßen treten, und nicht vor Handlungen zurückschrecken, die Abspaltungen von der großen Gewerkschaftsbewegung zur Folge haben. Als Sammelbecken von Gewerkschaftsfeinden, insbesondere Nazielemente, werden sie dann ihre verräterische Arbeit an der Arbeiterklasse im Bündnis mit dem Kapitalismus durchführen.

Es wird die Aufgabe der Gewerkschafter sein, die Gewerkschaftseinheit über alle Zonengrenzen hinweg zu schaffen und allen Feinden zum Trotz zu erhalten. Wer sich dem Willen der Mehrheit der deutschen Gewerkschafter nicht beugen will, muss als Gegner unserer Bewegung gewertet und behandelt werden.

6. Wie alle Völker der Welt, so ist auch das deutsche Volk tief erfüllt von der Sehnsucht nach einem dauerhaften Frieden. Solange die Naziaktivisten, Kriegsverbrecher, Militaristen usw. auf deutschem Boden, in deutschen Fabriken und Gruben noch ungestört ihre Heimstätte haben, solange ist keineswegs ein dauerhafter Frieden gesichert.

Es ist deshalb die Pflicht der deutschen Gewerkschafter, die Voraussetzung für einen dauerhaften Frieden durch einen rigoros geführten Kampf gegen alle Verbrecher, wie sie in den Potsdamer Beschlüssen aufgezählt sind, zu schaffen.

Der dauerhafte Frieden muss kommen, wenn wir leben wollen.

Sofortprogramm

Die ökonomischen und sozialen Verhältnisse in Deutschland müssen neu geordnet werden. Dazu gehört:

1. Die Wiederherstellung der wirtschaftlichen Einheit Deutschlands, der baldigst die politische folgen muss.

2. Aufbau eines Systems geplanter und gelenkter Wirtschaft. Verstaatlichung der für die Lenkung der Gesamtwirtschaft wichtigen Schlüsselindustrien, Kredit- und Versicherungsinstitute.

3. Errichtung eines zentralen deutschen Amtes für Wirtschaftsplanung und -lenkung und Aufbau eines Systems von Organen der wirtschaftlichen Selbstverwaltung. In diesen Organen sowie bei der Kontrolle des zentralen Amtes müssen Gewerkschaften in voller Gleichberechtigung vertreten sein.

4. Die Erhöhung der Industrieproduktion Deutschlands für den friedlichen Bedarf über den vom Kontrollrat vorgesehenen Umfang hinaus, um die Versorgung des deutschen Volkes zu verbessern und die Wiedergutmachungsansprüche erfüllen zu können. Die Demontage von Industrieanlagen, die hierzu dienen können, muss eingestellt werden.

5. Die Aufstellung und Durchführung eines Export- und Importplanes sowie die Eingliederung Deutschlands in die Weltwirtschaft mit dem Ziele, die wirtschaftliche Selbständigkeit Deutschlands wiederherzustellen. Größere Auslandskredite für Rohstoffe und Lebensmittel sind auf absehbare Zeit dazu notwendig.

6. Die Durchführung einer Bodenreform in Verbindung mit der Aufstellung eines einheitlichen Landwirtschaftsplanes zur restlosen Bebauung und besseren Ausnutzung der landwirtschaftlichen Nutzflächen. Die Mitwirkung von Selbstverwaltungsorganen der Landwirtschaft unter angemessener Beteiligung der Gewerkschaften ist dabei sicherzustellen. Die Erfassung der für die Volksernährung notwendigen Agrarprodukte muss nach einem einheitlichen Ablieferungsplan mit einer durchgreifenden Kontrolle der Durchführung gewährleistet werden.

7. Die Durchführung einer einheitlichen Währungs- und Finanzreform für ganz Deutschland nach erfolgter wirtschaftlicher Einheit. Mit der Reform muss ein gerechter Lastenausgleich unter besonderer Berücksichtigung der wirtschaftlich Schwachen sowie eine tiefgreifende progressive Vermögensabgabe verbunden werden, Sachwerte und Geldvermögen sind dabei gleichzustellen.

Die deutschen Gewerkschaften sehen mit Besorgnis, dass die am Hitlerregime und dem Krieghauptverantwortlichen reaktionären und militaristischen Kräfte, die im Monopolkapitalismus und der Verwaltung verankert waren, ihre Positionen zum Teil halten bzw. versuchen, sie zurückzugewinnen. Daher ist die sofortige Durchführung der von den Gewerkschaften gestellten Forderungen eine zwingende Notwendigkeit.

Die Gewerkschaften, die sich für den Frieden und den demokratischen Neuaufbau Deutschlands besonders verantwortlich fühlen und einsetzen, müssen durch ihren Zusammenschluss in ganz Deutschland zu einer einheitlichen Kraft werden.

DOKUMENT 20a

# Mai 1947: Entwurf: Was wollen die Gewerkschaften? (FDGB/Jendretzky).

**SAPMO-BArch. Akte 4. Interzonenkonferenz in Garmisch-Partenkirchen vom 6.–8. Mai 1947. Protokoll, Vorbereitung und Auswertung. Maschinenschrift. DY 34/22974.**

Entwurf

Was wollen die Gewerkschaften?

Getragen vom Willen zur Einheit der deutschen Gewerkschaften haben nach dem Zusammenbruch des Hitler-Faschismus die neuen deutschen Gewerkschaften in allen Zonen ihre Organisationen nach dem Grundprinzip »Ein Betrieb – eine Gewerkschaft« aufgebaut. Die Industriegewerkschaften und die Bünde aller Zonen übernahmen die Interessenvertretung aller Werktätigen.

Im unermüdlichen Kampf gegen das Chaos, das uns das Hitler-Regime als Erbe hinterlassen hat, ist die Gewerkschaftsbewegung mit rund 8 Millionen Mitgliedern zur größten demokratischen Massenorganisation in Deutschland geworden. Die deutschen Gewerkschaften haben damit die besondere Verantwortung übernommen, eine neue fortschrittliche Wirtschaft in einem demokratischen Deutschland entscheidend formen zu helfen. Das wiederum ist nur in einem geeinten Deutschland, ohne Zonengrenzen und ohne jede Trennungslinie zwischen Ost und West, möglich. Nur eine demokratisierte Wirtschaft wird den friedlichen Wiederaufbau sichern.

Der aktive Einsatz der deutschen Gewerkschaften, die vom 1. Tage an den Wiederaufbau der zerstörten Wirtschaft, die Säuberung der Betriebe und Verwaltungen von allen faschistischen Überbleibseln als ihre Hauptaufgabe ansehen, und gleichzeitig den Kampf um die restlose Beseitigung der Ideologie des Rassenhasses und der imperialistischen Eroberung führen, wird nur dann einen bleibenden Erfolg bringen, wenn gleichzeitig die Jugend und die Frauen für den Gedanken einer fortschrittlichen lebendigen Demokratie gewonnen und mit zum Träger des neuen demokratischen Deutschlands werden. Dieser aktive Einsatz der Gewerkschaften wird nur gesichert bleiben, wenn alle solche Ideologien, die gegen die Interessen der Arbeiter und Angestellten und des werktätigen Volkes gerichtet sind, ohne Rücksicht bekämpft werden.

Ohne Gewerkschaftseinheit wird es keine Einheit Deutschlands geben.

Gestützt auf den Einheitswillen aller deutschen Gewerkschaften, erfüllt von der tiefen Friedenssehnsucht aller Werktätigen, unterstützt vom Weltgewerkschaftsbund, haben die Gewerkschaftsbünde in 5[1] Interzonenkonferenzen Voraussetzungen für die gesamte deutsche Gewerkschaftseinheit geschaffen und den Anschluss an die internationale Gewerkschaftsbewegung vorbereitet.

Ein gesamtdeutscher Gewerkschaftskongress hat nunmehr die Aufgabe, den endgültigen Beitritt zum Weltgewerkschaftsbund, durch die Vereinigung aller deutschen Gewerkschaften, zu vollziehen.

In der Herstellung der wirtschaftlichen und politischen Einheit Deutschlands sehen die deutschen Gewerkschaften eine der Voraussetzungen zur Sicherung der Existenz des deutschen Volkes und zur Erleichterung seiner materiellen Lage. Deshalb vertreten die deutschen Gewerkschaften entsprechend ihren Forderungen und Grundsätzen Folgendes.[2]

---

1 Der FDGB folgt hier noch der alten Zählweise, nach der die erste Interzonenkonferenz in Frankfurt am Main stattfand.
2 Die Vorlage endet an dieser Stelle.

Dokument 21

# 6. Juni 1947: Zonensekretariat der US-Zone (Tarnow) an den FDGB.

SAPMO-BArch. Akte 5. Interzonenkonferenz in Badenweiler vom 7.–9. August 1947. Protokoll, organisatorische Vorbereitung, Auswertung. Maschinenschrift. DY 34/22975.

Zonensekretariat der US-Zone

Tarnow an FDGB

An den Vorstand des Freien Deutschen Gewerkschaftsbundes der Ostzone
Berlin C 2
Wallstr. 61–64

Werte Kollegen!

Die Bundesvorstände der Britischen und Amerikanischen Zone haben sich gestern in einer gemeinsamen Sitzung mit der Frage der weiteren Konzentration der gewerkschaftlichen Organisation beschäftigt. Aus einer Reihe von Gründen ist diese Angelegenheit dringend geworden. Bei unseren Industrieverbänden machen sich in beträchtlichem Umfange Bestrebungen zu überzonalen Zusammenschlüssen bemerkbar, von denen auch die Bünde nicht unberührt bleiben können. Zum anderen zwingen auch die bizonalen Wirtschaftsvereinigungen und die beschlossene Zusammenlegung aller Zwei-Zonenverwaltungsämter zu einer engeren Zusammenarbeit der Gewerkschaften beider Zonen, aus der sich die Zweckmäßigkeit der organisatorischen Vereinigung[1] von selbst ergibt. Schließlich stehen die Kollegen der Britischen Zone vor der Aufgabe, ihren auf dem Kongress beschlossenen Bund mit den erforderlich zentralen Einrichtungen aufzubauen und diese Aufgabe stellt sich naturgemäß anders, wenn in absehbarer Zeit mit der Bildung eines Vier-Zonenbundes gerechnet werden müsste.

Die Frage, ob eine solche Möglichkeit besteht, ist von entscheidender Bedeutung für unsere Überlegungen. Wir haben immer das Ziel vor Augen gehabt, so bald wie möglich zur gewerkschaftlichen Einheit über das ganze Reich zu kommen und haben deswegen auch manche Notwendigkeiten des organisatorischen Ausbaues zurückgestellt. Bei unserer gestrigen Aussprache ging aber allgemein die Auffassung dahin, dass die Voraussetzungen für einen Zusammenschluss im Reichsmaßstabe von Seiten der Besatzungsmächte in absehbarer Zeit nicht zu erreichen sein werden, dass wir andererseits aber nicht länger warten dürfen, die für unsere Arbeit notwendigen organisatorischen Maßnahmen durchzuführen. Wir haben Grund für die Annahme, dass einer Zusammenlegung der Gewerkschaften der Britischen und Amerikanischen Zone von den Militärregierungen keine Schwierigkeiten gemacht werden.

Solltet Ihr Bezug auf die Aussichten für einen baldigen Zusammenschluss in größerem Rahmen eine begründete optimistischere Auffassung haben,

1  Vgl. die Stellungnahme Jendretzkys, Dok. 20.

wären wir gerne bereit, den ganzen Fragekomplex in einer gemeinsamen Aussprache mit den Kollegen der Ost-Zone, Groß-Berlins und der Französischen Zone noch einmal durchzusprechen, bevor wir selbst unsere endgültige Entscheidung treffen. Da aber, wie gesagt, die Angelegenheit für uns etwas dringlich ist, möchten wir damit nicht gerne warten bis zur nächsten Interzonenkonferenz. Falls Ihr eine solche Aussprache für wünschenswert haltet, wären wir dankbar, wenn Ihr dazu einen Termin etwa für die erste Juli-Woche akzeptieren könntet. Als Tagungsort würde wohl Frankfurt am Main am günstigsten liegen.

Eurer baldigen Gegenäußerung entgegensehend mit gewerkschaftlichem Gruß!

Zonensekretariat der Gewerkschaften der US-Zone

Fritz Tarnow

DOKUMENT 21a

## 24. Juni 1947: Göring an Zonensekretariat der US-Zone: Konzentration der gewerkschaftlichen Organisation.

SAPMO-BArch. Akte 5. Interzonenkonferenz in Badenweiler vom 7.–9. August 1947. Protokoll, organisatorische Vorbereitung, Auswertung. Maschinenschrift. DY 34/22975.

An das Zonensekretariat der Gewerkschaften US-Zone
Stuttgart-Nord
Rotestr. 2 a
Konzentration der gewerkschaftlichen Organisationen

Lieber Kollege Tarnow!

Unter Bezugnahme auf Dein obiges Schreiben und auf die persönliche Rücksprache mit dem Kollegen Jendretzky während der Anwesenheit in Prag gebe ich von der Auffassung unseres Bundesvorstandes zu der in diesem Schreiben angeschnittenen Frage Kenntnis. Ich unterstreiche damit die von Kollegen Jendretzky bereits mündlich getroffenen Feststellungen.

Wir sind mit Euch nach wie vor der Auffassung, dass der Weg der Vereinigung der deutschen Gewerkschaften im Reichsmaßstab, unbeschadet vieler Schwierigkeiten, die zweifellos vorhanden sind, weiter verfolgt werden muss. Einer Vereinigung der Gewerkschaften im Reichsmaßstab aber würden zweifellos weitere und größere Hindernisse im Wege stehen, wenn eine Vereinigung vorerst auf bizonalem Boden erfolgen würde. Wir haben auf der 2. Interzonenkonferenz in Hannover ausdrücklich betont, dass wir in einem gewerkschaftlichen Zusammenschluss der beiden Westzonen (US-Zone und Britische Zone) eine unfreundliche Haltung gegenüber der Ostzone und wahrscheinlich auch der Französischen Zone erblicken würden.

255

Nachdem nun die Verhandlungen in Prag[1] einen nach unserer Auffassung günstigen Verlauf genommen haben, würde es überhaupt nicht verständlich sein, wenn jetzt ein organisatorisch festerer Zusammenschluss zweier Zonen erfolgen würde. Es müsste und könnte nicht anders als eine Front gegen die anderen Zonen angesehen werden. Es besteht unseres Erachtens gerade jetzt zu diesem Schritt keine Veranlassung. Es erscheint vielmehr richtig, auf der Tagung in Baden-Baden die Voraussetzungen zu prüfen, und Maßnahmen zu treffen, die zum Zusammenschluss der Gewerkschaften im Reichsmaßstab so schnell wie möglich zu führen. Bis zu diesem Zeitpunkt muss aus der Interzonenkonferenz ein Exekutivkomitee entwickelt werden, dass als vorläufiges Organ der Gewerkschaften Deutschlands angesprochen werden kann. Darüber hinaus müssen, so wie jetzt, für die Erledigung bestimmter Aufgaben Ausschüsse bestellt werden, die der Interzonenkonferenz Bericht zu erstatten haben.

In jedem Fall bitten wir sehr, organisatorische Maßnahmen in der von Euch angedeuteten Art nicht vor der Interzonenkonferenz in Baden-Baden zu treffen. Wir werden in der Augusttagung diesen Organisationsfragen die notwendige Aufmerksamkeit widmen und zu bestimmten Vorbereitungen oder Maßnahmen schreiten können, die uns wieder einen Schritt weiter bringen; aber in der Zusammenfassung aller Gewerkschaften im Reichsmaßstab.

Nach den Erfahrungen von Prag werdet Ihr sicher mit uns der Auffassung sein, dass die Interzonenkonferenz in Baden-Baden die nächste Station ist, auf der die in Eurem Brief angeregten Fragen zur Behandlung stehen müssen.

Mit gewerkschaftlichem Gruß!
Göring

DOKUMENT 22

## 5. Juli 1947: Zonensekretariat der Gewerkschaften Französische Zone: Rundschreiben an die Zonensekretariate der Gewerkschaften.

**SAPMO-BArch. Akte 5. Interzonenkonferenz in Badenweiler vom 7.–9. August 1947. Protokoll, organisatorische Vorbereitung, Auswertung. Maschinenschrift. DY 34/22975.**

Rundschreiben an die Zonensekretariate der Gewerkschaften

---

1   Vom 10.–15.06.1947 tagte der Generalrat des WGB in Prag. Vgl. Dokumente Weltgewerkschaftsbund, S. 80–88. Vgl. auch die idealisierte Rückschau aus der Perspektive der FDGB-Führung des Jahres 1950. Der nun stalinisierte FDGB gab an, in Prag sei die »prinzipielle Aufnahme der deutschen Gewerkschaften in den Weltgewerkschaftsbund« beschlossen worden. Ferner hätten dort Hans Böckler, Fritz Tarnow und Matthias Schneider als Vertreter der westlichen Zonen »in einer gemeinsam mit den FDGB-Vertretern verfaßten Erklärung den Beschluß des WGB« begrüßt und sich verpflichtet, »für die Herstellung der deutschen Gewerkschaftseinheit« zu wirken. Vgl. Aus der Arbeit des FDGB, S. 19.

Betr. V. Interzonenkonferenz

Werte Kollegen!

Die Bemühungen zur endgültigen Festlegung der V. Interzonenkonferenz mit Ort, Tag und Stunde sind nun abgeschlossen. In Garmisch-Partenkirchen wurde dieselbe turnusgemäß in die Französische Zone (Baden-Baden) festgelegt.

Infolge Raumnot war es nicht möglich, die Tagung in Baden-Baden selbst durchzuführen, weshalb wir uns für Badenweiler, Kreis Müllheim/Baden entscheiden mussten. Dort selbst steht uns das Kurhaus als Tagungslokal zur Verfügung.

Nachdem die beiden Sachbearbeiterkommissionen für Tarifrecht (Schleicher) und Arbeitsrecht (Richter), welche in Frankfurt tagen sollten, auf 2. und 3. August verlegt wurden, haben wir die Länge der Einfachheit halber kombiniert.

Beide Kommissionen tagen deshalb nicht wie vorgesehen in Frankfurt, sondern ebenfalls in Badenweiler und zwar:

am 4., 5. und 6. August 1947, woselbst am 7., 8. und 9. August die Interzonenkonferenz tagen wird.

Ab Montag, den 4. bis einschließlich Samstag, den 9. August, stehen uns 4 in der Nähe des Tagungsraumes liegende Hotels mit 50 Betten zur Verfügung. Auch für die Unterbringung der Autos ist gesorgt. Die volle Verpflegung ist sicher gestellt und wird im Kurhaus eingenommen, Marken sind nicht erforderlich.

Die Tagungen wickeln sich wie folgt ab:

Der Tarifkommission steht der »Blaue Saal«, der Kommission für Arbeitsrecht der »Rote Saal« zur Verfügung. Die Kommissionen beginnen um 2 Uhr zu tagen, und können die Sitzungen bis Mittwochmittag 1 Uhr ausdehnen.

Die Interzonenkonferenz als solche beginnt am Donnerstag, vormittags 9 Uhr und dürfte bis Samstag, den 9., mittags 1 Uhr beendet sein, sodass alles noch an diesem Tage die Heimreise antreten kann.

Zur Unterkunfts- und Verpflegungsfrage ließen wir uns von den nachfolgenden Grundgedanken leiten:

Die Sachverständigenkommissionen sind mit je 3 Vertretern aus den einzelnen Zonen und zwei aus Berlin festgelegt, worunter mindestens jeweils 1 Interzonendelegierter sein muss. Rechnerisch ergibt sich hieraus ein Personenkreis von höchstens 18 Kommissionsmitgliedern die nicht zugleich auch Interzonenkonferenzdelegierte sind. Dazu kommen 22 offizielle Interzonendelegierte, 8 Stenotypistinnen und ca. 8 Betten für Kraftfahrer.

Sollten sich unter den Kommissionsmitgliedern mehr Interzonendelegierte, wie oben angenommen, befinden, so könnte an dessen Stelle ein Gast untergebracht werden.

Um einen klaren Überblick zu erhalten, benötige ich dringend bis spätestens 16. Juli 1947 eine komplette Meldung aus jeder Zone, damit von Seiten der Militärregierung die Deblogage[1] der Verpflegung erfolgen kann.

An und für sich ist die Konferenz als Arbeitstagung vorgesehen, jedoch bietet Badenweiler, am Fuße des Südschwarzwaldes gelegen, vielseitige Möglichkeiten der Entspannung (Thermalbad, Freibad etc.), was mich veranlasst, Quartiere und Verpflegung für die volle Periode für 50 Personen sicherzustellen.

In der Hoffnung, Eurem Wunsche entsprochen zu haben, verbleibe ich, Eurer alsbaldigen Nachricht entgegensehend.

Mit kollegialem Gruß
Matthias Schneider

DOKUMENT 23

# 7. Juli 1947: Telegramm des FDGB-Vorstandes: Sonderinterzonentagung.

**SAPMO-BArch. Akte 5. Interzonenkonferenz in Badenweiler vom 7.–9. August 1947. Protokoll, organisatorische Vorbereitung, Auswertung. Maschinenschrift. DY 34/22975.**

Telefonzentrale, Vorstandssekretariat, H., 7. Juli 1947

Telegramm

Schlagen vor Sonderinterzonentagung Mitte Juli in Berlin.

Stellungnahme zur Pariser Konferenz[1] und die sich aus ihr ergebenden Gefahren einer Spaltung Deutschlands. Erbitten telegrafisch Euern Bescheid.

Hans Jendretzky
Bernhard Göring
Roman Chwalek

an:
Willi Richter, Frankfurt am Main, W. Leuschnerstr. 70
Markus Schleicher, Stuttgart, Rotestr. 2a
Lorenz Hagen, Nürnberg, Karthäuserweg 12

---

1   Vermutlich vom Französischen »déblocage« abgeleitet und meint wahrscheinlich »Freigabe«.

1   Gemeint ist die Pariser Vorkonferenz zur Beratung des Marshall-Plans. Nach anfänglich widersprüchlichem Verhalten reiste eine 90-köpfige sowjetische Delegation am 27.06.1947 unter Führung des Außenministers Molotow nach Paris. Am 2. Juli verkündete Molotow den Rückzug der Sowjetunion von den Verhandlungen, offenkundig hatte sich Stalin zuvor anders entschieden. Zum 12. Juli wurden alle Regierungen Europas, auch die Osteuropas, nach Paris eingeladen. Nach und nach sagten alle osteuropäischen Regierungen ihre Teilnahme (im tschechoslowakischen Falle bekanntlich unter sowjetischem Druck) ab. Loth: Teilung der Welt, S. 184. Damit war auch die Haltung der Führung der SED zum Marshall-Plan fixiert.

Matthias Schneider, Baden-Baden, Bahnhofstr. 1b
Adolf Ludwig, Neustadt an der Haardt, Schwesternstraße
Fritz Fleck, Tuttlingen, Uhlandstr. 3
Hans Böckler, Düsseldorf, Kavalleriestr. 1
Hans Böhm, Bielefeld, Schulstr. 10

DOKUMENT 24

## 20. Juli 1947: Entwurf Göring: Richtlinien zur Durchführung des Reichskongresses der Gewerkschaften Deutschlands.

**SAPMO-BArch. Akte 5. Interzonenkonferenz in Badenweiler vom 7.–9. August 1947. Protokoll, organisatorische Vorbereitung, Auswertung. Maschinenschrift. DY 34/22975.**

Richtlinien zur Durchführung des Reichskongresses der Gewerkschaften Deutschlands

Nachdem der Generalrat des WGB in Prag den Beitritt der deutschen Gewerkschaften zum WGB im Prinzip beschlossen hat und die Wirksamkeit des Beitritts von der Einberufung eines Kongresses auf der Grundlage einer demokratischen Delegiertenvertretung abhängig macht, er die nationalen Organisationen von Großbritannien, den USA, der Sowjetunion und Frankreich aufgefordert hat, bei ihren Regierungen vorstellig zu werden, damit die entsprechenden Vertreter beim Kontrollrat in Berlin mit dem WGB bei der Durchführung dieses Beschlusses zusammenwirken, beauftragt die 5. Interzonenkonferenz den Organisationsausschuss in Vorbereitung dieses Kongresses eine Wahlordnung auszuarbeiten und eine Tagesordnung fertig zustellen.

In Berücksichtigung der Tatsache, dass die deutschen Gewerkschaften in den 4 Zonenbünden nach verschiedenen Prinzipien zusammengefasst und ebenso die entsprechenden Organe gewählt worden sind, werden die Delegierten zum 1. Reichskongress der Gewerkschaften nicht auf der Grundlage der Delegation von Verbänden gewählt werden können.

Um gleichzeitig eine möglichst breite Basis für diesen 1. Kongress zu schaffen, und die Millionen Gewerkschaftsmitglieder an den Vorbereitungen dieses Kongresses aktiv teilnehmen zu lassen, soll der Organisationsausschuss eine Wahlordnung fertig stellen, die die Wahl von Delegierten in den Betrieben zu Ortskonferenzen der einzelnen Industriegewerkschaften und Gewerkschaften (Ortsausschusskonferenzen der Bünde) vorsieht. Die Ortskonferenzen der Bünde wählen Delegierte zur Kreiskonferenz. Die Kreiskonferenzen delegieren zu den Landeskonferenzen. Die Landeskonferenzen wählen die Delegierten zur Reichskonferenz.

Die Zahl der Delegierten zur Reichskonferenz richtet sich nach der Mitgliederzahl der Landesorganisationen. Die Landeskonferenzen wählen für je 8.000 Mitglieder einen Delegierten. Der Delegationsschlüssel für die Einberufung der Landeskonferenzen, der Kreiskonferenzen und der Ortskonferenzen wird von den Bundesvorständen festgelegt. Es soll vorgesehen werden, dass Ortskonferenzen nicht weniger als 100 Delegierte umfassen. Wenn dies aufgrund der Mitgliederzahl der Gewerkschaften nicht möglich ist, sollen mehrere Orte zu einer gemeinsamen Ortskonferenz zusammengefasst werden. Bei der Wahl der Delegierten in den Betrieben für die Ortskonferenzen ist vorzusehen, dass kleine Betriebe ebenfalls zusammengefasst und dabei die Einzelmitglieder, die in kleinsten Einmannbetrieben beschäftigt sind, berücksichtigt werden. Die Zahl der Delegierten wird nach dem Mitgliederstand vom 30. August 1947 berechnet. Die Verantwortung für die Durchführung der Wahlen übernehmen die Bundesvorstände. Der Organisationsausschuss der Interzonenkonferenz ist berechtigt, die Mitgliederzahlen aufgrund der geleisteten Beiträge bei den Landesvorständen zu überprüfen.

Der Reichsgewerkschaftskongress hat die Aufgabe, zu einem vorläufigen Gewerkschaftsprogramm Stellung zu nehmen. Die Vorstände der Bünde sind berechtigt, dem Kongress Entwürfe zu unterbreiten. Das gleiche Recht steht allen Landes- und Kreisvorständen zu. Der Kongress hat die Wahl eines vorläufigen Vorstandes und Ausschusses vorzunehmen. Es wird vorgeschlagen, den Vorläufigen Vorstand aus 9–11 Personen zusammenzusetzen den Ausschuss aus 50–60 Personen.

Der Kongress hat den vorläufigen Sitz der Leitung der deutschen Gewerkschaften festzulegen. Der vorläufige Vorstand ist mit der Abfassung einer Satzung des Bundes und einer Normalsatzung für die Industriegewerkschaften und Gewerkschaften zu beauftragen. Er hat Vorschläge für die endgültige organisatorische Grundlage des Bundes und der Industriegewerkschaften auszuarbeiten. Der vorläufige Vorstand hat ferner Vorschläge zur Angleichung der Industriegewerkschaften der Bünde auszuarbeiten.

Mit der Wahl des vorläufigen Vorstandes und des Ausschusses auf dem Kongress, fällt die Einberufung weiterer Interzonenkonferenzen fort. Dem Ausschuss sind die Ausarbeitung des Vorstandes vorzulegen. Nach Annahme der Vorlagen durch den Ausschuss, ist der Aufbau des Bundes einzuleiten. Mit der Durchführung des 2. Kongresses, der die Wahl eines endgültigen Vorstandes, die Bestätigung der Satzung, der Grundsätze des Bundes etc. vornimmt, ist der organisatorische Aufbau abgeschlossen.[1]

20. Juli 1947

---

1  Protokoll des 2. Kongresses des FDGB, S. 239–249.

DOKUMENT 25

# 4.–6. August 1947: Tagung des Ausschusses für Arbeitsrechtsfragen in Badenweiler.

**SAPMO-BArch. Akte 5. Interzonenkonferenz in Badenweiler vom 7.–9. August 1947. Protokoll, organisatorische Vorbereitung, Auswertung. Maschinenschrift. DY 34/22975.**

Bericht

Der von der letzten Interzonenkonferenz der Gewerkschaften eingesetzte Ausschuss über Arbeitsrechtsfragen tagte vom 4. bis 6. August 1947 in Badenweiler.

Anwesend waren:
Willi Richter, Frankfurt am Main (Amerikanische Zone)
Adolf Engelhardt[1], Heidelberg (Amerikanische Zone)
Lorenz Hagen, München (Amerikanische Zone)
Paul Kronenberger, Frankfurt am Main (Amerikanische Zone)
Paul Bresk[2], Hamburg (Britische Zone)
Hermann Grote[3], Hannover (Britische Zone)
Hans Böhm, Bielefeld (Britische Zone)
Max Faulhaber[4], Freiburg/Breisgau (Französische Zone)
Ludwig Becker, Schwenningen (Französische Zone)

---

1  Adolf Engelhardt (17.10.1889–15.6.1967), Maler, 1919–33 Bezirksleiter des Fabrikarbeiterverbandes und Vorsitzender des Ortsausschusses des ADGB in Heidelberg, 1933 und 1944 verhaftet, 1945–1949 Vorsitzender des Ortsausschusses Heidelberg des Badischen Gewerkschaftsbundes bzw. des Gewerkschaftsbundes Württemberg-Baden, 1946 stellvertretender Präsident und ab Oktober 1947 Mitglied des Geschäftsführenden Vorstandes dieses Gewerkschaftsbundes.

2  Paul Bresk (geb. 18.05.1889), Former, 1920–1924 Vorstandsmitglied des Ortsausschusses Groß-Hamburg des ADGB, 1922–1923 der Ortsverwaltung Hamburg des DMV, ab 1924 Kreisleiter des Landarbeiter-Verbandes, 1945 Vorsitzender des Deutschen Land- und Forstarbeiterverbandes Hamburg, Mitglied des Verwaltungsausschusses der Freien Gewerkschaft Hamburg, März 1947 Vorstandsmitglied der Gewerkschafen Gartenbau, Land- und Forstwirtschaft (BBZ), ab April 1949 Mitglied des Bezirksvorstandes Nordmark DGB, Mitglied der SPD.

3  Hermann Grote (geb. 1901), Lehre im Versicerungsgewerbe, 1915 Eintritt in den Verband der Versicherungsangestellten, ab 1919 Mitglied des Zentralverbandes der Handlungsgehilfen (AfA), ab 1920 Sekretär des AfA, Fachgruppensekretär, Leiter der Rechtsstelle, daneben Studium der Rechts- und Staatswissenschaften und des Arbeitsrechts, 1933 entlassen, freie journalistische Tätigkeit für Zeitungen und Zeitschriften, illegale Arbeit im Komitee für proletarische Einheit, 1937 bei Hanomag als Angestellter dienstverpflichtet, 1945 Mitarbeit in der Allgemeinen Gewerkschaft Hannover, ab 1946 Leiter der Rechtsschutz-, Arbeitsrechts- und Pressestelle, 1950 hauptamtliches Vorstandsmitglied im Landesbezirk Niedersachesn des DGB, Leiter der Abteilung Arbeitsrecht, 1954–1964 Bundesrichter beim Bundesarbeitsgericht in Kassel, 1957–1966 Landesbezirksvorsitzender des DGB, Mitglied der SPD.

4  Max Faulhaber (geb. 12.3.1904), Gewerkschaftsmitglied seit 1919, Eintritt in die KPD, 1933 verhaftet, Widerstandstätigkeit, 1934 Flucht nach Frankreich, 1944 Mitglied des Nationalkomitees Freies Deutschland für den Westen (CALPO), seit März 1946 Sekretär des Chemie- und Fabrikarbeiterverbandes Baden, 1947–1949 Vorstandsmitglied des Badischen Gewerkschaftsbundes und Vorsitzender der Gewerkschaft der Chemie- und Fabrikarbeiter in Baden, 1949–1952 Bezirksleiter der IG Chemie, Papier, Keramik für Süd-Baden.

261

Bökenkrüger[5], Koblenz (Französische Zone)
Roman Chwalek, Berlin (Groß-Berlin)
Paul Geisler, Berlin (Groß-Berlin)
Herbert Warnke, Berlin (Sowjetische Zone)
Adolf Kaufmann, Berlin (Sowjetische Zone)
Carl Mann, Berlin (Sowjetische Zone)

Es wurden behandelt:
1.) Arbeitsgerichtswesen
2.) Richtlinien zum Betriebsräterecht
3.) Kündigungsrecht für Arbeitnehmer
4.) Urlaubsrecht für Arbeitnehmer

[Es folgen die Ausführungen zu Punkt 3 der Tagesordnung der 5. Interzonen-konferenz, vgl. Dokument 26.]

DOKUMENT 26

# 7.–9. August 1947: 5. Interzonenkonferenz in Badenweiler (Anlage Pressebericht).

**DGB-Archiv in AdsD. Bestand Gewerkschaftsrat der vereinten Zonen. Maschinenschrift. 13/143-Interzonenkonferenzen.**

Der von der 4. Interzonenkonferenz in Garmisch-Partenkirchen mit der Vorbereitung der Interzonenkonferenz in der französisch besetzten Zone beauftragte Kollege Matthias *Schneider*, Baden-Baden, eröffnet am 7. August 1947 vormittags die 5. Interzonenkonferenz im Kurhaus in Badenweiler mit folgenden Begrüßungsworten:

»Im Auftrage der Gewerkschaften der Französischen Zone eröffne ich die 5. ordentliche Interzonentagung, begrüße Sie und heiße alle herzlich willkommen. Ganz besonders begrüße ich die erschienenen Gäste, die Herren der Militärregierung, welche in Vertretung des Monsieur l'Administrateur Général Laffon erschienen sind:
Monsieur Colonel Grosse, Direktor der Direktion der Arbeit für die Französische Zone,
Monsieur Schwarz, als Vertreter der französischen Militärregierung im Kontrollrat Berlin,
Monsieur Dermier,
Monsieur Merciersen,
Monsieur Perard,
für den durch wichtige Staatsgeschäfte verhinderten Herrn Staatspräsidenten Dr. Wohleb der Badischen Regierung Herrn Ministerialreferenten Peter Kappes,

---

5  Biographische Angaben konnten nicht ermittelt werden.

den Herrn Bürgermeister der Stadtgemeinde Badenweiler Herrn Kloßer und die Vertreter des Weltgewerkschaftsbundes Kollege van Binneveld[1] und Kollege Albert Preuss.

Es ist mir ein Bedürfnis, allen Behörden und Verwaltungen den Dank auszusprechen für die Unterstützung, die uns zuteil wurde bei den Vorbereitungen zu dieser Konferenz. Ganz besonders gilt unser Dank der Besatzungsbehörde, die in anerkennender Weise alles tat, das zum guten Gelingen des Aufbaus beitrug. Tagelang hat man sich bemüht, alle Hindernisse aus dem Wege zu räumen, um eine zweckmäßige Unterbringung und Versorgung der Delegierten zu sichern. Nicht nur allein aber der Militärregierung gilt dieser Dank, sondern allen deutschen Dienststellen über das Landratsamt bis zur Stadtverwaltung in Badenweiler.

Alle angesprochenen Dienststellen haben sich sofort bereitwilligst eingesetzt, für die Konferenz Unterkunft und Verpflegung sicher zu stellen. Wir verkennen nicht die Schwierigkeiten, die hierbei zu überwinden waren. Daraus konnten wir ersehen, dass man der Gewerkschaftsarbeit die Bedeutung zumisst, die ihr als Aufbaufaktor zusteht.

Ganz besonders wollen wir die Unterstützung anerkennen, die uns bisher vom Weltgewerkschaftsbund zuteil wurde, deren Vertreter auch heute Weg und Zeit nicht gescheut haben, um an unseren Beratungen teilzunehmen.

Die Feststellung, dass uns allseits Hilfe bei den Vorbereitungen zu dieser Tagung zuteil wurde, soll uns bei unserer Arbeit Ansporn sein, den Weg zu finden, welcher das deutsche Volk wieder einer lichtvolleren Zukunft zuführt.

Wir hoffen, dass die Schönheiten des Badischen Landes, insbesondere unseres Tagungsortes und seiner Umgebung dazu beitragen, die Reisestrapazen vergessen zu machen.

Unsere Gäste werden nun anschließend Gelegenheit nehmen, einige Worte an die Konferenzteilnehmer zu richten.«

Die Begrüßungsansprache des Vertreters der Militärregierung, Herrn Arbeitsdirektor *Grosse*, Baden-Baden, ist anschließend im Wortlaut wiedergegeben:

»Meine Herren!

Es ist mir heute besonders angenehm, in einer Stadt der französisch besetzten Zone der Eröffnungssitzung der fünften Interzonengewerkschaftskonferenz beizuwohnen.

Im Namen des Herrn General König, französischer Oberbefehlshaber in Deutschland, und des Herrn Administrator General Laffon, Adjoint für die Militärregierung, heiße ich die aus allen Gegenden Deutschlands gekommenen, diesem Kongress beiwohnenden Vertreter willkommen.

Die Organisation dieser Konferenz hat gewiss die Gewerkschaften der Französischen Zone viel Mühe und Sorge gekostet. Die französische Militär-

---

1 Biographische Angaben konnten nicht ermittelt werden.

regierung freut sich, dass sie imstande war, Ihnen ihre volle Unterstützung gewähren zu können. Sie hofft, dass die hiesigen materiellen Verhältnisse Ihnen ermöglichen werden, die vorgesehene Tagesordnung zu diskutieren, damit bei jeder derselben von Ihren Ausschüssen bzw. Plenarversammlungen zu studierenden Frage ein Ihrem Alltagseinsatz für die Demokratisierung Deutschlands möglichst belohnendes Ergebnis erzielt wird.

Die Französische Zone hat sich damit beehrt, indem sie Sie im November in Mainz zum ersten Mal empfangen hat.

Sie werden sich gewiss immer noch mit Rührung an dieses erste Zusammentreffen erinnern, das Ihnen in einem zugleich einfachen und freundlichen Rahmen erlaubt worden ist.

Nach 12 langen Jahren des Schweigens und des Leidens soll nun Mainz die Wiederaufnahme der früher immer offen verrichteten Gewerkschaftsarbeiten erleben.

Die Tradition wurde auf einmal wieder wach und indem die Vertreter ganz Deutschlands Material und Informationen gegenseitig austauschen konnten, fühlten sie sich betreut von den Weltgewerkschaftsorganisationen, deren Sprecher Louis Saillant die Meinungen der Gewerkschaften der ganzen Welt Ihnen mitteilte.

Ich erinnere mich noch an diese fast mystische Stimmung, die diese erste Fühlungnahme umnebelte. Es ging um etwas Wichtiges. Wichtig sollten für die Zukunft Deutschlands, Europas und der ganzen Welt die Echos sein, die von den ersten Worten des amtlichen Vertreters Millionen von freien demokratischen Arbeitern in ihrem Gemüt wachgerufen sein sollten.

Sie waren sich dessen bewusst, in Ihren Herzen die reine Flamme aufbewahrt zu haben, aber, obwohl von den Nöten Ihres Landes nicht ganz niedergedrückt, machten Sie sich Sorgen um die in der ganzen Welt hervorgerufenen Reaktionen gegen eine von Ihnen abgelehnte und – so viel es in Ihrer Macht stand – bekämpfte deutsche Politik.

Der Augenblick war pathetisch, man fühlte, dass die ganze Zukunft davon abhing.

Seither sind Monate vergangen. Ihre Bewegung hat sich gestärkt und ausgebaut. Sie haben moralische Genugtuung bekommen; ich hoffe, dass Sie sie auf dem Wege nach der menschlichen Wahrheit, der sozialen Ordnung, der internationalen Gerechtigkeit stärken werden.

Gewiss werden Sie noch auf viele Schwierigkeiten stoßen, ehe Sie ihr letztes Ziel erreichen.

Die Mächte des Konservatismus und der Reaktion wollen nicht die Waffen niederlegen. Ganz im Gegenteil stehen sie überall wieder auf, dadurch in mehr oder weniger absehbarer Zeit die Welt bedrohend. Und man muss diese Bedrohung ganz genau kennen, um imstande zu sein, ihr vorzubeugen.

Setzen Sie also Ihre gemeinsamen Anstrengungen fort, indem Sie sich immer mehr mit der großen Familie der Arbeiterschaft der ganzen Welt verbunden fühlen, dieser Familie, die dieselben Sorgen und dieselben Ziele hat wie Sie.

264

Die Gewerkschaftsbewegung war groß in der Vergangenheit. Man kann es aber nicht leugnen, dass ihre Macht eine gewisse Schwäche mit sich brachte. Über die Gründe dieser Schwäche sind Sie sich jetzt im Klaren. Warum die deutschen Demokraten vor dem Nationalsozialismus niederknien mussten, wissen Sie genau.

Diese Ereignisse der deutschen Geschichte sind noch allzu nahe, als dass Sie, die Sie sie miterlebt und darunter gelitten haben, vergessen können. Aber eines sollen Sie nicht vergessen: dass die Menschen abgelöst werden müssen.

Sie sollen nicht vergessen, dass die junge Generation der deutschen Arbeiterschaft von falschen Idealen durchtränkt wurde, dass sie falsch unterrichtet wurde über u. a. den Sinn von dem, was man Ruhm und ›nationalen Heroismus‹ nennt.

Ihre jungen Arbeitskameraden sollen Sie am gewissenhaftesten beraten und am sorgfältigsten betreuen. Ihre Tätigkeit soll sie interessieren, Ihr Beispiel soll sie festhalten.

Sie sollen Sie dazu bringen – wie Sie selbst damals von dem internationalen Syndicalismus dazu gebracht worden sind, die sozialen und wirtschaftlichen Probleme von einem viel höheren Standpunkt aus zu betrachten, als von dem Standpunkt Deutschlands oder gar Europas.

Für die Welt sollen Sie jetzt arbeiten und zwar in vollem Einverständnis und Sympathie mit den Arbeitern der anderen Nationen.

Trotz der augenblicklichen Schwierigkeiten – die übrigens viele unserer Kameraden unter allen Breiten auch haben – sind Sie doch dieser Aufgabe gewachsen.

Dank Ihrer Anstrengungen wird in Deutschland das Ideal der Brüderlichkeit und sozialen Gerechtigkeit, die alle fried- und prosperitätsdurstigen Völker der Welt vereinigen soll, doch siegen.«

Nach den Eröffnungsmodalitäten verließen die Gäste (ausgenommen die Vertreter des Weltgewerkschaftsbundes) das Tagungslokal, worauf Kollege *Schneider* folgende in Garmisch-Partenkirchen vorbereitete und ergänzte Tagesordnung bekannt gab, die von den Delegierten einstimmig angenommen wurde:

1.) Bericht und Stellungnahme zur Generalratstagung des WGB in Prag

Berichterstatter Schlimme

2.) Tarifvertragsrecht

Berichterstatter Schleicher

3.) Arbeitsrecht

Berichterstatter Richter

4.) Organisationsfragen

5.) Festlegung des nächsten Tagungsortes und der Tagesordnung

In das Präsidium der Konferenz wurden gewählt:

die Kollegen:

Matthias Schneider (Französische Zone)
Markus Schleicher (Amerikanische Zone)
Hans Böckler (Englische Zone)
Hans Jendretzky (Sowjetische Zone)

Zu Punkt 1) der Tagesordnung gibt Kollege *Schlimme,* Berlin, einen ausführlichen Bericht über die Tagung des Generalrats des Weltgewerkschaftsbundes in Prag. Teilnehmer der Tagung waren entsprechend dem Beschluss der 4. Interzonenkonferenz in Garmisch-Partenkirchen die Kollegen:

Jendretzky, Berlin
Schlimme, Berlin
Böckler, Köln
Tarnow, Stuttgart
Schneider, Baden-Baden

Schlimme verwies auf den während der Tagung in Prag gefassten Beschluss des Generalrats des Weltgewerkschaftsbundes, der in Bezug auf die deutschen Gewerkschaften gefasst wurde und durch den im Prinzip der Aufnahme der deutschen Gewerkschaften in den Weltgewerkschaftsbund zugestimmt wird, allerdings mit der Einschränkung, dass eine dazu legitimierte Gesamtvertretung gebildet wird, die einen solchen Antrag für die Aufnahme der deutschen Gewerkschaften stellt. Der Beschluss des Weltgewerkschaftsbundes lautet:

»Zur Aufnahme der deutschen Gewerkschaften in den WBG hat der Generalrat des WGB auf seiner Tagung in Prag vom 9.–14. Juli 1947, an der auch 5 Vertreter der deutschen Gewerkschaften teilnahmen, folgenden Beschluss gefasst:

a) Ein Verbindungsbüro des WGB in Deutschland mit der Aufgabe zu schaffen, die Verbindung mit den deutschen Gewerkschaften aufrecht zu halten und zusammen mit ihnen die Bedingungen für die nationale Vereinigung der deutschen Gewerkschaften auf demokratischer Grundlage zu schaffen und den Generalsekretär zu beauftragen, die Errichtung des Sitzes sicherzustellen.

b) Eine Delegation aus allen vier Zonen zu den Tagungen einzuladen.

c) Den Beitritt der deutschen Gewerkschaften zum WGB im Prinzip anzunehmen. Effektiv wird der Beitritt unter der Bedingung:

1. dass in Deutschland ein Gewerkschaftszentrum geschaffen wird. Um dies zu verwirklichen, wird den Gewerkschaften in allen vier Zonen vorgeschlagen, mit der praktischen Arbeit, insbesondere mit der Vorbereitung eines Kongresses auf der Grundlage einer demokratischen Delegiertenvertretung, zu beginnen;

2. dass die Exekutive des WGB aufgrund der Informationen, wie sie auch das Verbindungsbüro zusammen mit den deutschen Gewerkschaften bekommen wird, die Tätigkeit der deutschen Gewerkschaften als zufriedenstellend anerkennt.

3. Bis zur Einberufung eines solchen demokratischen Kongresses sollen die Interzonenkonferenzen weiterhin durchgeführt und die Beschlüsse als Meinungsaustausch der deutschen Gewerkschaften betrachtet werden.

4. Der WGB wird sich an die nationalen Organisationen von Großbritannien, den Vereinigten Staaten von Amerika, der Sowjetunion und Frankreich wenden mit dem Ersuchen, bei ihren Regierungen vorstellig zu werden, damit die entsprechenden Vertreter beim Kontrollrat in Berlin mit dem WGB zusammenwirken sollen bei der Durchführung dieses Beschlusses.

Kollege Schlimme führte in seinem Bericht aus, dass jetzt 65 Nationen im Weltgewerkschaftsbund vertreten sind und empfiehlt der Konferenz einen zustimmenden Beschluss. Er brachte auch folgende von der deutschen Delegation abgegebene Erklärung der Konferenz zur Kenntnis:

Als Vertreter der deutschen Gewerkschaften aus den vier Besatzungszonen und aus Groß-Berlin sind wir der Einladung zur Tagung des Generalrates des Weltgewerkschaftsbundes gern und freudig gefolgt. Auch unsere Kameraden in der Heimat haben diese Einladung als eine Ermunterung für ihre schwere Arbeit empfunden, die sie beim Wiederaufbau einer demokratischen Gewerkschaftsbewegung leisten.

Im Verlaufe von 18 Monaten ist es uns gelungen, mehr als 7 Millionen Gewerkschaftsmitglieder in einer einheitlichen Gewerkschaftsbewegung zu erfassen. Der seit Jahrzehnten bestehende Streit zwischen den früheren Gewerkschaftsrichtungen ist endgültig beseitigt. Aus der großen Zahl der Einzelgewerkschaften haben wir eine kleinere von Industriegewerkschaften geschaffen, die den Neuaufbau der deutschen Wirtschaft nach demokratischen Prinzipien mit Entschiedenheit unterstützen.

Wir benutzen diese Gelegenheit, vor allem unseren Dank für die kameradschaftliche Hilfe abzustatten, die in den 12 Hitlerjahren uns und den vielen emigrierten deutschen Kameraden in fast allen Ländern der Welt zuteil geworden ist. Auch die deutschen Gewerkschaften haben in der Zeit des Hitlerfaschismus schwere Opfer an Leben und Gut bringen müssen. Das Blut der ermordeten Antifaschisten und Gewerkschaftler und unsere eigenen Leiden während der Nazizeit sind uns Vermächtnis und Verpflichtung zugleich, alles zu tun, damit niemals wieder Militaristen, Junkertum und Monopolkapitalisten Deutschland und die Welt in eine neue Katastrophe stürzen können.

Wir wollen die deutsche Jugend im fortschrittlich demokratischen Geist erziehen. Wir wollen mit unseren Gewerkschaften das wichtigste Fundament schaffen für eine neue demokratische Ordnung in Deutschland. Wir fühlen uns verantwortlich für die Sicherung des Friedens und für die Freundschaft mit allen friedliebenden Völkern.

Heute müssen wir unsere Arbeit durchführen unter Schwierigkeiten, wie sie kaum jemals den Gewerkschaften eines Landes gestellt worden sind. Die leiblichen und seelischen Nöte der deutschen Arbeiterklasse sind furchtbar und nicht ohne fremde Hilfe zu beheben.

Enge Zusammenarbeit mit dem Weltgewerkschaftsbund gibt uns die Hoffnung auf eine lichtvolle Zukunft.

Es ist für uns selbstverständlich, dass wir mit allen Kräften helfen wollen, die

Wunden zu heilen, die der Hitlerfaschismus den Völkern der Welt geschlagen hat.

Noch ist es uns nicht vergönnt, in einer einheitlich organisatorisch zusammengefassten gesamtdeutschen Gewerkschaftsbewegung nach einheitlichen Richtlinien den Aufbau zu vollziehen und zu arbeiten. Die Zonengrenzen erschweren nicht nur unsere Arbeit, sondern sie verhindern den wirtschaftlichen Neuaufbau und stören die Wiedergutmachungen. Die schwerste Belastung in unserer Arbeit ist die Lebensmittelnot, die zu einem dauernden Absinken der Arbeitsleistungen führt. Aus eigenem Boden hat das deutsche Volk seit etwa 70 Jahren sich nicht mehr ernähren können; es war auf Einfuhren angewiesen. Auch seine industriellen Produktionsgrundlagen stützen sich zum Teil auf Rohstoffe und Halbfabrikate, die im eigenen Land nicht vorhanden sind.

Unsere letzte Interzonenkonferenz im Mai dieses Jahres[2] hat daher für die Neugestaltung der deutschen Wirtschaft einen Plan einstimmig gutgeheißen, der die Lebensgrundlagen sichern soll. Denn ein Volk von 65 Millionen Menschen im Herzen Europas, dessen Lebensgrundlagen nicht gesichert sind, bedeutet stets Beunruhigung des Friedens. Deshalb begrüßen wir jede Möglichkeit der Zusammenarbeit auf allen Gebieten, die der Sicherung des Friedens, der Demokratie und dem sozialen Aufstieg der Arbeiterklasse dient.

Mit Genugtuung haben wir Kenntnis genommen von dem Bericht der Kommission des Weltgewerkschaftsbundes, die Deutschland bereist und unsere gewerkschaftliche Arbeit geprüft hat. Mit Freude haben wir festgestellt, dass das Exekutivkomitee die Empfehlungen der Kommission akzeptiert und dem Generalrat vorgeschlagen hat, dem Wiedereintritt der deutschen Gewerkschaften in die Internationale zuzustimmen. Auch sind in der Diskussion viele freundliche und ermutigende Worte der Anerkennung unserer Arbeit gesprochen worden. Wir haben nicht überhört, dass in den Diskussionen auch Meinungen laut geworden sind, die erkennen lassen, dass das Misstrauen noch nicht ganz überwunden ist. Wir hoffen, durch unsere weitere gewerkschaftliche Arbeit in Deutschland diejenigen zu überzeugen, die uns heute noch nicht ihr volles Vertrauen schenken können.

Im Auftrag meiner anwesenden Kameraden danke ich noch einmal für die Einladung zu dieser Tagung. Wir werden unseren Gewerkschaften in der Heimat Bericht erstatten. Wir hegen nicht den geringsten Zweifel, dass in den Organisationen aller Zonen der baldige Anschluss an den Weltgewerkschaftsbund ersehnt wird. Mit Hilfe des Weltgewerkschaftsbundes hoffen wir, die letzten Schwierigkeiten für den deutschen Zusammenschluss zu überwinden.«

Abschließend erklärte *Schlimme:* »Wir sind der Meinung, wenn wir in Prag das Tor zur Welt geöffnet bekommen haben und damit die Welt wieder Vertrauen zu uns hat, haben wir etwas Großes erreicht. Wir haben deshalb die Auffassung vertreten, dass wir hier in dieser Konferenz allen Kollegen empfehlen möchten, dass wir aus dem Beschluss von Prag die Schlussfolgerung

---

2   Gemeint ist die Interzonenkonferenz in Garmisch-Partenkirchen vom 6.–8.05.1947.

soweit ziehen, dass wir hier aus den 4 Zonen und Groß-Berlin einen Ausschuss bilden, um die Vorbereitungen für den kommenden, vom Weltgewerkschaftsbund gewünschten Kongress zu formulieren.«

Nach lebhafter Diskussion wurde folgende Entschließung einstimmig angenommen:

Zur Aufnahme der deutschen Gewerkschaften in den WGB hat der Generalrat des WGB auf seiner Tagung in Prag vom 9.–14. Juli 1947, an der auch 5 Vertreter der deutschen Gewerkschaften teilnahmen, folgenden Beschluss gefasst:

a) Ein Verbindungsbüro des WGB in Deutschland mit der Aufgabe zu schaffen, die Verbindung mit den deutschen Gewerkschaften aufrechtzuerhalten und zusammen mit ihnen die Bedingungen für die nationale Vereinigung der deutschen Gewerkschaften auf demokratischer Grundlage zu schaffen und den Generalsekretär zu beauftragen, die Errichtung des Sitzes sicherzustellen.

b) Eine Delegation aus allen 4 Zonen zu den Tagungen einzuladen.

c) Den Beitritt der deutschen Gewerkschaften zum WGB im Prinzip anzunehmen. Effektiv wird der Beitritt unter der Bedingung:

1. dass in Deutschland ein Gewerkschaftszentrum geschaffen wird. Um dies zu verwirklichen, wird den Gewerkschaften in allen 4 Zonen vorgeschlagen, mit der praktischen Arbeit, insbesondere mit der Vorbereitung eines Kongresses auf der Grundlage einer demokratischen Delegiertenvertretung, zu beginnen;

2. dass die Exekutive des WGB aufgrund der Informationen, die sie durch das Verbindungsbüro zusammen mit den deutschen Gewerkschaften bekommen wird, die Tätigkeit der deutschen Gewerkschaften als zufrieden stellend anerkennt.

3. Bis zur Einberufung eines solchen demokratischen Kongresses sollen die Interzonenkonferenzen weiterhin durchgeführt werden und die Beschlüsse als Meinungsaustausch der deutschen Gewerkschaften betrachtet werden.

4. Der WGB wird sich an die nationalen Organisationen von Großbritannien, der Vereinigten Staaten von Amerika, der Sowjetunion und Frankreich wenden mit dem Ersuchen, bei ihren Regierungen vorstellig zu werden, damit die entsprechenden Vertreter beim Kontrollrat in Berlin mit dem WGB zusammenwirken sollen bei der Durchführung dieses Beschlusses.

Die 5. Interzonenkonferenz der deutschen Gewerkschaften in Badenweiler vom 7.–9. August 1947 hat hierzu folgende Entschließung angenommen:

I. Die Interzonenkonferenz der Gewerkschaften Deutschland hat den Bericht über die Tagung des Generalrats des WGB in Prag und die gefassten Beschlüsse über das Verhältnis der deutschen Gewerkschaften zum WGB mit großer Befriedigung zur Kenntnis genommen.

II. Die Interzonenkonferenz beauftragt einen Arbeitsausschuss, die hierfür notwendigen Vorschläge auszuarbeiten und der nächsten Interzonenkonferenz Bericht zu erstatten.

III. Die Interzonenkonferenz erwartet auch, dass alle Landes- und Zonengewerkschaftsbünde sowie die Industriegewerkschaften alle erforderlichen Vorarbeiten leisten, um die in dem Beschluss des WGB zum Ausdruck gebrachten Grundsätze baldmöglichst zu verwirklichen.

IV. Das künftige Schicksal der Werktätigen und des deutschen Volkes hängt von der politischen Einheit Deutschlands, einer einheitlichen Wirtschaftsführung und einer einheitlichen sozialen Gesetzgebung Deutschlands ab. Die deutschen Gewerkschaften, in denen gegenwärtig bereits fast 8 Millionen Männer und Frauen organisiert sind, bekunden der Welt gegenüber diesen Willen zur Einheit durch entsprechende Vorbereitungen für einen organisatorischen Zusammenschluss aller Schaffenden.

Eine gründliche Aussprache zeitigte die Einsetzung eines Arbeitsausschusses, der sich mit den Vorbereitungsarbeiten der Konferenz befassen soll. Der Ausschuss wird wie folgt besetzt:

Sowjetische Zone:
Jendretzky, Hans
Göring, Bernhard
Krüger, Ernst

Britische Zone:
Karl, Albin
vom Hoff, Hans
Föcher, Matthias

Amerikanische Zone:
Richter, Willi
Hagen, Lorenz
Schleicher, Markus

Französische Zone:
Fleck, Fritz
Ludwig, Adolf
Reibel, Wilhelm

Berlin:
Schlimme, Hermann
Chwalek, Roman
sowie der jeweilige Zonensekretär.

Zu Punkt 2) der Tagesordnung gibt der Kollege Schleicher den Bericht des in der Zeit vom 4.–6. August 1947 in Badenweiler tagenden Interzonenausschusses für Tarifvertragsrecht. Er teilt mit, dass der Ausschuss zu keinem abschließenden, positiven und einheitlichen Ergebnis zum Problem des Tarifvertragsrechts gekommen ist. Es ist festgestellt, dass die gegenseitigen Informationen aus den verschiedenen Zonen nur ein uneinheitliches Bild vermitteln konnten. Zu erkennen war, dass wir überall nur eingeengt und eingeschränkt arbeiten können. Es wurde erörtert, was künftig an planmäßiger Arbeit auf dem Gebiet des Tarifvertragswesens geschehen kann, welche Auffassung über das Wesen des Tarifvertragsrechts künftig vertreten werden soll. Die Meinungen gingen auseinander, wie sie naturgemäß auseinandergehen müssen, weil die militärischen Mächte ihre eigenen, jedoch unterschiedlichen wirtschaftlichen Grundsätze mitgebracht haben und diese sich unterschiedlich auf die Verhältnisse und Tendenzen auf dem Gebiet des Tarifwesens auswirken.

Es wird gegenseitig anerkannt, dass jede Zone entsprechend den gegebenen Verhältnissen und nach besten Möglichkeiten, ohne von den Kollegen der übrigen Zonen deshalb missbilligend kritisiert zu werden, nach fortschrittlicherer Gestaltung des Tarifvertragsrechts sucht und auch in der Praxis durchführt.

Als einheitliche Auffassung wurde folgende Feststellung gemacht: Träger von kollektiven Vereinbarungen können auf Arbeitnehmerseite nur die Gewerkschaften sein, weil sie allein sowohl den Unternehmer wie dem Staat gegenüber unabhängig sind.

Auf eine Entschließung wurde verzichtet und folgende Feststellung getroffen:

Die Interzonenkonferenz hat durch den Kollegen Schleicher den Bericht der Kommission zur Behandlung der Frage des Tarifproblems zur Kenntnis genommen. Sie hält es für notwendig, die tarifvertragliche Entwicklung weiter zu beobachten und zu fördern.

Die Kommission nahm auch Stellung zur Frage der Löhne und Preise und fasste einstimmig nachstehende Entschließung:

I. Teil. – Nicht zur Veröffentlichung bestimmt –

Die 5. Interzonenkonferenz der Gewerkschaften in Badenweiler vom 7.–9. August 1947 stellt fest:

Die kollektive Regelung der Arbeitsbedingungen ist eine der wichtigsten Aufgaben der Gewerkschaften. Zustandekommen sowie Form und Inhalt der kollektiven Regelungen sind abhängig von den jeweiligen ökonomischen, politischen und organisatorischen Verhältnissen.

Zur Zeit besteht keine gesetzliche Grundlage für den kollektiven Arbeitsvertrag. Die Gewerkschaften erstreben daher eine einheitliche gesetzliche Neuregelung für Deutschland.

Träger von kollektiven Vereinbarungen können auf Arbeitnehmerseite nur die Gewerkschaften sein, weil sie allein den Unternehmern wie dem Staate gegenüber unabhängig sind.

Die Interzonenkonferenz erblickt im Gesetz Nr. 35[3] z. Zt. eine ausreichende Möglichkeit zur Schlichtung von Arbeitsstreitigkeiten.

II. Teil. – Nicht zur Veröffentlichung bestimmt –

Die Interzonenkonferenz hat durch den Kollegen Schleicher den Bericht der Kommission zur Behandlung der Frage des Tarifvertragsproblems zur Kennt-

---

3  Gemeint ist das Alliierte Kontrollratsgesetz Nr. 35 vom 20.08.1946 (Ausgleichs- und Schiedsverfahren in Arbeitsstreitigkeiten).

nis genommen. Sie hält es für notwendig, die tarifvertragliche Entwicklung weiter zu beobachten und zu fördern.

III. Teil. – Nicht zur Veröffentlichung bestimmt –

Die Direktive Nr. 14[4] des Kontrollrates behindert die Gewerkschaften an einer planvollen Lohnpolitik. Die Reallöhne sind gesunken. Sie stehen in keinem Verhältnis mehr zu den gesteigerten Preisen. Der Alliierte Kontrollrat wird daher gebeten, die Direktive Nr. 14 weitestgehend aufzulockern, um damit die Bahn für eine bewegliche und gegenwartsnahe Lohnpolitik, die den Lebenshaltungskosten Rechnung trägt, freizumachen.

In folgendem Briefe wurde dem Interalliierten Kontrollrat, Berlin, der III. Teil vorgetragen:

Die Interzonenkonferenz der deutschen Gewerkschaften, zusammengesetzt aus Vertretern aller Zonen, hat auf ihrer Tagung am 8. August 1947 in Badenweiler einmütig folgende Entschließung gefasst:

»Die Direktive Nr. 14 des Kontrollrates behindert die Gewerkschaften an einer planvollen Lohnpolitik. Die Reallöhne sind gesunken. Sie stehen in keinem Verhältnis mehr zu den gesteigerten Preisen. Der Alliierte Kontrollrat wird daher gebeten, die Direktive Nr. 14 weitestgehend aufzulockern, um damit die Bahn für eine bewegliche und gegenwartsnahe Lohnpolitik, die den Lebenshaltungskosten Rechnung trägt, freizumachen.«

Wir erlauben uns, diese Entschließung dem Interalliierten Kontrollrat mit der Bitte zu übermitteln, einer eingehenden und baldigen Prüfung dieser Angelegenheit näherzutreten. Die Interzonenkonferenz hat den Wunsch geäußert, dass seinem Präsidium gestattet werden möge, die Entschließung dem Kontrollrat gegenüber persönlich zu vertreten.

Das Präsidium der Interzonenkonferenz der Gewerkschaften:

Schneider, Jendretzky, Böckler und Schleicher.

Zu Punkt 3) der Tagesordnung gibt der Kollege Richter folgenden Bericht:

1.) Arbeitsgerichtswesen

2.) Richtlinien zum Betriebsräterecht

3.) Kündigungsrecht für Arbeitnehmer

4.) Urlaubsrecht für Arbeitnehmer

Zu 1) Arbeitsgerichtswesen

Gemäß Kontrollratsgesetz 21 (Arbeitsgerichtsgesetz), Artikel 10[5] gelten die Vorschriften des Deutschen Arbeitsgerichtsgesetzes vom 23. Dezember 1926 in ihrer ursprünglichen Fassung vorläufig weiter, soweit dieselben nicht im Widerspruch zu den Bestimmungen des Kontrollratsgesetzes 21 stehen. Aufgrund vorstehender Bestimmung wurden für einzelne Länder (Bayern,

---

4 Gemeint ist die Direktive Nr. 14 des Alliierten Kontrollrats vom 12.10.1945 (Grundsätze für die Bestimmungen betreffs der Arbeitslöhne). Eine Ergänzung zur Lohnpolitik erfolgte am 13.09.1946.

5 Vgl. dazu Dok. 26 Anm. 3.

Württemberg-Baden) Arbeitsgerichtsgesetze von den dort zuständigen Organen erlassen bzw. ist beabsichtigt (Hessen und Französische Zone) Arbeitsgerichtsgesetze zu schaffen. In den anderen Zonen besteht bis jetzt eine dahingehende Absicht nicht.

Der Ausschuss ist der Auffassung, dass das Arbeitsgerichtswesen in einem einheitlichen Arbeitsgerichtsgesetz für ganz Deutschland niedergelegt werden soll. Es ist deshalb seitens der Gewerkschaften darauf hinzuwirken, dass eine möglichst einheitliche Fassung der Arbeitsgerichtsgesetze der Länder erfolgt. Dabei sind folgende Grundsätze zu beachten:

a) Die Arbeitsgerichtsbehörden sind als selbständige Gerichte in ihrer Dienstaufsicht den Arbeits- und Sozialbehörden zu unterstellen.

b) Die Vorsitzenden müssen keine Juristen sein. Dies gilt auch für die Berufungsinstanz.

c) Die Zuständigkeit der Arbeitsgerichtsbehörden soll sich auf alle Streitigkeiten in Arbeitssachen erstrecken. Alle Arbeitnehmer (Arbeiter, Beamte und Angestellte) sollen ihre Streitfälle vor den Arbeitsgerichten austragen können.

d) Außer den Berufungsinstanzen (Landesarbeitsgerichte) ist eine Revisionsinstanz zu errichten, die möglichst für alle Zonen zuständig ist.

e) Es soll darauf hingewirkt werden, dass die Einlegung der Berufung bei den Arbeitsgerichten erster Instanz erfolgen kann und nicht nur bei den Berufungsgerichten (Landesarbeitsgerichten).

f) Für Klagen, bei welchen die Arbeitnehmerschaft bzw. der Betriebsrat Partei ist, sollen keine Kosten und Gebühren berechnet werden.

g) Die für die Arbeitsgerichtsbehörden in Betracht kommenden prozessualen Bestimmungen sind, soweit notwendig, aus der Zivilprozessordnung zu entnehmen und in das Arbeitsgerichtsgesetz einzubauen.

h) Alle zur Durchführung der Zwangsvollstreckung erforderlichen Maßnahmen sind durch Arbeitsgerichtsbehörden selbst vorzunehmen.

i) Den Gewerkschaften soll das Recht, als Nebenkläger aufzutreten, gewährt werden.

Zu 2) Richtlinien zum Betriebsräterecht

Nach dem Kontrollratsgesetz 22 (Betriebsrätegesetz) können die Rechte und Befugnisse der Betriebsräte durch Betriebsvereinbarungen mit den Arbeitgebern festgelegt werden. Dahingehende Betriebsvereinbarungen sind in allen Zonen und Ländern erfolgt. Andererseits ist aufgrund der verschiedenen Länderverfassungen bzw. nach Ansicht einzelner Militärregierungen eine gesetzliche Regelung des Betriebsräterechts zu dem Kontrollratsgesetz durchgeführt bzw. beabsichtigt.

Hieraus ergab sich für den Ausschuss die Notwendigkeit, sowohl Richtlinien für ein Betriebsrätegesetz wie auch Richtlinien der Gewerkschaften für die Arbeit der Betriebsräte zu beraten.

A) Bei einer gesetzlichen Regelung ist insbesondere zu beachten:

1.) In allen Betrieben, Geschäften und Verwaltungen ist von den dort beschäftigten Arbeitnehmern (Arbeiter, Beamte und Angestellte) gemeinsam unter Mitwirkung der Gewerkschaften ein Betriebsrat zu bilden.

2.) Die Wahl des Betriebsrates wird in allgemeiner, geheimer, gleicher und unmittelbarer Wahl durchgeführt.

Wahlberechtigt sollen alle Arbeitnehmer sein (einzelne Ausschussmitglieder vertraten den Standpunkt, dass die Wahlberechtigten mindestens 18 Jahre alt sein sollten).

Wählbar sollen alle mindestens 21 Jahre alten Wahlberechtigten sein (Von einzelnen Ausschussmitgliedern wurde vorgeschlagen, das 18. Lebensjahr einzusetzen, von anderen das 24. Lebensjahr).

Gegen die Voraussetzung zur Wählbarkeit, dass sie Mitglieder der Gewerkschaft sein sollen, wurde von Einzelnen Bedenken erhoben.

3.) Die Zusammensetzung des Betriebsrates soll unter Berücksichtigung aller in dem Betrieb vorhandenen Arbeitnehmergruppen erfolgen. Hierunter ist zu verstehen, dass sowohl Arbeiter, Beamte und Angestellte als auch die Jugendlichen und Frauen entsprechend ihrer zahlenmäßigen Struktur und Bedeutung innerhalb des Betriebes auch in dem Betriebsrat vertreten sind.

Auch in Betrieben mit unter 20 Arbeitnehmern ist ein Betriebsrat zu bilden. Derselbe soll in der Regel aus 1 Person bestehen.

4.) Die Arbeitnehmerschaft eines Betriebes soll durch Mehrheitsbeschlüsse einzelne Betriebsratsmitglieder oder den gesamten Betriebsrat abberufen können.

5.) Gemäß Kontrollratsgesetz Nr. 22, Artikel 1[6], ist ein Betriebsrat nur für den einzelnen Betrieb zu bilden. Hieraus ergibt sich, dass die Bildung von Gesamtbetriebsräten gesetzlich nicht vorgesehen ist. Die für ein Unternehmen mit mehreren Betrieben in Frage kommenden Aufgaben sind von den zuständigen Gewerkschaften wahrzunehmen. Daneben könnten auch Vertreter der Betriebsräte der einzelnen Betriebe eines Unternehmens die gemeinsamen Aufgaben wahrnehmen und aus Zweckmäßigkeitsgründen aus ihrer Mitte einen Ausschuss bilden.

6.) Der Betriebsrat soll in Zusammenarbeit mit den Gewerkschaften gleichberechtigt mit den Arbeitgebern in den sozialen, personellen und wirtschaftlichen Fragen des Betriebes mitzubestimmen haben.

B) Die Richtlinien der Gewerkschaften für die Arbeit der Betriebsräte

Die Betriebsräte als Organe der Belegschaften sind wichtige Funktionäre der Gewerkschaften in der Durchsetzung der gewerkschaftlichen Forderungen und des sozialen und wirtschaftlichen Mitbestimmungsrechtes der Arbeiter, Beamten und Angestellten in den Betrieben. Die Anleitung der Arbeit der

---

6  Artikel 1: »Zur Wahrnehmung der beruflichen, wirtschaftlichen und sozialen Interessen der Arbeiter und Angestellten in den einzelnen Betrieben wird hiermit die Errichtung und Tätigkeit von Betriebsräten in ganz Deutschland gestattet.«

Betriebsräte soll in ganz Deutschland nach einheitlichen gewerkschaftlichen Grundsätzen erfolgen. Im Gesetz Nr. 22 des Alliierten Kontrollrates ist die rechtliche Grundlage für die Tätigkeit der Betriebsräte geschaffen worden. In der Verwirklichung dieses Gesetzes sollen seitens der Gewerkschaften folgende Richtlinien gelten:

I. Verhältnis der Betriebsräte zu den Gewerkschaften

1.) Die Organisierung der Betriebsrätewahlen und die Anleitung der Betriebsrätearbeit ist eine Angelegenheit der Gewerkschaften. Die Gewerkschaft hat die Bildung des Wahlausschusses durch die Belegschaft und die Aufstellung gewerkschaftlicher Kandidaten für die Betriebsrätewahlen zu veranlassen. Einspruch gegen die Wahlen ist bei der Gewerkschaft einzulegen und von derselben zu entscheiden. Der Betriebsrat ist in seiner gesamten Tätigkeit nicht nur den Gewerkschaftsmitgliedern des Betriebes und der Belegschaft, sondern auch seiner Gewerkschaft verantwortlich.

2.) Die Gewerkschaften haben dafür zu sorgen, dass die Betriebsräte ihren im Kontrollratsgesetz Nr. 22 festgelegten Verpflichtungen nachkommen, der Gesamtbelegschaft regelmäßig, mindestens aber einmal im Vierteljahr, über ihre Tätigkeit und über sonstige betriebliche Angelegenheiten Bericht zu erstatten und diesen Bericht zur Diskussion zu stellen.

3.) Die Gewerkschaft hat das Recht, zu allen Betriebsrätesitzungen und Belegschaftsversammlungen ihre Vertreter zu entsenden. Der Betriebsrat ist berechtigt, bei Verhandlungen mit der Betriebsleitung oder mit Behörden ebenfalls Vertreter der Gewerkschaft hinzuzuziehen.

4.) Die Gewerkschaften haben die Errichtung der Betriebsräte und deren Kündigungsschutz durch Sicherung der vollen Verwirklichung des Artikels 9 des Betriebsrätegesetzes des Alliierten Kontrollrates durchzusetzen.

II. Die Wahlen zum Betriebsrat

Für die Durchführung der Wahlen zum Betriebsrat sind die Richtlinien der Gewerkschaften entsprechend den Bestimmungen des Kontrollratsgesetzes Nr. 22 nach folgenden Grundsätzen anzuwenden:

1.) Der auf Vorschlag der Gewerkschaften von der Belegschaft gewählte Wahlausschuss hat eine Wählerliste aufzustellen. Arbeitgeber, Geschäftsführer, Treuhänder und Betriebsleiter, soweit sie zur selbständigen Einstellung und Entlassung von Arbeitnehmern (Arbeitern, Angestellten und Beamten) befugt sind, sind weder wahlberechtigt noch wählbar und in der Wählerliste nicht aufzuführen.

2.) Für die Durchführung der Wahl ist die auf Vorschlag der Gewerkschaft von der Belegschaft beschlossene betriebliche Wahlordnung maßgebend. Zur Erledigung von Einsprüchen gegenüber Entscheidungen der Wahlausschüsse sollen die Gewerkschaften jeweils örtliche Schiedsstellen nach eigenen Grundsätzen bilden. Die Zuständigkeit der Schiedsstelle wird in der Wahlordnung festgelegt.

3.) Die Wahlordnung muss die Durchführung allgemeiner, geheimer, gleicher und unmittelbarer Wahlen garantieren. Sie muss die Stärke und Zusammensetzung des Betriebsrates festlegen. Zu diesem Zweck ist die Vertretung von Minderheitsgruppen, (Arbeiter, Beamte, Angestellte, Frauen und Jugendliche) im Betriebsrat durch die Wahlordnung festzulegen.

4.) Die Kosten des Wahlverfahrens trägt der Betrieb. Versäumnisse von Arbeitszeit infolge der Ausübung des Wahlrechtes oder der Tätigkeit im Wahlausschuss dürfen keine Minderung des Lohn- oder Gehaltsanspruches zur Folge haben.

5.) Der Wahlausschuss beruft die konstituierende Sitzung des Betriebsrates ein. Die Wahl des Vorsitzenden, seines Stellvertreters, des Schriftführers und die Aufteilung der Arbeitsgebiete erfolgen durch die Mitglieder des Betriebsrates.

6.) Die Mitgliedschaft im Betriebsrat erlischt vorzeitig durch Amtsniederlegung, Beendigung des Arbeitsverhältnisses, Verlust der Wählbarkeit oder Abberufung. Die Abberufung ist zulässig, wenn ein Viertel der Wahlberechtigten oder die zuständige Gewerkschaft es beantragt und die wahlberechtigten Arbeitnehmer des Betriebes dieselbe in geheimer Abstimmung mit Stimmenmehrheit beschließt.

7.) Die aus der Tätigkeit des Betriebsrats sich ergebenden Unkosten werden vom Arbeitgeber getragen. Die Sitzungen des Betriebsrates finden während der Arbeitszeit statt.

Die Teilnahme an gewerkschaftlichen Betriebsrätevollversammlungen und Kursen während der Arbeitszeit ist ohne Lohneinbuße den Betriebsräten zu gewähren.

III. Die Betriebsvereinbarungen über das Mitbestimmungsrecht

Das Mitbestimmungsrecht der Betriebsräte ist in erster Linie durch die Aktivität der Gewerkschaften und Belegschaften sowie der Betriebsräte selbst zu sichern. Es soll seinen Ausdruck finden im Abschluss von Betriebsvereinigungen, die sich als Folge aus den Bestimmungen der Artikel 5 und 6 des Gesetzes Nr. 22 des Alliierten Kontrollrates ergeben. Die Vereinbarungen bedürfen gemäß Artikel 7 des Kontrollratsgesetzes der Zustimmung der zuständigen Gewerkschaften. Dasselbe gilt auch für die Aufkündigung.

Wo es notwendig ist, sollen die Gewerkschaften durch Anwendung gewerkschaftlicher Mittel den Abschluss von Betriebsvereinbarungen über das Mitbestimmungsrecht herbeiführen.

IV. Das Mitbestimmungsrecht in sozialen und personellen Fragen

Die Gewerkschaften tragen dazu bei, den Betriebsräten das Mitbestimmungsrecht in sozialen und personellen Fragen gleichberechtigt mit den Arbeitgebern zu sichern, wodurch den Betriebsräten insbesondere folgende Aufgaben entstehen:

1.) Kontrolle der Durchführung der Tarifverträge, Vereinbarungen und gesetzlicher Vorschriften, welche zum Schutze von Leben und Gesundheit der Arbeitnehmer bestehen.

2.) Mitbestimmungsrecht bei Einstellungen, Entlassungen, Versetzungen, Beförderungen, Berufsumschulung und Berufsausbildung sowie Gestaltung privater Arbeitsverträge und Abstellen von Beschwerden jeder Art.

Ist eine Einstellung oder Entlassung sowie Versetzung oder Entlassung sowie Versetzung oder Beförderung usw. beabsichtigt, dann ist dem Betriebsrat rechtzeitig vorher unter Angabe der Gründe Mitteilung zu machen. Dabei hat der Arbeitgeber bei Neueinstellung eines Arbeitnehmers bekannt zu geben, für welche Arbeit und für welchen Arbeitsplatz der Einzustellende vorgesehen ist und welche Arbeitsbedingungen vereinbart werden sollen.

Die Unterlagen über die Person des Einzustellenden sind dem Betriebsrat zur Einsicht zur Verfügung zu stellen.

Sollte der Betriebsrat, bedingt durch sachliche Gründe, mit der beabsichtigten Maßnahme nicht einverstanden sein können, so kann er seine Zustimmung verweigern. In diesem Fall hat der Arbeitgeber die Stelle anzurufen, welche über die vom Arbeitgeber beabsichtigte Maßnahme zu entscheiden hat.

3.) Mitbestimmungsrecht bei Regelung der Arbeitszeit, der Kalkulation und Festsetzung der Akkord- und Stücklohnsätze, der Einführung neuer Löhnungsmethoden sowie der Festsetzung des Urlaubsplanes. Abschluss von betrieblichen Arbeitsordnungen zur Regelung dieser und anderer betrieblicher Angelegenheiten.

4.) Mitbestimmungsrecht bei der Organisation und Kontrolle des betrieblichen Gesundheits- und Arbeitsschutzes, der Beschäftigung von Körperbeschädigten, Frauen und Jugendlichen. Insbesondere hat der Betriebsrat für die Gleichberechtigung der Frau zu sorgen.

5.) Mitbestimmungsrecht bei der Schaffung und Leitung sozialer Einrichtungen, die der Wohlfahrt der Beschäftigten dienen sollen (Betriebsküchen, Kindergärten, Gartenland, Wohnungen, ärztliche Fürsorge und ähnliche Einrichtungen).

6.) Zur Durchführung vorstehender Aufgaben muss der Betriebsrat Einsicht in alle Unterlagen haben, die der Lohnzahlung, des Arbeitsschutzes, des Urlaubs, der Leitung sozialer Einrichtungen usw. dienen. Er muss außerdem zwecks Durchführung seines Mitbestimmungsrechtes bei Einstellungen und Entlassungen die Einsicht in die Personalakten haben.

V. Das Mitbestimmungsrecht in Wirtschaftsfragen

1.) Die gleichberechtigte Mitbestimmung des Betriebsrates in wirtschaftlichen Fragen soll mit dazu beitragen, den Aufbau der gesamten Wirtschaft auf demokratisierter Grundlage zum Wohle des ganzen Volkes und der Befriedigung seines Bedarfes zu sichern und das Wiederaufkommen jeder Rüstungsproduktion zu verhindern. Daher soll sich unter Anleitung der Gewerkschaften das wirtschaftliche Mitbestimmungsrecht der Betriebsräte insbesondere auf folgende Aufgaben erstrecken:

a) Art der Produktion

b) Festlegung des Produktionsprogramms

c) Entscheidung über Anschaffung, Verwendung und Veräußerung von Betriebsanlagen

d) Einführung neuer Fabrikations- und Arbeitsmethoden

e) Änderung des Betriebsumfangs bei Arbeitseinschränkung, Betriebserweiterung, Fusionierung und Betriebsstilllegung

f) bei der maßgeblichen Bestimmung des Absatzes

g) bei wesentlichen Kapitalinvestitionen und -veränderungen

h) in der Kalkulation und Preisgestaltung

i) Kontrolle des Warenabsatzes

j) Verhinderung der Aufrechterhaltung konzernmäßiger Bindungen des Betriebes.

2.) Zur Durchführung dieser Aufgaben muss der Betriebsrat Einsicht nehmen in alle Unterlagen, welche die Produktionsgestaltung und die Preiskalkulation des Werkes betreffen.

Die Betriebsleitung muss verpflichtet werden, ihm regelmäßig Geschäftsübersichten sowie die Bilanzen mit den erforderlichen Erläuterungen zu übermitteln. Es bedarf der regelmäßigen Besprechung mit der Betriebsleitung und muss über den Geschäftsgang und die Produktion des Betriebes unterrichtet werden.

3.) Der Betriebsrat hat das Recht, bei Prüfung der Geschäftsvorgänge, soweit es erforderlich und sachdienlich ist, beeidigte Sachverständige hinzuziehen. Die Kosten der Sachverständigen hat das Unternehmen zu tragen.

4.) In Betrieben, für die ein Aufsichtsrat oder ein ähnliches Organ besteht, hat der Betriebsrat das Recht, Vertreter in diese Organe zu entsenden. Die Vertreter haben in diesen Organen die Interessen der Arbeitnehmer zu vertreten und die Rechte des Betriebsrates zu wahren.

Die Vertreter sind verpflichtet, über die ihnen gemachten vertraulichen Angaben Stillschweigen zu bewahren, soweit dies zur Vermeidung unlauteren Wettbewerbs erforderlich ist. Die Schweigepflicht gilt nicht gegenüber den Mitgliedern des Betriebsrates.

VI. Kommissionen im Betrieb

Zur Unterstützung der Durchführung seiner Aufgaben im Betrieb bedarf der Betriebsrat verschiedener Ausschüsse und Kommissionen (Produktion, Preiskalkulation, Ersparungen, Löhne, Akkorde, Arbeitsschutz, Betriebsküche, Frauen, Jugendliche usw.). Die Kommissionen und Ausschüsse sind von den gewerkschaftlichen Kollegen und Kolleginnen des Betriebes zu bilden. Die Mitglieder dieser Kommissionen sind ebenso wie die sonstigen gewerkschaftlichen Vertrauensleute im Betrieb in ihrer Tätigkeit durch Aufnahme entsprechender Bestimmungen in den Betriebsvereinbarungen zu schützen.

Zu 3) Kündigungsrecht für Arbeitnehmer

Der den Beratungen zugrundeliegende Vorentwurf für ein Kündigungsrecht aller Arbeitnehmer wurde durchgearbeitet. Es kam allgemein zum Ausdruck, dass ein einheitliches Kündigungsrecht für alle Arbeitnehmer unter Einbeziehung eines Kündigungsschutzes dringend erforderlich sei. Die Sachbearbeiter der Gewerkschaften der Länder und Zonen werden umgehend die gesamte Materie durcharbeiten, um in kürzester Frist eine allen Interessen gerecht werdende Regelung zu unterbreiten und dafür besorgt sein, dass eine dementsprechende gesetzliche Regelung baldmöglichst erfolgt. Hinsichtlich des Abschnittes »Einspruchsrecht der Arbeitnehmer« kam einmütig zum Ausdruck, dass, trotzdem dem Betriebsrat in Durchführung des Mitbestimmungsrechts in personellen Fragen eine Mitentscheidung bei Entlassungen von Arbeitnehmern zusteht, den Arbeitnehmern das Recht gewährt werden soll, dass sie in allen Fällen Einspruch beim Betriebsrat bzw. Klage beim Arbeitsgericht gegen ihre Entlassung einlegen können. Unterschiedlich war jedoch die Auffassung in der Frage, ob das Arbeitsgericht neben der Entscheidung über die Weiterbeschäftigung wahlweise eine Entschädigung im Urteil festlegen soll. Einzelne Mitglieder vertraten den Standpunkt, dass das Arbeitsgericht nur zu entscheiden habe, ob die Kündigung berechtigt ist oder die Wiederbeschäftigung zu erfolgen hat. Andere Mitglieder waren der Meinung, dass im Allgemeinen das Arbeitsgericht über die Weiterbeschäftigung bzw. die Festsetzung einer Entschädigung entscheiden soll. Es sollte jedoch grundsätzlich die Weiterbeschäftigung durch Urteil des Arbeitsgerichtes ausgesprochen werden und erst wenn der Arbeitgeber dieselbe ausdrücklich ablehnt, die Entschädigung in Betracht kommen. Ebenso sollte in besonderen Fällen, wenn die Kündigung willkürlich oder aus einem nichtigen Grunde unter Missbrauch der Machtstellung im Betrieb erfolgt ist, das Arbeitsgericht berechtigt sein, in seinem Urteil die Weiterbeschäftigung zwingend anzuordnen.

Ferner wurde zum Ausdruck gebracht, dass zwingende Bestimmungen über die Ausstellung von Zeugnissen nicht gesetzlich festgelegt werden sollen. Man sollte endlich davon abkommen, dass ein Zeugnis dringend notwendig sei, vielmehr das Schwergewicht auf die Persönlichkeit und Leistung des Arbeitnehmers legen.

Zu 4) Urlaubsrecht für Arbeitnehmer

Alle Ausschussmitglieder vertraten übereinstimmend die Ansicht, dass der Urlaub für alle Arbeitnehmer durch Gesetz der in Betracht kommenden Länder geregelt werden sollte. Hierbei wäre zu beachten, dass für alle Arbeiter, Beamte und Angestellte ein Mindesturlaub von 12 Arbeitstagen, für alle unter 18 Jahre alten Beschäftigten ein Mindesturlaub von 24 Arbeitstagen gesetzlich festgelegt werden soll. In dem hiernach in Betracht kommenden Urlaubsgesetz der Länder usw. sollen nur die dringend notwendigsten Grundsätze festgelegt werden, während alle sonst mit dem Urlaub in Betracht kommenden Fragen durch Tarifvertrag vereinbart werden sollen, dazu gehört insbesondere die Gewährung eines über den Mindesturlaub hinausgehenden zusätzlichen Urlaubs. Hierbei ist grundsätzlich das Lebensalter, eventuell in Verbindung mit der Betriebszugehörigkeit des Arbeitnehmers, zugrunde zu legen. Als Urlaubsjahr wurde das Kalenderjahr für zweckmäßig gehalten. Bei der Festlegung einer Wartezeit für den Urlaub ist darauf Bedacht zu nehmen, dass jedem Arbeitnehmer in einem Urlaubsjahr auch sein Urlaub gewährt wird, selbst wenn er bei mehreren Arbeitgebern in dieser Zeit beschäftigt war.

Die Gewerkschaften werden bei ihren Länderregierungen oder sonst in Betracht kommenden Stellen darauf hinwirken, dass möglichst umgehend eine gesetzliche Urlaubsregelung entsprechend vorstehender Grundsätze erfolgt.«

Diesen ausgearbeiteten Richtlinien stimmte die Interzonenkonferenz zu. Diese Richtlinien haben die Bedeutung, dass die Gewerkschaften in allen Zonen sich bemühen müssen, im Sinne derselben auf die Gesetzgebung ihrer Länder einzuwirken.

Die eingesetzte Redaktionskommission, der die Kollegen:
Richter (Amerikanische Zone)
Hagen (Amerikanische Zone)
Lemmer (Sowjetische Zone)
Göring (Sowjetische Zone)
Böhm (Britische Zone)
vom Hoff (Britische Zone)
Fleck (Französische Zone)
Heinemann[7] (Französische Zone)
Schlimme (Groß-Berlin)

angehörten, hat die folgende Entschließung ausgearbeitet und der Konferenz zur Abstimmung vorgelegt. Nach lebhafter Debatte werden beide Entschließungen einstimmig angenommen:

»Das deutsche Volk muss leben!«

Die in Badenweiler tagende 5. Interzonenkonferenz der Deutschen Gewerkschaften stellt mit tiefem Ernst fest, dass die Versorgung der Bevölkerung sich in jeder Hinsicht weiter verschlechtert hat. Der Gesundheitszustand des deutschen Volkes ist durch die Entbehrungen bereits so erschüttert, dass diese Belastungen zu einer Schädigung der Arbeitskraft führen müssen, die für den Neuaufbau der deutschen Wirtschaft verhängnisvolle Folgen haben würde.

Mit größter Besorgnis sieht das deutsche Volk den Leiden und Entbehrungen des kommenden Winters entgegen.

Die Gewerkschaften haben bisher nichts unversucht gelassen, der großen Not zu begegnen.

Alle Bemühungen, die Schwierigkeiten zu überwinden, sind nicht zuletzt davon abhängig, dass die Zonengrenzen fallen und dass es gelingt, die wirtschaftliche und politische Einheit Deutschlands herzustellen. Die Bildung

---

7   Fritz Heinemann (geb. 27.03.1880), 1898 Mitglied der Gewerkschaft, 1904 Mitglied der SPD, seit 1.04.1907 Gauvorsteher des Deutschen Holzarbeiterverbandes in Frankfurt am Main, Juli 1945 bis Juli 1946 Gründungsmitglied und Mitglied des leitenden Ausschusses des Verbandes der Holzarbeiter Groß-Berlin, August 1948 Mitglied der engeren und geschäftsführenden Bundesleitung der UGO Berlin, 1949/50 hauptamtliches Mitglied und 2. Vorsitzender des UGO-Vorstandes Berlin.

einer deutschen Zentralverwaltung für die Durchführung einer umfassenden Wirtschaftsplanung darf nicht länger hinausgeschoben werden.

Das Deutsche Volk muss leben!

Es muss in erster Linie aus eigener Kraft alles tun, um seine materiellen Lebensmöglichkeiten wieder zu gewinnen. Dabei ist erforderlich, dass die Besatzungsmächte sowie die zuständigen Behörden dieses Bestreben unterstützen.

Die 5. Interzonenkonferenz wendet sich an das deutsche Volk, insbesondere aber an alle Gewerkschaftsmitglieder, um sie zu wirksamer Mitarbeit an der Verbesserung der harten Lebensbedingungen aufzufordern.

An erster Stelle gilt es, die Ernte zu sichern, sie vollständig zu erfassen und vor dem Verderben zu schützen. Von der Landbevölkerung wird erwartet, dass sie in voller Verantwortung alle Kräfte anspannt, um dieses Ziel zu erreichen.

Die Arbeiter, Angestellten und Beamten in den Betrieben und Verwaltungen müssen bereit sein, in jeder nur möglichen Weise die Landbevölkerung dabei zu unterstützen.

Ein gut durchorganisiertes Erfassungssystem und gerechter Verteilungsplan sowie die öffentlich kontrollierte Verteilung müssen die Versorgung befriedigend gewährleisten.

Das Hitler-System hat unser Volk durch seine verbrecherische und abenteuerliche Politik in die größte Katastrophe seiner Geschichte geführt. An den furchtbaren Folgen wird unser Volk noch auf absehbare Zeit schwer zu tragen haben.

Es gilt, die gemeinsame Not durch die Solidarität aller Schaffenden in Stadt und Land zu überwinden.

Entschließung zur Kohlenfrage

»Die deutschen Gewerkschaften verfolgen mit Besorgnis die vielfachen Bestrebungen deutscher wie auch ausländischer Interessenkreise, die auf eine Reprivatisierung der deutschen Kohlenwirtschaft oder auf eine Verzögerung der Klärung der Besitzverhältnisse in diesem wichtigen Wirtschaftszweig abzielen. Sie befürchten schwere wirtschaftliche Verwicklungen, wenn die verantwortlichen Stellen solche Bestrebungen fördern oder ihnen nachgeben würden.

Für den Neuaufbau der deutschen wie der europäischen Wirtschaft ist erste Voraussetzung eine erhebliche Produktionssteigerung im Kohlenbergbau. Sie aber ist mit Sicherheit nur zu erreichen, wenn neben der Erfüllung der anderen, allgemein bekannten Voraussetzungen die Besitzfrage im Sinne einer Überführung des gesamten Bergbaus in die Hand des Volkes geklärt wird.

Die deutschen Gewerkschaften wiederholen deshalb ihr früher bereits gestelltes Verlangen auf Vergesellschaftung der Kohlenwirtschaft als der ersten, im Friedensinteresse zu vergesellschaftenden Grundstoffindustrien.

Bis zur Erfüllung dieser Forderung ist die sofortige Übertragung der Kontroll- und Verteilungsbefugnisse an deutsche Behörden dringend notwendig.«

Zu Punkt 4) der Tagesordnung. Es wurden Organisationsfragen behandelt. Es wurde beschlossen, eine interzonale Gewerkschaftsjugendkonferenz alsbald durchzuführen. Dem Bayrischen Gewerkschaftsbund wurde als Auftrag erteilt, Ort und Zeit dieser Konferenz so festzulegen, dass spätestens auf der 6. Interzonenkonferenz die Abhaltung dieser Gewerkschaftsjugendkonferenz endgültig festgelegt werden kann.

Die Tagesordnung hierfür wurde vorläufig wie folgt festgelegt:

1.) Stand der gewerkschaftlichen Jugendarbeit

2.) Jugendschutzgesetzgebung

3.) Das Beruf- und Fachschulwesen

4.) Ziele der Gewerkschaftlichen Jugendarbeit

Zur Beschickung dieser Konferenz wurde folgender Delegationsmodus angeregt und auch angenommen: Jede Zone soll bis zu 12, Groß-Berlin 4 Delegierte entsenden. Die Jugendsekretäre der Landes- bzw. Zonengewerkschaftsbünde sollen den Delegierten angehören.

Die auf der Tagung herausgearbeiteten Grundlinien sind als Material der nächsten Interzonenkonferenz zur weiteren Verarbeitung und Beschlussfassung zu überweisen.

Die Frauenfrage wurde ebenfalls behandelt und in Aussicht genommen, alsbald eine interzonale Frauenkonferenz einzuberufen. Für die 6. Interzonenkonferenz jedoch wurde festgelegt, dass die Kollegin Malter, Berlin, ein Referat zu dieser Frage übernimmt. Gleichzeitig hat jede Zone zu dieser Konferenz zusätzlich eine Delegierte zu entsenden. Alle übrigen organisatorischen Fragen werden dem vom 16.–18. September erstmals in Berlin tagenden Arbeitsausschuss zur Behandlung überwiesen.

Zu Punkt 5) der Tagesordnung wird beschlossen, dass die nächste Interzonenkonferenz in der Zeit vom 21.–23. Oktober 1947 in der Britischen Zone stattfindet. Die Wahl des Ortes wird den Kollegen der Britischen Zone überlassen.

Als Tagesordnung ist vorgesehen:

1.) Die Frau in der Gewerkschaft (Referat Friedel Malter, Berlin)

2.) Bericht des Arbeitsausschusses und Stellungnahme

3.) Die Kohlenfrage

Der von der Konferenz beschlossene Pressebericht lautet:

»Die 5. Interzonenkonferenz der Deutschen Gewerkschaften tagte vom 7.–9. August 1947 in Badenweiler. Außer den Delegierten aus allen 4 Zonen und Groß-Berlin nahmen auch 2 Repräsentanten des Weltgewerkschaftsbundes an der Tagung teil.

Bei der Eröffnung der Konferenz wurden Begrüßungsansprachen gehalten vom Arbeitsdirektor Gross für die französische Militärregierung, von Ministerialreferent Kappes in Vertretung des verhinderten Präsidenten für die Badische Regierung und vom Bürgermeister von Badenweiler.

Im Vordergrund der Beratung stand die Frage des Anschlusses an den Weltgewerkschaftsbund, der auf seiner Prager Tagung im Juni beschlossen hatte, im Prinzip der Aufnahme der Deutschen Gewerkschaften zuzustimmen, wenn eine dazu legitimierte Gesamtvertretung gebildet ist. Um diese Gesamtvertretung zu bilden, wurde vom WGB empfohlen, einen allgemeinen deutschen Gewerkschaftskongress von demokratisch gewählten Delegierten einzuberufen.

Die Interzonenkonferenz nahm dazu einen Bericht der deutschen Delegation entgegen, die auf Einladung des WGB an der Prager Tagung teilgenommen hatte. Einmütig wurde der Beschluss des WGB begrüßt. Nachdem in einer eingehenden Beratung alle Probleme erörtert wurden, die mit dieser Angelegenheit zusammenhängen, stimmte die Konferenz einstimmig folgender Entschließung zu:

Die Interzonenkonferenz der Gewerkschaften Deutschlands hat den Bericht über die Tagung des Generalrats des WGB in Prag und die gefassten Beschlüsse über das Verhältnis der deutschen Gewerkschaften zum WGB mit großer Befriedigung zur Kenntnis genommen.

Die Interzonenkonferenz beauftragt einen Arbeitsausschuss, die hierfür notwendigen Vorschläge auszuarbeiten und der nächsten Interzonenkonferenz Bericht zu erstatten.

Die Interzonenkonferenz erwartet auch, dass alle Landes- und Zonengewerkschaftsbünde sowie die Industriegewerkschaften alle erforderlichen Vorarbeiten leisten, um die in dem Beschluss des WGB zum Ausdruck gebrachten Grundsätze baldmöglichst zu verwirklichen.

Das künftige Schicksal der Werktätigen und des deutschen Volkes hängt von der politischen Einheit Deutschlands, einer einheitlichen Wirtschaftsführung und einer einheitlichen sozialen Gesetzgebung Deutschlands ab. Die deutschen Gewerkschaften, in denen gegenwärtig bereits fast 8 Mio. Männer und Frauen organisiert sind, bekunden der Welt gegenüber diesen Willen zur Einheit durch entsprechende Vorbereitungen für einen organisatorischen Zusammenschluss aller Schaffenden.

Die nächsten Punkte der Tagesordnung betrafen das Tarifvertragswesen und Arbeitsrechtsfragen. Zur Vorbereitung dieser Fragen waren 2 Expertenkommissionen bereits vom 4.–6. August 1947 in Badenweiler versammelt gewesen und legten der Interzonenkonferenz ihre Berichte vor.

Die Arbeitsrechtskommission hatte ausführliche Richtlinien ausgearbeitet, die sich beziehen auf das Arbeitsgerichtswesen, das Betriebsräterecht, das Kündigungsrecht für Arbeitnehmer und das Urlaubsrecht. Alle diese Fragen, die früher durch Reichsgesetze geordnet waren, unterstehen heute mehr oder weniger der Gesetzgebung der einzelnen Länder. Die Gewerkschaften haben ein starkes Interesse daran, dass die gesetzliche Regelung dieser Fragen einheitlich im ganzen Reich ist. Die ausgearbeiteten Richtlinien, denen die Interzonenkonferenz zustimmte, haben die Bedeutung, dass die Gewerkschaften in allen Zonen sich bemühen müssen, im Sinne dieser Richtlinien auf die Gesetzgebung ihrer Länder einzuwirken.

Erheblich schwieriger erwies sich bei den Beratungen in der Kommission wie auch der Interzonenkonferenz die einheitliche Regelung des Tarifvertragsrechtes. Da z. Zt. eine einheitliche gesetzliche Regelung noch nicht möglich erscheint, war sich die Konferenz einig darin, die weitere Entwicklung zu beobachten und zu gegebener Zeit die Frage erneut zu behandeln.

Im Zusammenhang mit dieser Frage wurde beschlossen, dem Alliierten Kontrollrat eine Entschließung zu übermitteln, in der um eine Lockerung des Lohnstopps gebeten wird. Damit verbindet die Konferenz den Wunsch, dass diese Entschließung vor dem Alliierten Kontrollrat persönlich vom Präsidium der Interzonenkonferenz vertreten werden kann.

Im letzten Punkt der Tagesordnung wurden Organisationsfragen behandelt. Unter anderem wurde beschlossen, baldigst eine interzonale Gewerkschaftsjugendkonferenz einzuberufen und auch eine solche Frauenkonferenz in Aussicht zu nehmen. Im Übrigen wurde ein Arbeitsausschuss eingesetzt, der sowohl die Vorbereitungen für die Einberufung eines allgemeinen deutschen Gewerkschaftskongresses in Angriff nehmen wie auch die Organisationsprobleme untersuchen und der nächsten Interzonenkonferenz Vorschläge für die Vereinheitlichung des Organisationswesens machen soll.

Schließlich nahm die Konferenz eine Entschließung zum Ernährungsproblem und eine andere zur Kohlenfrage an, wobei insbesondere die baldige Klärung der Rechts- und Besitzverhältnisse des Bergbaus gefordert wird.

Wie alle früheren Interzonenkonferenzen verlief auch die in Badenweiler in bester Kameradschaftlichkeit im Geiste der gesamtdeutschen Solidarität.

Die nächste Interzonenkonferenz wurde für den 21.–23. Oktober 1947 in der Britischen Zone festgelegt.«

Kurz vor Abschluss der Konferenz richtete Kollege *van Binneveld* folgende Worte an die Delegierten:

»Ich nütze die Gelegenheit der Gegenwart meines Kameraden Preuss und entschuldige mich, dass ich nicht in Ihrer Landessprache zu Ihnen spreche, da es mir für das erste Mal einige Schwierigkeiten bereiten würde. Zunächst danke ich Ihnen aufrichtig für den Empfang, den Sie mir bereitet haben und der in mir die Freude verdoppelt, unter Ihnen eine gewisse Anzahl von Kameraden wiederzufinden, die mir aus meiner früheren Tätigkeit bekannt sind. Diese erste Begegnung war für mich ein Symbol und beweist mir, dass der gewerkschaftliche Gedanke trotz aller menschlichen Prüfungen auch in Deutschland lebendig geblieben ist. Einer von Ihnen hat hier erklärt, dass in Prag eine Tür geöffnet worden ist – persönlich sage ich dazu, dass im Grunde genommen wir niemals aufgehört haben, an die anderen zu denken. Mit Genugtuung habe ich von der Entschließung, in welcher Sie Stellung zu dem Beschluss des Generalrates des Weltgewerkschaftsbundes in Prag nehmen, Kenntnis genommen. Für meinen Auftrag bin ich meinerseits sicher, die weitestgehende Unterstützung bei jedem von Ihnen zu finden und ebenfalls bei der Arbeitskommission, die beauftragt ist, die Formen zu finden, um ihre Entschließung in die Wirklichkeit umzusetzen, eine Entschließung, die sicher einmal in die Geschichte der deutschen und internationalen Gewerkschaftsbewegung eingehen wird. Ich habe mit großer Aufmerksamkeit Ihren Verhandlungen beigewohnt. Sie haben bei mir den Eindruck hinterlassen, dass neben Ihren erheblichen Anstrengungen, die Sie bisher getan haben, noch viel zu tun übrig bleibt, vor allen Dingen in Bezug auf die Vereinigung Ihrer gewerkschaftlichen Organisation. Der Wunsch des WGB und der Gewerkschaftsbewegung geht dahin, dass diese Verwirklichung der Einheit so schnell wie möglich in Deutschland vollzogen wird. Es wäre unverständlich, wenn die deutsche Gewerkschaftsbewegung, die so viel Errungenschaften in der Vergangenheit und Leistungen auf ihr Konto schreiben kann, nicht in der Lage wäre, selbst diese äußerste Anstrengung leisten würde, die gleichzeitig eine Notwendigkeit im Wiederaufbau Deutschlands und darüber hinaus die Voraussetzung für den Wiedereintritt in die Weltgewerkschaftsbewegung ist. Bei aller Anstrengung sind wir bereit, Ihnen jede von Ihnen gewünschte Unterstützung zu gewähren, ohne daran zu denken, dass wir die Absicht haben, uns in Ihre inneren Angelegenheiten einmischen zu wollen. Es handelt sich hier um eine vertrauensvolle, frei akzeptierte Zusammenarbeit.

Für meinen Teil präzisiere ich, dass meine Mission darin bestand, eine ständige Verbindung zwischen Ihnen und dem Weltgewerkschaftsbund herzustellen, darüber hinaus nicht nur das Sekretariat WGB zu informieren, sondern auch gleichzeitig Dokumente zu sammeln, für den Vorstand des WGB, der sich in nächster Zeit aufs neue mit den deutschen Problemen beschäftigen wird, die eine Schlüsselstellung in der Entwicklung der weltpolitischen Lage in gutem oder schlechtem Sinne darstellen. Ich bin überzeugt, dass Sie sich bei der Lösung dieses Problems an unserer Seite befinden und mit mir einig darüber sind, dass wir alles tun werden, um eine günstige Lösung, d. h. einen dauernden Frieden, wirtschaftliche Stabilität, soziale Gerechtigkeit und die Verständigung der Völker untereinander zu erreichen«.

Schluss der Konferenz am 9. August 1947, mittags 13 Uhr.

Im August 1947

[Hier folgt erneut der Pressebericht über die interzonale Gewerkschaftskonferenz in Badenweiler, Wortlaut wie oben]

Dokument 26a

## 7.–9. August 1947: 5. Interzonenkonferenz der deutschen Gewerkschaften in Badenweiler, 7., 8. und 9. August 1947.

SAPMO-BArch. Akte 5. Interzonenkonferenz in Badenweiler vom 7.–9. August 1947. Protokoll, organisatorische Vorbereitung, Auswertung. Broschüre, Maschinenschrift. DY 34/22975.

Freier Deutscher Gewerkschaftsbund

Bundesvorstand

Informationsmaterial für Gewerkschaftsfunktionäre

Berlin, August 1947 / Nr. 13

Herausgeber:

Freier Deutscher Gewerkschaftsbund für die sowjetisch besetzte Zone und Groß-Berlin

V. Interzonenkonferenz 7., 8. und 9. August 1947 in Badenweiler

Tagesordnung:

1. Bericht und Stellungnahme zur Generalratstagung des Weltgewerkschaftsbundes in Prag – Berichterstatter Hermann Schlimme

2. Tarifrecht – Referent: Markus Schleicher

3. Arbeitsrecht – Referent: Willi Richter

4. Organisationsfragen (Berichterstattung je eines Vertreters aus den Zonen)

5. Festlegung des nächsten Tagungsortes und der Tagesordnung

Teilnehmer:

Amerikanische Zone:
Hagen, Lorenz (München)
Schleicher, Markus (Stuttgart)
Richter, Willi (Frankfurt am Main)
Tarnow, Fritz (Stuttgart)
Reuter, Georg (München)

Englische Zone:
Böckler, Hans (Köln)
Böhm, Hans (Bielefeld)
Karl, Albin (Hannover)
vom Hoff, Hans (Nienburg an der Weser)

Französische Zone:
Fleck, Fritz (Tuttlingen)
Ludwig, Adolf (Neustadt)
Schneider, Matthias (Baden-Baden)
Reibel, Wilhelm (Freiburg)

286

Sowjetische Zone:
Jendretzky, Hans (Berlin)
Göring, Bernhard (Berlin)
Lemmer, Ernst (Berlin)
Kaufmann, Adolf (Berlin)
Krüger, Ernst (Berlin)

Berlin:
Chwalek, Roman (Berlin)
Schlimme, Herrmann (Berlin)

[Es folgt der von der 5. Interzonenkonferenz beschlossene Pressebericht. Vgl. Dokument 26]

Entschließung der deutschen Gewerkschaften zu den Prager Beschlüssen des Weltgewerkschaftsbundes

[Es folgt der Beschluss des Generalrates des WGB zur Aufnahme der deutschen Gewerkschaften und die dazugehörige Entschließung der 5. Interzonenkonferenz. Vgl. Dokument 26]

Erklärung des WGB in Badenweiler, Vertreter: *van Binneveld*

Das Sekretariat des WGB ist damit beschäftigt, das Funktionieren des Verbindungsbüros vorzubereiten. Damit ohne Verspätung der Beschluss von Prag Wirklichkeit wird, hat das Sekretariat des WGB beschlossen, einen ständigen Delegierten für Deutschland zu ernennen.

Es ist der Wunsch des Generalsekretärs des WGB, dass die Leitung der Gewerkschaften in jeder Zone jeden Monat einen Bericht fertigstellt und dass andererseits der Delegierte des WGB jede Zone besucht und die notwendige Zeit dort verweilt, um die in den Berichten festgestellten Schwierigkeiten mit beseitigen zu helfen, mit den maßgebenden Stellen Kontakt aufzunehmen und, wenn notwendig und gewünscht, bei den offiziellen Stellen zu intervenieren.

[Es folgen die Entschließungen »Das deutsche Volk muss leben!« und »Entschließung zur Kohlenfrage«. Vgl. Dokument 26]

Beschluss zur Einberufung einer Interzonalen Gewerkschaftsjugendkonferenz

Dieselbe soll möglichst bald in München stattfinden. Jede Zone soll bis zu zwölf, Groß-Berlin vier Delegierte entsenden. Die Jugendsekretäre der Landes- bzw. Zonengewerkschaftsbünde sollen den Delegierten angehören.

Die Tagesordnung soll lauten:

1. Stand der gewerkschaftlichen Jugendarbeit,

2. die Jugendschutzgesetzgebung,

3. das Berufs- und Fachschulwesen,

4. Ziele der gewerkschaftlichen Jugendarbeit.

287

Die fünfte Interzonenkonferenz richtet an den Bayrischen Gewerkschaftsbund die Bitte, mit den Vorarbeiten für die Interzonale Gewerkschaftsjugendkonferenz sein Generalsekretariat zu beauftragen.

Die Vorschläge der Jugendkonferenz sind der Interzonenkonferenz zuzustellen.

Badenweiler, den 8. August 1947.

Die Arbeitsrechtskommission gab der 5. Interzonenkonferenz den folgenden
Bericht:

Der von der 4. Interzonenkonferenz eingesetzte Ausschuss für Arbeitsrechtsfragen tagte vom 4. bis 6. August in Badenweiler und behandelte

1. Entwurf eines deutschen Arbeitsgerichtsgesetzes,

2. Entwurf zu einem Kündigungsgesetz für alle Arbeitnehmer,

3. Entwurf zu einem einheitlichen Urlaubsgesetz.

Der vorgelegte Entwurf zu einem deutschen Arbeitsgerichtsgesetz war bereits im Hessischen Landtag behandelt worden und muss nunmehr aufgrund
der Hessischen Verfassung verabschiedet werden. In der Aussprache stellte
sich heraus, dass Bayern sowie Württemberg-Baden bereits fast gleichlau-
tende Gesetze verabschiedet haben und auch Ausführungsbestimmungen
zu diesen Gesetzen erließen. Desgleichen wurde von den Kollegen aus der
Französischen Besatzungszone mitgeteilt, dass auch dort die Schaffung eines
deutschen Arbeitsgerichtsgesetzes von der Besatzungsmacht gefordert wird.

Da der zur Beratung stehende Entwurf sich zu mehr als 90 Prozent wesentlich mit dem Inhalt des alten Arbeitsgerichtsgesetzes vom 23. Dezember 1926
deckte und keine nennenswerten Neuerungen aufwies, haben wir vorgeschlagen, dass bei künftigen Gesetzentwürfen diese einheitlich für sämtliche Zonen erfolgen müssten, und dass vor allen Dingen beim Arbeitsgerichtsgesetz
die nachstehenden Grundforderungen erfüllt sein müssen:

[Es folgen – sprachlich überarbeitet – die von der 5. Interzonenkonferenz unter Punkt 1 der Tagesordnung, Arbeitsgerichtswesen, beschlossenen Grundsätze 1–9. Vgl. Dokument 20.]

Aufgrund der vorstehenden einstimmig angenommenen Richtlinien ist ein
einheitlicher Entwurf zu einem deutschen Arbeitsgerichtsgesetz für das gesamte Reich auszuarbeiten.

Der vorgelegte Entwurf zu einem Kündigungsschutzgesetz für alle Arbeitnehmer (Arbeiter, Angestellte und Beamte) soll als besonderer Teil des Arbeitsver-
tragsrechts vordringlich behandelt werden. Es soll zunächst eine einheitliche
Festlegung der Kündigungsfristen erfolgen, darüber hinaus die Voraussetzungen festgelegt werden, unter welchen eine Kündigung überhaupt erfolgt,
mit der Maßgabe, dass nach einer 20jährigen Tätigkeit in einem Betrieb eine
Kündigung nur bei Vorliegen eines wichtigen Grundes erfolgen darf.

Neben dem Kündigungsrecht sind gleichzeitig auch Kündigungsschutzbestim-
mungen mit eingearbeitet.

Die Vorschriften des Kündigungsschutzes bewegen sich im Entwurf im Rahmen der bekannten Bestimmungen des alten Betriebsrätegesetzes aus dem Jahre 1920. Es ist ein Einspruchsrecht festgelegt. Der Einspruch ist bei der Betriebsvertretung einzulegen und die Betriebsvertretung hat mit der Betriebsleitung zu verhandeln, selbst dann, wenn sie vorher die Zustimmung zur Kündigung gegeben hat, und nach erfolglosem Verhandeln kann das Arbeitsgericht angerufen werden. Das Arbeitsgericht kann auf Weiterbeschäftigung oder Zahlung einer Entschädigung erkennen. Die Wahl liegt beim Arbeitgeber. Nur in besonderen Fällen, in denen die Betriebsleitung ihre Machtstellung missbraucht, soll das Arbeitsgericht berechtigt sein, die Weiterbeschäftigung unter Androhung von Strafen zu erzwingen.

Unsere Meinung zu dem vorgeschlagenen Kündigungsgesetz für die Arbeitnehmer geht dahin, dass bei vollem Mitbestimmungsrecht der Betriebsräte ein Missbrauch seitens der Betriebsleitung oder des Arbeitgebers unbedingt unterbunden werden kann. Eine zwingende Notwendigkeit zur Einführung eines solchen Gesetzes besteht nicht, wenn auch wir zwar nicht verkennen, dass im Augenblick ein gewisser Kündigungsschutz angebracht wäre. Es muss jedoch im Vordergrund immer stehen, dass das klagbare Recht auf den Arbeitsplatz im Betrieb wichtiger ist als die Gewährung irgendwelcher Entschädigungen, durch die der Arbeitgeber sich von unbequem gewordenen Belegschaftsmitgliedern loskaufen kann.

Da auch in den westlichen Besatzungszonen die Urlaubsbestimmungen in den verschiedenen Tarifordnungen und Tarifverträgen grundverschieden sind, wird von den Kollegen der Westzone ein einheitliches Urlaubsgesetz angestrebt. Dieses Urlaubsgesetz soll den Grundurlaub einheitlich festsetzen und den Tarifvertragsparteien die Möglichkeit geben, in Tarifverträgen der Eigenart des Industrie- oder Berufszweiges entsprechenden Zusatzurlaub festzulegen. Übereinstimmend wird von den Kollegen der westlichen Zonen erhöhter Urlaub bei längerer Betriebszugehörigkeit und bei hohem Lebensalter gefordert, während wir den Standpunkt vertreten, dass die Beschäftigungsdauer im Betrieb oder das Lebensalter selbst kein Maßstab für die Urlaubsbewertung sein können, sondern dass, wenn schon ein Urlaubsgesetz geschaffen wird, der über den Grundurlaub festgelegte Zusatzurlaub nur nach der Schwere der zu leistenden Tätigkeit ohne Rücksicht auf Alter und Geschlecht und Zugehörigkeit zum Betrieb festzusetzen ist.

Da das Kündigungsgesetz und das Urlaubsgesetz erst kurz vor seiner Beratung durch die Kommissionen den Kommissionsmitgliedern zugeleitet wurden, war eine eingehende Stellungnahme keinem der Teilnehmer möglich. Daher sollen auch diese beiden Entwürfe in den einzelnen Zonen besprochen und in den Kommissionen beraten werden und es soll dann bei nächster Zusammenkunft ersucht werden, diesen Gesetzen eine einheitliche Formulierung zu geben, die für alle Zonen Gültigkeit haben soll.

Richtlinien der Gewerkschaften für die Arbeit der Betriebsräte

Auf der fünften Interzonenkonferenz der deutschen Gewerkschaften vom 7.–9. August 1947 wurden nach entsprechender Vorarbeit durch eine Kommission (der ebenfalls Vertreter aller Zonen und Berlins angehörten) u. a. auch Richtlinien der Gewerkschaften für die Arbeit der Betriebsräte einstimmig angenommen. Diese Richtlinien sollen jetzt für die Anleitung der Betriebsrätearbeit durch die Gewerkschaften im ganzen Reiche gelten. Der Text dieser Richtlinien lautet:

[Vgl. wie oben Dokument 26: Zu 2) B des Punktes 3) der Tagesordnung der 5. Interzonenkonferenz]

Entschließung über die Lockerung des Lohnstopps

Dem Alliierten Kontrollrat vorzulegen

[Vgl. wie oben der Beschluss des III. Teil des 2. Punktes der Tagesordnung der 5. Interzonenkonferenz im Dokument 20]

[In der Vorlage – einer Broschüre des FDGB – folgt hier eine Übersicht über die Interzonenkonferenzen bzw. Tagungen der Einzelgewerkschaften in der Zählung des FDGB.]

DOKUMENT 27

## 17.–19. September 1947: Aktenvermerk über die Beratungen des Arbeitsausschusses der 5. Interzonenkonferenz zur Frage der Bildung einer deutschen Gewerkschaftseinheit.

**DGB-Archiv im AdsD. Bestand Gewerkschaftsrat der vereinten Zonen. Abschrift, Maschinenschrift. 13/143- Interzonenkonferenzen.**

Streng vertraulich!

Aktenvermerk über die Beratungen des Arbeitsausschusses der 5. Interzonenkonferenz zur Frage der Bildung einer deutschen Gewerkschaftseinheit, abgehalten vom 17.–19. September 1947 in Berlin

An der Konferenz nahmen folgende Ausschussmitglieder teil:
Jendretzky (Ostzone)
Göring (Ostzone)
Krüger (Ostzone)
Schlimme (Berlin)
Chwalek (Berlin)
Karl (Britische Zone)
Föcher (Britische Zone)
Schneider (Französische Zone)
Ludwig (Französische Zone)
Hagen (Amerikanische Zone)
Richter (Amerikanische Zone)
Schleicher (Amerikanische Zone)

290

Außerdem als Vertreter des WGB
Chambeiron
van Binneveld

*Jendretzky* leitet die Sitzung ein. Er ist der Meinung, man müsse heute einen Termin für den kommenden Deutschen Gewerkschaftsbund zur Abhaltung eines Kongresses spätestens im kommenden Frühjahr festsetzen. In der Zwischenzeit musste es gelingen, die Aufgaben, die der Kongress zu erledigen habe, durch den Arbeitsausschuss ausarbeiten zu lassen.

Albin *Karl* antwortet, man müsse erst an die Arbeit gehen und die Aufgaben der neuen Deutschen Gewerkschaftsorganisation umschreiben, bevor man Termine bekanntgeben könne. Er ist der Meinung, ein organisatorischer Zusammenschluss ohne die wirtschaftliche Einheit könne keine praktische Gewerkschaftsarbeit ermöglichen. Karl weist darauf hin, dass seit Badenweiler die Zusammenarbeit der westlichen Gewerkschaftsbünde mit der Ostzone eher schlechter geworden sei. Jendretzky habe in der »Tribüne« vom 17. August 1947[1] die Badenweiler Beschlüsse nicht richtig wiedergegeben. Es könne keine Rede davon sein, dass in Badenweiler die Zusammenarbeit der westlichen Gewerkschaftsbünde abgelehnt oder gar verboten worden sei. Im Übrigen wären persönliche Angriffe erfolgt, die es geboten erscheinen lassen, die Ehrlichkeit der Zusammenschlussbewegung in Zweifel zu ziehen.

*Göring* tritt wie Jendretzky dafür ein, dass der Termin für einen kommenden Gewerkschaftskongress heute bestimmt werden müsse. Im Übrigen verteidigte er die Stellungnahme der Ostzone.

Im gleichen Sinne sprechen *Schlimme* und *Chwalek*.

*Richter* verteidigt sich gegen die Angriffe, die gegen ihn persönlich wegen seiner Rede, die er auf einer interzonalen Bergarbeiterkonferenz gehalten hat, gerichtet waren.

*Schleicher* weist unter Bezugnahme auf das Badenweiler Protokoll ebenfalls die Angriffe Jendretzkys zurück. Er nimmt gegen Jendretzky wegen einer Rede Stellung, die dieser in Halle an der Saale zu der Frage der so genannten Arbeitsgemeinschaft gehalten hat. Jendretzky griff hier unberechtigterweise unseren Zonensekretär Tarnow an, der lediglich im Auftrage der drei Bundesvorsitzenden gehandelt habe. Weiterhin spricht Schleicher Jendretzky das Recht ab, die westlichen Gewerkschaftsbünde zensieren zu dürfen, als sei er heute schon Vorsitzender eines deutschen Gewerkschaftsbundes. Ferner teilt Schleicher mit, General Clay hätte den Gewerkschaftsvertretern der Amerikanischen Zone erklärt, Voraussetzung für eine einheitliche deutsche Gewerkschaftsorganisation sei die wirtschaftliche Einheit Deutschlands sowie

---

1 Jendretzky interpretierte in seinem Artikel »Für eine gesamtdeutsche Gewerkschaftsbewegung« die Begrüßung des WGB-Beschlusses über die Aufnahme der deutschen Gewerkschaften durch die Badenweiler Konferenz als »Absage an diejenigen Kräfte«, die versuchen wollten, über den »Umweg einer verstärkten Propaganda für die bizonale Vereinigung die bisherige Einmütigkeit der Auffassung über die notwendige Einheit der deutschen Gewerkschaftsbewegung abzuändern.« Vgl. Tribüne (Ausgabe B, Wochenzeitung), Nr. 33, 17.08.1947.

die Gewährleistung der Freizügigkeit zwischen den Zonen und drittens müsse in allen Zonen der Polizeistaat beseitigt sein, bevor ein einheitlicher Gewerkschaftsbund funktionieren könne.

Schleicher erklärt den Vertretern des Weltgewerkschaftsbundes, diese Stellungnahme General Clays bedeute die Ablehnung eines einheitlichen deutschen Gewerkschaftsbundes. Er wünsche deshalb von den Vertretern des Weltgewerkschaftsbundes nochmals Auskunft, was unter der Bildung eines Gewerkschaftszentrums zu verstehen sei. Ferner erinnert er den Weltgewerkschaftsbund an sein Versprechen, bei den nationalen Regierungen in Großbritannien, den Vereinigten Staaten, der Sowjetrepublik und Frankreich die Genehmigung zur Bildung einer deutschen Gewerkschaftseinheit zu erwirken.

*Chambeiron* antwortet hierauf: Unter dem Gewerkschaftszentrum sei die Schaffung einer einheitlichen deutschen Gewerkschaftsorganisation gemeint, weil nicht zwei oder mehrere deutsche Organisationen in den Weltgewerkschaftsbund aufgenommen werden könnten. Die Schaffung dieser Gewerkschaftseinheit sei eine innerdeutsche Angelegenheit, in die sich der Weltgewerkschaftsbund nicht mischen würde. Wenn die amerikanische Regierung die Genehmigung zur Bildung nicht erteilen würde, dann müssten die Gewerkschaften der Amerikanischen Zone das Recht des Zusammenschlusses erkämpfen.

Damit schloss die erste Sitzung.

In der nächsten Sitzung wurde dem Ausschuss die »Tribüne« vom 21. September 1947[2] vorgelegt. Sie enthält eine Erklärung des geschäftsführenden Vorstandes des FDGB und der Vorsitzenden der Industriegewerkschaften in der Ostzone, in der behauptet wird, alle vorliegenden Berichte stimmten darin überein, dass in den Gewerkschaften der westlichen Zone Kräfte am Werke seien, die eine deutsche Gewerkschaftseinheit verzögerten, durchkreuzten oder verhindern wollten. Man erblicke in den Bestrebungen einer bizonalen Gewerkschaftseinheit der West-Zone eine durch nichts gerechtfertigte Durchbrechung der Badenweiler Beschlüsse.

Die Vertreter der Britischen und Amerikanischen Zone verlangten eine Unterbrechung der Sitzung, um gegen diese unberechtigten Vorwürfe Einspruch zu erheben. Sie taten dies in einer schriftlichen Erklärung, die der Ausschusssitzung vorgelegt worden ist.

In der Nachmittagssitzung des zweiten Verhandlungstages ist im großen Ganzen die Formulierung eines Beschlusses für die nächste Interzonenkonferenz gefunden worden.

Am Abend dieses Tages fand eine kulturelle Veranstaltung in Berlin statt, in der ein russischer Offizier einen Vortrag über russische Verhältnisse hielt.

---

2   Unter dem Titel »Für gesamtdeutsche Gewerkschaftseinheit« hieß es in dieser Erklärung unter anderem: »Wir wenden uns deshalb mit aller Schärfe gegen diejenigen, die es nicht lassen können, die fortschrittliche Entwicklung unserer Gewerkschaftsbewegung aus politischen Gründen zu stören.« Vgl. Tribüne (Wochenzeitung, Ausgabe B), Nr. 38, 21.9.1947.

Im Anschluss an diesen Vortrag konnten Fragen gestellt werden. Als Fragesteller stand u. a. Jendretzky auf, der dem russischen Major u. a. folgende Fragen vorlegte: »Er habe einen Freund namens Fritz Tarnow. Dieser Freund behauptete, in Russland bestünden noch große Klassenunterschiede, was anhand der Entlohnung festgestellt werden könne.«

Der Referent antwortete zum Gelächter des Publikums: »Ihr Freund Tarnow muss ein sehr naiver Mensch sein.« Alsdann stellte Jendretzky die Frage: »Mein Freund Tarnow behauptet, in Russland bestünde keine Demokratie.« Diesmal war die Antwort: »Ihr Freund Tarnow ist ein kluger Mensch!« So ging das Frage- und Antwortspiel, um den Kollegen Tarnow lächerlich zu machen. Der Referent schilderte dann den Kampf Kommunisten gegen die Menschewiki, die er in allen Teilen mit der deutschen Sozialdemokratie verglich und dies zum Anlass nahm, auch die deutsche Sozialdemokratie lächerlich zu machen.

Die Kollegen der westlichen Zonen Schneider und Ludwig (Französische Zone) nahmen an dieser Veranstaltung teil, während die übrigen Ausschussmitglieder der westlichen Zonen von der amerikanischen Besatzungsmacht zu einem geselligen Beisammensein eingeladen waren, an dem auch Vertreter der englischen und französischen Besatzungsmacht teilnahmen. Die Unterhaltung an diesem Abend ergab die Einladung des Vertreters der französischen Militärregierung in seinem Hause, um die Vertreter aller vier Besatzungsmächte und die Vertreter der vier Besatzungszonen zusammenzubringen, um auf diese Weise zum ersten Mal den Einheitsgedanken zwischen den vier Besatzungsmächten und der Zonendelegationen zu demonstrieren.

In der Ausschusssitzung des darauf folgenden Tages berichtete der Kollege *Ludwig*, der über die Handlungsweise Jendretzkys sehr erregt war, über den Verlauf des »Kulturabends« und stellte Jendretzky zur Rede.

*Jendretzky* versuchte zunächst, die Angelegenheit zu bagatellisieren.

Er wurde hierin von Göring unterstützt.

*Hagen* gab darauf die Erklärung ab, dass die Vertreter der westlichen Zonen nicht die Absicht haben, sich noch länger von Jendretzky beschimpfen zu lassen. Er müsse sich überlegen, ob er unter den gegebenen Umständen noch länger in Berlin bleiben könne. Schließlich wären wir gezwungenermaßen Gäste des FDGB und hätten Anspruch auf den Schutz des Gastgebers. Wenn der Gastgeber nichts anderes zu tun wisse, als seine Gäste zu beschimpfen, wäre es zwecklos, noch länger in Berlin zu bleiben.

Diese Ansicht vertrat auch *Karl*, der insbesondere darauf hinwies, dass der persönliche Angriff auf Tarnow eine Geschmacklosigkeit ersten Ranges bedeute.

*Schleicher* berichtete über die vorerwähnte gesellige Zusammenkunft.

Er erklärte, dass die Delegation der westlichen Zonen auch gestern Abend selbst bei privaten Zusammenkünften im positiven Sinne für den Einheitsgedanken gearbeitet haben, denn zweifellos sei in einer ersten Zusammenkunft aller vier Besatzungsmächte mit dem gesamten Arbeitsausschuss ein riesiger Fortschritt zu erblicken. Dieser Fortschritt sei durch die unsachlichen Angriffe Jendretzkys gestört worden, denn es sei ihm nicht möglich, nach diesen Beschimpfungen dem Kollegen Tarnow zuzumuten, sich mit Jendretzky gesellschaftlich an einen Tisch zu setzen. Er müsse es deshalb ablehnen, an dem geplanten Treffen teilzunehmen. Er sei aus Höflichkeitsgründen verpflichtet, Herrn Oberst Ziegler von seiner Abreise Kenntnis zu geben.

*Schlimme, Chwalek* und *Göring* bedauerten diese Wendung. Sie erkannten an, dass wir von Oberst Ziegler eine Förderung des Zusammenschlusses erhalten hätten, der beachtlich gewesen wäre. Sie baten deshalb Schleicher an der Veranstaltung teilzunehmen.

*Schleicher* erklärte, er könne dies nach den Angriffen Jendretzkys gegen Tarnow nicht tun, er würde aber allen übrigen Ausschussmitgliedern raten, an der Veranstaltung teilzunehmen.

*Jendretzky* selbst versuchte sich wegen seiner Angriffe zu entschuldigen. Er musste zugeben, dass er Tarnow persönlich in der geschilderten Art nicht hätte lächerlich machen dürfen.

Der Ausschuss arbeitete nach diesem Zwischenspiel eine Entschließung aus, die der 6. Interzonenkonferenz vorgelegt werden soll.

Stuttgart, den 21. September 1947

Dokument 28

# 18. September 1947: Der Arbeitsausschuss stellt fest ...

**SAPMO-BArch. Akte Arbeitsausschuss der Interzonenkonferenzen. Tagung vom 17.–19. September 1947 in Berlin. Maschinenschrift. DY 34/22976.**

Antrag Albin Karl

Der Arbeitsausschuss stellt fest, dass die Voraussetzungen zu einem gewerkschaftlichen organisatorischen Zusammenschluss aller Schaffenden in Deutschland, und zwar die politische Einheit und eine einheitliche Wirtschaftsführung, leider noch nicht gegeben sind. Ein gewerkschaftlicher organisatorischer Zusammenschluss ohne diese Voraussetzungen würde keine praktische Gewerkschaftsarbeit ermöglichen und gewerkschaftliche Kräfte in Schwierigkeiten aufzehren. Diese Voraussetzungen selbst können aber nur durch die Besatzungsmächte geschaffen werden.

Ein Gewerkschaftskongress für ganz Deutschland und auch die Schaffung und Existenz eines konstanten deutschen Gewerkschaftszentrums könnte an diesen Tatsachen nichts ändern.

Der Arbeitsausschuss hält es für dringend nötig, dass die gesamte deutsche Gewerkschaftsbewegung und die einzelnen Gewerkschaften in ihrem Auf- und Ausbau einander angepasst werden, um den Zusammenschluss im größtmöglichen Raum zu erleichtern.

Als Folgerungen aus diesen Feststellungen macht der Ausschuss der 6. Interzonenkonferenz folgende Vorschläge:

1.) Der Generalrat des Weltgewerkschaftsbundes wird ersucht, die Interzonenkonferenzen als ausreichende organisatorische Voraussetzung für den Anschluss der deutschen Gewerkschaften an den Weltgewerkschaftsbund anzuerkennen,

2.) der Arbeitsausschuss wird beauftragt, einen Organisationsplan für die äußere und innere Struktur der deutschen Gewerkschaften zu erarbeiten und baldmöglichst einer Interzonenkonferenz zur Bestätigung vorzulegen.

Berlin, 18. September 1947

DOKUMENT 28a

## 10. September 1947: Entwurf: Vorschläge zur Einberufung des gesamtdeutschen Gewerkschaftskongresses (Göring).

SAPMO-BArch. Akte Arbeitsausschuss der Interzonenkonferenzen. Tagung vom 17.–19. September 1947 in Berlin. Maschinenschrift. DY 34/22976.

Zur Arbeitsausschusstagung

Vorschläge zur Einberufung des gesamtdeutschen Gewerkschaftskongresses

Zu den demokratischen Organisationen, die nach dem Zusammenbruch des Hitlerfaschismus im Interesse der Werktätigen Deutschlands verpflichtet sind, an der Neuordnung der deutschen Wirtschaft, der Neugestaltung der sozialen Gesetze und der geistigen Umerziehung des gesamten Volkes auf der Grundlage demokratischer Prinzipien mitzuwirken, gehören die Gewerkschaften.

Gestützt auf die Erfahrungen aus der Vergangenheit und insbesondere während der Periode des Naziregimes bekannten sich in allen Teilen Deutschlands ungeachtet der Zonengrenze am Anfang der Wiedererrichtung der Gewerkschaften verantwortliche Männer und Frauen aller früheren Gewerkschaftsrichtungen zur einheitlichen deutschen Gewerkschaftsbewegung. Dieses Bekenntnis entsprach der Sehnsucht der breiten Massen der Werktätigen.

Nur so war es möglich, bereits in kaum mehr als zwei Jahren Millionen Arbeiter, Angestellte und geistig Schaffende den neuen Gewerkschaften zuzuführen. Der Auf- und Ausbau der Gewerkschaften erfolgte nicht in allen Zonen gleichmäßig. Die Zonengrenzen erwiesen sich als Hemmnis. Die den Gewerkschaften gestellten Gesamtaufgaben drängten trotz alledem aber zum Zusammenschluss im gesamtdeutschen Maßstab. Gestützt auf den Einheitswillen aller deutschen Gewerkschaften, unterstützt vom Weltgewerkschaftsbund, haben die Gewerkschaftsbünde in 5 Interzonenkonferenzen Voraussetzungen für die gesamte deutsche Gewerkschaftseinheit geschaffen und den Anschluss an die internationale Gewerkschaftsbewegung vorbereitet.

295

Die 5. Interzonenkonferenz in Badenweiler hat in Zustimmung zu dem Prager Beschluss des Generalrats des Weltgewerkschaftsbundes beschlossen, die Vorbereitungen zur Abhaltung eines gesamtdeutschen Gewerkschaftskongresses zu treffen, der die Aufgabe hat, die Vereinigung aller deutschen Gewerkschaften zu vollziehen und den endgültigen Beitritt zum Weltgewerkschaftsbund zu beschließen.

Von der Erkenntnis ausgehend, dass im Hinblick auf die gegenwärtige Situation und die in Aussicht stehenden Beschlüsse der Alliierten eine konkrete Willenskundgebung der deutschen Gewerkschaften erforderlich ist, unterbreitet in Durchführung des Beschlusses von Badenweiler der dort eingesetzte Arbeitsausschuss der 6. Interzonenkonferenz die folgenden Vorschläge:

Die 6. Interzonenkonferenz der deutschen Gewerkschaften beschließt, die Vorbereitungen für die Abhaltung des ersten Kongresses aller Gewerkschaften Deutschlands aufgrund von allgemeinen, nach demokratischen Prinzipien durchzuführenden Delegiertenwahlen für das Frühjahr 1948 zu treffen. Mit diesen Vorbereitungen wird der Arbeitsausschuss der Interzonenkonferenzen betraut. Er hat eine Wahlordnung auszuarbeiten und diese der nächstfolgenden Interzonenkonferenz vorzulegen. Das Büro für die technische Durchführung der Arbeiten hat seinen Sitz in Berlin.

Der gesamtdeutsche Gewerkschaftskongress hat die Aufgabe, Grundsätze der Gewerkschaften auszuarbeiten. Die Vorstände der Bünde sind berechtigt, dem Kongress Entwürfe zu unterbreiten. Das gleiche Recht steht allen Landes- und Kreisvorständen zu. Der Kongress hat die Wahl eines Vorstandes und Ausschusses vorzunehmen. Es wird vorgeschlagen, den Vorstand aus 11 bis 13 Personen zusammenzusetzen, den Ausschuss aus 50 bis 60 Personen.

Der Kongress hat den Sitz der Leitung der deutschen Gewerkschaften festzulegen. Der Vorstand ist mit der Abfassung einer Satzung des Bundes und einer Normalsatzung für die Industriegewerkschaften und Gewerkschaften zu beauftragen. Der Vorstand hat ferner Vorschläge zur Angleichung der Industriegewerkschaften der Bünde auszuarbeiten. Der Vorstand hat Vorschläge für die endgültige organisatorische Grundlage des Bundes und der Industriegewerkschaften auszuarbeiten.

10. September 1947

DOKUMENT 29

## 19. September 1947: Entschließung des Arbeitsausschusses.

**SAPMO-BArch. Akte Arbeitsausschuss der Interzonenkonferenzen. Tagung vom 17.–19. September 1947 in Berlin. Abschrift, Maschinenschrift. DY 34/22976.**

Streng vertraulich!

Entschließung!

Der von der 5. Interzonenkonferenz in Badenweiler hinsichtlich der Prager Beschlüsse des WGB beauftragte Arbeitsausschuss schlägt der 6. Interzonenkonferenz folgendes vor:

Die 6. Interzonenkonferenz der deutschen Gewerkschaften erstrebt die baldmöglichste Abhaltung des ersten Kongresses aller Gewerkschaften Deutschlands aufgrund von allgemeinen, nach demokratischen Prinzipien durchzuführenden Delegiertenwahlen. Mit diesen Vorbereitungen wird der Arbeitsausschuss der Interzonenkonferenz betraut.

Er hat insbesondere:

1.) Grundsätze für den organisatorischen Aufbau des Gewerkschaftsbundes und der Gewerkschaften auszuarbeiten,

2.) einen Satzungsentwurf für den Gewerkschaftsbund und die Gewerkschaften zu unterbreiten,

3.) Maßnahmen für die Vereinheitlichung der inneren Verwaltung des Bundes und der Gewerkschaften vorzuschlagen,

4.) eine Wahlordnung für den gesamtdeutschen Gewerkschaftskongress auszuarbeiten.

Um diese Arbeiten beschleunigt zu ermöglichen, ersucht die Interzonenkonferenz den WGB bei den Besatzungsbehörden weiter dahin zu wirken, die überzonale Freizügigkeit der von der Interzonenkonferenz beauftragten Gewerkschaftsfunktionäre zu gewährleisten. Des Weiteren die Besatzungsmächte zu zustimmenden Erklärungen bezüglich der Abhaltung des geplanten Kongresses sowie der Errichtung einer ständigen Gewerkschaftszentrale zu veranlassen.

(Dieser letzte Absatz gilt als Vorschlag an den WGB.)

Berlin, den 19. September 1947

DOKUMENT 30

## 17. September 1947: Presseabteilung des FDGB: Für einen gesamtdeutschen Gewerkschaftskongress.

SAPMO-BArch. Akte Arbeitsausschuss der Interzonenkonferenzen. Tagung vom 17.–19. September 1947 in Berlin. Maschinenschrift. DY 34/22976.

Interzonale Gewerkschaftsmitteilungen

FDGB – Zur Tagung des Arbeitsausschusses der deutschen Gewerkschaften. Auf der Tagung des Arbeitsausschusses der deutschen Gewerkschaften vom 17. bis 19. September 1947 in Berlin, welcher die Vorarbeiten für einen gesamtdeutschen Gewerkschaftskongress durchführen soll, wird die Amerikanische Zone durch Willi Richter (Frankfurt am Main), Lorenz Hagen (München), Markus Schleicher (Stuttgart), die Sowjetische Zone durch Hans Jendretzky (Berlin), Bernhard Göring (Berlin), Ernst Krüger (Berlin), die Französische Zone durch Fritz Fleck (Tuttlingen), Adolf Ludwig (Neustadt an der Haardt), Wilhelm Reibel (Freiburg/Breisgau), die Britische Zone durch Albin Karl (Hannover), Hans vom Hoff (Nienburg an der Weser), Matthias Föcher (Duisburg), Berlin durch Roman Chwalek und Hermann Schlimme vertreten sein.

FDGB – Für einen gesamtdeutschen Gewerkschaftskongress. Nahezu 8 Millionen organisierte deutsche Gewerkschafter stehen heute in 9 Bünden oder ca. 120 Industrieorganisationen bereit, den Schritt zur Vereinigung zu tun. In mehr als 30 Vierzonenzusammenkünften haben diese Gewerkschaftsorganisationen durch einmütig gefasste Entschließungen ihrer Spitzenfunktionäre ihren Willen zur Vereinigung kundgetan. Fast 8 Millionen Männer, Frauen und Jugendliche in allen Teilen Deutschlands sind also bereit, ihre Interessen und die aller deutschen Werktätigen in einer vereinigten deutschen Gewerkschaft zu vertreten. Die deutsche Gewerkschaftsbewegung soll wieder stark sein und niemals wieder einen so schwarzen Tag wie den 1. Mai 1933 erleben. Den Kriegsverbrechern, Naziaktivisten, Militaristen gefällt das nicht. Deshalb mangelt es auch nicht an Versuchen, unsere Bewegung zu stören. Aber entgegen allen Versuchen, die Entwicklung der deutschen Gewerkschaftsbewegung zu hemmen, wachsen unsere Organisationen im Osten, Westen, Norden und Süden Deutschlands. Wenn sich auf einem Gewerkschaftskongress über 8 Millionen Mitglieder vereinigen und dort eine politische Grundlage geben, die jede Konzession an die Arbeiterfeinde verbietet, nur dem Wohle des werktätigen Volkes dient und entschieden für einen dauerhaften Frieden eintritt, wird das der Reaktion noch weniger gefallen. Es muss aber die Aufgabe eines Gewerkschaftskongresses im Deutschland von heute sein, eine klare, für alle gültige und von allen respektierte Gewerkschaftspolitik zu schaffen. Die deutschen Arbeiter und Angestellten dürfen nicht wieder die Rolle des »Arztes am Krankenbett des Kapitalismus« übernehmen. Damals – vor 1933 – war es der Vorsitzende des DHV, Fritz Tarnow, der diese Politik den Gewerkschaften schmackhaft machte.[1] Heute, in seiner Eigenschaft als Zonensekretär der Gewerkschaften in der Amerikanischen Zone, ist es wieder Fritz Tarnow, der unserer Bewegung der deutschen Arbeiterschaft den Arztkittel hinhält, um der Lebensretter eines zum Sterben verurteilten Systems, des kapitalistischen, zu sein. Nicht die Unterstützung und Schaffung von Unternehmerverbänden, nicht die Investierung amerikanischen Kapitals zur Rettung der deutschen Wirtschaft, nicht der Verzicht, über den von den deutschen Werktätigen erstrebten Sozialismus zu sprechen, nicht eine Ge-

---

1  Fritz Tarnow bildete das Zentrum des »Feindbildes« der FDGB-Führung. Tarnow wurde die oben zitierte Formulierung wiederholt vorgeworfen, sie bildete einen wesentlichen Teil des vom FDGB verworfenen Gewerkschaftskonzeptes. Tatsächlich hatte aber Tarnow formuliert: »Nun stehen wir allerdings am Krankenlager des Kapitalismus nicht nur als Diagnostiker, sondern auch – ja, was soll ich da sagen? – als Arzt, der heilen will?, oder als fröhlicher Erbe, der das Ende nicht erwarten kann und am liebsten mit Gift noch etwas nachhelfen möchte?« Sozialdemokratischer Parteitag 1931, S. 45.

werkschaftspolitik, die eine Anlehnung an die Imperialisten aus Amerika und England sucht, werden Deutschland retten und dem deutschen Volke die Existenz sichern. Die Folgen dieser Politik, der Tolerierung des Kapitalismus, des Burgfriedens und der Arbeitsgemeinschaft zwischen Kapital und Arbeit sind die Trümmer, die Not, das Elend, in welchem das deutsche Volk heute lebt. Der gesamtdeutsche Kongress wird also nicht zu Unrecht von den Mitgliedern aller Gewerkschaften sehnsüchtig und möglichst schnell erwartet. Je schneller die deutschen Gewerkschaften vereinigt werden und die volle Kraft ihrer nunmehr 8 Millionen Mitglieder in allen Teilen Deutschlands einheitlich ausgerichtet einsetzen können, umso kürzer wird der Leidensweg des deutschen Volkes werden. Eine geeinte starke deutsche Gewerkschaftsbewegung ist für die Werktätigen der Welt eine Garantie für die endgültige Vernichtung der nazistischen Ideologie. Eine geeinte deutsche Gewerkschaftsbewegung muss die Pläne der deutschen Reaktion vernichten, die Kriegsverbrecher, Naziaktivisten, Militaristen unschädlich machen, die Sicherung dafür übernehmen, dass die Kriegsproduktion verhindert wird, die Kohlen- und Erzförderung – in Gruben, die dem deutschen Volk gehören – im Interesse des deutschen Volkes steigern, die Produktion auf Friedenswirtschaft, d. h. zur Herstellung der wichtigsten Gebrauchsmittel umstellen und einen Friedensvertrag sichern.

(Interzonale Gewerkschaftsmitteilungen)

Vom interzonalen Arbeitsausschuss verlangen 8 Millionen deutsche Gewerkschafter einen klaren Beschluss, Millionen deutsche Werktätige, aber auch Millionen Arbeiter in der ganzen Welt schon mit Spannung auf seine Entscheidung. Der interzonale Arbeitsausschuss steht in diesen Tagen im Brennpunkt der Ereignisse. Wir sollten nichts sehnlicher wünschen, als dass sich jeder Teilnehmer seiner Verantwortung voll bewusst ist.

FDGB – Zum deutschen Gewerkschaftskongress. Die Berliner Zeitung »Vorwärts« vom 16. September 1947 schreibt zu den Aufgaben des Arbeitsausschusses der deutschen Gewerkschaften u. a.: »Dem Arbeitsausschuss ist eine große, für die Zukunft der deutschen Gewerkschaftsbewegung entscheidende und historisch wichtige Aufgabe gestellt. Eine erfolgreiche Arbeit des Ausschusses bedeutet zugleich eine Konzentration der entscheidenden Kräfte Deutschlands zum Kampf für den Fortschritt und ist damit ein nicht zu unterschätzender Beitrag für die Schaffung der politischen und wirtschaftlichen Einheit Deutschlands.«

[Es folgt die Entschließung des Arbeitsausschusses der 5. Interzonenkonferenz zu den Prager Beschlüssen des WGB. Vgl. Dokument 29]

DOKUMENT 30a

# 17.–19. September 1947: »Erklärung«.

**SAPMO-BArch. Akte Arbeitsausschuss der Interzonenkonferenzen. Tagung vom 17.–19. September 1947 in Berlin. Abschrift, Maschinenschrift. DY 34/22976.**

Streng vertraulich!

Erklärung!

Die »Tribüne«, gewerkschaftliche Wochenzeitung des Freien Deutschen Gewerkschaftsbundes der Russischen Zone, vom 21. September 1947[1], nimmt Stellung zu den Bestrebungen der Gewerkschaftsbünde der Britischen und der Amerikanischen Zone, bizonale Gewerkschaftseinrichtungen zu schaffen. Der Vorstand des FDGB behauptet:

»Diese Bestrebungen der Gewerkschaftsbünde der beiden Westzonen bedeuten eine durch nichts gerechtfertigte Durchbrechung des Badenweiler Beschlusses.«

Die Vertreter der in Frage kommenden Gewerkschaftsbünde stellen fest, dass die getroffenen und beabsichtigten bizonalen Maßnahmen nicht im Widerspruch zu dem Badenweiler Beschluss stehen. Es muss ausdrücklich festgestellt werden, dass ein in Badenweiler vorgelegter Entschließungsentwurf eine dementsprechende Abänderung erfahren hat.

Der Vorstand des FDGB behauptet ferner:

»Alle vorliegenden Berichte stimmen darin überein, dass in den Gewerkschaften der Amerikanischen und Britischen Zone Kräfte wirken, die eine Gesamtdeutsche Gewerkschaftseinheit verzögern, durchkreuzen oder verhindern wollen.«

Die Vertreter der beiden Gewerkschaftsbünde weisen die unsachliche Behauptung zurück, die Bildung einer bizonalen Gewerkschaftsorganisation gefährde den gesamtdeutschen Zusammenschluss. Die Gewerkschaften sehen in der Schaffung bizonaler Einrichtungen und Zusammenschlüsse eine Etappe und einen Fortschritt zu einer gesamtdeutschen Gewerkschaftseinheit.

Die Angriffe, die der Vorsitzende des FDGB gegen Gewerkschaftsfunktionäre und Maßnahmen der Gewerkschaftsbünde anlässlich einer Versammlung in Halle erhoben hat, weisen die Gewerkschaftsvertreter der Westzonen mit Entschiedenheit zurück.

Die Gewerkschaften der einzelnen Zonen sind genötigt, ihre Arbeiten auf der Grundlage der gegebenen Verhältnisse innerhalb ihrer Zonen unter Berücksichtigung der gemeinsam gefassten Beschlüsse zu erledigen.

Sie lehnen es ab, Zurechtweisungen von außerhalb ihrer Organisationen stehenden Stellen entgegenzunehmen und würden es sehr bedauern, wenn durch Fortsetzung vorstehend beanstandeter Methoden die von allen erstrebte Gewerkschaftseinheit erschwert oder gar verhindert würde.

---

1  Vgl. dazu Dok. 27 Anm. 2.

Berlin, 18. September 1947
Albin Karl
Lorenz Hagen
Matthias Föcher
Markus Schleicher
Willi Richter

DOKUMENT 30b

## 1. Oktober 1947: Schreiben Richter an Jendretzky (»gesamtdeutsche Gewerkschaftspolitik«).

**DGB-Archiv im AdsD. Bestand Gewerkschaftsrat der vereinten Zonen. Maschinenschrift. 13/143-Interzonenkonferenzen.**

An den Freien Deutschen Gewerkschaftsbund der Ostzone
z. Hd. Herrn Hans Jendretzky
Berlin C
Wallstraße 61–65
1. Oktober 1947

Lieber Kollege Jendretzky!

Wir haben mit Interesse von Deinem Artikel, genannt »Gesamtdeutsche Gewerkschaftspolitik«, veröffentlicht in der Wochenzeitung »Tribüne« Nr. 39 vom Sonntag, dem 28. September dieses Jahres, Kenntnis genommen. In diesem Artikel schreibst Du unter anderem von einer politischen Gewerkschaftsrichtung des FDGB der sowjetisch besetzten Zone und des FDGB Groß-Berlin sowie einer anderen politischen Gewerkschaftsrichtung, die Befürworter und Anwendung im Westen Deutschlands findet. Die Hauptmerkmale der Politik dieser letzteren Gewerkschaftsrichtung wären:

Konzentration auf rein gewerkschaftliche Fragen wie Lohn- und Tarifpolitik, Arbeitsrecht und Sozialpolitik, für Investierung amerikanischen Kapitals als alleinige Rettung der deutschen Wirtschaft, für die Anerkennung bzw. Schaffung von Unternehmerverbänden, vorläufige Zurückstellung der sozialistischen Idee, außenpolitische Orientierung in Anlehnung an die Westmächte und schroffe Ablehnung einer »Ostpolitik«.

Wir sind über Deine Aufteilung von einer politischen Gewerkschaftsrichtung des Ostens und einer anderen politischen Gewerkschaftsrichtung des Westens etwas überrascht. Noch mehr überrascht uns Deine Behauptung, dass es Befürworter der von Dir angeführten Politik im Westen geben würde und diese auch in Anwendung wäre.

Es ist möglich, dass wir das eine oder andere infolge Zeitmangels übersehen haben oder dass uns die eine oder andere Gewerkschaftszeitung oder Entschließung und sonstige Maßnahmen von Gewerkschaften des Westens nicht zur Kenntnis kamen, denn bis jetzt konnten wir weder Befürworter noch eine Anwendung der von Dir behaupteten Hauptmerkmale einer Politik der Gewerkschaften im Westen Deutschlands feststellen.

Aufgrund dieses Sachverhaltes wären wir sehr dankbar, wenn Du uns die Befürworter und vor allen Dingen auch die Anwendung durch verantwortliche Gewerkschaftsführer bzw. Gewerkschaften des Westens umgehend mitteilen würdest unter Angabe Deiner Quellen bzw. Unterlagen. Es wäre uns sehr angenehm, wenn wir Deine Mitteilungen bis zu unserem 10. dieses Monats beginnenden Bundestag zur Verfügung hätten, da anzunehmen ist, dass u. a. auch diese Frage behandelt wird.

Im Voraus bestens dankend grüßt Dich vielmals
Richter

DOKUMENT 31

## 21.–23. Oktober 1947: 6. Interzonale Gewerkschaftskonferenz 21.–23. Oktober 1947 in Bad Pyrmont, Beschlussprotokoll

**SAPMO-BArch. Akte 6. Interzonenkonferenz in Bad Pyrmont vom 21.–23. Oktober 1947. Protokoll, Vorbereitung und Auswertung. Maschinenschrift. DY 34/22977.**

6. Interzonale Gewerkschaftskonferenz 21.–23. Oktober 1947 in Bad Pyrmont

Beschlussprotokoll gemäß Ziffer 3, Absatz 3 der Geschäftsordnung

Anwesenheitsliste

Britische Zone:
Hans Böckler, Köln, Deutscher Gewerkschaftsbund
Matthias Föcher, Duisburg, Deutscher Gewerkschaftsbund
Albin Karl, Hannover, Deutscher Gewerkschaftsbund
Hans Böhm, Bielefeld, Deutscher Gewerkschaftsbund
Hans vom Hoff, Nienburg, Deutscher Gewerkschaftsbund

Amerikanische Zone:
Willi Richter, Frankfurt am Main, Freier Gewerkschaftsbund Hessen
Georg Reuter, München, Bayrischer Gewerkschaftsbund
Lorenz Hagen, München, Bayrischer Gewerkschaftsbund
Wilhelm Kleinknecht, Stuttgart, Württembergisch-Badischer Gewerkschaftsbund
Fritz Tarnow, Stuttgart, Württembergisch-Badischer Gewerkschaftsbund (Zonensekretär)

Französische Zone:
Wilhelm Reibel, Freiburg, Badischer Gewerkschaftsbund
Fritz Fleck, Tuttlingen, Gewerkschaftsbund Süd-Württemberg

Adolf Ludwig, Neustadt, Allgemeiner Gewerkschaftsbund
Matthias Schneider, Baden-Baden, Zonensekretär
Michael Hennen, Koblenz, Allgemeiner Gewerkschaftsbund Rheinland-Pfalz
Hans Dahl, Koblenz, Allgemeiner Gewerkschaftsbund Rheinland Pfalz

Russische Zone:
Hans Jendretzky, Berlin, FDGB
Bernhard Göring, Berlin, FDGB
Adolf Kaufmann, Berlin, FDGB
Ernst Krüger, Berlin, FDGB
Ernst Lemmer, Berlin, FDGB

Groß-Berlin:
Hermann Schlimme, Berlin, FDGB
Roman Chwalek, Berlin, FDGB

Liste der Frauendelegation[1]:
Theuerkopf, Emmi; Hannover, DGB, Englische Zone
Döhring, Klara; Stuttgart, Württembergisch-Badischer Gewerkschaftsbund, Amerikanische Zone
Walter, Frida; Frankfurt am Main, FGB Hessen, Amerikanische Zone
Sand, Käte; München, Bayrischer Gewerkschaftsbund, Amerikanische Zone
Schuster, Hildegard; Neustadt, AGB Rheinland-Pfalz, Französische Zone
Scherzinger, Rosa; Freiburg, Badischer Gewerkschaftsbund, Französische Zone
Malter, Friedel; Berlin, FDGB, Sowjetische Zone
Grothe, Gertrud; Berlin, FDGB, Sowjetische Zone
Amann, Minna; Berlin, FDGB, Berlin
Krüger, Frieda; Berlin, FDGB, Berlin

Liste der Gäste:

Vertreter der Militärregierungen:
Mr. Middelwood, Manpower Division Lemgo
Mr. Kenny, Manpower Division Lemgo
Mr. Kelly, Manpower Division Hannover
Vertreter der Gewerkschaft Bad Pyrmont:
[in der Vorlage nicht genannt]

Vertreter des WGB:
Mr. Elmer Cope[2], Paris
Monsieur Robert Chambeiron, Paris
Monsieur van Binneveld, Paris
Frau Schulz[3], Paris

---

1 Die weiblichen Teilnehmer werden hier nicht biographisch erschlossen.
2 Elmer F. Cope (1903–1965), Gewerkschaftsfunktionär des CIO, 1947–1951 dessen europäischer Repräsentant und als Nachfolger von Brophy (USA) stellvertretender Generalsekretär des WGB bis zum Ausscheiden der demokratischen Gewerkschaftsverbände aus dem WGB zu Beginn des Jahres 1949.
3 Biographische Angaben konnten nicht ermittelt werden.

Vertreter der Behörden:
Präsident Josef Scheuble, Zentralamt für Arbeit Lemgo
Dr. Auerbach, Zentralamt für Arbeit Lemgo
Bürgermeister Max Klempin, Bad Pyrmont
Kurdirektor W. Stoltze, Bad Pyrmont

Vertreter der Gewerkschaft Bad Pyrmont:
Kollege Fritz Hundertmark

Verbindungsmann zu den britischen Gewerkschaften:
Kollege Hans Gottfurcht[4], London

Beschlussprotokoll

Der 1. Vorsitzende des Deutschen Gewerkschaftsbundes der Britischen Zone, Hans *Böckler*, eröffnet am 21. Oktober 1947, vormittags 10.30 Uhr, die 6. Interzonenkonferenz der Deutschen Gewerkschaften und heißt die erschienenen Gäste herzlich willkommen. Den Delegierten zur Konferenz wünschte er für den Verlauf der Tagung eine gute Atmosphäre in kameradschaftlicher und sachlicher Zusammenarbeit zum Besten der Deutschen Gewerkschaftsbewegung.

Mr. *Cope* begrüßt die Konferenz im Auftrage des Weltgewerkschaftsbundes und wünscht der Tagung einen vollen Erfolg.

Mr. *Kenny* überbringt die Grüße der Manpower-Abteilung der Britischen Zone.

Herr Präsident *Schäuble* richtet im Auftrage des Zentralamtes für Arbeit der Britischen Zone ein Wort der Begrüßung an die Konferenz.

Herr Bürgermeister *Klempin* und Herr Kurdirektor *Stoltze* heißen die Delegierten der Interzonenkonferenz und die Gäste in Bad Pyrmont herzlich willkommen.

Nach der offiziellen Eröffnung verlassen die Vertreter der Militärregierung und der Behörden den Konferenzsaal.

In das Präsidium der Konferenz werden die Kollegen
Hans Böckler, Britische Zone
Lorenz Hagen, Amerikanische Zone
Matthias Schneider, Französische Zone
Hans Jendretzky, Sowjetische Zone
gewählt.

Kollege *Böckler* verliest die Tagesordnung, die einstimmig angenommen wird. Sie umfasst folgende Punkte:

1.) Die Frau in der Gewerkschaft, Referentin Friedel Malter, Berlin.

2.) Bericht des Arbeitsausschusses, Referent Hans Jendretzky, Berlin.

---

4   Hans Gottfurcht (7.02.1896–18.09.1982), Sekretär ZDA, 1933 illegale Tätigkeit, 1937 Verhaftung, 1938 Emigration Großbritannien, Vorsitzender der Landesgruppe deutscher Gewerkschafter in Großbritannien, 1952–1959 Stellvertretender Generalsekretär des IBFG.

3.) Die Kohlenversorgung, Referent August Schmidt, Bochum.

4.) Antrag betreffend Abänderung der Direktive 14.

5.) Entschließung zur Sozialversicherung.

Zu Punkt 1 der Tagesordnung referierte die Kollegin Friedel *Malter,* Berlin, und gab einen ausführlichen Bericht über die Arbeit der Frau in der Gewerkschaft.

Nach eingehender Diskussion, in der zu den einzelnen Forderungen der Frauen wie gleicher Lohn für gleiche Arbeit, Ausbau sozialer Einrichtungen usw. Stellung genommen wurde, nahm die Interzonenkonferenz folgende Entschließung einstimmig an:

Die 6. Interzonenkonferenz der deutschen Gewerkschaften in Bad Pyrmont hat sich mit der Stellung der Frauen in der Wirtschaft und den Gewerkschaften eingehend befasst.

Nazi-Regime und Krieg haben die Stellung der Frau im öffentlichen Leben und in der Wirtschaft grundlegend gewandelt. Nahezu 50 Prozent aller berufstätigen Menschen sind heute Frauen. Ihre Mitarbeit beim Neuaufbau der deutschen Wirtschaft und des deutschen Staates ist unerlässlich. Daraus ergibt sich, dass die Gewerkschaften in erhöhtem Maße die Interessen der werktätigen Frauen wahrnehmen. In Anknüpfung an die jahrzehntelange Arbeit der deutschen Gewerkschaften für die werktätigen Frauen stellt die Interzonenkonferenz namens der deutschen Gewerkschaften an die Gesetzgebung und an die Öffentlichkeit folgende Forderungen:

1.) Sicherung des Rechtes der Frau auf Arbeit

Förderung der beruflichen Ausbildung und Umschulung der Frau und Bereitstellung entsprechender Lehrstellen.

Schaffung gleicher Aufstiegsmöglichkeiten in den Betrieben und Verwaltungen.

Eröffnung neuer Berufe für Frauen entsprechend ihrer körperlichen Eignung.

2.) Ausbau des Arbeitsschutzes für Frauen

Verbot aller gesundheitsschädlichen oder besonders gefahrvollen Arbeiten für Frauen, von für sie ungeeigneten Arbeitsplätzen ohne arbeitsmäßige oder materielle Benachteiligung. Zweckmäßige Arbeitslenkung durch die Arbeitsämter. Stärkere Beteiligung von Frauen in den Arbeitsschutzbehörden auf Vorschlag der Gewerkschaften.

Ausbau und Einhaltung aller Arbeitsschutzbestimmungen, insbesondere für Mütter, Schwangere und Wöchnerinnen.

Schaffung und Verbesserung betrieblicher und sozialer Einrichtungen, die der Entlastung der berufstätigen Frau und Mutter in ihrer Hausarbeit dienen,

u. a. bezahlter Hausarbeitstag[5], Schaffung eines Gesetzes für Hausgehilfen, Regelung ihrer Lohn- und Arbeitsbedingungen.

3.) Gleiche Bezahlung für Männer und Frauen

Beseitigung aller besonderen Frauenlohngruppen in den Tarifen.

Gerechte Einstufung der Frauen in die jeweils gültige Lohngruppe der angelernten oder Facharbeiter, entsprechend ihrer Arbeit. Beseitigung aller unter einem ausreichenden Existenzminimum liegenden Löhne.

Nach Abschluss des Tagesordnungspunktes beschließt das Büro der Konferenz, den Frauendelegierten die weitere Teilnahme an der Tagung zu gestatten. Ein Berufungsfall soll damit aber nicht geschaffen sein.

Außerhalb der Tagesordnung wünscht der Kollege *Schlimme* zur Wiederbelebung der ehemaligen Deutschen Beamtenversicherung die Benennung von Gewerkschaftsvertretern aller Zonen für einen zu bildenden Verwaltungsrat dieser Versicherungsgesellschaft.

Die Kollegen einigen sich dahin, dass vor der Entsendung von Gewerkschaftsvertretern in diesen Verwaltungsrat zuerst eine Vorbesprechung der Kollegen in Berlin stattfinden soll.

Die Vertreter der einzelnen Zonen sind dem Kollegen Schlimme namentlich aufzugeben, der auch zu dieser Besprechung einladen wird.

Kollege *Reuter* bittet aus technischen Gründen um eine Verschiebung der Interzonenjugendkonferenz, die vom 15.–17. Dezember in München stattfinden sollte. Als neuer Termin wird der 15., 16. und 17. Januar festgelegt.

Die Tagesordnung wird insoweit umgestellt, als Punkt 3. die Kohlenversorgung als 2. Punkt der Tagesordnung behandelt wird.

Zu Punkt 2 der Tagesordnung (Die Kohlenversorgung)

Kollege *Schmidt* berichtet über die Lage im Ruhrkohlenbergbau und über den Stand der Verhandlungen zur Bildung einer deutschen Kohlenverwaltung.

Als Ergebnis der Diskussion wurde folgende Entschließung zur Neuordnung im Bergbau einstimmig angenommen:

»Die 6. Interzonenkonferenz der deutschen Gewerkschaften in Bad Pyrmont gibt ihrem Bedauern Ausdruck, dass die auf der Konferenz in Badenweiler zur Frage der Besitzverhältnisse im Kohlenbergbau aufgestellten Forderungen bisher unberücksichtigt geblieben sind.

Die deutschen Gewerkschaften aller Zonen wiederholen daher im vollen Bewusstsein ihrer Verantwortung für die Gesundung des gesamtdeutschen Wirtschaftslebens ihr Verlangen auf Überführung des Kohlenbergbaues in den Besitz des deutschen Volkes.

---

5   Seit dem Sommer 1946 bereitete eine juristische Abteilung der Deutschen Zentralverwaltung für Arbeit und Sozialfürsorge einen Befehlsentwurf für die SMAD zur Regelung des bezahlten Hausarbeitstages in der SBZ vor. Der Geschäftsbericht des FDGB für 1946 gab dagegen an, dass dieser zum Teil durch Verordnung der Landesverwaltungen eingeführt worden war, zumeist aber durch Betriebsvereinbarungen. Vgl. Geschäftsbericht FDGB, S. 203.

Die Interzonenkonferenz erklärte sich solidarisch mit dem Vorgehen der Industriegewerkschaft Bergbau und des Deutschen Gewerkschaftsbundes der Britischen Zone. Insbesondere erwartet sie, dass im Aufbau der neuen Kohlenwirtschaft der maßgebliche Einfluss der Gewerkschaften gesichert wird.«

Zu Punkt 3 der Tagesordnung (Bericht des Arbeitsausschusses)

Kollege *Jendretzky* berichtet über die 1. Sitzung des auf der 5. Interzonentagung in Badenweiler gegründeten Arbeitsausschusses, die vom 17.–19. September in Berlin stattgefunden hat. Der Arbeitsausschuss, der die vorbereitenden Arbeiten für einen gesamtdeutschen Gewerkschaftskongress leisten soll, legt der Konferenz die nachstehende Entschließung zur Organisationsfrage vor:

[Es folgt die Entschließung des Arbeitsausschusses der 5. Interzonenkonferenz zu den Prager Beschlüssen des WGB. Vgl. Dokument 29]

Die Entschließung wird einstimmig angenommen.

Ebenfalls einstimmig angenommen wird der letzte Absatz einer Entschließung, deren übriger Wortlaut durch die vorher angenommene weitergehende Entschließung wegfällt. Der Absatz lautet:

»So lange die Vereinigung über alle Zonen noch nicht verwirklicht werden kann, steht es den bestehenden Gewerkschaftsbünden frei, sich über einzelne Zonengrenzen hinweg zu vereinigen.«

Mit 11 gegen 2 Stimmen bei 9 Stimmenthaltungen wird folgende Entschließung angenommen:

»Die 6. Interzonenkonferenz der Gewerkschaften Deutschlands stellt einwandfrei fest, dass es einmütiger Wille der deutschen Gewerkschaften ist, baldigst zu einer einheitlichen deutschen Gewerkschaftsbewegung zu kommen und den Anschluss an den Weltgewerkschaftsbund zu vollziehen. Bis zur Ermöglichung des gesamtdeutschen Gewerkschaftsbundes und der dort vorzunehmenden Schaffung eines deutschen Gewerkschaftszentrums ersucht die 6. Interzonenkonferenz den Generalrat des Weltgewerkschaftsbundes, die Interzonenkonferenzen als das Gewerkschaftszentrum für Deutschland anzuerkennen, das bis auf weiteres genügt, den Anschluss an den Weltgewerkschaftsbund zu ermöglichen.

Die Interzonenkonferenz verweist darauf, dass

a) der Generalrat des Weltgewerkschaftsbundes bereits die Qualifikationen der Interzonenkonferenzen anerkannt hat,

b) die Interzonenkonferenzen regelmäßig stattfinden,

c) sie die unbestrittene Koordinierung der deutschen Gewerkschaftsbünde darstellen und demnach auch als das Gewerkschaftszentrum, das als Voraussetzung zum Anschluss an den Weltgewerkschaftsbund gefordert wird, gelten können.«

Der Vorsitzende erklärt alle übrigen Anträge durch die vorgenommene Abstimmung als erledigt. Dieser Feststellung wird von den Berliner Kollegen, insbesondere dem Kollegen Göring, mit dem Hinweis widersprochen, dass die von ihm eingereichte Entschließung als weitergehend wie die vom Arbeitsausschuss vorgelegte und einstimmig angenommene Erklärung noch zur Abstimmung zu stellen sei.

Die Mehrheit der Konferenz tritt der Auffassung des Kollegen Göring bei.

In der darauf folgenden Abstimmung über den Antrag des Kollegen *Göring* wird dieser mit 11 gegen 10 Stimmen bei einer Stimmenthaltung angenommen.

Die Entschließung hat folgenden Wortlaut:

»Die 6. Interzonenkonferenz der deutschen Gewerkschaften in Bad Pyrmont beschließt die Einberufung eines allgemeinen deutschen Gewerkschaftskongresses zum Frühjahr 1948.

Der Kongress hat die Aufgabe:

1.) Grundsätze für die gewerkschaftliche Arbeit in ganz Deutschland in allgemeiner Übereinstimmung auszuarbeiten,

2.) die Wahl einer Generalkommission der deutschen Gewerkschaften

3.) und die Wahl eines Beirates der Generalkommission vorzunehmen.

Der Arbeitsausschuss wird beauftragt, die Wahlordnung für die Einberufung des Kongresses auszuarbeiten, Vorschläge für die Aufgaben der Generalkommission und des Beirates fertigzustellen und einen Entwurf für die allgemeinen Grundsätze aufzustellen. Diese Vorlagen sind der nächsten Interzonenkonferenz zu unterbreiten.«

Zu Punkt 4 der Tagesordnung (Antrag betreffend Abänderung der Direktive 14.)

Der auf der 5. Interzonenkonferenz in Badenweiler einstimmig angenommenen Entschließung zur Erweiterung der Direktive 14 durch den Kontrollrat blieb der Erfolg versagt. Die 6. Interzonenkonferenz beschloss deshalb an den Kontrollrat einen Antrag zu richten auf Erlass einer neuen Direktive zum Zweck der Lohnordnung.

Die Konferenz beschloss einstimmig folgende Entschließung:

»Die immer stärker werdenden Preissteigerungen haben dazu geführt, dass die gesamte Arbeitnehmerschaft nicht mehr in der Lage ist, mit den bisherigen Löhnen und Gehältern ihren Lebensunterhalt zu bestreiten.

Es ist daher ein Ausgleich zwischen Löhnen und Preisen dringend notwendig. Dieser Ausgleich ist nur durch eine Neuregelung aller Löhne möglich.

Die 6. Interzonenkonferenz der deutschen Gewerkschaften bittet daher den Kontrollrat um Erlass einer Direktive, die es den Gewerkschaften ermöglicht, Lohn- und Gehaltserhöhungen im Ausmaße der wirklichen Preissteigerungen tarifvertraglich vereinbaren zu können.«

Zu Punkt 5 der Tagesordnung (Entschließung zur Sozialversicherung)

Die Konferenz fasst zum Neuaufbau der deutschen Sozialversicherung einstimmig nachstehenden Beschluss:

»Die in Bad Pyrmont vom 21.–23. Oktober 1947 tagende 6. Interzonenkonferenz der Gewerkschaften als die maßgeblichen und verantwortlichen Vertreter der Versicherten und deren Angehörigen ersucht erneut den Kontrollrat, das in Aussicht stehende Gesetz über die Neugestaltung der deutschen Sozialversicherung umgehend zu verabschieden. Sie verweist noch einmal auf die von der 3. Interzonenkonferenz in Berlin einstimmig angenommene Entschließung aller Gewerkschaften Deutschlands und auf die dort aufgestellten Grundsätze. Sie erwartet, dass der Forderung auf eine einheitliche gesetzliche Regelung für ganz Deutschland entsprochen wird. Hierbei ist insbesondere der Versichertenkreis auf alle Arbeitnehmer sowie alle selbständig erwerbstätigen Personen und Unternehmer einschließlich der Familienangehörigen zu erweitern und bei der Neuregelung der Leistungen der gesamten Sozialversicherung den sozialen Erfordernissen unter grundsätzlicher Aufrechterhaltung der seitherigen Leistungen zu entsprechen. Um diese Leistungen zu sichern, sind die notwendigen Mittel durch Beiträge sowie durch Zuschüsse des Staates aufzubringen.«

Als Termin für die 7. Interzonenkonferenz der deutschen Gewerkschaften wird der 20.–22. Januar 1948 festgelegt. Die Tagung findet in der Sowjetischen Zone statt, der Tagungsort wird von den Kollegen der Sowjetischen Zone noch bekannt gegeben.

Als Tagesordnung ist vorgesehen:

1.) Bericht des Arbeitsausschusses

2.) Gewerkschaften und Parteien, Referent Ernst Lemmer

3.) Jugendkonferenz, Referent Georg Reuter

Die nächste Sitzung des Arbeitsausschusses wird am 10., 11. und 12. Dezember 1947 in Nienburg-Weser stattfinden.

Nach Abwicklung der Tagesordnung beschließt die Konferenz folgenden Pressebericht:

Pressebericht:

Die vom 21.–23. Oktober 1947 in Bad Pyrmont abgehaltene 6. Interzonenkonferenz beschäftigte sich mit einer Reihe von Fragen der Wirtschafts-, Sozial- und Gewerkschaftspolitik. Im Mittelpunkt der Beratung stand der Bericht des von der Badenweiler Konferenz eingesetzten Arbeitsausschusses zur Vorbereitung eines allgemeinen deutschen Gewerkschaftskongresses. Nach eingehender Aussprache stimmte die Konferenz den vom Arbeitsausschuss vorgeschlagenen Richtlinien zu und nahm außerdem zwei Entschließungen an. In der einen Entschließung wird festgestellt, dass es den Gewerkschaftsbünden freisteht, sich über einzelne Zonengrenzen hinweg zu vereinigen.

Eine weitere Beschlussfassung besagt, dass zum Frühjahr 1948 ein allgemeiner deutscher Gewerkschaftskongress einberufen werden soll. Dieser Kongress soll die Aufgabe haben, Grundsätze für die gewerkschaftliche Arbeit in ganz Deutschland in allgemeiner Übereinstimmung auszuarbeiten und die Wahl einer Generalkommission der gesamtdeutschen Gewerkschaften und die Wahl eines Beirates für diese Generalkommission vorzunehmen.

Der schon bestehende Arbeitsausschuss ist mit der Vorbereitung dieses Kongresses beauftragt worden.

Eine dritte Entschließung wendet sich an den Weltgewerkschaftsbund mit dem Ersuchen, bis zur Bildung der Generalkommission der Gewerkschaften die Interzonenkonferenzen bereits als das Gewerkschaftszentrum gemäß den Prager Beschlüssen anzuerkennen.

Als aktuellstes Problem stand die Kohlenfrage, insbesondere die Lage im Ruhrbergbau, zur Erörterung. Hierzu wurde eine Entschließung angenommen, durch die die Gewerkschaften erneut die Forderung auf die Übertragung der Bergbauunternehmungen in den Besitz des deutschen Volkes aufstellen.

Die Konferenz beschloss, sich mit einer nochmaligen Eingabe an den Kontrollrat zu wenden, um den bisherigen Lohnstopp aufzulockern.

Im Hinblick auf die Tatsache, dass in Kürze zu erwarten ist, dass der Kontrollrat ein Gesetz über die Neugestaltung der deutschen Sozialversicherung verabschiedet, beschloss die Konferenz unter Bezugnahme auf die bereits von der 3. Interzonenkonferenz angenommenen Entschließung noch einmal die Forderung zu erheben, auf eine einheitliche gesetzliche Regelung für ganz Deutschland die Ausdehnung des Versichertenkreises auf alle Arbeitnehmer sowie alle selbständig erwerbstätigen Personen und Unternehmer einschließlich der Familienangehörigen. Für die Neuregelung der Leistungen soll den sozialen Erfordernissen unter grundsätzlicher Aufrechterhaltung der seitherigen Leistung entsprochen werden. Um diese Leistungen zu sichern, sind die notwendigen Mittel durch Beiträge und durch Zuschüsse des Staates aufzubringen.

Die Konferenz nahm Stellung zur Frauenarbeit und zur Aufgabe der Frau in den Gewerkschaften. Dieser Aussprache wohnten Frauendelegierte aus den verschiedenen Zonen bei.

Die Konferenz richtete an die Gesetzgebung und an die Öffentlichkeit eine Reihe von Forderungen zur Sicherung des Rechtes der Frau auf Arbeit, zum Ausbau des Arbeitsschutzes für Frauen und für eine gleiche Bezahlung.

Den Verhandlungen, die unter der Leitung des Vorsitzenden des Gewerkschaftsbundes der Britischen Zone, Hans Böckler, standen, wohnten Beauftragte des Weltgewerkschaftsbundes, Mr. E. Cope, Mr. Chambeiron und van Binneveld, bei.

Der Vorsitzende schloss die 6. Interzonenkonferenz der deutschen Gewerkschaften am 23. Oktober 1947, 14 Uhr.

Hans Böckler

Dokument 31a

## 21.–23. Oktober 1947: Begrüßungsansprache von Elmer Cope, stellvertretender Generalsekretär des Weltgewerkschaftsbundes.

**DGB-Archiv im AdsD. Bestand Gewerkschaftsrat der vereinten Zonen. Übersetzung, Maschinenschrift. 13/144-Interzonenkonferenzen.**

Begrüßungsansprache von Elmer Cope, stellvertretender Generalsekretär des Weltgewerkschaftsbundes

Interzonenkonferenz Bad Pyrmont, 21. Oktober 1947

Ich möchte mit einer kurzen Darstellung des Weltgewerkschaftsbundes beginnen. Er ist organisiert als eine Föderation der Landesverbände. 60 solcher Landesverbände mit insgesamt 70.000.000 Mitgliedern gehören ihm an. Es ist unsere Aufgabe, Gewerkschaften zu unterstützen, wo immer sie bestehen. Wir sind jetzt dabei, die Berufsabteilungen einzurichten. Sobald sie gebildet sind, werden sie als Hilfskräfte für die beruflichen Gewerkschaftsinteressen in allen Ländern funktionieren. Wir haben solchen Ländern zu helfen, die man im Sprachgebrauch rückständig nennt. Es ist die Aufgabe des Weltgewerkschaftsbundes, den Arbeitern in der ganzen Welt zu helfen und insbesondere ihnen beim Aufbau ihrer Gewerkschaften behilflich zu sein.

Wir sind davon überzeugt, dass wenn es in dieser Übergangsperiode keine starken deutschen Gewerkschaften gibt, dann gibt es auch im Allgemeinen keine starke Gewerkschaftsbewegung. Der Weltgewerkschaftsbund will den deutschen Gewerkschaften helfen, er hat aber nicht die Absicht, ihnen zu sagen, was sie tun sollen. Es ist das Vorrecht und das Recht der Deutschen Gewerkschaften, ihre eigenen Entscheidungen mit voller Autonomie zu treffen. Unsere Anwesenheit hier am heutigen Tage oder bei zukünftigen Gelegenheiten dient dem Zweck, sie zu unterstützen in dem Maße, in dem sie unsere Unterstützung wünschen.

Der Redner schilderte dann in Kürze die Sitzung, die im Juni in Prag stattgefunden hat und insbesondere die dort behandelte Frage der Beziehung der deutschen Gewerkschaftsbewegung zu den Gewerkschaften aller Länder. Er wies daraufhin, dass man in Prag diese Probleme ausführlich diskutiert hatte und verlas noch einmal den Teil der in Prag angenommenen Entschließung, der die zur Deutschlandfrage festgelegten Beschlüsse umfasst.

Soweit das Verbindungsbüro in Frage kommt, so fuhr der Redner fort, ist der Kollege van Binneveld vom Generalsekretär Saillant beauftragt worden, Deutschland zu bereisen und mit Ihnen Kontakt zu halten. Er hat ferner den Auftrag, Sie in dem von Ihnen gewünschten Sinne zu unterstützen. Die Frage der Einrichtung des Verbindungsbüros wird gegenwärtig mit den beteiligten Regierungen und den beteiligten Gewerkschaftsbewegungen erörtert. Ende November wird eine Vorstandssitzung des Weltgewerkschaftsbundes stattfinden und weitere Schritte beraten. Inzwischen wird der Kollege van Binneveld mit Ihnen in der schon geschilderten Weise zusammenarbeiten.

311

Soweit der Weltgewerkschaftsbund in Frage kommt, sind alle Schranken beseitigt worden, die der Aufnahme der Deutschen Gewerkschaften entgegenstehen, falls die in der Prager Entschließung vorgesehenen Bedingungen erfüllt sind. Wenn sich die deutschen Gewerkschaften anschließen wollen, müssen Sie erst eine einheitliche deutsche Gewerkschaftsbewegung herstellen. Indem der Weltgewerkschaftsbund diese Bedingung aufgestellt hat, beabsichtigt er keineswegs, Ihnen zu sagen, wann und unter welchen Bedingungen diese gewerkschaftliche Einigkeit herzustellen ist. Das ist Ihnen überlassen und der Weltgewerkschaftsbund wird sich nicht in die Autonomie der Deutschen Gewerkschaften einmischen. Das ist eine Angelegenheit, die Sie zu entscheiden haben.

Wir sind daran interessiert, dass diese Einigkeit sobald wie möglich erreicht wird. Ohne Einigkeit keine Stärke und die Weltgewerkschaftsbewegung würde leiden. Aber trotz dieser Dringlichkeit haben wir nicht die Absicht, Ihnen zu sagen, wann und wie Sie sich zusammenzuschließen haben und wir sind uns völlig der Tatsache bewusst, wie schwierig Ihre Aufgaben sind.

Wenn es in der Prager Entschließung heißt, dass die Demokratie und die Struktur der Gewerkschaften einer Prüfung unterliegen müssen, so verlangen wir nicht mehr von den deutschen Gewerkschaften als wir von allen angeschlossenen Gewerkschaften erwarten. Der Weltgewerkschaftsbund umfasst die unterschiedlichsten Organisationen und wir haben nicht die Absicht, uns irgendwo in die Autonomie einzumischen.

Wir mischen uns nicht in Eure Arbeit ein, aber wir stehen zur Verfügung, um Euch zu unterstützen. Ich schlage vor, Ihr setzt Euch, wenn immer Ihr etwas Wichtiges habt, direkt mit dem Kollegen van Binneveld in Verbindung. Er kann Euch auch immer sagen, wie die Politik des Weltgewerkschaftsbundes ist.

Wir betrachten diese Interzonenkonferenzen als historische Ereignisse. Wir glauben, uns auf die Zuverlässigkeit der deutschen Gewerkschaften verlassen zu können. Wir halten uns hier zu Eurer Verfügung und wir sind glücklich, dass wir im Stande sind, hier anwesend zu sein.

DOKUMENT 31b

## 21.–23. Oktober 1947: Referat Friedel Malter in Bad Pyrmont: Die Frau in der Gewerkschaft.

SAPMO-BArch. Akte 6. Interzonenkonferenz in Bad Pyrmont vom 21.–23. Oktober 1947. Protokoll, Vorbereitung und Auswertung. Maschinenschrift. DY 34/22977.

Friedel Malter

Referat: Die Frau in der Gewerkschaft (Zum ersten Punkt der Tagesordnung auf der 6. Interzonenkonferenz in Bad Pyrmont)

Der Hitlerfaschismus hinterließ mit einer völlig zerstörten Wirtschaft auch ein Millionenheer von Frauen, die sich eine neue Existenzgrundlage schaffen mussten. Ihre bisherigen Arbeitsmöglichkeiten waren nicht nur stark eingeschränkt, sondern oft überhaupt nicht mehr vorhanden.

Wenn auch von den kurz vor Beginn des Krieges in der Arbeit stehenden 14,9 Millionen Frauen ein Teil zunächst keine Beschäftigung suchte, so bestand bei dem überwiegenden Teil aufgrund der wirtschaftlichen Not doch ein Zwang zur Erwerbsarbeit.

Da sich gleichzeitig der Mangel an männlichen Arbeitskräften bei Wiederanlaufen der Wirtschaft deutlicher noch als bisher bemerkbar machte, gewann die Arbeitskraft der Frau steigende Bedeutung.

Bereits während des Krieges waren Frauen in immer stärkerem Maße in ihnen bisher fremde Berufe eingedrungen; diese Tendenz setzte sich jedoch fort, weil die ausgesprochenen Frauenberufe am wenigsten aufnahmefähig waren.

Die Entwicklung der Frauenerwerbsarbeit in den einzelnen Zonen ist sehr unterschiedlich. – So sind z. B. in der Sowjetischen Besatzungszone Ende August 1947 3,4 Millionen Männer und 2,5 Millionen Frauen = 42,6 Prozent in unselbständigen Berufen, also als Lohn- oder Gehaltsempfänger tätig.

In Bayern z. B. entsprach der Anteil der Frauen an der Erwerbstätigkeit 1946 im Dezember ungefähr dem des Jahres 1938, d. h. 35 Prozent. Die Textilindustrie beschäftigte 21.000, der Handel 30.000 und das Gaststättengewerbe etwa 13.000 Frauen weniger. Dagegen sind aber in der Landwirtschaft 50.000 Frauen und im Friseurgewerbe 5.000 Frauen mehr tätig. Hier hat also eine Umschichtung stattgefunden, während sich die Zahl der Erwerbstätigen selbst nicht geändert hat.

In der Britischen Zone sind in der Land- und Forstwirtschaft 1947 im Verhältnis zu 1938 175.000 Frauen mehr tätig, und in der Bekleidungsindustrie hat sich diese Zahl um 17.000 erhöht. Jedoch sind in der Textilindustrie 63.000 Frauen weniger beschäftigt, was auf die noch nicht wieder erreichte Kapazität der Wirtschaft zurückzuführen ist.

Noch ist die Bereitschaft der Frauen zur Erwerbsarbeit nicht allzu groß und der materielle Zwang meistens ausschlaggebend. Ein Überblick über die Arbeitsmarktlage Gesamtdeutschlands wäre zweifellos umfassender und würde bessere Vergleichsmöglichkeiten zur Vorkriegszeit bieten. Die nachfolgenden Angaben können daher nur ein ungefähres Bild geben:

In der Sowjetischen Besatzungszone waren z. B. Ende August 1947 nur noch 6.000 volleinsatzfähige arbeitslose Männer, aber 26.000 volleinsatzfähige arbeitslose Frauen vorhanden.

Die Anforderungen von Arbeitskräften durch Industrie, Handel, Handwerk und Verwaltung betrugen jedoch zur gleichen Zeit 205.000. Hieraus geht eindeutig hervor, wie dringend notwendig es ist, durch berufliche Qualifikation der Frau, durch Erleichterung in ihren Hausfrauenpflichten dafür zu sorgen, dass sie diese freien Arbeitsplätze ausfüllt und zwar nicht nur als ungelernte sondern als zukünftige gelernte Kraft, als Facharbeiterin. Die Lösung dieser Frage hat deshalb besondere Bedeutung, weil von ihr auch das Tempo des Wiederaufbaues unserer Wirtschaft abhängig sein wird.

Die Forderungen der Frau nach wirtschaftlicher und politischer Gleichberechtigung sind für die Gewerkschaften zu Tagesforderungen geworden. – Der Freie Deutsche Gewerkschaftsbund der Sowjetischen Besatzungszone umreißt die Aufgabenstellung im Interesse der Frau in seiner auf dem 2. Kongress 1947 angenommenen Resolution mit folgenden Punkten:

a) Sicherung des Rechtes auf Arbeit

b) Förderung der beruflichen Ausbildung und Umschulung

c) Aufstiegsmöglichkeiten für Frauen in gehobene Positionen

d) Verwirklichung des Grundsatzes »Gleicher Lohn für gleiche Arbeit«

e) Ausbau des Arbeitsschutzes für Frauen, insbesondere für Schwangere und Wöchnerinnen

f) Verstärkte Heranziehung der Frau zur Mitarbeit in den Gewerkschaftsleitungen und im Betriebsrat

g) Ausbau sozialer Einrichtungen im Betrieb zur Entlastung der berufstätigen Frau, insbesondere in ihrer Hausarbeit

h) Gewinnung der Frau für die Gewerkschaft und zur aktiven Mitarbeit

Eine Entschließung ähnlichen Inhalts wurde auf der Zonenkonferenz der Gewerkschaften der Britischen Zone angenommen.

Es bedarf wohl kaum der Erwähnung, dass solche Aufgaben nur von der Gesamtorganisation verwirklicht werden können und dass die gewerkschaftliche Frauenarbeit in ihren Methoden ganz neue Wege gehen muss.

Wie sieht es in der Praxis mit dem grundsätzlich anerkannten Recht auf Arbeit aus?

Es wird immer wieder versucht, unter der falschen Anwendung des Begriffes »Doppelverdiener« die Frau zu entlassen, um ihren Arbeitsplatz für den männlichen Kollegen freizumachen.

Der Hinweis, dass dem heimgekehrten Kriegsgefangenen der Platz gehört, kann nicht überzeugen. Warum sollte nicht auch er sich durch Umschulung einen neuen Beruf zuwenden, so wie es von der Frau verlangt wird.

Es ist sehr zu bedauern, dass z. T. im Verkehrswesen (speziell bei der Eisenbahn) Frauen aus dem Außendienst entlassen werden, obgleich sie sich dort in den Kriegsjahren bewährten. Diese Entwicklung nimmt nicht wunder, wenn im Mitteilungsblatt Nr. 3 im August 1946 in München (vermutlich von einem Personalchef der Eisenbahn) geschrieben wird:

»Wir wissen wohl, dass die Kriegsbeschädigten mit ihrer Prothese manche Altjungfernhoffnung auf eine Beamtenlaufbahn zerstören …«

Die Frauen aber müssen begreifen, dass ihre Zeit um ist und dass sie als Ersatz für Männer fernerhin nicht mehr benötigt werden. Bei weitgehendem Verständnis für die Lage der Schwerbeschädigten muss Unterbringung möglich

314

sein, ohne hierbei die Frau zur Leidtragenden zu machen. In diesem Sinne sind auch Einzelerscheinungen, die in der Ostzone auftauchten, geregelt.

Die Förderung der Berufsausbildung und -fortbildung ist ein zweiter entscheidender Programmpunkt der Gewerkschaften.

Der Frau müssen alle Arbeitsgebiete erschlossen werden, denen sie nach Maßgabe ihrer Kräfte gewachsen ist. In diesem Zusammenhang ist es aus volkswirtschaftlichen und gesellschaftlichen Gründen erforderlich, auch die gesetzlichen Bestimmungen über Berufsausbildung zu verbessern, da die alten die fortschrittliche Entwicklung hemmen und den Anforderungen der heutigen Zeit nicht mehr gerecht werden.

Erst ein Berufsausbildungsgesetz auf völlig neuer Grundlage kann den notwendigen Wandel schaffen. Ein Schritt auf dem Wege hierzu wird wohl auch das in diesen Tagen zur Veröffentlichung gelangende Berufsausbildungsgesetz für die Sowjetische Besatzungszone sein, an dessen Ausarbeitung im Zentralausschuss für Berufsausbildung bei der Deutschen Verwaltung für Arbeit und Sozialfürsorge neben den Handwerks- sowie Industrie- und Handelskammern der Länder auch die Abteilungen Sozialpolitik, Jugend und Frauen beteiligt waren.

Die folgenden wesentlichen Punkte der Verordnung zeigen bereits eine fortschrittliche Haltung, die sich gerade für die weibliche Jugend von großem Nutzen erweisen wird.

Der Anlernberuf wird in Fortfall kommen; es wird nur noch Lehrberufe mit unterschiedlicher Lehrzeit geben, deren Höchstdauer 3 Jahre nicht übersteigen darf. Der Lehrvertrag ist Bedingung und muss in die Lehrlingskartei des zuständigen Amtes für Arbeit eingetragen werden.

Körperliche und geistige Eignung wird von den Berufsberatungsstellen und den Berufsärzten geprüft. Die Zahlung von Lehrgeld ist abgeschafft worden, um keinen Raum für ein ungesundes Berufsprivileg zu geben. Um Mangel an Lehrstellen zu beseitigen, sollen die an der Ausbildung Interessierten Lehrwerkstätten errichten.

In Zukunft wird auch kein Taschengeld, sondern nur noch eine angemessene Lehrlingsentlohnung gewährt, die im Tarifvertrag verankert ist. Eine Zwischen- und Abschlussprüfung ist Bedingung, um als Facharbeiter anerkannt zu werden. Bei besonderer Eignung kann die Lehrzeit auf zwei Drittel verkürzt und durch eine besondere Prüfung abgeschlossen werden.

Bei der Unterbringung weiblicher Jugendlicher in Lehrstellen zeigte sich auch in der Ostzone in diesem Jahr ein starker Mangel an Lehrstellen.

Hier konnte nur Abhilfe geschaffen werden durch das Bestreben, die Jungen für Berufe zu interessieren, die einen sehr starken Facharbeitermangel aufweisen und körperlich schwere Arbeit verlangen.

Um z.B. zu verhindern, dass in absehbarer Zeit der Beruf der kaufmännischen Angestellten noch stärker übersetzt sein wird als bisher, hat man dazu übergehen müssen, die Zahl der Lehrstellen zu beschränken.

Es werden im Augenblick beispielsweise alle freien Lehrstellen vorübergehend nur an Frauen vergeben in folgenden Berufen:

Friseure, Herrenschneider, Kürschner, Weber, Uhrmacher, Zahntechniker, Emailleschriftmaler. Auch als Gärtner, Glaser, Lackierer, Maler, Ofensetzer und Sattler wird der weibliche Lehrling bevorzugt.

Den Volkseigenen Betrieben wurde eine besondere Auflage zur Schaffung von Lehrstellen gemacht.

So übernahmen z. B. die VEB Sachsens die Verpflichtung, allein 10.000 Lehrstellen bereitzuhalten, was auch durchgeführt werden konnte.

Hierbei darf die Wichtigkeit einer zweckmäßigen Arbeitsvermittlung nicht übersehen werden. Durch enge Zusammenarbeit ist den Gewerkschaften die Möglichkeit gegeben, hierauf starken Einfluss zu nehmen. Die Auswahl fortschrittlicher Sachbearbeiter für die Arbeitsvermittlung, deren ständige Fühlungnahme mit den Gewerkschaften bieten erst Gewähr für die Berücksichtigung sozialer Gesichtspunkte bei den Arbeitssuchenden und für die zweckmäßige Lenkung der Arbeitskräfte. Vieles kann auf diesem Wege gebessert werden, vieles ist auch schon geschehen.

Aber entscheidend bleibt doch, wie weit es den Gewerkschaften gelingt, die Frauen selbst von der Notwendigkeit einer guten Fachausbildung zu überzeugen, die sie erst in die Lage versetzen wird, wirklich gleichberechtigt zu sein.

Wir müssen erreichen, dass die Frau ebenso selbstbewusst und sicher ihren Beruf als Schlosser, Glaser, Tischler oder Mechaniker ausübt, wie sie dies bisher als gelernte Schneiderin oder Buchhalterin getan hat. Hierfür ist aber eine ganz andere innere Haltung zur Berufsarbeit an sich notwendig, als wir sie heute kennen. Die Bereitschaft zur Arbeit lässt sie viel leichter Schwierigkeiten überwinden, als wenn sie ihre Tätigkeit als bitteren Zwang betrachtet.

Auf der vorletzten Interzonentagung der Industriegewerkschaft Bau wurde von einigen Kollegen aus den westlichen Zonen eine ablehnende Haltung zu dem Einsatz der Frauen im Baugewerbe eingenommen, wie er in der Sowjetischen Besatzungszone und besonders im zerstörten Berlin festzustellen ist.

Der Anteil der Frauen in der Ostzone ist im Hoch- und Tiefbau 12,4 Prozent und im Baunebengewerbe 14,2 Prozent.

In der Britischen Besatzungszone sind nach Angaben des Arbeitsministers Halbfell z. Zt. etwa 20.000 Frauen auf dem Bau tätig.

Zweifellos ist diese Frauenarbeit, und besonders die Trümmer, kein ideales Betätigungsfeld für die Frau. Dennoch hat sich seit 1945 ein Stamm von Arbeiterinnen herausgebildet, der eine Arbeit durchaus bejaht. Ein Teil dieser Frauen ist bereits als Facharbeiter ausgebildet und arbeitet mit voller Anerkennung der männlichen Kollegen.

Viele Frauen, wie z. B. Büroangestellte und Verkäuferinnen, gingen auf den Bau, weil andere Arbeitsmöglichkeiten einfach nicht vorhanden waren. Hierbei darf man aber auch diejenigen nicht vergessen zu erwähnen, die Trümmer beseitigen um des Wiederaufbaues willen!

316

Es ist das ständige Bestreben der Ämter für Arbeit, gerade diese Fachkräfte, die mutig zur körperlich schweren Arbeit gegriffen haben, baldmöglichst in ihren eigentlichen Beruf zurückzuführen. Diese Frauen werden bevorzugt vermittelt. An den entsprechenden Erfolgen ist besonders das Frauensekretariat des FDGB Groß-Berlin beteiligt.

Solange Frauen weiterhin als Arbeitssuchende überwiegend ohne erlernten Beruf auf dem Arbeitsmarkt erscheinen, wird die Gefahr nicht wirksam beseitigt werden können, dass sie zu Arbeiten greifen ohne Rücksicht auf mögliche Schädigung ihrer Gesundheit.

Ein großer Teil der Arbeitsplätze in Industrie und Handwerk, und vor allem auch im Handel, die keine besonderen Körperkräfte beanspruchen, sind nicht mehr vorhanden, dafür aber große Anforderungen im Transportgewerbe.

Um nach und nach durch Umbesetzung eine Beseitigung der zu schweren körperlichen Arbeit für die Frau zu erreichen, wird noch viel Aufklärungs- und zähe Kleinarbeit von den Gewerkschaften zu leisten sein.

Es ist eine alte Erfahrung, dass der biologischen Beschaffenheit der Frau Rechnung getragen werden muss. Sie verlangt nicht etwa Sonderrechte, sondern nur das, was ein Volk anerkennen muss, wenn es nicht untergehen will.

Die berufliche Aufstiegsmöglichkeit der Frau im Betrieb und in der Verwaltung ist leider immer noch nicht in ausreichendem Maße vorhanden. Der Kollege dominiert nach wie vor in der so genannten gehobenen Position.

Die noch immer nicht überwundene Ansicht von der Minderwertigkeit der Frau veranlasst auch heute noch viele, mit zweierlei Maß zu messen.

Dieses Problem spielt im Post- und Verkehrswesen, in Verwaltung und in Handels- und Bankbetrieben immer noch eine große Rolle. Es sei deshalb als begrüßungswertes Beispiel angeführt, dass die Zentralverwaltung für Verkehr in der Ostzone in Zusammenarbeit mit der Industriegewerkschaft Eisenbahn einen neuen Plan für die Laufbahngestaltung ausgearbeitet hat, der in erfreulicherweise den Forderungen nach gleicher Aufstiegsmöglichkeit auch im Verkehrswesen für die dort beschäftigten 20.000 Frauen Rechnung trägt. Die Frau kann jetzt unter gleichen Bedingungen wie der Mann bis zum Oberverwaltungsrat aufsteigen; in der Zentralverwaltung für Verkehr ist beispielsweise eine Frau dieses Ranges bereits tätig.

Das wertvollste Gut des deutschen Volkes ist nach dem Krieg die menschliche Arbeitskraft. Aus dieser Erkenntnis erwächst den Gewerkschaften eine besondere Verantwortung, denn nicht nur um der Frauen selbst willen, sondern auch aus Interesse an einem gesunden Nachwuchs darf hier nicht leichtfertig gehandelt werden. Die Gegenwart kann nicht auf Kosten der Zukunft leben, und so kann die heutige Wirtschaft auch nicht auf Kosten eines zu hohen Verschleißes der weiblichen Arbeitskraft aufgebaut werden.

Je stärker die wirtschaftliche Not und damit der Zwang zur Erwerbsarbeit für die Frau, je größer wird auch die Gefahr, für sie ungeeignete Arbeit anzunehmen, d. h. gleichzeitig:

Erweiterte Möglichkeit für gesundheitliche Schäden.

Es fehlen noch vielerorts die Erfahrungen über Frauenarbeit in so genannten »Männerberufen«. Das Vorhandensein solcher Erfahrungen, physische und psychologische Eignungsprüfungen sind notwendig, um besonders die Technik und den Erfindergeist anzuregen und zur Erleichterung des Arbeitsganges für die Frau beizutragen.

Erhöhter Arbeitsschutz – mehr weibliche Arbeitsschutzinspektoren.

Die gewerkschaftliche Sozialpolitik muss diesen Notwendigkeiten ebenfalls Rechnung tragen und ganz neue Wege gehen.

Erhöhter Arbeitsschutz in den Betrieben durch Verbesserungen der Schutzvorrichtungen ist unerlässlich.

In diesem Zusammenhang ist auch die Forderung nach einer stärkeren Verwendung von weiblichen Arbeitsschutzinspektoren berechtigt, die eine noch bessere Gewähr für die Überprüfung der Arbeitsbedingungen und Arbeitsschutzvorschriften im Hinblick auf die Besonderheiten des weiblichen Arbeitsschutzes bieten.

Die Frauenabteilungen des Freien Deutschen Gewerkschaftsbundes und der Industriegewerkschaften haben sich besonders bei der Auswahl hierfür geeigneter Betriebsfunktionärinnen eingeschaltet und zur Ausbildung auf der Arbeitsinspektorenschule vorgeschlagen.

Die besonderen Nachkriegsverhältnisse sind die Ursache des stärkeren Eindringens von Frauen in viele Berufe, was eine gewisse Überschreitung der bestehenden Arbeitsschutzbestimmungen mit sich brachte.

Das trifft in erster Linie für die Frauen im Transportgewerbe zu und gilt aber auch für die chemische Industrie sowie für Übertagebetriebe im Bergbau.

Aber auch im Baugewerbe und in handwerklichen Baunebenberufen arbeitet die Frau.

Die Unkenntnis der Arbeitsschutzbestimmungen, z. T. zurückzuführen auf die große Unübersichtlichkeit, war eine der Ursachen für die Nichtbeachtung.

Um diesem Zustand ein Ende zu bereiten, wurde im April 1947 der Befehl Nr. 39[1] von der Sowjetischen Militärverwaltung erlassen, der eine Liste von 38 verbotenen Beschäftigungsarten für Frauen vorsieht. An der Ausarbeitung dieser Vorschriften hatte der Bundesvorstand des Freien Deutschen Gewerkschaftsbundes entscheidenden Anteil.

Arbeitsverbote für Frauen sind im Befehl Nr. 39 nach folgenden Gesichtspunkten ausgesprochen:

a) Alle Arbeiten sind verboten, die mit dem ständigen Tragen von Lasten von mehr als 15 Kilo verbunden sind,

b) durch Einwirken von Giftstoffen gesundheitsschädlich sein können oder durch Bedienung schwerer oder besonders gefährlicher Maschinen eine erhöhte Unfallgefahr in sich bergen.

---

1 SMAD-Befehl Nr. 39 vom 19.02.1947 (Verbot der Beschäftigung von Frauen mit schweren und gesundheitsschädlichen Arbeiten [mit Anlage]). Vgl. Foitzik: Inventar, S. 125.

Darüber hinaus sind noch besondere Arbeitsverbote für die schwangere Frau und die Wöchnerin ausgesprochen.

Bemerkenswert ist ferner, dass der Befehl jegliche Entlassung der in Frage kommenden Frauen verbietet und die Unternehmer verpflichtet, geeignetere Arbeitsplätze zuzuweisen.

Die Gewerkschaften kämpfen gleichzeitig darum, dass mit dem Arbeitsplatzwechsel keine finanzielle Schlechterstellung der Frau verbunden ist. Es ist wohl kaum zu leugnen, dass eine Kollegin, die bisher sogar verbotene, schwere Arbeiten ausführte, auch am anderen Arbeitsplatz wertvolle leisten kann; selbst wenn damit eine Umschulung oder Anlernung verbunden sein sollte, so darf es kein Hinderungsgrund sein. Da dem Umschüler 85 Prozent des Facharbeiterlohnes gezahlt wird, entsteht keine finanzielle Benachteiligung.

Sozialversicherung und die besonderen Leistungen für die werdende und stillende Mutter.

Sehr wesentliche Aufgaben fallen den Gewerkschaften auf dem Gebiet der Sozialpolitik zu.

Wenn heute die Möglichkeit eines weitaus größeren Rechtes auf Mitbestimmung in den Betrieben gegeben ist, so hat sich z. B. in der Ostzone nicht nur die Form gewandelt, sondern auch die Kraft verstärkt, die die Gewerkschaften bei der Ausarbeitung von Gesetzen, Verordnungen und Erlassen zur Geltung kommen lassen können.

Besonders wirksam wurde diese Tatsache bei der Neuordnung des Sozialversicherungswesens, das einschneidende Veränderungen erfuhr durch die praktische Anwendung alter gewerkschaftlicher Grundsätze. Neben sehr wesentlichen Verbesserungen allgemeiner Art interessiert hier besonders die Neuregelung der Schwangeren- und Wöchnerinnenfürsorge.

Der Befehl Nr. 28[2] sieht als Barleistungen 75 Prozent des Durchschnittsarbeitsverdienstes für die Dauer von 4 Wochen und 50 Prozent für 6 Wochen nach der Entbindung vor.

Tritt die Entbindung früher ein als der Arzt es vorausgesagt hat, so wird das Schwangerengeld bis zum Tage der Entbindung weiter gezahlt.

Durch diese Bestimmung kommt die Beschränkung auf 4 Wochen vor der Entbindung nicht wesentlich zur Geltung.

Anstelle des bisher gezahlten Stillgeldes, das ehemals als Prämie gedacht war, tritt jetzt eine Unterstützung für das Kind.

Sie beträgt die Hälfte des täglichen Wochengeldes, das sind 25 Prozent des Durchschnittverdienstes auf die Dauer von 12 Wochen.

Diese Unterstützung wird nicht mehr von der Dauer der Stillfähigkeit abhängig gemacht, die aufgrund der allgemeinen Verhältnisse besonders für die berufstätige Mutter recht problematisch geworden ist.

---

2  SMAD-Befehl Nr. 28 vom 28.01.1947 (Neuordnung der Sozialversicherung, Einführung eines einheitlichen Systems). Vgl. ebenda, S. 124.

Neu ist außerdem die Gewährung eines zusätzlichen Taschen- oder Hausgeldes für Versicherte bei Aufenthalt im Krankenhaus oder Entbindungsheim.

Für Versicherte, die Familienangehörige zu unterhalten haben, ist die Höhe auf 50 Prozent, für alleinstehende Versicherte auf 25 Prozent des Krankengeldes festgesetzt.

In der Entschließung zur Sozialpolitik, wie sie vom 2. FDGB-Kongress angenommen wurde, heißt es u. a., dass ein Schwangerengeld für 6 Wochen vor der Entbindung sowie ein einmaliger Entbindungsbeitrag auch für Versicherte gezahlt wird.

Es wird in nicht geringem Maße von den Frauen selbst abhängen, wie weit durch ihre Aktivität die Voraussetzungen zur Verwirklichung dieser Forderungen geschaffen werden.

Beachtenswert ist ferner noch die Bestimmung des Befehls, dass die Familienhilfe nicht nur der Ehefrau, sondern auch der in ehelicher Gemeinschaft lebenden »Lebensgefährtin« zuerkannt wird. Damit kommt durch die Berücksichtigung der heutigen tatsächlichen Lage gleichfalls eine fortschrittliche Haltung zum Ausdruck.

Der schlechte Gesundheitszustand des deutschen Volkes und das rapide Ansteigen der Krankheitsziffer stellen große Anforderungen an die Sozialversicherungsanstalten. Bei größter Anerkennung des Sparsamkeitsprinzips muss verhindert werden, dass durch die größere Anforderung ein Herabsinken der Leistungen für die Versicherten eintritt. Deshalb ist die Vertretung der Gewerkschaften im Vorstand der Sozialversicherung zu zwei Drittel von entscheidender Bedeutung. Die besondere Eignung der Frau für sozialpolitische Aufgaben bietet die Gewähr, dass sie gerade hier ein dankbares Betätigungsfeld findet.

Erwähnt sei an dieser Stelle noch die Mitarbeit der Gewerkschaften an der Neufassung des Mutterschutzgesetzes und an der Auflockerung des Paragraphen 218.

So bemühen wir uns in der Ostzone z. Zt. darum, dem Mutterschutzgesetz auch für Hausangestellte Gültigkeit zu verschaffen, von dem sie bisher ausgeschlossen waren, in dem man ihnen den Kündigungsschutz nur für die Zeit 6 Wochen vor der Entbindung zubilligte.

Wohl eine der wichtigsten Aufgaben der Gewerkschaften ist die Beseitigung der so genannten »Frauenlöhne«[3].

Seit diese Forderung 1889 auf dem Internationalen Sozialistenkongress erhoben wurde, ist sie stets Gegenstand des besonderen gewerkschaftlichen Kampfes gewesen. Es gelang auch, die anfängliche Differenz zwischen Männer- und Frauenlöhnen von ca. 60 Prozent in günstigen Fällen auf 2 Prozent oder 15 Prozent zu beschränken.

---

3  Die Losung: »Gleicher Lohn für gleiche Arbeit« war eine spezielle Forderung der werktätigen Frauen im Zusammenhang mit den allgemeinen Forderungen der Gewerkschaftsbewegung. Malter bezieht sich hier auf den später von ihr erwähnten SMAD-Befehl Nr. 253 vom 17.08.1946 (Gleichmäßige Bezahlung der Arbeit von Frauen, Jugendlichen und erwachsenen Männern für geleistete Arbeit). Aus der Arbeit des FDGB, S. 407 f.

Letzteres war besonders in den Jahren 1918 bis 1922 möglich, nachdem die Gewerkschaften verfassungsmäßig als Tarifpartner anerkannt wurden und die Möglichkeit zur Durchsetzung gewerkschaftlicher Ziele aufgrund politischer Situation verhältnismäßig groß war. Jedoch bereits nach der Inflation vergrößerte sich die Lohnspanne zu ungunsten der Frauen aufs Neue, wie dies z. B. in der Thüringer Holzindustrie und in der Hamburger Kartonagenindustrie der Fall war.

Nur in seltenen Fällen wurde bei gleicher Arbeit der gleiche Lohn gezahlt. Die Beamtin im städtischen Dienst erhielt zwar die gleiche Gehaltsgruppe wie der Mann, doch zeigte sich auch hier eine andere Form der Benachteiligung, indem sie zu den gehobenen Stellungen nicht zugelassen wurde.

Selbst bei Akkordarbeit in der Industrie gelang es oft nicht, in den Tarifabschlüssen die unterschiedlichen Grundlöhne für Männer und Frauen zu beseitigen.

Dass in der Hitlerzeit von einer Verringerung dieser Lohnspanne keine Rede sein konnte, selbst nicht in der angespanntesten Zeit der Kriegsproduktion, wird durch einen Ausspruch des Arbeitsministers Seldte bestätigt. Er schreibt im Reichsarbeitsblatt 1942:

»Von einer Gleichstellung der Männer- und Frauenlöhne bei gleicher Leistung kann keine Rede sein, da dies im gegenwärtigen Zeitpunkt für die deutsche Wirtschaft nicht tragbar ist.«

Man denke hierbei an die Milliardengewinne der deutschen Kriegsproduzenten!

Wie war der Reichsdurchschnitt des Tariflohnes pro Stunde?

|      | gelernte Männer | Hilfsarbeiter | gelernte Frauen | Hilfsarbeiterin |
|------|-----------------|---------------|-----------------|-----------------|
| 1932 | 81,6 Pfennig    | 64,4 Pfennig  | 53,1 Pfennig    | 43,9 Pfennig    |
| 1944 | 81,0 Pfennig    | 64,1 Pfennig  | nicht angeführt | 44,7 Pfennig    |

Danach verdiente 1944 die ungelernte Arbeiterin 19,4 Pfennig pro Stunde weniger als der ungelernte Arbeiter. Es wäre sicher von größtem Interesse, könnte man zu dieser von Prof. Jürgen Kuczinsky gemachten Aufstellung eine Gegenüberstellung gesamtdeutscher Frauenlöhne aus der Gegenwart vornehmen.

Die durchschnittlich erzielten Männer- und Frauenstundenverdienste aus dem Lande Westfalen im Jahre 1946 geben einen kleinen Einblick.

Danach erhält die Frau als:

| Beruf | Anteil Männerlohn |
|-------|-------------------|
| Textilfacharbeiterin | 74 Prozent |
| Lederarbeiterin | 74 Prozent |
| Bekleidungsarbeiterin | 62 Prozent |
| Chemiehilfsarbeiterin | 61 Prozent |
| Süß- und Backwarenfacharbeiterin | 51 Prozent |

In vielen Tarifordnungen aus der Nazizeit bestehen noch heute die alten Frauenlohngruppen, die selbst bei gleicher Arbeit und Leistung noch 25 bis 30 Prozent Differenz aufweisen. Soll also die offensichtliche Ungerechtigkeit gegenüber der Frau im Lohn beseitigt werden, dann müssen alle nachteiligen Bestimmungen aus den Tarifen verschwinden. Noch sind aber nicht alle Tarife neu abgeschlossen, sondern existieren aus der Hitlerzeit mit all ihren Nachteilen.

Der zwingenden Notwendigkeit, sofort Abhilfe zu schaffen, haben sich selbst die alliierten Mächte nicht verschlossen. Ausgehend von der Tatsache, dass noch heute Frauenstundenlöhne bestehen, die weit unter 50 Pfennig, ja bis zu 34 Pfennig liegen, ist mit der Direktive Nr. 14 des Alliierten Kontrollrates über Lohnstopp und seiner Abänderung vom September 1946 eine Möglichkeit gegeben, den Stundenlohn auf 50 Pfennig zu erhöhen.

Kann aber die Frau, die heute in erhöhtem Maße Ernährer ihrer Kinder oder hilfsbedürftiger Familienangehöriger ist, mit 24,- M. Bruttolohn leben, vorausgesetzt, dass sie volle 48 Stunden arbeitet? Ist nicht der Reallohn trotz Preisstopp ganz erheblich gesunken? Es ist nicht selten, dass Arbeitnehmerinnen von ihrem geringen Verdienst nicht die zugeteilten Lebensmittelrationen kaufen können.

Der Befehl Nr. 253[4] – Gleicher Lohn für gleiche Arbeit –

Wir begrüßen es deshalb ganz außerordentlich, dass für die Sowjetische Besatzungszone im August 1946 mit dem Befehl Nr. 253 die Möglichkeit geboten wurde, tatsächlich den Grundsatz: »Gleicher Lohn für gleiche Arbeit« zu verwirklichen.

In den neuauszuarbeitenden und den bereits abgeschlossenen Tarifen sind entsprechend den Möglichkeiten dieses »Befehles« die besonderen Lohngruppen für Frauen und Jugendliche gestrichen.

Entsprechend dem neuen Metallarbeitertarif erhalten jetzt der Mann und die Frau bei Ausführung leichter Arbeiten als Hilfsarbeiter einen Zeitlohn von 81 Pfennig in Ortsklasse I pro Stunde, als Hilfsarbeiter »für Arbeiten nach kurzer Anweisung« sogar 86 Pfennig pro Stunde.

Die Bauarbeiterin erhält als ungelernte Kraft – genau wie der Mann – 90 Pfennig pro Stunde. Der Akkordlohn ist für beide Geschlechter gleich. Ebenso sind Altersklassen ausgeschaltet und damit die besondere Form der Jugendlichenausbeutung verhindert.

Schwierigkeiten bei der Durchführung des Befehls »Gleicher Lohn für gleiche Arbeit«

Bei der Durchführung des Befehls Nr. 253 konnten wir in der Ostzone recht lehrreiche Feststellungen treffen. Widerstände zeigten sich nicht nur bei den Unternehmern, sondern z. T. auch bei den Kollegen oder Betriebsräten.

Es bedurfte eines starken ideologischen Kampfes, um die oft so tief verwurzelten rückschrittlichen Auffassungen von der Minderleistung der Frau oder

---

4   Vgl. Foitzik: Inventar, S. 111.

der bevorzugten Stellung des Mannes zu beseitigen. Es bestand vor allem die Neigung, nur dort den gleichen Lohn zuzuerkennen, wo Frau und Mann am gleichen Arbeitsplatz stehen.

Damit wäre der größte Teil der arbeitenden Frauen, und zwar die, welche ausgesprochene Frauenarbeit leisten, leer ausgegangen.

Der Bundesvorstand des Freien Deutschen Gewerkschaftsbundes hatte deshalb in seinen Richtlinien zur Durchführung dieses Befehles bereits im Oktober 1946 ausdrücklich festgestellt, dass dort, wo vergleichbare Männerlöhne bei Frauenarbeit nicht vorhanden sind, Männerlöhne ähnlich gelagerter Betriebe zum Vergleich herangezogen werden müssen. Die Tätigkeit der Frau muss danach gewertet werden, ob sie zur Kategorie der ungelernten oder Facharbeiter gehört. Ihr ist dann der entsprechende Lohn des Mannes zu zahlen.

Der Befehl Nr. 253 hatte also geradezu revolutionierende Wirkung auf dem Gebiet der Frauenlohnpolitik und rief begreiflicherweise auch harten Widerstand hervor.

Eine oftmals zu enge Auslegung des Befehls bewirkte, dass Berichte häufig kein richtiges Bild von der Durchführung ergaben, was manchmal zu einer unklaren Haltung auch unter Kollegen führte.

Die Frauen selbst reagierten sehr freudig bei Erlass des Befehles, was in einer Vielzahl von Dankestelegrammen zum Ausdruck kam.

Bedeutend geringer war jedoch ihr eigener Anteil der Durchführung. Das seit Generationen in der Frau vorhandene Gefühl der Minderwertigkeit ließ sie nicht mit voller Kraft gegen rückschrittliche Auffassungen der Kollegen oder gegen den Widerstand der Unternehmer auftreten.

Auch in der Ostzone muss noch vieles getan werden, um die zu geringen Frauenlöhne zu beseitigen. Trotzdem erhält ein erheblicher Teil der Frauen wenigstens die niedrigste Lohnstufe der Männer, was gegenüber der Möglichkeit der Direktive Nr. 14 doch ein Fortschritt bedeutet.

Durch die für Berlin von dem Alliierten Kontrollrat erlassene Anordnung, die lediglich eine Kannvorschrift ist, sind die hier vorhandenen Möglichkeiten wesentlich enger.

Befehl Nr. 234[5] über Maßnahmen zur Steigerung der Arbeitsproduktivität

Mit dem am 10. Oktober 1947 erlassenen Befehl Nr. 234, der Maßnahme zur Steigerung der Arbeitsproduktivität und zur weiteren Verbesserung der materiellen Lage der Arbeiter vorsieht, ist auch eine Überprüfung und Angleichung der niedrigen Frauenlöhne vor allem für die Textil- und Bekleidungsindustrie vorgesehen.

---

5  SMAD-Befehl Nr. 234 vom 9.10.1947 (Maßnahmen zur Steigerung der Arbeitsproduktivität und Arbeitsdisziplin sowie Arbeitsschutzmaßnahmen). Der Befehl 234 war ein Meilenstein des FDGB auf dem Weg von einer freien Gewerkschaft zu einer Organisation, die im System der Planwirtschaft Produktionssteigerung auf der Basis von Leistungslohn durchsetzen wollte. Von da aus führte der Weg zum Kampf gegen die freigewerkschaftlichen Traditionen. Vgl. Brunner: Sozialdemokraten, S. 253 ff.

Es heißt dort in Punkt 5:

»Die Lohnsätze in der Textil- und Bekleidungsindustrie sind zu überprüfen und alle niedrigen Sätze für Frauenarbeit entsprechend dem in der Zone festgelegten Grundsatzes ›Gleicher Lohn für gleiche Arbeit‹ abzuschaffen.«

Methoden der gewerkschaftlichen Frauenarbeit

Der Kampf im Interesse der schaffenden Frauen kann nicht ohne ihre eigene rege Mitarbeit geführt werden. Er verlangt vor allem, dass die Frau nicht allein und losgelöst von der Gesamtorganisation ihren Weg geht, sondern nur gemeinsam mit den Kollegen. Deshalb galt es, bei der Neugründung der Gewerkschaften neue Methoden der Frauenarbeit zu entwickeln und zu verhindern, dass sie jemals wieder »Ressortarbeit« wird.

Die Frauenabteilung beim Bundesvorstand des Freien Deutschen Gewerkschaftsbundes begann im Mai 1946 ihre Arbeit, so dass bereits eine ganze Reihe Erfahrungen gesammelt werden konnten. Über die Organisation der gewerkschaftlichen Frauenarbeit im Westen sind mir nur einige wenige Berichte im Laufe der Zeit zur Kenntnis gekommen. Daher ist es auch nicht möglich, einen umfassenden Überblick über die Entwicklung der Frauenarbeit im Westen zu geben.

Uns ist allerdings bekannt, dass in einer Reihe von gesonderten Frauenkonferenzen, beispielsweise in Groß-Hessen, Bayern und Württemberg-Baden, auf denen sehr ernsthaft zum gewerkschaftlichen Kampf für die Frauen Stellung genommen wurde, bereits die Grundlage für den Aufbau der Frauenarbeit geschaffen worden ist. Mit folgendem möchte ich einen Überblick über den Aufbau der gewerkschaftlichen Frauenarbeit in der Sowjetischen Besatzungszone geben.

Gewerkschaftliche Frauenarbeit in der Ostzone

Es gibt keine gesonderten Frauengruppen im Betrieb. Die Kollegin gehört der Betriebsgewerkschaftsgruppe an und nimmt dort an allen Sitzungen, Schulungsvorträgen und an der gemeinsamen gewerkschaftlichen Arbeit teil. Sie ist als Frauenleiterin Mitglied der Betriebsgewerkschaftsleitung.

Schulung der Funktionärin

Von der Kreis- bis zur Bundesschule wird die Frau nur in gemeinsamen Lehrgängen mit den Männern erfasst.

Nur in besonderen Fällen finden Kurzlehrgänge oder Wochenendschulen der Frauen statt, in denen zu besonderen Frauenfragen gesprochen oder die geschichtlichen Hintergründe der gewerkschaftlichen Frauenarbeit aufgezeigt werden.

Beurteilungen der Leiter der Gewerkschaftsschulen weisen nach, dass die Kolleginnen oft besser abschneiden als die Männer. Ihr Anteil an den Kursen ist durchschnittlich 25 Prozent, in der Landesgewerkschaftsschule Thüringen sogar 30 Prozent.

Es ist deshalb sehr wichtig, dass die Frauenleiterin Einfluss auf jede Lehrplangestaltung nimmt und dafür sorgt, dass nie vergessen wird, über gewerkschaftliche Frauenarbeit zu sprechen.

Im Thema über die Geschichte der Arbeiter- und Gewerkschaftsbewegung und in Thema über Sozialpolitik werden alle besonderen Förderungen der Frauen und die bereits gültigen besonderen Bestimmungen in Verordnungen, Gesetzes usw. behandelt.

Die Frau als verantwortliche Mitarbeiterin

Da bereits seit eineinhalb Jahren Lehrgänge der Bundesschule stattfinden, desgleichen Landes- und Kreisschulen, konnte der so fühlbare Mangel an weiblichen Funktionärinnen in der Sowjetischen Besatzungszone etwas behoben werden.

Heute sind fast 200 besoldete Frauensachbearbeiterinnen in den Frauenabteilungen des Freien Deutschen Gewerkschaftsbundes im Kreis-, Landes- oder Bundesvorstand sowie in den Zentral- und Landesvorständen der Industriegewerkschaften tätig.

Damit sind allerdings noch nicht alle Kreisvorstände des Freien Deutschen Gewerkschaftsbundes und Landesvorstände der Industriegewerkschaften besetzt. Immer mehr Funktionärinnen müssen ausgebildet werden. Es fehlt vor allem noch an geeigneten Frauen, die verantwortliche Arbeit auf dem Gebiet des Arbeitsrechts, der Sozialpolitik, der Lohn- und Tarifpolitik leisten oder die Orts-, Kreis- oder Landesvorsitzende sind. Wir wollen nicht verhehlen, dass hier der Widerstand einzelner Kollegen größer ist die Anerkennung der Frau als Sachbearbeiterin.

Da erst mehrjährige Praxis – genau wie bei den Kollegen – die nötige Sachkenntnis vermittelt, wäre es jedoch besser, schon jetzt zu beginnen, hier eine Änderung zu schaffen. Die steigende Zahl der berufstätigen Frauen, ihr wachsender Anteil in den Gewerkschaften, verlangt auch ihre tätige Mitarbeit auf allen Gebieten viel stärker als bisher.

Wie sieht es mit den Wahlfunktionärinnen in den entscheidenden Gewerkschaften aus?

In den Bundesvorstand der Ostzone sind 6 Frauen, darunter 4 Betriebsfunktionärinnen aus Großbetrieben gewählt worden.[6]

In den Landesvorständen des Bundesvorstandes sind durchschnittlich 6–10 Frauen; in den Kreisvorständen ist das Bild ein ähnliches.

Da in den Industriegewerkschaften z. Zt. die Landes- und Zonendelegiertenkonferenzen stattfinden, in denen die Vorstände neu gewählt werden, ist im Augenblick ein klares Bild über den Anteil der Frauen noch nicht zu geben,

---

6 Dem Bundesvorstand des FDGB gehörten nach dem 2. Kongress 47 gewählte Mitglieder und zusätzlich die 18 Vorsitzenden der Einzel-/Industriegewerkschaften an. Vgl. Protokoll des 2. Kongresses des FDGB, S. 195. Gemessen an der Zahl von 65 Vorstandsmitgliedern war die Beteiligung der Frauen eher bescheiden und lag unter 10 Prozent. Gewählt waren Friedel Malter, Grete Groh-Kummerlöw, Frieda Mathies, Eva Naumann, Erika Kässner und Lotte Gebler. Unter den Vorsitzenden der Einzelgewerkschaften befand sich keine Frau. Die Kandidatenliste der Wahlen zum Bundesvorstand umfasste 55 Namen. Drei unter den nicht Gewählten waren Frauen. Sie (Helene Altermann, Luise Krüger und Johanna Weber) rückten jedoch bis 1950 in den Bundesvorstand für jeweils verstorbene Mitglieder nach. Vgl. Aus der Arbeit des FDGB, S. 396.

doch steht bereits fest, dass sich nicht nur der Anteil, sondern auch die Qualifikation günstiger als im Vorjahre gestaltet.

In den Bundesvorstand der Gewerkschaften von Württemberg-Baden wurde eine Frau als Mitglied gewählt. Ein Frauensekretariat ist noch nicht errichtet, jedoch auf einer Frauenarbeitstagung des Bundesvorstandes in einer Entschließung vor kurzem gefordert worden.

Vielleicht zeigt sich nun nach dem Stattfinden des letzten Bundestages im Oktober 1947, dass hierzu die Voraussetzungen geschaffen werden konnten.

Von Interesse wäre noch ein Überblick über die Zahl der weiblichen Delegierten auf wichtigen Gewerkschaftskonferenzen, der nur in einigen Beispielen gegeben werden kann.

Auf dem bayrischen Gewerkschaftskongress in München im Juni 1946 waren von 503 Delegierten 15 Frauen.

Auf dem 2. FDGB-Kongress der Sowjetischen Besatzungszone im April 1947 waren von 1.001 Delegierten 129 Frauen.

Der erste Verbandstag der Industriegewerkschaft Metall in Württemberg-Baden im September 1946 vereinigte 350 Delegierte, davon 1 Frau.

Auf dem ersten Verbandstag der Industriegewerkschaft Nahrung und Genuss für die Britische Zone in Hamburg waren leider keine Frauen und Jugendlichen vertreten.

Die Kommission für Frauenfragen in der Sowjetischen Besatzungszone

Aus der Erkenntnis, dass die gesamte Arbeit für die Frau besseren, tiefgreifenderen Erfolg haben wird, wenn sie auf breitester Grundlage aufgebaut ist, wurde eine Kommission für Frauenfragen zunächst beim Bundesvorstand geschaffen. Sie ist zusammengesetzt aus:

a) 10 Landessekretärinnen des Freien Deutschen Gewerkschaftsbundes der Abteilung Frauen,

b) 18 Zonensekretärinnen aus den Zentralvorständen der Industriegewerkschaften,

c) 5 Funktionärinnen je eines Landes aus den Großbetrieben.

Diese Kommission für Frauenfragen wird Anfang November zu ihrer 10. Tagung zusammentreten und diesmal u. a. zu den Ergebnissen dieser Interzonenkonferenz Stellung nehmen.

Durch die Tätigkeit dieser Kommission, die in derselben Form bei den Zentralvorständen der Industriegewerkschaften und den Landesvorständen des Freien Deutschen Gewerkschaftsbundes aufgebaut sind und die in regelmäßigen Abständen von 2, in den Ländern von 3 Monaten zusammentreten, wird eine Vereinheitlichung der ganzen Arbeit möglich.

Nicht »Kontrolle« des einen über den anderen, sondern einheitliche Gestaltung der Arbeitspläne[7], gemeinsame Durchführung derselben und gemein-

---

7  Je mehr der kommunistische Einfluss im FDGB wie auch in der SED dominierte, umso mehr wurde die Arbeit der Vorstände nach vorgegebenen Plänen organisiert. Vgl. Werum: Gewerkschaftlicher Niedergang, S. 401 ff., auch: Aus der Arbeit des FDGB, S. 338- 378.

same Beratung aller schwebenden Fragen werden so in enger Zusammenarbeit ermöglicht. Da auch in den Kreisen ähnliche Arbeitstagungen der Frauen im engen Rahmen stattfinden, wird so der notwendige Kontakt bis zur Orts- und Betriebsfunktionärin geschaffen, denn die Erfahrung lehrt, dass Rundschreiben und gedruckte Arbeitspläne nur dann Wirkung haben, wenn die praktische Durchführung der gestellten Aufgaben besprochen und eine Kontrolle der Arbeit durchgeführt wird.

Viele Fragen, die sich aus den heute so weitgehenden demokratischen Rechten der Arbeiter und Angestellten ergeben, sind besonders der Funktionärin noch ungewohnt. Viele haben ihrem Alter entsprechend noch keine gewerkschaftliche Erfahrung aus der früheren Arbeit aufzuweisen. Durch Funktionärinnenkonferenzen größeren Charakters in den Kreisen, die in besonderen Fällen unter Hinzuziehung der Betriebsrätinnen stattfinden, werden Anregungen zur Arbeit gegeben.

Weibliche Betriebsräte

Besondere Beachtung wird der Tätigkeit der weiblichen Betriebsräte geschenkt, von denen Tausende erstmalig ihre Funktion ausüben.

Bei der diesjährigen Betriebsrätewahl in der Sowjetischen Besatzungszone waren von insgesamt 157.621 gewählten Betriebsräten allein 30.400 Frauen; davon sind 7.000 Frauen mehr als im Vorjahren und das entspricht einem Anteil von 19,5 Prozent. Hierzu kommen noch ca. 7.000 weibliche Jugendbetriebsräte.

Bei der Reichsbahn hat sich die Zahl der Betriebsrätinnen um 130 auf 760 erhöht und in der Holzindustrie um 300 auf 1.067 Frauen.

In Groß-Berlin konnte die Zahl der weiblichen Betriebsräte auf 5.758 gesteigert werden. Hier liegt der prozentuale Anteil der Frauen noch höher als in der Sowjetischen Besatzungszone, und zwar sind es 25 Prozent.

Aufgaben der Betriebsrätin

Um diesen zum größten Teil neuen Betriebsrätinnen die Möglichkeit einer systematischen Arbeit zu geben, werden sie in den laufenden Betriebsräteschulen gemeinsam mit den Kollegen erfasst. Damit wird erreicht, dass sie sich nicht nur zu einer rein sozialen Tätigkeit im Betrieb bestimmen lassen, sondern dass sie mit allen Fragen der Produktionskontrolle, der Preis- oder Lohngestaltung, der Lenkung der Waren und aller weiteren Aufgaben, die den Betriebsräten heute zuerteilt sind, vertraut machen.

Nach der diesjährigen Betriebsrätewahl sind deshalb auch in fast allen Kreisen einmalige Kreiskonferenzen der Betriebsrätinnen durchgeführt worden, um sie dort mit ihren besonderen Aufgaben im Interesse der Frauen vertraut zu machen. Konferenzen von mehreren Hundert Frauen waren hierbei keine Seltenheit.

Betriebsfrauenkommissionen

Ein wichtiges Hilfsorgan in der Wahrung der besonderen Fraueninteressen sind die seit 1945 gebildeten Betriebsfrauenkommissionen.

Diese setzten sich aus den aktivsten Frauen der Abteilungen des Betriebes zusammen und finden ihre Unterstützung und Anleitung zur Arbeit in der Betriebsgewerkschaftsleitung. Es bestehen bereits tausende solcher Kommissionen.

Ein Mangel ihrer Tätigkeit ist noch die fast ausschließliche Betonung der sozialen Arbeit im Betrieb, wobei die ideologischen Aufgaben zu kurz kommen.

An der Durchsetzung des bezahlten Hausarbeitstages, der zu 80 Prozent in der Ostzone verwirklicht ist, haben die Betriebsfrauen in Betriebsfrauenkommissionen entscheidenden Anteil.

Der Hausarbeitstag ist in den meisten Fällen in Betriebsvereinbarungen festgelegt, z. T. aber auch durch Verordnungen der Landesregierung geregelt. Die weitgehendste Regelung hat Sachsen-Anhalt, wo der bezahlte Hausarbeitstag allen weiblichen Arbeitnehmern mit Ausnahme der Lehrlinge zugebilligt wird, sofern sie regelmäßig 48 Stunden arbeiten. Es ist hierbei unerheblich, ob ein eigener Haushalt vorhanden ist oder nicht. Im Allgemeinen wird der bezahlte Hausarbeitstag nur den Frauen mit eigenem Haushalt gewährt.

In der vor einigen Tagen von der Sowjetischen Militärverwaltung genehmigten Betriebsordnung für volkseigene Betriebe, sowjetischen Aktiengesellschaften und andere Betriebe ist auch ein Passus enthalten, der den Frauen über diesen bezahlten Hausarbeitstag hinaus noch zusätzlich einen weiteren freien Tag zubilligt.[8]

Den Betriebsfrauenkommissionen ist weiterhin eine wichtige Aufgabe in der Errichtung von Betriebskindergärten und Kindertagesstätten gestellt. Bisher konnten 80–90 solcher Kindergärten in den Betrieben eröffnet werden.

Ebenfalls sind durch sie schon eine Reihe von Nähstuben und besonderen Konsumverkaufsstellen im Betrieb, Schuhmacherwerkstätten und Waschanstalten errichtet worden.

Auch die Mitarbeit in den Ernährungsausschüssen erfolgt überall.

Die Ausgabe von Spätkundenausweisen zur bevorzugten Abfertigung für Berufstätige liegt in der Ostzone in den Händen der Frauenabteilungen der Gewerkschaften und wurde im Laufe der letzten 3 Monate fast überall durchgeführt.

Frauennachtarbeit

Die jetzt durch Kohlenknappheit und Stromsperren erneut in den Vordergrund gerückte Frage der Frauennachtarbeit macht einen wesentlichen Teil der Tätigkeit der Frauenfunktionäre aus. Sie wird in Zusammenarbeit mit den sozialpolitischen Abteilungen der Gewerkschaften geklärt. Da trotz des seit Jahrzehnten bestehenden Verbotes der Nachtarbeit für Frauen gegen-

---

8  Im Geschäftsbericht des FDGB für die Jahre 1947 bis 1949 wird dies nicht erwähnt. Im Kontext der Kampagnen um »Aktivisten«-Bewegung und Produktionssteigerungen seit 1947 schien dem FDGB offenbar ein solcher Hinweis unpassend. Eingeräumt wird dagegen, dass die Verbote für Frauenarbeit in gesundheitsgefährdenden Betrieben oder für schwere körperliche Arbeit gelockert worden waren. Aus der Arbeit des FDGB, S. 253.

wärtig eine Durchbrechung desselben auch von den Gewerkschaften nicht verhindert werden kann, sind vom Bundesvorstand des FDGB Richtlinien ausgearbeitet, die bei der Genehmigung unbedingt einzuhalten sind und die einen erhöhten Schutz der Frauen ermöglichen.

Danach bleibt Frauennachtarbeit unbedingt verboten:

a) für Schwangere und stillende Mütter,

b) für Mütter mit Kindern unter 14 Jahren,

c) für kranke Frauen, die ein ärztliches Attest aufweisen,

d) für Jugendliche unter 18 Jahren.

Nachtarbeit ist von der Genehmigung der Arbeitsschutzämter abhängig und kann nur befristet gewährt werden. Die Notwendigkeit muss vom Betriebsrat bestätigt werden.

Die Arbeitszeit für Frauen während der Nachtschicht beträgt 8 Stunden einschließlich einer einstündigen bezahlten Pause.

Für Nachtarbeit wird mindestens ein zehnprozentiger Zuschlag gewährt.

Eine Ablehnung der Nachtarbeit aus berechtigten Gründen darf für die Frau weder betriebliche Nachteile, noch Entlassungen zur Folge haben.

Zusammenarbeit mit der demokratischen Frauenbewegung

Um auch dort, wo die betrieblichen Voraussetzungen nicht gegeben sind, im Interesse der arbeitenden Frau zu wirken, erfolgt eine enge Zusammenarbeit der Gewerkschaften und der Betriebsfrauenkommissionen mit den bei jedem Magistrat bestehenden kommunalen Frauenausschüssen und dem Demokratischen Frauenbund Deutschlands.

Auf diesem Wege sind Pflegestellen für Kinder geschaffen und Krankenbetreuung und vorübergehende Haushaltshilfe für die arbeitende Frau ermöglicht worden. Viele Nähstuben der kommunalen Frauenausschüsse haben Patenschaften für Betriebe übernommen und die Kleidung und Wäsche für Arbeiterinnen und Angestellten bevorzugt hergestellt.

Wenn in der Sowjetischen Besatzungszone z. Zt. 3.074 Kindergärten eingerichtet werden konnten, die täglich 168.000 Kinder aufnehmen und damit nahezu 20 Prozent aller Kinder im Alter von 3–6 Jahren erfassen, so ist dies mit ein wesentliches Verdienst der Kommunalen Frauenausschüsse, welches auch wieder der berufstätigen Frau in der Hauptsache zugute kommt.

Aus der Erkenntnis, dass viele gemeinsame Aufgaben der Gewerkschaften mit der demokratischen Frauenbewegung gelöst werden und hierzu eine enge Zusammenarbeit unerlässlich ist, sind auch in allen entscheidenden Leistungen des demokratischen Frauenbundes Gewerkschaftlerinnen verantwortlich tätig.

Werbung

Eine wichtige Aufgabe der Gesamtorganisation, insbesondere aber der Funktionärinnen, ist die Werbung von Frauen für die Gewerkschaften.

Hierbei hat sich als erfolgreichste Methode die individuelle Fühlungnahme mit der Kollegin im Betrieb erwiesen. Der Mitgliederstand der Frauen steht noch nicht im richtigen Verhältnis zur Zahl der weiblichen Berufstätigen. In der Ostzone zeigt sich folgendes Bild:

Von den insgesamt 3,3 Million erwerbstätigen Frauen sind laut Abrechnung vom August dieses Jahres 1,2 Millionen gewerkschaftlich organisiert, das entspricht einem Anteil von 34 Prozent. Da aber in dieser Zahl der Beschäftigten allein über eine halbe Millionen mithelfende Familienangehörige der Landwirtschaft enthalten sind, die nur selten für die gewerkschaftliche Organisation zu gewinnen sind, verschiebt sich nach Abzug dieser Zahl das Bild. Der Anteil der organisierten Frauen im Verhältnis zu dieser Ziffer erhöht sich dann auf 44,4 Prozent. Gemessen an der Gesamtmitgliedschaft ist der Anteil der Frauen in den Gewerkschaften 30,4 Prozent.

In der Industriegewerkschaft Holz konnten im letzten Quartal 7.500 Männer aber auch 7.000 Frauen als neue Mitglieder geworben werden.

An sich ist es gerade eine ausgeprägte Eigenschaft der Frau, sich weniger durch Worte als durch Taten von der Richtigkeit oder Notwendigkeit einer Sache überzeugen zu lassen. Das müssen wir auch bei unserer Werbung berücksichtigen und jeden gewerkschaftlichen Erfolg entsprechend auswerten. Da oft noch starke Unklarheiten über das Wesen der heutigen Gewerkschaften bestehen, oft noch ein recht primitiver Vergleich mit der deutschen Arbeitsfront gezogen wird, haben sich einfache Vorträge in den Betrieben über das Thema: »Was ist eine Gewerkschaft, wie tritt sie besonders für die berufstätige Frau ein« sehr erfolgreich in der Werbung erwiesen.

Werte Kolleginnen und Kollegen!

Ich habe versucht, die wichtigsten Probleme der gewerkschaftlichen Frauenarbeit und der Rolle der Frau in der Gewerkschaft darzustellen. Ein Mangel meiner Ausführungen ist zweifellos der, dass ich nicht stärkere Beispiele aus dem Gewerkschaftsleben der westlichen Zonen anführen konnte.

Der Grund hierfür ist das Fehlen einer systematischen Zusammenarbeit und eines regelmäßigen Erfahrungsaustausches über gewerkschaftliche Frauenarbeit. Die in den einzelnen Bünden angewandten Methoden mögen noch sehr unterschiedlich sein, und um die erfolgreichste Form der Arbeit wird überall gerungen.

Wie nutzbringend wäre es für die gesamte gewerkschaftliche Entwicklung, wenn alle guten Beispiele und die erfolgreichsten Methoden zur Gewinnung und Aktivierung der Frauen über die Zonengrenzen hinaus angewandt werden könnten. Schon aus diesem Grunde ist die baldige Schaffung einer geeinten deutschen Gewerkschaftsbewegung unerlässlich, vor allem aber, weil durch die geeinte Kraft der Gewerkschaften ein solcher Aufschwung in der Durchsetzung gewerkschaftlicher Ziele erreicht wird, dass damit auch die heute so brennenden Forderungen der Frauen in wirtschaftlicher und sozialer Hinsicht in beschleunigtem Tempo gelöst werden könnten. Wir Frauen, die wir noch mehr als die Männer die Leidtragenden einer verhängnisvollen deutschen Vergangenheit sind und als Lehre aus der Vergangenheit verantwortlich an der Gestaltung unserer Zukunft mitarbeiten wollen, sind zu gleich die heißesten Verfechter der Einheit der Gewerkschaftsbewegung. Wir sind aber auch durchdrungen von der Erkenntnis, dass nur durch das Fallen der Zonengrenzen in einem geeinten Deutschland die Voraussetzungen geschaffen werden, um endlich die Verbesserung unserer Lebenslage zu erreichen. Den Gewerkschaften aller Zonen sind heute die großen Aufgaben gestellt, eine wirkliche Demokratisierung der Wirtschaft und eine Entmachtung aller feindlichen Kräfte durchführen zu helfen.

Gelingt es uns, die Masse der schaffenden Frauen zu gewinnen und so zu aktivieren, dass sie Wege und Ziele ihrer Gewerkschaft verantwortlich mitbestimmen, dann erst werden diese uns von der Geschichte gestellten großen Aufgaben gelöst.

Berlin, den 20. Oktober 1947

DOKUMENT 32

## 10.–11. Dezember 1947: Beschlussprotokoll Arbeitsausschuss Nienburg.

**SAPMO-BArch. Akte Arbeitsausschusssitzungen in Nienburg vom 10.–12. Dezember 1947 und in München vom 6.–8. Januar 1948. Arbeitsmaterial. Maschinenschrift. DY 34/22978.**

Beschlussprotokoll über die Tagung des Arbeitsausschusses der Interzonenkonferenz am 10. und 11. Dezember 1947 in Nienburg/Weser

Anwesend:

Amerikanische Zone:
Wilhelm Kleinknecht, Stuttgart
Lorenz Hagen, München
Willi Richter, Frankfurt am Main

Englische Zone:
Albin Karl, Düsseldorf
Matthias Föcher, Düsseldorf

Französische Zone:
Adolf Ludwig, Neustadt an der Haardt
Wilhelm Reibel, Freiburg

Sowjetische Zone:
Bernhard Göring, Berlin
Hans Jendretzky, Berlin
Ernst Krüger, Berlin

Berlin:
Roman Chwalek, Berlin
Hermann Schlimme, Berlin

Vertreter des Weltgewerkschaftsbundes:
van Binneveld, Paris

Albin Karl vom Bundesvorstand des Deutschen Gewerkschaftsbundes (Britische Zone) führte den Vorsitz.

Ein Vertreter der Nienburger Militärstelle begrüßte die Teilnehmer der Tagung und entfernte sich nach kurzer Zeit wieder.

Vor Eintritt in die Tagesordnung wurde des tödlich verunglückten Kollegen Matthias Schneider, Baden-Baden, der bislang dem Arbeitsausschuss ebenfalls angehörte, gedacht und die Kollegen aus der Französischen Zone gebeten, der Familie des Kollegen Schneider das Beileid des Ausschusses zu übermitteln.

Dem Arbeitsausschuss waren folgende Entschließungen der 6. Interzonenkonferenz zur Bearbeitung überwiesen worden:

Entschließung 1:

Die 6. Interzonenkonferenz der deutschen Gewerkschaften erstrebt baldmöglichste Abhaltung des ersten Kongresses aller Gewerkschaften Deutschlands aufgrund von allgemeinen, nach demokratischen Prinzipien durchzuführenden Delegiertenwahlen. Mit diesen Vorbereitungen wird der Arbeitsausschuss der Interzonenkonferenz betraut.

Er hat insbesondere

[Es folgen die vier Punkte der Entschließung des Arbeitsausschusses der 5. Interzonenkonferenz zu den Prager Beschlüssen des WGB. Vgl. Dokument 29]

Entschließung 2:

[Es folgt die zweite Entschließung zu Punkt 3 (Bericht des Arbeitsausschusses) des Beschlussprotokolls der 6. Interzonenkonferenz. Vgl. Dokument 31]

Entsprechend dieser Entschließungen stellte der Ausschuss sich folgendes Arbeitsprogramm:

1.) Wahlordnung

2.) Grundsätze für den organisatorischen Aufbau des Gewerkschaftsbundes und der Gewerkschaften

3.a) Satzungsentwurf für den Gewerkschaftsbund und die Gewerkschaft

3.b) Wahlverfahren und Aufgaben einer Generalkommission und eines Beirates

4.) Maßnahmen für die Einheitlichkeit der inneren Verwaltung des Bundes und der Gewerkschaften

5.) Termin und Ort des allgemeinen deutschen Gewerkschaftskongresses.

Vom Vorsitzenden wurde festgestellt, dass die weitere Entschließung der 6. Interzonenkonferenz – die zum Ausdruck brachte, der Weltgewerkschaftsbund möge die Interzonenkonferenz als das Gewerkschaftszentrum für Deutschland ansehen, ausreiche, um den Anschluss an den WGB zu ermöglichen – für den Ausschuss gegenstandslos ist, da auf Anfrage der Kollege van Binneveld mitteilte, dass der Vorstand des WGB die Interzonenkonferenz als nicht ausreichend für einen Anschluss an den WGB ansieht.

Van Binneveld teilte auch mit, dass er vom Vorstand des WGB als Verbindungsmann des WGB zu den deutschen Gewerkschaften bestätigt ist.

Weiter gab er folgende Entschließung des WGB bekannt, von der der Ausschuss zustimmend Kenntnis nahm:

WGB Entschließung über die gewerkschaftliche Lage in Deutschland

Der Vorstand des WGB hat den Bericht des Generalsekretärs über die gewerkschaftliche Lage in Deutschland zur Kenntnis genommen, ebenso die Resolutionen der Interzonenkonferenzen von Badenweiler und Bad Pyrmont. Er ist davon überzeugt, dass die Einigung der deutschen Arbeiter eine der sichersten Garantien für die Demokratisierung des deutschen Volkes darstellt.

Der Vorstand des WGB stellt den einmütigen Willen der deutschen Gewerkschaften zur Vereinheitlichung der deutschen Gewerkschaftsbewegung auf nationalem Boden fest.

Der Vorstand des WGB sichert den deutschen Gewerkschaften seine ganze Hilfe bei der Fortsetzung ihrer praktischen Arbeit für die Vorbereitung des Kongresses zu, der als Aufgabe die Errichtung des Gewerkschaftszentrums in Deutschland hat.

Der Vorstand des WGB stellt fest, dass zunächst die Beschlüsse von Prag noch nicht verwirklicht sind und beschließt deshalb:

1.) bei dem Alliierten Kontrollrat von Berlin vorstellig zu werden, um festzustellen, ob:

a) gestattet wird, so schnell wie möglich zwecks Durchführung der Prager Beschlüsse in Deutschland eine Verbindungsstelle des WGB zu schaffen, die besetzt sein soll von Vertretern der gewerkschaftlichen Organisationen der Länder der 4 Besatzungsmächte,

b) den deutschen Gewerkschaften erlaubt wird, sobald sie das beschließen, einen allgemeinen deutschen Gewerkschaftskongress durchzuführen, um eine einheitliche Gewerkschaftsorganisation in Deutschland zu bilden,

c) den Beauftragten der deutschen Gewerkschaften alle Erleichterungen gewährt werden zur Durchführung ihrer Aufgaben in den 4 Zonen.

2.) Die gewerkschaftlichen Landeszentralen der 4 Mächte werden aufgefordert, ihre Arbeiten zur Durchführung der Prager Beschlüsse fortzusetzen. Der Vorstand des WGB will in seiner nächsten Sitzung von den 4 Landeszentralen der Besatzungsmächte Bericht über das bis dahin Geschehene haben.

3.) Der Vorstand des WGB wird in seiner nächsten Sitzung Vertreter der deutschen Gewerkschaften aus den 4 Zonen über die Durchführung der in Prag angenommenen Beschlüsse anhören.

Trotz eingehender Diskussion zu Punkt 1 des Arbeitsprogramms (Wahlordnung) konnte eine Verständigung nicht erreicht werden.

Die unterschiedlichen Auffassungen ergeben sich aus der folgend angeführten Vorlage der Vertreter der Sowjetischen und Berliner Besatzungszone:

Richtlinien für die Wahlordnung des ersten allgemeinen deutschen Gewerkschaftskongresses

1) Der erste gesamtdeutsche Gewerkschaftskongress wird für die Zeit vom 28.–30. April 1948 nach Berlin einberufen.

2) Der Kongrcss sctzt sich zusammen aus Delegierten der Gewerkschaften, die nach demokratischen Grundsätzen gewählt sind, und solchen, die von den Organen der Bünde delegiert werden.

3) Die Gewerkschaften wählen ihre Delegierten auf Verbandstagen nach den für ihre Organisation satzungsgemäß festgelegten Wahlordnungen.

4) Die Zahl der Delegierten der Bünde ist wie folgt festgelegt:

a) Sowjetische, Englische und Amerikanische Zone je 65 Vertreter

b) Französische Zone und Groß-Berlin je 45 Vertreter

5) Die Schlüsselzahl für den von den Verbandstagen zum Kongress wählenden Delegierten wird auf 10.000 festgesetzt. Verbände mit mehr als 3.000, aber weniger als 10.000 Mitgliedern wählen einen Delegierten. Bleiben Restzahlen von mehr als 5.000 Mitgliedern übrig, so entfällt ein weiterer Delegierter.

6) Die Leitung und Kontrolle der Wahlen im gesamtdeutschen Maßstab übernimmt der zentrale Wahlausschuss, der von der Interzonenkonferenz konstituiert wird.

7) Für die Durchführung der Wahlen sind die Bundesvorstände in ihren Bereichen verantwortlich.

8) Als Stichtag für die Festlegung der abgerechneten Mitgliederzahl gilt der 30. September 1947 (Drittes Quartal 1947).

Für die richtige Feststellung der Zahlen übernehmen die Bundesvorstände im Einvernehmen mit dem zentralen Ausschuss die Verantwortung.

Und der dazu schriftlich gegebenen Stellungnahme der Kollegen aus der Amerikanischen Besatzungszone:

»Der von den Vertretern der Gewerkschaften der Sowjetischen und Berliner Besatzungszone gemachte Vorschlag für die Wahl von Delegierten zu dem gesamtdeutschen Gewerkschaftskongress, wonach auf je 10.000 Mitglieder ein Delegierter entfallen sollte, konnte nicht die Zustimmung der Gewerkschaftsvertreter der Amerikanischen Besatzungszone finden. Die weiteren Vorschläge, nach denen die Wahl der Delegierten zum Teil von den einzelnen Industriegewerkschaften, zum anderen Teil von den Organen der Bünde delegiert werden sollen usw., konnten ebenfalls nicht akzeptiert werden. Die Vertreter der Gewerkschaften der US-Zone sind vielmehr der Ansicht, dass für jedes Land eine gleiche Zahl von Delegierten zu wählen ist. Als Zahl glauben wir ca. 20 [in der Vorlage mit 30 überschrieben] Delegierte je Land für ausreichend, um einen arbeitsfähigen Kongress zu erhalten.«

334

Maßgebend für diesen Vorschlag sind insbesondere folgende Gründe:

»Die Verhältnisse bei dem Neuaufbau der Gewerkschaften waren in einzelnen Zonen und Ländern grundverschieden. Desweiteren sind Systeme der Gewerkschaften nicht übereinstimmend, hinzukommt, dass die Interzonenkonferenzen sich grundsätzlich gleichmäßig durch Vertreter der einzelnen Zonen zusammensetzen. Auch bei der Bildung der Generalkommission der deutschen Gewerkschaften vor ca. 50 Jahren kam ein gleicher Modus, wie von uns vorgeschlagen, zur Anwendung. Ebenso sind die Organe des WGB nach gleichen Grundsätzen zusammengesetzt.«

Dieser Stellungnahme schloss sich auch der Kollege *Ludwig* (Französische Zone) an.

Die von beiden abweichende Einstellung der Kollegen der Englischen Zone ist folgende:

Ein Kongress entsprechend dem Vorschlag der Kollegen aus der Sowjetischen Besatzungszone und Berlin würde ca. 1.200–1.300 Delegierte, wozu noch das erforderliche Begleitpersonal (Fahrer usw.) kommt, umfassen und viel zu groß sein.

An sich erscheint es berechtigt, die Delegierten teils durch die Gewerkschaften und teils durch die Instanzen der Bünde wählen zu lassen. Eine solche zweigleisige Vertretung rechtfertigt sich aus der gegenwärtigen unterschiedlichen Konstellation der Gewerkschaften in den Zonen und Ländern. Dagegen erscheint eine Delegation nach dem Vorschlag der Kollegen und der Amerikanischen Zone in Anbetracht der Verhältnisse, insbesondere der unterschiedlichen Entwicklung in den verschiedenen Zonen, zwar sehr beachtlich, aber doch zu weitgehend schematisiert, da ja die Länder sehr stark voneinander abweichende Mitgliederzahlen aufweisen. Der nach dem Vorschlag der Kollegen aus der Russischen Zone vorgesehene Termin vom 28.–30. April 1948 sei viel zu früh, da bis dahin die notwendigen Vorbereitungen nicht getroffen werden können und ferner fraglich sei, ob der Kongress überhaupt nach Berlin zu legen ist, da nach der teils in den westlichen Zonen bestehenden Auffassung nicht nur die erforderlichen Voraussetzungen reisetechnischer Art, sondern auch die politische Atmosphäre fragwürdig sei.

Die Kollegen aus der Amerikanischen Zone erklärten, dass ihre Einstellung der einmütigen Auffassung ihrer Gewerkschaftsinstanzen entspreche. Aus der Diskussion darüber war teilweise der Eindruck entstanden, dass die Kollegen aus der Amerikanischen Zone gebundenes Mandat hätten. Dieser Eindruck führt zu der folgend besonders zu Protokoll gegebenen Erklärung des Kollegen *Göring*, Berlin:

Die Delegation der sowjetisch besetzten Zone und Berlins haben mit großer Befremdung zur Kenntnis genommen, dass Delegationsmitglieder im Arbeitsausschuss mit gebundenen Mandaten ihre Tätigkeit ausüben und Erklärungen abgeben, aus denen hervorgeht, dass sie Beratungen über einen Tagesordnungspunkt nicht weiter fortsetzen können, weil sie sich erst erneut mit ihren Bundesorganen in Verbindung setzen müssen. Nach Auffassung der sowjetischen Delegation und Berlins im Arbeitsausschuss sind die Delegationsmitglieder in Durchführung eines Auftrages der Interzonenkonferenz lediglich dieser verantwortlich. Mit der Auftragserteilung sind die Arbeitsausschussmitglieder, gleich welcher Delegation sie angehören, verpflichtet, nach bestem Ermessen ihre Arbeit im Arbeitsausschuss zu führen. Die Kollegen der Amerikanischen Zone haben diese selbstverständlichen Grundlagen für eine fruchtbringende Beratung meines Erachtens mit ihrer gestrigen Erklärung verletzt. Wollten alle Delegationsmitglieder ähnlich verfahren, so wären Aufträge der Interzonenkonferenz nicht durchzuführen. Bei einer solchen Handhabung wäre jedes Delegationsmitglied in der Lage, jede Sitzung unmöglich zu machen. Ich bedaure deshalb die Haltung der Kollegen aus der Amerikanischen Zone, und wir behalten uns vor, diese grundsätzliche Frage der nächsten Interzonenkonferenz zu unterbreiten.

Die Delegation der sowjetisch besetzten Zone hat stets ihre Bereitwilligkeit zu den Vorschlägen gegeben, die die gemeinsame Arbeit fördern. Aus diesen Gründen hat sie auch in den Richtlinien zur Wahlordnung für den gesamtdeutschen Gewerkschaftskongress mit der Wahl der Delegierten durch die Industriegewerkschaften auch einer Delegation der Bünde zugestimmt. Das geschah besonders im Hinblick darauf, dass der Kollege Albin Karl eine solche Delegation als auch im Interesse des DGB der Britischen Zone für zweckmäßig erachtete.

In Beantwortung dieser Erklärung gab der Kollege *Hagen*[1], Frankfurt am Main, die anschließende Erklärung zu Protokoll:

Zu der Erklärung des Kollegen Göring sei bemerkt, dass die Vertreter der US-Zone des Arbeitsausschusses der Interzonenkonferenz einmütig ihre Stellungnahme zum Ausdruck brachten, die sich mit der Ansicht der Organe der drei Gewerkschaftsbünde, des Zonenvorstands und der Zonenkonferenz der Gewerkschaften der US-Zone deckt. Es kann also nicht behauptet werden, dass die Vertreter der US-Zone des Arbeitsausschusses mit gebundenem Mandat zu der Sitzung desselben gekommen sind, sondern dass es sich hier um eine übereinstimmende Meinung der Organe der Gewerkschaftsbünde der US-Zone handelt. Von dieser Meinung können und wollen wir nicht abgehen und bedauern, dass unser Vorschlag, den wir durchaus den Verhältnissen entsprechend für richtig halten, keine Zustimmung gefunden hat. Es kann durch nicht[2] eine Verschleppungstaktik oder sonstige [in der Vorlage zwei Zeilen gestrichen] Absicht geschlussfolgert werden. Die weitere Erklärung, dass wir die Vorschläge der Kollegen aus der Ostzone und der Kollegen von Berlin sowie die zuletzt gegebene Äußerung des Kollegen Karl in unseren Organen besprechen wollen bis zur nächsten Tagung des Arbeitsausschusses, ist eine in der demokratischen Gewerkschaftsbewegung selbstverständliche Gepflogenheit.

Da in Anbetracht der weit voneinander abweichenden Meinungen eine Verständigung nicht zu erreichen war, wurde der erste Programmpunkt zur Weiterbehandlung in einer späteren Sitzung vorgesehen.

---

1 In der Vorlage stand zunächst Richter, der aber handschriftlich gestrichen und durch Hagen ersetzt wurde.
2 In der Vorlage ist der Satz unvollständig.

Der Kollege *Karl* gab anschließend noch dem Gedanken Ausdruck, dass, wenn die Schwierigkeiten übermäßig groß und eine einmütige Verständigung über die baldige Abhaltung eines allgemeinen deutschen Gewerkschaftskongresses nicht zu erreichen sei, erwogen werden müsse, ob nicht das eigentliche Ziel und zwar die Errichtung eines gesamtdeutschen Gewerkschaftszentrums bzw. einer Generalkommission und davon ausgehend die Aufnahme in den WGB ohne einen allgemeinen deutschen Gewerkschaftskongress in anderer Art erfolgen könnte. Das könne sehr wohl geschehen, indem entweder die einzelnen Gewerkschaften oder auch die Bünde ohne weiteres von sich heraus durch demokratische Wahl die Mitglieder einer Generalkommission und eines Beirates wählen, der Wortlaut des Prager Beschlusses des WGB lasse das nach seiner Auffassung sehr wohl zu, denn nach Abschnitt c) Ziffer I) dieses Beschlusses sei gesagt:

»dass in Deutschland ein Gewerkschaftszentrum geschaffen wird. Um dies zu verwirklichen, wird den Gewerkschaften in allen vier Zonen vorgeschlagen, mit der praktischen Arbeit, insbesondere mit der Vorbereitung eines Kongresses Auf Grundlage einer demokratischen Delegiertenvertretung, zu beginnen.«

Diese Formulierung ergebe, dass ein Gewerkschaftszentrum als zwingende Voraussetzung angesehen wird, dagegen ein Gewerkschaftskongress nur vorgeschlagen werde. Aus dieser Formulierung könne sehr wohl gefolgert werden, dass auch in anderer Methode das verlangte Gewerkschaftszentrum in demokratischer Weise gebildet werden könne.

*Van Binneveld* verwies darauf, dass die genaue Übersetzung aus dem französischen Text der Prager Entschließung nicht »vorgeschlagen«, sondern »empfohlen« lauten müsste und daher die Schlussfolgerung Karls nicht zutreffend sei. Die kurze Aussprache über diesen Punkt ergab, dass aber auch »empfohlen« im deutschen Sprachgebrauch die gleiche nicht zwingende Bedeutung habe, wie »vorgeschlagen«.

Die Diskussion über die Programmpunkte 2, 3, 4 ergab weitgehende Übereinstimmung dahingehend, dass die Gewerkschaften in allen Zonen in gleicher Weise eingeteilt und abgegrenzt und auch ihre Aufgaben und inneren Einrichtungen einheitlich sein sollen. Unterschiedliche Auffassung besteht jedoch bezüglich des Verhältnisses der Einzelmitglieder zu den Gewerkschaften und zum Bund bzw. darüber, ob die Gewerkschaften im Bund föderativ zusammengefasst sein sollen oder der Bund die einheitliche Gewerkschaftsorganisation und die Einzelgewerkschaften Glieder des Bundes mit weitgehend vom Bund übertragenen Vollmachten sein sollen. Doch auch da ist eine Angleichung in der Auffassung dahingehend festzustellen, dass alle Vertreter eine stärkere bundesmäßige Zusammenfassung und weitreichendere Vollmacht für den Bund haben wollen als vor 1933.

Zur weiteren Behandlung der gesamten Aufgaben des Ausschusses werden zwei Kommissionen eingesetzt, und zwar Kommission »A« mit der Aufgabe, Richtlinien für Aufbau, innere Einrichtung und Verwaltung der Gewerkschaften und des Bundes sowie einer Generalkommission und eines Beirates zu erarbeiten und Kommission »B« mit der Aufgabe, Richtlinien zu erarbeiten betr. Gewerkschaftspolitik.

Die Kommission »A« besteht aus den Kollegen:
Hermann Schlimme, Berlin, Wallstr. 61/65
Bernhard Göring, Berlin, Wallstr. 61/65
Willi Richter, Frankfurt am Main, Wilhelm-Leuschnerstr. 69/70
Lorenz Hagen, München, Landwehrstr. 7/9
Wilhelm Kleinknecht, Stuttgart, Rotestr. 2a
Wilhelm Reibel, Freiburg i. Br., Schwabenterstr. 2
Fritz Fleck, Tuttlingen, Gewerkschaftshaus
Hans vom Hoff, Düsseldorf, Kavalleriestr. 1

Die Kommission »B« besteht aus den Kollegen:
Ernst Krüger, Berlin, Wallstr. 63
Adolf Ludwig, Neustadt an der Haardt, Schwesternstr. 2
Matthias Föcher, Düsseldorf, Kavalleriestr. 1
Albin Karl, Düsseldorf, Kavalleriestr. 1 (Hannover, Rathenau-Platz)
Roman Chwalek, Berlin, Wallstr. 63
Fritz Tarnow, Frankfurt am Main, Wilhelm Leuschnerstr. 69/70

Bezüglich der Kommissionsmitglieder ist die Verabredung getroffen, dass sie das vorhandene Material ihrer Bünde sowie eventuelle Vorschläge schon vorher untereinander austauschen.

Die Kommissionen treffen sich zu Sitzungen am 6. und 7. Januar 1948 in München, anschließend am 8. Januar 1948 findet eine weitere Sitzung des gesamten Arbeitsausschusses statt.

Diesem Beschlussprotokoll ist als Anlage noch beigefügt ein Exposé der Kollegen aus der Sowjetischen Zone und Berlin über die Zusammensetzung und Aufgaben der Generalkommission der Gewerkschaften Deutschlands.

Dieses Exemplar war noch nicht Gegenstand der Beratung.

Hannover, im Dezember 1947

DOKUMENT 32a

## 10.–11. Dezember 1947: Arbeitsausschuss Nienburg, Aufgaben der Generalkommission.

**SAPMO-BArch. Akte Arbeitsausschusssitzungen in Nienburg vom 10.–12. Dezember 1947 und in München vom 6.–8. Januar 1948. Arbeitsmaterial. Maschinenschrift. DY 34/22978.**

II. Die Aufgaben[1]

1) Die Generalkommission ist die repräsentative Vertretung und die Exekutive der deutschen Gewerkschaften.

---

1   In der Vorlage fehlt der Punkt I.

2) Die Generalkommission hat die folgenden Aufgaben:

Im Rahmen der Beschlüsse des ersten deutschen Gewerkschaftskongresses in den Fragen der deutschen Wirtschaftspolitik, der Sozialpolitik, des Arbeitsrechts, der Lohn- und Preispolitik allgemeine Richtlinien für die Arbeit der Gewerkschaften festzulegen und die Interessen der gesamtdeutschen Gewerkschaftsbewegung in allen diesen Fragen gegenüber den staatlichen und gesetzlichen Körperschaften in der freien Wirtschaft zu vertreten.

3) Den Anschluss an den Weltgewerkschaftsbund durchzuführen, um die Zusammenarbeit der Gewerkschaften mit allen Ländern zu pflegen.

4) Alle notwendigen ideellen und organisatorischen Vorbereitungen zur Schaffung eines Freien Deutschen Gewerkschaftsbundes für ganz Deutschland zu treffen und die innerorganisatorischen Arbeiten der Gewerkschaft zu festigen.

5) Der Beirat hat die Aufgabe, die Generalkommission bei ihrer Aufgabe zu unterstützen.

6) Beschlüsse, die von der Generalkommission und dem Beirat gefasst werden, sind bindend für alle Gewerkschaften.

7) Generalkommission und Beirat geben sich eine Geschäftsordnung.

DOKUMENT 33

## 29. November 1947: DGB Britische Zone: An die Vorsitzenden der angeschlossenen Gewerkschaften. Betreff: Entschließungen der 6. Interzonenkonferenz.

DGB-Archiv im AdsD. Bestand Gewerkschaftsrat der vereinten Zonen. Maschinenschrift. 13/144-Interzonenkonferenzen.

Deutscher Gewerkschaftsbund
Britische Besatzungszone
Der Bundesvorstand
Kavalleriestraße 1
Tel.-Nr.: 13546/49.
Düsseldorf, den 29. November 1947

An die Vorsitzenden der angeschlossenen Gewerkschaften.

Betr.: Entschließungen der 6. Interzonenkonferenz.

Werte Kollegen!

Nach den Beschlüssen der 6. Interzonenkonferenz, über die wir bereits auf der Beiratssitzung am 24. Oktober 1947 Bericht erstatteten, hat der Arbeitsausschuss, der für den 10.–12. Dezember in Nienburg einberufen ist, die Aufgabe, die Vorbereitungen zur Durchführung der gefassten Beschlüsse bezüglich der Abhaltung eines gesamtdeutschen Gewerkschaftskongresses zu treffen.

Leider sind die Beschlüsse der 6. Interzonenkonferenz in sich zum Teil grundverschieden und widerspruchsvoll, so dass es für den Arbeitsausschuss schwer sein wird, die richtige Lösung zu finden. Da die Entscheidung jedoch für die weitere Entwicklung der Gewerkschaftseinheit von ausschlaggebender Bedeutung ist, ist es notwendig, dass die Hauptvorstände aller Gewerkschaften möglichst umgehend zu dieser Frage Stellung nehmen und den anliegenden Fragebogen bis zum 8. Dezember 1947 ausgefüllt zurücksenden.

Einmütigkeit wird wohl darüber bestehen, dass baldmöglichst ein gesamtdeutscher Gewerkschaftskongress stattfinden soll.

Der grundlegende Unterschied in den beiden hauptsächlichen Entschließungen zur Organisationsfrage besteht darin, dass in der einstimmig angenommenen Entschließung (Entschließung I) als Voraussetzung für einen gesamtdeutschen Kongress vorher Klarheit über den organisatorischen Aufbau sowohl des künftigen Bundes wie auch der einzelnen Gewerkschaften geschaffen werden soll. Die Entschließung II soll es dagegen dem Kongress überlassen, welche Grundsätze für die gewerkschaftliche Arbeit gelten sollen. Dabei ist die Frage des organisatorischen Aufbaus völlig offen gelassen worden.

Der Aufbau der jetzigen Gewerkschaftsbünde und der einzelnen Gewerkschaften ist in den Zonen und zum Teil auch noch in den einzelnen Ländern einer Zone grundverschieden, so dass die Frage aufgeworfen werden muss, ob ein Kongress durch Mehrheitsbeschluss hier eine Regelung vornehmen kann, ohne dass Dinge vorher geklärt und aufeinander abgestimmt sind.

Wir haben in unserer Zone die autonomen Gewerkschaften. In der Sowjetischen Zone liegt die Mitgliedschaft beim Bund, und die einzelnen Gewerkschaften sind Gliederungen, denen eine autonome Selbständigkeit fehlt. Es kommt weiter hinzu, dass die Zahl der Gewerkschaften in den einzelnen Zonen verschieden ist. In der Ostzone bestehen 18 Gewerkschaften. Bei uns sind es 12 und in der Amerikanischen Zone 15. In der Französischen Zone sind die Verhältnisse noch ungeklärter.

So sehr wir eine einheitliche Gewerkschaftsbewegung herbeisehnen, so sehr sind wir uns aber auch der Schwierigkeit bewusst, die nach unserer Auffassung vorher aus der Welt geräumt werden muss. Es genügt nicht, dass schnellstens ein Kongress einberufen wird, der nur äußerlich eine Einheit der Gewerkschaften demonstriert. Eine solche Demonstration hat dann nur Augenblickswert und birgt die große Gefahr in sich, dass sie sich in der Folgezeit zum Schaden der notwendigen Einheit auswirken würde. Einen solchen Schaden gilt es aber zu vermeiden. Daher ist die gründliche Prüfung aller Probleme notwendig als Voraussetzung für die Schaffung einer wirklichen Gewerkschaftseinheit. Wir bitten deshalb die Hauptvorstände, sich eingehend mit diesem Problem zu beschäftigen, und wir erwarten, dass wir Eure Stellungnahme bis zum 8. Dezember 1947 erhalten, damit unsere Mitglieder des Arbeitsausschusses die Richtlinien für ihre Arbeit haben.

Deutscher Gewerkschaftsbund
Britische Besatzungszone
Der Bundesvorstand
Hans Böckler
Hans vom Hoff

DOKUMENT 34

## 8. Dezember 1947: Zonenkonferenz der Gewerkschaften der US-Zone zur Organisationsfrage.

**SAPMO-BArc. Akte 7. Interzonenkonferenz in Dresden vom 3.–5. Februar 1948. Protokoll, Vorbereitung und Auswertung. Maschinenschrift. DY 34/22980.**

Abschrift!

(Auszug aus den Mitteilungen des Gewerkschaftsbundes Württemberg-Baden, Nr. 4 vom 18.12.47)

Beschluss der Zonenkonferenz

Die Zonenkonferenz der Gewerkschaften der US-Zone hat am 8. Dezember 1947 zur Organisationsfrage gegen eine Stimme folgende Entschließung angenommen:

1. Der Gründung eines gesamtdeutschen Gewerkschaftsbundes stehen z. Zt. noch Hindernisse im Wege, die erst überwunden werden müssen. Die dazu erforderliche Zustimmung aller Besatzungsmächte ist gegenwärtig nicht zu erreichen. Andererseits sind auch die organisatorischen und ideologischen Verhältnisse zwischen den bestehenden Bünden noch so unterschiedlich, dass zunächst sichergestellt werden muss, dass der für eine Vereinigung notwendige Ausgleich erreicht werden kann. Insbesondere muss vorher eine Verständigung darüber erzielt werden, ob der gemeinsame Bund nach dem Prinzip autonomer Industrieverbände oder dem eines autoritären Bundes geschaffen werden soll. Diese und andere Grundfragen müssen vorher durch Verständigung geklärt werden, da sie durch einen Majoritätsbeschluss auf einem Kongress nicht entschieden werden können.

2. Einen allgemeinen Kongress einzuberufen, bevor die Gründung eines gesamtdeutschen Gewerkschaftsbundes möglich ist, ist nicht wünschenswert. Wenn diese praktische Aufgabe nicht direkt mit dem Kongress verbunden werden kann, besteht die große Gefahr, dass er lediglich ein Tummelplatz für politische Auseinandersetzungen wird. Statt die Einheit der deutschen Gewerkschaften eindrucksvoll zu demonstrieren, würde ein solcher Kongress der Weltöffentlichkeit nur das Gegenteil vorführen.

3. Es muss damit gerechnet werden, dass auch im günstigsten Falle ein zentraler Bund wie der frühere ADGB nicht wieder hergestellt werden kann. Der ADGB entsprach in seiner Konstruktion und Aufgabenstellung der zen-

tralistischen Form des Reiches. Das zukünftige Deutschland, auch wenn es die Souveränität wieder bekommt, wird nach dem Willen der Siegermächte voraussichtlich die frühere zentralistische Form nicht wieder bekommen. Dann wird ein wesentlicher Teil der allgemeinen Gewerkschaftsarbeit auch in Zukunft auf der Länderebene geleistet werden müssen, und die heutigen Ländergewerkschaftsbünde, auch wenn sie zu einem Gesamtbund vereinigt sind, werden dann eine wesentlich größere Bedeutung und Selbständigkeit haben müssen, als die Bezirksorganisationen im ADGB hatten.

4. Für eine Zusammenlegung der Industrieverbände liegen die Verhältnisse insofern günstiger als ihre praktischen Aufgaben, insbesondere die Regelung der Löhne und Arbeitsverhältnisse, auch dann einheitlich durchgeführt werden können, wenn die Aufgaben der Bünde in größerem Umfange in den einzelnen Ländern verlagert bleiben. Nur von diesem Gesichtspunkt aus gesehen wäre nichts dagegen einzuwenden, wenn die Verbände auf dem Wege zu überzonalen Verbindungen und Vereinigungen den Bünden vorangingen. Ein solches Vorgehen müsste aber zu einer Auflockerung der Bünde und zu großen Verwirrungen in der Gesamtbewegung führen, wenn jede Industriegruppe isoliert und selbständig handeln würde. Die Schwierigkeiten, die aus den oft gegensätzlichen Ansprüchen verschiedener Verbände in Bezug auf den Organisationsbereich bis heute noch nicht überwunden werden konnten, würden zu einer noch viel größeren Gefahr für das Zusammenleben innerhalb der Gesamtbewegung werden, wenn bei zonalen und überzonalen Vereinigungen jede Industriegruppe eigenmächtig ihre Organisationsabgrenzung bestimmen wollte. Es müsste auch vorher festgelegt werden, wie bei Vereinigungen über die Bundesbereiche hinaus das organisatorische und finanzielle Verhältnis zwischen den Verbänden bzw. ihren Landesabteilungen und den einzelnen Bünden geregelt werden soll.

5. Danach sind folgende Richtlinien an die Industrieverbände geboten:

a) Die Pflege überzonaler Beziehungen ist wünschenswert soweit sie dem sachlichen Zweck dienen, die praktische Arbeit und die Zusammenarbeit zu fördern und einen späteren Zusammenschluss vorzubereiten. Bei überzonalen Beratungen muss aber darauf geachtet werden, dass für die Frage der allgemeinen Gewerkschaftspolitik in erster Linie nicht die Verbände sondern die Bünde zuständig sind. Wenn diese Abgrenzung beachtet wird, können überzonale Tagungen der Industrieverbände weniger leicht für einseitige politische Propagandazwecke missbraucht werden, wie es bisher häufiger geschehen ist.[1]

b) Für die Bundesleitungen ist es notwendig, laufend über den Stand der überzonalen Bewegung bei den Industrieverbänden unterrichtet zu sein. Deswegen sind diese gehalten, ihren Bundesvorständen Kenntnis von der Einberufung überzonaler Tagungen (Termin, Tagungsort und Tagesordnung) und

---

1  So kam Kritik an Interzonentagungen von einzelnen Industriegewerkschaften des Westens, wie etwa der IG Bergbau, bei der einzelne Konferenzen Resolutionen mit kommunistischen Mehrheiten verabschiedet hatten, die von den Vorständen der Westzonen nicht getragen werden konnten. Vgl. z. B. Tenfelde: Band der Solidarität, S. 129 f.

einen Bericht über den Verlauf zu geben (dazu Anwesenheitsliste, Beschlüsse, eingebrachte und angenommene Entschließungen).

c) Die Interzonenkonferenz in Bad Pyrmont hat beschlossen:

»Solange die Vereinigung aller Zonen noch nicht verwirklicht werden kann, steht es den bestehenden Gewerkschaftsbünden frei, sich über einzelne Zonen hinweg zu vereinigen.«

Dieser Beschluss widerlegt die gegen bizonale Vereinigungen aufgestellte Behauptung, dass sie mit der Stellung der Interzonenkonferenz nicht zu vereinbar sei. Auch für die Industrieverbände liegt die bizonale Vereinigung in näherer Reichweite als die interzonale.

d) Wenn die Industrieverbände beabsichtigen, überzonale Organe oder Einrichtungen zu schaffen – Verbindungsstellen oder Sekretariate –, sollen sie ihren Bundesvorstände davon Kenntnis geben. Angesichts der noch ganz ungeklärten politischen Aussichten sollte davon abgesehen werden, schon jetzt interzonale Sekretariate zu errichten. Der Errichtung von Zweizonensekretariaten steht dagegen nichts im Wege, nachdem die wirtschaftliche Vereinigung der beiden angelsächsischen Zonen die Grundlage dafür geschaffen hat. Da voraussichtlich die Intensivierung der wirtschaftlichen Vereinigung bald ein schnelleres Tempo annehmen wird, muss mit der wachsenden engeren Zusammenarbeit auch der Industriegewerkschaften beider Zonen gerechnet werden.

e) Der organisatorische Zusammenschluss von Industrieverbänden innerhalb der Zonen oder überall soll im Einvernehmen des Zonenvorstandes der Bünde, das eingeholt werden muss, bevor Maßnahmen der Vereinigung praktisch in Angriff genommen werden, erfolgen.

1. Die Pyrmonter Interzonenkonferenz hat in der Organisationsfrage zwei einander widersprechende Beschlüsse gefasst. In der nächsten Interzonenkonferenz muss zunächst festgestellt werden, welche der beiden Entschließungen als maßgebend angesehen werden soll.

2. Bis dahin muss der Beschluss von Badenweiler gelten, wonach zunächst die Vorarbeiten für die Gründung eines gesamtdeutschen Gewerkschaftsbundes durchgeführt werden, bevor ein Gewerkschaftskongress einberufen werden kann.

3. Falls sich die nächste Interzonenkonferenz für die Einberufung eines Kongresses aussprechen sollte, auch wenn die Gründung eines gemeinsamen Bundes noch nicht vollzogen werden kann, hat dies, wie jeder Beschluss der Interzonenkonferenz, nur die Bedeutung eines Vorschlages an die Bünde, da die Interzonenkonferenz keine für die Bünde verpflichtenden Beschlüsse fassen kann.

4. Nach den Satzungen der Gewerkschaftsbünde der US-Zone würde die Entscheidung über einen solchen Vorschlag den dafür vorgesehenen Organen der Bünde zu übertragen sein.

Über die Tätigkeit des Zweizonensekretariats in Frankfurt am Main berichtete Kollege Tarnow. Seinen Ausführungen folgte eine lebhafte Aussprache, in der die Unzufriedenheit der Massen mit der Versorgung der arbeitenden Bevölkerung mit Nahrungsmitteln, Schuhen und sonstigen Bekleidungs- und Gebrauchsartikeln zum Ausdruck kam.

DOKUMENT 35

## 15. Dezember 1947: Entschließung zum allgemeinen deutschen Gewerkschaftskongress des FDGB-Bundesvorstandes.

**SAPMO-BArch. Akte 7. Interzonenkonferenz in Dresden vom 3.-5. Februar 1948. Protokoll, Vorbereitung und Auswertung. Maschinenschrift. DY 34/22980.**

Freier Deutscher Gewerkschaftsbund
Bundesvorstand

Beschlussprotokoll über die Arbeit des geschäftsführenden Bundesvorstandes mit den geschäftsführenden Vorständen der Zentralvorstände der IG. am 15. Dezember 1947

Tagesordnung

1. Rückblick und Aufgaben

2. Bericht von der Arbeitsausschusssitzung der Interzonenkonferenz in Nienburg, Kollege Göring

Folgende Entschließung wurde einstimmig angenommen:

Durchführung des 1. Allgemeinen Gewerkschaftskongresses auf der Grundlage der Beschlüsse von Pyrmont

Der geschäftsführende Bundesvorstand des FDGB und die Vorstände der 18 Industriegewerkschaften des FDGB haben in ihrer gemeinsamen Sitzung am Montag, dem 15. Dezember 1947 den Bericht des Kollegen Göring über den Stand der Vorarbeiten zur Durchführung des 1. Allgemeinen Deutschen Gewerkschaftskongresses auf der Grundlage der Pyrmonter Beschlüsse entgegengenommen.

Sie begrüßen insbesondere die von den Delegationsmitgliedern der sowjetisch besetzten Zone und Groß-Berlin gemachten Vorschläge, die Industriegewerkschaften mit den demokratischen Wahlen der Delegierten für den Kongress unter Zugrundelegung der Mitgliederzahlen der einzelnen Gewerkschaften zu beauftragen und die Gesamtinteressen der Bünde durch entsprechende, von den Organen derselben zu wählende Delegierte zu vertreten. Sie anerkennen in diesem Vorschlag die zweckentsprechendste Grundlage für die Zusammensetzung des Kongresses.

Der geschäftsführende Bundesvorstand des FDGB und die Vorstände der Industriegewerkschaften der sowjetisch besetzten Zone erwarten von der

7. Interzonenkonferenz, dass sie positive Beschlüsse für die Abhaltung des Kongresses zu dem von der 6. Interzonenkonferenz vorgesehenen Termin fasst.

Berlin, den 19. Dezember 1947

DOKUMENT 35a

## 16. Dezember 1947: Bericht Jendretzky. Aus einer Aktennotiz über die Sitzung des geschäftsführenden Bundesvorstandes des FDGB.

SAPMO-BArch. Akte 7. Interzonenkonferenz in Dresden vom 3.–5. Februar 1948. Protokoll, Vorbereitung und Auswertung. Maschinenschrift. DY 34/24006.

Aktennotiz

Betr.: Vorstandssitzung mit den geschäftsführenden Vorständen der Industriegewerkschaften am 15. Dezember im Zonensaal.

Kollege *Jendretzky:* Die Einheit der Gewerkschaften ist noch möglich. Vertreter des Westens geben ständig Lippenbekenntnisse zur Einheit ab, versuchen jedoch in der Praxis, die Vorwärtsentwicklung zum gesamtdeutschen Gewerkschaftskongress zu hemmen. Ihr Wortführer ist Tarnow. Es zeigen sich starke Einflüsse der AFL im Westen.

Unsere Aufgabe: die Rolle der AFL stark herausstellen und besonders die systematische Hetze der AFL gegen den WGB aufzeigen.

Aufgrund der gespannten Situation wächst die Verantwortung der Gewerkschaften. Einheit ist Angelegenheit aller Gewerkschaftler.

Fatalistische Stimmungen im Westen. Gewerkschaftler erklären, wir müssen Marshall-Plan annehmen.

Versuch im Westen, die Gewerkschaftler zu Erklärungen gegen die Kommunisten zu bewegen, ähnlich der Bestrebungen in Amerika gegen die Hollywooder Künstler.

Lewis, der Führer der Bergarbeiterorganisation in Amerika, ist aufgrund der Hetze gegen den WGB aus der AFL ausgetreten und geschlossen zum WGB übergetreten.

Kollege *Warnke:* Befehl 234 ein Hebel zur Schaffung einer neuen Ideologie zur Arbeit.[1]

Einheitliche Ideologie ist erst zu schaffen. Beurteilung der neu zusammengewürfelten Schichten der Arbeiterklasse.

Der ideologische Kampf ist in die Betriebe zu verlegen.

---

1  Vgl. Dok. 31b Anm. 5.

345

Stärkere Anwendung von Betriebsversammlungen und guten Wandzeitungen.

IG-Leitungen müssen stärker konkrete Anleitungen an Betriebsgewerkschaftsleitungen und Betriebsräte geben.

Die Arbeitsordnung ist ein Hebel zur Verwirklichung des Befehls. Bisher ungenügend abgeschlossen.

Es ist notwendig, alte Abkommen aufzuheben, neue abzuschließen und alle weitergehenden Bestimmungen als Zusatzabkommen hineinzubringen.

Leistungslohn: Akkord wird falsch angewandt. Entweder zu niedriger Grundlohn, dann auf Kosten der Arbeiter erhöhte Ausbeutung. Zu hoher Grundlohn, dann keine Produktionssteigerung.

Dringend erforderlich, eine normale mittlere Leistung als Grundlohn aufzustellen.

Wettbewerbe: Zum Teil von Behördenstellen, Industrieleitungen usw. abgeschlossen, ohne die Belegschaften zu informieren. Wettbewerbe nur zwischen einzelnen Betrieben aufgrund von Belegschaftsbeschlüssen.[2]

Vierteljahresberichterstattung in der zweiten Hälfte des Januars.

Aktivistentagungen: Einberufer die IG. Teilnehmer nicht Gewerkschaftsfunktionäre oder Betriebsräte, sondern verdiente Arbeitererfinder, Techniker und Aktivisten in der Produktionssteigerung.[3]

[...]

Kollege *Göring:* Bericht von der Arbeitsausschusssitzung in Nienburg

Die beiden Entschließungen von der 6. Interzonentagung zur Frage des Gewerkschaftskongresses sollten entsprechend einem Versuch von Karl gekoppelt werden. Vertreter des FDGB haben dies verhindert. Die Vertreter der Amerikanischen Zone gaben nach stundenlangen Verhandlungen die Erklärung ab, dass sie nicht in der Lage sind, zu entscheiden über den Termin des Gewerkschaftskongresses, Tagungsort und Methode der Wahl. Sie gaben nur ausweichende Erklärungen und kamen mit einem vollkommen gebundenen Mandat nach Nienburg, d. h. sie müssten immer wieder bei ihren Gesamtvorständen erst die Zustimmung für diese obigen Fragen einholen, damit jede Möglichkeit zur Fassung von Beschlüssen, die der Bestätigung der 7. Interzonenkonferenz unterliegen, verhindert wird.

Vertreter des FDGB gaben deshalb eine Erklärung ab, dass sie die gebundenen Mandate der Westvertreter nicht annehmen, da sie jeder Entwicklung hemmend im Wege stehen.

---

2  In der Sowjetischen Besatzungszone förderte der FDGB intensiv »sozialistische Wettbewerbe«, die zur Steigerung der Produktion führen sollten. Vgl. Herbst; Ranke; Winkler: DDR. Bd. 2, S. 923–930.
3  Auf die Wettbewerbsbewegung folgte, vom FDGB organisiert, die »Aktivistenbewegung« mit demselben Ziel. Vgl. ebenda, S. 47 f.

Wahl der Delegation:

Unser Vorschlag:

1. Wahl auf den Verbandstagen der IG.,

2. Wahl von Delegierten als Bundesvertreter, und zwar

a) Amerikanische, Sowjetische, Englische Zone je 65,

b) Französische Zone und Berlin je 45.

Auf je 10.000 Mitglieder der IG wird 1 Delegierter gewählt. Bei mehr als 5.000 Reststimmen ein weiterer.

Amerikanische Vertreter dagegen. Sie wollen nicht Mitgliederzahlen zugrunde legen, sondern feste Zahl der einzelnen Bünde festlegen (eine höhere Form der Demokratie!).

Schon in Prag wurde der Beschluss gefasst, dass die Wahl nach der Stärke der Organisation vorzunehmen sei. Vertreter des FDGB haben weiteren Spielraum bei der Wahl der Bundesdelegierten gegeben, um hier entgegenzukommen.

FDGB-Vorschlag:
Kongresstermin: 28.–30. April 1948; Tagungsort: Berlin

Generalkommission:
4 Vertreter der Sowjetischen Besatzungszone,
je 3 Vertreter der Englischen und Amerikanischen Zone,
je 2 Vertreter der Französischen Zone und Groß-Berlin.

Vorschlag der Amerikanischen Zone:
Sowjetische Zone einschließlich Berlin = 9
Englische Zone = 5
Amerikanische Zone = 3
Französische Zone = 3

Für den Beirat wurden weitere Vorschläge von uns unterbreitet.

Kritik am Beschlussprotokoll für Pyrmont. Darin enthalten, dass der Kongressbeschluss mit 11 gegen 10 Stimmen und einer Enthaltung angenommen wurde. In Wirklichkeit mit 12 gegen 10 Stimmen angenommen.

Es ist die Frage noch zu lösen:

1. Werden Unterstützungen in Zukunft von der IG oder dem Bund gezahlt?

2. Werden die Beiträge einheitlich gestaltet?

Beschluss von Nienburg:

a) 2 Unterausschüsse zu wählen.

b) 1 Unterausschuss zu den Vorarbeiten des Kongresses und der zweite zur Regelung der Verfassungsfragen des Bundes.

Am 6. und 7. Januar werden diese Unterausschüsse in München tagen, am 8. Januar tagt anschließend in München der gesamte Ausschuss.

Berlin, den 16. Dezember 1947

DOKUMENT 36

## 6.–7. Januar 1948: Interzonenarbeitsausschuss Hallthurm bei München, Beschlussprotokoll.

**DGB-Archiv im AdsD. Bestand Gewerkschaftsrat der vereinten Zonen. Maschinenschrift. 13/144-Interzonenkonferenzen.**

Beschlussprotokoll der Sitzung des Arbeitsausschusses und seiner Unterausschüsse der Interzonenkonferenz am 6.–7. Januar 1948 in Hallthurm bei München.

Anwesend

Amerikanische Zone:
Lorenz Hagen, München
Willi Richter, Frankfurt am Main
Fritz Tarnow, war infolge von Verkehrsschwierigkeiten nicht anwesend.

Englische Zone:
Albin Karl, Düsseldorf
Hans vom Hoff, Düsseldorf
Matthias Föcher, Düsseldorf

Französische Zone:
Adolf Ludwig, Neustadt an der Haardt
Sowjetische Zone:
Bernhard Göring, Berlin
Hans Jendretzky, Berlin
Ernst Krüger, Berlin

Berlin:
Roman Chwalek, Berlin
Hermann Schlimme, Berlin

Die Kommission A erarbeitete Grundsätze und Aufgaben zur Vereinigung der deutschen Gewerkschaften. Die Kommission B Richtlinien für die Erschaffung einer Gewerkschaftszentrale und Vorschläge für eine Bundessatzung.

Der Arbeitsausschuss nahm von den ihm unterbreiteten Kommissionsarbeiten zustimmend Kenntnis. Es wurde festgelegt, dass diese Arbeiten der 7. Interzonenkonferenz mit der Motivierung unterbreitet werden sollten, dass sie als Rohentwürfe zu werten seien. Auf eine Anfrage des Kollegen Jendretzky wurde als Auffassung festgestellt, dass der Arbeitsausschuss an die Beschlüsse der Interzonenkonferenz, auch bezüglich derjenigen betr. Gewerkschaftskongresse, gebunden sei und er keine Befugnis habe, darüber besonders zu befinden.

Festgestellt wurde weiter, dass es nicht möglich gewesen sei, eine Vorlage betreffend Zusammensetzung eines deutschen Gewerkschaftskongresses, Wahlverfahren und Tagungsort zu erarbeiten, da sich die unterschiedlichen Auffassungen der Vertreter seit der Tagung in Nienburg nicht geändert haben.

Es kann daher nur diese Feststellung der Interzonenkonferenz unterbreitet werden.

DOKUMENT 36a

# 6.–8. Januar 1948: Bericht Ernst Krüger über Arbeitsausschusssitzung Hallthurm.

**DGB-Archiv im AdsD. Bestand Gewerkschaftsrat der vereinten Zonen. Maschinenschrift. 13–144-Interzonenkonferenzen.**

Bericht von der Arbeitsausschusssitzung vom 6. bis 8. Januar 1948 in München

Es war die Aufgabe dieser Arbeitsausschusssitzung:

1. einen Entwurf politischer Grundsätze herauszuarbeiten,

2. einen Entwurf für organisatorische Grundsätze,

3. nochmals Stellung zu nehmen zu einer Wahlordnung für den gesamtdeutschen Kongress,

4. nochmals über die Zusammensetzung und Aufgaben einer Generalkommission zu verhandeln,

5. den Termin und Ort des gesamtdeutschen Kongresses festzulegen.

zu 1) Entwurf politischer Grundsätze:

Es wurden in einer Unterkommission, zu welcher gehörten:
Britische Zone: Albin Karl, Matthias Föcher
Französische Zone: Adolf Ludwig
Sowjetische Besatzungszone: Ernst Krüger (Jendretzky nahm am 2. Tag an den Beratungen teil)

(Tarnow und Chwalek waren nicht anwesend)

in Übereinstimmung beigefügte Grundsätze und Aufgaben erarbeitet, die von dem gesamten Arbeitsausschuss als Vorlage für die 7. Interzonenkonferenz einmütig anerkannt wurden (s. Anlage 1). [Vgl. Dokument 37]

zu 2) Organisatorische Grundsätze:

In einer Unterkommission, an welcher teilnahmen:
Amerikanische Zone: Willi Richter, Lorenz Hagen
Britische Zone: Hans vom Hoff
Sowjetische Besatzungszone: Bernhard Göring
Berlin: Hermann Schlimme

(Kleinknecht, Reibel und Fleck fehlten)

wurde in Übereinstimmung ein Satzungsentwurf für die 7. Interzonenkonferenz als Vorlage vorbereitet (s. Anlage 2). [Vgl. Dokument 29]

zu 3) Wahlordnung:

Von den Vertretern der Amerikanischen Zone und Albin Karl aus der Britischen Zone wurde die Frage aufgeworfen, dass in erster Linie darüber Klarheit geschaffen werden müsste, auf welcher Basis das Gewerkschaftszentrum geschaffen werden sollte:

a) durch einen gesamtdeutschen Kongress

b) durch Kongresse der einzelnen Bünde

c) durch Entsendung von Delegierten der einzelnen Bünde zu einem Kongress.

Es war mit den Vertretern der Amerikanischen Zone keine Einigung zu erzielen. Ebenso wie in Nienburg lehnten sie einen gesamtdeutschen Kongress auf der Basis demokratischer Wahl unter Beteiligung aller Mitglieder ab. Sie lehnten auch ab, dass die Delegierten aufgrund der Mitgliederzahl bestimmt werden.

Als Vertreter der Amerikanischen Zone erklärten sie, dass sie auf ihrem Vorschlag von Nienburg beharren, wonach ein Kongress zusammentreten soll, zu dem aus jedem Bund bzw. jeder Landesorganisation 20 Delegierte gewählt werden sollen. Es ist dabei nicht gesagt worden, wie und durch welches Forum diese Wahl erfolgen soll.

Die Vertreter der Englischen Zone gaben zu erkennen, dass sie mit dem Vorschlag der Amerikanischen Zone nicht einverstanden sind. Karl erklärte: Es sei dringend notwendig, eine Gewerkschaftszentrale zu schaffen, da man sich aber wahrscheinlich nicht auf einen Kongress einigen könne, müsste das Zentrum aus den Bünden gewählt werden.

Es werden also der 7. Interzonenkonferenz die 3 Vorschläge unterbreitet, die in Nienburg bereits vorlagen:

1. Sowjetische Besatzungszone und Berlin:

Kongress auf der Basis von je 10 bzw. 20.000 Mitgliedern 1 Delegierter.

2. Amerikanische Zone:

Kongress mit je 20 Mitgliedern der Bünde bzw. Landesorganisation.

3. Albin Karl:

Ein Vorschlag, der noch formuliert werden muss.

Dabei ist zu bemerken, dass von der Amerikanischen Zone zu erwarten ist, dass der Beschluss der 6. Interzonenkonferenz mit der Begründung angezweifelt wird, dass die Beschlüsse der Interzonenkonferenzen, insbesondere die Mehrheitsbeschlüsse, nicht bindend für die Gewerkschaften sind, dass die Empfehlungen der Interzonenkonferenzen erst von den Bünden beschlossen werden müssten.

zu 4) Zusammensetzung und Aufgaben der Generalkommission:

Der Unterausschuss, der sich mit den organisatorischen Grundsätzen zu beschäftigen hatte, legte Richtlinien vor, die durch eine mündliche Erklärung des Kollegen Jendretzky, die er für die sowjetisch besetzte Zone abgab, als ungeeignet zurückgewiesen wurden (s. Anlage 3). [Vgl. Dokument 28]

1. die Richtlinien (Anlage 3) vom Unterausschuss

2. der Vorschlag der sowjetisch besetzten Zone (Siehe Nienburger Tagung)

zu 5) Termin und Ort:

Da über die vorhergehenden Fragen keine Einigung erzielt werden konnte, wurde sowohl über den Termin als auch über den Tagungsort nicht diskutiert.

Bemerkung:

Es ist die Feststellung zu machen, dass die Teilnehmer aus der Amerikanischen Zone klar erkennen lassen, dass sie neben dem mit Hochdruck betriebenen bizonalen Zusammenschluss der Gewerkschaften und der Bünde auf folgendes abzielen:

1. Den Interzonenkonferenzen soll jeder Einfluss auf die Gesamtentwicklung der Gewerkschaften genommen werden.

2. Die Einheit der Gewerkschaften soll torpediert werden durch den Beschluss, dass erst die Bünde die Empfehlungen der Interzonenkonferenzen zu prüfen haben.

3. Der Beschluss von Pyrmont soll für ungültig erklärt werden.

4. Der Anschluss an den Weltgewerkschaftsbund soll vor der Öffentlichkeit in Zweifel gezogen werden.

5. Man rechnet mit einer Einladung zu der von der AF of L geplanten Zusammenkunft der Gewerkschaften aus denjenigen Staaten, die den Marshall-Plan akzeptierten. Einer Äußerung des jetzigen Zonensekretärs für die Amerikanische Zone, Lorenz Hagen, zufolge »werden sie einer solchen Einladung Folge leisten, wie der FDGB der Einladung der russischen Gewerkschaften Folge geleistet hat.«

DOKUMENT 36b

## 6.–8. Januar 1948: Bericht Hans vom Hoff über die Interzonenausschusssitzung Hallthurm.

**DGB-Archiv im AdsD. Bestand Gewerkschaftsrat der vereinten Zonen. Maschinenschrift. 13/144-Interzonenkonferenzen.**

Industrial Relations
Branch Manpower Division
Zonal Executive Offices
C.C.C. Lemgo
66. H.Q. C.C.G.
Att. of Mr. Kenny
Lemgo/Lippe
B.A.O.R.

Bericht über die Tagung des Arbeitsausschusses der Interzonenkonferenz vom 6. bis 8. Januar 1948 in München

Die auf der Tagung des Arbeitsausschusses in Nienburg vom 10. und 11. Dezember 1947 gewählten Ausschüsse traten zu einer Sitzung vom 6. bis 8. Januar 1948 in München zusammen.

Die Kommission »A« hatte die Aufgabe, Richtlinien für den Aufbau, die Einrichtung und Verwaltung der Gewerkschaften und des Bundes sowie einer Generalkommission und eines Beirates auszuarbeiten. Diese Kommission tagte unter Leitung des Vorsitzenden der »Freien Gewerkschaften« von Hessen, Kollegen Willy Richter.

Die Kommission »B«, die unter Leitung unseres Kollegen Albin Karl tagte, hatte die Aufgabe, Richtlinien für die Grundsätze der Gewerkschaften aufzustellen.

In der Kommission »A« wurde der Entwurf der Satzung für einen gesamtdeutschen Bund aufgestellt. Bei diesem Entwurf wurden die Satzungen der verschiedensten Gewerkschaftsbünde herangezogen. Besondere Schwierigkeiten ergaben sich bei der Aufstellung des Entwurfes nicht.

Die Schwierigkeit, dass in der Ostzone die Mitgliedschaft beim Bund liegt und autonome Gewerkschaften, wie wir sie in der Britischen Zone haben, nicht vorhanden sind, wurde dadurch überbrückt, dass sich die Vertreter der Ostzone mit folgender Formulierung einverstanden erklärten:

»Die Einzelmitgliedschaft wird durch Beitritt in die zuständige Gewerkschaft erworben. Die Mitglieder der Gewerkschaften sind gleichzeitig Mitglieder des Bundes.«

Da der Entwurf der Bundessatzung sonst keine Besonderheiten bringt, nehmen wir von der Übersendung einer Abschrift im Augenblick Abstand, zumal auch eine redaktionelle Durcharbeitung noch nicht erfolgt ist.

Die Kommission hat auch ferner den Entwurf für die Schaffung einer Generalkommission der Gewerkschaften aufgestellt. Wir werden hierzu noch besonders Stellung nehmen.

Die weitere Aufgabe der Kommission, eine besondere Wahlordnung für den gesamtdeutschen Kongress zu schaffen, konnte nicht in Angriff genommen werden, da keine Einigung darüber erzielt werden konnte, welcher Vorschlag als Diskussionsgrundlage genommen werden sollte.

Bekanntlich waren in Nienburg hierzu drei Vorschläge gemacht worden, und zwar:

1.) Vorschlag der Ostzone:

Wahl von Delegierten aufgrund der Mitgliederzahl, wobei auf je 10.000 Mitglieder 1 Delegierter entfallen sollte.

2.) Vorschlag der Amerikanischen Zone:

Keine Delegation nach Mitgliederzahl, sondern je 20 Delegierte für jedes Land.

3.) Vermittlungsvorschlag der Ostzone:

Auf je 10.000 Mitglieder 1 Delegierter und außerdem je Zone zusätzlich noch 45 bis 65 Delegierte, die von den Gewerkschaftsbünden bestimmt werden sollten.

Die Kommission »B« kam in ihren Arbeiten zu einer Übereinstimmung. Diese Übereinstimmung war möglich, weil die Vertreter der Ostzone überraschenderweise zu erheblichen Zugeständnissen bereit waren. Abschrift der vereinbarten Richtlinien ist als Anlage 1 beigefügt.

Am dritten Tag fand dann nach Abschluss der Kommissionsarbeiten eine Gesamtsitzung des Arbeitsausschusses statt. In dieser Gesamtsitzung wurde die Vorlage der Kommission »B« über Grundsätze der Gewerkschaftspolitik auch vom Gesamtarbeitsausschuss gutgeheißen.

Der von der Kommission »A« vorgelegte Entwurf einer Bundessatzung wurde ebenfalls gutgeheißen.

In der Frage der Schaffung einer Generalkommission konnte eine Einigung nicht erzielt werden. Es herrschte Übereinstimmung darüber, dass ein Bund noch nicht geschaffen werden kann, weil die organisatorischen Voraussetzungen hierfür fehlen. Erst nachdem diese Voraussetzungen geschaffen sind (gleicher Aufbau und gleiche Anzahl aller Gewerkschaften, Zusammenfassung der Gewerkschaften auf interzonaler Basis), kann an die Schaffung des künftigen Bundes herangegangen werden.

Es herrschte weiter Übereinstimmung darüber, dass bis zu diesem Zeitpunkt, der möglicherweise noch einige Jahre dauern kann, anstelle der Interzonenkonferenz eine Institution geschaffen werden soll, die als gewählte Körperschaft die Interessen aller Gewerkschaftsbünde vertreten kann. Hierfür ist der Zentralrat der Gewerkschaften vorgesehen. Der Entwurf über Zusammensetzung und Aufgaben des Zentralrates ist als Anlage 2 beigefügt. In verschiedenen Punkten wurde Übereinstimmung über diesen Entwurf erzielt. Offengeblieben ist die Frage, wo der Sitz des Sekretariates sein soll. Vorgeschlagen wurden die Städte:

Berlin, Frankfurt am Main, Düsseldorf und Hannover.

Seitens der Vertreter der Britischen und Amerikanischen Zone wurde erklärt, dass sie sich keinesfalls mit dem Sitz in Berlin einverstanden erklären würden.

Weiter wurde keine Einigkeit erzielt über die Zahl der Delegierten. Mit der im Entwurf vorgesehenen Zahl von 12 Delegierten für die Ostzone und Berlin erklärten sich die Vertreter der Ostzone nicht einverstanden, sondern forderten die Erhöhung der Gesamtzahl der Mitglieder von 30 auf 32 und dementsprechend für die Ostzone 11 und für Berlin 3 Vertreter. Mit der Anzahl der Vertreter für die übrigen Zonen waren sie einverstanden.

Grundsätzliche Einigkeit wurde auch erzielt über die Bildung eines Arbeitsausschusses aus 8 Personen in der im Entwurf vorgeschlagenen Weise. Strittig ist jedoch noch die Zahl der für das Sekretariat vorgesehenen Sekretäre der einzelnen Gebiete. Vorgeschlagen war, dass jede Zone – einschließlich

Berlin – je einen Sekretär stellen sollte. Offen ist hierbei auch die Frage geblieben, ob jede Zone den Sekretär bestimmen kann, den sie für richtig hält, oder ob die Bestellung der Sekretäre von der Zustimmung aller Zonen abhängig ist. Wir vertreten die letztere Auffassung, zumal uns bekannt geworden ist, dass für die Ostzone hierfür der Kollege Ernst Krüger vorgeschlagen werden soll.

Über die Aufgaben des Zentralrates bezüglich des Anschlusses an den WGB wurde keine Einigung erzielt. Dem Vorschlag Göring stimmten nur die Vertreter der Ostzone zu, während dem Vorschlag Hagen von allen übrigen Vertretern zugestimmt wurde. Es ergibt sich daraus, dass in den wesentlichsten Fragen der Schaffung eines Zentralrates der Gewerkschaften anstelle der bisherigen Interzonenkonferenzen keine Einigung erzielt wurde.

Es ist beschlossen worden, alle schwebenden Fragen der nächsten Interzonenkonferenz, die vom 3. bis 5. Februar 1948 in Dresden stattfindet, zur Entscheidung zu unterbreiten.

Die im Anschluss an die Kommissionssitzungen stattgefundene Gesamtsitzung des Arbeitsausschusses kam wegen der gegensätzlichen Auffassungen ebenfalls nicht dazu, einen Vorschlag über die Schaffung einer besonderen Wahlordnung zu diskutieren. Sowohl von den Vertretern der Amerikanischen wie auch der Britischen Zone wurde der Standpunkt vertreten, dass die Mitglieder des Zentralrates in den Bünden der einzelnen Zonen gewählt werden sollen. Die Vertreter der Ostzone einschließlich Berlin vertraten dagegen den Standpunkt, dass entsprechend dem Pyrmonter Beschluss diese Wahlen auf einem gesamtdeutschen Gewerkschaftskongress durchzuführen seien. Bezüglich des Zeitpunktes dieses Kongresses waren sie bereit, in Abweichung von dem Pyrmonter Beschluss einen späteren Zeitpunkt zu akzeptieren. Eine Diskussion über den Zeitpunkt hat jedoch nicht stattgefunden. Sie war überflüssig geworden, nachdem über die anderen Voraussetzungen für die Schaffung einer Wahlordnung keine Einigung zu erzielen war.

Die Vertreter der Amerikanischen Zone blieben auf ihrem in Nienburg gefassten Beschluss bestehen und lehnten jede Abänderung ihres Vorschlages ab.

Wir haben von der Britischen Zone aus keine Veranlassung gehabt, insbesondere auch nicht unser Kollege Karl als Vorsitzender, durch einen Kompromissvorschlag eine Lösung zu suchen. Wir haben diese Frage völlig offengelassen, sodass gegenüber der Arbeitstagung von Nienburg keine andere Situation entstanden ist.

Die erzielte Einigkeit über Grundsätze und Aufgaben zur Vereinigung der deutschen Gewerkschaften und die teilweise Einigkeit über die Schaffung einer Gewerkschaftszentrale hat nur dann eine Bedeutung, wenn die grundsätzlichen Fragen über die Art des Zustandekommens der Gewerkschaftszentrale geklärt sind.

Wir haben aus dem Verlauf der Besprechungen den Eindruck gewonnen, dass die Vertreter der Ostzone zu jedem Entgegenkommen bereit wären, wenn sie damit ihr Ziel auf baldige Abhaltung eines gesamtdeutschen Gewerkschaftskongresses erreicht hätten. Wir haben ferner den Eindruck gewonnen, dass sie aufgrund der gegenwärtigen Verhältnisse im Weltgewerkschaftsbund in ihren Forderungen und in der Vertretung derselben erheblich zurückgewichen sind und dass sie alles vermeiden wollten, was eventuell zu einem Bruch führen könnte. Die Vertreter der übrigen Zonen, einschließlich der Französischen Zone, sind sich jedoch darüber klar, dass diese Einstellung nur eine vorübergehende taktische Haltung ist. Wir sind daher von unserer einmal gefassten Meinung nicht abgewichen. Nachrichten, wonach eine Abweichung – insbesondere durch den Kollegen Karl – erfolgt sei, sind völlig irrig, wie auch das vorliegend aufgezeigte Ergebnis beweist.

Nach unserer Auffassung wird die Interzonentagung in Dresden zu keinem anderen Ergebnis kommen, da die Stellungnahme der Vertreter der Amerikanischen und der Britischen sowie neuerdings auch der Französischen Zone ganz eindeutig ist.

DOKUMENT 37

## 6.–7. Januar 1948: Grundsätze und Aufgaben zur Vereinigung der deutschen Gewerkschaften.

SAPMO-BArch. Akte Arbeitsausschusssitzungen in Nienburg vom 10.–12. Dezember 1947 und in München vom 6.–8. Januar 1948. Arbeitsmaterial. Maschinenschrift. DY 34/22978.

Grundsätze und Aufgaben zur Vereinigung der deutschen Gewerkschaften

Die Gewerkschaften vertreten die wirtschaftlichen, sozialen und kulturellen Interessen der Lohn- und Gehaltsempfänger in der Wirtschaft, im Staat und in der Gesellschaft.

Sie sind der freiwillige Zusammenschluss der Lohn- und Gehaltsempfänger zum gemeinsamen Kampf um die Verbesserung ihrer Lebenslage und zur Sicherung und Erweiterung ihres demokratischen Einflusses im neuen Deutschland.

Mitglieder können alle Lohn- und Gehaltsempfänger ohne Rücksicht auf Geschlecht, Rasse, Partei, Glaubensbekenntnis, Staatsangehörigkeit und Vorbild sein.

Die Gewerkschaften bekennen sich zur parteipolitischen und religiösen Neutralität. Es wird deshalb den Mitgliedern die gegenseitige Achtung ihrer parteipolitischen und religiösen Überzeugung zur Pflicht gemacht.

Von den politischen Parteien erwarten die Gewerkschaften die politische und gesetzgeberische Förderung ihrer Interessen und Forderungen, wodurch jede Partei das Verhältnis zwischen sich und den Gewerkschaften selbst bestimmt.

Die Gewerkschaften sind antifaschistisch und antimilitaristisch. Sie treten für Völkerfrieden, Völkerfreiheit und Völkerverständigung ein und erstreben die internationale Vereinigung aller Gewerkschaften.

Die innere Einheit der Gewerkschaften beruht auf dem demokratischen Mitbestimmungsrecht der Mitglieder. Sie wird durch die demokratische Wahl aller Gewerkschaftsorgane von unten bis oben gesichert.

Die Gewerkschaften sollen auf der Grundlage von Industrie- bzw. Wirtschaftsgruppen aufgebaut sein.

1. Die Sicherung des Friedens und der demokratischen Entwicklung in Deutschland erfordert:

a) restlose Säuberung der Betriebsleitungen von nazistischen Elementen,

b) Auflösung bzw. Überführung der Konzerne sowie kartell-monopolitischer oder monopolähnlicher Betriebe in Gemeineigentum; Überführung der Betriebe von öffentlicher Bedeutung wie Gas, Wasser, Elektrizität usw. in die Hände der Stadt-, Gemeinde- oder Landesverwaltung, soweit sie sich nicht schon in öffentlicher Hand befinden,

c) Überführung der Grundstoffindustrien sowie der Eisen und Stahl erzeugenden Industrie in Gemeineigentum.

2. Neuordnung der Wirtschaft

Die wirtschaftlichen und sozialen Verhältnisse in Deutschland müssen neu geordnet werden. Dazu gehört:

a) Wiederherstellung der wirtschaftlichen und politischen Einheit Deutschlands,

b) Aufbau eines Systems geplanter und gelenkter Wirtschaft; Überführung der für die Lenkung der Gesamtwirtschaft wichtigen Schlüsselindustrien, Kredit- und Versicherungsinstitute in Gemeineigentum,

c) Errichtung eines zentralen deutschen Amtes für Wirtschaftsplanung und -lenkung und Aufbau eines Systems von Organen der wirtschaftlichen Selbstverwaltung. In diesen Organen sowie bei der Kontrolle des zentralen Amtes müssen die Gewerkschaften in voller Gleichberechtigung vertreten sein.

d) die Erhöhung der Industrieproduktion Deutschlands für den friedlichen Bedarf, zur Verbesserung der Versorgung des deutschen Volkes und zur Erfüllung der Wiedergutmachungsansprüche. Die Demontage von Industrieanlagen, die hierzu dienen können, muss eingestellt werden.

e) Aufstellung und Durchführung eines Export- und Importplanes sowie die Eingliederung Deutschlands in die Weltwirtschaft mit dem Ziele, die wirtschaftliche Selbständigkeit Deutschlands wiederherzustellen; größere Auslandskredite für Rohstoffe und Lebensmittel sind auf absehbare Zeit notwendig,

f) Durchführung einer Bodenreform in Verbindung mit der Aufstellung eines einheitlichen Landwirtschaftsplanes zur restlosen Bebauung und besseren Ausnutzung der landwirtschaftlichen Nutzflächen. Die Mitwirkung von Selbstverwaltungsorganen der Landwirtschaft unter angemessener Beteiligung der Gewerkschaften ist dabei sicherzustellen. Die Erfassung der für die Volksernährung notwendigen Agrarprodukte muss nach einem einheitlichen Ablieferungsplan mit einer durchgreifenden Kontrolle der Durchführung gewährleistet werden.

g) die Durchführung einer einheitlichen Währungs- und Finanzreform für ganz Deutschland nach erfolgter wirtschaftlicher Einheit. Mit der Reform muss ein gerechter Lastenausgleich unter besonderer Berücksichtigung der wirtschaftlich Schwachen sowie eine tiefgreifende progressive Vermögensabgabe verbunden werden. Sachwerte und Geldvermögen sind dabei gleichzustellen.

Die nächsten Maßnahmen

Als nächste Maßnahmen sind deshalb notwendig:

a) Es ist dafür zu sorgen, dass solche Waren produziert werden, die vordringlich für den Aufbau der Wirtschaft, für die Versorgung der Landwirtschaft und für die Versorgung der Bevölkerung notwendig sind.

b) Um die Gesundung der deutschen Wirtschaft zu ermöglichen, sind alle technischen und arbeitsorganisatorischen Maßnahmen für eine Produktionssteigerung zu treffen. Als notwendige Voraussetzung für die Erhaltung und Steigerung der Produktionsleistung ist die Sicherung einer ausreichenden Ernährung unter Kontrolle der Gewerkschaften unerlässlich.

c) Über die unter Treuhandverwaltung stehenden Betriebe ist beschleunigt zu entscheiden. Soweit sie der Enteignung verfallen, sind sie in gemeinschaftlicher Art zu betreiben.

d) In allen Betrieben ist sicherzustellen, dass die Betriebsräte in Gemeinschaft mit den Gewerkschaften bei der Festlegung der Produktionsaufgaben, bei Verhandlungen mit den Selbstverwaltungsorganen wie bei der Regelung der Arbeitsbedingungen das volle Mitbestimmungsrecht haben.

e) In den Wirtschafts- und Selbstverwaltungsorganen haben Gewerkschaftsvertreter in voller Gleichberechtigung mitzuwirken.

4. Arbeitsrecht und Sozialpolitik

Die Verbesserung der Arbeitsbedingungen erfordert die demokratische Gestaltung des Arbeitsrechts. Nachdem der Nationalsozialismus das Tarifwesen zerschlagen hat, ist es die Aufgabe der Gewerkschaften, den Arbeitsvertrag, das Tarifrecht und das Arbeitsrecht auf folgender Grundlage zu sichern:

a) freies Koalitionsrecht für alle Lohn- und Gehaltsempfänger,

b) volles Mitbestimmungsrecht der Gewerkschaften und Betriebsräte bei den Produktionsaufgaben,

c) Vertretung der Interessen aller Lohn- und Gehaltsempfänger durch Abschluss von Tarifverträgen,

d) Die Festlegung der Lohnbedingungen soll von dem Grundsatz ausgehen:

Für gleiche Tätigkeit und gleiche Leistungen besteht Anspruch auf gleichen Lohn. Das gleiche gilt auch für Frauen und Jugendliche.

e) Es ist für ganz Deutschland ein einheitliches, für alle Lohn- und Gehaltsempfänger geltendes Arbeitsrecht zu schaffen, das in einem deutschen Arbeitsgesetzbuch zusammenzufassen ist. Zur Entscheidung aller aus dem Arbeitsverhältnis entstehenden Streitfälle zwischen Unternehmern und Arbeitern bzw. Angestellten sind die Arbeitsgerichte zuständig. Sie sollen auch über einzelne Ansprüche aus der Sozialversicherung entscheiden. Die Arbeitsgerichte sollen keine Beziehungen zu den Organen der staatlichen Justiz haben. Sie sind als selbständige Gerichte in ihrer Dienstaufsicht den Arbeits- und Sozialbehörden zu unterstellen.

f) Jedem Lohn- und Gehaltsempfänger soll unter Berücksichtigung seiner Gesamtbeschäftigungsdauer in jedem Jahr ein angemessener Urlaub unter Fortzahlung des Verdienstes gewährt werden.

g) Zur Hilfe der Werktätigen bei Krankheit, Unfall, Alter, Invalidität und unverschuldeter Arbeitslosigkeit treten die Gewerkschaften für die Schaffung einer einheitlichen Versicherungsgesetzgebung in Selbstverwaltung auf demokratischer Grundlage ein.

5. Schulung

Die Gewerkschaften können ihre Aufgabe nur erfüllen, wenn sie den Mitgliedern und Funktionären das geistige Rüstzeug vermitteln, das sie befähigt, die wirtschaftliche und gesellschaftliche Entwicklung richtig zu beurteilen.

Die Gewerkschaften erziehen ihre Mitglieder zur Solidarität und zu dem Bewusstsein des Kampfes für die Demokratie in Wirtschaft und Gesellschaft und fördern ihre kulturelle und fachliche Fortbildung.

Sie fühlen sich verpflichtet, unter Berücksichtigung der Lehren aus der Vergangenheit, Männer und Frauen heranzubilden, die fähig sind, zur Lösung der Probleme des neuen demokratischen Deutschlands verantwortlich Funktionen auch in der Wirtschaft und im Staat zu übernehmen.

Schluss

Der aktive Einsatz der deutschen Gewerkschaften wird nur dann einen bleibenden Erfolg bringen, wenn gleichzeitig die werktätige Jugend und die werktätigen Frauen für den Gedanken einer fortschrittlichen, kämpferischen Demokratie gewonnen und mit zum Träger des neuen demokratischen Deutschlands werden und wenn alle Ideologien, die gegen die Interessen des werktätigen Volkes gerichtet sind, ohne Rücksicht bekämpft werden.

DOKUMENT 38

## 6.–8. Januar 1948: Richtlinien für die Schaffung einer Gewerkschaftszentrale.

**SAPMO-BArch. Akte Arbeitsausschusssitzungen in Nienburg vom 10.–12. Dezember 1947 und in München vom 6.–8. Januar 1948. Arbeitsmaterial. Maschinenschrift. DY 34/22978.**

Richtlinien für die Schaffung einer Gewerkschaftszentrale

Der gegenwärtige Stand der neuen deutschen Gewerkschaftsbewegung und die Lage der Werktätigen in allen Zonen erfordert eine stärkere Konzentration der gewerkschaftlichen Kräfte in ganz Deutschland.

Ebenso ist der Wille zur gewerkschaftlichen Einheit so stark, dass eine gemeinsame organisatorische und ideologische Grundlage geschaffen werden muss.

Die bisherigen Interzonenkonferenzen genügen den an sie gestellten Anforderungen nicht mehr.

Am zweckmäßigsten wäre, einen deutschen Gewerkschaftsbund in kürzester Frist zu errichten. Die Voraussetzungen hierzu sind jedoch infolge des verschiedenartigen organisatorischen Aufbaus in den einzelnen Zonen noch nicht gegeben. Auch ist der aus der Stellung der Gewerkschaften in der Wirtschaft und zum Staat sich ergebende ideologische Entwicklungsprozess[1] noch nicht soweit für das gesamte Gebiet der deutschen Republik gediehen, wie es für die Bildung eines Bundes erforderlich ist.

Die Errichtung des Bundes ist schließlich auch gehindert durch die noch nicht geklärte staatspolitische Verfassung und die fehlende wirtschaftliche Einheit Deutschlands.

Damit den dringendsten Erfordernissen einer einheitlichen Gewerkschaftsarbeit Rechnung getragen werden kann und um von der gesamten Mitgliedschaft der deutschen Gewerkschaften bevollmächtigt an den Vorarbeiten für die Errichtung eines Bundes zu wirken, wird die Bildung eines Zentralrates der deutschen Gewerkschaften vorgeschlagen.

I. Errichtung und Zusammensetzung

1.) Die deutschen Gewerkschaftsbünde bilden einen Zentralrat der deutschen Gewerkschaften.

2.) Der Sitz des Zentralrates ist in [in der Vorlage offen].

3.) Der Zentralrat besteht aus 30 Mitgliedern und setzt sich zusammen aus:

a) 12 Vertretern der Gewerkschaftsbünde der Sowjetischen Besatzungszone und Groß-Berlins,

b) 9 Vertretern des Gewerkschaftsbundes der Englischen Besatzungszone,

c) 6 Vertretern der Gewerkschaftsbünde der Amerikanischen Besatzungszone,

d) 3 Vertretern der Gewerkschaftsbünde der Französischen Besatzungszone.

4.) Der Zentralrat bildet aus seiner Mitte einen Arbeitsausschuss.

Derselbe besteht aus 8 Mitgliedern, und zwar stellen

a) die Vertreter der Sowjetischen Besatzungszone und Groß-Berlins 3 Mitglieder,

b) die Vertreter der Englischen Besatzungszone 2 Mitglieder,

c) die Vertreter der Amerikanischen Besatzungszone 2 Mitglieder,

d) die Vertreter der Französischen Besatzungszone 1 Mitglied.

---

1 Aus der Sicht der FDGB-Führung bedeutet das die Umformung des FDGB zu einer »marxistisch-leninistischen« Massenorganisation und die Bekämpfung des »Nur-Gewerkschaftertums«. Vgl. Brunner: Sozialdemokraten, S. 302 ff.

5.) Der Zentralrat errichtet ein Sekretariat, das aus 5 von ihm zu bestellenden Sekretären besteht.

II. Die Aufgaben

1.) Der Zentralrat ist die Vertretung der deutschen Gewerkschaften.

2.) Der Zentralrat hat die Aufgaben:

a) alle notwendigen ideologischen und organisatorischen Vorbereitungen zur Schaffung eines Gewerkschaftsbundes für ganz Deutschland zu treffen und die innerorganisatorischen Arbeiten der Gewerkschaften zu festigen,

b) in den Fragen der deutschen Wirtschaftspolitik, der Sozialpolitik, des Arbeitsrechts, der Lohn- und Preispolitik allgemeine Richtlinien für die Arbeit der Gewerkschaften festzulegen und die Interessen der gesamtdeutschen Gewerkschaftsbewegung in allen diesen Fragen gegenüber den staatlichen und gesetzlichen Körperschaften und der freien Wirtschaft zu vertreten,

c) (Vorschlag Göring) den Anschluss an den WGB durchzuführen und die Zusammenarbeit der Gewerkschaft mit allen Ländern zu pflegen. (Vorschlag Hagen) Der Zentralrat hat die Aufgabe, die Zusammenarbeit mit der Gewerkschaftsbewegung der anderen Länder und der Internationalen zu pflegen,.

d) Beschlüsse des Zentralrats, die mit 2/3 Mehrheit gefasst werden, sind bindend für alle Gewerkschaften.

e) Der Zentralrat gibt sich eine Geschäftsordnung.


DOKUMENT 39

## 6.–8. Januar 1948: Entwurf: Vorschläge für eine Bundessatzung.

SAPMO-BArch. Akte Arbeitsausschusssitzungen in Nienburg vom 10.–12. Dezember 1947 und in München vom 6.–8. Januar 1948. Arbeitsmaterial. Maschinenschrift. DY 34/22978.


Entwurf

Vorschläge für eine Bundessatzung

I. Name, Sitz und Organisationsbereich

1.) Der Bund führt den Namen [in der Vorlage offen].

2.) Er hat seinen Sitz in [in der Vorlage offen].

3.) Der Organisationsbereich umfasst das Gebiet der Deutschen Republik.

Der Bund ist die Vereinigung aller Gewerkschaften.

II. Zweck

Der Zweck des FDGB ist die Zusammenfassung aller Gewerkschaften zu einer Einheit zur Wahrnehmung der gesamten wirtschaftlichen, sozialen und kulturellen Interessen der Arbeitnehmer und Freischaffenden.

Dieser Zweck soll erreicht werden durch:

a) die Zusammenfassung aller Schaffenden und ihrer Erziehung im Geiste des Antifaschismus, der Demokratie, des gesellschaftlichen Fortschrittes und zur Erkenntnis ihrer sozialen Lage sowie zur Solidarität;

b) die Errichtung und Unterhaltung von gewerkschaftlichen Bildungs-, Schulungs- und Erholungsstätten, insbesondere auch für die Jugend;

c) die Herausgabe einer Bundeszeitung sowie anderer Schriften;

d) die Förderung der Agitation der Gewerkschaften zur Erfassung aller Arbeitnehmer und die Unterstützung der Gewerkschaften in ihrer Aufgabe zur Erhaltung und Hebung eines ausreichenden Lebensstandards der Schaffenden;

e) den Einsatz aller Kräfte für einen fortschrittlichen und planvollen Neuaufbau der deutschen Wirtschaft;

f) die Sicherung des gleichberechtigten Mitbestimmungsrechtes in allen Fragen des Wirtschaftslebens und gleichberechtigter Mitbestimmung in den für die Wirtschaft bestehenden und einzurichtenden Körperschaften;

g) Durchführung, Förderung und Auswertung wirtschaftlicher, sozialpolitischer und arbeitsrechtlicher Forschung und Maßnahmen sowie Führung erforderlicher Statistiken; Durchführung einer einheitlichen Preispolitik;

h) Schaffung von Grundsätzen für die Lohnpolitik der Gewerkschaften;

i) Neugestaltung und Durchführung eines einheitlichen Arbeits- und Sozialrechtes; volle Selbstverwaltung in den Organen der Arbeits- und Sozialbehörden;

k) Durchführung von Wahlen und Benennung von Vertretern für alle Organe der Wirtschafts- und Sozialbehörden und behördlichen und kulturellen Einrichtungen;

l) die Errichtung von Rechtsstellen, die in allen aus dem Arbeitsleben sich ergebenden Fragen Auskünfte erteilen und die Vertretung vor den in Betracht kommenden Instanzen wahrnehmen;

m) Leitung und Förderung der gewerkschaftlichen Jugendarbeit;

n) Durchführung eines einheitlichen Verwaltungs-, Beitrags- und Unterstützungswesens für alle angeschlossenen Gewerkschaften;

o) Abgrenzung der Organisationsgebiete der verschiedenen Gewerkschaften und Entscheidung über Grenzstreitigkeiten; Förderung eines gedeihlichen Zusammenwirkens aller abgeschlossenen Gewerkschaften;

p) Pflege internationaler Beziehungen zu den anderen Gewerkschaftsorganisationen.

III. Mitgliedschaft

Zur Mitgliedschaft im Bunde sind alle deutschen Gewerkschaften zugelassen. Voraussetzung ist die Anerkennung der Bundessatzung und der Beschlüsse der Bundesorgane.

Über die Aufnahme entscheidet der Bundeshauptausschuss.

Die Einzelmitgliedschaft wird durch Beitritt in die zuständige Gewerkschaft erworben.

Die Mitglieder der Gewerkschaften sind gleichzeitig Mitglieder des Bundes.

Jede Gewerkschaft hat das Recht und die Pflicht, allen männlichen und weiblichen Arbeitnehmern, die in der für sie in Betracht kommenden Industrie oder den Betrieben und Verwaltungen tätig sind, als Mitglieder ohne Rücksicht auf Geschlecht, Alter, Glaubensbekenntnis, Abstammung, Rasse, Partei, Staatszugehörigkeit und Vorbildung aufzunehmen. Darüber hinaus ist eine Mitgliederwerbung unstatthaft.

Allen Arbeitnehmern macht es der Bund zur Pflicht, nur der Gewerkschaft anzugehören, die nach vorstehenden Bestimmungen für die in Betracht kommt. Jede Gewerkschaft hat dementsprechend solche Mitglieder, für die sie nicht zuständig ist, an die zuständige Gewerkschaft abzutreten.

Eine Gewerkschaft bedarf zur Änderung ihres Namens der Zustimmung des Bundesvorstandes. Namens- oder Satzungsänderungen einer Gewerkschaft, die dazu führen könnten, ihr Organisationsgebiet einseitig zu ihren Gunsten zu erweitern, sind ohne Zustimmung des Bundeshauptausschusses nicht statthaft.

Werden durch eine Entwicklung in der Industrie, einem Wechsel in der Produktion oder durch sonstige Umstände die Organisationsgebiete einer Änderung unterworfen, so ist eine dadurch notwendige andere Abgrenzung durch Vereinbarung der in Frage kommenden Gewerkschaften zu regeln.

Dieselbe bedarf der Zustimmung des Bundeshauptausschusses.

Ein Mitglied, das seine Beschäftigungsstelle wechselt, tritt unter Anrechnung seiner geleisteten Beiträge zu der für seine neue Beschäftigungsstelle zuständigen Gewerkschaft über. Bei vorübergehendem Wechsel kann das Mitglied in seiner Gewerkschaft verbleiben. Als vorübergehend ist in der Regel die Dauer von drei Monaten anzusehen.

IV. Organisationsaufbau

Der Bund gliedert sich in

a) die Betriebsgewerkschaftsgruppe

b) Ortsausschuss

c) Bezirksverwaltung

d) Landesverwaltung

e) Zonenleitung.

Die Organe des Bundes sind:

a) Bundeshauptausschuss

b) Bundeskongress

c) Revisionskommission und

d) Schiedsgericht.

V. Der Bundeskongress

Der Bundeskongress ist die höchste Instanz des Bundes.

Er ist alle zwei Jahre vom Bundesvorstand einzuberufen.

Ein außerordentlicher Kongress ist einzuberufen, wenn es der Bundeshauptausschuss beschließt oder wenn derselbe von zwei Dritteln der angeschlossenen Gewerkschaften beantragt wird.

Die Delegierten zum Bundeskongress werden nach einer besonderen Wahlordnung durch die angeschlossenen Gewerkschaften und die Gliederungen des Bundes gewählt.

Anträge an den Kongress können von allen Gewerkschaften und Bundesorganen gestellt werden.

VI. Der Bundesvorstand

Der Bundesvorstand führt die Geschäfte des Bundes. Er vertritt den Bund in seiner Gesamtheit nach innen und außen.

Der Bundesvorstand ist für seine Geschäftsführung dem Bundeskongress verantwortlich und hat diesem Bericht über seine Tätigkeit zu erstatten.

Der Bundesvorstand hat den Bundeskongress und die Sitzungen des Bundeshauptausschusses einzuberufen, für die Durchführung der Beschlüsse des Kongresses und des Bundeshauptausschusses zu sorgen und das Zusammenwirken zwischen den Gewerkschaften, den Organen des Bundes, dem Bundeshauptausschuss und den übrigen Vertretungen herbeizuführen und aufrechtzuerhalten.

Zur Sicherung der Einheitlichkeit der Gewerkschaftsarbeit und zur Durchführung der Bundeskongressbeschlüsse trifft der Bundesvorstand die notwendigen Maßnahmen und hat dahingehendes Weisungsrecht.

Der Bundesvorstand besteht aus:

a) dem Vorsitzenden (Präsidenten),

b) 5 Stellvertretern (Vizepräsident) und mindestens

c) 9 weiteren Vorstandsmitgliedern, darunter dem

d) Hauptkassierer, die sämtlich hauptamtlich tätig sind.

Der Bundesvorstand wird auf dem Kongress gewählt.

Wiederwahl ist zulässig. Die Wahl erfolgt nach demokratischen Grundsätzen und in geheimer Abstimmung.

Während einer Wahlperiode erforderlichen Ersatzwahlen hat der Bundeshauptausschuss vorzunehmen.

VII. Der Bundeshauptausschuss

Der Bundeshauptausschuss unterstützt den Bundesvorstand und überwacht seine Tätigkeit. Er trifft die Regelung über Besoldung und Entschädigung.

Der Bundeshauptausschuss setzt sich zusammen aus:

a) den Vorsitzenden der Gewerkschaften und

b) den Vorsitzenden der Landesgewerkschaften des Bundes.

Der Bundesvorstand nimmt an den Sitzungen teil.

Die Sitzungen des Bundeshauptausschusses finden nach Bedarf, mindestens jedoch vierteljährlich statt.

VIII. Die Revisionskommission

Zur Überwachung der Kassenführung und Prüfung der Jahresabrechnung wählt der Kongress eine aus 5 Mitgliedern bestehende Revisionskommission.

Die Mitglieder der Revisionskommission dürfen weder dem Bundesvorstand noch dem Bundeshauptausschuss angehören. Sie haben vierteljährlich ordentliche und nach Ermessen außerordentliche Revisionen vorzunehmen.

IX. Das Schiedsgericht

Differenzen (Grenzstreitigkeiten, Beschwerden) zwischen den im Bund vereinigten Gewerkschaften und gegenüber Funktionären, die trotz Vermittlung des Bundesvorstandes nicht geschlichtet werden können, sind durch das Schiedsgericht zu erledigen.

Das Schiedsgericht wird gebildet aus:

a) den Vorsitzenden und

b) je zwei Beisitzern, die von den streitenden Parteien ernannt werden.

Bei Grenzstreitigkeiten dürfen die Beisitzer nicht den streitenden Gewerkschaften als Mitglieder angehören.

Der Vorsitzende wird vom Bundesvorstand benannt.

X. Mitgliedsbeiträge – Bundesbeitrag

Die Mitgliedsbeiträge sind für alle Gewerkschaften einheitlich.

Die Höhe und Staffelung beschließt der Bundeskongress.

Der Mitgliedsbeitrag setzt sich zusammen aus dem Anteil für die zuständige Gewerkschaft und dem Anteil für den Bund.

Der Anteil beträgt für die Gewerkschaften und den Bund je 50 Prozent des Gesamtbeitrages.

Von dem fünfzigprozentigen Anteil des Bundes sind 50 Prozent für die vom Bund zu tragenden Unterstützungen für die Mitglieder zu verwenden. Die restlichen 20 Prozent stehen für die übrigen Aufgaben des Bundes zur Verfügung.

Für außerordentliche Ausgaben können zur Deckung derselben Sonderbeiträge durch den Bundeshauptausschuss beschlossen werden.

XI. Unterstützungseinrichtungen

Unterstützungseinrichtungen des Bundes umfassen die folgenden Gebiete:

a) Erwerbslosenunterstützung (Arbeitslosen- und Krankenhilfe),

b) Sterbegeld,

c) Unfall- und Sterbegeld,

d) Zusatzruhegeld,

e) Rechtsberatung und Rechtsschutz.

Eine besondere Unterstützungsordnung, die ein Bestandteil dieser Satzung ist, regelt die Voraussetzungen und die Durchführung dieser Ansprüche.

Die Unterstützungsordnung wird vom Bundesvorstand im Einvernehmen mit dem Bundeshauptausschuss erlassen.

Andere Unterstützungsarten sind Angelegenheiten der Gewerkschaften.

XII. Bundeszeitung und Schriften

Der Bund gibt für die Gewerkschaftsmitglieder eine Gewerkschaftszeitung und Zeitschriften heraus.

Die Bundeszeitung dient zur Förderung der Aufgaben und zur Verbreitung der Ideen und Ziele des Bundes, der angeschlossenen Gewerkschaften, der Funktionäre und Mitglieder sowie zur Veröffentlichung der Bekanntmachungen des Bundes und der Gewerkschaften.

Die Gewerkschaften geben nach Bedarf für ihre Mitglieder ein Mitteilungsblatt über die besonderen fachlichen Fragen und Interessen heraus. Dasselbe wird gemeinsam mit der Bundeszeitung den jeweiligen Gewerkschaftsmitgliedern zugestellt.

XIII. Allgemeine Bestimmungen

Eine Gewerkschaft, die den Bundessatzungen zuwider handelt oder gegen Beschlüsse des Bundeskongresses verstößt, kann durch Mehrheitsbeschluss des Bundeshauptausschusses aus dem Bund ausgeschlossen werden.

Das gleiche gilt für eine Gewerkschaft, die sich einem Schiedsspruch (IX) nicht stellt oder dessen Spruch nach Verwerfung etwaiger Beschwerde nicht anerkennen will. Gegen den Anschluss ist mit aufschiebender Wirkung die Berufung an den nächsten Bundeskongress zulässig.

Der Austritt aus dem Bund ist nur zum Jahresschluss nach vorausgegangener zehnmonatiger Kündigung zulässig.

Die Beiträge an den Bund einschließlich etwaiger Sonderbeiträge müssen bis zur Wirksamkeit des Austritts entrichtet werden. Ausgetretene oder ausgeschlossene Gewerkschaften verlieren mit dem Tag ihres Ausscheidens aus dem Bund jeden Anspruch an das Vermögen und aller Einrichtungen des Bundes.

DOKUMENT 40

## 15.–17. Januar 1948: Bericht Georg Reuter über die erste Interzonenjugendkonferenz in Hallthurm.

**DGB-Archiv im AdsD. Bestand Gewerkschaftsrat der vereinten Zonen. Maschinenschrift. 13/144-Interzonenkonferenzen.**

An die 7. Interzonenkonferenz der deutschen Gewerkschaften

Dresden, 3.–5. Februar 1948

Beigeschlossen übermittle ich den schriftlichen Bericht von der ersten Interzonalen Gewerkschaftsjugendkonferenz, welche vom 15.–17. Januar 1948 in Hallthurm bei München stattgefunden hat.

Georg Reuter

München, den 29. Januar 1948

Bericht von der ersten Interzonalen Gewerkschaftsjugendkonferenz

Die Interzonenkonferenzen von Badenweiler und Bad Pyrmont hatten die Einberufung der Ersten Interzonalen Gewerkschaftsjugendkonferenz beschlossen und als endgültigen Termin den 15., 16. und 17. Januar 1948 bestimmt.

Die Gewerkschaftsjugendkonferenz wurde vom Bundesvorstand des Bayrischen Gewerkschaftsbundes ordnungsgemäß nach den Beschlüssen der Interzonenkonferenz einberufen und durchgeführt.

An der Konferenz nahmen die in der Anlage 1 verzeichneten Delegierten, Gastdelegierten und Gäste der einzelnen Gewerkschaftsbünde teil. Es waren vertreten jede der vier Besatzungszonen mit zwölf Delegierten mit Ausnahme der Sowjetischen Besatzungszone, wofür nur elf Delegierte erschienen waren.

Vom FDGB Berlin waren vier Delegierte erschienen.

Die Interzonenkonferenz war vertreten durch den Kollegen Krüger vom FDGB Sowjetische Zone und dem Kollegen Kronenberger für die US-Zone.

Als Anlage 2 füge ich bei den Bericht der Mandatsprüfungskommission.

Die Gewerkschaftsjugendkonferenz genehmigte einstimmig die von der Interzonenkonferenz aufgestellte Tagesordnung und wählte ebenso einstimmig als Leiter der Konferenz Georg Reuter, München, und delegierte in das Büro der Konferenz folgende Kollegen:
für die Französische Zone Dell[1], Ludwigshafen
für die Britische Zone Brauckmann[2], Düsseldorf

---

1 Biographische Angaben konnten nicht ermittelt werden.
2 Karl Brauckmann (13.01.1907–22.11.1978), Maler, 1931–1933 Besuch der Staatlichen Fachschule für Wirtschaft und Verwaltung in Düsseldorf, tätig für die Zentrumspartei und die christliche Gewerkschaftsbewegung, Vorsitzender des Katholischen Jugendrings, seit 1946 wieder in der Gewerkschaftsbewegung aktiv, Anfang 1948 Jugendsekretär beim Bundes-

für die Sowjetische Zone Müller[3], Berlin
für die Amerikanische Zone Eichinger[4], München.

Ich kann es mir versagen, in diesem Bericht auf die Eröffnung und die Begrüßungsansprachen einzugehen. Diese werden im Protokoll der Konferenz abgedruckt sein.

Zu Punkt I der Tagesordnung »Stand der Gewerkschaftsjugendarbeit« erstattete der Jugendsekretär des Bayrischen Gewerkschaftsbundes Willi Ginhold, München, einen Bericht. Ich gebe als Anlage 3 einen Auszug aus dem Referat des Kollegen Ginhold wieder. Die Aussprache zu diesem Punkt der Tagesordnung verlief außerordentlich rege. Der Wert der Aussprache ist darin zu erblicken, dass zum ersten Mal eine vergleichende Übersicht über den Stand der gewerkschaftlichen Jugendarbeit gegeben wurde. Die Delegierten erhielten durch die Überschau wertvolle Anregungen für die künftige Jugendarbeit.

Zu Punkt 2 der Tagesordnung »Jugendschutzgesetzgebung« referierten die Kollegen Regierungsrat Karl Fitting[5], München, vom Bayrischen Arbeitsministerium und Gerhard Haas vom FDGB Berlin.

Beide Verträge fanden ihren Niederschlag in den als Anlage 4 und 5 beigefügten Entschließungen. Beide Entschließungen waren von einer Kommission, welcher angehörten die Referenten sowie die Kollegen:
Siebenhaar, Mainz
Schwadl, Hamburg
Grimm, Berlin
Kuhn, Berlin
Koch, München.

Zu Punkt 3 der Tagesordnung »Das Berufs- und Fachschulwesen« referierten die Kollegen Willi Gienger vom FDGB Sowjetische Zone aus Erfurt und Dr. Fritz Hecht, Frankfurt am Main, vom Landesarbeitsamt Hessen.

Auch zu diesem Tagesordnungspunkt war die Aussprache außerordentlich rege.

---

vorstand des DGB in der Britischen Zone, initiierte als Mitglied des Vorstandes der Sozialausschüsse der CDU die »Konfessionsgespräche« zwischen den Kirchen und dem DGB, seit 1951 Sekretär der Hauptabteilung Bildung des DGB, 1972 Auszeichnung mit dem Verdienstkreuz 1. Klasse des Verdienstordens der Bundesrepublik Deutschland.

3  Ernst Müller (1914–1966), Schriftsetzer, vor 1933 KJVD, 1945/46 KPD/SED, 1946–1947 Landesvorstand FDGB Berlin, 1946–1952 geschäftsführender Bundesvorstand FDGB, 1946–1949 Zentralrat FDJ, 1948–1952 Leiter Abteilung Jugend im Bundesvorstand FDGB, 1949–1950 stellvertretender Landesvorsitzender Brandenburg FDGB, 1950–1952 Sekretär Bundesvorstand FDGB.

4  Franz Eichinger (geb. 29.05.1920), Kaufmann, November 1945 Eintritt in die Gewerkschaft der Eisenbahner Deutschlands (GdED) und die SPD, 1947 Jugendsekretär bei der GdED, Vorsitzender der Bundesjugendleitung des Bayrischen Gewerkschaftsbundes und 1. Vorsitzender auf der Bundesjugendkonferenz in Augsburg, 1948–1949 Mitglied des Bundesvorstandes des Bayrischen Gewerkschaftsbundes, 1953 Mitglied des geschäftsführenden Vorstandes der GdED Abteilung Jugend, Frauen, Angestellte und Dienstdauervorschriften, 1959–1967 2. Vorsitzender der GdED der Bundesrepublik Deutschland, 1967–1982 Mitglied des Vorstandes der Deutschen Bundesbahn.

5  Weitere biographische Angaben zu den Teilnehmern der Interzonenjugendkonferenz wurden nicht ermittelt.

Eine Kommission bestehend aus beiden Referenten und den Kollegen:
Schoor, Düsseldorf
Keltermann, Freiburg
Müller, Berlin
Schulze, Berlin
Bleicher, Stuttgart
erarbeitete die in der Anlage 6 beigefügte Entschließung, welche einstimmig angenommen wurde.

Zu Punkt 4 der Tagesordnung »Ziele der Gewerkschaftsjugendarbeit« referierte der Berichterstatter. Der wesentlichste Teil seiner Ausführungen ist in Anlage 7 beigefügt.

Das Referat bzw. sein Inhalt wurde nach lebhafter Aussprache einmütig gebilligt.

In Durchführung der Beschlüsse der ersten Interzonalen Gewerkschaftsjugendkonferenz schlage ich der Interzonenkonferenz vor, folgendes zu beschließen:

1. Der Bayrische Gewerkschaftsbund wird beauftragt, möglichst umgehend ein Protokoll der Konferenz zu fertigen und Bürstenabzüge dieses Protokolls den einzelnen Gewerkschaftsbünden für die Drucklegung zur Verfügung zu stellen.

2. Je einen Ausschuss

a) zur Neuordnung des Berufsausbildungswesens

b) des Jugendarbeitsschutzes und des Jugendrechtes zu bilden.

In diese Ausschüsse sollen möglichst die Referenten und je zwei Vertreter entsandt werden (einer davon soll ein in der Jugendarbeit und auf diesen Sachgebieten erfahrener Gewerkschaftskollege sein),

3. einen Plan für die Schaffung einer Gewerkschaftsjugendakademie aufzustellen, zu beraten und zu verabschieden. Auf dieser Gewerkschaftsjugendakademie sollen die künftigen Jugendsekretäre der deutschen Gewerkschaften herangebildet werden,

4. den Landes- und Industriegewerkschaften sowie den Gewerkschaftsbünden nahezulegen,

a) bei den Zentralvorständen und

b) möglichst auch in den Bezirken und großen Ortsausschüssen Jugendsekretäre zur Anstellung zu bringen.

5. Gewerkschaftsjugendzeitungen herauszugeben, soweit die technischen Voraussetzungen dafür gegeben sind, und auf den Jugendfunk der einzelnen Stationen Einfluss zu nehmen.

Ferner wurde von der Gewerkschaftsjugendkonferenz die Frage der Mitgliedschaft der Studenten in den Gewerkschaften debattiert. Zu einer Entschließung kam es nicht. Ein Teil der Konferenzteilnehmer trat für die Mitgliedschaft der Studenten in den Gewerkschaften ein. Andere wandten sich entschieden dagegen. Beachtlich war der Vorschlag, Arbeitsgemeinschaften zwischen der studentischen und der Gewerkschaftsjugend zu bilden.

Die als Anlage 8 bezeichnete Entschließung wurde der Interzonenkonferenz als Material überwiesen. Ferner wurde angeregt, junge Gewerkschaftsfunktionäre im Austausch auf die Schulen der einzelnen Bünde zu schicken. Die Anregung kam von Delegierten der Französischen Zone, wo sich bis zur Stunde noch keine Gewerkschaftsschulen befinden. Auch diese Anregung wurde der Interzonenkonferenz als Material überwiesen.

Eine Entschließung, welche die Einberufung eines allgemeinen Deutschen Gewerkschaftskongresses und die Einsetzung einer Generalkommission für Frühjahr 1948 verlangt, wurde als nicht zur Zuständigkeit der Konferenz gehörig zurückgezogen. Die Konferenz einigte sich auf eine Erklärung ihres Leiters, die dahin geht, dass die Interzonale Gewerkschaftsjugendkonferenz die alsbaldige Errichtung Deutscher Gewerkschaften wünscht.

Zum Schluss darf ich bemerken, dass die erste Interzonale Gewerkschaftsjugendkonferenz in seltener Aufgeschlossenheit verlief und einen wertvollen Beitrag für die künftige Gewerkschaftsarbeit überhaupt darstellt. Die Interzonenkonferenz sollte deshalb gleichartige Konferenzen zur Befruchtung der Gewerkschaftsjugendarbeit fortsetzen. Dazu gehört auch die Veranstaltung von Konferenzen der Jugendsekretäre der Bünde und der Landesgewerkschaften in den einzelnen Zonen, um fortschrittliche Gewerkschaftsjugendarbeit von hier aus zu leisten.

München, den 29. Januar 1948

Dokument 40a

## 15.–17. Januar 1948: Teilnehmerliste Interzonenjugendkonferenz.

**DGB-Archiv im AdsD. Bestand Gewerkschaftsrat der vereinten Zonen. Maschinenschrift. 13/144-Interzonenkonferenzen.**

Anlage 1

Erste interzonale Gewerkschaftsjugendkonferenz

München-Hallthurm

15.–17. Januar 1948

Teilnehmerliste

Gäste:
Mr. Silver, OMGUS, Manpower Division
Mr. Deuss, OMGUS, Manpower Division
Mr. Leriaux, OMGUS, Manpower Division
Major Cramer, OMGUS, Manpower Division

Mr. Swanson, Youth and Education Section
Mrs. Blair, Youth and Education Section
Mr. Crewe, MG, Berchtesgaden
Dr. Schmitt, Landrat, Berchtesgaden
Kollege Schiefer, Bayrischer Gewerkschaftsbund Bundesvorstand
Kollege Schmitt, Vorsitzender des Ortsauschusses Reichenhall-Berchtesgaden

Mitglieder der Interzonenkonferenz:
Reuter, Georg, München, Bayrischer Gewerkschaftsbund
Kronenberger, Frankfurt am Main, in Vertretung des Kollegen Tarnow, für die Gewerkschaftsbünde der US-Zone
Krüger, Ernst, Berlin, FDGB – Sowjetische Besatzungszone

Delegierte[1]:

Deutscher Gewerkschaftsbund – Britische Besatzungszone:
Bartoniczek, Heinrich; Altendorf/Ruhr
Brauckmann, Karl; Düsseldorf-Oberkassel
Brockhaus, Helmut; Düsseldorf
Heidorn, Adolf; Hannover
Jenni, Waldemar; Hamburg-Bramfeld
Johst, Wilhelm; Rheydt
Levi, Arthur; Göttingen
Portikel, Heinz; Hamburg
Seoler, Franz; Bremen
Schorr, Helmut; Düsseldorf
Schwart, Emil; Hamburg-Wandsbek
Volgemann, John; Hamburg

Freier Deutscher Gewerkschaftsbund – Sowjetische Besatzungszone:
Arnold, Irmgard; Dresden
Gienger, Willi; Erfurt
Heilemann, Werner; Dresden
Kraft, Horst; Berlin-Steglitz
Krüger, Erika; Berlin-Lübars
Kuhn, Willi; Berlin
Meyner, Wolfgang; Berlin
Michaelis, Brigitte; Merseburg
Michelson, Alice; Dresden
Müller, Ernst; Berlin
Weiss, Horst; Halle an der Saale

Gewerkschaftsbund Süd-Württemberg-Hohenzollern:
Huber, Walter; Tuttlingen
Kammerer, Bruno; Reutlingen
Luipold, Samuel; Tailfingen
Stuckenbrock, Wolfgang; Friedrichshafen

---

1  Die Delegierten dieser Interzonalen Jugendkonferenz werden hier nicht biographisch erschlossen.

Badischer Gewerkschaftsbund:
Brückner, Ernst; Freiburg
Gnirs, Oswald; Emmendingen
Keldermann, Paul; Freiburg
Kempf, Felix; Freiburg

Gewerkschaftsbund Rheinland-Pfalz:
Dell, Alfred; Ludwigshafen
Fehle, Max; Trier
Longoni, Rudolf; Koblenz-Neuendorf
Siebenhaar, Jakob; Mainz

Freier Gewerkschaftsbund Hessen:
Günkel, Hermann; Schmalnau/Rhön
Herbel, Lilo; Frankfurt am Main
Masseling, Matthias; Weilbach
Simmer, Kurt; Wölfersheim

Württemberg-Badischer Gewerkschaftsbund:
Bleicher, Willi; Stuttgart-Untertürkheim
Pilz, Louis; Stuttgart
Vöhringer, Willi; Mannheim
Wallenmaier, Otto; Stuttgart-Kaltental

Bayrischer Gewerkschaftsbund:
Eichinger, Franz; München-Neuaubing
Ginhold, Willi; München

Bayrischer Gewerkschaftsbund:
Koch, Ludwig; München
Kohlberger, Richard; Augsburg

Freier Deutscher Gewerkschaftsbund und Groß-Berlin:
Grimm, Ernst; Berlin-Friedrichshagen
Jechow, Hilde; Berlin
Liehr, Harry; Berlin
Schulze, Walter; Berlin-Pankow

Gastdelegierte:
Dr. Hecht, Fritz; Frankfurt am Main, Referent
Fitting, Karl; München, Referent
Haas, Gerhard; Berlin, Referent
Burger, Leonhard; Nürnberg, Vertreter Bundes-Vorstand BGB
Haaren, Gerhard van; Kleve, DGB (Britische Besatzungszone)
Thorwirth, Karl; Pirmasens, Allgemeiner Gewerkschaftsbund Rheinland-Pfalz
Zoeller, Peter; Bad Kreuznach, Allgemeiner Gewerkschaftsbund Rheinland-Pfalz

Sonstige Teilnehmer:
Heusler, Adolf; München, Gewerkschaftszeitung BGB
Dalbert, Lambert; Köln, Gewerkschaftszeitung Der Bund

Brenner, Katrin; Berlin, Tribüne – FDGB
Nürnberg, Walter; München, Bildberichter – BGB
Buchholz, Karl Heinz; München, Bildberichter – BGB
Hirschmann, Emilie; München, Protokollführer – BGB
Rathgeber; München, Protokollführer – BGB

DOKUMENT 40b

# 15.–17. Januar 1948: Bericht der Mandateprüfungskommission Interzonenjugendkonferenz.

**DGB-Archiv im AdsD. Bestand Gewerkschaftsrat der vereinten Zonen. Maschinenschrift. 13/144-Interzonenkonferenzen.**

Berichte der Mandateprüfungskommission

Nach den Vorschlägen der Jugenddelegierten in den verschiedenen Zonen für die Mandateprüfungskommission ist von dieser der Kollege Luippold als Vorsitzender der Prüfungskommission einstimmig gewählt worden.

Aufgrund des Prüfungsergebnisses wurde festgestellt, dass insgesamt 52 Jugenddelegierte zu dem Kongress geladen waren. Erschienen sind hiervon 51. Der fehlende Kollege Dombrowsky aus Schwerin ist an der Teilnahme an diesem Kongress verhindert.

Als Interzonendelegierte wurden fünf Kollegen geladen. Hiervon sind erschienen drei; der Kollege Fleck, Tuttlingen, und Tarnow, Frankfurt am Main, sind aus gesundheitlichen Gründen verhindert. Sie ließen ihre Grüße der Konferenz übermitteln.

Von den insgesamt 51 anwesenden Jugenddelegierten sind männlichen Geschlechts 45, weiblichen Geschlechts 6. Die Altersgrenze stuft sich wie folgt:

a) bis zu 25 Jahren = 18.

b) bis zu 35 Jahren = 19.

c) über 35 Jahre = 14.

Sie gehören folgenden Industriegewerkschaften bzw. Berufen an:

a) hauptamtliche Funktionäre 13

b) Metall 15

c) Angestellte 12

d) Baufach 7

e) Buchfach 2

d) Bergbau 1

f) Schuh-Leder 1

insgesamt: 51

Zwei neue Mandate mussten nach Überprüfung ausgestellt werden, weil aus technischen Gründen die Herbeischaffung der Originalmandate nicht möglich war.

Der Mandatsprüfungsausschuss hat einstimmig beschlossen, dass nur die Jugenddelegierten stimmberechtigt sind, die ein Mandat besitzen. Die Gastdelegierten wollen sich von den Tischen der Jugenddelegierten lösen um sich am Rande an einem besonderen Platze niederzulassen.

DOKUMENT 40c

## 15.–17. Januar 1948: Entwurf: Stand der Gewerkschaftsjugendarbeit.

**DGB-Archiv im AdsD. Bestand Gewerkschaftsrat der vereinten Zonen. Maschinenschrift. 13/144-Interzonenkonferenzen.**

Nicht zur Veröffentlichung bestimmt!

1. Interzonale Gewerkschaftsjugendkonferenz

München-Hallthurm

15., 16., 17. Januar 1948

Stand der Gewerkschaftsjugendarbeit

Entwurf

(Auszüge aus dem Referat des Kollegen Willi Ginhold, München)

Die Uneinheitlichkeit der politischen und wirtschaftlichen Struktur der einzelnen Länder überträgt sich selbstverständlich auch auf die Organisationsgebilde der Gewerkschaften.

In der Frage der Festlegung der Höchstaltersgrenze für die Gewerkschaftsjugend legte man sich in der Sowjetischen Zone auf 21 Jahre und in den Westzonen auf 25 Jahre fest. Das bringt auch mit sich, dass konkretes Zahlenmaterial mit Vergleichsmöglichkeiten nicht gegeben werden kann. Nach dem Stand vom 31. August 1947 zählten die Gewerkschaften 768.974 Mitglieder bis zu 21 Jahren, von denen etwa ein Drittel weibliche Jugendliche sind. Die Gesamtzahl verteilt sich wie folgt:

| | |
|---|---:|
| FDGB Zone | 434.983 |
| Deutscher Gewerkschaftsbund Bezirk Niedersachsen | 46.623 |
| Deutscher Gewerkschaftsbund Bezirk Nordrhein-Westfalen | 51.000 |
| Deutscher Gewerkschaftsbund Bezirk Nordmark | 15.800; 113.423 |
| Gewerkschaftsbund Süd-Württemberg-Hohenzollern | 600 |
| Gewerkschaftsbund Rheinland-Pfalz | 17.624 |
| Badischer Gewerkschaftsbund | 1.950; 20.174 |

| | |
|---|---:|
| FDGB Groß-Berlin | 42.657 |
| Freier Gewerkschaftsbund Hessen | 46.555 |
| Württemberg-Badischer Gewerkschaftbund | 40.978 |
| Bayrischer Gewerkschaftsbund | 70.204; 157.737 |

Insgesamt: 768.974

Bei einem Gesamtbestand von etwa 7 Millionen Mitgliedern der Deutschen Gewerkschaften kann man erfahrungsgemäß von einem Anteil von 15–20 Prozent Jugendlichen bis zum 25. Lebensjahr rechnen, das wären etwa 1,2 Millionen. Diese Zahl dürfte vorsichtigerweise eher zu niedrig als zu hoch geschätzt sein.

Aufgrund der Zahlen allein kann man keinesfalls auf die Aktivität in der Jugendarbeit schließen; denn man kann sagen, dass nicht allein in den Besatzungszonen, sondern bereits auch in den einzelnen Ländern grundverschiedene Voraussetzungen einer gewerkschaftlichen Betätigung und einer gewerkschaftlichen Jugendarbeit gegeben sind. Auch hier gilt es, Ursachen und Zusammenhänge auf der gewerkschaftlichen und politischen Ebene zu erkennen. Es gilt noch darauf hinzuweisen, dass selbstverständlich seit dem 31. August 1947 die Mitgliederzahlen und somit auch die Zahlen der Jugendlichen um ein erhebliches gestiegen sind.

Die Sowjetische Zone berichtet uns 2.903 Betriebsjugendkommissionen. Bei den Gewerkschaftsbünden der Französischen Zone muss noch einmal darauf hingewiesen werden, dass im Durchschnitt erst im Jahre 1946 mit dem Aufbau der Gewerkschaften begonnen werden konnte.

Die Amerikanische Zone erfasste bisher 126 örtliche Jugendgruppen. Davon sind in Bayern allein 65 vorhanden, ohne Anrechnung von Betriebs-, Industrie- und Stadtteiljugendgruppen.

In Niedersachsen und Nordmark sind 41 bzw. 42 örtlich zusammengefasste Jugendgruppen vorhanden. Auch hier sind Gruppen in Betrieben und Industriegewerkschaften ohne Berücksichtigung geblieben.

Das stark industrialisierte Nordrhein-Westfalen kann uns etwa 500 Betriebsjugendgruppen nennen und weist im Gegensatz zu den anderen Gewerkschaftsbünden der Bizone hin, dass örtliche Jugendgruppen nur vereinzelt in kleinen Orten existieren. Die Frage nach der Aktivität der Jugend am gewerkschaftlichen Jugendleben konnte man nur mit geschätzten Zahlen und Prozentsätzen angeben. Voraussetzung für konkrete Angaben nach dieser Richtung ist ein zuverlässiges, regelmäßiges Berichtswesen. Mit Ausnahme des FDGB der Zone, der angibt, dass etwa 35 bis 40 Prozent der jungen Gewerkschafter aktiv am gewerkschaftlichen Leben teilnehmen, kommen alle anderen Länder im Durchschnitt auf etwa 10 bis 15 Prozent.

Wie sieht es nun um den Jugendfunktionärskörper der Deutschen Gewerkschaften aus? Aufgrund bisheriger Beobachtungen und Erfahrungen stützt sich im Wesentlichen die Jugendarbeit auf die 30- bis 40-jährigen Kollegen. Das sind die, die bereits von der Arbeit vor 1933 Beachtliches mitbringen.

Bedenken und Gefahren sind gegeben bei den 20- bis 25-jährigen, bei denen noch der Nazigeist spürbar ist, wenn er auch nicht böswillig und bewusst gepflegt wird, so hat man doch manchmal den Eindruck, dass ein mancher nicht aus seiner Haut heraus kann. Idealismus, Treue und Zuverlässigkeit, das war früher, ich meine vor 1933, bei den Gewerkschaftskollegen schlechthin und besonders auch bei den jungen Gewerkschaftern eine Selbstverständlichkeit. Heute aber sind es noch rühmliche Ausnahmen. Die Schwierigkeiten geeignete Jugendliche zu finden, die befähigt sind, Gruppen zu leiten, sind bei uns ebenso groß, wie bei anderen Jugendorganisationen. Ein gewaltiges Stück Erziehungsarbeit liegt vor uns! Es ist vielfach unter der Jugend zu beobachten, dass sie bei irgendwelchen Anforderungen sofort nach Entgelt und persönlichem Nutzen fragt. Wir vertreten demgegenüber die Auffassung, dass man aus der Überlieferung der Gewerkschaftsbewegung zu lernen hat, in der Bewegung solidarisches Handeln und freiwillige Pflichterfüllung gegenüber Gesinnungsgenossen zu zeigen.

Aufgrund der uns zugegangenen Berichte ist ein Durchschnittsalter von 23 Jahren gegeben, die ehrenamtlich Funktionen in der Jugendarbeit ausfüllen.

Über diesem Durchschnitt z. B. steht Baden (Französische Zone) mit einem Durchschnittsalter von 30 Jahren und die Nordmark mit 32 Jahren.

Unter dem Durchschnittsalter von 23 Jahren stehen Groß-Berlin mit 19 und Hessen mit 20 Jahren.

In besoldeter Stellung bei den Bundes- und Landesvorständen der Gewerkschaften stehen die Jugendsekretäre. Hier ist ein Gesamtdurchschnittsalter von 31 Jahren gegeben.

Über diesen Durchschnitt stehen die Jugendsekretäre in Württemberg-Baden mit 39 und die Nordmark mit 37 Jahren.

Unter dem Gesamtdurchschnitt liegen der FDGB Groß-Berlin und der Sowjetischen Zone mit 25 bzw. 26 Jahren und Baden der Französischen Zone mit 25 Jahren.

Auch aus diesen Angaben kann und sollte man seine Schlüsse ziehen. Ganz besonders aber im Zusammenhang mit dem bisher entwickelten eigenen Denkvermögen der Jugendlichen.

Ohne Zweifel ist beim FDGB der Zone eine bestimmte Linie erkennbar, wenn z. B. die Jugendsekretäre bei Bundes- und Landesvorständen in den Jahren zwischen 25 und 35 stehen, dagegen in den untergeordneten Kreisvorständen des FDGB und der Industriegewerkschaften die Sekretäre 19 bis 25 Jahre alt sind.

285 hauptamtlich tätige Jugendsekretäre in den Deutschen Gewerkschaften sind bei Ortsausschüssen, Bezirksleitungen, Industriegewerkschaften, Bundesverwaltungen und Zonensekretariaten eingesetzt. Allein drei Viertel dieser Zahl sind beim FDGB der Zone und von Groß-Berlin tätig. Der Rest verteilt sich wie folgt:

| | |
|---|---|
| Deutscher Gewerkschaftsbund Bezirk Niedersachsen | 14 |
| Deutscher Gewerkschaftsbund Bezirk Nordrhein-Westfalen | 28 |
| Deutscher Gewerkschaftsbund Bezirk Nordmark | 3 |
| Freier Gewerkschaftsbund Hessen | 11 |
| Württemberg-Badischer Gewerkschaftsbund | 1 |
| Bayrischer Gewerkschaftsbund | 9 |
| Badischer Gewerkschaftsbund | 1 |
| Gewerkschaftsbund Süd-Württemberg-Hohenzollern | – |
| Gewerkschaftsbund Rheinland-Pfalz | – |

Wenn man in der Ostzone nun auf 185 und in Groß-Berlin auf 33 Jugendsekretäre zurückgreifen kann, so ist damit eine gut disziplinierte und organisierte Arbeit von zentraler Stelle aus möglich.

Bei den letzten Betriebsrätewahlen wurden in der Sowjetischen Zone 16.382 Jugendvertreter, in Groß-Berlin 550 und in Niedersachsen 400 bis 500 in die Betriebsräte gewählt. Alle nicht genannten Gewerkschaftsbünde konnten hier noch keine konkreten Zahlen nennen.

Ich sprach schon einmal von den verschieden gearteten Voraussetzungen, die in den Ländern gegeben waren und gegeben sind. Hier will ich es im Zusammenhang bringen mit dem Zeitpunkt, bei dem in den einzelnen Ländern mit der gewerkschaftlichen Jugendarbeit begonnen werden konnte:

| | |
|---|---|
| Deutscher Gewerkschaftsbund Bezirk Niedersachsen | Juni 1946 |
| Deutscher Gewerkschaftsbund Bezirk Nordrhein-Westfalen | vereinzelt Oktober 1945 |
| Deutscher Gewerkschaftsbund Bezirk Nordmark | September 1945 |
| Freier Gewerkschaftsbund Hessen | November 1945 |
| Württemberg-Badischer Gewerkschaftsbund | Anfang 1946 |
| Bayrischer Gewerkschaftsbund | Sommer 1946 |
| Badischer Gewerkschaftsbund | Frühjahr 1947 |
| Gewerkschaftsbund Süd-Württemberg-Hohenzollern | Herbst 1947 |
| Gewerkschaftsbund Rheinland-Pfalz | Frühjahr 1947 |
| FDGB Zone | Februar 1947 |
| FDGB Groß-Berlin | Ende 1945 |

Einen breiten Rahmen der Bildungsarbeit nahmen selbstverständlich die Lehrgänge der Gewerkschaften ein. In den folgenden Gewerkschaftsbünden sind bisher Kolleginnen und Kollegen geschult werden, die an mehr als achttägigen Lehrgängen teilgenommen haben:

| | |
|---|---|
| FDGB Zone | 1.965 Teilnehmer |
| Deutscher Gewerkschaftsbund Bezirk Niedersachsen | 407 Teilnehmer |
| Deutscher Gewerkschaftsbund Bezirk Nordrhein-Westfalen | 400 Teilnehmer |
| Württemberg-Badischer Gewerkschaftsbund | 200 Teilnehmer |
| Bayrischer Gewerkschaftsbund | 900 Teilnehmer |

In den Wochenend- und langfristigen Kursen wurden geschult:

| | |
|---|---|
| FDGB Hessen | 4.000 Jugendliche |
| Deutscher Gewerkschaftsbund Bezirk Nordmark | 1.500 bis 1.800 Jugendliche |

In der Französischen Zone waren bei den drei Gewerkschaftsbünden die Voraussetzungen noch nicht gegeben, um in dem vorgenannten Rahmen Lehrgänge durchzuführen.

DOKUMENT 40d

## 15.–17. Januar 1948: Entschließung zur Neuordnung des Jugendarbeitsschutzes.

**DGB-Archiv im AdsD. Bestand Gewerkschaftsrat der vereinten Zonen. Maschinenschrift. 13/144-Interzonenkonferenzen.**

Entschließung zur Neuordnung des Jugendarbeitsschutzes an die 7. Interzonenkonferenz der Deutschen Gewerkschaften:

Wie das gesamte Arbeitsrecht, muss auch die Jugendarbeitsschutzgesetzgebung auf eine einheitliche Grundlage gestellt werden. Die Ablösung des Gesetzes von 1938 durch ein neues Gesetz, das demokratischen Grundsätzen, gewerkschaftlichen Forderungen sowie den veränderten Gesundheits- und Arbeitsbedingungen Rechnung trägt, ist unbedingt erforderlich. Zur Vermeidung einer drohenden Zersplitterung auf diesem Gebiet muss in gemeinschaftlicher Arbeit aller Gewerkschaftsbünde ein Entwurf eines deutschen Jugendarbeitsschutzgesetzes nach folgenden Grundsätzen erstellt werden:

1. Verlängerung des bezahlten Urlaubs auf 24 Arbeitstage für Jugendliche bis zu 18 Jahren.

2. Ärztliche Untersuchung jedes Jugendlichen vor Aufnahme eines Beschäftigungsverhältnisses und Wiederholung dieser Untersuchung in Abständen von mindestens einem Jahr.

3. Aufhebung sämtlicher Bestimmungen des Kriegsarbeitsrechts.

4. Verschärftes Verbot der Kinderarbeit mit streng zu begrenzenden Ausnahmen nur für die Beschäftigung zu kulturellen Zwecken.

5. Grundsätzliches Verbot der Nacht- und Feiertagsarbeit.

6. Entscheidende Einschränkung der Ermessensfreiheit der Behörden zugunsten einer überwiegenden Einschaltung der Gewerkschaften in der Überwachung und Durchführung des Gesetzes in jeder Stufe.

7. Verstärkung der Einflussnahme der Gewerkschaften auf die Personalpolitik der Arbeitsschutzbehörden.

8. Anerkennung des arbeitsfreien Berufsschultages, sofern eine geregelte Arbeitsleistung des Jugendlichen an dem betreffenden Tag nicht mehr zu erwarten ist.

9. Einbeziehung der bisher ausgeschlossenen Wirtschaftszweige, Familienbetriebe und öffentlichen Betriebe und Verwaltung unter Anpassung an die besonderen Verhältnisse. Soweit aufgrund der besonderen wirtschaftlichen und produktionstechnischen Bedingungen Anpassungen zu Ungunsten der Jugendlichen erfolgen müssen, ist ein zweckentsprechender und gleichwertiger Ausgleich zu ihren Gunsten vorzuschreiben.

10. Völliges Verbot der Beschäftigung Jugendlicher in Akkordarbeit bis zur Vollendung des 16. Lebensjahres. Verbot der Beschäftigung Jugendlicher über 16 Jahre in jeder Akkordarbeit, die die körperliche und geistige Entwicklung beeinträchtigen oder gefährden könnte. Bei der Formulierung des Verbots soll im übrigen Akkordarbeit nur zugelassen werden, wo sie im wohlverstandenen Interesse des Jugendlichen liegt.

11. Verbot gesundheitsschädlicher und lebensgefährlicher Arbeit.

12. Grundsätzliche Einführung der 42-Stunden-Woche für Jugendliche bis zu 16 Jahren und der 45-Stunden-Woche für Jugendliche bis zu 18 Jahren. Durch diese Regelung darf keine wirtschaftliche Benachteiligung der Jugendlichen eintreten.

13. Gesetzliche Garantie des Prinzips »gleicher Lohn bei gleicher Arbeit und Leistung«.

14. Gesetzliche Garantie der Schwerarbeiterration der Erwachsenen für alle arbeitenden Jugendlichen.

15. Verschärfung der Strafbestimmungen bei Verletzung des Gesetzes.

Interne Bemerkungen:

Die Aufgabe der Ausarbeitung eines solchen Gesetzes hat ein Arbeitsausschuss durchzuführen, der von der 7. Interzonenkonferenz der Deutschen Gewerkschaften einzusetzen wäre. Wir bitten die Gewerkschaftsbünde, die bereits vorliegenden gesetzlichen Regelungen und ausgearbeiteten Entwürfe sowie sonstige Materialien der zu bildenden Kommission zur Verfügung zu stellen.

Hallthurm, den 17. Januar 1948

Dᴏᴋᴜᴍᴇɴᴛ 40e

## 15.–17. Januar 1948: Entschließung zur Neuordnung des Jugendrechts.

**DGB-Archiv im AdsD. Bestand Gewerkschaftsrat der vereinten Zonen. Maschinenschrift. 13/144-Interzonenkonferenzen.**

Anlage 5

Entschließung zur Neuordnung des Jugendrechtes an die 7. Interzonenkonferenz der Deutschen Gewerkschaften

Die erste Interzonale Gewerkschaftsjugendkonferenz München-Hallthurm vom 15.–17. Januar 1948 hält außer den in besonderen Entschließungen behandelten Rechtsfragen die vordringliche Lösung folgender Probleme für unbedingt erforderlich.

1. Der Grundsatz muss endgültig anerkannt werden, dass das Lehrverhältnis kein Erziehungsverhältnis, sondern ein Arbeitsverhältnis besonderer Art ist. Daraus folgt, dass die Lehrlingsentschädigung keine Erziehungsbeihilfe, sondern eine Form des Lohnes ist. Die Arbeitsbedingungen und die Höhe des Lehrlingslohnes sind durch Tarifverträge zu regeln.

Der Lehrling ist nicht mehr Objekt eines patriarchalischen Verhältnisses. Daraus ergibt sich die Berechtigung und Notwendigkeit zur Aufhebung des Züchtigungsrechtes, der zum Teil reaktionären Bestimmungen der Gewerbeordnung und der aus der Nazizeit noch bestehenden Musterlehrverträge sowie zur Ausschaltung des beherrschenden Einflusses der Innungen, Industrie-, Handels- und Handwerkskammern auf die Gestaltung der Lehrverträge. Die Gewerkschaften müssen die Grundsätze für den Abschluss von Lehrverträgen festlegen, ihre Einhaltung überwachen und bei der Durchführung der Lehrlingsprüfungen überwiegend beteiligt sein.

2. Das Ansteigen der Jugendkriminalität ist weitgehend auf ökonomische und sozialpolitische Gegebenheiten zurückzuführen. Daraus entsteht für die Gewerkschaften die Verpflichtung, sich nicht nur für die Behebung der Notstände tatkräftig einzusetzen, sondern sich auch mit den Fragen der Jugendgerichtsbarkeit und des Jugendstrafvollzuges eindringlich zu befassen. Die Konferenz erachtet es für notwendig, auf der zweiten Interzonalen Gewerkschaftsjugendkonferenz unter einem besonderen Tagesordnungspunkt diese Probleme zu behandeln. Das gleiche gilt für das gesamte Gebiet der staatlichen Jugendbetreuung.

Interne Bemerkung:

Die 7. Interzonenkonferenz der Deutschen Gewerkschaften wird gebeten, im Interesse einer positiven gewerkschaftlichen Jugendarbeit diesen Vorschlägen ihre Zustimmung zu erteilen und zur weiteren Behandlung der in Punkt 1 bezeichneten Fragen eine Kommission zu bestellen.

DOKUMENT 40f

## 15.–17. Januar 1948: Entschließung zur Neuordnung des Berufsausbildungswesens.

**DGB-Archiv im AdsD. Bestand Gewerkschaftsrat der vereinten Zonen. Maschinenschrift. 13/144-Interzonenkonferenzen.**

Anlage 6

Entschließung zur Neuordnung des Berufsausbildungswesens an die Interzonenkonferenz der Deutschen Gewerkschaften

Die erste Interzonale Gewerkschaftsjugendkonferenz in München-Hallthurm vom 15.–17. Januar 1948 hat sich mit den Fragen der Nachwuchsbildung in Verbindung mit dem Stand des Berufs- und Fachschulwesens beschäftigt. Sie stellt fest:

Eine wesentliche Voraussetzung zur materiellen und ideellen Neugestaltung der deutschen Wirtschaft ist der qualifizierte Berufsträger. Dieser Berufsträger kann nur das Ergebnis einer Intensivierung und Verbreitung der Berufsausbildung sein. Deshalb fordern wir ein in seinen Grundzügen für ganz Deutschland geltendes Berufsausbildungsgesetz. Das Berufsausbildungsgesetz hat allen Jugendlichen unter dem Gesichtspunkt vorhandener Anlagen und Neigungen und der volkswirtschaftlichen Erfordernisse eine entsprechende Berufsausbildung zu gewährleisten. Diese muss unabhängig von der sozialen Lage der Jugendlichen oder ihrer Erziehungsberechtigten erfolgen.

Das Berufsausbildungsgesetz muss die Durchführungsbestimmungen für die praktische und theoretische Ausbildung einschließen und damit die Reform der in der Gegenwart geltenden Bestimmungen für die Berufs- und Fachschulbildung enthalten.

Diese Reform hat insbesondere die Zwiespältigkeit von praktischer und theoretischer Berufsausbildung aufzuheben und die dem Staat untergeordnete Behörde zu verpflichten, durch Errichtung und Förderung von Lehrwerkstätten, Lehrheimen und Lehrgütern jedem Jugendlichen die Möglichkeit zur geeigneten Berufsausbildung zu schaffen.

Träger des Berufsausbildungsgesetzes können nur die staatlichen und kommunalen Organe sein, wobei in jedem Falle der Staat die Aufsichtsbehörde ist. Erstellung der Ausführungsbestimmungen und Durchführung des Berufsbildungsgesetzes dürfen nur erfolgen durch maßgebliche Mitarbeit und Kontrolle der mit der Interessenvertretung der werktätigen Bevölkerung berufenen Gewerkschaften.

Zusatz für internen Gebrauch

Zur Realisierung des Berufsausbildungsgesetzes und der Reform des Berufsschulwesens ist es erforderlich, entscheidenden Einfluss auf die Lehrerbildung zu nehmen. Deshalb erwächst den Gewerkschaftsbünden die Aufgabe, mehr als bisher an der Unterrichtsplanung der pädagogischen und berufspädagogischen Ausbildungsstätten als auch bei der Auslese der Bewerber mitzuwirken. Dazu ist es notwendig, den Entwurf eines für Deutschland geltenden Berufsausbildungsgesetzes zu erstellen. Diese Aufgabe hat ein Arbeitsausschuss durchzuführen, der von der 7. Interzonenkonferenz einzusetzen ist.

Hallthurm, den 17. Januar 1948

DOKUMENT 40g

## 15.–17. Januar 1948: Ziele der Gewerkschaftsjugendarbeit.

**DGB-Archiv im AdsD. Bestand Gewerkschaftsrat der vereinten Zonen. Maschinenschrift. 13/144-Interzonenkonferenzen.**

Georg Reuter, München

Vortrag: Ziele der Gewerkschaftsjugendarbeit. (Zu Punkt 4 der Tagesordnung der ersten Interzonalen Gewerkschaftsjugendkonferenz München-Hallthurm vom 15.–17. Januar 1948)

Die dritte Interzonenkonferenz der neuen Deutschen Gewerkschaften, welche in der Zeit vom 10.–12. Februar 1947 in Berlin stattfand, hat eine erste Stellungnahme der neuen Deutschen Gewerkschaften zur Jugendfrage durch den von mir erstatteten Vortrag gegeben.

In der Einleitung zu diesem Vortrag habe ich u. a. folgendes gesagt:

»Die Aufgaben der neuen Deutschen Gewerkschaften in der Jugendfrage sind groß und vielgestaltig. Ihre Bewältigung hängt nicht zuletzt von der Gestalt und Stärke ab, die die Gewerkschaften von und in der Zukunft erlangen. Die Bedeutung der Jugendfrage ist den Gewerkschaften um ihrer selbst, um der Jugend und der Zukunft willen bekannt. Die Gewerkschaften wollen deshalb alle verfügbaren Kräfte entwickeln und alle ihr zu Gebote stehenden Mittel einsetzen, um der Jugend zu helfen.«

Damit ist klar und deutlich von der zunächst höchsten Stelle unserer neu erstandenen deutschen Gewerkschaftsbewegung zum Ausdruck gebracht, dass die Gewerkschaften jetzt und immer der arbeitenden Jugend Deutschlands ihr ganz besonderes Augenmerk widmen werden.

Diese erste interzonale Gewerkschaftsjugendkonferenz soll die Ziele der Gewerkschaftsjugendarbeit in Deutschland beraten und durch Beschluss festlegen. Dies geschieht zu dem Zweck, in allen Teilen Deutschlands – wenn möglich – die Jugendarbeit nach einheitlichen Grundsätzen zu gestalten und der Jugend selbst klar vor Augen zu führen, welches die Ziele der Deutschen Gewerkschaften sind.

Zwar vereinen wir heute rund 850.000 junge deutsche Menschen in den Bünden unserer Länder und Zonen, aber ich gehe nicht fehl in der Annahme, wenn ich sage, dass es noch Millionen junger arbeitender Menschen gibt, welche von der Geschichte, den Leistungen und Aufgaben der Gewerkschaften und damit von der geschichtlichen und künftigen Mission der Gewerkschaften allgemein und für die arbeitende Jugend insbesondere nichts wissen. Diese noch fernstehende Menschen müssen die Gewerkschaften ansprechen, für die Mitgliedschaft und Mitarbeit in den Gewerkschaften gewinnen, sie für die Ziele der Gewerkschaften begeistern, denn nur so wird es möglich sein, das Wollen der Gewerkschaften und ihrer Jugend in die Tat umzusetzen.

Das erste Ziel aller gewerkschaftlichen Jugendarbeit ist darauf gerichtet, die arbeitende Jugend beiderlei Geschlechts, ohne Unterschied des konfessionellen und parteipolitischen Bekenntnisses, ohne Unterschied von Rasse und aus allen Berufen für die Gewerkschaften zu gewinnen. Wer das gesteckte Ziel erreichen oder ihm möglichst nahekommen will, muss eine Vorstellung davon haben, wo und wie diese Millionenzahl von jungen Menschen lebt und schafft. Diese Jugend lebt und schafft auf dem Lande und dort in kleinsten Gemeinden, in Mittel- und Großstädten. Sie teilt sich also auf in Gemeinwesen in unseren Ländern. Daraus folgt, dass es kaum möglich sein dürfte, einheitliche Grundsätze für die Gewinnung der arbeitenden Jugend für die Gewerkschaften für alle geographischen Bezirke aufzustellen.

Wo Hunderte und Tausende junger Menschen in einem Betrieb vereinigt sind, da muss die zuständige Industriegewerkschaft auf der Grundlage des Betriebes die jungen Menschen erfassen, zu einer organisatorischen Einheit zusammenschließen und damit in das Gesamtgefüge der Gewerkschaften eingliedern. Wo diese Voraussetzungen, nämlich der Großbetrieb und eine größere Gemeinschaft junger Menschen eines Betriebes, fehlen, da muss die zuständige Gewerkschaft die jungen Menschen gleichartiger Berufe oder Betriebe in einem umgrenzten Bezirk so zusammenschließen, wie dies zweckmäßigerweise bei der Größe nur eines Betriebes erfolgt.

Diese Zusammenschlüsse der Jugend auf der Grundlage des Betriebes als eine Einheit eines Industriezweiges und eines räumlichen Bezirkes ermöglichen es, die jungen Menschen unmittelbar in ihren Berufs- und Betriebsfragen anzusprechen und die gewerkschaftlichen Forderungen in dieser Ebene für die Jugend zu verwirklichen.

Der große Betrieb und die große Stadt waren in der Vergangenheit und werden auch in der Zukunft der beste und erfolgreichste Ausgangspunkt für eine gewerkschaftliche Jugendbewegung sein.

Aber nicht im Entferntesten sind die große Stadt und der große Betrieb allein die Basis, auf der die Gewerkschaften ihre Arbeit für die werktätige Jugend entwickeln können. Wir besitzen bis zur Stunde kein genaues Zahlenmaterial darüber, wie groß die Zahl der werktätigen Jugend einerseits und der Landjugend andererseits ist. Eine vorsichtige Schätzung dürfte zu dem Ergebnis führen, dass mindestens 40 Prozent der arbeitenden Jugend auf dem Lande lebten und in bäuerlichen und Kleinbetrieben schafften.

Sie sind damit unmittelbar nach der Schulentlassung dem Einfluss der Bauernschaft und der Handwerkmeister unterstellt. Wohl die größte Aufgabe der neuen Deutschen Gewerkschaften ist es, im Rahmen ihrer Jugendarbeit danach zu trachten, diese Teile der arbeitenden Jugend mit ihrem Ideengut vertraut zu machen, um sie für die Gewerkschaften zu gewinnen.

Die Innungen und die Bauernschaften versuchen in allen Ländern Deutschlands, wie dies in den vergangenen Jahrzehnten und Jahrhunderten bereits der Fall war, die arbeitende Jugend auf dem Lande und in den Kleinstbetrieben vom Einfluss der Gewerkschaften abzuschirmen. Vielfach sind die kleinen Ortsverwaltungen der einzelnen Industriegewerkschaften aus den verschiedensten Gründen nicht in der Lage, diese große Zahl junger Menschen organisatorisch zu erfassen.

Diese Erkenntnis muss dazu führen, dass überall da, wo der Betrieb oder die große Stadt nicht die Grundlage für ein Gemeinschaftsleben der arbeitenden Jugend ermöglicht, an die Stelle der Verbandsjugendgemeinschaften die Bundesjugendgemeinschaft tritt. In der Bundesjugendgemeinschaft werden zwar Angehörige der verschiedenen Berufe im Gegensatz zur Verbandsjugendgemeinschaft im großen Betrieb und in der Großstadt zusammengeführt, aber in den allermeisten Fällen werden einige große Berufe, vielfach sogar nur ein Beruf, das Kraftfeld für die organisatorische Gemeinschaft abgeben.

Ich will zusammenfassen und sagen und damit vorschlagen: Es dürfte zu einer allgemein gültigen Richtlinie aller deutschen Gewerkschaften werden, dass in den größeren und mittleren Betrieben und in den Großstädten es Aufgabe der Industriegewerkschaften ist, die Jugend in ihre Reihen zu rufen, zu erfassen, ein junges Gemeinschaftsleben zu gestalten und damit die Jugend zu betreuen.

In den ländlichen Bezirken unserer Länder und Zonen ist und wird der junge arbeitende Mensch zwar Mitglied seiner Industriegewerkschaft, aber das Gemeinschaftsleben wird nicht auf der Grundlage des Betriebes bzw. der Industriegewerkschaft, sondern in dem weiteren Rahmen der Gewerkschaftsgemeinschaft, dessen inbegriffen der Bund bzw. die Bünde, gestaltet.

Wir müssen also die fehlende Voraussetzung für die organisatorische Gemeinschaft überall dort schaffen, wo der Betrieb und die große Stadt fehlen. Dies sollte durch Übereinkünfte in den örtlichen Zusammenschlüssen der Industriegewerkschaften, nämlich in den Ortsausschüssen der Bünde möglich gemacht werden. Diese Dinge, die an sich Selbstverständlichkeiten sind, waren und sind leider noch kein gültiges Gesetz in den Deutschen Gewerkschaften und deshalb müssen sie ausgesprochen und nach meiner Auffassung an die Spitze unserer Erkenntnisse gestellt werden.

Unsere Gewerkschaftsjugendarbeit darf sich aber nicht in den Großbetrieben und in den großen Städten, in den Ortsjugendgemeinschaften der Betriebe und der Industriegewerkschaften erschöpfen. Die Ortsausschüsse der Gewerkschaftsbünde müssen im Wege des Delegiertensystems ihre Jugendgemeinschaften für die großen Gemeinschaftsaufgaben der Gewerkschaften zusammenführen. Zu der Erkenntnis, dass die Jugendarbeit ein Hauptaufgabengebiet der Gewerkschaften ist, tritt also diese klare Vorstellung von Art und Weise der Organisationsarbeit.

Die Gewerkschaftsjugendarbeit erfordert – und diese Erkenntnis dürfte sich immer mehr durchsetzen – eine große Anzahl hauptamtlicher Jugendvertrauensleute. Diese erste interzonale Gewerkschaftsjugendkonferenz sollte deshalb der Interzonenkonferenz der Deutschen Gewerkschaften sagen, dass mit tunlichster Beschleunigung bei allen Gewerkschaftsbünden sowie bei allen auf Landes- oder Zonenbasis entstehenden Industriegewerkschaften Jugendsekretäre angestellt werden.

Darüber hinaus sollten die Bünde für räumlich entsprechend große Bezirke ebenfalls hauptamtliche Jugendsekretäre anstellen. Die Aufgabe dieser, von ihrer erlernten Berufstätigkeit freigestellten Kräfte soll es sein, die organisatorischen Gemeinschaften der jungen Gewerkschaftsmitglieder zu betreuen, zu vergrößern und zu aktivieren.

Es ist selbstverständlich, dass – bleiben wir bei dem Ausdruck – diese Jugendsekretäre der neuen Deutschen Gewerkschaften charakterlich einwandfreie Persönlichkeiten sein müssen und dass ihr Wirken stets mit dem der Gesamtgewerkschaftsbewegung abgestimmt werden muss. Diese Persönlichkeiten heute zu finden, ist eines der schwierigsten Probleme unserer Gewerkschaften. Das erklärt sich aus dem Geschichtsabschnitt Drittes Reich, der hinter uns liegt.

Ich komme deshalb zu der Auffassung, diese interzonale Gewerkschaftsjugendkonferenz möge der Interzonenkonferenz der Deutschen Gewerkschaften die alsbaldige Errichtung einer Gewerkschaftsjugendakademie in Vorschlag bringen. Sollte die Errichtung einer solchen Akademie für ganz Deutschland aus irgendwelchen Gründen z. Zt. nicht möglich sein, so müssten die Bünde oder eine Gemeinschaft von Bünden, welche dazu in der Lage sind, solche Einrichtungen schaffen.

Die bisherigen Jugendkurse der Gewerkschaften haben zwar ihren Wert und ihre Bedeutung, aber die Gewerkschaftsjugendakademie sollte etwa nach dem Vorbild der Arbeiter-Akademie, Frankfurt gestaltet werden. Damit will ich sagen, die Dauerausbildungslehrgänge sollten etwa ein Jahr sein. Hauptlehrgebiete müssten werden: Wirtschaft, Recht, Arbeitsrecht, Sozialkunde und selbstverständlich alle Gebiete des Jugendrechtes, der Jugendpflege, der Jugendfürsorge und der Gewerkschaftsjugendbewegung.

Die Gewerkschaftsjugendakademie würde uns helfen, in verhältnismäßig kurzer Zeit, d. h. in wenigen Jahren, den Kreis von jungen Menschen, Männern und Frauen, heranzubilden, dem wir die verantwortliche Gestaltung der Jugend-Gewerkschaftsarbeit übertragen können. Mit dem Zeitpunkt, wo sie der jungen Generation entwachsen, stehen sie der Gesamtgewerkschaftsbewegung für die allgemeinen Aufgaben zur Verfügung, und der Nachwuchs aus der Gewerkschaftsjugendakademie könnte ihre Funktionen übernehmen. Diese Planung und Systematik in der Heranbildung von Gewerkschaftsjugendpflegern, wie ich sie einmal nennen möchte, erfordert zwar eine hohe Kapitalanlage, aber sie würde jene Stetigkeit in unsere Gewerkschaftsbewegung hereinbringen, die der Jugend und der Gewerkschaft zugleich zu einem hohen Vorteil gereichen wird. Ich möchte es also als ein Ziel, das wir uns setzen, bezeichnen, diese Gewerkschaftsjugendakademie in möglichster Bälde zu errichten.

Neben diese beiden Aufgaben »Gewinnung der Jugend« und Heranbildung tüchtiger »Gewerkschaftsjugendfunktionäre« tritt die Aktivierung der Jugendarbeit in den Gewerkschaften. Wir müssen der Jugend in unseren Reihen öfter als bisher zu ihren Fragen selbst das Wort geben.

Betriebsjugendversammlungen, Verbands- und Bundesjugendzusammenkünfte auf örtlicher Ebene müssen die jungen Menschen zu Beratungen ihrer und aller anderen Gewerkschaftsfragen zusammenführen. Periodische Konferenzen der Verbandsjugendtage auf Landesgrundlage sollten mindestens in jedem Jahr einmal durchgeführt werden. Die erste interzonale Gewerkschaftsjugendkonferenz sollte bei der Interzonenkonferenz der Deutschen Gewerkschaft beantragen, dass in jedem Jahr einmal eine interzonale Gewerkschaftsjugendkonferenz stattfindet, welche die Gewerkschaftsjugendvertreter aller Zonen und Länder zusammenführt, um die Spitzen der Deutschen Gewerkschaften in den Fragen der arbeitenden Jugend zu beraten und um damit zu dokumentieren die Art und Weise der Arbeit der Gewerkschaften für diese Jugend.

Diese erste interzonale Gewerkschaftsjugendkonferenz sollte der Interzonenkonferenz weiter den Vorschlag unterbreiten, dass alle Landes- und Zonengewerkschaftsbünde schnellstens Jugendgewerkschaftszeitungen ins Leben rufen. Die Jugend wird nicht dann oder am wenigsten dann gewonnen, wenn man vor ihren Augen und vor ihren Ohren immer den Meinungsstreit der älteren Generation austrägt, sondern wenn man ihr ihre Probleme sagt und aufzeigt und sie selbst dazu Stellung nehmen lässt.

Neben den hauptamtlichen Jugendfunktionären der Gewerkschaften und neben dem Gewerkschaftsjugendorgan, also der Gewerkschaftzeitung, muss eine verstärkte Einflussnahme auf den Jugendfunk treten. Wir müssen die Forderung erheben, dass bei den Sendestationen Jugendbeiräte errichtet werden, in denen die Gewerkschaftsjugend und damit wir Gewerkschaften maßgeblich vertreten sind. Es wird eine Aufgabe der heranzubildenden neuen hauptamtlichen Gewerkschaftsjugendfunktionäre sein, Jugendpresse und Jugendfunk mit dem Geiste und mit den Zielen der gewerkschaftlichen Jugendarbeit zu erfüllen. Wenn die Gewerkschaftsbewegung diese ihre Aufgabe nicht erkennt, dann werden ihre Aufwendungen an Mitteln, Kraft und Zeit, die ältere Generation für die Gewerkschaften zu gewinnen, ungleich größer sein.

Darüber hinaus muss sich die neue deutsche Gewerkschaftsbewegung zum Ziel setzen, der arbeitenden Jugend Freizeitheime zu schaffen. Anzustreben sind zwei Heimarten. Das Heim in der Großstadt soll dem jungen Menschen Entspannung nach der täglichen Arbeit und das Heim in der Natur Erholung während seines Urlaubs bieten. In diesen Freizeitheimen soll eine neue Art Gemeinschaftsleben gestaltet und es soll auch durch diese Heime der Einfluss der Gewerkschaften auf die Lebensführung der arbeitenden Jugend gestaltet werden. Die Gewerkschaften können nicht darauf verzichten, neben Elternhaus und Schule und über beide hinaus sich in das Leben der arbeitenden Jugend zu stellen. Sie dienen damit der Jugend, dem Elternhaus und der Schule und auch sich selbst.

Die Ziele der Gewerkschaftsjugendarbeit auf den Gebieten des Berufs- und Fachschulwesens und des Jugendschutzgesetzes sind in dieser Konferenz behandelt und die Konferenz hat ihre Auffassung an die Interzonenkonferenz niedergelegt.

Diese erste Interzonale Gewerkschaftsjugendkonferenz kann auch nicht geschlossen werden, ohne dass zur Frage der akademischen Jugend und damit zur Frage unseres Schulwesens überhaupt Stellung genommen wird. In einzelnen Teilen der neuen deutschen Gewerkschaftsbewegung hat man die studierende Jugend als Mitglied aufgenommen. Damit haben diese Teile der neuen deutschen Gewerkschaftsbewegung andere, d. h. neue Wege beschritten. In der alten deutschen Gewerkschaftsbewegung waren zusammengeschlossen jene Arbeitnehmerkreise, welche sich in einem abhängigen Beschäftigungsverhältnis befanden.

Nicht jeder neue Weg muss ein besserer Weg sein. Ich kann hier nur meine persönliche Auffassung zum Besten geben, wenn ich sage, ich halte es nicht für richtig, dass die akademische Jugend Mitglied in den Gewerkschaften wird. Gewiss, der Hochschüler von heute ist der künftige Betriebsingenieur und Betriebsleiter von morgen. Aber das allein rechtfertigt nicht, ihn nun in seiner Jugend zum Gewerkschaftsmitglied zu machen. Die Hereinnahme der akademischen Jugend in die Gewerkschaften wird damit begründet, dass man Einfluss in die Geisteshaltung dieser Teile der Jugend nehmen will.

Ich vertrete nicht die Auffassung, dass die Reform der Geisteshaltung der akademischen Jugend damit eingeleitet werden kann, dass wir kleinste Teile der akademischen Jugend für unsere Gewerkschaften gewinnen. Meine Auffassung geht vielmehr dahin, dass die Reform der Hochschule von den Gewerkschaften ganz allgemein auf die Tagesordnung gesetzt werden muss. Was wir brauchen, ist eine neue Auslese derer, die zur Hochschule gehen dürfen und können. Wir benötigen eine Umbildung des Lehrkörpers und eine Reform des Lehrstoffes. Wenn die fähigsten jungen Menschen an die Hochschulen gehen können und nicht die Kinder derer, die das größte Portemonnaie haben, und wenn Lehrkörper und Lehrstoff auf den Geist unserer Zeit zugeschnitten sind, dann wollen wir der akademischen Jugend jene Freiheiten lassen, die sie selber für sich reklamiert, um sich gesund und kräftig entwickeln zu können.

Die Gewerkschaften bejahen die Wissenschaft als ein Element unserer Lebens-, Staats- und Wirtschaftsführung. Aber sie lehnen den Klassenwissenschaftler ab, als der uns die Hochschule und die Hochschullehrer in der Vergangenheit entgegengetreten sind und leider auch nicht in ihrer überwiegenden Zahl heute entgegentreten (Beispiel der Frankfurter Studenten bei der Behandlung des Themas Planwirtschaft bzw. sozialistische Planwirtschaft). Diese Reform des Hochschulwesens muss gelingen, wenn die Hochschule kein Fremdkörper im Volke bleiben soll.

386

Die Gewerkschaften sind aber auch verpflichtet, sich mit unserem Volksschulwesen zu beschäftigen. Es ist eine gewerkschaftliche Aufgabe von eminenter Bedeutung, dahin zu kommen, dass bereits dem Kinde gelehrt wird aus der Geschichte der Gewerkschaften, dass ihm gesagt wird über die Leistungen und Aufgaben derselben, damit es beim Übertritt von der Schule in seinen Beruf bereits die Bedeutung der Gewerkschaften für den einzelnen Menschen aber auch für die Gemeinschaft kennt.

Unsere Jugend soll und muss wissen, dass Gewerkschaftsarbeit, auf welchen Gebieten sie auch immer geleistet wird, zugleich Arbeit für die arbeitende Jugend ist, denn jede Gesetzesreform, jede Reform der Sozialversicherung, welche von den Gewerkschaften im Interesse der arbeitenden Menschen durchgesetzt wird, ist zugleich eine Verbesserung für die Lage der arbeitenden Jugend.

Ich wollte in diesem Vortrag nicht wiederholen, was ich auf der dritten Interzonenkonferenz der Deutschen Gewerkschaften vor ungefähr Jahresfrist ausgeführt habe. Ich will die heute vorgetragenen Gedanken verknüpfen mit denjenigen, welche diesem Vortrag zugrunde liegen, und ich will zum Schluss nur noch einmal den Inhalt dieses Vortrages unterstreichen. Ich würde es begrüßen, wenn nach der Debatte ein in dieser Konferenz zu bildender Ausschuss eine einheitliche und klare Richtlinie erarbeiten würde.

Und ganz zum Schluss will ich noch zum Ausdruck bringen, dass die Gewerkschaften sich für ihre Jugend und für die arbeitende Jugend schlechthin einschalten müssen, in die amtliche Jugendfürsorge- und Jugendpflegetätigkeit. Eine Abstinenz der Gewerkschaften von diesem Gebiet würde den ganzen Behördenapparat und die ganzen öffentlichen Mittel den Kreisen in die Hand spielen, die nicht immer Freunde der Gewerkschaften und ihrer Zielsetzung sind. Das gleiche gilt für die Jugendherbergen, die Volkshochschulen und die Jugendvolkshochschulen.

Das Referat würde nicht vollständig sein, würde es nicht den Willen der Gewerkschaftsjugend zur interzonalen Zusammenarbeit unterstreichen und herausstellen. Die Gewerkschaften müssen den Blick der Jugend über die Grenze ihres Vaterlandes hinaus auf die Schicksalsverbundenheit der Völker eines Kontinents und der ganzen Erde lenken. Wenn die arbeitende Jugend Deutschlands durch ihre Gewerkschaften Völkerverständigung als eine Heldentat erkennen lernt, dann hat sie ihren größten Beitrag für die Menschheit geliefert. Diese Aufgabe allein macht es wert, den ganzen Teilabschnitt des Lebens, der die Jugend umfasst, den Gewerkschaften zu widmen.

DOKUMENT 40h

## 15.–17. Januar 1948: Entschließung zur Entwicklung der Studentenschaft.

**DGB-Archiv im AdsD. Bestand Gewerkschaftsrat der vereinten Zonen. Maschinenschrift. 13/144-Interzonenkonferenzen.**

Anlage 8

Entschließung

Die deutsche Gewerkschaftsjugend ist besorgt um die politisch geistige Entwicklung des größten Teils der Studentenschaft der deutschen Universitäten.

Jegliche weitere Jugendarbeit im Sinne einer Erziehung der Verwirklichung eines demokratischen und dem Frieden dienenden Aufbaues Deutschlands ist absolut zwecklos und nichtig, wenn wir die Entwicklung der Universitäten ansehen und stillschweigend dulden. Wir können zu dieser Frage nicht mehr schweigen, denn von ihrer Lösung hängt nicht nur die Existenz unserer Gewerkschaftsbewegung, sondern auch Leben oder Tod der künftigen deutschen Demokratie ab. Die Beispiele dafür, dass der wesentliche Teil der Studentenschaft noch im Geiste der Vergangenheit denkt und lebt und eine für die heutige Zeit untragbare Haltung an den Tag legt, häufen sich in vielen Universitätsstädten.

Einmal schon, vor 1933, hat die Deutsche Gewerkschaftsbewegung versäumt, der Entwicklung der Universitäten genügend Beachtung zu schenken. Dieses Versäumnis hat, nicht in letzter Linie dazu beigetragen, dass in Deutschland die Demokratie der Katastrophe von 1933 ausgeliefert wurde. Wir müssen erkennen, dass der Kampf um die Demokratie nicht nur an den Wahlurnen, sondern auch in den Hörsälen der Universitäten ausgetragen und entschieden wird. Aus dieser Erkenntnis handelnd, bittet die erste Interzonale Gewerkschaftsjugendkonferenz die 7. Interzonale Konferenz der Deutschen Gewerkschaften einen Ausschuss zu bilden, der sich ausschließlich der politischen und geistigen Entwicklung an den Universitäten aller Zonen Deutschlands widmet und sich mit der Frage der Zusammenarbeit der deutschen akademischen Jugend mit der Gewerkschaftsbewegung beschäftigt.

Hallthurm, 17. Januar 1948

Als Material der nächsten Interzonalen Jugendkonferenz zu überweisen.

DOKUMENT 41

## 31. Januar 1948: Fritz Tarnow: Entwurf einer gewerkschaftlichen Prinzipienerklärung.

**SAPMO-BArch. Akte 7. Interzonenkonferenz in Dresden vom 3.-5. Februar 1948. Protokoll, Vorbereitung und Auswertung. Maschinenschrift. DY 34/22980.**

Entwurf einer gewerkschaftlichen Prinzipienerklärung von Fritz Tarnow

I. Die Gewerkschaften vertreten die sozialen und wirtschaftlichen Interessen der Arbeitnehmerschaft in der Wirtschaft, im Staat und in der Gesellschaft.

Die Gewerkschaften erklären sich unabhängig vom Staat, vom privaten wie öffentlichen Unternehmertum und von den politischen Parteien. Gegenüber den politischen Parteien erklären sie ihre Neutralität mit der Maßgabe, dass sie von ihnen die politische und gesetzgeberische Förderung der gewerkschaftlichen Interessen und Forderungen erwarten und dass danach jede Partei das Verhältnis zwischen sich und den Gewerkschaften selbst bestimmt.

Die Gewerkschaften kämpfen für die Gewährung und Sicherung der menschlichen Grundrechte und Freiheiten für alle, die sich der Verpflichtung unterwerfen, die Rechte und Freiheiten der anderen zu respektieren. Die Sicherstellung der Menschenrechte kann nur im Rahmen einer demokratischen Staatsordnung erreicht werden, in der die Staatsgewalt vom Volke ausgeht und alle Organe des Staates der Bestimmung und Kontrolle des Volkes unterstellt sind.

II. Da die Existenz und die Tätigkeit der Gewerkschaften nur in der Freiheit einer demokratischen Staatsordnung gesichert sind, gehört der Kampf für die Verwirklichung der Demokratie zu ihren wichtigsten Aufgaben.

Die Gewerkschaften verstehen unter Demokratie eine gesellschaftliche Ordnung, durch die Staatsverfassung und konstitutionelle Einrichtungen gewährleistet sein müssen:

1. eine aus allgemeinen und freien Wahlen mit gleichem Stimmrecht hervorgegangene Volksvertretung mit dem alleinigen Recht der Gesetzgebung und dem Recht, die Regierung einzusetzen und abzusetzen;

2. die Freiheit der Meinung und ihrer Äußerung in Wort und Schrift, die Freiheit der Vereinigung und der Versammlung sowie die Freiheit der religiösen und weltanschaulichen Betätigung. Die Gewährung dieser Freiheiten schließt einschränkende Maßnahmen gegen solche Bestrebungen nicht aus, die gegen diese Freiheiten gerichtet sind oder ihren Bestand bedrohen. Maßnahmen dieser Art dürfen aber nur dann zulässig sein, wenn sie durch die ordentliche Gesetzgebung angeordnet sind und ihre Durchführung den Organen der normalen Rechtspflege vorbehalten ist;

3. die Verpflichtung des Staates, das Leben, die Freiheit und das Eigentum jedes Bürgers gegen willkürliche Eingriffe zu schützen. Freiheitsentzug, Haussuchungen und Eigentumsbeschlagnahme dürfen nur aufgrund geltender Ge-

setze und nach Anordnung durch einen ordentlichen Richter durchgeführt werden. In Fällen polizeilich notwendiger Sofortmaßnahmen muss die richterliche Sanktion innerhalb von 24 Stunden nachgeholt werden.

Um der geistigen Verwirrung entgegenzutreten, die vom Faschismus durch den Missbrauch des Wortes »Demokratie« hervorgerufen wurde, und um das Verständnis für den Unterschied zwischen demokratischen und nicht-demokratischen Staatsformen zu erleichtern, stellten die Gewerkschaften als Kennzeichen einer antidemokratischen Staatsform ausdrücklich fest:

1. Wo die Staatsleitungen unabhängig von freien Wahlen durch das Volk die Macht übernommen haben und sich der Kontrolle durch eine frei gewählte Volksvertretung entziehen – dort ist keine Demokratie.

2. Wo Volksabstimmungen und Wahlen durchgeführt werden, ohne dass die Freiheit der Meinung und ihrer Äußerung in Wort und Schrift besteht; wo eine freie und unabhängige Presse und Literatur zur Bildung und als Sprachrohr der öffentlichen Meinung nicht zugelassen sind; wo die Mittel der öffentlichen Meinungsbildung zur alleinigen Verfügung der Staatsmacht und der herrschenden Schicht monopolisiert sind, wo infolgedessen freie Wahlen überhaupt nicht möglich sind – dort ist keine Demokratie.

3. Wo eine Kritik an der Staatspolitik verboten ist, verfolgt und mit Repressalien bedroht wird – dort ist keine Demokratie.

4. Wo die Staatsgewalt verbunden ist mit einer monopolisierten und privilegierten Partei und andere politische Parteien und Bewegungen verboten sind oder unterdrückt werden – dort ist keine Demokratie.

5. Wo es eine geheime, politische Staatspolizei gibt, die außerhalb der Gesetze und der normalen Rechtspflege steht und ohne Kontrolle durch eine demokratische Volksvertretung die Bevölkerung terrorisieren kann – dort ist keine Demokratie.

6. Wo es Konzentrationslager, Zwangsarbeit und ähnliche Einrichtungen gibt, in denen der herrschenden Schicht erlaubt ist, Missliebige ohne Gesetze und Richterspruch ihrer Freiheit zu berauben, wo Beauftragte der Staatsgewalt die sich in ihrer Gewalt befindlichen Gefangenen misshandeln oder foltern, ihre Gesundheit und das Leben vernichten können, ohne dafür zur Verantwortung gezogen zu werden – dort ist keine Demokratie.

Indem hiermit einige der wesentlichen Kennzeichen hervorgehoben sind, von denen jedes einzelne genügt, um eine Staatsform zu erkennen, die im schärfsten Gegensatz zur Demokratie steht und die in der Gestalt des verbrecherischen Nazistaates den tiefsten Abscheu und die Verachtung der ganzen zivilisierten Welt hervorgerufen hat, bekennen sich die deutschen Gewerkschaften zu einer wirklichen Demokratie der Freiheit, der Menschlichkeit und des Respekts vor der Menschenwürde.

DOKUMENT 42

## 3.–5. Februar 1948: 7. Interzonenkonferenz der deutschen Gewerkschaften vom 3.–5. Februar 1948 in Dresden, Beschlussprotokoll

**SAPMO-BArch. Akte 7. Interzonenkonferenz in Dresden vom 3.–5. Februar 1948. Protokoll, Vorbereitung und Auswertung. Maschinenschrift. DY 34/22980.**

7. Interzonenkonferenz der deutschen Gewerkschaften vom 3. bis 5. Februar 1948 in Dresden

Beschlussprotokoll gemäß Ziffer 3. Absatz der Geschäftsordnung nebst Anlagen.

Tagesordnung:

1. Kompetenzen der Interzonenkonferenzen

2. Gewerkschaften und Parteien (Kollege Lemmer)

3. Bericht des Arbeitsausschusses

4. Bericht vom Ergebnis der interzonalen Jugendkonferenz

5. Information über die gewerkschaftspolitische Lage in den Zonen.

Anwesenheitsliste:

Amerikanische Zone:
Hagen, Lorenz; München
Schiefer, Gustav; München
Richter, Willy; Frankfurt am Main
Tarnow, Fritz; Frankfurt am Main

Britische Zone:
Böckler, Hans; Düsseldorf
Karl, Albin; Hannover
Föcher, Matthias; Düsseldorf
vom Hoff, Hans; Düsseldorf
Böhm, Hans; Bielefeld

Französische Zone:
Keine Ausreiseerlaubnis

Sowjetische Zone:
Jendretzky, Hans; Berlin
Göring, Bernhard; Berlin
Lemmer, Ernst; Berlin
Kaufmann, Adolf; Berlin
Krüger, Ernst; Berlin

Berlin:
Chwalek, Roman; Berlin
Schlimme, Hermann; Berlin

Als Vertreter des Weltgewerkschaftsbundes:
Saillant, Louis; Paris
van Binneveld; Paris
Kollegin Schulz; Paris

Als Gäste (nur während der Eröffnung):

SMAD:
Oberst Artemjew
Major Koloss
Major Kogan
Lt. Gawrilow

Landesregierung Sachsen:
Seydewitz, Max[1] – Ministerpräsident

Stadt Dresden:
Weidauer, Walter[2] – Oberbürgermeister

FDGB Landesvorstand Sachsen:
Eckert, Rudolf[3]
Kühn, Kurt[4]

Die 7. Interzonenkonferenz der deutschen Gewerkschaften wurde am 3. Februar 1948 vormittags 10.30 Uhr im Waldparkhotel Dresden-Blasewitz, Prellerstr. 16, vom Kollegen Jendretzky eröffnet.

Kollege *Jendretzky* begrüßte nach einleitenden Worten die Vertreter der sowjetischen Militärregierung Herrn Oberst Artemjew und Herrn Major

---

1 Max Seydewitz (19.12.1892–8.02.1987), Lehre und Arbeit als Buchdrucker, 1910 Eintritt in die SPD, 1918–1920 Redakteur der »Volksstimme« in Halle, 1920–1931 Chefredakteur des »Sächsischen Volksblatts«, 1922 Vorsitzender des SPD-Bezirks Zwickau-Plauen, 1924–1933 MdR, 1931 Ausschluss aus der SPD, 1931–1933 Mitbegründer und einer der Vorsitzenden der Sozialistischen Arbeiterpartei Deutschlands (SAPD), 1933–1945 Emigration, vor 1945 Mitglied der KPD, 1946 Eintritt in die SED, 1947–1949 Mitglied des SED-Parteivorstandes, 1947–1952 Ministerpräsident des Landes Sachsen, 1955–1967 Generaldirektor der Staatlichen Kunstsammlungen Dresden.

2 Walter Weidauer (28.7.1899–13.03.1986), Zimmermann, 1919 Eintritt in die USPD, 1922 Eintritt in die KPD, 1932 MdR, 1933 Widerstand, Haft, Emigration, Mitglied der KPD-Abschnittsleitung in Dänemark, 1941 inhaftiert, 1942 zu 15 Jahren Zuchthaus verurteilt, 1945 Stadtrat und 1. Bürgermeister in Dresden, 1946–1958 Oberbürgermeister in Dresden, 1946–1952 MdL in Sachsen.

3 Rudolf Eckert (geb. 1911), Maurer, Techniker, 1929 Eintritt in die SPD, 1946 in die SED, 1945 Eintritt in den FDGB, 1945 bis August 1952 Landesvorstand FDGB Sachsen, ab Januar 1946 2. Vorsitzender FDGB Sachsen, Mai 1947 bis September 1948 1. Vorsitzender FDGB Sachsen, 1947–1949 Bundesvorstand FDGB, September 1948 Rücktritt als 1. Vorsitzender, 1946 Hauptdirektor VVB Bau Sachsen, 1946 bis September 1950 MdL Sachsen, Oktober 1948 Rücktritt aus dem Landesvorstand SED.

4 Kurt Kühn (1898–1963), Elektromonteur, 1915 Deutscher Metallarbeiter-Verband, 1919 Eintritt in die SPD, 1923 Eintritt in die KPD, 1927–1933 MdL Anhalt, 1927–1933 Redakteur, nach 1933 illegale Arbeit, 6 Jahre Zuchthaus und KZ Sachsenhausen, 1946 Eintritt in die SED und in den FDGB, 1946–1950 MdL (Vizepräsident) Sachsen, Mai 1947 bis Oktober 1948 2. Landesvorsitzender, Oktober 1948 bis August 1950 1. Landesvorsitzender FDGB Sachsen, ab August 1950 Zentralvorstand IG Chemie, 1952–1955 Sekretär geschäftsführender Bundesvorstand FDGB.

Kogan, ferner den Ministerpräsidenten Max Seydewitz, den Oberbürgermeister Walter Weidauer, die Vorsitzenden des Landesvorstandes des FDGB Sachsen Rudolf Eckert und Kurt Kühn sowie den Generalsekretär des Weltgewerkschaftsbundes Louis Saillant und van Binneveld.

Anschließend erfolgten Begrüßungsansprachen durch:
Max Seydewitz, Ministerpräsident des Landes Sachsen,
Walter Weidauer, Oberbürgermeister der Stadt Dresden,
Rudolf Eckert, Vorsitzender des Landesvorstandes des FDGB Sachsen,
Louis Saillant, Generalsekretär des Weltgewerkschaftsbundes (Anlage 1),
Oberst Artemjew, Vertreter der sowjetischen Militärregierung des Landes Sachsen.

Nachdem die Vertreter der Militärregierung und die übrigen Gäste sich verabschiedet hatten, wurde folgendes Präsidium der Konferenz gewählt:

Sowjetische Besatzungszone:
Jendretzky, Hans; Berlin
Britische Besatzungszone:
Böckler, Hans; Düsseldorf

Amerikanische Besatzungszone:
Hagen, Lorenz; München

Der Platz des Vertreters der Französischen Besatzungszone im Präsidium wird, da der Delegation von der französischen Regierung die Teilnahme versagt wurde, offen gehalten.

Die Leitung der Konferenz wird dem Kollegen Jendretzky übertragen.

Es werden Begrüßungsadressen der Betriebe, Organisationen und Körperschaften verlesen (Anlage 2).

Vor Eintritt in die Tagesordnung gedenkt Kollege *Jendretzky* mit folgenden Worten des am 28. Oktober 1947, kurz nach der 6. Interzonenkonferenz in Bad Pyrmont, tödlich verunglückten Kollegen Matthias Schneider:

»Bevor wir in die Tagesordnung eintreten, lasst uns noch des am 28. Oktober, kurz nach der 6. Interzonenkonferenz in Bad Pyrmont, tödlich verunglückten Kollegen Matthias Schneider gedenken. Der Arbeitsausschuss hat dies bereits auf seiner ersten Tagung im Dezember in Nienburg getan und telegraphisch der Witwe und Tochter sein besonderes Beileid ausgedrückt.

Seit November 1946, seitdem wir in Interzonenkonferenzen zusammenkommen, gehörte Matthias Schneider zu dem engeren Kreis der verantwortlichen Funktionäre der deutschen Gewerkschaften, die trotz der unglücklichen Zonentrennung Deutschlands von Interzonenkonferenz zu Interzonenkonferenz den Gedanken der Einheit mehr und mehr verdichteten und so dem Willen der Mitglieder Rechnung tragen.

Dass Matthias Schneider bei der besonders schwierigen Lage in der Französischen Zone in zäher Ausdauer vor seinem tragischen Tode noch die drei Gewerkschaftsbünde dort enger zusammenbringen konnte, bleibt sein besonderes Verdienst als deutscher Gewerkschafter.

Seiner ständigen Bereitschaft, die Interessen der Schaffenden zu vertreten, seiner Aufrichtigkeit, seines geraden Charakters sei besonders gedacht.

An der Erfüllung seines sehnlichsten Wunsches, die deutsche Gewerkschaftseinheit herzustellen, kann er nicht mehr mitarbeiten.

Lasst uns im Sinne Matthias Schneiders tätig sein und durch die Verwirklichung seiner Lebensaufgabe, wie er es nannte, sein Andenken ehren!«

Das vom Kollegen *Franke*, Französische Besatzungszone, eingegangene Telegramm wurde verlesen:

»Delegierten der Französischen Zone wird die Teilnahme an der Interzonenkonferenz in Dresden-Blasewitz von der französischen Militärregierung versagt. Zonensekretariat, Franke«

Gegen die Maßnahmen der französischen Militärregierung gab die Interzonenkonferenz nachstehende Erklärung ab:

»Die 7. Interzonenkonferenz der deutschen Gewerkschaften stellt mit Bedauern fest, dass die Delegierten der französisch besetzten Zone durch Verbot ihrer Besatzungsbehörde an der Teilnahme gehindert worden sind. Sie erwartet von dem Kontrollrat, dass er entsprechend seiner bisherigen Haltung für die Zukunft Sicherungen für die Teilnahme aller deutschen Gewerkschaftsvertreter an interzonalen Zusammenkünften trifft.«

Folgende Tagesordnung wurde beschlossen:

1. Abgrenzung der Kompetenz der Interzonenkonferenzen

2. Gewerkschaften und Parteien (Kollege Lemmer)

3. Bericht des Arbeitsausschusses

4. Bericht vom Ergebnis der interzonalen Jugendkonferenz

5. Informationen über die gewerkschaftspolitische Lage in den Zonen.

Zu Punkt 1 der Tagesordnung: Abgrenzung der Kompetenzen der Interzonenkonferenzen

Die auf der 2. Interzonenkonferenz der deutschen Gewerkschaften, vom 18.–19. Dezember 1946 in Hannover, angenommene Geschäftsordnung[5] soll weiterhin die Grundlage für die Durchführung der Interzonenkonferenzen bilden.

Zu Punkt 2 der Tagesordnung: Gewerkschaften und Parteien

Kollege *Lemmer* (Berlin) referiert über »Gewerkschaften und Parteien« (Anlage 3). Die vom Kollegen Lemmer vorgelegte Entschließung wurde von einer Kommission nochmals überarbeitet und dann einstimmig angenommen:

Entschließung der 7. Interzonenkonferenz der deutschen Gewerkschaften über die politische Stellung der Gewerkschaften und ihr Verhältnis zu den politischen Parteien.

---

5  Vgl. Dok. 11.

»Es ist Aufgabe der neuen deutschen Gewerkschaften, an der Herstellung eines geeinten Deutschlands durch den Wiederaufbau der Wirtschaft, der sozialen Gesetzgebung und eines neuen kulturellen Lebens wirtschaftlich und politisch maßgebend mitzuwirken.

Die Wahrnehmung der Interessen aller Lohn- und Gehaltsempfänger bestimmt ihre Haltung bei der Mitwirkung der Lösung solcher Aufgaben, die politischer Natur sind und die in ihrer Bedeutung über das Gebiet der engeren Wirtschafts- und Sozialpolitik hinausreichen.

Das politische Leben wird durch die politischen Parteien gestaltet und entwickelt. Die neuen deutschen Gewerkschaften können jedoch ihre Aufgabe nicht unbeeinflusst von dem politischen Geschehen erfüllen. Die Gewerkschaften betonen jedoch den Parteien gegenüber ihre volle Unabhängigkeit und bekennen sich zur parteipolitischen und religiösen Neutralität. Sie machen diesen Grundsatz der gegenseitigen Achtung und Toleranz ihren Mitgliedern, die sich ihr ohne Rücksicht auf Geschlecht, Rasse, Partei und Glaubensbekenntnis angeschlossen haben, zur Pflicht.

Die Gewerkschaften erwarten von den politischen Parteien, dass sie in den politischen Körperschaften, den Parlamenten und Regierungen, die gewerkschaftlichen Forderungen unterstützen. Das Verhältnis der Gewerkschaften zu den einzelnen Parteien bestimmen die Parteien selbst durch ihr Verhalten gegenüber den Gewerkschaften. Es wird von Fall zu Fall immer wieder davon beeinflusst werden, in welchem Maße die Parteien die Forderungen der Gewerkschaften unterstützen bzw. sie zu ihren eigenen machen.

Die Gewerkschaften sind antifaschistisch und antimilitaristisch. Sie treten für Völkerfrieden, Völkerfreiheit und Völkerverständigung ein. Sie werden deshalb auch über die Grenzen Deutschlands hinaus alle Maßnahmen zu unterstützen bereit sein, die diesem hohen Ziele dienen.«

Zu Punkt 3 der Tagesordnung: Bericht des Arbeitsausschusses

Als Berichterstatter des Arbeitsausschusses waren für den Entwurf »Grundsätze und Aufgaben der deutschen Gewerkschaften«:
Kollege Karl
Kollege Richter,

für den Entwurf »Satzungen« und für die Frage »Zentralrat bzw. Gesamtdeutscher Gewerkschaftskongress«:
Kollege Göring.

Nach einer lebhaften Aussprache wird von den Delegationen der Amerikanischen und Britischen Besatzungszone vorgeschlagen, über die Bünde direkt ein Gewerkschaftszentrum, den Zentralrat, zu bilden.

Von den Delegationen der Sowjetischen Besatzungszone und Groß-Berlin wird hierzu folgende Erklärung abgeben:

»In Anbetracht der Tatsache, dass die auch von uns als notwendig erkannte Durchführung der schnellsten Bildung eines Gewerkschaftszentrums durch einen deutschen Gewerkschaftskongress nach den Erklärungen der Vertreter der anderen Delegationen nicht möglich ist, stimmen wir dem Vorschlag der

Britischen und Amerikanischen Zone, einen Zentralrat auf der Grundlage von Delegationen der Bünde zu bilden, zu.«

Dabei wird vorausgesetzt:

1. dass die Delegierten für den Zentralrat durch die satzungsgemäßen Körperschaften der Bünde gewählt werden,

2. dass die Aufgaben des Zentralrates und seine Befugnisse in einer Satzung festgelegt werden,

3. die Interzonenkonferenzen haben die erforderlichen Vereinbarungen mit den Bünden zu treffen,

4. zu den Aufgaben des Zentralrates gehört u. a. die Vorbereitung und Einberufung des bereits von der 6. Interzonenkonferenz beschlossenen deutschen Gewerkschaftskongresses,

5. bis zur Konstituierung des Zentralrates und die Aufnahme seiner Arbeit bleiben die Interzonenkonferenzen bestehen.«

Es wurde der einmütige Beschluss gefasst, den Zentralrat der deutschen Gewerkschaften zu bilden, der die Zusammenfassung aller deutschen Gewerkschaftsbünde vorsieht und mit stärkeren Vollmachten ausgestattet sein soll als die bisherigen Interzonenkonferenzen.[6]

Der Zentralrat soll nach seiner Konstituierung den gesamtdeutschen Kongress der Gewerkschaften vorbereiten und einberufen und so frühzeitig in Funktion treten, dass der im September tagende 2. Kongress des Weltgewerkschaftsbundes zu ihm Stellung nehmen kann.

Der Vorschlag des Präsidiums, den Arbeitsausschuss mit der Vorbereitung der Durchführung des Beschlusses zu beauftragen und die zurückgestellten Vorlagen der »Satzungen« und der »Grundsätze und Aufgaben« zu überweisen, wird angenommen.

Ergänzungen zum »Satzungsentwurf« sollen dem federführenden Vorsitzenden des Unterausschusses zugesandt werden.

Vom Badischen Gewerkschaftsbund ist noch folgendes Telegramm eingegangen:

»Unser Schreiben an die Militärregierung: Der Vorstand des Badischen Gewerkschaftsbundes hat in seiner Sitzung vom 30. Januar 1948 zu dem Bericht des Vorsitzenden Stellung genommen, in dem erwähnt wurde, dass die französische Regierung die Genehmigung der Passierscheine zur Teilnahme an der Interzonenkonferenz in Dresden abgelehnt hat. Der Vorstand des Badischen Gewerkschaftsbundes stellt fest, dass er nach wie vor unerschütterlich zur Einheit der deutschen Gewerkschaften steht. Er bedauert deshalb, dass durch den Beschluss der französischen Regierung die Vertreter der Französischen Zone von der Teilnahme an der Interzonenkonferenz ausgeschaltet wurden. Wir bitten die französische Regierung nochmals in eine Prüfung einzutreten, um die Teilnahme an den Interzonenkonferenzen zu ermöglichen.

Badischer Gewerkschaftsbund

Wilhelm Reibel«

---

6   Vgl. Dok. 11.

Hierzu wird folgende Erklärung an den Badischen Gewerkschaftsbund als Antwort formuliert:

»Erklärung der Interzonenkonferenz:

Die 7. Interzonenkonferenz hat davon Kenntnis genommen, dass die Delegierten der Französischen Besatzungszone gegen ihren Willen an der Tagung nicht teilnehmen konnten. Durch diese Nichtbeteiligung verliert die Tagung nicht ihre Eigenschaft als Interzonenkonferenz, zumal sich die Teilnehmer bei ihren Beschlüssen in voller Übereinstimmung auch mit den Gewerkschaften der französisch besetzten Zone wissen.«

Zu Punkt 4 der Tagesordnung: Bericht von dem Ergebnis der interzonalen Jugendkonferenz

Der schriftlich vorliegende Bericht wird zur Kenntnis genommen und das auf der interzonalen Jugendkonferenz gewählte Präsidium als Arbeitsausschuss anerkannt. Jede Zone kann einen Vertreter der Interzonenkonferenz zu dieser Arbeitsausschusssitzung der Jugend senden. Die Bearbeitung des Materials wird dem Arbeitsausschuss mit der Maßgabe überwiesen, auf der nächsten Interzonenkonferenz der deutschen Gewerkschaften einen abschließenden Bericht zu geben.

Zu Punkt 5 der Tagesordnung: Informationen über die gewerkschaftspolitische Lage in den Zonen

Dieser Punkt der Tagesordnung wird abgesetzt.

Die Kollegen Lemmer, Göring, Böhm, Schlimme, Karl werden in die Redaktionskommission für die Abfassung des Presseberichtes gewählt. (Anlage 5)

Die Konferenz beschließt, dass die nächste Interzonenkonferenz vom 12.-14. Mai 1948 in der Amerikanischen Besatzungszone stattfinden soll.

Folgende Tagesordnung für die 8. Interzonenkonferenz wird festgelegt:

1. Bericht des Arbeitsausschusses

2. Bericht über die Tätigkeit der Gewerkschaftsjugend

3. Stellungnahme zur Vereinheitlichung und zum Ausbau des Arbeitsschutzes.

Je zwei Sachbearbeiter für »Arbeitsschutz« aus den Zonen und Groß-Berlin treten am 10. und 11. Mai 1948 am Tagungsort der 8. Interzonenkonferenz zu einer Beratung als »Arbeitsschutzkommission« zusammen. Für die Durchführung ist der Kollege Göring verantwortlich.

Am 12. und 13. März 1948 soll in Erfurt oder Gotha der Arbeitsausschuss zusammentreten.

Kollege Jendretzky schließt am 5. Februar 1948 um 11 Uhr die Konferenz.

Dresden, den 5. Februar 1948

Hans Jendretzky

Anlage 1: Begrüßungsansprache des Generalsekretärs des WGB Louis Saillant

Anlage 2: Begrüßungsadressen und Resolutionen

Anlage 3: Gewerkschaften und Parteien (Referat Kollege Lemmer)

Anlage 4: Aus den Übersetzungen der Ausführungen des Gewerkschaftssekretärs des WGB Louis Saillant

Anlage 5: Bericht für die Presse

DOKUMENT 42a

## 3.–5. Februar 1948: Begrüßungsrede des Generalsekretärs des Weltgewerkschaftsbundes, Louis Saillant.

**SAPMO-BArch. Akte 7. Interzonenkonferenz in Dresden vom 3.–5. Februar 1948. Protokoll, Vorbereitung und Auswertung. DY 34/22980.**

Anlage 1 zum Beschlussprotokoll der 7. Interzonenkonferenz der deutschen Gewerkschaften vom 3.–5. Februar 1948 in Dresden

Begrüßungsrede des Generalsekretärs des WGB, Louis Saillant, auf der 7. Interzonenkonferenz der deutschen Gewerkschaften

Werte Kollegen!

Ich überbringe Ihnen die Grüße des Vorstandes unseres Weltgewerkschaftsbundes. Ich bin persönlich sehr glücklich, dass ich wieder einmal an einer Interzonenkonferenz der deutschen Gewerkschaften teilnehmen kann. Ich möchte diese Gelegenheit benutzen, um einen kurzen Rückblick auf den Weg zu werfen, den wir gemacht haben seit der Interzonenkonferenz, an der der Weltgewerkschaftsbund zum ersten Mal teilgenommen hat, d. h. im November 1946. Dabei erinnere ich mich insbesondere einer Delegation, die ich vor ungefähr 2 Jahren geführt habe. Es war einige Tage, nachdem die erste Untersuchungskommission des Weltgewerkschaftsbundes die vier Zonen in Deutschland bereits hatte, als ich mit unserem Kollegen Walter Citrine[1] nach Berlin kam, um an einer Sitzung mit dem Kontrollrat teilzunehmen. Was machten wir damals beim Kontrollrat? Wir wollten den Militärbehörden vorschlagen, dass die Gewerkschaftsorganisationen aller vier Zonen die Möglichkeit erhalten, periodisch in Konferenzen, wie diese Interzonenkonferenzen – die natürlich Konferenzen sind –, zusammentreten können. In einem kleinen Haus in einem Vorort von Berlin, in Frohnau, habe ich damals einen Beschluss vorbereitet, der dem Kontrollrat vorgelegt wurde und wodurch die Interzonenkonferenzen offiziell genehmigt worden sind. Durch diese Interzonenkonferenzen haben wir und Sie den Gewerkschaften eine

---

1  Walter Citrine (22.08.1887–22.01.1983), hauptamtlicher Angestellter der britischen Gewerkschaft der Elektroarbeiter, Präsident des Trade Union Congress, Vizepräsident des Internationalen Gewerkschaftsbundes 1928–1945, 1947 geadelt.

große Hilfe für ihre bisherige und zukünftige Entwicklung geben können. Und für jeden, der an der Konferenz von Mainz teilgenommen hat, war es klar, dass er die Verantwortung für den Aufbau der Gewerkschaften übernehmen und mittragen sollte.

Im Monat Juni 1947 sind einige Kollegen, die hier im Saale anwesend sind, von unserem Weltgewerkschaftsbund in Prag begrüßt worden. Ich verhehle Ihnen nicht, dass diese offizielle Einladung des Weltgewerkschaftsbundes an die deutschen Gewerkschaften eine gewisse Bewegung innerhalb unseres Gewerkschaftsbundes hervorgerufen hat. Man machte uns den Vorwurf, dass wir durch unsere Einladung ein wenig zu schnell gingen. Man sagte uns, dass das, was wir hinsichtlich der deutschen Gewerkschaften vornehmen, ein wenig voreilig wäre. Meinerseits war ich vom Gegenteil überzeugt. Meinerseits hatte ich, als ich auf der Einladung bestand, und diese offiziell an die deutschen Gewerkschaften sandte, im Sinne der Weltkonferenz vom Februar 1945 gehandelt. Schon auf dieser Weltgewerkschaftskonferenz hatten wir gesagt, dass unser Vertrauen auf der Arbeiterklasse und den durch diese Arbeiterklasse frei gebildeten Gewerkschaften beruhen wird. Dieser Satz war nicht nur eine Formel. Zu einem gewissen Augenblick musste die deutsche Arbeiterklasse das auch durch Taten beweisen.

Auch gestern, als die Journalisten in Berlin fragten, wie der WGB den deutschen Gewerkschaften helfen wolle, habe ich gesagt, dass wir den deutschen Gewerkschaftsorganisationen in erster Linie zu verstehen geben, dass sie zunächst zu sich selber Vertrauen haben müssen.

Nun sind wir in Dresden. Mehr als 6 Monate liegen zwischen Prag und dieser Konferenz. Lassen wir uns gemeinsam die Fortschritte der deutschen Gewerkschaftsbewegung abschätzen. Rein äußerlich gibt es bereits wesentliche Veränderungen. Schon der Saal, in dem wir hier tagen, und die Organisierung dieser Konferenz geben uns davon Kunde, dass sich die deutsche Gewerkschaftsbewegung verbessert hat. Im Vergleich zum November 1946 mutet uns das wie der Frühling zum Winter an.

Wenn ich Prag erwähnte, so darum, weil ich daran anknüpfend noch sagen möchte, der kommende zweite Weltgewerkschaftskongress wird eine große Demonstration des internationalen Gewerkschaftslebens sein. Gestattet mir, dass ich dabei einen Wunsch ausspreche: Ich wünsche, dass sich die deutschen Gewerkschaften von heute bis zu unserem Weltgewerkschaftskongress, der im September dieses Jahres stattfinden wird, in noch viel stärkerem Maße entwickeln, sich auf nationaler Basis vereinigen möge, um auf diesem Kongress den Anschluss an den Weltgewerkschaftsbund zu vollziehen.

Ich weiss, dass Ihr bald neun Millionen gewerkschaftlich organisierter Arbeiter haben werdet. Vorhin sprach ich vom Frühling, jetzt glaube ich sagen zu können, dass die Zahl von 9 Millionen Mitgliedern den deutschen Gewerkschaften bald, wie einem sehr jungen schönen Mädchen, viele Werbungen einbringen wird. Ihr werdet umschmeichelt werden, Ihr werdet umworben werden, und es gibt ein altes französisches Sprichwort von Lafontaine, der vor 300 Jahren gesagt hat: »Jeder Schmeichler lebt auf Kosten desjenigen, den er umschmeichelt.«

Meinerseits werde ich, solange ich Gewerkschaftssekretär bin, nie einer Gewerkschaftsbewegung schmeicheln, auch nicht der deutschen Gewerkschaftsbewegung. Ich möchte mit ihr zusammenarbeiten mit gleichen Rechten und auf gleicher Basis. Darf ich es wagen, Euch einen kameradschaftlichen Rat zu geben? Zieht stets jene vor, die Euch frei heraus in einer klaren Weise sagen, was sie denken. Mit ihnen wird man immer vorwärts kommen, von dieser Einstellung beseelt, möchte ich Euch daran erinnern, dass die 7. Interzonenkonferenz eine sehr wichtige Mission zu erfüllen hat, die äußerliche Auswirkungen auf die Zukunft Eurer Gewerkschaftsbewegung haben wird.

Ich las gestern noch einmal die Resolution des Vorstandes des Weltgewerkschaftsbundes, die er im November 1947 angenommen hat. Beim Durchlesen dieser Resolution ist mir noch klar geworden, wie wichtig diese Interzonenkonferenz ist. Danach bittet Euch der WGB nicht nur, er empfiehlt nicht nur, sondern er lädt Euch ein, von dieser Dresdner Konferenz aus dem WGB mitzuteilen, dass Ihr bereit seid, eine Zentrale für die deutschen Gewerkschaften zu bilden.

Zwei Tage werde ich mit Euch sein. Ich werde mich bemühen, Euch in kameradschaftlicher Weise beizustehen, um zu diesem Resultat zu kommen. Aber es ist ganz klar, dass der WGB eine Hilfe und Unterstützung den deutschen Gewerkschaften nur geben kann, wenn sie sich selber bemühen, zu einer organischen und moralischen Einheit zu gelangen.

Abschließend möchte ich, werte Kollegen, mein Vertrauen, das ich zu jedem von Euch habe, zum Ausdruck bringen. Ich bin davon überzeugt, dass wir zu einer vollkommenen Übereinstimmung gelangen werden. Wir Funktionäre, selbst wenn unter uns gewisse andere geistige Einstellungen vorhanden sind und wir in einzelnen Punkten nicht übereinstimmen, müssen an die Arbeit gehen. Wir werden es tun, weil wir alle dasselbe Ideal anstreben. Ich weiß, nicht nur in Deutschland, sondern in zahlreichen anderen Hauptstädten der Welt sind alle Augen auf unsere Konferenz gerichtet. Man wartet auf gute Nachrichten.

Ich weiß darüber hinaus sehr wohl, dass es Menschen gibt, die wünschen, dass die Schwierigkeiten auf dieser Konferenz größer sein mögen als die Erfolge. Meinerseits bin ich in diesen Saal gekommen mit folgender geistiger Einstellung.

Verstärkung der Chancen für die Einheit der deutschen Gewerkschaftsbewegung und Verstärkung der Entwicklung der Einheit der Gewerkschaften der ganzen Welt.

Ich glaube, ich erfülle damit meine Pflicht als ein Botschafter der internationalen Gewerkschaftsbewegung.

DOKUMENT 42b

# 3.–5. Februar 1948: Begrüßungsadressen und Resolutionen.

SAPMO-BArch. Akte 7. Interzonenkonferenz in Dresden vom 3.–5. Februar 1948. Protokoll, Vorbereitung und Auswertung. Maschinenschrift. DY 34/22980.

Anlage 2 zum Beschlussprotokoll der 7. Interzonenkonferenz der deutschen Gewerkschaften vom 3.–5. Februar 1948 in Dresden

Begrüßungsadressen und Resolutionen zur 7. Interzonenkonferenz der deutschen Gewerkschaften vom 3.–5. Februar 1948 in Dresden

Der im Waldparkhotel tagenden 7. Interzonenkonferenz der deutschen Gewerkschaften gingen von den verschiedenen Gewerkschaftsorganen, demokratischen Organisationen, den Verwaltungen der Länder und aus den Betrieben insgesamt 86 Begrüßungstelegramme und Resolutionen zu. In ihnen wird stets der Wunsch zur Schaffung der gesamtdeutschen Gewerkschaftseinheit zum Ausdruck gebracht. Nachfolgend die bedeutendsten Begrüßungsadressen:

a) Landesregierung Sachsen, Betriebsrat

Der Betriebsrat der Länderregierung Sachsen begrüßt die 7. Interzonenkonferenz der deutschen Gewerkschaften. Im Namen der gesamten Belegschaft der Landesregierung gibt er der Hoffnung Ausdruck, dass sich die 7. Interzonenkonferenz einstimmig für die Schaffung der deutschen Gewerkschaftseinheit ausspricht und damit ihren Teil zur Schaffung eines einheitlichen demokratischen Deutschlands beiträgt.

b) IG Nahrung und Genuss, Zentralvorstand; Richter

Zentralvorstand Nahrung, Genuss und Gaststätten der Sowjetischen Besatzungszone begrüßt namens 220.000 Mitgliedern die 7. Interzonenkonferenz und wünscht, dass der gesamtdeutsche Gewerkschaftskongress im Frühjahr 1948 durchgeführt wird.

c) Betriebsgewerkschaftsgruppe Studenten der Universität Leipzig

Die Betriebsgewerkschaftsgruppe Studenten der Universität Leipzig[1] begrüßt die Arbeitstagung der Interzonenkonferenz der Gewerkschaften und hofft, dass die Voraussetzungen für die Vereinigung aller deutschen Gewerkschaften geschaffen werden. Dieser Schritt wird eine der Grundlagen für die wirtschaftliche und politische Einheit in ganz Deutschland werden, die die Voraussetzung für einen demokratischen Neuaufbau bilden. Wir wünschen eine erfolgreiche Zusammenarbeit.

---

1  In der SBZ gab es an den Universitäten Betriebsgewerkschaftsgruppen des FDGB, die auch Studenten aufnahmen. Vgl. Müller; Müller: Sowjetisierung, S. 172 ff.

d) VVN Kreisvorstand Dresden; Egon Rentzsch

Der Kreisvorstand der VVN Dresden[2] entbietet Ihnen zu Ihrer bedeutungsvollen Tagung herzliche Glückwünsche und knüpft daran die Hoffnung, es möge Ihnen gelingen, die Einheit der deutschen Gewerkschaftsbewegung als der Massenorganisation aller Werktätigen die notwendige Voraussetzung für die wirtschaftliche, politische und kulturelle Einheit unseres Landes herzustellen. Möge Dresden eine neue Phase in der Entwicklung der einheitlichen deutschen Geschichte Ihrer Organisation aufschlagen.

e) Weitere Adressen etwa im gleichen Wortlaut liegen vor von:

Belegschaft, Betriebsrat und Betriebsgruppe Vereinigung der gegenseitigen Bauernhilfe (VdgB) Landesausschuss Sachsen

Jugendfunktionäre Land Sachsen in Zschorna

Belegschaft Zuckerfabrik, Goldbeck Kreis Osterburg

Konferenz der Gewerkschaftsleitung und Betriebsräte IG Bergbau, Oelsnitz

Belegschaft Staatsgut Tiefenau Grossenhain

FDGB Bezirksausschuss Berlin-Köpenick, Gewerkschaftsfunktionäre

Jugendfunktionäre FDGB Kreis Pirna

Angestellte Kreispolizeiamt Rochlitz/Saale

Landesvorstand FDJ Thüringen

Landestagung Gewerkschaft der Angestellten Mecklenburg

Betriebsrätekonferenz Oberlungwitz, Kreis Glauchau

Gewerkschaftsleitung Landesregierung Mecklenburg

Arbeitstagung des FDGB – Hauptabteilung II – Wirtschaftspolitik

FDGB Presse – Rundfunk

FDGB IG 15 Land Sachsen[3]

Dresdener Schutzpolizei, Betriebsrat

Zentralvorstand Holz, Sowjetische Zone

Betriebsgewerkschaftsgruppe Eisenwerk Gröditz

Betriebsgruppe Gewerbe, Werkstätten SMA Paniesz[4], Dresden

Gewerkschaftsfunktionärkonferenz Berlin-Köpenick

Funktionäre FDJ Kreis Zwickau

Belegschaft Eisenwerk Gröditz

Zonenvorstand IG Metall Sachsen-Anhalt

Gewerkschaftler der Engelhardt-Brauerei Halle

Freigewerkschaftsbund Ölsnitz/Vogtland

---

2   Zur Vereinigung der Verfolgten des Naziregimes (VVN) vgl. Reuter; Hansel: VVN.
3   Es handelt sich bei der IG 15 um die Industriegewerkschaft Öffentliche Betriebe und Verwaltungen. Vgl. Geschäftsbericht FDGB, S. 356–365.
4   Dieser Betrieb konnte nicht identifiziert werden.

Belegschaft Zwickauer Kohlenrevier

Ortsvorstand der IG. Nahrung und Genuss, Halle an der Saale

Belegschaft Freyberg-Brauerei, Halle

Fernsprechamt, Telegraphenbauamt Dresden

Postamt 24 Dresden-A

Stadtsparkasse Dresden

Landesbauernsekretariat der VdgB Dresden-N 6

Reichsbahnsparkasse Dresden

Öffentliche Versammlung in Niederpoyritz

Ministerium des Innern, Polizeiabteilung, Dresden-W 15

Konsumgenossenschaft Leipzig

FDJ-Funktionäre Land Mecklenburg

Betrieb SVK [Sozialversicherungskasse] Dresden[5]

Bahnhof Dresden-Friedrichstadt

Steinkohlenwerk Zauckerode

Jugendkommission Gewerkschaft der Angestellten, Landesvorstand Sachsen

IG Textil für die Sowjetische Besatzungszone

FDGB Kreisvorstand Zeitz

Jugendfunktionäre Kreis Chemnitz

Vorstand der Gewerkschaft der Lehrer und Erzieher Land Sachsen

Stadtkrankenhaus Pirna

FDGB Landesvorstand Sachsen-Anhalt

Belegschaft Volkseigene Zellstoffwerke Gröditz

Betriebsrat Länderregierung Sachsen

Betriebsgewerkschaftsleitung Landesregierung Sachsen

FDGB-Betriebsjugendfunktionärkonferenz Halle

Belegschaft Dresdener Gas-, Wasser-, Elektrizitätswerke

Gesamtbelegschaft Dresdener Verkehrsgesellschaft

Sozialversicherungsanstalt Sachsen Gewerkschaftsgruppe

Belegschaft Sozialversicherungskasse Dresden

Belegschaft Dresdener Gerberei, Treibriemen- und Textil-Leder-Fabrik

IG Graphisches Gewerbe, Ortsleitung Dresden

Aktivistenkonferenz der Dresdener Betriebe

---

5  In der SBZ war mit Befehl Nr. 28 der SMAD vom 28.01.1947 das Sozialversicherungswesen verstaatlicht und zentralisiert worden. Vgl. Herbst; Ranke; Winkler: DDR. Bd. 2, S. 930ff.

IG Graphisches Gewerbe der sowjetisch besetzten Zone

Belegschaft der Chemischen- und Metallschlauchfabrik, Zwickau

Belegschaft Konsumbäckerei 2, Dresden

IG Holz Mitgliederversammlungen in Cottbus und Guben

IG Holz, Kommission für Frauenfragen in Berlin

Belegschaft Handschuh- und Wirkwarenfabrik Schmidt & Wahrig, Burgstädt

Belegschaft Zuckerfabrik Nauen

Belegschaft Marmeladenfabrik Behrends & Burmeister, Werder/Havel

Märkische Ölwerke, Wittenberge

Versammlung der Betriebsarbeiter und Hausgehilfinnen in Wittenberge

IG 14 – Nahrung und Genuss, Ortsvorstand Zwickau

Vorstand der IG Bekleidung, Leipzig

Funktionäre IG Nahrung und Genuss aus Hefe-Fabrik Union, Brotfabrik Paetz, Joachim & Co.

FDGB Ortsausschuss Crimmitschau

Funktionäre FDGB Kreis Rochlitz

Rekord-Strickwarenfabrik, Volkseigener Betrieb in Zwickau-Planitz

Kreisvorstand FDGB Riesa-Großenhain

Kreisvorstand Dresden FDGB im Namen von 210.000 Mitgliedern

Kreisjugendkommission des FDGB Annaberg

Kreisvorstand FDGB Zwickau

Betriebsversammlung Beelitzer-Konservenfabrik-Zarbock in Beelitz

Weinkellerei und Konservenfabrik, Klötze

Belegschaft Zuckerfabrik Salzwedel

Belegschaft Zuckerfabrik Weferlingen

DOKUMENT 42c

## 3.–5. Februar 1948: Referat Ernst Lemmer: Gewerkschaften und Parteien.

**SAPMO-BArch. Akte 7. Interzonenkonferenz in Dresden vom 3.–5. Februar 1948. Protokoll, Vorbereitung und Auswertung. Maschinenschrift. DY 34/22980.**

Anlage 3 zum Beschlussprotokoll der 7. Interzonenkonferenz der deutschen Gewerkschaften vom 3.–5. Februar 1948 in Dresden

Kollege Ernst Lemmer, Berlin, Referat: »Gewerkschaften und Parteien«

Meine lieben Kollegen, ich habe aus zwei Gründen eigentlich eine gewisse Hemmung zu überwinden, wenn ich dieses kurz gedachte Referat über das Thema »Gewerkschaften und Parteien« hier behandeln soll. Einmal deshalb, weil ich sicherlich kaum Neues zu formulieren habe, denn über das Thema »Gewerkschaften und Parteien« ist schon viel diskutiert worden, auf soviel Kongressen der Gewerkschaftsbewegung aller Richtungen, auf Parteitagungen, dass es wohl höchstens darauf ankommt, die Gedanken ein wenig zu diesem Thema aufzufrischen und neu zu ordnen.

Und dann, weil eigentlich das Thema nach dem bewegten Verlauf des heutigen Tages aktueller lauten müsste: »Die Gewerkschaften und die Besatzungszonen« oder sogar »Die Gewerkschaften und ihre Besatzungsmächte«. Aber soviel Phantasie möchte ich nicht aufbringen, über dieses erweiterte Thema zu sprechen, obwohl zweifellos die Einheit der gewerkschaftlichen Entwicklung in unserem Lande zur Zeit weniger bedroht erscheint durch die Intoleranz der Parteiauffassungen als vielmehr durch die ganz große Politik, der gegenüber wir Deutsche uns nur in der Rolle des Objektes fühlen in der Lage sind. Die Themenstellung »Gewerkschaft und Parteien« ist durch einen Zufall auf mich gekommen, obwohl ich es dankbar empfinde, dass ich darüber sprechen darf, weil ich mich wohl als der Repräsentant einer gewerkschaftsgeschichtlichen Minderheit, nämlich der früheren Hirsch-Dunckerschen Bewegung[1], und – politisch – der christlich-demokratischen Gewerkschaftsauffassung fühlen darf. Die Minderheit wird immer den Ruf nach Toleranz erheben. Das ist in jeder Situation und in jeder Bewegung so; aber eine Mehrheit wird aus der Geschichte ebenso gelernt haben wie eine Minderheit, dass nämlich Einheit ohne Toleranz nicht möglich ist. Wenn die gewerkschaftliche Entwicklung unseres Landes einmal unter natürlichen Voraussetzungen möglich sein sollte, als das zur Zeit der Fall ist, dann wird der Erfolg mehr noch als heute davon abhängen, ob wir aus der Geschichte alle miteinander die Lehre gezogen haben, um zu größter Toleranz fähig zu sein, weil nur so dieser neuartige Versuch vollendet werden kann, der im Jahre 1945 in den trübsten Stunden unserer deutschen Geschichte begonnen worden ist.

Betrachtet es, Kollegen, nicht als irgendeinen Vorbehalt, wenn ich sage: Wir wollen uns über den Erfolg dieses bisherigen zweijährigen Versuchs nicht selbst täuschen. Es ist zwar nichts geschehen, was diesen glücklichen und von mir leidenschaftlich bejahten Versuch in Frage stellen könnte, aber die letzte Bewährung, ob es möglich ist, die Arbeiterschaft ohne Rücksicht auf ihre ideologische Herkunft gewerkschaftlich zu einigen – ob sie nun ihre geistige Prägung aus der Lehre eines Karl Marx erfahren hat oder ob sie ihre geistige Haltung aus christlich-demokratischen Anschauungen gewonnen hat –, das muss erst die weitere Entwicklung bestätigen. Aber wir wollen uns darüber klar sein, um zu einem positiven Ausblick aus den heutigen Spannungen zu kommen, dass wir deutschen Gewerkschafter diesen Weg der brüderlichen Solidarität und der gewerkschaftsideologischen Einheit weitergehen müs-

---

1  Gemeint ist die sozial-liberale Gewerkschaftsbewegung der Hirsch-Dunckerschen Gewerkvereine. Vgl. Fleck: Sozialliberalismus.

sen, weil der Verlauf unserer Geschichte zeigt, zu welcher Katastrophe die Zersplitterung und Spaltung der gewerkschaftlichen Kräfte geführt hat. Ich darf die Kollegen, die aus dem Majoritätsraume in die Einheitsgewerkschaft gewachsen sind, daran erinnern, dass es in den Jahren bis zum tragischen Geschehen im Ersten Weltkrieg kaum einen Parteitag der ehrwürdigen Sozialdemokratischen Partei gegeben hat, auf dem nicht das Thema Gewerkschaft und Partei eine große Rolle gespielt hat. Aber ein Blick in die Gewerkschaftsgeschichte lässt auch erkennen, dass man sehr wenig grundsätzlich gewesen ist, dass eigentlich der Standpunkt von taktischen Gesichtspunkten bestimmt war. Wenn wir beispielsweise auf dem Gewerkschaftskongress im Jahre 1872 in Erfurt die Formulierung vernahmen, dass es »die heiligste Pflicht der Arbeiter« sei, »allen Parteihader beiseite zu setzen, um auf dem neutralen Boden einer einheitlichen Gewerkschaftsorganisation wirken zu können«,[2] so spiegelt sich hier wider die damalige Spannung zwischen August Bebel und den Lassalleanern, wodurch die freigewerkschaftliche Bewegung schon wenige Jahre nach der Gründung, wie wir wissen, in ihrer Existenz ernstlich bedroht wurde. Nach der inneren Konsolidierung der Sozialdemokratischen Partei veränderte sich die Perspektive vollkommen. Nun ging es nicht mehr um das Beiseiteschieben des Parteihaders, sondern es ging nur noch um die Arbeitsteilung zwischen Partei und Gewerkschaft.

Trotz des temperamentvollen Verlaufs der Diskussion zwischen August Bebel und Carl Legien[3] kam man auf dem Mannheimer Parteitag der Sozialdemokratie doch immerhin zu der Feststellung, dass bei Aktionen, die die Interessen der Gewerkschaft und Partei gleichmäßig berühren, ein einheitliches Vorgehen herbeigeführt werden müsse. Dieses Mannheimer Abkommen[4] ist in die Geschichte der Arbeiterbewegung als ein bedeutender Vorgang eingegangen. Den zentralen Leitungen beider Organisationen wurde dadurch auferlegt, sich immer zu verständigen, um die Einheitlichkeit von Partei und Gewerkschaft zu wahren. Das war im Jahre 1914. In der Sonne solchen Glückes konnte man freilich nicht lange verharren. 1917 kam es infolge der verschiedenen Haltung zur Kriegspolitik erneut zur Spaltung. Sie führte zur Bildung zweier sozialistischer Parteien. Später wurden es sogar drei. Infolgedessen sah man sich auf dem ersten Gewerkschaftskongress nach dem Weltkrieg in Nürnberg veranlasst, das Mannheimer Abkommen völlig zu korrigieren.[5] Man war genötigt, auf eine neue Toleranzformel zu kommen

---

2  Vgl. Tenfelde: Gewerkschaftsbewegung, S. 126 f.

3  Carl Legien war Vorsitzender der 1890 gegründeten »Generalkommission der freien Gewerkschaften Deutschlands«. Vgl. Schönhoven: Freie Gewerkschaften, S. 283 ff.

4  Formal ist dieses Abkommen ein von August Bebel als Parteivorsitzender und Carl Legien als Vorsitzender der Generalkommission gemeinsam eingebrachter Antrag auf dem Mannheimer Parteitag der SPD 1906, der die Gleichberechtigung von SPD und freien Gewerkschaften regelte. Es heißt dort: »Die Gewerkschaften sind unumgänglich notwendig für die Hebung der Klassenlage der Arbeiter innerhalb der bürgerlichen Gesellschaft. Dieselben stehen an Wichtigkeit hinter der sozialdemokratischen Partei nicht zurück. [...] Beide Organisationen sind also in ihren Kämpfen auf gegenseitige Verständigung und Zusammenwirken angewiesen.« Vgl. Handbuch Parteitage SPD, S. 309 f.

5  Zur Entwicklung von 1906 bis zum Nürnberger Kongress vgl. Potthoff: Freie Gewerkschaften, S. 217–233.

und den Zusammenhalt der Gewerkschaften gegenüber dem Zwiespalt der politischen Arbeiterbewegung durch eine neue Formel zu sichern. Der Nürnberger Beschluss lautete: »Der 10. Kongress der Gewerkschaften Deutschlands erklärt, dass die Gewerkschaften die Arbeitnehmer unbeschadet der religiösen oder politischen Überzeugung des Einzelnen zu einheitlicher und geschlossener Aktion zur Wahrnehmung ihrer wirtschaftlichen Interessen vereinigen müssen«. Es wurde gleichzeitig festgestellt, das Mannheimer Abkommen habe eine einheitliche politische Interessenvertretung der deutschen Arbeiter zur Voraussetzung gehabt. In Nürnberg erklärte man, diese Voraussetzung sei nicht mehr vorhanden. Die Spaltung der Sozialdemokratischen Partei gefährdete auch die Einheit und Geschlossenheit der deutschen Gewerkschaften. Der Nürnberger Gewerkschaftskongress sah sich daher genötigt, die Neutralität der Gewerkschaften gegenüber den politischen Parteien erneut auszusprechen.

So war der Standpunkt im Jahre 1919. Dafür sind ja lebende Zeugen unter uns. Eine Reihe von Kollegen, die an diesen schon Geschichte gewordenen Debatten selbst teilgenommen haben, weilt heute unter uns und könnte manches dazu sagen. Kaum weniger interessant zu diesem Thema waren die Debatten im Juni 1922 auf dem Kongress der Freien Gewerkschaften in Leipzig. Der heute anwesende Kollege Fritz Tarnow brachte auf ihm folgende Formulierung vor, die es verdient, in die Erinnerung zurückgerufen zu werden:

»Die Einheitlichkeit der Gewerkschaftsbewegung haben wir im allgemeinen in gewerkschaftlichen Fragen. Und wenn wir den politischen Parteien ihre Aufgaben abnehmen wollten, wenn wir uns für politische Forderungen, namentlich solche, für welche die Einheitlichkeit bei den politischen Parteien fehlt, einsetzen wollen, würden wir höchstens erreichen, dass unsere Gewerkschaftsbewegung in ebenso viele Teile zerrissen würde, wie es die Parteien leider sind.«[6]

24 Stunden oder zweimal 24 Stunden später erschüttert diesen Kongress von Leipzig die Hiobsnachricht von der Ermordung Walter Rathenaus[7], die Theodor Leipart damals zu einer spontanen Reaktion veranlasste, um die Zersplitterung der gewerkschaftlichen und politischen Arbeiterbewegung zu beklagen. Am 25. Juni traten im Reichstagsgebäude zu Berlin unter dem Eindruck der Schüsse auf Walter Rathenau noch mit einer gesunden Reaktionsfähigkeit die Vorstände des ADGB, des AfA-Bundes, der Sozialdemokratischen Partei, der Unabhängigen Sozialdemokratischen Partei und der Kommunistischen

---

6 Der hier wiedergegebene Wortlaut weicht von dem offiziellen Kongressprotokoll geringfügig ab. Im Original folgt auf »... im allgemeinen in gewerkschaftlichen Fragen« der Nebensatz »wir haben sie aber nicht in politischen Fragen.« Der Schlusssatz lautet: »... daß unsere gewerkschaftliche Bewegung in ebenso viele Teile zerreißen würde, wie es die politische leider ist«. Vgl. Protokoll des 11. Kongresses der Gewerkschaften, S. 506.

7 Walther Rathenau war von Februar bis Juni 1922 deutscher Außenminister. Rathenau verfolgte das Prinzip, die Reparationsforderungen der Siegermächte aus dem Ersten Weltkrieg gegenüber Deutschland strikt zu erfüllen. Wegen dieser »Erfüllungspolitik« besonders von nationalistischen Gruppen angegriffen, wurde er auf einer Fahrt ins Auswärtige Amt ermordet.

Partei Deutschlands zusammen.[8] Aber es fehlten die Vertreter der Christlichen Gewerkschaften und es fehlten die Vertreter der Hirsch-Dunckerschen Gewerkvereine. Damals war der Blick für die gewerkschaftliche Konzentration noch nicht so weit geschärft, dass man es als einen Mangel empfunden hätte, ohne die Gewerkschafter der anderen Richtungen zu diesem herausfordernden Anschlag auf das Leben unserer jungen deutschen Demokratie Stellung zu nehmen. Aber auch bei den Arbeitern und Angestellten der Christlichen und Hirsch-Dunckerschen Bewegung fehlte es wahrscheinlich damals nicht weniger an der Erkenntnis, dass der gesellschaftliche und politische Fortschritt nur durch eine einheitliche Gewerkschaftsbewegung gesichert werden konnte. Auch auf zahlreichen Kongressen der Christlichen Gewerkschaften und der Hirsch-Dunckerschen Gewerkvereine ist in der Vergangenheit viel über das Thema des Verhältnisses zu den politischen Parteien diskutiert worden. Auf ihnen wurden in durchaus ähnlicher Weise die Gedanken erörtert, wie die Schwächung der gewerkschaftlichen Kraft durch Missbrauch seitens dieser oder jener Partei vermieden werden könnte. Um religiöser oder weltanschaulicher Werte willen sahen sich auch diese Gewerkschaftsrichtungen veranlasst, sich an befreundete politische Gruppen anzulehnen.

Meine Freunde, ich habe diesen Rückblick gegeben, weil ich glaube, dass er in gesunder Weise realisiert, um was es heute und um was es morgen in unserer gewerkschaftlichen Zusammenarbeit geht. Bei der bedrückenden Diskussion über die noch immer fragwürdige Zukunft unseres Volkes erscheint es als einer der wenigen Lichtpunkte, dass unter dem Eindruck des Zusammenbruches Hitlerdeutschlands wenigstens auf gewerkschaftlichem Gebiet wahr gemacht wurde, was Männer wie Wilhelm Leuschner[9], mein Freund Jakob Kaiser und andere bereits in Gesprächen vor 1933 als Ziel hingestellt hatten. Ich erinnere daran, dass in Besprechungen zwischen den gewerkschaftlichen Spitzenorganisationen insbesondere unmittelbar vor und nach der so genannten Machtübernahme durch den Nationalsozialismus Pläne aufgestellt wurden, um alle bisherigen Richtungen der ideologisch zersplitterten deutschen Gewerkschaften in einer einheitlichen Gewerkschaftsbewegung zusammenzufassen.[10] Leider war alles zu spät. Die Hitlerdiktatur zerschlug alle Voraussetzungen. Heute wissen wir, dass der letzte Versuch, in den ersten Monaten des Jahres 1933 gewissermaßen spontan noch zu einer Vereinigung der deutschen Gewerkschaften zu kommen, keine Aussicht mehr auf Erfolg hatte.

Die Tragödie, die uns alle, d. h. die Gewerkschaften aller Richtungen, zerschlug, nahm ihren Lauf. Kein Teil der früheren Gewerkschaften blieb verschont, und darum war es kein Zufall, dass nach dem Zusammenbruch die

---

8 Vgl. dazu Winkler: Arbeiterbewegung. 1918–1924, S. 486 ff. Am 27. Juni kam es zum »Berliner Abkommen« von Parteien und Organisationen der Linken über den Schutz der Republik. Die »Ultralinken« in der Führung der KPD um Ruth Fischer und Arkadij Maslow übten daran jedoch heftige Kritik. Am 3. Juli weigerte sich dann die KPD-Zentrale, weitere Absprachen mit diesen Organisationen einzugehen. Ebenda, S. 543.
9 Wilhelm Leuschner wurde nach dem Attentat am 20.07.1944 auf Adolf Hitler hingerichtet. Leithäuser: Wilhelm Leuschner.
10 Vgl. Beier: Vereinigte Gewerkschaften.

überlebenden Männer der drei früheren Gewerkschaftsrichtungen und der alten RGO, der kommunistischen Richtung der früheren Gewerkschaftsarbeit, die bereits während der Nazizeit in der Illegalität miteinander in Verbindung getreten waren, im Jahre 1945 einen Rückfall in die alte Zersplitterung nicht wollten. Von Anfang an bestand Klarheit darüber, dass unter keinen Umständen geistig und organisatorisch einfach wieder da angeknüpft werden sollte, wo wir 1933 hatten aufhören müssen. Trotz der mangelhaften Verbindungen, die 1945 bestanden, setzte sich in allen Zonen elementar der gleiche Wille durch, um eine zusammengefasste einheitliche deutsche Gewerkschaftsbewegung zu schaffen.

Lasst mich offen aussprechen, dass es nicht nur bei uns liegt, wenn unsere interzonale Zusammenarbeit bisher nicht immer frei von Missverständnissen und Trübungen gewesen ist. Wenn die Vision, die wir während der Nazizeit im Hinblick auf die Existenz einer neuen deutschen Gewerkschaftsbewegung hatten, sich in den letzten beiden Jahren nicht ganz erfüllt hat, so vielleicht deshalb, weil auf unsere gesamtdeutsche Entwicklung sich manche düsteren Schatten gesenkt haben, die ihren Ursprung in den beunruhigenden Dissonanzen zwischen den Sieger- und Besatzungsmächten haben. Das entbindet uns freilich nicht von der Verpflichtung, immer mehr aus eigener Initiative das nach dem Zusammenbruch Neugeschaffene zu vollenden. Allerdings gehört dazu, dass mit dem erforderlichen Takt und der gebotenen Großzügigkeit gehandelt wird. Ernste Stimmen der Kritik, in denen zum Ausdruck kommt, dass nicht überall in den Büros und Versammlungsräumen der Gewerkschaften auch ein wirklich neuer Geist lebendig ist, dürfen nicht überhört werden. Manche Kritik ist vielleicht berechtigt, manche gewiss auch unberechtigt.

Wir haben in den letzten Tagen beispielsweise auf der Landestagung der Christlich-Sozialen Union Bayerns distanzierte und vielleicht sogar drohende Ausführungen vernommen, die den Generalstreik in Bayern[11] als eine parteipolitische Demonstration auffassen wollten.[12] Nun ist es allerdings ein Zufall gewesen, dass in Bayern, wo zur Zeit eine reine CSU-Regierung existiert, sich nun in Missdeutung der gewerkschaftlichen Haltung der Argwohn herausgebildet hatte, der Generalstreik sollte die Position der bayrischen Regierung treffen. Ich teile diese Auffassung nicht. Inzwischen haben wir ja gehört, dass in verschiedenen deutschen Ländern Gewerkschaften auch gegen sozialdemokratische Regierung ähnliche Generalstreikbeschlüsse gefasst haben, nicht, weil sie einer Regierung Schwierigkeiten bereiten wollten, sondern doch nur deshalb, weil ein warnendes Signal der Welt gegenüber über die Situation der werktätigen Bevölkerung in diesem und jenem Landesteil gegeben werden sollte. Ich will gar nicht dazu Stellung nehmen, weil ich das vom Standort einer anderen Zone aus nicht kann. Ich will jedoch einmal sagen, wobei ich

---

11 Zur Demonstrations- und Streikwelle Anfang 1948 vgl. Gewerkschaften in Politik und Wirtschaft, S. 65.
12 Gemeint ist die Landesversammlung der CSU am 24./25.01.1948 in Marktredwitz, die die CDU auf dem Wege in eine innere Krise zeigte. Der dort noch bestätigte Parteivorsitzende Josef Müller wurde im Folgejahr von diesem Amt abgelöst und durch Hans Ehard ersetzt. Das markierte auch einen Kurswechsel. Vgl. Mintzel: Geschichte der CSU, S. 107 ff.

bitte, mich nicht wörtlich zu nehmen: Ich möchte mir wirklich vorstellen, dass es eine Situation geben könnte, wo die deutschen Gewerkschaften aller vier Zonen einen 24-stündigen Proteststreik durchführen, um der Welt gegenüber zum Ausdruck zu bringen, dass es drei Jahre nach der Beendigung des Krieges an der Zeit ist, das Leben eines großen Volkes endlich wieder unter Friedensrecht zu stellen.

Darin sind wir bei aller Einsicht in die große Verantwortung des deutschen Volkes für die furchtbare Tragödie, die ja nicht nur über unser Land gekommen ist, uns jedenfalls alle einig, dass das so komplizierte Leben eines Volkes nicht länger unter Kriegsrecht stehen kann. Die deutsche Bevölkerung freilich ist sich gar nicht einmal darüber im Klaren, dass wir uns noch im Kriegszustand befinden. Die neue Wirklichkeit unserer nationalen Existenz ist durch die bedingungslose Kapitulation der Hitler-Generale 1945 in Karlshorst bestimmt worden. Ihr folgte die Deklaration der vier Oberbefehlshaber in Deutschland vom 5. Juni 1946. Eine Deklaration, die kaum einer in Deutschland kennt, obwohl sie mit den Potsdamer-Beschlüssen die einzige Rechtsbasis des deutschen Zustandes von heute ist.[13] Durch sie wird nämlich festgestellt, dass die alliierten Mächte die Souveränität in Deutschland z. Zt. ausüben. Wir wissen, dass diese Souveränität nur im Zuge einer Entwicklung zurückgewonnen werden kann, aber wir haben den Wunsch, dass bald ein Anfang zu erkennen wäre.

Diese Bemerkung wollte ich hier einflechten, um damit zu sagen, dass die Forderung, die Gewerkschaften müssten unpolitisch sein, unhaltbar ist. Niemand von uns wird die Vorstellung haben, dass die Gewerkschaften neutral bleiben könnten, wenn es jetzt wieder einmal um die Sicherung einer demokratischen Entwicklung unseres Volkslebens geht. Die staatliche und gesellschaftliche Neugestaltung Deutschlands geht uns unmittelbar an, vor der Verantwortung dafür können und wollen wir uns nicht drücken. Die gewerkschaftliche Arbeit verliert ihren Boden, wenn über den Staat Mächte die Gewalt gewinnen, die ihn gegen die Arbeiterbewegung nur missbrauchen wollen. So war es in der Endphase der Weimarer Demokratie, als die soziale und politische Reaktion, vom schwerindustriellen und großagrarischen Flügel des Unternehmertums gelenkt, Hitler an die Macht brachte.[14] Als erstes wurden die Gewerkschaften zerschlagen. Sie können daher nicht unpolitisch sein! Unmöglich ist somit die Auffassung, die aus einer modernen Gewerkschaft einen unpolitischen »Interessentenhaufen« bilden will.

Die Gewerkschaft als ein wesentliches Element der Arbeiterbewegung stellt mehr dar. Darum darf ich auch zu der Entschließung, die Euch bereits vorliegt, darauf hinweisen, dass es sich keineswegs darum handelt, politisch indifferent zu sein, sondern dass es darum geht, unsere Arbeit parteipolitisch unabhängig zu halten. In unserer Arbeit muss außerdem das Gesetz der unbedingten religiösen Duldsamkeit beachtet werden. Es gilt, gegenüber der

---

13 Die »Juni-Deklaration«, die Rechtsbasis für Deutschland als Ganzes und die Rechte der Alliierten in ihren jeweiligen Zonen, ist wiedergegeben in Münch: Dokumente des geteilten Deutschland, S. 19–24.

14 Damit sprach Ernst Lemmer eine Einsicht aus, die vielen Zeitgenossen gewiss schien.

Zeit von vor 1933 einen neuen Stil in der Gewerkschaftsarbeit zu finden. Ich darf sagen, dass nicht in allen Gliederungen unserer neuen einheitlichen Gewerkschaftsbewegung in allen Zonen dieses Gesetz der parteipolitischen Unabhängigkeit und der religiösen Duldsamkeit genügend respektiert wird. Ich will einen Vorgang nur als Beispiel herausgreifen. Wenn auf einer Gewerkschaftstagung, einer Bundestagung, von der Lehrergewerkschaft ein Antrag eingebracht wird, der den Kongress auffordert zu beschließen, dass der Religionsunterricht als ordentliches Fach in den Schulen verboten und den Kirchen überlassen werden soll, dann glaube ich, sind wir in diesem Kreise einig, dass ein solcher Antrag wohl auf einen Parteitag gehört, aber unter keinen Umständen auf einen Kongress der Gewerkschaften.

Es gibt Gewerkschaftmitglieder, die offensichtlich darüber beunruhigt sind. Das ist auch auf einer Tagung christlich-demokratischer Gewerkschaften kürzlich zum Ausdruck gekommen.

Auf einer gesamtdeutschen Konferenz der Sozialausschüsse der CDU-CSU ist in Herne eine Entschließung gefasst worden, die mehr politische und religiöse Toleranz in den Gewerkschaften fordert.[15] Auf dieser Tagung, das darf ich bemerken, bekannten sich die christlich-demokratischen Gewerkschafter entschieden zur Zusammenarbeit in einer einheitlichen deutschen Gewerkschaftsbewegung. Dieses Bekenntnis wurde bestätigt durch die Anwesenheit von Hans Böckler, der an dieser Tagung als Vorsitzender des Deutschen Gewerkschaftsbundes der Britischen Zone teilnahm. Die christlich-demokratischen Gewerkschafter wollen positiv mitarbeiten. Wenn sie zu der bisherigen Entwicklung der einheitlichen Gewerkschaften in allen Zonen Mahnungen aussprechen, dann wollen sie damit nicht in irgendeine parteipolitische Polemik eintreten. Aber sie wünschen, dass sich die Gewerkschaften, die die Heimat für alle Arbeiter und Angestellten sein sollen, sich ihrerseits von jeglicher Parteipolitik distanzieren. In der Verlautbarung von Herne wird beispielsweise darüber geklagt, dass in Gewerkschaftsversammlungen im Westen die CDU und CSU und ihre Führer unberechtigt und verletzend für Schwierigkeiten verantwortlich gemacht werden, deren Ursachen und Gründe in ganz anderer Richtung gesucht werden müssen. Es ist allerdings so, dass es ja auch zu dem leidvollen Zustand unserer Politik gehört, dass bereits das Gesetz von Ursachen und Wirkungen außer Acht gelassen wird. Wie nach 1918 beschuldigen sich wiederum die demokratischen Kräfte gegenseitig, für diese oder jene Schwierigkeiten verantwortlich zu sein, für die ganz andere Elemente, nämlich die, die heute bereits beginnen können, sich als die lachenden Dritten der demokratischen Zwietracht zu betrachten, die wahrhaft Schuldigen sind.

Ich bin besonders dankbar, als Exponent einer historischen und ideologischen Minderheit unserer gewerkschaftlichen Zusammenführung durch dieses Referat die Gelegenheit gehabt zu haben, die Kollegen aller Zonen auf die Notwendigkeit hinzuweisen, die Einheit unserer Bewegung für alle Zukunft in den Prinzipien gegenseitiger Toleranz fest zu begründen. Diese

---

15 Gemeint ist offenbar die Tagung der Sozialausschüsse der CDU der Britischen Zone im Februar 1947 in Herne, vgl.: Gurland: CDU/CSU, S. 269 ff.

Toleranz muss auch äußerlich immer wieder ihren Ausdruck finden. Neben den großen Figuren der deutschen Arbeiterbewegung wie Karl Marx und Friedrich Engels wünschen wir auch Gestalten anderer Herkunft wie Bischof Ketteler, Adolf Kolping, Hinrich Johann Wiechern, Dr. Max Hirsch[16] und Franz Duncker[17] verehrt zu sehen. Denn sie alle gehören zu den Wegbereitern der modernen Arbeiterbewegung. Zum Schluss lasst mich hinzufügen und auf das Erfordernis hinweisen, dass insbesondere auch in der Schulungs- und Bildungsarbeit diese geistige Symphonie nicht übersehen wird, da wir nicht aus einer, sondern aus mehreren Wurzeln zusammengewachsen sind und zusammengefügt bleiben wollen.

DOKUMENT 42d

## 3.–5. Februar 1948: Auszüge aus den Ausführungen von Louis Saillant.

**SAPMO-BArch. Akte 7. Interzonenkonferenz in Dresden vom 3.–5. Februar 1948. Protokoll, Vorbereitung und Auswertung. Maschinenschrift. DY 34/22980.**

Anlage 4 zum Beschlussprotokoll der 7. Interzonenkonferenz der deutschen Gewerkschaften vom 3.–5. Februar 1948 in Dresden

Aus den Übersetzungen der Ausführungen des Generalsekretärs des Weltgewerkschaftsbundes Louis Saillant:

»Ich glaube, dass die bisherigen Arbeiten Eurer Interzonenkonferenzen von großem Nutzen für Euch und für den WGB waren. Wir haben in Eurer Konferenz gesehen, dass verschiedene Gesichtspunkte und verschiedene Arten, die Dinge und Sachen zu betrachten, manifestiert wurden. Das ist Demokratie. Und wenn nach Erörterungen der verschiedenen Gesichtspunkte eine allgemeine Meinung zum Ausdruck kam, dann zeugt dies davon, dass Sie versucht haben, sich so nahe wie möglich zu kommen, um Beschlüsse zu fassen.

Bisher wurden die Beschlüsse auf den Interzonenkonferenzen einstimmig gefasst mit Ausnahme von Bad Pyrmont, wo Sie zwei Resolutionen angenommen haben. Diese beiden waren miteinander verbunden durch dasselbe Prinzip, d. h. die Anerkennung des Prinzips der Gewerkschaften. Es bestand nur ein Unterschied bezüglich der Durchführung. Heute bin ich dabei, wie Sie eine Debatte über die Durchführung haben ...«

---

16  Max Hirsch (30.12.1832–26.06.1905), Verlagsbuchhändler, Kaufmann, 1864 Mitglied des ständigen Ausschusses der deutschen Arbeiterbildungsvereine, 1868 Gründung der Deutschen Gewerkvereine (Hirsch-Dunckersche Gewerkvereine).

17  Franz Duncker (4.06.1822–18.06.1888), Verlagsbuchhändler, 1859 Mitgründer des Deutschen Nationalvereins, 1861 Mitgründer der Deutschen Fortschrittspartei, 1867–1869 Mitglied des Reichstags des Norddeutschen Bundes, 1868 Vorsitzender der Musterstatutenkommission zur Gründung Deutscher Gewerkvereine, 1868/69 Vorsitzender der Zentralkommission der Gewerkvereine, 1871–1877 MdR.

»Ich frage mich, was die deutschen Arbeiter denken würden, wenn die Sitzung des heutigen Tages durch Radio überall verbreitet werden würde. Wir sind uns alle darüber einig, dass die deutschen Arbeiter wahrscheinlich nicht damit zufrieden wären, zum mindesten würden sie nicht verstehen, dass 10, 12, 14, sagen wir 20 Kollegen soviel Zeit gebrauchen, um sich darüber einig zu werden, was sie sind. Ich bin der Vertreter des WGB und möchte sagen, dass Sie für mich die deutsche Gewerkschaftsbewegung vertreten. Ich bitte Sie, Beschlüsse zu fassen, die die Qualität der Vertretung befestigen. Könnt Ihr Euch darüber nicht einigen?

Ich kann mir nicht vorstellen, dass das nicht möglich sein soll. Ich möchte Euch den Ernst meines Denkens bekannt geben. Wir haben einige Plätze hier, die leer sind. Das sind die Stühle der französischen Delegation. Ich habe nicht nötig, noch besonders zu unterstreichen, dass dieser Umstand wahrscheinlich einen Sturm in Frankreich aufwirbeln wird. Ich kann Euch versichern, dass der französische Gewerkschaftsbund einstimmig einen sehr heftigen Protest veröffentlichen wird. Glaubt Ihr, dass dieser Protest eine große und volle Auswirkung haben kann, wenn es heute eine Demonstration gibt, die beweist, dass Ihr nicht wisst, welche Kompetenzen Ihr habt?

Wie Ihr wisst, bin ich Franzose. Das wird mich nicht daran hindern, morgen öffentlich zu sagen, was ich von der französischen Regierung halte, die verhindert hat, die Delegation der Französischen Zone hierher kommen zu lassen. Aber wenn ich im Namen des WGB und als französischer Teilnehmer Eure Interzonenkonferenz zu verteidigen bereit bin, dann müsst auch Ihr als Deutsche selber Eure Interzonenkonferenz verteidigen.

Wisst Ihr, was nach Pyrmont geschehen ist? Wir haben im WGB Bericht darüber erhalten, dass ein Delegierter der Arbeitsdivision in der Französischen Zone nach der Konferenz von Bad Pyrmont zu den einzelnen Delegierten der Konferenz gegangen ist, und was hat er ihnen gesagt? Zunächst, dass die Interzonenkonferenz von Bad Pyrmont keine Macht hatte, dass sie keine Kompetenz hatte und dass diese Konferenz von Bad Pyrmont keine günstige Maßnahme für die deutsche Gewerkschaftsbewegung festgelegt hat. Ich kenne jetzt den Namen dieses Beamten. Ich werde ihn sehen. Ich betrachte es als eine schlechte Arbeit, die er gemacht hat. Ich bin sogar der Meinung, dass er meinem Lande schlecht gedient hat, weil er einen Zustand der Demoralisierung in die Köpfe der Gewerkschafter hineingetragen hat …«

»Ich weiß auch, dass es in Deutschland noch Unternehmer und reaktionäre Kräfte gibt, die in Machtpositionen sind, und dass es deren Tendenz ist, sich gegen die Gewerkschaftsbewegung zu wenden und gegen sie zu kämpfen. Ich weiß, dass die deutschen Funktionäre eine riesengroße Arbeit zu erfüllen haben, um die deutschen Arbeiter davon zu überzeugen, dass sie aktiv in der deutschen Gewerkschaftsbewegung sein müssen. Alles, was diese Gewerkschaftsfunktionäre demonstrieren könnten, muss verdammt werden.

Ich bin mit dem Kollegen Richter einverstanden: Man muss nicht mehr machen, als es die Verhältnisse gestatten. Er ist auch sicher mit mir einverstanden, wenn ich sage, dass man nicht weniger machen muss, als es die

Umstände gestatten. Wenn Sie die moralische Autorität der Interzonenkonferenz verringern, werden sie weniger machen, als Sie machen können. Ich bin gewiss damit einverstanden, dass die Demokratie vom gewerkschaftlichen Standpunkt aus darin besteht, dass man auf der Basis von unten nach oben die Beschlüsse fasst. Ich habe vorhin dem Kollegen Tarnow zugehört, wie er erklärt hat, wie die Haltung und die Stellung eines Gewerkschaftsfunktionärs sein muss. Ich bin nicht ganz damit einverstanden.

Wenn ich mich in Gewerkschaftsversammlungen davon überzeugt habe, dass ich beständig mit der Mehrheit der Gewerkschaftskollegen nicht übereinstimme, werde ich darüber sehr lange nachdenken. Und wenn ich einen gewissen Augenblick meine Meinung den Gewerkschaftern aufdrängen wollte, sogar im Namen eines demokratischen Prinzips, dann würde ich zögern, weil ich der Meinung bin, dass die Demokratie nicht dazu da ist, eine Meinung aufzudrängen, sondern eine Meinung zu formen …«

»Ich glaube, man muss im praktischen Gewerkschaftsleben nicht eine Demokratie anwenden, die von oben nach unten geht. Man muss eine Demokratie in annehmlicher Weise fungieren lassen, von unten nach oben. In einer solchen Demokratie fühlen sich die Funktionäre am wohlsten. Sie werden sich niemals irren, wenn Sie in einer solchen Demokratie leben. Ich glaube, in der gegenwärtigen Periode unter Berücksichtigung der Umstände haben Sie heute und morgen eine große Pflicht zu erfüllen. Die Hoffnungen, die in Euch gesetzt sind, zu erfüllen, die deutschen Arbeiter erwarten von Euch eine Bekräftigung Eurer gemeinsamen Arbeit. Ich glaube, wenn ich dies sage, dass ich mich nicht irre. Ich glaube aber auch, Euch sagen zu können, dass unsere Organisation in der ganzen Welt, die die Berichte über Eure Interzonenkonferenz lesen, dieselben Organisationen, die bereit sind, Euch auf der Basis der vollkommenen Gleichberechtigung zu empfangen, würden sehr enttäuscht sein, wenn sie morgen oder übermorgen hören sollten, dass Ihr die Qualität Eurer Interzonenkonferenzen nicht aufrechterhalten oder weiter entwickeln könntet. In Prag haben die Vertreter aller Gewerkschaftsorganisationen des WGB die Resolutionen angenommen, dieselben Resolutionen, die während Stunde um Stunde und sogar Tage innerhalb einer Kommission diskutiert worden waren. Wir sind zu folgender Formel gekommen: Die Interzonenkonferenzen werden von uns als der Ausdruck der allgemeinen Meinung der Gewerkschaften Deutschlands angesehen. Das steht schwarz auf weiß. Wollen Sie uns morgen vis-a-vis einer großen Leere lassen, soll morgen etwa der Ausdruck der Gewerkschaftsbewegung nicht mehr bestehen oder geschwächt sein? Kollegen, ich beschwöre Euch, jeder von Euch soll Anstrengungen machen, um nicht eine Verwirrung zu schaffen, die von einer ganz ernsten Bedeutung wäre und auf die Einstellung der anderen Organisationen der Welt einen schlechten Eindruck machen würde. Ich sage Euch das aus dem tiefsten Grunde meines Herzens.«

Erklärung

Louis Saillant nach der Beschlussfassung über die Einsetzung eines Zentralrates:

Der Beschluss, der eben gefasst wurde, hat nicht nur eine große nationale, sondern auch eine weltpolitische Bedeutung. Ich bin sehr erfreut, dass ich diesem Augenblick hier beiwohnen konnte. Während Eurer Diskussion über die Einheit habe ich geschwiegen und bin mit viel Aufmerksamkeit Eurer Debatte gefolgt. Ich kann Euch sagen, dass Euer Beschluss ganz besonderen Wert hat und von besonderer Wichtigkeit ist, denn Ihr habt ihn frei und freiwillig gefasst. Ich möchte hinzufügen, dass dieser Beschluss von allen Mitgliedern des Weltgewerkschaftsbundes ebenso freudig begrüßt werden wird, wie ich ihn begrüße. Euer Zentralrat wird eine sehr große Rolle spielen in der Periode, in die Ihr jetzt eintreten werdet. Ich bin der Meinung, dass er Eurem Kongress, wenn er stattfinden wird, eine große Kraft geben wird. Ich habe das Gefühl, dass Ihr dank Eures Zentralrates in der Lage sein werdet, alle Widerstände zu beheben, die anlässlich Eures gesamtdeutschen Gewerkschaftskongresses noch in Erscheinung treten werden. Eine besondere Aufgabe wird dem Zentralrat darin erwachsen, dass er alle diejenigen von der Notwendigkeit der Durchführung des gesamtdeutschen Kongresses zu überzeugen hat, die prinzipiell mit der Einberufung des Kongresses nicht einverstanden sind.

Als ich zu Euch kam, war ich davon überzeugt, dass ich mit Euch gemeinsam einen weiteren Schritt vorwärts tun könnte. Während der ganzen Tagung war ich davon überzeugt, dass es Euch in der harten Diskussion, die Ihr geführt habt, gelingen wird, Euch einig zu werden. Heute seid Ihr einig geworden. Ich weiß nicht, ob ich Eurer nächsten Interzonentagung beiwohnen kann. Eine Erklärung, die ich Euch bisher nicht machen wollte, wird Euch die Aufklärung dafür geben. Seit 5 Monaten verweigert die amerikanische Regierung dem Kollegen van Binneveld, dem Vertreter des WGB für die Verbindung mit den deutschen Gewerkschaften, die Ausstellung eines Visums, um die Amerikanische Zone bereisen zu dürfen. Auf der letzten Tagung des Kontrollrates habe ich eine Erklärung entgegengenommen, in welcher mir dargelegt wurde, dass man auch mir ein Visum für die Amerikanische Zone verweigern würde. Das ist eine sehr demokratische Verweigerung, aber es ist eine Verweigerung. Es ist vielleicht möglich, dass der Weltgewerkschaftsbund dadurch nicht imstande wäre, einen Vertreter zu Eurer nächsten Interzonenkonferenz zu entsenden, wenn diese in der Amerikanischen Zone stattfindet. Nichtsdestoweniger werden wir bis zu diesem Zeitpunkt alles versuchen, um dieses Visum zu bekommen. Wenn wir also auf der 8. Interzonenkonferenz nicht anwesend sind, dann wisst Ihr, warum.

Das hindert uns nicht daran, volles Vertrauen in Eure Gewerkschaftskomitees zu haben. Die Einheit der deutschen Gewerkschaften wird bereits in dem von Euch soeben beschlossenen Zentralrat zum Ausdruck kommen. Ihr wisst, dass die Einheit eine kraftvolle Quelle neuer Kräfte ist. Die Gewerkschaftseinheit ist der natürliche Quell für die Kraft der Gewerkschaftsbewegung. Ihr habt Eurem Land ein großes Beispiel gegeben in einem Augenblick, wo man viel von Spaltungen der Arbeiterbewegung in anderen Ländern hört. Es ist etwas sehr Erhebendes, dass Ihr allen eine Lektion durch Eure beschlossene Einheit gebt. Ihr demonstriert damit, dass Ihr nicht vergessen habt, dass die

Teilung und Spaltung der Arbeiterbewegung zum Militarismus geführt hat. Diejenigen, die die europäische Arbeiterbewegung spalten wollen, werden auf Euren einmütig gefassten Beschluss zur Einheit stoßen. Es wird gut sein, dass Ihr das niemals vergesst.

Ich hoffe, dass auch Eure Einheit Gelegenheit geben wird, ein großes Programm wirtschaftlicher, sozialer und politischer Aufgaben herauszuarbeiten. Eure Einheit gibt mir die Überzeugung, dass Ihr in Deutschland einer neuen Gesellschaftsordnung entgegengeht. Durch sie werdet Ihr zur Unabhängigkeit und zur Freiheit kommen. Durch sie werdet Ihr zur Schaffung eines neuen demokratischen und sozialen Regimes gelangen. Durch Eure Einheit werdet Ihr eine kraftvolle Schranke den internationalen und nationalen kapitalistischen Interessen setzen. Ich möchte Euch daher für Eure weitere Arbeit noch einen guten Erfolg wünschen, einen vollen Erfolg, und will Euch versichern, dass der Weltgewerkschaftsbund in Eurem weiteren Bemühen an Eurer Seite stehen und Euch helfen wird. Ich weiß nicht, wann wir uns wiedersehen. Ich freue mich, dass ich hier neue Freunde gefunden habe. In jedem Fall hoffe ich, dass wir uns auf dem nächsten Weltgewerkschaftskongress im September dieses Jahres sehen werden. Vielleicht sehen wir uns schon früher. Das Wichtigste ist, dass wir alle, die einen wie die anderen, unsere Pflicht erfüllen. Gestattet mir, am Schluss zu sagen, es lebe die Gewerkschaftseinheit der ganzen Welt.

DOKUMENT 42e

## 3.–5. Februar 1948: Bericht von der 7. Interzonenkonferenz.

**SAPMO-BArch. Akte 7. Interzonenkonferenz in Dresden vom 3.–5. Februar 1948. Protokoll, Vorbereitung und Auswertung. Maschinenschrift. DY 34/22980.**

Anlage 5 zum Beschlussprotokoll der 7. Interzonenkonferenz der deutschen Gewerkschaften vom 3.–5. Februar 1948 in Dresden

Zentralrat der deutschen Gewerkschaften beschlossen: Bericht von der 7. Interzonenkonferenz in Dresden

Vom 3. bis 5. Februar 1948 tagte in Dresden die 7. Interzonenkonferenz der deutschen Gewerkschaften.

Die Konferenz wurde vom sächsischen Ministerpräsidenten Max Seydewitz, vom Oberbürgermeister der Stadt Dresden Walter Weidauer, dem 1. Vorsitzenden des FDGB Land Sachsen Rudolf Eckert, vom Generalsekretär des WGB Louis Saillant und vom Oberst Artemjew als Vertreter der SMAD begrüßt.

Von dem Vertreter des WGB, Louis Saillant, wurde in seiner Begrüßungsansprache der Hoffnung Ausdruck gegeben, dass trotz aller bestehenden Schwierigkeiten im Hinblick auf die Bedeutung, die die deutschen Gewerkschaften in Zukunft in der internationalen Arbeiterbewegung haben, diese Konferenz in der Gestaltung eines neuen deutschen Gewerkschaftswesens einen weiteren Schritt vorwärts machen wird.

Mit größtem Bedauern wurde von den Vertretern aller Zonen das Fehlen der Delegierten der französisch besetzten Zone zur Kenntnis genommen. Es wurde einstimmig beschlossen, einen Schritt beim Kontrollrat zu unternehmen, um für die Zukunft die Teilnehmer der Vertreter aller Zonen zu sichern. Die Konferenz ist sich bewusst, dass dieses Vorgehen von den Gewerkschaftsorganisationen der französisch besetzten Zone unterstützt wird, die in Telegrammen ihre enge Verbundenheit mit dieser Konferenz zum Ausdruck gebracht haben.

Der bedeutsame Verlauf der Konferenz war von dem gemeinsamen Willen zur weiteren Festigung und Vertiefung der gesamtdeutschen Gewerkschaftsbewegung getragen.

Über die politische Haltung der Gewerkschaften und ihr Verhältnis zu den demokratischen Parteien referierte Ernst Lemmer, Berlin, dessen Ausführungen in einer einstimmig angenommenen Entschließung durch die Konferenz bestätigt wurden. Die Gewerkschaften betonen allen Parteien gegenüber ihre volle Unabhängigkeit und bekennen sich zur parteipolitischen und religiösen Neutralität. Sie machen diesen Grundsatz der gegenseitigen Achtung und Toleranz ihren Mitgliedern zur Pflicht. Die Gewerkschaften erwarten von den politischen Parteien, dass sie in den politischen Körperschaften, den Parlamenten und Regierungen die gewerkschaftlichen Forderungen unterstützen.

Von entscheidender Bedeutung für die weitere Entwicklung der deutschen und der internationalen Gewerkschaftsbewegung war der einmütige Beschluss der Konferenz, im Zuge der weiteren Konzentration und zur Stärkung der gewerkschaftlichen Kräfte den Zentralrat der Deutschen Gewerkschaftsbewegung zu bilden. Der Zentralrat wird die Zusammenfassung aller deutschen Gewerkschaftsbünde und mit stärkeren Vollmachten ausgestattet sein als die bisherigen Interzonenkonferenzen. Er wird so zeitig in Funktion treten, dass der im September tagende 2. Kongress des WGB zu dieser Tatsache Stellung nehmen kann. Der Zentralrat der deutschen Gewerkschaften soll alsbald nach seiner Konstituierung den geplanten gesamtdeutschen Kongress der Gewerkschaften vorbereiten und einberufen.

Louis Saillant wies in bewegten Worten darauf hin, dass dieser Vorgang ein beachtlicher Beitrag für den Weltfrieden und für die nationale und internationale Solidarität der deutschen Arbeitnehmer ist und geschichtliche Bedeutung hat.

Ein Bericht über die erste Interzonale Tagung der Gewerkschaftsjugend lag schriftlich vor und wurde von der Konferenz zustimmend zur Kenntnis genommen.

Die in allen Fragen einmütig gefassten Beschlüsse sind trotz des Fehlens der Delegation aus dem französisch besetzten Gebiet Ausdruck des gesamtdeutschen Gewerkschaftswillens. Sie sind ein Beitrag der deutschen Gewerkschaftsbewegung zur Herstellung eines geeinten Deutschlands und zum Wiederaufbau seiner Wirtschaft und seiner Kultur.

Die Interzonenkonferenzen treten weiter zusammen, bis der Zentralrat seine Funktion aufnimmt.

Die nächste Interzonenkonferenz wird vom 12. bis 14. Mai 1948 in der amerikanisch besetzten Zone Deutschlands durchgeführt werden.

DOKUMENT 42f

## 3.–5. Februar 1948: Erklärung der Sowjetischen Zone und Berlins.

**SAPMO-BArch. Akte 7. Interzonenkonferenz in Dresden vom 3.–5. Februar 1948. Protokoll, Vorbereitung und Auswertung. Maschinenschrift. DY 34/22980.**

Nachdem durch Erklärung der britischen und amerikanischen Delegationen trotz der Ablehnung durch die Delegationen aus der sowjetisch besetzten Zone und Groß-Berlin an der Einstellung betr. Errichtung eines Zentralrates durch Delegation der Bünde festgehalten wurde, gaben die Delegierten der Sowjetischen Besatzungszone und Groß-Berlins diese zustimmende Erklärung ab:

Erklärung der Delegation der sowjetisch besetzten Zone und Groß-Berlins zur Bildung des Zentralrates der deutschen Gewerkschaften

In Anbetracht der Tatsache, dass die auch von uns erkannte Notwendigkeit der schnellsten Bildung eines Gewerkschaftszentrums durch einen deutschen Gewerkschaftskongress nach den Erklärungen der Vertreter der anderen Delegationen nicht möglich ist, stimmen wir dem Vorschlag der Britischen und Amerikanischen Zone, einen Zentralrat auf der Grundlage von Delegationen der Bünde zu bilden, zu.

Dabei wird vorausgesetzt:

1. dass die Delegierten für den Zentralrat durch die satzungsgemäßen Körperschaften der Bünde gewählt werden,

2. dass die Aufgaben des Zentralrates und seine Befugnisse in einer Satzung festgelegt werden,

3. die Interzonenkonferenzen haben die erforderlichen Vereinbarungen mit den Bünden zu treffen,

4. zu den Aufgaben des Zentralrates gehört unter anderem die Vorbereitung und Einberufung des bereits von der 6. Interzonenkonferenz beschlossenen deutschen Gewerkschaftskongresses,

5. bis zur Konstituierung des Zentralrates und die Aufnahme seiner Arbeit bleiben die Interzonenkonferenzen bestehen.

Dresden, den 4. Februar 1948

DOKUMENT 42g

## 3.–5. Februar 1948: Zur vorläufigen Annahme der »Grundsätze und Aufgaben zur Vereinigung der deutschen Gewerkschaften« und Deklaration zur Frage »Was ist Demokratie?«.

**DGB-Archiv im AdsD. Gewerkschaftsrat der vereinigten Zonen. Maschinenschrift. 5/DGAB 144.**

Erläuterungen betreffend Grundsätze und Aufgaben zur Vereinigung der deutschen Gewerkschaften und Deklaration zur Frage »Was ist Demokratie?«

Die Grundsätze und Aufgaben zur Vereinheitlichung der deutschen Gewerkschaften sind von der gesamten Interzonenkonferenz als Vorlage für weitere Beratungen in erster Lesung, von den Delegierten der Britischen und Amerikanischen Zonen jedoch mit der Maßgabe, dass sie nur in Verbindung mit der Deklaration zur Frage »Was ist Demokratie?« Geltung haben können, angenommen.

Deklaration zur Frage »Was ist Demokratie?«[1]

I. Die Gewerkschaften vertreten die sozialen und wirtschaftlichen Interessen der Arbeitnehmerschaft in der Wirtschaft, im Staat und in der Gesellschaft.

Die Gewerkschaften erklären sich unabhängig vom Staat, vom privaten wie öffentlichen Unternehmertum und von den politischen Parteien. Gegenüber den politischen Parteien erklären sie ihre Neutralität mit der Maßgabe, dass sie von ihnen die politische und gesetzgeberische Förderung der gewerkschaftlichen Interessen und Forderungen erwarten und dass danach jede Partei das Verhältnis zwischen sich und den Gewerkschaften selbst bestimmt.

Die Gewerkschaften kämpfen für die Gewährung und Sicherung der menschlichen Grundrechte und Freiheiten für alle, die sich der Verpflichtung unterwerfen, die Rechte und Freiheiten der anderen zu respektieren. Die Sicherstellung der Menschenrechte kann nur im Rahmen einer demokratischen Staatsordnung erreicht werden, in der die Staatsgewalt vom Volke ausgeht und alle Organe des Staates der Bestimmung und Kontrolle des Volkes unterstellt sind.

II. Da die Existenz und die Tätigkeit der Gewerkschaften nur in der Freiheit einer demokratischen Staatsordnung gesichert sind, gehört der Kampf für die Verwirklichung der Demokratie zu ihren wichtigsten Aufgaben.

Die Gewerkschaften verstehen unter Demokratie eine gesellschaftliche Ordnung, durch die Staatsverfassung und konstitutionelle Einrichtungen gewährleistet sein müssen:

1. Eine aus allgemeinen und freien Wahlen mit gleichem Stimmrecht hervorgegangene Volksvertretung mit dem alleinigen Recht der Gesetzgebung und dem Recht, die Regierungen einzusetzen und abzusetzen.

---

1 Vgl. Dok. 41.

2. Die Freiheit der Meinung und ihrer Äußerung in Wort und Schrift, die Freiheit der Vereinigung und der Versammlung sowie die Freiheit der religiösen und weltanschaulichen Betätigung. Die Gewährung dieser Freiheiten schließt einschränkende Maßnahmen gegen solche Bestrebungen nicht aus, die gegen diese Freiheiten gerichtet sind oder ihren Bestand bedrohen. Maßnahmen dieser Art dürfen aber nur dann zulässig sein, wenn sie durch die ordentliche Gesetzgebung angeordnet sind und ihre Durchführungen den Organen der normalen Rechtspflege vorbehalten sind.

3. Die Verpflichtung des Staates, das Leben, die Freiheit und das Eigentum jedes Bürgers gegen willkürliche Eingriffe zu schützen. Freiheitsentzug, Haussuchungen und Eigentumsbeschlagnahme dürfen nur aufgrund geltender Gesetze und nach Anordnungen durch einen ordentlichen Richter durchgeführt werden. In Fällen polizeilich notwendiger Sofortmaßnahmen muss die richterliche Sanktion innerhalb 24 Stunden nachgeholt werden.

III. Um der geistigen Verwirrung entgegenzutreten, die vom Faschismus durch den Missbrauch des Wortes »Demokratie« hervorgerufen wurde, und um das Verständnis für den Unterschied zwischen demokratischen und nichtdemokratischen Staatsformen zu erleichtern, stellten die Gewerkschaften als Kennzeichen einer antidemokratischen Staatsform ausdrücklich fest:

1. Wo die Staatsleitungen unabhängig von freien Wahlen durch das Volk die Macht übernommen haben und sich der Kontrolle durch eine frei gewählte Volksvertretung entziehen – dort ist keine Demokratie.

2. Wo Volksabstimmungen und Wahlen durchgeführt werden, ohne dass die Freiheit der Meinung und ihrer Äußerung in Wort und Schrift besteht, wo eine freie unabhängige Presse und Literatur zur Bildung und als Sprachrohr der öffentlichen Meinung nicht zugelassen sind, wo die Mittel der öffentlichen Meinungsbildung zur alleinigen Verfügung der Staatsmacht und der herrschenden Schicht monopolisiert sind, wo infolgedessen freie Wahlen überhaupt nicht möglich sind – dort ist keine Demokratie.

3. Wo eine Kritik an der Staatspolitik verboten ist, verfolgt und mit Repressalien bedroht wird – dort ist keine Demokratie.

4. Wo die Staatsgewalt verbunden ist mit einer monopolisierten und privilegierten Partei und andere politische Parteien und Bewegungen verboten sind oder unterdrückt werden – dort ist keine Demokratie.

5. Wo es eine geheime politische Staatspolizei gibt, die außerhalb der Gesetze und der normalen Rechtspflege steht und ohne Kontrolle durch eine demokratische Volksvertretung die Bevölkerung terrorisieren kann – dort ist keine Demokratie.

6. Wo es Konzentrationslager, Zwangsarbeit und ähnliche Einrichtungen gibt, in denen der herrschenden Schicht erlaubt ist, Missliebige ohne Gesetze und Richterspruch ihrer Freiheit zu berauben, wo Beauftragte der Staatsgewalt die sich in ihrer Gewalt befindlichen Gefangenen misshandeln oder foltern, ihre Gesundheit und das Leben vernichten können, ohne dafür zur Verantwortung gezogen zu werden – dort ist keine Demokratie.

Indem hiermit einige der wesentlichen Kennzeichen hervorgehoben sind, von denen jedes einzelne genügt, um eine Staatsform zu erkennen, die im schärfsten Gegensatz zur Demokratie steht und die in der Gestalt des verbrecherischen Nazistaates den tiefsten Abscheu und die Verachtung der ganzen zivilisierten Welt hervorgerufen hat, bekennen sich die deutschen Gewerkschaften zu einer wirklichen Demokratie der Freiheit, der Menschlichkeit und des Respekts vor der Menschenwürde.

DOKUMENT 42h

## 3.–5. Februar 1948: Entschließung zur politischen Stellung der Gewerkschaften und ihr Verhältnis zu den politischen Parteien.

**SAPMO-BArch. 7. Interzonenkonferenz in Dresden vom 3.–5. Februar 1948. Protokoll, Vorbereitung und Auswertung. Maschinenschrift. DY 34/22980.**

Entschließung der 7. Interzonenkonferenz der Deutschen Gewerkschaften über die politische Stellung der Gewerkschaften und ihr Verhältnis zu den politischen Parteien:

Es ist Aufgabe der neuen deutschen Gewerkschaften, an der Herstellung eines geeinten Deutschland durch den Wiederaufbau der Wirtschaft, der sozialen Gesetzgebung und eines neuen kulturellen Lebens wirtschaftlich und politisch maßgebend mitzuwirken.

Die Wahrnehmung der Interessen aller Lohn- und Gehaltsempfänger bestimmt ihre Haltung bei der Mitwirkung an der Lösung solcher Aufgaben, die politischer Natur sind und die in ihrer Bedeutung über das Gebiet der engeren Wirtschaft und Sozialpolitik hinausreichen.

Das politische Leben wird durch die politischen Parteien gestaltet und entwickelt. Die neuen deutschen Gewerkschaften können jedoch ihre Aufgabe nicht unbeeinflusst von dem politischen Geschehen erfüllen. Die Gewerkschaften betonen jedoch den Parteien gegenüber ihre volle Unabhängigkeit und bekennen sich zur parteipolitischen und religiösen Neutralität. Sie machen diesen Grundsatz der gegenseitigen Achtung und Toleranz ihren Mitgliedern, die sich ihr ohne Rücksicht auf Geschlecht, Rasse, Partei und Glaubensbekenntnis angeschlossen haben, zur Pflicht.

Die Gewerkschaften erwarten von den politischen Parteien, dass sie in den politischen Körperschaften, den Parlamenten und Regierungen, die gewerkschaftlichen Forderungen unterstützen. Das Verhältnis der Gewerkschaften zu den einzelnen Parteien bestimmen die Parteien selbst durch ihr Verhalten gegenüber den Gewerkschaften. Es wird von Fall zu Fall wieder davon beeinflusst werden, in welchem Maße die Parteien die Forderungen der Gewerkschaften unterstützen bzw. sie zu ihren eigenen machen.

Die Gewerkschaften sind antifaschistisch und antimilitaristisch. Sie treten für Völkerfrieden, Völkerfreiheit und Völkerverständigung ein. Sie werden deshalb auch über die Grenzen Deutschlands hinaus alle Maßnahmen zu unterstützen bereit sein, die diesem hohen Ziele dienen.

DOKUMENT 43

## 17. Februar 1948: Einladung des FDGB zur Arbeitsausschusssitzung in Gotha.

**SAPMO-BArch. Akte 8. Interzonenkonferenz in Heidelberg vom 13.–15. Mai 1948. Protokoll, Vorbereitung und Auswertung. Maschinenschrift. DY 34/22982.**

Freier Deutscher Gewerkschaftsbund
Bundesvorstand
Kollegen Albin Karl
Deutscher Gewerkschaftsbund für die Britische Zone
Hannover
Rathenauplatz 3

Betrifft: Arbeitsausschusssitzung vom 12.–13. März 1948 in Gotha

Werter Kollege!

Auf Beschluss der 7. Interzonenkonferenz in Dresden findet die nächste Arbeitsausschusssitzung in der Zeit vom 12.–13. März 1948 in der sowjetisch besetzten Zone statt. Wir laden hiermit auftragsgemäß zu dieser Sitzung ein.

Tagungsort: Gotha

Tagungslokal: Volkshaus Mohrenstraße 18

Anreisetag: 11. März 1948

Beginn: 12. März 1948 um 10 Uhr

Abreisetag: 14. bzw. 15. März 1948

Wir bitten freundlichst, möglichst postwendend an die Adresse

Freier Deutscher Gewerkschaftsbund, Bundessekretariat,

Berlin C 2, Wallstraße 61–65

die Bestätigung der Teilnahme mit Angabe der Ankunftszeit und des benutzten Verkehrsmittels (Eisenbahn oder Kraftfahrzeug) mitzuteilen.

Bei der Ankunft in Gotha bitten wir, sich im Volkshaus direkt zu melden.

Der nächstgelegene Grenzübergang ist Eisenach.

Wir weisen noch besonders darauf hin, dass nach Festlegung für die 8. Interzonenkonferenz Ergänzungsvorschläge zu den Vorlagen »Satzungen« bzw. »Grundsätze und Aufgaben der Gewerkschaften« umgehend an den jeweils federführenden Vorsitzenden der Unterkommission zu senden sind.

Mit gewerkschaftlichem Gruß!
Bundesvorstand des FDGB
Kaufmann

Wir ersuchen Euch, so dringend wie kameradschaftlich den wichtigsten Beschluss der Dresdener Konferenz, der die Einheit der deutschen Gewerkschaften für die Zukunft garantieren kann, nicht unbeachtet zu lassen und
unserem Vorschlag zuzustimmen, am 2. und 3. April in Gotha die vorgesehene Arbeitsausschusssitzung mit dem folgenden Thema durchzuführen:

1.) Ausarbeitung der Vorschläge für die Konstituierung des Zentralrates;

2.) Überarbeitung der gewerkschaftlichen Grundsätze;

3.) Festlegung der endgültigen Tagesordnung für die 8. Interzonenkonferenz.

Eurem Vorschlag auf Vorverlegung der 8. Interzonenkonferenz würden wir
gern beitreten, wenn nicht eine Reihe besonderer Umstände uns daran hindern. In den Wochen vom 4. bis 18. April finden in Berlin die 20 Bezirkskon-
ferenzen der Gewerkschaften statt. Die Kollegen der Berliner Delegation sind
dabei restlos eingespannt. Am 5., 6. und 7. April tritt der große Bundesvorstand unserer Zone zusammen, der die Anwesenheit unserer Delegationsmitglieder erfordert.[1] Schließlich hören wir, dass die Vorstands- und Ausschusssitzung des WGB in der Zeit vom 30. April bis 10. Mai in Rom stattfindet.
Die Bünde der Zonen sollen bekanntlich zu dieser Sitzung je einen Vertreter
entsenden.[2]

Bei dieser Sachlage wird es zweckmäßig sein, den alten Termin für die 8. Interzonenkonferenz beizubehalten.

Die Lage der Werktätigen und das Vertrauen, das die gewerkschaftlich organisierten Männer und Frauen zur neuen deutschen Gewerkschaftsbewegung
haben, verpflichten uns, allen auftauchenden Schwierigkeiten zu begegnen
und die Einheit der Gewerkschaftsarbeit für ganz Deutschland zu sichern.

Wir bitten, unserem Vorschlag in Bewertung dieser Erkenntnis zuzustimmen.

Freier Deutscher Gewerkschaftsbund
für die Sowjetische Besatzungszone
Bundesvorstand
Jendretzky
Göring

Freier Deutscher Gewerkschaftsbund
Groß-Berlin
Der Vorstand
Chwalek
Schlimme

---

1 Herbert Warnke, Vorstandsmitglied des FDGB und zuständig für das Betriebsrätewesen,
  forderte dort die Ausweitung der Aktivistenbewegung zur »Massenbewegung«. Vgl. Brunner:
  Sozialdemokraten, S. 258.
2 Vgl. Dokumente Weltgewerkschaftsbund, S. 92–100.

DOKUMENT 44

## 25. Februar 1948: FDGB bittet telegrafisch um Absagen zur Konferenz des britischen Gewerkschaftsbundes am 8./9. März 1948 u. a. zum Thema »Marshallplan«.

SAPMO-BArch. Akte 8. Interzonenkonferenz in Heidelberg vom 13.–15. Mai 1948. Protokoll, Vorbereitung und Auswertung. Maschinenschrift. DY 34/22982.

Telegramm vom 25. Februar 1948 nach dem Westen:

Werte Kollegen!

Erhielten Einladung des englischen Gewerkschaftsbundes zur Konferenz am 8. und 9. März. Sind der Auffassung, Einladung nicht Folge zu leisten, da einmütige Bekenntnis aller Zonen zum Prager Beschluss und für den Eintritt in den WGB vorliegt. Vorgesehene Konferenz in London richtet sich gegen den WGB und die Gewerkschaftseinheit.

Diese Konferenz soll zum Marshallplan Stellung nehmen. Eine einmütige Auffassung aller deutschen Gewerkschaften zu diesem Plan ist nicht hergestellt. FDGB Zone und Berlin lehnen Marshallplan ab. Bei dieser Sachlage halten wir sofort Einberufung einer außerordentlichen Interzonenkonferenz zu Anfang März für erforderlich.

Erwarten Eure Stellungnahme.
FDGB Sowjetische Zone
Jendretzky
Göring

FDGB Groß-Berlin
Chwalek
Schlimme

DOKUMENT 44a

## 26. Februar – 2. März 1948: Ablehnende Antworten der Gewerkschaftsbünde der Britischen und US-Zone sowie des Gewerkschaftsrates der Bizone auf das Telegramm des FDGB.

SAPMO-BArch. Akte 8. Interzonenkonferenz in Heidelberg vom 13.–15. Mai 1948. Protokoll, Vorbereitung und Auswertung. Abschrift, Maschinenschrift. DY 34/22982.

Antwort-Telegramm aus dem Westen:

Frankfurt am Main, 26. Februar 1948

424

Ebenso wie Gewerkschaften Britische Zone hat auch US-Zone Einladung Londonkonferenz angenommen und bedauert Eure Ablehnung. Außerordentliche Interzonenkonferenz vor London aus Zeitgründen unmöglich.

Tarnow

Frankfurt am Main, 27. Februar 1948

Erhielten Einladung zur Konferenz der Gewerkschaften nach London. Beabsichtigen durch einen Vertreter daran teilzunehmen. Der Aufbau der Wirtschaft Europas liegt im Interesse aller Völker. Es ist Aufgabe der Gewerkschaften darauf hinzuwirken, dass hierbei die Interessen der Arbeitnehmer gewahrt werden. Die nächste Interzonenkonferenz sollte sich mit den zur Durchführung notwendigen Maßnahmen befassen.

Richter

Düsseldorf, 26. Februar 1948

Einladung nach London von uns angenommen. Besondere Interzonenkonferenz erscheint uns nicht notwendig.

Dr. Hans Böckler

Telegramm des Gewerkschaftsrates der Bizone:
Frankfurt am Main, 2. März 1948

Gewerkschaftsrat hat Stellung genommen zu Eurem Telegramm wegen Londonkonferenz. Zur Besprechung der Situation vorschlagen im Einverständnis mit Französischer Zone Vorverlegung der Interzonenkonferenz auf 9. und 10. April in Heidelberg sowie bis dahin Vertagung des Arbeitsausschusses.

Tarnow

DOKUMENT 45

## 11. März 1948: FDGB-Bundesvorstand an Hans Böckler. Betreff: Interzonenkonferenzen und Arbeitsausschusssitzung.

**SAPMO-BArch. Akte 8. Interzonenkonferenz in Heidelberg vom 13.–15. Mai 1948. Protokoll, Vorbereitung und Auswertung. Maschinenschrift. DY 34/22982.**

Freier Deutscher Gewerkschaftsbund
Bundesvorstand
Kollegen Hans Böckler
Deutscher Gewerkschaftsbund
für die Britische Zone
Düsseldorf
Kavalleriestraße 1

Betrifft: Interzonenkonferenzen und Arbeitsausschusssitzung

Werte Kollegen!

Wir telegrafierten Euch heute wie folgt:

»Nehmen Bezug auf Vorschlag des Kollegen Tarnow betreffend Vertagung der Arbeitsausschusssitzung und Vorverlegung der 8. Interzonenkonferenz. Halten in Durchführung des Beschlusses der Dresdener Interzonenkonferenz über Bildung des Zentralrates Arbeitsausschusssitzung vor Interzonenkonferenz für dringend erforderlich. Tagesordnung für Arbeitsausschusssitzung:

a) Ausarbeitung der Vorschläge für die Konstituierung des Zentralrates,

b) Überarbeitung der gewerkschaftlichen Grundsätze,

c) Festlegung der endgültigen Tagesordnung für 8. Interzonenkonferenz.

Schlagen für die Arbeitsausschusssitzung 2. und 3. April in Gotha vor. 8. Interzonenkonferenz zu dem von Euch vorgeschlagenen Termin im Hinblick auf Berliner Gewerkschaftswahlen für die Berliner Delegation und für den FDGB Sowjetische Zone im Hinblick auf große Bundesvorstandssitzung, die am 6. und 7. stattfindet, nicht möglich. Endgültige Terminfestsetzung auf Arbeitsausschusssitzung.

FDGB Sowjetische Zone

FDGB Groß-Berlin«

was wir bestätigen.

Die 7. Interzonenkonferenz in Dresden beschloss die Bildung des Zentralrates und beauftragte den Arbeitsausschuss, die entsprechenden Vorbereitungen für die Durchführung des Beschlusses bis zur 8. Interzonenkonferenz zu treffen. Der einmütige Beschluss von Dresden über die Bildung des Zentralrates der deutschen Gewerkschaften wurde von den Gewerkschaften in allen Zonen auf das lebhafteste begrüßt. Wir sind verpflichtet, im Arbeitsausschuss die erforderlichen Vorschläge für die Konstituierung des Zentralrates der deutschen Gewerkschaften, für die Verabschiedung der Grundsätze für die gewerkschaftliche Arbeit fertig zu stellen.

Zweifellos ergibt sich aus der Stellungnahme der Bünde zu der Einladung nach London und dem dort behandelten Thema die Notwendigkeit einer Aussprache. Da es nicht möglich war, diese Aussprache entsprechend unserem Vorschlag vor der Londoner Konferenz zu führen, genügt es unseres Erachtens vollständig, wenn wir auf der 8. Interzonenkonferenz diese Frage, die in ihrer Bedeutung keineswegs damit verkleinert werden soll, behandeln. Deshalb vertreten wir den Standpunkt, dass bereits die Arbeitsausschusssitzung eine Ergänzung der Tagesordnung für die 8. Interzonenkonferenz beraten soll.

[Es folgt der von Jendretzky, Göring, Chwalek und Schlimme unterzeichnete Teil der Einladung des FDGB zur Arbeitsausschusssitzung in Gotha, 17. Februar 1948. Vgl. Dokument 43]

426

DOKUMENT 46

## 15. März 1948: Tarnow an FDGB Groß-Berlin. Betreff: Interzonenkonferenz und Arbeitsausschusssitzung.

SAPMO-BArch. Akte 8. Interzonenkonferenz in Heidelberg vom 13.–15. Mai 1948. Protokoll, Vorbereitung und Auswertung. Maschinenschrift. DY 34/22982.

An den Freien Deutschen Gewerkschaftsbund Groß-Berlin
Berlin C.2
Wallstraße 61/65.

Betr. Interzonenkonferenz und Arbeitsausschusssitzung.

Werte Kollegen!

In Beantwortung Eures Schreibens vom 11. dieses Monats, das heute hier einging, darf ich auf mein Telegramm vom 13. dieses Monats verweisen. Da unsere Kollegen Böckler und Richter von der Londoner Konferenz noch nicht zurückgekehrt waren, war eine telefonische Verständigung mit ihnen über Euren Vorschlag, an den für den 2. und 3. April in Gotha vorgesehenen Sitzungen festzuhalten, nicht möglich. Unter den erreichbaren Mitgliedern des Gewerkschaftsrates ging die Meinung dahin, dass nach der jetzt gegebenen Situation erst auf einer Interzonenkonferenz die Grundlage für die intensivere interzonale Zusammenarbeit überprüft und klargestellt werden müsse, bevor wir die Vorarbeiten für eine festere organisatorische Konzentration in Angriff nehmen können. Nachdem Böckler und Richter inzwischen zurückgekehrt sind, konnten wir feststellen, dass sie unter sich bereits zu der gleichen Meinung gekommen waren.

In Eurem Telegramm an die London-Konferenz heißt es u. a.:

»(Wir) betrachten daher Teilnahme an einer nicht vom WGB einberufenen Konferenz als eine nicht in unserem Interesse liegende Handlung. Marshallplan bedeutet Spaltung Deutschlands und der Welt in zwei Lager und gefährdet den Frieden, irgendwelche Hilfspläne können nur von einer deutschen Zentralstelle abgeschlossen werden.«

Wenn überhaupt Worte einen Sinn haben, dann bedeutet das doch die Anklage gegen die Gewerkschaftsleitungen der drei Westzonen, dass sie an Maßnahmen zur Spaltung Deutschlands und damit auch der deutschen Gewerkschaftsbewegung mitarbeiten. Wir haben uns auf den Interzonenkonferenzen wiederholt mit ähnlichen Anlagen beschäftigen müssen und sie auf das schärfste zurückgewiesen. Nunmehr aber ist eine Situation eingetreten, die es ganz unmöglich macht, Maßnahmen für eine fester organisierte Zusammenarbeit zu beraten, bevor festgestellt worden ist, ob Ihr selbst die Voraussetzungen dafür noch als gegeben anseht. Die drei Westzonen haben in Übereinstimmung mit ihren Bundesorganen nicht nur die Teilnahme an der Londoner Konferenz durchgeführt, sondern sind auch entschlossen, weiterhin an den Aufgaben für die Durchführung des Planes sich zu beteiligen. Entweder besteht Euer Vorwurf zu Recht, dass dies eine Spaltung Deutschlands bedeutet, und dann könnt Ihr doch ehrlicherweise mit ihnen keine feste Gemeinschaft eingehen. Oder ihr habt Euch inzwischen davon überzeugt, dass die von Euch eingenommene Stellungnahme nicht haltbar ist, aber dann muss das zuvor klargestellt werden. Bevor diese Klarstellung, die nur auf einer Interzonenkonferenz vorgenommen werden kann, geschaffen ist, hängen doch die vorgesehenen Beratungen im Arbeitsausschuss und den Unterausschüssen vollständig in der Luft. Wir müssen deswegen darauf bestehen, dass die Beratungen der Arbeitsausschüsse erst nach dieser notwendigen Bereinigung aufgenommen werden können.

Um nicht eine unnötige Verzögerung eintreten zu lassen, hatten wir für die Interzonenkonferenz eine Vorverlegung des Termins vorgeschlagen. Selbstverständlich nehmen wir Rücksicht auf Eure Zeitbedrängnis und bestehen nicht auf dem von uns vorgeschlagenen Termin. Wir möchten nunmehr vorschlagen, es bei dem ursprünglich in Aussicht genommenen Termin vom 12.–14. Mai 1948 zu belassen. Wenn Ihr es wünscht, würde auch wohl ein Einverständnis bei uns dafür zu haben sein, dass am Tage vorher, also am 11. Mai 1948, der Arbeitsausschuss am gleichen Orte (Heidelberg) zusammentritt, um die Tagesordnung für die Interzonenkonferenz festzulegen. Da dieser Ausschuss drei Fünftel der Mitglieder der Interzonenkonferenz umfasst, würde damit unter Umständen allerdings nur erreicht werden, dass wir zweimal die gleichen Auseinandersetzungen bekommen.

Was die Tagesordnung selbst angeht, so ergibt sich aus der Situation wohl von selbst, dass als erster Punkt die Stellungnahme zum Marshallplan behandelt werden muss. Als zweiter Punkt könnten dann die gewerkschaftlichen Grundsätze beraten werden und als dritter die mit der Bildung des Zentralrates zusammenhängenden Fragen. Wenn wir in den ersten beiden Punkten zu einer Verständigung kommen, würden wir den dritten Punkt wohl auch ohne vorherige Ausschussberatung erledigen können.

Für die US-Zone werden wir am Freitag dieser Woche eine Sitzung des Zonenrates haben und am 22. dieses Monats eine Sitzung des Zwei-Zonen-gewerkschaftsrates. Die Stellungnahme, die ich in diesem Schreiben eingenommen habe, beruht auf der Aussprache mit den im Augenblick erreichbaren Mitgliedern der Gewerkschaftsleitungen, und wenn ich auch annehmen darf, dass sie in den genannten beiden Konferenzen bestätigt wird, muss ich sie zunächst doch noch mit dem Vorbehalt versehen, dass die Zustimmung dazu erst noch von den genannten Körperschaften gegeben werden muss.

Mit kollegialem Gruß
Fritz Tarnow

D OKUMENT 47

## 30. März 1948: FDGB-Bundesvorstand an Fritz Tarnow, Frankfurt am Main, zur Tagung des Exekutivkomitees des Weltgewerkschaftsbundes in Prag und der Verlegung der nächsten Interzonenkonferenz.

SAPMO-BArch. Akte 8. Interzonenkonferenz in Heidelberg vom 13.–15. Mai 1948. Protokoll, Vorbereitung und Auswertung. Maschinenschrift. DY 34/22982.

Freier Deutscher Gewerkschaftsbund
Bundesvorstand

An den Kollegen Fritz Tarnow
Frankfurt am Main
Wilhelm-Leuschner-Str. 70

Werter Kollege Tarnow!

Deine Haltung ist uns etwas unverständlich. Warst Du es doch, der auf den Interzonenkonferenzen den Standpunkt vertreten hat, dass für alle Entscheidungen – solange noch keine geeinte deutsche Gewerkschaftsbewegung besteht – die Bünde in ihren Beschlüssen souverän sein sollten.

Wir haben sofort nach Empfang der Einladung nach London ein Zusammentreffen beantragt, um eine einheitliche Stellungnahme zum Marshall-Plan herbeizuführen. Das ist von Euch abgelehnt worden. Ihr habt Euch für die Teilnahme an der Konferenz in London entschieden.

Unsere Vorstände kamen zu einem ablehnenden Beschluss.

Damit haben wir keinesfalls zum Ausdruck bringen wollen, dass wir die Zusammenarbeit mit Euch nun nicht mehr wünschen, – ebensowenig wie wir angenommen haben, dass Ihr nun infolge der verschiedenen Beurteilung des Marshall-Planes mit uns nicht mehr zusammenarbeiten wollt. Muss man denn stets, wenn in einer Frage keine Übereinstimmung besteht, gleich erklären, dass eine Zusammenarbeit nicht mehr möglich ist? Wir sollten solche Auffassungen endlich ablegen im gesamtdeutschen Interesse.

Deine Einstellung würde bedeuten, dass die Mitglieder, welche mit einer Entscheidung einer Gewerkschaftsleitung nicht einverstanden sind, jedes Mal erklären müssten, infolge einer solchen Haltung den Gewerkschaften nicht mehr angehören zu können.

Wir haben bei unserer Stellung zum Marshall-Plan nie daran gedacht, dass bei gegenteiliger Auffassung eine Zusammenarbeit nicht mehr möglich ist, dass wir fest und beharrlich für den Zusammenschluss der deutschen Gewerkschaften kämpften. Der Zusammenschluss der deutschen Gewerkschaften ist eine Lebensnotwendigkeit für die Werktätigen Deutschlands, die weit über den Marshall-Plan besondere Bedeutung haben muss.

Nachdem heute bei uns die Einladung zur Teilnahme an der Vorstandssitzung des WGB in Rom für den 5. bis 10. Mai eingegangen ist und wir wahrscheinlich schon 1 bis 2 Tage vorher da sein werden, erscheint es uns zweckmäßig, die Interzonenkonferenz um 14 Tage zu verschieben und sie vom 27. bis 29. Mai 1948 abzuhalten. Am 26. könnte dann die Arbeitsausschusssitzung stattfinden, wie von Euch vorgeschlagen in Heidelberg.

Wir hoffen Euch mit diesem Plan nunmehr einverstanden und erwarten Eure Bestätigung.

Mit kollegialem Gruß!
Freier Deutscher Gewerkschaftsbund
für die Sowjetische Besatzungszone
Bundesvorstand
Jendretzky
Göring

Freier Deutscher Gewerkschaftsbund
Groß-Berlin
Der Vorstand
Roman Chwalek
Schlimme

Dokument 48

# 13.–15. Mai 1948: Interzonenkonferenz in Heidelberg, Beschlussprotokoll.

**SAPMO-BArch. Akte 8. Interzonenkonferenz in Heidelberg vom 13.–15. Mai 1948. Protokoll, Vorbereitung und Auswertung. Maschinenschrift. DY 34/22982.**

8. Interzonenkonferenz der deutschen Gewerkschaften vom 13.–15. Mai 1948 in Heidelberg

Tagungslokal: Hotel zum »Schwarzen Schiff«

Beschlussprotokoll gemäß Ziffer 3, Abs. 3 der Geschäftsordnung nebst Anlagen

Vorläufige Tagesordnung:

1. Marshall-Plan (Referent Kollege Hans Böckler)

2. Fortsetzung der Aussprache über gewerkschaftliche Grundsätze (Referent Kollege Fritz Tarnow)

3. Zentralrat der Gewerkschaften (Referent Kollege Willi Richter)

4. Aussprache und Beschlussfassung zum Bericht über die erste Interzonenjugendkonferenz.

Zu Punkt 4) ist, nachdem der Bericht bereits schriftlich vorliegt, ein Referat nicht erforderlich.

Der Vorstand der 8. Interzonenkonferenz

430

Anwesenheitsliste:
Delegierte der 8. Interzonenkonferenz, Heidelberg
Böhm, Hans; Bielefeld, Britische Zone
vom Hoff, Hans; Düsseldorf, Britische Zone
Karl, Albin; Düsseldorf, Britische Zone
Föcher, Matthias; Düsseldorf, Britische Zone
Chwalek, Roman; Berlin, Groß-Berlin
Schlimme, Hermann; Berlin, Groß-Berlin
Kaufmann, Adolf; Berlin, Sowjetische Zone
Jendretzky, Hans; Berlin, Sowjetische Zone
Göring, Bernhard; Berlin, Sowjetische Zone
Krüger, Ernst; Berlin, Sowjetische Zone
Lemmer, Ernst; Berlin, Sowjetische Zone
Hagen, Lorenz; München, US-Zone
Schiefer, Gustav; München, US-Zone
Schleicher, Markus; Stuttgart, US-Zone
Richter, Willi; Frankfurt am Main, US-Zone
Tarnow, Fritz; Frankfurt am Main, US-Zone

Die 8. Interzonenkonferenz der deutschen Gewerkschaften wurde am 13. Mai 1948 vormittags 10.15 Uhr im Hotel zum »Schwarzen Schiff«, Heidelberg, vom Kollegen *Hagen*, Bayern, eröffnet, der nach einleitenden Worten den Vertreter der amerikanischen Militärregierung von Württemberg/Baden, Dr. Beal, den amerikanischen Vertreter in Heidelberg, Mr. Fitzel, den 1. Bürgermeister der Stadt Heidelberg, Ammann, und die Vertreter der Presse begrüßte.

Anschließend erfolgten Begrüßungsansprachen durch Mr. Beal (Militärregierung Württemberg/Baden) und Bürgermeister Ammann. Nachdem sich die Vertreter der Militärregierung und die übrigen Gäste verabschiedet hatten, wurde folgendes Präsidium gewählt:

von der Sowjetischen Besatzungszone
Hans Jendretzky, Berlin

von der Amerikanischen Besatzungszone
Lorenz Hagen, München

von der Britischen Besatzungszone
Albin Karl, Düsseldorf

Der Platz des Vertreters der Französischen Besatzungszone im Präsidium wird, da der Delegation von der französischen Regierung die Teilnahme versagt wurde, offen gehalten. Die Leitung der Konferenz wurde dem Kollegen Hagen übertragen. Anschließend wurden Begrüßungsadressen der Betriebe, Organisationen und Körperschaften verlesen. (Siehe Anlage 1) Der Vorsitzende verwahrte sich gegen die Form von Begrüßungstelegrammen, wie das der Betriebsgruppe der deutschen Gewerkschaften der Firma Scheufelen, Frankeneck/Pfalz und stellte fest, dass Parteien keinen Einfluss auf die Gestaltung und den Zusammenschluss der deutschen Gewerkschaften haben.

Die 8. Interzonenkonferenz trat am Nachmittag des 1. Tages in die Beratung der Tagungsordnung ein und änderte die vorgesehene Tagesordnung wie folgt ab:

1. Marshall-Plan (Bericht von der Londoner Konferenz – Kollege Richter) und WGB (Bericht von der Tagung in Rom – Kollege Göring)

2. Bericht des Arbeitsausschusses Gewerkschaftliche Grundsätze Zentralrat (Kollege Karl)

3. Aussprache über den Bericht der ersten Interzonenjugendkonferenz.

Bei der Beratung der Tagungsordnung wurde der Beschluss gefasst, den Punkt 1) der Tagesordnung nach den Themen in der Diskussion getrennt zu behandeln.

Nachdem die Tagesordnung durchgesprochen und angenommen war, monierten die Kollegen der Britischen und Amerikanischen Besatzungszonen das Beschlussprotokoll der Dresdener Konferenz und beantragten, dass dieses Protokoll von Seite 7 ab eine Änderung erfahren solle.

Der Kollege *Jendretzky,* der eine Gegenerklärung abgab, sagte, dieses Protokoll sei in seinen Ausführungen sachlich richtig und bestünde zu Recht.

Im Anschluss daran wurde folgende Abänderung angenommen:

Beschluss zum Protokoll:

Streichung auf Seite 7, Abs. 3, zweiter Halbsatz, Seite 7 der ganze Abs. 4.

Die Neufassung als Beschluss zum Protokoll lautet wie folgt:

Es wurde der einmütige Entschluss gefasst, den Zentralrat der deutschen Gewerkschaften zu bilden.[1] Er soll die Zusammenfassung aller deutschen Gewerkschaftsbünde vorsehen und mit stärkeren Vollmachten ausgestattet sein als die bisherigen Interzonenkonferenzen. (Der nächste wird gestrichen)

Weiterhin wurde zu Punkt 4 der Tagesordnung im Beschlussprotokoll der 7. Interzonenkonferenz der ganze Punkt 4) vorliegender Form abgeändert und wird hiermit als Beschluss der 8. Interzonenkonferenz niedergelegt:

»Der schriftlich vorliegende Bericht wird zur Kenntnis genommen und dem Wunsch der Interzonenjugendkonferenz, das auf der interzonalen Jugendkonferenz gewählte Präsidium als Arbeitsausschuss anzuerkennen, Rechnung getragen.«

Danach trat die Konferenz in den ersten Punkt der Tagesordnung ein. Es sprach als erster Referent über den Marshall-Plan in London der Kollege *Richter,* als zweiter Referent über den WGB und Rom der Kollege *Göring.*

Im Verlauf zu Punkt 1) der Tagesordnung kam es zwischen den Vertretern der Britisch/Amerikanischen Besatzungszone und der Sowjetischen Besatzungszone zur Abgabe von Erklärungen, die dann nach der Bildung einer Redaktionskonferenz, der die Kollegen vom Hoff, Richter, Göring und Lemmer angehörten, mit einer gemeinsamen Entschließung am nächsten Tage als erledigt und nicht existierend erkannt wurden.

---

1   Vgl. Dok. 42.

Diese Entschließung kommt als interner Beschluss zum Beschlussprotokoll gemäß Absprache. Sie wurde mit 3 Stimmenthaltungen angenommen.

Entschließung

Aufgrund verschiedener Vorkommnisse, insbesondere bei der Stellungnahme zu der positiven Einstellung der Gewerkschaften der Westzonen zum Marshall-Plan, die geeignet waren, die Atmosphäre des gegenseitigen Vertrauens zu stören und damit die Voraussetzung zu einer gedeihlichen, im Interesse der Arbeitnehmerschaft und der Gewerkschaften liegenden, Zusammenarbeit infrage zu stellen, wird folgende Feststellung getroffen:

1. Die Berichterstattung hat sich in jeder Weise an die gefassten Beschlüsse zu halten.

2. Bei allen Erörterungen über Fragen des gewerkschaftlichen Aufbaues und der gewerkschaftlichen Aufgaben auf allen Gebieten haben Äußerungen bzw. Darstellungen, die persönlich verletzend wirken und die Haltung eines anderen Teiles diffamieren konnten in Wort und Schrift (Presse, Broschüren u. a. Publikationen) zu unterbleiben.

3. Wird in einer Angelegenheit keine Übereinstimmung erzielt, so sind alle Teile verpflichtet, in ihren Darstellungen hierüber die Grundsätze gewerkschaftlicher Loyalität und Kollegialität nicht zu verletzen. Das schließt nicht aus, dass jeder Teil berechtigt ist, seine Auffassungen in sachlicher Form zum Ausdruck zu bringen.

4. Alle Mitglieder der Interzonenkonferenz sind Willens, vorstehende Grundsätze einzuhalten. Sollte trotzdem die Absicht vorhanden sein, dass eine Verletzung erfolgt ist, wird ein derartiger Fall unter Beifügung des Beweismaterials dem Präsidium der vorhergehenden Interzonenkonferenz unterbreitet. Die Mitglieder des Präsidiums haben der folgenden Interzonenkonferenz den Vorgang mit entsprechenden Vorschlägen zur Entscheidung vorzulegen. Bei der Entscheidung der Interzonenkonferenz ist festzulegen, ob die Voraussetzungen für die Fortsetzung der interzonalen Zusammenarbeit noch gegeben sind.

Der in der 7. Interzonenkonferenz für die 8. Interzonenkonferenz festgelegte Tagesordnungspunkt 2) (Bericht über die Tätigkeit der Gewerkschaftsjugend) wird auf Einspruch des Kollegen *Hagen* als neu gefasster Tagesordnungspunkt 3) in Aussprache und Beschlussfassung zum Bericht über die 1. Interzonenjugendkonferenz abgeändert.

Weitere Einsprüche zum Protokoll wurden nicht erhoben.

Danach trat die Konferenz in den 1. Punkt der Tagesordnung ein.

Zu Punkt 1 der Tagesordnung Marshall-Plan (London) (Referent Richter) und WGB (Rom) (Referent Göring):

Nach Abschluss einer längeren Diskussion wurde folgende Entschließung zum Marshall-Plan einstimmig angenommen:

Entschließung

Die Konferenz hat den Bericht des Kollegen Richter über den Marshall-Plan und die Londoner Konferenz der Gewerkschaften zu diesem Plan sowie den

Bericht des Kollegen Göring über die Tagung des WGB in Rom zur Kenntnis genommen und ist nach eingehender Diskussion zu folgender Auffassung gekommen:

»Solange in Deutschland durch die verschiedenen Zonen die Gestaltung der wirtschaftlichen und politischen Entwicklung von den Besatzungsmächten unterschiedlich behandelt wird, werden die einzelnen Gewerkschaftsbünde im Rahmen der gegebenen Möglichkeiten arbeiten.

Unbeschadet der gegenwärtigen Verhältnisse halten die Vertreter der Interzonenkonferenz an dem Ziel der zukünftigen Schaffung einer einheitlichen, wirtschaftlichen und politischen Gestaltung für ganz Deutschland fest.«

Zwischen den Diskussionen zu Punkt 1) der Tagesordnung verlas der Kollege *Hagen* ein Telegramm der Französischen Zone mit folgendem Wortlaut:

An die 8. Interzonenkonferenz der Gewerkschaften in Heidelberg:

»Die zu einer gemeinsamen Besprechung über allgemeine gewerkschaftliche Fragen in Baden zusammengekommenen Vorstände der Gewerkschaftsbünde Rheinland-Pfalz, Süd-Württemberg und Süd-Baden bedauern, dass ihnen keine Möglichkeit zur Teilnahme an der 8. Interzonenkonferenz in Heidelberg gegeben ist. Sie begrüßen die Teilnehmer der Konferenz und wünschen der Konferenz einen guten und erfolgreichen Verlauf.

Zonensekretär Otto Franke«

Daraufhin wurde nach kurzer Beratung nachfolgendes Telegramm an das Zonensekretariat der Gewerkschaftsbünde der Französischen Zone einstimmig angenommen:

»An das Zonensekretariat der Gewerkschaftsbünde der Französischen Zone

z. Hdn. von Herrn Otto Franke
Baden-Baden
Bahnhofstr.

Achte Interzonenkonferenz dankt für die guten Wünsche und Grüße, die Ihr uns übermittelt habt stopp Wir bedauern auf das Tiefste, dass Ihr an den gerade auf dieser Konferenz zu bearbeitenden so entscheidenden Fragen für die deutsche Gewerkschaftsentwicklung nicht teilnehmen dürft stopp Trotz aller Widerstände hoffen wir, mit Euch in der nächsten Interzonenkonferenz in der Französischen Zone über unsere gemeinsamen Probleme beraten zu können.

Präsidium der 8. Interzonenkonferenz, Heidelberg«

Außerdem wurde ein Telegramm an den Vorsitzenden des DGB, Dr. H. Böckler, angenommen, der infolge Erkrankung nicht an der Konferenz teilnehmen konnte.

»Dr. Hans Böckler
Köln
Akazienweg

Die 8. Interzonenkonferenz bedauert Deine durch Krankheit verursachte Nichtbeteiligung stopp Die Konferenz ist erfreut über Deine gesundheitliche Besserung und wünscht Dir baldige volle Gesundung.

Präsidium der 8. Interzonenkonferenz, Heidelberg«

Vor Eintritt zu Punkt 2) der Tagesordnung wurde vom Vorsitzenden ein von der Unabhängigen Gewerkschaftsopposition Groß-Berlin[2] übersandtes Schreiben verlesen, in dem Beschwerde über gewisse Vorkommnisse bei den letzten Gewerkschaftswahlen in Berlin erhoben wird. Die Stellungnahme des Präsidiums, dass die Interzonenkonferenz sich nicht in innerorganisatorische Angelegenheiten der einzelnen Bünde einmischen könne, wurde ohne Widerspruch gebilligt.

Zu Punkt 2) der Tagesordnung, Arbeitsausschussbericht, referierte der Kollege Karl. In einer darauf folgenden kurzen Diskussion wurde folgender Beschluss gefasst:

Entschließung

»Die 8. Interzonenkonferenz nahm einen Zwischenbericht des Arbeitsausschusses über die gewerkschaftlichen Grundsätze und die Durchführung zur Bildung des Zentralrates der deutschen Gewerkschaftsbünde entgegen. Sie beauftragt den Arbeitsausschuss, seine Arbeiten entsprechend dem von der Dresdener Konferenz gegebenen Auftrag durchzuführen und der nächsten Interzonenkonferenz zu berichten«.

Anschließend kam die Interzonenkonferenz bei Beratung für den Punkt 3) zur Tagesordnung zu dem Entschluss, den Punkt 3) der Tagesordnung im Wortlaut der Tagesordnung der 8. Interzonenkonferenz wieder aufzusetzen.

Beschluss

Der Tagesordnungspunkt 3) der 8. Interzonenkonferenz, Aussprache und Beschlussfassung zum Bericht über die 1. Interzonenjugendkonferenz, soll auf der 9. Interzonenkonferenz behandelt werden.

Der Kollege Schiefer soll erklären, ob ein Beschluss der Interzonenjugendkonferenz gefasst wurde dahingehend, dass innerhalb eines halben Jahres eine 2. Jugendkonferenz abzuhalten sei und dass dieser Beschluss der 7. Interzonenkonferenz zu unterbreiten gewesen wäre.

Vor Abschluss der Interzonenkonferenz wurde die Arbeitsausschusstagung für den 9. und 10. Juli 1948 in der US-Zone festgelegt. Der Ort wird noch bekanntgegeben. Für die nächste Interzonenkonferenz wurde als Termin 17. bis 19. August 1948 bestimmt und zwar ein Ort in der Französischen Zone. Als Tagesordnung für die 9. Interzonenkonferenz wurde Folgendes festgelegt:

Tagesordnung

1. Bericht des Arbeitsausschusses

2. Aussprache und Beschlussfassung zum Bericht über die 1. Interzonenjugendkonferenz.

---

2 Vgl. Berliner Gewerkschaftsgeschichte.

Ein Pressebericht, der nach Abschluss der Interzonenkonferenz den Presse-
vertretern in einer Pressekonferenz übergeben wurde, hat folgenden Wortlaut:

Pressebericht

Die 8. Interzonenkonferenz der deutschen Gewerkschaften behandelte vom
13.–15. Mai 1948 in Heidelberg sowohl die Frage der Weiterentwicklung
ihrer interzonalen Zusammenarbeit gem. dem Beschluss der Konferenz in
Dresden, einen Zentralrat der Gewerkschaften aller Zonen zu bilden, als
auch Probleme der wirtschaftlichen und politischen Situation Deutschlands.
Nach einem Zwischenbericht von Albin Karl, Düsseldorf, über die Ergebnisse der Beratungen des Arbeitsausschusses, der mit der Vorbereitung zur
Bildung des Zentralrates betraut war, wurde dieser Ausschuss mit der weiteren Klärung der Grundsätze beauftragt, nach denen die Konstituierung des
Zentralrates erfolgen soll.

DOKUMENT 48a

# 13.–15. Mai 1948: Referat Willi Richter zum Tages-
# ordnungspunkt 1: Marshallplan.

**SAPMO-BArch. Akte 8. Interzonenkonferenz in Heidelberg vom 13.–15. Mai 1948. Pro-
tokoll, Vorbereitung und Auswertung. Maschinenschrift. DY 34/22982.**

*Hagen:* Wir kommen nun zu Punkt 1 der Tagesordnung: Marshallplan – London (Referent Kollege Richter)

*Richter* führt aus[1]: Wir stehen unter den gleichen Verhältnissen, wie es uns
1918 ging. Durch die Ernährungslage[2] haben wir eine große Not und diese
führt zu Streikentwicklungen, die die Kräfte der Funktionäre ungeheuer in
Anspruch nehmen. Die Kräfte werden vergeudet, anstatt sie für wichtige Arbeiten einzusetzen, um Erfolg versprechende Voraussetzungen für die Entwicklung der Gewerkschaftsbewegung zu schaffen. Hoffentlich müssen wir
nicht wieder von einer historischen Schuld sprechen. Das Potsdamer Abkommen hat uns einiges versprochen. (Einen bestimmten Lebensstandard,
wirtschaftliche und politische Maßnahmen.) Praktisch ist nichts geschehen.
Die Folge war, dass sich unsere wirtschaftlichen Verhältnisse immer mehr
verschlechtert haben. Er schildert die katastrophalen Verhältnisse im harten
Winter 1946/47 und stellt fest, dass das nicht nur in Deutschland so war,
sondern in allen europäischen Ländern, wenn auch nicht in diesem Tief-
stand wie bei uns. Es waren wirtschaftliche Verhältnisse entstanden, die die
Erkenntnis brachten, dass wir es aus eigener Kraft nicht schaffen. Außen-

---

1 Dieser Abschnitt ist eine Kombination aus direkter Rede und Ergebnisprotokoll.
2 Gemeint ist damit offenkundig die unzulängliche Ernährungssituation in den Westzonen. Vgl.
   Kleßmann; Friedemann: Streiks. Vgl. auch Stüber: Ernährungslage und Trittel: Ernährungskrise.

minister Marshall hat im Juni 1947[3] in seiner Rede zum Ausdruck gebracht, dass es wahrscheinlich den europäischen Ländern nicht aus eigener Kraft gelingen würde, den Anschluss an den Weltwirtschaftsmarkt zu erreichen. Es würde notwendig sein, den europäischen Ländern Hilfe zu leisten. Er erklärte als Vertreter von Amerika die Hilfsbereitschaft seiner Nation und brachte sie durch verschiedene Zahlen zum Ausdruck. Es wurde ein Ausschuss eingesetzt, der nun das erarbeiten und in Gesetzesform bringen sollte, was Marshall gesagt hatte. In seiner Denkschrift wurde zum Ausdruck gebracht, dass jedes europäische Land alle Kraftanstrengungen zu vollbringen hat, zu denen es fähig ist, sich alle Länder zusammenschließen sollen und durch auswärtige Hilfe den europäischen Ländern an Rohstoffen usw. geliefert werden soll, was zusätzlich infrage kommt neben der eigenen Kraftanstrengung und gegenseitigen Hilfe, um die Einschaltung in die Gesamtweltwirtschaft zu erreichen. Anfänglich sah es so aus, als ob alle Völker dem beitreten wollten. Die russische Regierung brachte dann aber das Gegenteil zum Ausdruck.[4] Die östlichen Völker lehnten es ab, sich am Marshallplan zu beteiligen, während die westlichen ihre Bereitwilligkeit erklärten.

Von den 16 Marshall-Ländern sind die Regierungsvertreter[5] in Paris zusammengekommen und haben alle zum Ausdruck gebracht, dass sie eine Hilfe leisten wollen und können und was jedes einzelne Land beisteuern muss. Zum Schluss haben sie sich auf dieser Konferenz darüber verständigt, was das Ziel der Anstrengungen sein muss zum Anschluss der europäischen an die Volkswirtschaft. Wir sehen, dass praktisch der Marshallplan als eine Bluttransfusion anzusprechen ist, die insgesamt die Wirkung des Funktionierens der Wirtschaft haben soll.

Es ist selbstverständlich, dass derartige Hilfsmaßnahmen nach dem Weltkriege von der Gewerkschaftsbewegung nicht ungesehen und unbeantwortet bleiben können. Es war nicht verwunderlich, dass Vertreter der CIO im November im WGB darauf hinwiesen, dass diese Frage im WGB behandelt werden solle. Es ist ein Fragenkomplex, der über mehrere Länder hinausgeht. Der WGB hat sich in seinen Organen nicht mit den Dingen befasst, im Februar dieses Jahres hat er sich auch nicht befasst und es kam zu Spannungen, dass Vertreter der englischen Gewerkschaftsbewegung erklärten, sie würden, wenn der WGB sich nicht mit den Problemen befasst, selbständig handeln und zu einer Konferenz der Länder aufrufen, deren Regierungen sich positiv dazu äußern. Es ist zu keiner Verhandlung im WGB gekommen. Das ist das Ergebnis. Es kam dann zu der Londoner Konferenz der Gewerkschaften, die sich dem Marshallplan gegenüber positiv äußerte, und ich will die Dinge schildern, wie sie sich in London zugetragen haben:

---

3  Zum Marshall-Plan vgl. Lehmann: Marshall-Plan.
4  Zur sowjetischen Haltung zum Marshall-Plan vgl. Loth: Teilung der Welt, S. 179–184; Haberl: Sowjetische Außenpolitik.
5  Gemeint ist die Konferenz, an deren Ende im April 1948 die Gründung der Organisation für Europäische Wirtschaftliche Zusammenarbeit (OEEC) stand. Zur Vorgeschichte vgl. Loth: Teilung der Welt, S. 206–218.

Vorausschicken muss ich, dass wir zu dieser Konferenz eine Einladung bekommen haben, dass jede Zone einen Vertreter senden sollte, sie war an keine Bedingung geknüpft. Wir wurden gebeten, einen Vertreter zu entsenden. Es ging daraus klar hervor, dass wir gleichberechtigt an dieser Konferenz teilnehmen sollen. Wir hatten in unseren Organen zu prüfen, ob wir von der Einladung Gebrauch machen oder nicht. Dann kam der Telegrammwechsel mit der Ostzone und Berlin, die ablehnten, an dieser Konferenz teilzunehmen und die Forderung einer außerordentlichen Interzonenkonferenz aufstellten. Ich habe zum Ausdruck gebracht, dass wir die Einladung erhalten haben und wir beabsichtigen, einen Vertreter teilnehmen zu lassen und der Meinung sind, dass es Aufgabe der Gewerkschaften ist, darauf hinzuwirken, dass die Arbeitnehmerbelange weitgehendst gewahrt werden. Der Standpunkt, den die Vertreter der Britischen und Französischen Zone eingenommen haben, ist bekannt. So sind wir zu dieser Konferenz gegangen und haben alle gleichberechtigt an ihr teilgenommen. Auf dieser Konferenz wurde auch die deutsche Sprache als Verhandlungssprache erklärt und uns wurden alle Unterlagen in deutscher Sprache überreicht. Die Konferenz hat eine Erklärung ausgearbeitet. Die Erklärung ist Euch allen zugegangen, sie ist bekannt.[6] Es kam einmütig zum Ausdruck von den Vertretern Westeuropas, dass sie nach Lage ihrer Volkswirtschaft nicht aus eigener Kraft imstande sind, ihre Wirtschaft in Gang zu bringen.

1. fehlt es an Rohstoffen, die sie zur Fertigwarenproduktion benötigen,

2. fehlt es an der notwendigen Kapitalmenge,

3. fehlt es an Arbeitskräften, um die Wirtschaft in Gang zu bringen.

Damit war die Notwendigkeit der Verwirklichung dieser Ideen für uns begründet. Es entstand die Frage, welche Aufgaben haben die Gewerkschaften bei der Durchführung des Planes, sollen sie sich einschalten? Es herrschte die Auffassung, dass es ein Draußenbleiben bei der Durchführung dieses Planes nicht geben kann. Beim Aufbau der europäischen Wirtschaft müssen sich die Gewerkschaften einschalten und erreichen, dass die sozialen Verhältnisse, die Lohn- und Arbeitsbedingungen nicht verschlechtert werden, dass alle Anstrengungen notwendig sind, die Verhältnisse der Arbeitnehmer zu verbessern. Wir als deutsche Gewerkschaften sind verpflichtet und berechtigt uns einzuschalten bei den deutschen Stellen und Militärregierungen, um die Durchführung des Marshallplanes zu tätigen. Wir haben dieses Problem zu behandeln und die erforderlichen Maßnahmen zu treffen. Es wurde die Frage geprüft, wie weit es zweckmäßig erscheint, sich einzuschalten bei den Organen und Institutionen, die für die Durchführung des Marshallplanes gebildet werden. Generalrat, Exekutivausschuss und Büro haben die Aufgabe zu verwirklichen. Der ständige Ausschuss setzt sich aus 10 Mitgliedern zusammen, aus Vertretern der Gewerkschaftsbewegung der verschiedenen Länder. Es war für uns nicht bedeutungslos, ob ein Vertreter von uns hinkommen soll

---

6   Gemeint ist das Abkommen vom 16.04.1948 über die Gründung der Organisation für Europäische Wirtschaftliche Zusammenarbeit (OEEC), aus der 1960/61 die OECD hervorging. Vgl. Bührer: Westdeutschland.

oder nicht. Wir waren der Auffassung, dass in Anbetracht der Größe der westlichen Gebiete Deutschlands und der Möglichkeit der Ausfuhr von Rohstoffen und Fertigwaren es notwendig ist, dass ein Vertreter in den ständigen Ausschuss hineindelegiert werden muss.

Kollege Böckler wurde dazu vorgeschlagen, weil er in erster Linie der Repräsentant des Gebietes ist, wo das Schwergewicht unserer Industrie liegt und diese Belange dort beachtet werden müssen und weil hierbei die Frage steht, ob wir nur Rohstoffe oder mehr Rohstoffe oder vorwiegend Fertigwaren ausführen. Wir sind uns klar darüber, dass diese Fragen bei der Verwirklichung des Marshallplanes eine Rolle spielen werden. Wir sind der Meinung, dass mit dieser Bluttransfusion allein das Problem des Wiederaufbaus nicht gelöst werden kann, dass hierzu noch ganz andere, tiefer gehende Maßnahmen notwendig sind, dass hierzu besonders die Frage der Wirtschaftsstruktur eine ausschlaggebende Rolle spielen wird. Wir sind der Ansicht, dass es nur gelingen wird, die europäische Wirtschaft wieder aufzubauen, wenn eine europäische Planwirtschaft geschaffen wird. Hierbei darf nach unserer Auffassung nicht das Streben der einen oder anderen Nation maßgebend sein, die nur an ihren Wiederaufbau und Vorteil denken. Bei uns muss maßgebend sein, dass ein gesamter Aufbau auf die Dauer nur durchgeführt werden kann, wenn eine planmäßige Lenkung der zum Aufbau notwendigen Hilfsquellen erfolgt. Wir haben dies auch in London zum Ausdruck gebracht und gesagt, dass es uns schwerfallen würde, dem Wiederaufbauplan Deutschlands Unterstützung angedeihen lassen zu können, wenn es bedeuten würde, dass wir Forderungen, die wir beschlossen haben – eine Umgestaltung der wichtigen Rohstoff- und Schlüsselindustrien der früheren Privatindustrien in Gemeineigentum –, nicht verwirklichen können. Wir müssten uns dagegen wehren, wenn die Altbesitzer oder neuen Privatbesitzer aus Deutschland oder dem Ausland Eigentümer dieser Rohstoffbasis werden würden. Wir brachten zum Ausdruck, dass diese Quellen dem Gemeineigentum überlassen werden müssten. Wir begründen das damit, dass zukünftige Spannungen verhindert werden könnten.

Wenn man sich das von diesen Gesichtspunkten aus betrachtet, so bedauern wir, dass sich die Kollegen der Ostzone nicht mit eingeschaltet haben und bei der Lösung dieser maßgeblichen Fragen nicht mit dabei sein wollten. Wir sind über die Zeit hinausgewachsen, wo es die Aufgabe der Gewerkschaften war, die Arbeits- und Lohnbedingungen zu regeln. Wir haben immer wieder gefordert, dass die Teilnahme an der Londoner Konferenz sich nicht gegen den WGB richtet. Inwieweit die Beteiligung mit dem einmütigen Bekenntnis zum Prager Beschluss etwas zu tun hat, entzieht sich meiner Kenntnis. Die Selbsthilfe der Gewerkschaften der Marshall-Plan-Länder ist notwendig, trotzdem ich es selbst bedaure, dass eine Organisation wie der WGB auf diesem so wichtigen und entscheidenden Gebiet für die Zukunft nicht das getan hat, was notwendig gewesen wäre.

DOKUMENT 48b

## 13.–15. Mai 1948: Referat Bernhard Göring zum Tagesordnungspunkt 2: Weltgewerkschaftsbund.

SAPMO-BArch. 8. Interzonenkonferenz in Heidelberg vom 13.–15. Mai 1948. Protokoll, Vorbereitung und Auswertung. Maschinenschrift. DY 34/22982.

Kollege *Göring:* Die Vertreter der SBZ und Berlins haben außerordentlich bedauert, dass nicht auch die anderen drei Zonen dieser an sie im gleichen Wortlaut ergangenen Einladung Folge geleistet haben. Zweifellos und unbestritten ist von der Badenweiler Konferenz aller deutschen Gewerkschaften der Beschluss von Prag, größere Vorbereitungen für die Einheit der deutschen Gewerkschaftsbewegung zu treffen, ein Zentrum zu schaffen und einen deutschen Kongress abzuhalten und der Beschluss, der die prinzipielle Aufnahme in den WGB betraf, wärmstens begrüßt worden. Ich brauche die Debatte, die wir darüber in Badenweiler geführt haben, nicht noch einmal im Einzelnen in Eure Erinnerung zurückrufen. Aber dass wir alle befriedigt gewesen sind von diesem Beschluss in Prag, darüber glaube ich bestand kein Zweifel, und wir haben ja auch in Badenweiler uns dazu bekannt. Im Verfolg der weiteren Interzonenkonferenzen haben wir uns bemüht, Maßnahmen zu ergreifen, die jener Anregung von Prag Rechnung tragen sollte, und wir haben bereits auf der Pyrmonter Konferenz eine noch nicht offizielle Mitteilung erhalten, dass der Vorstand des WGB in seiner Sitzung im November den Beschluss fassen wird, die Gewerkschaften aller Zonen zu seiner nächsten Exekutivsitzung einzuladen. Wir waren also gewissermaßen auf eine solche Einladung vorbereitet. Von dieser Einladung hat uns auf der Dresdener Konferenz der Generalsekretär Louis Saillant Kenntnis gegeben, so dass die an uns später ergangene schriftliche Einladung ja allen Bünden und den verantwortlichen Funktionären bekannt war. Gerade im Hinblick auf die im deutschen und im europäischen Maßstab in der Zwischenperiode entstandenen neuen Spannungen schien es von unserem Standort her besonders wertvoll, dass wir diese Einladung erhielten. Es schien uns auch notwendig, dieser Einladung zu folgen. Wir haben von Berlin aus nach der Einladung uns bemüht, mit den Kollegen der anderen Zonen telefonisch in Verbindung zu kommen, um ihre Auffassung zu ergründen und um sie zu beeinflussen dahingehend, dass sie mit uns nach Rom gehen sollten, also gemeinsam dieser Einladung Rechnung tragen sollten. Unsere Bemühungen waren nicht von Erfolg, wie Ihr wisst, so dass wir als SBZ und Berlin nun allein den Beschluss fassten, der Einladung zu folgen und uns nach Rom bemühten.

Wie vorauszusehen war, stand in Rom von den eben von mir angedeuteten Problemen auf der Vorstandssitzung zur Debatte auch die Frage des Marshallplanes, aber auch Fragen, die die Verwaltung des Sekretariats des WGB sowohl in technischer als in gewerkschafts- und gesamtpolitischer Bedeutung betrafen, waren dort vorgesehen für die Beratung. Der Bericht der deutschen Gewerkschaften war für einen besonderen Tagesordnungspunkt eingesetzt.

Wir waren zum 5. Mai eingeladen. Die Konferenz begann wie bekannt am 30. April.

Bei unserem Eintreffen in Rom am Nachmittag des 4. Mai erfuhren wir in zwanglosen Unterhaltungen bei dem ersten Abendzusammentreffen mit den Vertretern des Exekutivbüros, dass schon einige Tage in einer Sonderkommission des Vorstandes über die von mir eben genannten bedeutsamen Fragen, Marshallplan, technische und politische Verwaltung des WGB durch das Sekretariat des WGB, die Stellungnahme des WGB zur UN und ihren verschiedenen Ausschüssen, die Mitwirkung des WGB in der UN sowie die Stellungnahme zum Internationalen Arbeitsamt, in dieser Kommission zur Aussprache gestanden hat. Die dort vertretenen Delegationen der englischen, französischen, sowjetischen u. a. Gewerkschaften haben in dieser engen Kommission 4 Tage Unterhaltungen gepflogen, um einen Weg zu suchen, der wieder, trotz der Ankündigungen in der Weltpresse, den Beweis zu liefern, dass die Einheit der Weltgewerkschaften im WGB trotz der schwierigen Probleme, die heute für die Gewerkschaften anstehen, fest genug gefügt ist und jede Erschütterung ertragen kann und die Aktionsfähigkeit des WGB und seiner Organe nach wie vor in der gleichen Stärke gegeben ist, wie sie auf dem 1. Weltgewerkschaftskongress, der die Grundlage für den WGB gegeben hat, gezeigt hat.[1]

Es war augenscheinlich, dass alle Delegationen in großem Maße dazu beigetragen haben, eine Verständigung im Sinne dieser großen Internationale zu erzielen. So konnten wir dann am 5. Mai, als die offizielle Sitzung des Exekutivausschusses begann, feststellen, dass eine Grundlage geschaffen war, die ohne Zweifel die vorhandenen Spannungen geklärt hatte und eine Atmosphäre kameradschaftlicher, freundschaftlicher, gemeinschaftlicher Aussprache darstellte. Es wurde zur Frage des Marshallplanes auf der Exekutivsitzung kein Sonderbericht erstattet, sondern es wurde ein gewerkschaftspolitischer Bericht des Generalsekretärs über alle von mir schon benannten Fragen entgegengenommen und darüber diskutiert. Die Exekutivsitzung hat keinen besonderen Beschluss darüber gefasst, so lange wir anwesend waren. Wir haben am Sonnabend am späten Nachmittag die Sitzung verlassen, weil wir zurück nach Deutschland wollten. Sie haben zur Kenntnis genommen, dass im Ausschuss und im Vorstand eine Verständigung zwischen den Delegationen erfolgte, dass es Angelegenheit jedes einzelnen Landes ist, zu der

---

1 Tatsächlich zeigte die Entschließung dieser Beratung an, dass in der Führung des WGB die Differenzen allenfalls noch durch Formelkompromisse überbrückt werden konnten. So regelte das Exekutivbüro, dass »keine Aktion unternommen« werden dürfe, wenn keine Übereinstimmung zwischen dem Generalsekretär und seinen Stellvertretern erzielt wurde, solange die Frage, »die die Lebensinteressen einer oder mehrerer nationaler Zentralen berührt«, nicht »vom Exekutivbüro geprüft worden ist.« Mit anderen Worten: Der Generalsekretär und seine Stellvertreter blockierten sich gegenseitig. Ferner sollten die »Organe des Weltgewerkschaftsbundes [...] nicht dazu benutzt werden, Angriffe auf die Politik oder die Verwaltung der dem Weltgewerkschaftsbund angeschlossenen Zentralen zu veröffentlichen oder zu verbreiten.« Die schriftliche Fixierung dieses – eigentlich selbstverständlichen – Grundsatzes belegt zuvor weitgehende Verstöße dagegen. Vgl. Resolution Weltgewerkschaftsbund, S. 92 f.

Frage »Marshallplan« vom Standpunkt der Interessen des einzelnen Landes Stellung zu nehmen und Beschlüsse zu fassen.[2]

Sie haben in einer Entschließung zum Ausdruck gebracht, dass für die Zukunft das Organ des WGB in der Frage des Marshallplanes keine aggressiven oder gegen ein anderes Land gerichteten Publikationen aufnehmen soll. Gleichzeitig wurde ein Beschluss vorgelegt, der auch Annahme fand, der im Allgemeinen für die gewerkschaftspolitische Arbeit des Sekretariats für die Zukunft vorsieht, dass bei allen wichtigen Anlässen und bei notwendigen Auslassungen des Sekretariats oder des Generalsekretärs eine Übereinstimmung zwischen Generalsekretär und seinen Vizesekretären stattfinden muss, und zwar den drei Sekretären, die gestellt sind von der sowjetischen, englischen und französischen Delegation. Damit ist auch eine bestimmte Richtung gegeben für die Formen und Auslassungen grundsätzlicher Fragen im Zuge der Periode, in der der Vorstand nicht selbst zusammentreten kann. Wenn sich noch größere Probleme ergeben, zu der der Vorstand Stellung zu nehmen nicht in der Lage ist, so müssen die Hauptvertreter der schon von mir benannten Delegationen, nämlich der sowjetischen, englischen und französischen Delegation, und die Vizepräsidenten hinzugezogen werden, um dann in diesen Fragen gemeinsame Entscheidungen zu treffen und gemeinsame Auslassungen des WGB für die Öffentlichkeit bekannt zu geben.[3] Die einzelnen Resolutionen in dieser Frage sind ja in der Presse abgedruckt worden. Ich brauche deshalb nicht besonders darauf einzugehen und kann nun zum Hauptteil meines Berichtes über die uns am nächsten liegenden Fragen Ausführungen machen:

Aufnahme der deutschen Gewerkschaftsvertreter auf der Konferenz und über die Diskussion, die nach den erstatteten Berichten zur Frage der deutschen Gewerkschaften von der Exekutive gemacht worden sind.

Es bestand bei uns eine technische Schwierigkeit für die Entgegennahme unseres Berichtes, und zwar dadurch, dass wir zeitlich gebunden waren unserer

---

2 Naturgemäß brachte die Haltung zum Marshall-Plan die wachsende Polarisierung insbesondere zwischen dem britischen TUC und dem amerikanischen CIO einerseits und den kommunistisch geführten Gewerkschaften Europas andererseits klar zum Ausdruck. Vgl. Lademacher: Weltgewerkschaftsbund.

3 Zu den Spannungen im WGB, die Anfang 1949 zum Ausscheiden der nichtkommunistischen westlichen Gewerkschaften aus dem WGB führten, vgl. die knappe Darstellung bei Gottfurcht: Gewerkschaftsbewegung, S. 189 ff. – Gottfurcht verweist auf einen Artikel in der sowjetischen Gewerkschaftszeitung »Trud« vom 16.11.1947, in dem verlangt wurde, dass die »reformistischen« Führer aus dem WGB zu entfernen seien. Vgl. ebenda, S. 190. Damit kündigt sich – zeitgleich zur Gründung des Kominform – ein Kurswechsel zur Konfrontation mit Sozialdemokraten und »rechten Gewerkschaftsführern« an. Vgl. allgemein Claudin: Kommunistische Bewegung, S. 94 ff. – 1947 war im Verlag der SMAD in Deutschland unter einem pseudonymen Verfassernamen eine (damit gleichsam offiziöse) Broschüre publiziert worden, in der die »politische Annäherung in Person ihrer rechten Führer an die klerikalen und bürgerlichen Parteien« auf Seiten westeuropäischer Sozialisten scharf verurteilt wurde. Gewürdigt wurden hingegen die sozialistischen Parteien Mittel- und Osteuropas, die sich im Bündnis mit den Kommunisten deren Transformationsstrategie angeschlossen hatten. Diese bereits 1946 in russischer Sprache erschienene Broschüre nahm damit den Kurswechsel der kommunistischen Bewegung zur Konfrontation und zum Kalten Krieg vorweg. Vgl. Iwanow: Sozialistische Parteien, S. 22.

Anwesenheit in Deutschland wegen und dass die Berichte über die deutsche Gewerkschaftsbewegung am Schluss des 8. Tagesordnungspunktes vorgesehen waren. Es bestand eine gewisse Kompliziertheit, die uns veranlasste, mit dem Präsidenten Deakin[4] und einigen Delegationen Rücksprache zu nehmen, damit die Deutschlandfrage so rechtzeitig zur Behandlung käme. Diesem Wunsch ist Rechnung getragen worden. Zu Beginn der Freitagssitzung erklärte Deakin, dass wir gern vor Sonnabend diese Angelegenheit zur Aussprache stellen wollen und befürwortet diesen Wunsch. Nach einer Erklärung von Kusnezow[5], der unseren Wunsch unterstützte, wurde die Frage gestellt, ob die Exekutive eine andere Meinung hätte, das war nicht der Fall, so dass wir am Freitag zur Besprechung unserer Frage gekommen sind.

Diese wurde eingeleitet durch kurze Bemerkungen Deakins, dann kam der Bericht des Generalsekretärs Saillant, der schriftlich vorlag, über die vom Sekretariat gesammelten Erfahrungen über die Teilnahme von Vertretern des Sekretariats an deutschen Interzonenkonferenzen, über eine Konferenz, die in der Deutschlandfrage mit dem Kontrollrat stattfand. Dann habe ich einen Bericht über die Entwicklung der Arbeiten gegeben, die den Prager Beschluss zur Grundlage hat. Ich habe auf die Beschlüsse der Interzonenkonferenz hingewiesen, auf die spezielle Arbeit der von den Interzonenkonferenzen eingesetzten Arbeitsausschüsse und habe es als eine Krönung unserer Arbeit bezeichnet, dass wir auf der 7. Interzonenkonferenz zu dem einmütigen Beschluss gelangt sind, den Zentralrat der deutschen Gewerkschaften zu schaffen. Ich habe dann den Wunsch daran geknüpft, dass die Exekutive des WGB uns darüber ihre Meinung zum Ausdruck geben möge, ob der hier auf der Grundlage des Dresdener Beschlusses zu bildende Zentralrat entsprechend den Anregungen des Kollegen Karl der Formulierung des Prager Beschlusses zur Schaffung eines deutschen Gewerkschaftszentrums als Voraussetzung für die Aufnahme in den WGB entsprechen.

Es folgte diesen Berichten Saillants und meinem eine umfassende Aussprache, an der sich die Führer der einzelnen Delegationen beteiligt haben. Die Aussprache wurde, wenn ich recht in Erinnerung habe, eingeleitet durch eine Rede des Kollegen Kuypers[6], der ebenso wie Präsident Deakin vorerst einmal darauf hinwies, dass es bedauerlich sei, dass die deutschen Gewerkschaften nur durch 2 Vertreter der Ostzone und Berlins auf der Konferenz anwesend seien, dass die Gesamtaussprache und die Beschlüsse der Exekutive vielleicht (das unterstrich besonders Deakin) dadurch behindert sein können, dass nicht auch die Vertreter der anderen Zonen der Einladung Folge geleistet haben. Kuypers kritisierte in seinen Ausführungen das eine

---

4 Arthur Deakin (11.11.1890–1.05.1955), Mitglied des General Council des TUC, Generalsekretär der Transport and General Workers' Unions, 1946–1949 Vorsitzender des Weltgewerkschaftsbundes.

5 Wassilij Wassilijewitsch Kusnezow (1901–1990), Ingenieur, 1940–1945 stellvertretender Vorsitzender der Staatlichen Planungskommission für die UdSSR (Gosplan), 1943 Vorsitzender der sowjetischen Gewerkschaft der Eisen- und Stahlarbeiter, 1944–1954 Vorsitzender des All-Unions-Zentralrates der sowjetischen Gewerkschaften, 1945–1953 Vizepräsident des Weltgewerkschaftsbundes (WGB), 1953 stellvertretender Außenminister und gleichzeitig Botschafter in China.

6 Julien Kuypers (14.08.1892–16.11.1967), Lehrer.

oder andere unserer Arbeit in Deutschland, nahm auch Stellung zu Presseberichten, die in Deutschland über die Arbeit der deutschen Gewerkschaften, besonders der Interzonenkonferenzen erschienen waren. Er kam aber am Schluss seiner Ausführungen auch zu dem Ergebnis, dass dem von uns vorgetragenen Wunsch auf eine Stellungnahme der Exekutive in irgendeiner Weise Rechnung getragen werden müsse.

Nach Kuypers sprach für die sowjetischen Gewerkschaften Frau Popowa[7], die sich besonders mit der Arbeit der Gewerkschaften in Gesamtdeutschland auseinandersetzte und die auch auf einige Einwände, die Kuypers vorgetragen hatte, zur Arbeit der Gewerkschaften in der SBZ einging. Es nahm für die englischen Gewerkschaften der Kollege Tewson[8] das Wort. Er befürwortete sehr stark, dass der WGB die Arbeit um die Einheit der deutschen Gewerkschaften fördern müsse und nahm ebenfalls zu dem Schluss zu empfehlen, der Anregung der deutschen Gewerkschaftsvertreter in irgendeiner Weise Rechnung zu tragen. Besonders stark wurde der von uns gemachte Vorschlag, den Zentralrat, der gemäß der Dresdener Konferenz konstituiert werden sollte, anzuerkennen, von Kusnezow. Für die CIO sprach Carey[9], der auch das eine oder andere an der Arbeit der deutschen Gewerkschaften zu bemängeln hatte, der auch darauf hinwies, dass es besonders wichtig sei festzustellen, ob die demokratischen Prinzipien von den deutschen Gewerkschaften bei der Bildung des Zentralrates entsprechende Anwendung finden. Aber auch Carey kam trotz einer bestimmten Kritik zu der Schlussfolgerung, der Exekutive zu empfehlen, sich mit der von uns gegebenen Anregung positiv zu beschäftigen. Carey nahm nicht Stellung zu einer Frage, die bereits von Saillant in seinem Bericht angesprochen war, und zwar als Saillant über die Verhandlungen berichtete, auf die ich bereits hinwies, die mit dem Kontrollrat und den Vertretern der einzelnen Mächte im Kontrollrat von ihm geführt worden sind. In dem schriftlichen Bericht wird hierzu uns Folgendes gesagt:

Das amerikanische Mitglied der Manpower Division stellte im Zusammenhang mit dem gesamtdeutschen Gewerkschaftskongress fest, dass folgende Voraussetzungen vorerst erfüllt sein müssen:

1. Zwischen den Mitgliedern des Kontrollrats muss eine Übereinstimmung vorhanden sein über die Bedeutung des Wortes: »Demokratie«.

2. Es muss völlige Freiheit der Verbindung und der Bewegung in Deutschland sein.

3. Deutschland muss eine ökonomische (wirtschaftliche) Einheit sein.

4. Es muss die politische Freiheit in ganz Deutschland herrschen.

5. Es muss eine nationale deutsche Regierung existieren.

---

7   Zu Nina Popowa konnten keine biographischen Angaben ermittelt werden.
8   Vincent Tewson (4.02.1898–1.05.1981), 1946–1960 Generalsekretär des Trades Union Congress (TUC).
9   James Barron Carey (1911–1973), 1935–1941 Vorsitzender der United Electrical, Radio and Machine Workers of America, 1938 Sekretär, 1942 Schatzmeister der CIO, 1949–1965 Vorsitzender der International Union of Electrical, Radio and Machine Workers (IUE), ab 1955 2. Vorsitzender und Mitglied des Exekutivkomitees der AFL-CIO, 1949–1951 und 1959–1962 Mitglied des Vorstandes des IBFG.

Das amerikanische Mitglied der Manpower Division forderte den General-sekretär des WGB auf, diese Bedingungen dem WGB gemeinsam mit folgen-der Frage zu übermitteln:

»Wie kann der WGB auf Erfolg rechnen bezüglich der nationalen Einheit in Deutschland, wenn die alliierten Autoritäten das nicht fertiggebracht haben.«

Ich sage, auf diese immerhin sehr wichtige Auslassung Saillants über Ver-handlungen mit dem Kontrollrat, die von einer Besatzungsmacht wiederge-geben sind, ist der Vertreter der CIO nicht eingegangen. Er hat die Arbeit der deutschen Gewerkschaften an der einen oder anderen Stelle kritisiert.

Am anderen Tag hat der Kollege Chwalek noch einige Ausführungen zu den Einwendungen von Kuypers gemacht. Deakin schlug vor, dass eine kleine Kommission sich nunmehr aufgrund der Aussprache und der Darlegungen mit der Abfassung einer kurzen Entschließung beschäftigen solle, in der, das sei bereits in der Aussprache von allen Vertretern anerkannt worden, fest-gestellt wird, dass und wie die Exekutive des WGB zu der von uns vorgetrage-nen Anregung, den Zentralrat als das Gewerkschaftszentrum anzuerkennen, Stellung nehmen wird. Diese Kommission bestand aus einem Vertreter der sowjetischen Gewerkschaften, der französischen und englischen Gewerk-schaften und dem Kollegen Kuypers.

Die Kommission hat dann getagt, und vor Fertigstellung eines Berichtes ha-ben wir Kusnezow und Kuypers noch einmal sprechen können, um die Be-stimmungen dieser Kommissionssitzung zu erfahren. Beide versicherten uns, dass mit einem positiven Beschluss der Kommission zu rechnen sei, über den dann die Exekutive zum Beschluss kam und der durch die Presse bekannt geworden ist, er hat den folgenden Wortlaut:

In der Entschließung über die Lage der Gewerkschaften in Deutschland be-stätigt der Exekutivausschuss erneut die Beschlüsse des Vorstandes in Prag vom Juni 1947 und des Exekutivausschusses in Paris vom November 1947. Sie unterstreicht den Willen des Weltgewerkschaftsbundes, diese Entschei-dungen durchzuführen, insbesondere der Errichtung eines Verbindungsbüros des Weltgewerkschaftsbundes und der Gewährung jeder Erleichterung für die Gewerkschaftsdelegierten zur Erfüllung ihrer Aufgaben in den vier Be-satzungszonen.

Der WGB begrüßt den von der Dresdener Konferenz gefassten Beschluss, einen Zentralrat der deutschen Gewerkschaften zu errichten, den der WGB als repräsentatives Organ der deutschen Gewerkschafter ansieht, das befugt ist, an seinen Arbeiten teilzunehmen. Der WGB fordert die deutschen Ge-werkschaften auf, möglichst schnell einen solchen Zentralrat zu errichten und einen Kongress einzuberufen.

Dieser Beschluss wurde einstimmig von der Exekutive des WGB angenom-men und damit war den von uns vorgetragenen Wünschen in Bezug auf die Stellungnahme des WGB zum Zentralrat entsprochen. Ich glaube, dass dieser Beschluss des WGB wie auch die vom Vorstand des WGB zu den anderen von mir einleitend vorgetragenen Problemen unsere Beratungen bis zu einem gewissen Grade beeinflussen müssen. Es war augenscheinlich, dass sich alle Delegationen, in der deutschen Frage eine Einigung zu erzielen, einig waren. Es war augenscheinlich, dass die grundsätzliche Haltung, die nach viertägigen Besprechungen in dem Ausschuss des Vorstandes zu dem Gesamtproblem zum Ausdruck gekommen war, dass diese Grundauffassung sich auch widerspiegelte in der Debatte um die deutsche Gewerkschaftsfrage. Ich möchte darauf hinweisen, dass wir als Vertreter der deutschen Gewerkschaften mit größter Wärme von der Exekutive aufgenommen worden sind. Wenn es überhaupt am Anfang eine Unterhaltung gab, dann war es lediglich, dass dem Bedauern Ausdruck gegeben wurde, dass nur die SBZ und Berlin anwesend waren. Von Saillant wurde auch das Schreiben der BBZ[10] bekannt gegeben, und es wurde darauf hingewiesen, dass vermutlich die Französische Zone die Einladung überhaupt nicht erhalten hat.

Alles in allem, der WGB hat sich in seiner Gesamtsitzung darauf eingestellt, dass die deutschen Gewerkschaften, obgleich sie noch nicht Mitglied sind und noch nicht sein können, sie doch als Kameraden in seinen Beratungskreis aufzunehmen. Das kam dadurch zum Ausdruck, dass wir an der Gesamtdebatte über die Stellungnahme zum Marshallplan beiwohnen konnten. Das kam auch zum Ausdruck in den offiziellen Veranstaltungen, die für die Delegationen der Exekutive gegeben worden sind. Zu allen offiziellen Veranstaltungen sind die deutschen Vertreter gleichwertig eingeladen gewesen und wir haben uns davon überzeugen können, dass in der Rücksprache über einige spezielle Fragen die Vertreter der englischen, italienischen, sowjetischen Gewerkschaften, wie auch die Vertreter des Sekretariats, Saillant, Schevenels, uns mit großer Wärme und ich darf sagen in einer Weise entgegentraten, von der wir feststellen dürfen, dass ein sehr großer Wert darauf gelegt wird, in einer engen Aussprache und Zusammenarbeit zu bleiben und noch mehr zu kommen, als es bis dahin der Fall war.

Es gab auch hier und da einige Unterhaltungen, die unsere deutsche Gewerkschaftsbewegung berührt haben, die auf Spannungen hinwiesen, die in unserem Kreis vorhanden sind oder waren. So kritisierte Deakin in einigen seiner Ausführungen die Haltung des Kollegen Chambeiron und der Kollegin Schulz auf der Pyrmonter Konferenz, und zwar sei ihm ein Bericht bekannt, aus dem hervorging, dass die beiden Kollegen insbesondere auf der Pyrmonter Konferenz eine nun nicht so neutrale Haltung eingenommen hätten, wie sie von Vertretern des WGB gegenüber den Delegationen aller 4 Zonen erwartet werden könne.[11] Saillant trat dieser Kritik sehr energisch entgegen, und es war nicht zu klären, von welcher Stelle dieser Bericht an Deakin gelangt ist. Wir haben nur deuten können, dass vielleicht keine gemeinsame Linie zwischen Chambeiron und Schevenels vorhanden war, und zwar anhand seines Verhaltens, das er an den Tag gelegt haben soll anlässlich seines Besuches der Westzonen Deutschlands. Kuypers wurde vorgeworfen, dass er in diesen Besprechungen dem Vertreter der westlichen Zonen zum Ausdruck gebracht hat,

10 Gemeint ist die Britische Besatzungszone.
11 Vgl. dazu Dok. 31. Beide, sowohl Chambeiron als auch Schulz, hatten nicht auf der Konferenz gesprochen, sondern Cope.

446

es sei empfehlenswert, der Einladung nicht zu folgen. Ich sage dass deshalb, damit sie sehen, dass spezielle Fälle auch diskutiert worden sind. Wir sind auch angesprochen worden von einzelnen Delegationen, z. B. der dänischen Gewerkschaften, daraufhin, dass besonders in der SBZ eine Unfreiheit herrsche und dass Vertreter der westlichen Zonen keine Gelegenheit haben, unsere Zone zu besuchen, dass sie bei Besuchen unserer Zone behindert werden. Wir haben uns vergeblich bemüht festzustellen, von woher diese Mitteilungen ergangen sind. Wir haben lediglich darauf hingewiesen, dass wir bereits zwei Interzonenkonferenzen in der SBZ abgehalten haben und dass von unserer Seite oder vonseiten der sowjetischen Besatzungsmacht eine Behinderung der Einreise der Vertreter der Interzonenkonferenzen in keiner Weise erfolgt ist. Wir haben geglaubt, dass wir sagen sollten, dass gelegentlich für alle Gewerkschafter in allen Zonen Schwierigkeiten auftreten bei der Beschaffung von Interzonenpässen. Denn ich hätte dann sagen müssen, dass Jendretzky und ich seit einem drei Viertel Jahr um die Pässe bemühen und die anderen Kollegen ebenfalls keinen Sonderpass haben. Ich habe lediglich versucht festzustellen, wie konnte eine solche Meinung bei einzelnen Delegationen der Exekutive vertreten sein, Kollegen, die immerhin von irgendeiner deutschen Stelle der interzonalen Gewerkschaftsbewegung darüber ein Bericht zugegangen sein muss, dass solche Schwierigkeiten und mit einem besonderen Hinweis auf die SBZ auftauchen. Ich habe mich in meinem Bericht über die Arbeit der Interzonenkonferenzen beschränkt, lediglich darauf hinzuweisen, dass die 7. Interzonenkonferenz von den Vertretern der französisch besetzten Zone nicht besucht war, weil die Vertreter der Besatzungsmacht dies verhindert haben und dass die gleiche Interzonenkonferenz einen entsprechenden Beschluss gefasst hat. Die Debatte über die deutsche Frage verlief zufriedenstellend. Wir haben uns auch ernsthaft bemüht, eine Darstellung unserer Verhältnisse in Deutschland und eine Darstellung unserer Arbeit zur Erfüllung der Prager Beschlüsse zu geben. So kam dieser Beschluss der Exekutive zustande, den ich eben im Wortlaut vorgetragen habe. Ich komme damit ebenfalls zum Schluss, dass die endgültige Auffassung, die zur deutschen Frage von allen Vertretern aller Delegationen zum Ausdruck gebracht wurde, auch den Wunsch ausdrückt, alles zu unternehmen, um die Einheit der deutschen Gewerkschaften zu fördern. Es ist deshalb auch erforderlich, den Beschluss der 7. Interzonenkonferenz positiv und konkret zu unterstützen. Dass das für unsere Beratungen, die wir zu pflegen haben, von Bedeutung sein muss, brauche ich nicht besonders zu betonen. Ich habe besonders betont, dass es der Wunsch der Vertreter der SBZ sei, über den deutschen Zentralrat so bald als möglich alle deutschen Gewerkschaften zum Anschluss an den WGB zu bewegen. Ich glaube, dass ich mit dieser Formulierung, die sich auf die Auffassungen unserer beiden Bünde stützte, dass es auch die allgemeine Auffassung aller deutschen Gewerkschaften sei, die Grundlage zu schaffen, den baldigen Eintritt zu ermöglichen, dass wir damit auch auf der Sitzung nicht zu weit gegangen sind. Diese unsere Auffassung hat dazu beigetragen, dass der Beschluss positiv zustande kam.

Es war deutlich, dass alle vertretenen Delegationen, von der amerikanischen, französischen, englischen bis zur sowjetischen, darin übereinstimmten, dass es angesichts der großen weltumspannenden Probleme notwendig ist, die Beziehungen zu den deutschen Gewerkschaften so bald als möglich fester zu gestalten, um alles zu tun, um den deutschen Gewerkschaften selbst, soweit es dem Einfluss des WGB möglich ist, über den Kontrollrat und den Mächten, die dort tätig sind, zur Einheit der deutschen Gewerkschaften zu verhelfen,[12] damit sie ein starkes Glied des WGB werden können. Ich habe die feste Überzeugung, dass die im WGB aufgetretenen Spannungen durch das kluge Verhalten aller Delegationen nicht nur für eine bestimmte Periode überwunden sind, sondern dass die Beratungen dieser Exekutivsitzung zu der Haltung des Sekretariats, zu den Auslassungen der Bulletins und zur Haltung des WGB selbst spannungslösend gewirkt haben. Und wenn ich am Schluss darauf hinweisen darf, dass sich in der gleichen Zeit auch anbahnt eine Verständigung zwischen den beiden entscheidenden Weltmächten, zwischen der Sowjetunion und den USA über Europa und die Weltlage, so glaube ich, werden wir auf unserer 8. Interzonenkonferenz ebenfalls zu einer umfassenden Verständigung kommen. Ich glaube, dass wir dem Geist der Exekutivsitzung des WGB entsprechen, wenn wir auch hier über Einzelheiten und Spezialfragen hinwegkommen und die einheitliche Linie unserer gemeinsamen Arbeit festlegen, dann werden wir auch den Dingen Rechnung tragen, die Richter in seinem Referat hier vorhin zum Ausdruck gebracht hat, von der notwendigen einheitlichen Auffassung in der Frage der deutschen Arbeiter in ganz Deutschland. Wir dürfen auch auf der 8. Interzonenkonferenz unsere Funktionäre und die Millionen Mitglieder unserer Gewerkschaften nicht enttäuschen. Und wie wir alle Vertrauen zu dem Bericht des Kollegen Richter haben, so werdet Ihr mir unterstellen, dass ich mich in meinem Kurzbericht bemühte, die Lage zu schildern, wie sie den Tatsachen entspricht und dass die Stellungnahme zu den deutschen Gewerkschaften durch die Exekutive eine positive, freundschaftliche und kameradschaftliche war und dass der Beschluss der Exekutive dazu beitragen soll, und das ist der Wille aller Gewerkschaften, uns in unserer schweren Arbeit um die Einheit der deutschen Gewerkschaften zu unterstützen.

Kollege *Hagen:* Kollege Kuypers hat uns gegenüber eine derartige Erklärung nicht abgegeben und ich glaube auch nicht, dass Kuypers eine solche Auslassung gemacht hat.

Kollege *Tarnow:* Die Einladung nach Rom ist wenig korrekt vor sich gegangen. Durch Presse und Radio haben wir erfahren, dass nach Berlin eine Einladung ergangen sei. Dann hörten wir, dass in Düsseldorf eine Einladung eingegangen sei, dann bekamen wir einen Brief zugestellt, ein Telegramm aus Berlin adressiert an Richter, Gewerkschaften der US-Zone, Alliiertes Kontor in Berlin. Dieses Telegramm ist erst mal nach Berlin gegangen, dann hat es die Militärregierung an uns weitergeschickt. So hatte die Einladung wochen-

---

12 Nach der gescheiterten Außenministerkonferenz in London zog die Sowjetunion am 20.03.1948 ihren Vertreter aus dem Alliierten Kontrollrat zurück. Damit war das gemeinsame oberste Machtorgan für ganz Deutschland handlungsunfähig. Am 16.06.1948 verließen die sowjetischen Vertreter auch die Alliierte Kommandantur in Berlin. Vgl. Mai: Kontrollrat, S. 465 ff.

lange Verspätung. Dass wir die Einladung nicht angenommen haben, beruhte auf zwei Überlegungen:

1. Die Art des Einladungsschreibens, das nach Düsseldorf ergangen war. Es war sehr unfreundlich gehalten in der Art einer Befehlsübergabe und nicht in der Form wie man kameradschaftlich verkehrt.

2. Die Überlegung, die wir in der US-Zone angestellt haben, wir wollten als Nichtmitglieder nicht einer Tagung beiwohnen, wo im Augenblick Spannungen zu bereinigen sind, die wir nicht gern zur Kenntnis nehmen wollten. Wenn alle Mitglieder nicht mal anwesend sind, passen Nichtmitglieder noch weniger hinein. Kollege Kuypers ist auch bei uns gewesen. Die Frage der Einladung nach Rom wurde besprochen. Er war selbst erstaunt darüber, weil er als Mitglied der Exekutive nichts wusste, so dass er sich nicht denken konnte, dass die deutschen Gewerkschaften zu einer Vorstandssitzung des WGB eingeladen werden konnten. Wir haben gefragt, ob es etwa Anstoß erregen würde, wenn wir mit einer Beteiligung verzichten würden. Er sagte, er glaube nicht, sondern man würde diese Haltung sogar anerkennen.

Noch ein Wort zu dem entrüsteten Zwischenruf nach meiner Rede, wo hier Unfreiheit usw. sei. In meiner Rede habe ich gesagt, dass in einer Konferenz mit Clay uns genannt wurden die 4 Gründe, die nach Meinung von Clay es noch nicht ermöglichten, einen deutschen Gewerkschaftsbund funktionsfähig zu halten, darunter auch, dass die Gewerkschaftsfunktionäre in ihren Bundesbezirken doch mindestens frei herumreisen müssten, ich habe daraufhin die Gründe genannt, sie lassen sich nicht gut bestreiten, z. B. von der Westzone in die Ostzone zu reisen gelingt nicht jedem. Ein russisches Visum[13]

DOKUMENT 48c

# 13.–15. Mai 1948: Gäste der 8. Interzonenkonferenz (Anlage 1 des Beschlussprotokolls).

SAPMO-BArch. Akte 8. Interzonenkonferenz in Heidelberg vom 13.–15. Mai 1948. Protokoll, Vorbereitung und Auswertung. Maschinenschrift. DY 34/22982.

Anlage 1
Gäste der 8. Interzonenkonferenz, Heidelberg 13.–15. Mai 1948:
Ammann, Bürgermeister; Heidelberg
Schwiegk, Hugo; Heidelberg-Ziegelhausen
Bohl, Otto; Heidelberg, Presse Rhein-Neckar-Zeitung
Winkler, Heinz; Heidelberg, Presse Rhein-Neckar-Zeitung
Witzleben, Reimund von; Heidelberg, Presse Rhein-Neckar-Zeitung
Becker, Erhard; Heidelberg, Süddeutsche Juristen-Zeitung
Meier, Hans; Heidelberg, Neue Zeitung

---

13 Die Vorlage endet an dieser Stelle.

Kerkow, Hans; Mannheim, Mannheimer Morgen
Stülpnagel, Joachim; Stuttgart, Stuttgarter Zeitung
Schenppe, Walter; Heidelberg, Rhein-Neckar-Zeitung
Meerstein, Wolfgang; Frankfurt am Main, Deutscher Pressedienst
Mr. Beal, Stuttgart; Militärregierung Stuttgart
Dr. Fitzel, Heidelberg; Militärregierung Heidelberg
Jäcker, Hans; Heidelberg, Badische Neueste Nachrichten
Fennel, Kurt; Frankfurt am Main, Radio
Jäger, Martin; Heidelberg, Industrieverband Metall
Holle, Heinrich; Heidelberg, Jugendsekretär
Erle, Martin; Heidelberg, Industrieverband Bau
Böning, Franz; Heidelberg, Ortsausschuss 2. Vorsitzender
Engelhardt, Adolf; Heidelberg, Ortsausschuss 1. Vorsitzender
Ditton, Peter; Heidelberg, Ortsausschuss Kassier.
Bittig, Willi; Heidelberg, Angestelltenverband
Niklaus, Gustl; Heidelberg, Ortsausschuss
Zimmermann, Willi; Heidelberg, Ortsausschuss
Ziegler, Karl; Heidelberg, Gesamtverband

DOKUMENT 48d

## 13.–15. Mai 1948: Eingegangene Schreiben und Telegramme an die 8. Interzonenkonferenz (Anlage 2 des Beschlussprotokolls).

**SAPMO-BArch. Akte 8. Interzonenkonferenz in Heidelberg vom 13.–15. Mai 1948. Protokoll, Vorbereitung und Auswertung. Maschinenschrift. DY 34/22982.**

Anlage 2

a) Belegschaft der Ruhrstahl A.G. Annener Gußstahlwerk, Annen

Metallarbeiter des Kreises Alzey bedauern Ausschluss Delegierter der Französischen Zone. – Wünschen Tagung guten Verlauf – schafft endlich die Deutsche Gewerkschaftseinheit und bekennt Euch zum Weltgewerkschaftsbund.

Peter Heckmann, Kreisvorsitzender

b) Vorstände der Gewerkschaftsbünde Rheinland-Pfalz-Südwürttemberg und Südbaden

Die zu einer gemeinsamen Besprechung über allgemeine gewerkschaftliche Fragen in Baden zusammengekommenen Vorstände der Gewerkschaftsbünde Rheinland-Pfalz-Südwürttemberg und Südbaden bedauern, dass ihnen keine Möglichkeit zur Teilnahme an der Interzonenkonferenz in Heidelberg gegeben ist – sie grüßen die Teilnehmer der Konferenz und wünschen der Konferenz einen guten und erfolgreichen Verlauf.

Zonensekretariat Otto Franke

c) Konferenz der unabhängigen, demokratischen Delegierten des FDGB Groß-Berlin

Heutige Konferenz der unabhängigen, demokratischen Delegierten des FDGB Groß-Berlin begrüßt Eure Konferenz – Wir erwarten von Eurer Konferenz, dass sie die Voraussetzungen für eine wirkliche freie, parteipolitisch unabhängige Gesamtdeutsche Gewerkschaftsbewegung schafft.

Otto Suhr

Jakob Kaiser

Karl Lehrer[1]

Erich Galle[2]

d) Betriebsgruppe der deutschen Gewerkschaften der Firma Scheufelen, Frankeneck/Pfalz

Auf das Betreiben gewisser – jedoch gewissenloser – Parteifunktionäre ist die Einheit der deutschen Gewerkschaften in Frage gestellt. Wir und insbesondere unsere Jungarbeiter lehnen eine Spaltung der Gewerkschaften prinzipiell ab und erwarten, dass die Einheit der Gewerkschaften endlich vollzogen wird, um bei dem WGB den Anschluss zu ermöglichen. Es muss das Ziel des Bundesvorstandes des ADB Rheinland-Pfalz sein, unsere Forderungen mit Nachdruck zu betreiben, denn nur die Einheit der Gewerkschaften gibt uns in unserem Kampf die Kraft, welche wir, um die gewerkschaftlichen Ziele, um die wir schon jahrelang kämpfen, zu erreichen brauchen.

Mit gewerkschaftlichen-kollegialen Grüßen

Kaiser, Josef

e) eingegangene Telegramme und Beschlüsse anlässlich der 8. Interzonenkonferenz vom 13.–15. Mai 1948 in Heidelberg am Neckar:

Gesamtbetriebsrat Deutsche Shell Hamburg – Werk Harburg

Delegiertentagung der Industriegewerkschaft Chemie Papier u. Keramik, Bezirk Düsseldorf

---

1 Karl Lehrer (14.09.1905–27.06.1949), Kaufmann, Mitglied der SPD und des ZdA, bis 1930 kaufmännischer Angestellter, dann Gewerkschaftssekretär im ZdA, Ortsgruppe Groß-Berlin, Mai 1933 Entlassung, längere Erwerbslosigkeit, anschließend Angestellter, 1936–1945 beim Deutschen Kunstseiden-Syndikat, 1945 Mitbegründer des FDGB in Groß-Berlin, Vorstandsmitglied für den Verband der kaufmännischen und Büro-Angestellten, 1948 Mitbegründer der UGO, Gewerkschaftssekretär, Mai 1948 1. Vorsitzender der Gewerkschaft der kaufmännischen Büro- und Verwaltungsangestellten (GkB) in West-Berlin, 1947–1949 Abgeordneter der Stadtverordnetenversammlung von Groß-Berlin, 1947 Mitglied des engeren Vorstandes der GkB Berlin, Mitglied des vorläufigen Vorstandes der UGO, 14.08.1948 Wahl in die engere und geschäftsführende Bundesleitung der UGO, Vorstandsmitglied auf dem 1. Bundestag der UGO (22.–24.04.1949).
2 Erich Galle (15.09.1894–29.10.1970), Metallarbeiter, Hauptsprecher der Opposition der IG Metall, Bezirksleiter des DMV in Schöneberg, 1947 Mitglied des Vorstandes der IG Metall Groß-Berlin, 1948 Mitglied der kommissarischen Leitung des FDGB (UGO) – Abteilung Tarifpolitik, Mitglied des vorläufigen Vorstandes der UGO, 14.08.1948 Wahl in die geschäftsführende Bundesleitung der UGO, April 1949 als nichthauptamtliches Mitglied in den Vorstand gewählt.

Betriebsgruppe der deutschen Gewerkschaften der Firma Scheufelen, Rheinland-Pfalz

Industriegewerkschaft Metall Hagen/Westfalen

Hüttenwerke Siegerland Abt. Eichner Walzwerk

Arbeiter und Angestellte der Maifeier in Kreuztal

Strunk & Traud Gußstahlwerke Wittmann

Haspe Ortsausschuss Werl

Willi Dirks, Protokollführer Eberleburg

Industriegewerkschaft Bau, Wuppertal

Arbeitsamt Idar-Oberstein

Allgemeiner Gewerkschaftsbund Rheinland Hessen/Nassau

Mitgliederversammlung d. Industrieverb. Bergbau, Essenborach

Deutscher Gewerkschaftsbund Ortsausschuss Dahlbruch

Industriegewerkschaft Grafisches Gewerbe, Papierverarbeitung Unterbezirk Bielefeld

Freier Deutscher Gewerkschaftsbund Bezirk Gotha

Bahnbetriebswerke Hagen Ecksey

Betriebsrat der AG für Stickstoffdünger Knapsack

Stadtwerke Heidelberg

Industrieverband Bergbau, Essen Schachter

Rosenblumendelle

Industriegewerkschaft Bergbau und Metall Eiserfeld

Industriegewerkschaft Metall, Neheim Hüsten

Krawattenfabrik Gerhard Platzen, Krefeld

Kreisausschuss Aachen

Entschließung der Belegschaft der Firma. Knorr-Bremse GmbH

Stahlwerk Volmarstein

Belegschaft der Firma Horst Dannert, Federnwerke Hagen/Westfalen

Belegschaft Hüttenwerk Haspe AG Hagen/Westfalen

Belegschaft der Firma Dange und Dienenthal, Siegen

106 Mitglieder des Sundwiger Messingwerkes, Sundwig-Hemer

Firma Berg, Iserlohn-Grüne

Belegschaft der Firma Karl Lanze, Iserlohn, Resolutionen

Belegschaft der Firma Becker, Hemer

Belegschaft der Firma Schlürmann, Hemer

Belegschaft der Firma Puknet, Sundwig-Hemer

452

Gewerkschaft Organisierter Eisenbahner, Bahnhof Brühl

Belegschaft der Firma Ludwig Wery, Maschinenfabrik Zweibrücken

Kreissekretariat der KP, Landau/Pfalz

Betriebsversammlung, Fachabteilung Duisburger Straßenbahn

Betriebsversammlung Lanzwerk Zweibrücken

Belegschaft Ohlendorfsche Baugesellschaft Hamburg

Industriegewerkschaft, Nahrung und Genuss, Gaststätten, Heidelberg

Belegschaft der Heidelberger Milchversorgung GmbH, Heidelberg

Belegschaft der Deutschen Werft Hamburg

70 Kollegen der Firma Gebrüder Möders, Wuppertal-Elberfeld

Zentralvorstand der Industriegewerkschaft Holz, Georg Wachtel

Delegiertenversammlung der Industriegewerkschaft Textil und Leder, Wuppertal

Betriebsrat der Rhenania, Neuwied am Rhein.

## DOKUMENT 49

# 14. Mai 1948: Erklärung des FDGB zum Marshall-Plan.

**SAPMO-BArch. Akte 8. Interzonenkonferenz in Heidelberg vom 13.–15. Mai 1948. Protokoll, Vorbereitung und Auswertung. Maschinenschrift. DY 34/22982.**

Erklärung

Die Vertreter des FDGB (Sowjetische Besatzungszone) und des FDGB Groß-Berlin stellen nach Kenntnisnahme des Berichtes über die Konferenz von Gewerkschaften aus den 16 Marshall-Plan-Ländern in London Folgendes fest:

1. Der Bericht lässt für die Beurteilung des Marshallplanes keine neuen Gesichtspunkte erkennen.

2. Der Marshallplan dient in erster Linie dem Wiederaufbau der privatkapitalistischen Wirtschaftsform und gefährdet somit alle Errungenschaften der Gewerkschaften Deutschlands, die sich im Osten bereits in weitgehendem Maße in die Gestaltung der demokratischen Wirtschaft eingeschaltet haben.

Wir erklären deshalb, dass sich an unserer ablehnenden Einstellung zum Marshallplan nichts geändert hat. Wir sind jedoch wie bisher jederzeit bereit, uns besonders im Sinne der Beschlüsse der 4. Interzonenkonferenz über die Neugestaltung der Wirtschaft für die weitere Demokratisierung der Wirtschaft, für die Übernahme der Schlüsselindustrien durch das Volk sowie für eine sozialistische Planung bei der Wiederaufrichtung der deutschen Volkswirtschaft mit ganzer Kraft einzusetzen, sie zu unterstützen und zu fördern.

Dokument 49a

## 14. Mai 1948: Erklärung der Gewerkschaftsbünde der Britischen und US-Zone.

**SAPMO-BArch. Akte 8. Interzonenkonferenz in Heidelberg vom 13.–15. Mai 1948. Protokoll, Vorbereitung und Auswertung. Maschinenschrift. DY 34/22982.**

Erklärung

Die Vertreter des Deutschen Gewerkschaftsbundes (Britische Zone) und der Landesgewerkschaftsbünde von Bayern, Württemberg-Baden und Hessen (Amerikanische Zone) bedauern die von den Vertretern des FDGB (Ost-Zone) und des FDGB Berlin abgegebene Erklärung zu dem europäischen Hilfsplan (Marshall-Plan) und der Londoner Konferenz der Gewerkschaften.

Die Gewerkschaften der 3 Westzonen haben sich für den Marshall-Plan erklärt, weil sie in ihm ein wirksames Mittel sehen, die ökonomische Zusammenarbeit der europäischen Völker herbeizuführen, ohne die eine Wiedergesundung der wirtschaftlichen und sozialen Verhältnisse in den einzelnen Ländern, auch Deutschland, nicht möglich ist.

Sie halten es für ihre Pflicht, in Gemeinschaft mit den Gewerkschaften der anderen beteiligten Länder bei der Durchführung des Planes mitzuwirken, um dabei die Interessen der Arbeiterklasse wahrzunehmen.

Für die Behauptung, dass der Marshall-Plan in erster Linie dem Wiederaufbau des privatkapitalistischen Wirtschaftssystems diene und alle Errungenschaften der deutschen Gewerkschaften gefährde, sind beweiskräftige Gründe nicht angeführt worden. Weder aus der Konstruktion des Hilfsplanes, noch aus den bisherigen Verhandlungen können solche Beweise abgeleitet werden. Sollten sich aber bei der Durchführung des Planes solche Gefahren einstellen, ist der Einbau der Gewerkschaften in die Organisation des europäischen Hilfswerkes umso notwendiger.

Die Gewerkschaften der Britischen und Amerikanischen Zone bedauern die Art und Methode, die von den Kollegen der Ostzone immer wieder trotz aller Zusagen gegen die zum Marshall-Plan positiv eingestellten Bünde und entgegen der Haltung des WGB angewandt werden und die geeignet sind, jedes kollegiale und sachliche Zusammenarbeiten für die Gewerkschaftseinheit unmöglich zu machen.

Heidelberg, 14. Mai 1948.

454

DOKUMENT 49b

## 14. Mai 1948: Erklärung des FDGB.

**SAPMO-BArch. Akte 8. Interzonenkonferenz in Heidelberg vom 13.–15. Mai 1948. Protokoll, Vorbereitung und Auswertung. Maschinenschrift. DY 34/22982.**

Die Vertreter des FDGB der sowjetisch besetzten Zone und des FDGB Groß-Berlins nahmen von der gemeinsamen Erklärung der Delegationen der britisch besetzten Zone und der amerikanisch besetzten Zone Kenntnis.

Sie bedauern, dass durch den letzten Absatz dieser Erklärung die sachliche Stellungnahme zu den Berichten über den Marshallplan und der London-Konferenz sowie über den Verlauf der Exekutivsitzung des WGB in Rom getrübt wird.

Sachlich ergibt sich nach unserer Auffassung aus den vorliegenden beiden Erklärungen zum Problem des Marshallplanes, dass eine Übereinstimmung gegenwärtig nicht zu erzielen war.

Indessen sind die Vertreter des FDGB der sowjetisch besetzten Zone und des FDGB Groß-Berlins der Überzeugung, dass die Zusammenarbeit der deutschen Gewerkschaften im künftigen Zentralrat gemäß dem Dresdener Beschluss in gegenseitiger Toleranz fortgeführt werden soll.

Heidelberg, den 14. Mai 1948

DOKUMENT 50

## 9.–10. Juli 1948: Sitzung des Arbeitsausschusses in (Salzgitter-) Lebenstedt.

**SAPMO-BArch. Akte 9. Interzonenkonferenz in Enzisweiler vom 17.–18. August 1948. Protokoll, Vorbereitung und Auswertung. Maschinenschrift. DY 34/22984.**

Kurzprotokoll der Sitzung des interzonalen Arbeitsausschusses am 9. und 10. Juli, Lebenstedt

Anwesend:
Albin Karl, Düsseldorf, Kavalleriestr. 8
Stellvertretender Vorsitzender des DGB der Britischen Zone
Lorenz Hagen, München, Landwehrstr. 7/9
Vorsitzender des BGB der US-Zone
Markus Schleicher, Stuttgart, Rotestr. 2 a
Vorsitzender des Gewerkschaftsbundes Württemberg-Baden (US-Zone)
Bernhard Göring, Berlin C 2, Wallstr. 63/65
2. Vorsitzender FDGB der Sowjetischen Zone
Hans Jendretzky, Berlin C 2, Wallstr. 63/65
1. Vorsitzender FDGB der Sowjetischen Zone

Ernst Krüger, Berlin C 2, Wallstr. 63/65
Vertreter des FDGB der Sowjetischen Zone
Roman Chwalek, Berlin C 2, Wallstr. 63/65
FDGB Groß-Berlin
Joseph Vogel, Freiburg/Breisgau, Friedhofstr. 41
stellvertretender Vorsitzender des Badischen Gewerkschaftsbundes der Französischen Zone

Kollege *Karl* eröffnet am 9. Juli 1948, 10.30 Uhr die Sitzung. Er entschuldigt die nicht anwesenden Kollegen der Britischen Zone (vom Hoff, Föcher). Ebenso erfolgt Entschuldigung des Kollegen Richter, Frankfurt am Main, durch Kollegen Hagen.

Kollege Karl führt dann weiter aus, dass in der letzten Sitzung des Arbeitsausschusses eine abschließende Verständigung nicht erreicht werden konnte und die Arbeiten bis zu dieser Sitzung vertagt wurden. Mit Rücksicht auf die inzwischen eingetretene veränderte politische Lage sowie auch auf die innergewerkschaftlichen Verhältnisse in Berlin ist es fraglich, ob wir überhaupt dazu kommen werden, der nächsten Interzonenkonferenz eine einheitliche Vorlage gemäß des uns gewordenen Auftrages zu machen. Ein großer Teil unserer Kollegen versteht das Verhalten der sowjetischen Besatzungsbehörden nicht. Man kann es nicht verstehen, dass ein nicht unbedeutender Teil Berlins zum Hunger gezwungen und gegebenenfalls zur Verzweiflung getrieben wird.[1] Es wird hier gefragt, wo bleibt da der FDGB, wo bleiben die Kollegen Jendretzky und Göring. Man kann es nicht verstehen, dass das ganze Wirtschaftsleben Berlins in Frage gestellt wird wegen einer Angelegenheit, über die sich die Besatzungsmächte in anderer Weise schlüssig werden könnten. Ziehe ich alles zusammen in Erwägung, komme ich zu dem Schluss, hat es überhaupt einen Sinn, der nächsten Interzonenkonferenz einen Plan vorzulegen, der einen Zentralrat vorsieht, wenn man Schwierigkeiten hat, das bisherige überhaupt zu erhalten.

Kollege *Hagen* führt u. a. aus, dass ihm sehr an einer engen Bindung liege, aber auch für ihn ein Zentralrat zur Zeit nicht denkbar ist. Wir wollen die Interzonenkonferenzen auf der bisherigen Basis unter allen Umständen aufrecht erhalten und so vorerst versuchen, die Gesamtprobleme, die alle deutschen Gewerkschaften gemeinsam angehen, zu meistern. Die Bildung eines Zentralrates hat sehr an Geltung verloren.

Kollege *Chwalek* stellt vorerst fest, dass die Kollegen aller Zonen sich befleißigt haben, sich in die innergewerkschaftlichen Verhältnisse Berlins nicht einzumischen. Er schildert einige Vorkommnisse, insbesondere die UGO betreffend.[2]

Kollege *Jendretzky* führt ebenfalls aus, dass auch die Sowjetische Zone sich in den Berliner innergewerkschaftlichen Streit nicht eingemischt hat. Weiter führt er aber aus, dass er die Einstellung der Kollegen der Britischen und Ame-

---

1  Zur Berliner Blockade vgl. Wetzlaugk: Berliner Blockade.
2  Zur Haltung des FDGB zur UGO vgl. Brunner: Sozialdemokraten, S. 276 ff.

rikanischen Zone nicht verstehen kann. Er steht auf dem Standpunkt, den erhaltenen Auftrag der Interzonenkonferenz in jedem Fall durchzuführen. Er führt u. a. noch aus, dass gerade die augenblickliche Situation es erforderlich macht, die Arbeiten für die Bildung des Zentralrates voranzutreiben, damit den Kollegen draußen klar wird, dass die Gewerkschaften nicht an eine Spaltung Deutschlands denken und ihrerseits alles tun, um vereinigt die Probleme der deutschen arbeitenden Kollegen zu erörtern.

Kollege *Göring:* Ich glaube, dass es ein großer Fehler unserer Interzonenkonferenz gewesen ist, dass wir, anstatt in schnellem Tempo zu einer festeren Form der deutschen Gewerkschaften zu kommen, dieses Tempo hinausgezögert haben. Manche Schwierigkeiten, die sich in allen Zonen zeigen, würden durch den Zentralrat viel eher überbrückt werden können. Der Gewerkschaftsrat ist die Instanz, die wir brauchen, um heute überhaupt unsere Gewerkschaftsarbeit voranzubringen. Was ihr bizonal für erforderlich haltet, ist für alle Zonen eben so dringend, es ist eben die Schaffung des Bundes für Deutschland notwendig.

Kollege *Schleicher* führt aus, dass es ihn einige Mühe gekostet hat, um überhaupt zu dieser Sitzung zu kommen, da sein Vorstand ihm gesagt hat, was willst du dort, die augenblickliche Situation macht eine stärkere gewerkschaftliche Bindung mit dem Osten so gut wie unmöglich. Wo sind noch gemeinschaftliche Interessen? – Ich würde raten, begnügen wir uns mit den bisherigen Interzonenkonferenzen.

Kollege *Chwalek:* Wir sind gegen die Zerreißung Deutschlands, wir haben das in wiederholten Entschließungen zum Ausdruck gebracht. Ich habe geglaubt, dass aufgrund der bisherigen Ereignisse wir im Interesse der gesamten Arbeiterschaft diesen Zentralrat schaffen müssen, um ein Organ zu haben, das zeigt, die Gewerkschaften wollen ein einheitliches Deutschland.

Kollege *Vogel* stimmt den Kollegen zu, die für die Beibehaltung der Interzonenkonferenzen sind. Würden wir diese auch fallen lassen, würde das zur großen Freude unserer Gegner geschehen. Es ist tief bedauerlich, dass diese gewerkschaftlichen Vorkommnisse in Berlin möglich waren, es ist zu hoffen und zu wünschen, dass diese Dinge bald endgültig und ordnungsgemäß bereinigt werden.

Kollege *Hagen* verweist darauf, dass er unter anderen Verhältnissen der stärkste Verfechter des Zentralrates gewesen ist. Aber heute ist es doch praktisch so, dass entscheidende Bindungen zwischen Ost und West nicht mehr vorhanden sind. Was zwingt uns darum, den Zentralrat von heute auf morgen zu schaffen. Unser aller Streben ist doch, die gewerkschaftliche deutsche Einheit herbeizuführen, aber wie können wir es im Augenblick ändern, wenn uns andere Faktoren daran hindern?

Kollege *Jendretzky* schildert noch einmal die Entstehung des Arbeitsausschusses, seinen Auftrag und die bisherige Entwicklung seiner Arbeiten. Dies tut er mit Rücksicht auf die Anwesenheit des Kollege Vogel, der bislang nur durch die Protokolle unterrichtet war. Weiter meint der Kollege Jendretzky, dass wenn die Kollegen der Britischen und Amerikanischen Zone eine Vereinigung ihrer Arbeitsgebiete für so zwingend halten, er nicht verstehen könne, wieso sie sich gegen eine engere Zusammenarbeit auf vierzonaler Grundlage sträuben. Es sei doch ganz klar in Dresden zum Ausdruck gekommen, dass der Zentralrat mit größeren Vollmachten ausgestattet sein solle als die bisherigen Interzonenkonferenzen. Er ist der Meinung, dass die Arbeitsausschusssitzung nicht noch länger debattieren solle, sondern sich des ihr gewordenen Auftrages erinnern, nämlich Ausarbeitung der Grundsätze, und mit den Arbeiten nun endlich fortfahren. Selbst wenn in wirtschaftlicher und politischer Hinsicht Unterschiede in den einzelnen Zonen wahrzunehmen sind, so kann das der Bildung eines Zentralrates der deutschen Gewerkschaften nicht schaden oder hinderlich sein.

Kollege *Göring:* Es hat sich doch in der Vergangenheit gezeigt, dass wir uns trotz dieser und jener Schwierigkeiten in der großen Linie verständigt haben, wir haben uns in den Fragen der Sozialversicherung geeinigt usw. Wir sind es doch gewesen, die dem Gedankengang des Kollegen Karl folgten und uns zur Errichtung eines Zentralrates verstanden. Ihr seid es nun, die wieder davon zurückgehen wollt. Ich schlage also nochmals vor, verständigen wir uns über die Zusammensetzung des Zentralrates, schaffen wir für die 9. Interzonenkonferenz eine Arbeitsgrundlage. Die Arbeiter draußen in den Betrieben sehen doch auf uns und unsere Interzonenkonferenzen, sie würden es nicht verstehen können, wenn auf der 9. Interzonenkonferenz mitgeteilt wird, dass bezüglich des Zentralrates keine Einigung erzielt ist, ja, dass einige Kollegen die Errichtung desselben sogar ablehnen. Geschieht dies, kommen wir doch immer mehr in eine Situation hinein, die besagen würde, wir haben uns auseinander gelebt.

Kollege *Schleicher:* Es wird keine Situation geschaffen, durch die wir uns auseinander leben. Ich will die Interzonenkonferenzen nicht sprengen, die Verantwortung möchte ich vor der Bewegung nicht übernehmen.

Kollege *Karl* schildert den bisherigen Verlauf der Arbeiten des bizonalen Organisationsausschusses, abschließend sagte er, ich würde mit Freuden dem zustimmen, dass, wenn die Verhältnisse es nur irgendwie zulassen, wir zu einem möglichst weiträumigen Zusammenschluss kommen, ja, nach Möglichkeiten zu einem Zusammenschluss über ganz Deutschland. So lange das noch nicht möglich ist, schlage ich vor, wir lassen es vorerst bei den Interzonenkonferenzen, damit wir eine gute Verbindung untereinander haben, sie vor allen Dingen behalten. Ich möchte sagen, die gegenwärtigen politischen Verhältnisse lassen die Bildung des Zentralrates nicht zu, seine Bildung muss aber als Plan bestehen bleiben. Ist eine Klärung und Lockerung der Verhältnisse eingetreten, begeben wir uns an die Weiterverfolgung der bisher geleisteten Arbeit.

Kollege *Göring* wirft die Frage auf, was soll geschehen, wenn der in Dresden und Heidelberg erteilte Auftrag an den Arbeitsausschuss nicht durchgeführt wird. Er fragt, hat dann unser Zusammensein heute überhaupt noch einen Sinn?

Kollege *Hagen:* Ich schlage vor, wir als Arbeitsausschuss geben uns den erteilten Auftrag der Interzonenkonferenzen wieder zurück.

Kollege *Chwalek:* Nach den bisherigen Darlegungen können wir auch sagen, die Errichtung des Zentralrates ist nicht möglich, wir können dann sagen, die Spaltung Deutschlands ist eine vollzogene Tatsache. Aber wir als Gewerkschafter stehen doch auf dem Standpunkt, dass die Spaltung wohl vollzogen, aber nicht endgültig ist und sein kann. Gerade in diesem Augenblick hat jeder einzelne von uns die Verpflichtung, zu erkennen zu geben, dass wir als Gewerkschaften ein einheitliches Deutschland wollen.

Kollege *Jendretzky* weist noch einmal darauf hin, dass die Auftragserteilung auch durchgeführt werden muss.

Kollege *Vogel* erklärt, dass man den Auftrag ausführen solle und versuchen, eine Form zu finden, in welcher das geschehen kann.

10. Juli 1948

Nach längerer Diskussion werden von den Kollegen der einzelnen Zonen die im Anhang beigefügten Erklärungen abgegeben, da eine einheitliche Meinung nicht zu erzielen war. Der Kollege *Karl* zog seine Erklärung nach Kenntnisnahme der anderen Erklärungen zurück, da insbesondere die von den Vertretern der US-Zone abgegebene Erklärung im Wesentlichen mit der von ihm ausgearbeiteten übereinstimmt.

Beschlossen wurde, diese Erklärungen den Mitgliedern der Interzonenkonferenz sowie des Arbeitsausschusses vor Stattfinden der nächsten Interzonenkonferenz zuzustellen. Kollege Karl wurde beauftragt, die Berichterstattung über das Ergebnis der Arbeitsvertagung bei der nächsten Interzonenkonferenz zu übernehmen.

Schluss der Sitzung am 10. Juli 1948 11.45 Uhr.

Düsseldorf, im Juli 1948

DOKUMENT 50a

## 9.–10. Juli 1948: Erklärungen: Albin Karl, Vertreter der US-Zone, Vertreter der Sowjetischen Zone und Berlins und Josef Vogel, Vertreter der Französischen Zone.

SAPMO-BArch. Akte 9. Interzonenkonferenz in Enzisweiler vom 17.–18. August 1948. Protokoll, Vorbereitung und Auswertung. Maschinenschrift. DY 34/22984.

Anlage 1

Erklärung des Kollegen Karl

Der Arbeitsausschuss stellt mit Bedauern fest, dass in naturgemäßer Folge der unterschiedlichen Währungen die wirtschaftspolitischen Spannungen zwischen den Gebieten der drei westlichen Besatzungsmächte und dem östlichen Besatzungsgebiet sich verstärkt haben.

Aus dieser Verschärfung der wirtschaftspolitischen Spannungen ergibt sich auch eine ungünstige Beeinflussung der politischen Atmosphäre. Diese Tatsache veranlasst den Arbeitsausschuss, die Interzonenkonferenz zu ersuchen, erneut nachzuprüfen, welche Aufgaben und Vollmachten für den beschlossenen und mit allem Eifer anzustrebenden Zentralrat zuzuteilen sind. Der Arbeitsausschuss hält deshalb die planmäßige Einberufung und Durchführung der vorgesehenen 9. Interzonenkonferenz für zweckmäßig, damit dieses berufene Gremium Gelegenheit hat, die bis dahin gegebene Situation für die Errichtung des Zentralrates zu überprüfen. – Der Arbeitsausschuss erhofft auch bis dahin eine Klärung und Verständigung bezüglich der innergewerkschaftlichen Verhältnisse Groß-Berlins.

Lebenstedt, 10. Juli 1948

Anlage 2

Erklärung der US-Zone

Der Arbeitsausschuss der Interzonenkonferenz hat am 9. und 10. Juli 1948 in Lebenstedt/Braunschweig seine Beratungen fortgesetzt. Er kam nach eingehender Prüfung der gegenwärtigen politischen und wirtschaftlichen Situation in Deutschland zu folgendem Ergebnis:

Die Bestrebungen nach einem engeren Zusammenschluss der deutschen Gewerkschaften aller Zonen mit dem Ziel, zu einer einheitlichen Organisation zu kommen, gingen von der Annahme aus, dass auch die wirtschaftliche und staatspolitische Vereinigung in Deutschland in absehbarer Zeit zu erwarten sei. Diese Hoffnung ist bitter enttäuscht worden. Die Gegensätze zwischen den Besatzungsmächten, deren Überwindung die Voraussetzung für eine befriedigende Lösung des deutschen Problems ist, haben sich noch wesentlich verschärft. Dadurch wurde eine Situation herbeigeführt, die es gegenwärtig aus technischen und politischen Gründen schwer macht, die gewerkschaftliche Zusammenarbeit zwischen den Ost- und Westzonen auch nur in dem bisherigen Umfang aufrecht zu erhalten.

Auch die beklagenswerte Entwicklung der gewerkschaftlichen Verhältnisse in Berlin hat die Aussichten auf einen gesamtwirtschaftlichen Zusammenschluss erheblich beeinträchtigt.

In dieser Situation, die keine sicheren Schlüsse auf die weitere Entwicklung und die Möglichkeiten des engeren Zusammenschlusses gestattet, ist den Arbeiten des Arbeitsausschusses zunächst der befruchtende Boden entzogen. Unbeschadet des allseitigen ehrlichen Willens der Gewerkschaften, sich zu vereinigen, kann z. Zt. nicht übersehen werden, wann und in welchen Formen dieses würde realisiert werden können.

Es erscheint deshalb zweckmäßig, die Arbeiten des Arbeitsausschusses zunächst zu vertagen, bis die wirtschaftlichen und politischen Voraussetzungen dafür wieder gegeben sind. Bis dahin müssen alle Anstrengungen gemacht werden, um wenigstens den Kontakt in der seitherigen Form der Interzonenkonferenzen aufrecht zu erhalten.

Es soll Aufgabe der nächsten Interzonenkonferenz sein, selbst zu prüfen, welche Sicherungen für die Aufrechterhaltung der Interzonenarbeiten erforderlich sind.

Lebenstedt, 10. Juli 1948

Anlage 3

Erklärung der Ost-Zone und Berlins

Der Arbeitsausschuss hatte den Auftrag, auf der Grundlage der bisherigen Ergebnisse seine Arbeiten zur Bildung des Zentralrates der deutschen Gewerkschaften entsprechend den Beschlüssen der Dresdner Interzonenkonferenz fortzuführen und der nächsten Interzonenkonferenz zu berichten.

Angesichts der von den westlichen Besatzungsmächten durchgeführten separaten Währungsreform[1] ohne Rücksicht auf die Beschlüsse der deutschen Gewerkschaften und durch die danach erfolgten Maßnahmen, die zur Spaltung Deutschlands führen müssen, ist es eine besondere Notwendigkeit, den Willen aller deutschen Gewerkschaftsmitglieder für die gesamtdeutsche Gewerkschaftseinheit und die Einheit Deutschlands zu betonen und in diesem Kampfe eine Führung zu schaffen. Diese Erwartung kann und darf nicht enttäuscht werden.

Daher halten die Vertreter der Sowjetischen Besatzungszone und Groß-Berlins die Bildung des Zentralrates für dringend notwendig, um gemeinsam die Beschlüsse der Interzonenkonferenzen zu verwirklichen.

Sie halten die Auffassung eines Teils der Mitglieder des Arbeitsausschusses angesichts der gegenwärtigen Situation, von der Durchführung des einstimmig in Dresden angenommenen Beschlusses zur Bildung des Zentralrates abzusehen, für verhängnisvoll. Eine solche Haltung muss die gewerkschaftlich organisierten Arbeiter und Angestellten in allen Zonen enttäuschen, ihnen die Hoffnung auf die wirksame Vertretung ihrer Interessen nehmen und die weitere interzonale Zusammenarbeit gefährden.

Aus diesem Grunde werden die Vertreter der Sowjetischen Besatzungszone und Groß-Berlins in gemeinsamer Beratung die Vorschläge zur Bildung des Zentralrates sowie der Aufgaben und Grundsätze unter Berücksichtigung der vorliegenden Unterlagen ausarbeiten und sie der 9. Interzonenkonferenz zur Abstimmung vorlegen.

Lebenstedt, 10. Juli 1948

Anlage 4

Erklärung des Kollegen Vogel, Süd-Baden (Französische Zone)

Die Mitglieder des Arbeitsausschusses sind grundsätzlich der Auffassung, dass

1.) im Interesse einer einheitlichen Willensbildung und Willensleistung in allen uns gemeinsamen Fragen ein Zentralrat gebildet werden soll,

---

1 Zur Währungsreform vgl. Brackmann: Währungsreform; Hampe: Währungsreform; Weimer: Wirtschaftsgeschichte; Wolff: Währungsreform.

2.) den einzelnen Interzonengewerkschaftsbünden auch fernerhin die Möglichkeit und das Recht gegeben werden muss, in ihrem Gebiet so zu handeln und zu taktieren, wie es die jeweils gegebenen Verhältnisse und Umstände erfordern,

3.) bis zum Zeitpunkt der Schaffung des Zentralrates ein Interzonensekretariat zu bilden ist, welches alle die Aufträge laufend zu erledigen hat, die ihm durch den Arbeitsausschuss oder die Interzonenkonferenzen zugewiesen werden.

Den einzelnen Vorständen der Zonenbünde ist über die Beratung des Arbeitsausschusses objektiv zu berichten und sie sind aufzufordern, aufgrund der gegebenen Verhältnisse Vorschläge durch die Delegierten der Interzonenkonferenzen auszuarbeiten.

Lebenstedt, 10. Juli 1948

DOKUMENT 51

## 9. August 1948: Geschäftsführender Bundesvorstand des FDGB beschließt Richtlinien für die Schaffung des Zentralrats der deutschen Gewerkschaften.

**SAPMO-BArch. Akte 9. Interzonenkonferenz in Enzisweiler vom 17.–18. August 1948. Protokoll, Vorbereitung und Auswertung. Maschinenschrift. DY 34/22984.**

Presseabteilung des FDGB

9. August 1948

FDGB – unterbreitet Richtlinien für die Schaffung des Zentralrats

Der Hauptpunkt auf der 9. Interzonenkonferenz, die vom 17. bis 19. August in Lindau/Bodensee stattfinden wird, dürfte der Bericht des Arbeitsausschusses sein. Bekanntlich war dieser Arbeitsausschuss damit beauftragt worden, »Richtlinien für die Schaffung eines Zentralrats für die deutschen Gewerkschaften« auszuarbeiten und die »Grundsätze und Aufgaben der deutschen Gewerkschaftsbewegung« zu entwerfen. Dieser Entwurf, der eine Gemeinschaftsarbeit von Vertretern aus allen vier Zonen ist, liegt bereits vor. Die Annahme dieses Entwurfes über die »Grundsätze und Aufgaben« durch die 9. Interzonenkonferenz[1] würde bedeuten, dass dann die Diskussion in allen gewerkschaftlichen Einheiten einsetzt. Damit würden die Voraussetzungen dafür geschaffen, dass der 1. Gesamtdeutsche Gewerkschaftskongress die gewerkschaftspolitischen Grundsätze für den Gesamtdeutschen Gewerkschaftsbund beschließen kann, nachdem sie in wirklich demokratischer Form von der Gesamtmitgliedschaft beraten wurden.

---

1  Vgl. Dok. 37.

In mehreren Beratungen hat der Arbeitsausschuss auch zu Richtlinien Stellung genommen, die für die Schaffung des Zentralrates notwendig sind. Auch hier gibt es bereits Übereinstimmung. Die kommende Interzonenkonferenz dürfte diese Beratungen fortsetzen. Es bleibt zu hoffen, dass sie erfolgreich beendet werden, obwohl Stimmungen vorhanden sind, nach welchen die Schaffung des Zentralrats auf unbestimmte Zeit zurückgestellt werden soll.

Der geschäftsführende Bundesvorstand des FDGB hat sich in einer Sitzung am 3. August 1948 mit der Lage in der deutschen Gewerkschaftsbewegung beschäftigt. Dabei untersuchte er auch die Frage: Welche Auswirkungen würde ein bi- oder trizonaler Zusammenschluss der Gewerkschaften in den westlichen Zonen für die deutsche Gewerkschaftsbewegung haben? Seine Antwort auf diese Frage legte der geschäftsführende Bundesvorstand in einer »Erklärung zur Schaffung eines Westdeutschen Gewerkschaftsbundes« nieder, die der 9. Interzonenkonferenz durch die Vertreter des FDGB unterbreitet werden soll.

Der geschäftsführende Bundesvorstand unterstrich ganz besonders die Notwendigkeit einer schnellen Überbrückung aller sich zeigenden Schwierigkeiten, weil sich die Lage der deutschen Werktätigen in letzter Zeit auffallend verschlechterte und bessere und verstärkte Interessenvertretung alle Schaffenden in Deutschland dringend erforderlich ist. Deshalb beauftragte er seine Vertreter, auf der 9. Interzonenkonferenz dafür einzutreten, dass schnellstens der Beschluss von Dresden verwirklicht und der Zentralrat gebildet wird. Der geschäftsführende Bundesvorstand verpflichtete seine Vertreter, auf der 9. Interzonenkonferenz den nachfolgenden Vorschlag, der sich auf die bisher erreichten Übereinstimmungen im Arbeitsausschuss stützt, zu unterbreiten:

»A. Die Aufgaben des Zentralrats der deutschen Gewerkschaften

1. Der Zentralrat der deutschen Gewerkschaften übernimmt bis zur Wahl des Bundesvorstandes des gesamtdeutschen Gewerkschaftsbundes die zentrale Führung der deutschen Gewerkschaftsbewegung.

2. Seine Hauptaufgabe soll es sein, die Gründung eines gesamtdeutschen Gewerkschaftsbundes vorzubereiten und die hierfür notwendigen Arbeiten zu leiten.

3. Die Arbeit des Zentralrats soll sich bewegen in der Richtung der Verwirklichung aller einmütig gefassten Entschließungen und Beschlüsse der bisherigen Interzonenkonferenzen der deutschen Gewerkschaften, z. B.:

a) Mitbestimmungsrecht der Gewerkschaften und Betriebsräte in der Wirtschaft (2. Interzonenkonferenz)

b) Betriebsräte in der Wirtschaft (2. Interzonenkonferenz)

c) Stellungnahme zur Frage der Entnazifizierung (2. Interzonenkonferenz)

d) Aufbau der Gewerkschaften (3. Interzonenkonferenz)

e) Grundsätze für eine reichseinheitliche Neugestaltung der Sozialversicherung (3. Interzonenkonferenz)

f) Zum Friedensvertrag (3. Interzonenkonferenz)

4. Die politische Grundausrichtung des Zentralrats bestimmt die auf der 4. Interzonenkonferenz einmütig gefasste Entschließung zur Neugestaltung der Wirtschaft.

5. Dem Zentralrat wird die Verpflichtung auferlegt, den Eintritt der deutschen Gewerkschaften in den Weltgewerkschaftsbund beschleunigt zu betreiben. Bis zur Wahl des Bundesvorstandes soll der Zentralrat gegenüber dem Weltgewerkschaftsbund als die Zentrale der deutschen Gewerkschaftsbewegung gelten.

B. Wie soll der Zentralrat gebildet werden?

1. Die Delegierten für den Zentralrat werden durch die satzungsgemäßen Körperschaften der Bünde (Bundesvorstand bzw. erweiterter Bundesvorstand) gewählt.

2. Der Zentralrat setzt sich aus 63 Mitgliedern zusammen. Die Wahl der Mitglieder erfolgt auf der Grundlage: je 150.000 Mitglieder entsenden 1 Vertreter. Unter Berücksichtigung der – von den Bünden angegebenen – Mitgliederstärke entfallen demnach auf:

| | | |
|---|---|---|
| Britische Zone | DGB | 18 Mitglieder |
| Sowjetische Zone | FDGB | 26 Mitglieder |
| Groß-Berlin | FDGB | 5 Mitglieder |
| Amerikanische Zone | FGB Hessen | 5 Mitglieder |
| | Württemberg-Badischer Gewerkschaftsbund | 3 Mitglieder |
| | Bayrischer Gewerkschaftsbund | 3 Mitglieder |
| Französische Zone | AGB Rheinland-Pfalz | 1 Mitglied |
| | Badischer Gewerkschaftsbund | 1 Mitglied |
| | Gewerkschaftsbund Süd-Württemberg-Hohenzollern | 1 Mitglied |

Die Vollsitzungen sind die höchste Instanz des Zentralrates. Die in den Vollsitzungen herbeigeführten Entscheidungen sollen für alle deutschen Gewerkschaften bindend sein, wenn Einmütigkeit vorhanden ist oder für den Fall, dass diese nicht zu erreichen ist, wenn drei Viertel der Bünde (in der Amerikanischen und Französischen Zone und Groß-Berlin) und der Landesorgane der beiden großen Bünde (Britische Zone und sowjetisch besetzte Zone) ihre Zustimmung gegeben haben. Die Stellungnahme der Bünde soll jeweils im Zeitraum von 14 Tagen, nachdem der Zentralrat eine Festlegung getroffen hatte, erfolgen.

Vollsitzungen finden in der Regel vierteljährlich statt.

3. Der Zentralrat wählt aus seiner Mitte 3 Vorsitzende mit gleichen Rechten und Pflichten und bestimmt, ebenfalls aus seiner Mitte, einen Arbeitsausschuss. Derselbe besteht aus 16 Mitgliedern, und zwar sollen dem Arbeitsausschuss angehören:
Britische Zone 4 Vertreter
Sowjetische Zone 5 Vertreter

Groß-Berlin 2 Vertreter

Amerikanische Zone 3 Vertreter

Französische Zone 2 Vertreter

Die Arbeitsausschusssitzungen sollen monatlich mindestens einmal stattfinden. Aufgaben des Arbeitsausschusses ergeben sich aus den Festlegungen der Vollsitzungen.

Die Mission des Arbeitsausschusses soll sein:

a) Präzisierung der Aufgaben für das Sekretariat

b) Kontrolle über die Durchführung der gestellten Aufgaben.

4. Zur Durchführung der Aufgaben bildet der Zentralrat ein Sekretariat. In dieses entsenden:

a) die Westzonen (Britische, Amerikanische und Französische Zone) 2 Sekretäre

b) die Sowjetische Zone und Groß-Berlin 2 Sekretäre.

Das Sekretariat hat die Aufgabe, die Beschlüsse des Zentralrats in Zusammenarbeit mit den Bundesvorständen und den Vorständen der Industriegewerkschaften bzw. Gewerkschaften zu verwirklichen. Der Sitz des Zentralrats und des Sekretariats soll Berlin sein.

C. Allgemeine Richtlinien für die Gründung des Gesamtdeutschen Gewerkschaftsbundes

1. Ein Gesamtdeutscher Gründungskongress wird durchgeführt, an welchem alle deutschen Gewerkschaften durch Delegierte beteiligt sein sollen. Den Termin des Stattfindens dieses Kongresses legt der Zentralrat in seiner ersten Sitzung fest. Die Wahl der Delegierten regelt eine vom Zentralrat herausgegebene Wahlordnung.

2. Die vom Zentralrat auszuarbeitende Wahlordnung wird nach dem für die deutschen Gewerkschaften gültigen Grundsatz erfolgen: Auf eine vom Zentralrat zu bestimmende Zahl von Mitgliedern wird 1 Delegierter gewählt (z. B. auf 10.000 Mitglieder 1 Delegierter). Der Zentralrat trägt die Verantwortung dafür, dass freie, demokratische und geheime Wahlen durchgeführt werden und dass jedem Mitglied Stimmrecht und Stimmmöglichkeit gesichert ist.

3. Der Zentralrat übt auch die Funktion des zentralen Wahlausschusses aus. Die Wahl der Delegierten wird in Verbindung mit einer breiten Diskussion über den Entwurf und Aufgaben der deutschen Gewerkschaftsbewegung durchgeführt.

4. Die Einberufung des gesamtdeutschen Gründungskongresses und die Festlegung des Tagungsorts haben rechtzeitig durch den Zentralrat zu erfolgen.

5. Der einzuberufende gesamtdeutsche Gründungskongress soll entscheiden über:

a) die Schaffung des Gesamtdeutschen Gewerkschaftsbundes

b) die Grundsätze und Aufgaben des neuen Gesamtdeutschen Gewerkschaftsbundes und soll

c) die Wahl des Bundesvorstandes vornehmen.«

DOKUMENT 52

## 3. August 1948: Erklärung des geschäftsführenden Bundesvorstandes des FDGB zur Schaffung eines Westdeutschen Gewerkschaftsbundes.

**SAPMO-BArch. Akte 9. Interzonenkonferenz in Enzisweiler vom 17.–18. August 1948. Protokoll, Vorbereitung und Auswertung. Maschinenschrift. DY 34/22984.**

Erklärung zur Schaffung eines Westdeutschen Gewerkschaftsbundes

Die wirtschaftlichen und staatspolitischen Ereignisse der letzten Monate um und in Deutschland die Schaffung einer separaten Währungsreform für Westdeutschland, die die Einführung einer ostdeutschen Währung zur Folge hatte, die Konstituierung eines Weststaates und einer westdeutschen Regierung und damit der Vollzug der Spaltung Deutschlands, erschweren die Lage des gesamten deutschen Volkes und lassen Katastrophen im größten Ausmaß befürchten.

Die Wünsche aller aufrechten demokratischen Deutschen nach wirtschaftlicher und politischer Einheit, nach einem gerechten Friedensvertrag, nach baldiger fühlbarer Verbesserung der materiellen Verhältnisse haben sich nicht erfüllt. Das deutsche Volk selbst droht auseinanderzufallen und sich von Monopolisten und Imperialisten für die eigenen selbstsüchtigen Zwecke missbrauchen zu lassen.

Im westlichen Deutschland drohen Arbeitslosigkeit, Verschärfung der Not und des Elends breiter Volksmassen.

In dieser Situation richten sich die Blicke von Millionen werktätiger Männer und Frauen auf die neuen deutschen Gewerkschaften. Von ihren Gewerkschaften erwarten sie ein entschlossenes einheitliches Handeln in den Grundlagen der Existenz unseres Volkes. Mit Recht erkennen sie in der Konzentration die Stärke der Gewerkschaften im Kampf für die Interessen der Arbeiter und Angestellten. In allen Zonen haben deshalb die Gewerkschaftsmitglieder die Zusammenarbeit auf den Interzonenkonferenzen begrüßt. In sieben Konferenzen von Mainz bis Dresden war es möglich, zu wichtigen Fragen der gesamtdeutschen Entwicklung einmütig Stellung zu nehmen.

Die Gewerkschaften legten ihre Auffassung fest:

a) zum Abschluss eines Friedensvertrages

b) zur Neugestaltung der Wirtschaft

c) zur Vergesellschaftung der Grundstoffindustrie, in erster Linie des Bergbaues

d) zur Mitbestimmung und zur Tätigkeit der Betriebsräte

e) zur Frage des Lohnstopps

f) zur Vereinheitlichung der Sozialversicherung

g) zur Frauenarbeit

h) zur berufstätigen Jugend

Sie bekannten sich zum Weltgewerkschaftsbund und begrüßten in Badenweiler die Beschlüsse von Prag zur deutschen Gewerkschaftsbewegung. Sie
unterstrichen wiederholt die Notwendigkeit eines immer festeren Zusammenschlusses aller deutschen Gewerkschaften zu einem gesamtdeutschen
Gewerkschaftsbund.

Diesem Grundsatz getreu haben die Funktionäre des FDGB der Sowjetischen
Besatzungszone und Groß-Berlins auf den Interzonenkonferenzen und auf
zahlreichen Zusammenkünften leitender Funktionäre der Industriegewerkschaften alles getan, um die Vereinigung der deutschen Gewerkschaften zu
einem einheitlichen Gewerkschaftsbund herbeizuführen.

In dem einmütigen Beschluss der Dresdner Interzonenkonferenz zur Bildung
des Zentralrates der deutschen Gewerkschaften sehen die Delegierten der
Sowjetischen Besatzungszonen und Groß-Berlins den in der gegenwärtigen
Lage zweckentsprechenden Weg zur Fortentwicklung der Konzentration der
gewerkschaftlichen Kräfte. Mit Bedauern stellen wir deshalb fest, dass unsere
Auffassung nicht von allen Teilnehmern der internationalen Konferenz geteilt
wird.

Die Haltung einiger westdeutscher Kollegen zur Frage der gesamtdeutschen
Gewerkschaftseinheit muss umso mehr überraschen, als diese gleichen Kollegen sich z. Zt. für die allerschnellste Schaffung eines westdeutschen Gewerkschaftsbundes einsetzen. Die Schaffung eines westdeutschen Gewerkschaftsbundes entspricht keineswegs gewerkschaftlichen Notwendigkeiten;[1] wohl
aber ist sie geeignet, die auf die Zerstörung des nationalen Zusammenhalts
gerichteten Tendenzen zu unterstützen, und deckt sich nicht mit den Beschlüssen der Interzonenkonferenz.

Die Schaffung eines Westdeutschen Gewerkschaftsbundes mit der Begründung, wir müssen uns an die gegebenen Realitäten halten, d. h. an Realitäten,
die nicht von den Gewerkschaften geschaffen wurden, also an die Realität
einer gegen den Volkswillen hervorgerufenen Spaltung Deutschlands, dient
nicht der Gewerkschaftseinheit, sondern enthält den gefährlichen Keim des
Bruderkampfes.

Ein Verzicht auf die unverändert notwendige und mögliche Schaffung des
Gesamtdeutschen Gewerkschaftsbundes und die Vereinigung von nur 4 Mil-
lionen im Westen verhindert die Entfaltung der vollen Kraft der deutschen
Gewerkschaftsbewegung.

Die verantwortlichen Funktionäre der neuen deutschen Gewerkschaftsbewegung dürfen sich in Erkenntnis der gegenwärtigen Situation der wirtschaftlichen und sozialen Lage der Werktätigen nur für den engsten Zusammenschluss der Gewerkschaften aller 4 Zonen entscheiden. Ein solcher Entschluss entspricht zweifellos der Auffassung der überwältigenden Mehrheit
der 9 Millionen gewerkschaftlich organisierten Mitglieder.

---

1  Gemeint sind die Bemühungen, die Gewerkschaften der drei Westzonen organisatorisch
   enger zusammenzufügen. Vgl. Mielke: Neugründung der Gewerkschaften.

Die unterzeichneten delegierten Mitglieder der Interzonenkonferenz machen sich erneut zum Interpreten dieser fortschrittlichen Arbeiter und Angestellten.

DOKUMENT 53

## 17.–19. August 1948: Protokoll über die 9. Interzonenkonferenz.

**SAPMO-BArch. Akte 9. Interzonenkonferenz in Enzisweiler vom 17.–18. August 1948. Protokoll, Vorbereitung und Auswertung. Maschinenschrift. DY 34/22984.**

Protokoll über die 9. Interzonenkonferenz in Lindau/Enzisweiler vom 17.–19. August 1948, im Gasthaus zur »Traube«

Die 9. Interzonenkonferenz der deutschen Gewerkschaften wurde am 17. August 1948 vormittags 10 Uhr 15 im Hotel-Pension »Traube« in Enzisweiler bei Lindau vom Kollegen Fleck, Süd-Württemberg und Hohenzollern, eröffnet, der nach einleitenden Worten die Vertreter der französischen Militärregierung, den Vertreter der amerikanischen Regierung und die deutschen Gäste des Kreises Lindau begrüßte. (Siehe Anlagen vom Beschlussprotokoll)

Anschließend erfolgten Begrüßungsansprachen durch:
Kreisgouverneur De Font-Reaulx, Direktor Schwarz, Baden-Baden,
Kreispräsident Zwisler,
Landrat Dr. Berklau,
Bürgermeister Schmidt aus Bodolz,
Bürgermeister Geheimrat Dr. Frisch, Lindau,
Kollege Davidsohn, Lindau, und Kollege van Binneveld vom WGB Paris.

Nachdem sich die Vertreter der Militärregierung verabschiedet hatten, wurde folgendes Präsidium gewählt:
von der Sowjetischen Zone Kollege Jendretzky, Berlin,
von der Britischen Zone Böckler, Düsseldorf,
von der Amerikanischen Zone Hagen, München, und
von der Französischen Zone Ludwig, Mainz.

Anschließend daran übernahm Kollege Ludwig das Präsidium und machte nochmals auf die Tagesordnung aufmerksam.

1. Bericht des Arbeitsausschusses

2. Aussprache und Beschlussfassung zum Bericht über die erste Interzonenkonferenz der Jugend.

Vor Eintritt in die Tagesordnung gedachten die Konferenzteilnehmer der Opfer der Ludwigshafener Explosionskatastrophe[1] und Ludwig gab bekannt,

---

1  Im August 1948 forderte eine Explosion in der Ludwigshafener Anilin- und Sodafabrik über 200 Todesopfer und viele Verletzte. Im Anschluss daran entbrannte eine Diskussion um zu verbessernde Vorsichts- und Schutzmaßnahmen. Bereits vor dem Unglück hatte der Be-

dass sich die Zahl der Todesopfer bis jetzt auf 225 beläuft und dass von den zahlreichen Schwerverletzten noch viele in Todesgefahr stehen. Ferner las er noch ein Telegramm des Kollegen Saillant vor, das sich ebenfalls mit dieser Angelegenheit befasste und der darin einen Wunsch zum Ausdruck brachte (Siehe Anlage), diese Frage bzw. die Sicherheit des Arbeitsplatzes bzw. die des Arbeiters am Arbeitsplatz auf der Konferenz zu behandeln.

Kollege *Ludwig* bemerkte hierzu, dass dies dadurch überholt sei, da gesetzgeberische Maßnahmen in den Länderparlamenten in Vorbereitung seien.

Kollege *Hagen* führte an, dass er bei den letzten Interzonenkonferenzen die Geschäftsführung hatte und dass er in dieser Eigenschaft ein Beschwerdeschreiben des FDGB über die Berichterstattung der letzten Interzonenkonferenz in verschiedenen Gewerkschaftszeitungen erhielt. (Siehe Anlage zum Beschlussprotokoll) In der Vorsitzendenbesprechung, die vor Beginn der Interzonenkonferenz stattfand, haben sich die Vorsitzenden der Bünde über diese Angelegenheit unterhalten und sind zu der Auffassung gekommen, dass die Angelegenheit nicht so schwerwiegend sei und dass eine Diskussion darüber nicht stattfinden solle. Kollege Hagen verweist noch einmal darauf, dass bei der einmütigen Auffassung der Vorsitzenden der 8. Interzonenkonferenz über die Zusammenarbeit diese streng eingehalten werden soll.

Er betonte noch, dass er der Annahme sei, dass auch die Berliner Kollegen mit dieser Klärung einverstanden sein werden und eine Diskussion also hinfällig sei.

Kollege *Jendretzky* erklärte sich mit den Ausführungen des Kollegen Hagen einverstanden.

Kollege *Hagen* gab nun noch einen Antrag der Presse bekannt, wonach dieselbe nach festgesetzten Zeiten eventuell zwei Mal am Tag Nachrichten über den Verlauf der Verhandlungen erhalten will.

- Es wurde nach einer kurzen Aussprache beschlossen, dass Kollege Lemmer und Kollege Böhm jeweils abends nach Beendigung der Beratungen dieselbe kurz unterrichten sollen, und zwar unter vorheriger Verständigung mit dem Präsidium über den Inhalt des Gespräches.

Kollege Hagen gab einen schriftlichen Antrag der Unabhängigen Gewerkschaftsorganisation (UGO) bekannt, wonach dieselbe zur 9. Interzonenkonferenz als gleichberechtigte Organisation zugelassen werden will. (Siehe Anlage zum Beschlussprotokoll) Er betonte gleich zu Anfang seiner Ausführungen, dass diese Angelegenheit etwas mehr Zeit in Anspruch nehmen dürfte.

- Über diesen Antrag entwickelte sich eine ausgedehnte Geschäftsordnungsdebatte.

Kollege *Jendretzky* führte aus, dass er, und dies führte er nach Angabe auch im Namen der Delegation aus der Sowjetischen Zone aus, es nicht für erforderlich hält, die Vertreter der UGO zu den Beratungen der Interzonen-

---

triebsrat beantragt, die gefährlichen Anlagen abseits vom eigentlichen Betrieb zu errichten. Dem wurde nicht Folge geleistet.

konferenz hinzuzuziehen, vor allem weil dies bedingen würde, dass ein neuer Tagesordnungspunkt zur Behandlung kommen müsste. Er schlägt vor und erhebt dies zum Antrag, den Antrag der UGO zur Kenntnis zu nehmen und ihn entweder am Schluss der Konferenz zu behandeln oder aber, was noch vorteilhafter wäre, dass in der Zwischenzeit bis zur nächsten Konferenz die Kollegen der anderen Bünde Gelegenheit nehmen, nicht nur die Denkschrift der Kollegen der UGO, sondern auch die der Kollegen des FDGB Berlin zu lesen. Im Übrigen wäre festzustellen, ob die UGO überhaupt schon über eine Satzung verfügt. Dies hat der Kollege Hagen auf Befragen festgestellt, dass der Bundesvorstand der UGO gebildet ist und die Satzungen ausgearbeitet werden, und zwar sowohl für den Bund selbst und auch für die ihm angeschlossenen 18 Industrieverbände.

- Der Antrag des Kollegen Jendretzky wird mit 12 gegen 8 Stimmen abgelehnt.

Kollege *Chwalek* weist daraufhin, dass die Durchführung des Antrages der UGO eine Umstoßung der in Hannover gegebenen Geschäftsordnung der Interzonenkonferenzen bedeute. Er spricht gegen Zulassung der UGO und weist daraufhin, dass geschäftsordnungsmäßig in die Tagesordnung eingetreten werden muss, und dann vielleicht bei der Festsetzung der Tagesordnung für die 10. Interzonenkonferenz wäre zu diskutieren, ob der von der UGO gestellte Antrag zur Behandlung auf die nächste Tagesordnung gesetzt werden kann. Er erklärte u. a.: Ich stelle in Bezug auf die UGO die Behauptung auf, dass es sich hierbei um eine Agentur der in- und ausländischen Finanzmagnaten handelt. Ich will kein Werturteil über das Euch von der UGO vorgelegte Material[2] fällen, aber ich möchte bitten, alles einer genauen Prüfung zu unterziehen, bevor dem Antrag der UGO nähergetreten wird, also auch unser Material zu lesen. Auch ich schlage vor, entweder die Behandlung des Antrages am Schluss der Konferenz vorzunehmen oder aber Vertagung bis zur nächsten Konferenz.

Kollege *Tarnow* verweist darauf, dass mit Rücksicht auf die Anschuldigung des Kollegen Chwalek bezüglich der Kollegen der UGO diese nun auf jeden Fall gehört werden müssen.

Kollege *Chwalek* beantragt noch einmal Eintritt in die Tagesordnung.

- Nach weiterer lebhafter Aussprache wird vom Kollege Jendretzky festgestellt, dass das von der UGO verschickte Material wohl den Gewerkschaftsbünden der Westzonen zugegangen ist, nicht aber dem FDGB der Sowjetischen Zone und Berlins. Weiter stellt er erneut fest, dass die Angelegenheit der UGO eine reine Berliner Angelegenheit sei, in die Einmischung der anderen Zonen, auch der Sowjetische Zone, wenigstens vorerst nicht erforderlich sei. Im Verlauf der Diskussion wird festgestellt, dass die UGO-Angelegenheit aus dem Bereich Berlins herausgekommen sei und im Zusammenhang mit den politischen Vorgängen in Berlin stehe, also eine Angelegenheit sei, die die Gewerkschaftsbewegung Deutschlands angehe.

---

2  Eine entsprechende Publikation konnte nicht ermittelt werden.

Kollege *Karl* stellt Antrag zur Geschäftsordnung: Als ersten Punkt auf die Tagesordnung zu setzen: Allgemeine Situation in Berlin einschließlich der Angelegenheit UGO.

Kollege *Schlimme* bittet um Ablehnung dieses Antrags (Antrag Karl) und die Angelegenheit bis zur nächsten Interzonenkonferenz zurückzustellen.

Kollege *Krüger* verweist darauf, dass man nach Antrag Karl an und für sich die gesamte Lage in Deutschland zur Debatte stellen müsse, er verweist auf die verschiedenen Währungsreformen etc.

- Weiter verweist er darauf, dass es doch an und für sich schwer verständlich sei, eine Splitterorganisation zu Beratungen in einem Kreis zuzulassen, der bereits 2 Jahre gut zusammen arbeite.

Kollege *Jendretzky* schließt sich dem Antrag des Kollegen Chwalek auf Eintritt in die Tagesordnung an.

Kollege *Schleicher* beantragt nunmehr folgende Behandlung des Antrags der UGO: Die Konferenz beauftragt eine Kommission mit der Prüfung des Sachverhalts und die Kommission soll der nächsten Interzonenkonferenz Bericht erstatten.

Kollege *Chwalek* verliest einige Ausschnitte der Denkschrift des FDGB Berlin[3] und erklärt, wir lehnen die Zulassung der UGO ab.

Kollege *Tarnow* stimmt gegen diesen Antrag und erklärt, dass seine Annahme vor den Ausführungen des Kollegen Chwalek möglich gewesen sei, er beantragt nunmehr sofortige Zulassung zweier UGO-Vertreter.

Kollege *Göring* bittet den Kollegen Tarnow um Zurückziehung seines Antrages, und zwar zugunsten des Antrags des Kollegen Schleicher.

Kollege *Tarnow* erklärt, dass er bereit ist, die Frage der endgültigen Aufnahme der UGO zurückzustellen bis an den Schluss der Konferenz, aber jetzt in Angriff zu nehmen die gesamte Behandlung des Problems Lage in Deutschland und 2 Vertreter der UGO zuzuziehen.

- Der auf Schluss der Debatte gestellte Antrag wird mit 11 gegen 9 Stimmen abgelehnt.

Kollege *Schleicher* zieht seinen Antrag zurück.

Kollege *Böckler* beantragt Zuziehung der Kollegen der UGO, denn er führt aus, dass es doch wohl schon mit Rücksicht auf die hier gefallenen Anschuldigungen nicht möglich ist, die Kollegen, ohne sie zu hören, wieder nach Berlin zurückgehen zu lassen.

- Da keine Einigung erzielt werden konnte, wurde die Verhandlung abgebrochen und die Kollegen der Westzone sowie die Kollegen der Ostzone und Berlins zogen sich getrennt zu Beratungen zurück, deren Ergebnis am nächsten Tage vorgelegt werden soll.

---

3   Spaltung der Gewerkschaften.

2. Verhandlungstag 18. August 1948

Vor Eintritt in die am Tag vorher abgebrochenen Verhandlungen über die Zulassung der UGO zur Interzonenkonferenz brachte Kollege *Reuter* zum Ausdruck, dass er leider heute nachmittag weg müsse und wahrscheinlich doch nicht mehr zur Behandlung des Punktes 2) der Tagesordnung komme. Er habe jedoch das gedruckte Protokoll der 1. Interzonalen Jugendkonferenz hier und bitte die Kollegen dasselbe durchzulesen bis zur nächsten Interzonenkonferenz, um dann dort dazu Stellung zu nehmen.

Die Kollegen der Sowjetischen Besatzungszone stellten sodann folgenden Antrag zur Abänderung bzw. Ergänzung der Tagesordnung. (Siehe Anlage Beschlussprotokoll) Auf diesen Antrag wurde nicht eingegangen.

Kollege *Böckler* schlug vor, die Frage der UGO zu einem Abschluss zu bringen.

- Die Kollegen der drei Westzonen vertreten den Standpunkt, dass man mindestens 2 Kollegen der UGO Gelegenheit geben müsse, sich ebenfalls zu dieser Angelegenheit zu äußern.

Kollege *Jendretzky* brachte zum Ausdruck, dass wenn die Delegierten der drei Westzonen auf dem Antrag Böckler bestünden, müssen sich die Vertreter der Sowjetischen Zone und Berlins nochmals zurückziehen.

- Da die drei Westzonen an dem Antrag Böckler festgehalten haben, wurde eine Pause angesetzt, in der sich die Kollegen der Sowjetischen Zone sowie die der drei Westzonen zurückzogen, um unter sich zu verhandeln. Danach gaben die Kollegen aus der Sowjetischen Zone folgende Erklärung ab. (Siehe Anlage zum Beschlussprotokoll) Nach Bekanntgabe dieser Erklärung wurde die Konferenz nochmals abgebrochen und die beiden Parteien zogen sich nochmals zu Beratungen zurück. Nach Wiederaufnahme der Beratungen wurde folgende Erklärung der drei Westzonen als Stellungnahme zur Erklärung der Kollegen der Sowjetischen Zone abgegeben. (Siehe Anlage zum Beschlussprotokoll)

Da nun die Interzonenkonferenz endgültig vertagt wurde, wollten die Kollegen der Sowjetischen Zone noch Auskunft darüber, ob die Kollegen der drei Westzonen von der Einladung der Sowjetischen Zone Gebrauch machen werden, um sich an Ort und Stelle über die Lage zu informieren. Die Kollegen der Westzone konnten sich hier nicht festlegen, da sie die Notwendigkeit eines solchen Besuches in Berlin mit ihren Bünden besprechen müssten.

Kollege *Ludwig* schloss die 9. Interzonenkonferenz mit dem Bedauern, dass die Tagesordnung nicht ordnungsgemäß erledigt werden konnte. Er stellte noch fest, dass er sich freue, dass die Interzonenkonferenz daran nicht in die Brüche gegangen ist und dass die Verhandlungen jederzeit wieder aufgenommen werden können. In diesem Sinne schloss er die Konferenz und dankte nochmals allen Beteiligten, die dazu beigetragen haben, die Konferenz zu gestalten und zu verschönern.

DOKUMENT 53a

# 17.–19. August 1948: 9. Interzonenkonferenz, Beschluss-protokoll.

**SAPMO-BArch. Akte 9. Interzonenkonferenz in Enzisweiler vom 17.–18. August 1948. Protokoll, Vorbereitung und Auswertung. Maschinenschrift. DY 34/22984.**

9. Interzonenkonferenz 17.–19. August 1948 in Enzisweiler bei Lindau/ Bodensee (Hotel Traube)

Tagesordnung

1. Bericht des Arbeitsausschusses

2. Aussprache und Beschlussfassung zum Bericht über die 1. Interzonen-jugendkonferenz

Beschlussprotokoll nebst Anlagen

Teilnehmerliste
Amerikanische Zone:
Hagen, Lorenz; München
Schiefer, Gustav; München
Richter, Willi; Frankfurt am Main
Schleicher, Markus; Stuttgart
Tarnow, Fritz; Frankfurt am Main
Reuter, Georg; München (Referent)

Englische Zone:
Böckler, Hans; Düsseldorf
Karl, Albin; Düsseldorf
vom Hoff, Hans; Düsseldorf
Föcher, Matthias; Düsseldorf
Böhm, Hans; Düsseldorf

Französische Zone:
Ludwig, Adolf; Mainz
Hennen, Michael; Mainz
Faulhaber, Max; Freiburg
Fleck, Fritz; Tuttlingen
Franke, Otto; Baden-Baden

Sowjetische Zone:
Jendretzky, Hans; Berlin
Göring, Bernhard; Berlin
Lemmer, Ernst; Berlin
Kaufmann, Adolf; Berlin
Krüger, Ernst; Berlin

Berlin:
Chwalek, Roman; Berlin
Schlimme, Hermann; Berlin

Die 9. Interzonenkonferenz wurde am 17. August 1948 vormittags 10 Uhr vom Kollegen Fleck mit der Begrüßung der Delegierten und Gäste eröffnet.

Nach Begrüßungsansprachen der Gäste (Siehe Anlage) wurde die Konferenz von Kollegen Fleck mit der Wahl des Präsidiums fortgesetzt. Gewählt wurden:
Hans Jendretzky, Sowjetische Zone
Hans Böckler, Britische Zone
Lorenz Hagen, Amerikanische Zone
Adolf Ludwig, Französische Zone.

Kollege *Ludwig*, der Vorsitzende der Konferenz, gedachte der Opfer der Ludwigshafener Explosionskatastrophe und gab bekannt, dass die Untersuchung über die Ursache der Katastrophe vor dem Abschluss stehe und ziemlich geklärt sei. Der Wunsch des Kollegen Saillant vom WGB (Siehe Anlage), diese Frage auf der Konferenz zu behandeln, sei dadurch und durch die Vorbereitung gesetzgeberischer Maßnahmen in den Länderparlamenten überholt.

Kollege *Hagen* verliest eine Beschwerdeschrift des FDGB (Siehe Anlage), die nach kurzer Aussprache als erledigt betrachtet wird.

Dem Wunsch der Pressevertreter entsprechend, sollen nach Schluss jedes Sitzungstages die Kollegen Lemmer und Böhm die Presse kurz unterrichten.

Kollege *Hagen* gibt einen schriftlichen Antrag der unabhängigen Gewerkschaftsorganisation (UGO) bekannt, zur 9. Interzonenkonferenz als gleichberechtigte Organisation zugelassen zu werden. (Siehe Anlage)

Über diesen Antrag entwickelte sich eine ausgedehnte Geschäftsordnungsdebatte.

Kollege *Jendretzky* beantragt am 18. August 1948 eine Vertagung (Unterbrechung) der 9. Interzonenkonferenz und gibt eine Erklärung für den FDGB Berlin und die Sowjetzone ab. (Siehe Anlage) Mit der Vertagung ist die Konferenz einverstanden.

Kollege *Ludwig* erklärt, dass die Fortsetzung der 9. Interzonenkonferenz in der Französischen Zone stattfindet. Der Zeitpunkt wird den Delegierten schriftlich bekannt gegeben.

Mit der Zusammenstellung des Pressekommuniques werden die Kollegen Lemmer, Böhm und Schleicher von der Konferenz beauftragt. (Siehe Anlage)

Kollege Ludwig schließt am 18. August 1948, 15 Uhr 45 die Konferenz.

Anlage

Eröffnung durch Kollegen Fritz Fleck, Süd-Württemberg-Hohenzollern

Im Auftrag der Gewerkschaftsbünde der Französischen Zone eröffne ich unsere 9. Interzonenkonferenz der deutschen Gewerkschaften und heiße Sie herzlichst willkommen. Wir haben uns hier am Bodensee zusammengefunden, um erneut den Beweis zu erbringen, dass die Gewerkschaftsbewegung Deutschlands den Kontakt miteinander aufrechterhalten will.

Ich begrüße als Gäste:
Herrn Direktor Schwarz von der Direction Travail,
M. Chaufreau von der Direction Travail.

Ich möchte Herrn Direktor Schwarz den Dank der Delegierten für seine Bemühungen bei der französischen Militärregierung, dass die 9. Interzonenkonferenz in der Französischen Zone stattfinden konnte, aussprechen.

Ferner begrüße ich:
Herrn Oberst De Font-Reaulx,
Mister Berry, Vertreter der amerikanischen Regierung,
Herrn Kreispräsidenten Zwisler,
Herrn Landrat Dr. Bernklau,
Herrn Bürgermeister Geheimrat Dr. Frisch,
Herrn Bürgermeister Schmid aus Bodolz,
den Vertreter des WGB van Binneveld,
Kollegen Davidsohn vom Kreiskartell Lindau und
Kollegen Langer, ebenfalls vom Kreiskartell Lindau,

der ja mit der technischen Durchführung der Konferenz vertraut war und die Hauptlast dieser Konferenz getragen hat.

Es ist mir nochmals ein Bedürfnis, allen denjenigen zu danken, die dazu beigetragen haben, die Konferenz würdig zu gestalten.

Ich bitte nun den Herrn Kreisgouverneur zur Begrüßung das Wort zu ergreifen:

Begrüßung des Herrn Kreisgouverneurs De Font-Reaulx

In meiner Eigenschaft als Militärgouverneur des Bayrischen Landkreises Lindau und Vertreter des Herrn Generalgouverneurs Widmer hielt ich es für eine Ehre, der Eröffnung der Interzonenkonferenz beiwohnen zu können. Ich hoffe, dass die materiellen und moralischen Bedürfnisse Ihre Hoffnungen nicht enttäuschen werden. Sie können in dem Landkreis Lindau nicht nur eine herrliche Natur sehen, sondern Sie können auch die positive Arbeit an einem Neuaufbau finden, der seit 3 Jahren durch die Militärregierung und die deutschen Behörden geleistet wurde. Ich hoffe, dass diese Tagung den Beweis dafür bringen wird, dass der weitere Aufbau zum Erfolg führen wird.

Begrüßungsansprache des Herrn Direktor Schwarz von der Direktion Travail Baden-Baden

Meine Damen und Herren!

Im Namen der französischen Militärregierung habe ich die Ehre, die Teilnehmer der Interzonenkonferenz zu begrüßen.

Dieses ist für mich eine besondere Freude, denn ich hatte bisher die Gelegenheit verfehlt, die deutschen Gewerkschafter persönlich willkommen zu heißen bei jeder Interzonenkonferenz, die in der Französischen Zone stattgefunden hat.

Es waren dies: die 1. Interzonenkonferenz in Mainz im Oktober 1946, die 5. Interzonenkonferenz im August vorigen Jahres in Badenweiler und die 9. heute am Bodensee.

Ich danke Ihnen, dass Sie mich eingeladen haben zur Eröffnungssitzung, damit ich Ihnen diese Begrüßungsworte überbringen kann.

Und ich danke dem Herrn Fritz Fleck, dass er zu dieser Tagung eine so schöne Gegend gewählt hat wie den Bodensee. Und dazu das herrlichste Wetter, das man sich überhaupt denken kann. Sonne, Wasser, Luft, grüne Wiesen, blühende Gärten, schwer behangene Obstbäume, alles lädt ein zur Entspannung, zum Optimismus.

Und doch weiß ich, dass Sie sich der Wichtigkeit und Schwierigkeit Ihrer Aufgabe hier voll bewusst sind. Sie sind sich bewusst, dass Sie das einzige Bindeglied geblieben sind für ganz Deutschland, für alle Teile Deutschlands. Dies zu einer Zeit, wo kein Eisenbahnzug mehr durch das ganze Land fährt, wo es keine einheitliche Währung, keine einheitliche Wirtschaft, keine einheitlichen politischen Parteien gibt.

Sie vertreten hier einen Teil der Bevölkerung, die sich der Zusammengehörigkeit bewusst ist, einer Zusammengehörigkeit, nicht nur auf nationaler Basis, sondern auch auf einer viel weiteren Grundlage, einer Grundlage, die Ländergrenzen und Interessengrenzen nicht kennt. Deshalb sind die deutschen Gewerkschaften so bemüht, den Anschluss und den Kontakt mit den ausländischen Gewerkschaften aufrecht zu erhalten, und haben den Wunsch, sich an eine der Internationalen Gewerkschaftsorganisation anzuschließen.

Aber in dem geteilten Deutschland, in dem Sie heute wirken, in der geteilten Welt, in der wir leben, sind Sie sich Ihrer großen Verantwortung bewusst, dieses Bindeglied, das Sie bilden, zu bewahren.

Es ist leider so geworden, dass heute eine Bewahrung und eine Befestigung des Bestehenden schon als großer Fortschritt gewertet werden kann. Darum freue ich mich, dass diese Tagung in der Französischen Zone stattfinden kann, denn das bedeutet eine Befestigung der Interzonenkonferenzen. Sie wissen auch, welche Gefahren zur heutigen Zeit für das Weiterbestehen dieser Konferenzen jeder unbedacht oder zu weit bedachte Schritt mit sich bringt. Gefahren zur inneren Zersplitterung der Gewerkschaften, Gefahren der Zersetzung der Interzonenkonferenzen.

Sie haben vor sich, ich weiß es, auf Ihren Konferenzen eine gewaltige Arbeit. Sie haben auch die Aufgabe einig zu werden über eine Meinung, das Verständnis und die Anwendung dieser Prinzipien, von denen jedermann das selbe Wort gebraucht, jedoch etwas anderes darunter versteht.

Und durch dieses Verständnis, das Sie herstellen werden, können Sie der ganzen Welt ein Beispiel geben, ein Beispiel zur Verständigung, zur Einigkeit und zur Zusammenarbeit. Diese drei Dinge sind es, die die Welt heute so dringend braucht. Es ist für Sie, für uns, die ganze Menschheit eine Frage von Sein oder Nichtsein, von Fortschritt oder Untergang.

In dieser Erkenntnis können Sie durch Ihre Arbeit in Ihren Tagungen gewaltig zum Fortschritt beitragen.

Und in diesem Bewusstsein wünsche ich Ihnen vollen Erfolg bei dieser 9. Interzonenkonferenz.

Begrüßung des Herrn Kreispräsidenten Zwisler

Ich danke Ihnen herzlich für Ihre Einladung und wünsche Ihrer Konferenz einen erfolgreichen Verlauf. Es freut uns, dass Sie gerade Lindau ausgesucht haben, um Ihre Konferenz abzuhalten.

Ich wünsche Ihrer Tagung in diesem Sinne einen guten Verlauf.

Begrüßung des Herrn Landrats Dr. Bernklau

Ich freue mich, dass Sie gerade Lindau als Tagungsort gewählt haben. Neben den Arbeiten, die Sie vorhaben, möchte ich Sie bitten, auch einmal in die Landschaft zu sehen, damit Sie mit etwas Erholung nach Hause kommen. In diesem Sinne wünsche ich Ihrer Tagung guten Erfolg und Verlauf.

Begrüßung des Herrn Bürgermeister Schmid aus Bodolz

Als ich vor 2 Jahren die Arbeiten in Bodolz übernommen habe, wusste ich, dass eine schwere Zeit vor uns liegt. Doch habe ich damals noch nicht daran gedacht, dass in diesem kleinen Ort einmal eine Interzonenkonferenz stattfinden soll von so großer Bedeutung. Ich begrüße Sie nun namens der Bürgerschaft von Bodolz-Enzisweiler und wünsche dieser Tagung einen vollen Erfolg.

Begrüßung des Herrn Geheimrat Dr. Frisch

Sehr verehrte Herren!

Ich begrüße Sie im Namen der Stadt Lindau. Sie können sehen, welch großen Anteil gerade die Stadt Lindau an Ihren Beratungen hat. Es ist uns nicht gleichgültig – im Gegenteil von ganzem Herzen gehen wir mit – was Sie hier beschließen werden. Wenn ich Ihnen die Grüße der Stadt bringe, dann darf ich sagen, dass ich schon lange an Ihren Arbeiten interessiert bin. Es sind schon 50 Jahre her, seit ich mich mit gewerkschaftlichen Büchern vertraut machte, es waren dies zwar englische, da man bei uns solche noch nicht kannte. Ich bin auch damals zu den Gewerkschaftsführern gegangen und habe ihre alten Zeitungen gelesen und ihre Kämpfe miterlebt. Ich muss sagen, dass das, was ich da erfuhr, mich auf das Tiefste beeinflusst hat und habe es auch niemals vergessen in den späteren Jahren. Auch in den späteren Stellungen, die ich in leitender Tätigkeit ausübte, habe ich immer versucht, den Geist der Gewerkschaften zu wahren. Durch den Weltkrieg 1914 wurde die damalige Aufbauarbeit unterbrochen, doch nach dem Weltkrieg wurde sie weiter ausgebaut. Ich möchte hier Fritz Ebert nennen, der ein großer Gewerkschafter war und der durch einen schnellen Tod von uns gerissen wurde. 1933 wurden dann die Kassen geraubt und die Gewerkschaftsbewegung ausgelöscht. Und nun nach dem letzten Weltkrieg musste wieder von vorne angefangen werden an dem Aufbau. Die Gewerkschaftsbewegung soll ja die Einheit Deutschlands verkörpern. Ich hoffe, dass Ihre Arbeiten auch nach dieser Richtung hin Erfolg haben werden. In diesem Sinne wünsche Ich Ihren Beratungen Glück und Segen.

Begrüßung des Kollegen Davidsohn, Lindau

Meine Herren!

Es hat uns gefreut, als wir hörten, dass der Landesvorstand sich um einen Ort zur Abhaltung der Interzonenkonferenz bemühte und dass dann gerade die Wahl auf Lindau fiel. Wir haben uns dann sofort bemüht, einen geeigneten Ort zu finden.

Wir wünschen Ihren Beratungen vollen Erfolg.

Begrüßungsansprache des Kollegen van Binneveld vom Weltgewerkschaftsbund Paris

Im Auftrage des Generalsekretärs des Weltgewerkschaftsbundes, Louis Saillant, der leider verhindert ist hier zu sein, danke ich den Organisatoren dieser Konferenz für ihre Einladung. Der Weltgewerkschaftsbund hat stets einen großen Anteil an der Entwicklung der deutschen Gewerkschaftsbewegung genommen. Es ist daher zur Gepflogenheit geworden, dass der Weltgewerkschaftsbund auf den Interzonenkonferenzen der deutschen Gewerkschaften vertreten ist.

Ich begrüße die hier anwesenden Vertreter der Besatzungs- und der deutschen Behörden. Der WGB ist besonders froh, dass die Gewerkschaften aus der Französischen Zone wieder erschienen sind nach einer so langen Zeit der Abwesenheit. Ich begrüße dies ganz besonders.

Ich übermittle an die 9. Interzonenkonferenz die Grüße des Weltgewerkschaftsbundes und wünsche dieser Konferenz gute Erfolge und eine fruchtbare Arbeit.

Es ist mir eine ganz besondere Freude, dass ich mich genau ein Jahr später wieder in dieser Zone befinde, wo ich 1947 an der Konferenz in Badenweiler teilnehmen durfte.

Die beiden Konferenzen von Badenweiler und Enzisweiler sind sich in mehreren Punkten sehr ähnlich. In Badenweiler nahmen sie Kenntnis von dem Prager Beschluss des WGB, durch welchen die deutschen Gewerkschaften prinzipiell in die internationale Bewegung eingetreten sind. Dieser Beschluss wurde von Ihnen mit Freude zur Kenntnis genommen. Daraus konnte man entnehmen, dass der endgültige Anschluss sich sehr rasch vollziehen würde. Im Zusammenhang mit dem Anschluss der deutschen Gewerkschaften an den WGB hatte das Exekutivkomitee in Prag auf die Notwendigkeit der Einhaltung statuarischer Regeln hingewiesen, welche für alle Aufnahme suchenden Organisationen Gültigkeit haben. Leider gab es in Ihren Reihen einige kleine Missverständnisse, indem man meinte, der WGB hätte den Anschluss von »Bedingungen« abhängig gemacht.

Die Konferenz von Enzisweiler hat sich die Aufgabe gestellt, an der Verwirklichung des Prager Beschlusses weiterzuarbeiten, eine Arbeit, die sich als schwieriger herausstellte, als es zuerst den Anschein hatte. Sie werden die für Ihre Arbeit gewünschten Ermutigungen in den Resolutionen finden, die der WGB einstimmig in Paris im November 1947 und in Rom im April 1948 angenommen hat.

In seiner Haltung gegenüber den deutschen Gewerkschaften hat sich der WGB auf drei Gedankengänge gestützt:

1) darauf zu achten, dass die Gewerkschaften Mittel und Garantie für die Demokratisierung Deutschlands werden;

2) die Schaffung und Stärkung der Einheit zu fördern, damit die deutschen Gewerkschaften die Rolle spielen können, die die Welt von ihnen nach Beendigung des Krieges erwartet;

3) dafür Sorge zu tragen, dass die neuen deutschen Gewerkschaften in der internationalen Arbeiterbewegung wieder den Platz einnehmen, welcher ihnen aufgrund ihrer zahlenmäßigen Stärke und ihrem historischen Beitrag zum Gedeihen der internationalen Arbeiterbewegung gebührt.

Diese drei Gedankengänge sind in sich miteinander verbunden.

Verschiedene Entwicklungen haben sich vollzogen, die den Weltgewerkschaftsbund dazu bewegen auszusprechen, dass es vielleicht angebracht wäre zu untersuchen, welche wirklichen Gründe dafür vorhanden sind, dass der normale Entwicklungsweg nicht eingehalten werden kann.

Aus diesen Erwägungen heraus wird das deutsche Gewerkschaftsproblem in seiner Gesamtheit noch einmal durch das Exekutivbüro des WGB in seiner nächsten Sitzung Mitte September in Paris überprüft werden. Man wird damit rechnen müssen, dass aufgrund dieser Diskussion die WGB-Instanz beschließen wird, eine dritte Studienkommission nach Deutschland zu schicken, und zwar noch vor dem 2. Weltkongress im Dezember dieses Jahres, um sich genau und umfassend über die jetzige Lage zu informieren.

Der WGB wird die Ergebnisse dieser Studienkommission als Grundlage für seine weitere Haltung und Stellungnahme benutzen. Er wird an den Schlussfolgerungen ganz besonders interessiert sein, weil es sich um eine Bewegung von 9 bis 10 Millionen Mitgliedern handelt, die ihren gleichberechtigten Platz im WGB einnehmen sollen.

Der WGB ist der Auffassung, dass die deutsche Gewerkschaftseinheit, die nach 12 dunklen Jahren geschmiedet wird, einen Nutzen für den wirtschaftlichen Wiederaufbau, den Frieden und den menschlichen Fortschritt darstellt. Sie ist auch, davon sind wir überzeugt, die beste Sicherung für die Einheit Deutschlands überhaupt und dies in jeder Beziehung, wirtschaftlich, politisch, sozial, psychologisch, kulturell und national. Die Einheit, wie wir sie uns vorstellen und auch wünschen, muss fest und haltbar, standhaft und hart sein. Sie muss getragen sein vom Geist der Toleranz gegenüber allen politischen Meinungen, aber sie muss fruchtbar und gesund sein und darf nie wieder in einen Bruderkrieg münden.

Das soll auch Gültigkeit für den internationalen Anschluss haben, der nur wirklich fruchtbar sein wird, wenn er von der gesamtdeutschen Gewerkschaftsbewegung und in voller Einheit und nicht nur von einem Teil, sei es geographisch oder beruflich, vorgenommen wird.

Ferner, der WGB hat den festen Willen, alles zu tun, um zu vermeiden, dass eine Zerreißung Deutschlands Wirklichkeit wird. Er ist sich dessen voll bewusst, dass eine Spaltung Deutschlands der Auftakt für das Ungeheuerliche würde, was der Welt und insbesondere Europa geschehen würde und könnte.

Noch ein paar Worte zum Schluss:

Überall werden Ihre Beratungen mit einer gewissen Spannung erwartet. Ihre prinzipiellen Eigenschaften, geistige Reife und Vernunft werden auch den Geist dieser Konferenz bestimmen. Mögen die Beschlüsse der Konferenz zur Stärkung der Gewerkschaftsbewegung in ganz Deutschland beitragen und denjenigen eine Enttäuschung mehr bereiten, die sich von dieser Konferenz eine Schwächung der Arbeiterbewegung erhoffen.

Ich wünsche Ihnen also nochmals gute, überlegte und erfolgreiche Arbeit!

Kollege Fleck, Süd-Württemberg-Hohenzollern, dankt nochmals allen Rednern recht herzlich und hofft und wünscht, dass die Empfehlungen und Wünsche, die der Tagung auf den Weg gegeben wurden, am Ende auch realisiert werden.

Mit diesen Worten schloss er die Begrüßung und schlug eine Pause von 5 Minuten vor, um dann nachher mit den Beratungen beginnen zu können.

Kern an Binneveld

Nur ein paar Worte zur Information:

Das Sekretariat des WGB hat mich vor einigen Wochen nach Berlin geschickt, wo ich eine ausgedehnte Untersuchung gemacht habe über die Lage.

Ich habe dabei Kontakt genommen mit den beiden Parteien und den 4 Besatzungsmächten.

Mein Bericht ist fertig und unübersetzt und wird an alle Mitglieder der Exekutive gesandt.

Die September-Sitzungen des WGB werden dazu Stellung nehmen und wahrscheinlich eine 3. Studienkommission nach Deutschland senden, nicht nur wegen der Spaltung in Berlin, sondern auch wegen anderer Schwierigkeiten in der Gewerkschaftsbewegung.

Dokument 53b

## 17.–19. August 1948: Vorschlag der Delegierten der Sowjetischen Zone und Berlins für die Tagesordnung der 9. Interzonenkonferenz.

SAPMO-BArch. Akte 9. Interzonenkonferenz in Enzisweiler vom 17.–18. August 1948. Protokoll, Vorbereitung und Auswertung. Maschinenschrift. DY 34/22984.

Die Delegationen der sowjetisch besetzten Zone und Groß-Berlins schlagen die Abwicklung der Tagesordnung der 9. Interzonenkonferenz wie folgt vor:

1) Bericht des Arbeitsausschusses über die Konstituierung des Zentralrates
2) Stellungnahme zum Bericht der 1. interzonalen Jugendkonferenz
3) Die deutsche Lage unter Berücksichtigung der vorliegenden Anträge
4) Festlegung der Tagesordnung für die nächste Interzonenkonferenz.

DOKUMENT 53c

## 17. August 1948: Pressenotiz über den ersten Konferenztag.

**DGB-Archiv im AdsD. Bestand Gewerkschaftsrat der vereinten Zonen. Maschinenschrift. 13/145-Interzonenkonferenzen.**

Pressebericht vom 17. August 1948

Die Konferenz stand im Zeichen einer grundsätzlichen Diskussion, in der auch die Erörterung des bekannten Antrags auf Zulassung der UGO einbezogen war. Eine Klärung der Anschauung konnte in der eingehenden Debatte noch nicht erzielt werden, so dass am 2. Verhandlungstag diese Angelegenheit fortgesetzt werden soll.

Die Konferenz verlief am ersten Tag trotz mancher Meinungsverschiedenheiten in einer Atmosphäre der Loyalität und Sachlichkeit.

Die Tagung leitet als Vertreter der Französischen Zone der Kollege Ludwig, Mainz, und als Vertreter ihrer Zone im Präsidium die Kollegen Jendretzky, Sowjetische Zone, Hagen, Amerikanische Zone, und Böckler, Britische Zone.

DOKUMENT 53d

## 18. August 1948: Pressenotiz über den zweiten Konferenztag.

**SAPMO-BArch. Akte 9. Interzonenkonferenz in Enzisweiler vom 17.–18. August 1948. Protokoll, Vorbereitung und Auswertung. Maschinenschrift. DY 34/22984.**

Pressemitteilung

Die Verhandlungen der 9. Interzonenkonferenz der deutschen Gewerkschaften in Lindau-Enzisweiler wurden am Ende des zweiten Verhandlungstages nach eingehender Debatte über die gewerkschaftliche Gesamtsituation vertagt. Im Vordergrund der Diskussion stand die Frage, ob Vertreter der Berliner »UGO« (Unabhängige Gewerkschaftsorganisation) zu den Beratungen über die gewerkschaftliche und politische Lage, besonders Berlins, hinzugezogen werden sollten. Darüber konnte eine Übereinstimmung nicht erzielt werden. Von den Vertretern der Gewerkschaften der Sowjetischen Zone und Berlins wurde eine Vertagung der Konferenz gewünscht, um vor ihrer Fortsetzung mit ihren Bundesvorständen Rücksprache zu nehmen. Die Vertreter der Gewerkschaften der westlichen Zonen glaubten, diesem Verlangen nicht widersprechen zu sollen, so dass die Konferenz in allseitigem Einvernehmen vertagt wurde. Indem beiderseits der Wunsch nach Fortsetzung der Interzonalen Zusammenarbeit zum Ausdruck kam, wurde in Aussicht genommen, die 9. Interzonenkonferenz nach Klärung der strittigen Fragen in der Französischen Zone wieder aufzunehmen.

Zu dem Vorgang, der zur Unterbrechung der Konferenz geführt hat, wurden von den Delegationen der Sowjetischen Zone und Berlins sowie der drei westlichen Zonen je eine schriftlich formulierte Erklärung abgegeben.

Lindau-Enzisweiler, den 18. August 1948.

Dokument 53e

## 18. August 1948: Einladung des FDGB Groß-Berlin an die Bünde aller vier Zonen zur Information über die Berliner Situation.

**SAPMO-BArch. Akte 9. Interzonenkonferenz in Enzisweiler vom 17.–18. August 1948. Protokoll, Vorbereitung und Auswertung. Maschinenschrift. DY 34/22984.**

Anlage

Erklärung

In Anbetracht der Tatsache, dass der bisherige Verlauf der 9. Interzonenkonferenz gezeigt hat, dass eine Übereinstimmung in der Abwicklung der festgesetzten Tagesordnung zur Bildung eines Zentralrates der deutschen Gewerkschaften durch Vertreter Westdeutscher Gewerkschaften von der Zulassung der Berliner »UGO« abhängig gemacht wird, halten wir eine Vertagung (Unterbrechung) dieser Interzonenkonferenz für notwendig.

Die Bildung der »UGO« hat für den Zusammenhalt der Deutschen Gewerkschaftsbewegung einen bedenklichen Präzedenzfall geschaffen, weshalb die Delegierten des FDGB der Sowjetischen Besatzungszone und Berlins die Stellungnahme ihrer Bundesvorstände vor der Fortführung der 9. Interzonenkonferenz herbeiführen muss.

Eine Unterbrechung dieser Konferenz erscheint auch deshalb geboten, weil der mehrfach betonte internationale Charakter des Berliner Vorganges nach Mitteilung des Kollegen van Binneveld als Vertreter des WGB den letzteren veranlassen wird, erneut eine Studienkommission nach Deutschland zu schicken, von der insbesondere der Berliner Fall untersucht werden soll. Diesen Entschluss begrüßen wir in der besten Erwartung, dass er zur Einigung der deutschen Gewerkschaftsbewegung insgesamt wesentlich beitragen wird.

Um der Interzonenkonferenz die Möglichkeit zu geben, die Lage in Berlin unvoreingenommen zu studieren, lädt der FDGB Groß-Berlin die Vertreter der Bünde aller vier Zonen auf die Interzonenkonferenz nach Berlin ein.

Dokument 53f

# 18. August 1948: Erklärung der Delegierten der drei Westzonen.

**SAPMO-BArch. Akte 9. Interzonenkonferenz in Enzisweiler vom 17.–18. August 1948. Protokoll, Vorbereitung und Auswertung. Maschinenschrift. DY 34/22984.**

Anlage

Erklärung der Delegationen der Gewerkschaften der drei Westzonen

Die Delegationen der drei Westzonen bedauern, dass durch die Erklärung der Vertreter des FDGB Berlins und der Sowjetzone die 9. Interzonenkonferenz abgebrochen worden ist.

Die Vertreter der Westzonen stellen fest, dass von ihnen keineswegs beantragt war, eine Vertretung der Berliner »Unabhängigen Gewerkschaftsorganisation« (UGO) bei der Beratung der Zentralratsfrage hinzuzuziehen. Sie haben deren Anwesenheit lediglich für die Beratung über die gesamtdeutsche Situation, in deren Mittelpunkt die gegenwärtigen Ereignisse von Berlin stehen, gefordert.

Auch die im vorletzten Absatz der Erklärung gegebene Darstellung über die Absicht des WGB, eine Studienkommission nach Deutschland zu senden, »von der insbesondere der Berliner Fall untersucht werden soll«, beruht auf einem Irrtum. Die diesbezügliche Erklärung des Vertreters des WGB auf der Interzonenkonferenz lautet:

»Verschiedene Entwicklungen haben sich vollzogen, die den WGB dazu bewegen auszusprechen, dass es vielleicht angebracht wäre zu untersuchen, welche wirklichen Gründe dafür vorhanden sind, dass der normale Entwicklungsweg nicht eingehalten werden konnte. Aus diesen Erwägungen heraus wird das deutsche Gewerkschaftsproblem in seiner Gesamtheit noch einmal durch das Exekutivbüro des WGB in seiner nächsten Sitzung Mitte September in Paris überprüft werden. Man wird damit rechnen müssen, dass aufgrund dieser Diskussion die WGB-Instanz beschließen wird, eine 3. Studienkommission nach Deutschland zu schicken und zwar noch vor dem 2. Weltkongress im Dezember dieses Jahres, um sich genau und umfassend über die jetzige Lage zu informieren.«

Durch den vorzeitigen Abbruch konnte eine Reihe aktueller Fragen auf der Interzonenkonferenz nicht mehr behandelt werden. Dazu gehören die Ereignisse in Berlin, die Demontagen sowie die Lohn- und Preisgestaltung.

Wegen der Wichtigkeit dieser Fragen, zu denen eine gewerkschaftliche Stellungnahme keinen Aufschub gestattet, halten sich die Delegationen der drei Westzonen für verpflichtet, sofort in die Beratung darüber einzutreten.

Dokument 53g

## 3. August 1948: Louis Saillant (WGB) regt an, auf der 9. Interzonenkonferenz über Arbeitssicherheit zu diskutieren.

**SAPMO-BArch. Akte 9. Interzonenkonferenz in Enzisweiler vom 17.–18. August 1948. Protokoll, Vorbereitung und Auswertung. Abschrift, Maschinenschrift. DY 34/22984.**

Weltgewerkschaftsbund
Paris, 3. August 1948
Kollege Franke
Gewerkschaftliches Zonensekretariat
Bahnhofsstraße 1 b
Baden-Baden

Lieber Kollege Franke!

Wir sandten Ihnen heute folgendes Telegramm:

»Sekretariat Weltgewerkschaftsbund nach furchtbarem Unglück Ludwigs-hafen[1] anfragt, ob Möglichkeit ausnahmsweise auf nächster Interzonenkon-ferenz Enzisweiler Frage Sicherheit der Arbeiter zu behandeln und hierzu Bericht über eventuell durchgeführte Untersuchung Ludwigshafener Ge-werkschaftsorganisation über Katastrophe zu erstatten Stopp WGB würde größten Wert darauf legen Stopp WGB durch van Binneveld auf Enzisweiler Konferenz vertreten – L. Saillant.«

In der Tat würde es das Sekretariat des Weltgewerkschaftsbundes, das von der Ludwigshafener Katastrophe sehr betroffen ist, für angebracht halten, wenn die Interzonenkonferenz der deutschen Gewerkschaften ihre Meinung über die Sicherheit der Arbeiter, die derartigen Gefahren ausgesetzt sind, zum Aus-druck bringen würde. In jedem Falle scheint ihm wünschenswert, dass durch eine Untersuchung seitens der direkt interessierten Gewerkschaften völlige Klarheit geschaffen werden könnte.

Gleichzeitig geben wir Ihnen bekannt, dass der Weltgewerkschaftsbund auf der Interzonenkonferenz in Enzisweiler durch den Kollegen van Binneveld vertreten sein wird.

---

1 Vgl. dazu Dok. 53 Anm. 2.

DOKUMENT 53h

## 17.–19. August 1948: Beschwerde des FDGB über die Berichterstattung des Freien Gewerkschaftsbundes Hessen über die 8. Interzonenkonferenz.

SAPMO-BArch. Akte 9. Interzonenkonferenz in Enzisweiler vom 17.–18. August 1948.
Protokoll, Vorbereitung und Auswertung. Abschrift, Maschinenschrift. DY 34/22984.

Freier Deutscher Gewerkschaftsbund
Bundesvorstand

An den Vorsitzenden des Bayrischen Gewerkschaftsbundes
Kollegen Lorenz Hagen
(13b) München
Landwehrstr. 7–9

Werter Kollege Hagen!

In Deiner Eigenschaft als Vorsitzender der 8. Interzonenkonferenz sind wir verpflichtet, uns bei eventuell vorliegender Beschwerde an Dich zu wenden.

Wir stützen uns dabei insbesondere darauf, dass Du auf der 8. Interzonenkonferenz, nachdem wir die Festlegung für den inneren Gebrauch getroffen hatten, Folgendes ausführtest:

»Es darf im Interesse einer weiteren Entwicklung, einer gesamtdeutschen Entwicklung nicht so weitergehen wie bisher. Wir sind uns klar, dass neuerliche Verstöße dazu führen müssen, unsere bisherige Zusammenarbeit zu stören oder unmöglich zu machen. Das wollen wir nicht, und deshalb möchte ich den Wunsch mit anknüpfen, dass diese festgelegten Richtlinien strengstens von allen Seiten eingehalten werden.«

Zu unserem Bedauern müssen wir feststellen, dass diese Richtlinien im Organ des Freien Gewerkschaftsbundes Hessen, in der »Stimme der Arbeit«, bei der Berichterstattung über die 8. Interzonenkonferenz nicht eingehalten wurden. Unsere gegenseitige Vorabredung lautet im Punkt 1 »die Berichterstattung hat sich in jeder Weise an die gefassten Beschlüsse zu halten.« Die in der »Stimme der Arbeit« durchgeführte Berichterstattung hält sich keineswegs daran, sondern erweckt bei dem Leser den Anschein, als hätte die 8. Interzonenkonferenz Festlegungen über die Aufgaben des Zentralrates getroffen. Wir stellen fest, dass zumindest solche Festlegungen, wie sie in der »Stimme der Arbeit« veröffentlicht werden, nicht getroffen wurden. In dem Artikel »Interzonenkonferenz der Gewerkschaften« auf Seite 116 (vom 31. Mai 1948) im Absatz 3 heißt es u. a.:

»Der Zentralrat werde dann die Interzonenkonferenzen ersetzen. Die Interzonenkonferenzen könnten auch keine bindenden Beschlüsse im engeren Sinne fassen, sondern den einzelnen Gewerkschaften nur Richtlinien geben«.

485

Wir halten diese Berichterstattung für falsch und die Einheit der Gewerkschaftsbewegung nicht fördernd. In dem gleichen Artikel, und zwar im 5. Absatz, wird Folgendes berichtet:

»Der Vorsitzende des FDGB in der Sowjetischen Zone, Bernhard Göring[1], gab auf der Abschlusssitzung der Interzonengewerkschaftskonferenz bekannt, dass die Sowjetzonengewerkschaften auf bizonaler oder trizonaler Basis im Hinblick auf die unterschiedlichen wirtschaftlichen und politischen Gegebenheiten und im Interesse einer interzonalen Zusammenarbeit nichts einwenden werden.«

Wir stellen dazu fest, dass die 8. Interzonenkonferenz sich weder in der offiziellen Sitzung noch in ihrer »Abschlusssitzung« mit der Frage des bizonalen oder trizonalen Zusammenschlusses beschäftigte. Die Berichterstattung ist irreführend, wenn eine Pressekonferenz als »Abschlusssitzung der Interzonengewerkschaftskonferenz« bezeichnet wird. Darüber hinaus würden wir es begrüßen, wenn bei der Berichterstattung klar und eindeutig und unmissverständlich gesprochen werden könnte. Zweifellos ist die Unklarheit, die aus dem von uns zitierten Satz spricht, eine nicht ungewollte Unklarheit. Diese unsere Auffassung wird noch dadurch bekräftigt, dass der Kollege Willi Richter an die »Frankfurter Rundschau« eine Information gab, die keineswegs den Tatsachen entspricht. Wir lesen in der »Frankfurter Rundschau« vom 8. Juni 1948 unter der Überschrift »Keine Einwände gegen Zweizonenvereinigung« folgende Nachricht:

»Zu der Kontroverse zwischen dem 1. und 2. Vorsitzenden des FDGB der Ostzone, Hans Jendretzky und Bernhard Göring, welche Stellung die Interzonenkonferenz der Gewerkschaften zu der gewerkschaftlichen Vereinigung der Amerikanischen und Britischen Zone eingenommen hat, erklärte der Bundesvorsitzende des FGB Hessen, Willi Richter, dass ohne Widerspruch in der Heidelberger Interzonenkonferenz Göring die Erklärung abgegeben habe, ›gegen die Zweizonenverbindung werde nichts mehr eingewandet.‹«

Wir sehen davon ab, dass in dieser Veröffentlichung der Versuch unternommen wird, Gegensätzlichkeiten zwischen dem 1. und 2. Vorsitzenden des FDGB zu konstruieren. In der Tat gibt es solche Gegensätze nicht. Uns interessiert, dass Kollege Willi Richter bei seiner Erklärung an diesen Berichterstatter ebenso, wie es in der »Stimme der Arbeit« geschehen ist, den Anschein zu erwecken sucht, als hätte auf der 8. Interzonenkonferenz die Frage des bi- oder trizonalen Zusammenschlusses auf der Tagesordnung gestanden. Ja, er unterstreicht dies noch besonders dadurch, dass er erklärt, dass ohne Widerspruch in der Heidelberger Interzonenkonferenz Göring die Erklärung abgegeben habe ...«

Wir wenden uns deshalb Beschwerde führend an Dich.

Ferner verweisen wir darauf, dass in dem Gewerkschaftsblatt der Britischen Zone »Der Bund« Nr. 11 vom 22. Mai 1948 unter der Überschrift »8. Interzonenkonferenz der Gewerkschaften« unsere Festlegung durchbrochen wur-

---

1 Bernhard Göring war 2. Vorsitzender des FDGB.

de, die wir im Zusammenhang mit der Annahme unserer Entschließung (derselben, die in diesem Schreiben oben angeführt wurde,) getroffen haben.

Wir erlauben uns darauf zu verweisen, dass auf der 8. Interzonenkonferenz in völliger Übereinstimmung ein gegenseitiges Versprechen gegeben wurde. Dieses gegenseitige Versprechen basierte auf der Feststellung, dass in der Vergangenheit von beiden Seiten nicht ordnungsgemäß gehandelt wurde. Wir versprachen uns gegenseitig, über Differenzen, die wir ausgetragen haben, und über die Entschließung in der Öffentlichkeit nicht zu sprechen.

Zu unserem Bedauern stellen wir fest, dass in dem angeführten Artikel Folgendes geschrieben wird:

»In der Diskussion wurde noch einmal offenbar, dass die Ansichten über die Gewerkschaftsarbeit in den östlichen und westlichen Besatzungszonen große Meinungsverschiedenheiten aufweisen. Es wurde besonders auf die oft unsachliche Polemik führender Gewerkschaftsfunktionäre der Ostzone hingewiesen, die sich in Versammlungsberichten, Pressenachrichten, Broschüren usw. zu den verschiedensten aktuellen Gewerkschaftsproblemen auswirkt. Auch zu diesem Problem hat die Konferenz in festgelegten Richtlinien einen Beschluss gefasst, der alle Gewerkschafter verpflichtet, in sachlicher Arbeit die notwendigen Voraussetzungen für die zukünftige einheitliche Gewerkschaftsbewegung zu schaffen.«

Wir wenden uns gegen diese Berichterstattung, weil damit die Mitglieder des DGB und die Leser der Gewerkschaftszeitung »Der Bund« gegen die Funktionäre des FDGB aufgehetzt werden. Wir bitten, auch diese Feststellung als Beschwerde entgegenzunehmen.

Mit freigewerkschaftlichem Gruß!
Freier Deutscher Gewerkschaftsbund
Bundesvorstand – Sekretariat
Kaufmann

DOKUMENT 53i

# 17. Juli 1948: Antrag der kommissarischen Leitung des FDGB (UGO) auf Zulassung zur Interzonenkonferenz.

**SAPMO-BArch. Akte 9. Interzonenkonferenz in Enzisweiler vom 17.–18. August 1948. Protokoll, Vorbereitung und Auswertung. Maschinenschrift. DY 34/22984.**

Antrag der kommissarischen Leitung des FDGB (UGO) auf Zulassung zur Interzonenkonferenz

Kommissarische Leitung des FDGB (UGO)
Nürnbergerstr. 55
Berlin W 30
17. Juli 1948

Herrn
Lorenz Hagen
Bayrischer Gewerkschaftsbund
München
Landwehrstr. 7

Werter Kollege Hagen!

In Deiner Eigenschaft als Vorsitzender der letzten Interzonenkonferenz der deutschen Gewerkschaften haben wir Dir folgendes Anliegen vorzutragen:

In den Tagen vom 17. bis 19. August dieses Jahres findet, wie wir der Presse entnommen haben, die nächste Interzonenkonferenz der deutschen Gewerkschaften in Lindau statt.

Wir sind der Meinung, dass an dieser Konferenz Vertreter unserer Gewerkschaft gleichberechtigt teilnehmen müssen. Wir haben uns bereits anlässlich der letzten Interzonenkonferenz in Heidelberg bemüht, unsere offizielle Teilnahme zu erwirken, leider war diese besonderer Umstände halber noch nicht zu erreichen. Wir haben aber Gelegenheit genommen, dem Büro der Interzonenkonferenz ein Memorandum über die Verhältnisse in der Berliner Gewerkschaftsbewegung zu überreichen. Wie wir erfahren haben, hat das Büro den Auftrag bekommen, dieses Memorandum den Vertretern der einzelnen Gewerkschaftsbünde zuzuleiten, damit sich eventuell die nächste Interzonenkonferenz mit der Berliner Gewerkschaftsfrage beschäftigen kann. Zur Vervollständigung der Informationen hat der Unterzeichnete im Auftrage der kommissarischen Leitung des FDGB Groß-Berlin (UGO) mit Rundschreiben vom 15. Juni 1948 Gelegenheit genommen, den Sachverhalt, der zur Aufspaltung der Berliner Gewerkschaften geführt hat, näher zu schildern. Dieses Rundschreiben dürfte auch in Deinen Besitz gelangt sein.

Die Verhältnisse liegen in der Tat z. Zt. so, dass für die westlichen Sektoren von Berlin unsere Organisation von den drei westlichen Militärregierungen anerkannt ist und wir, soweit namentlich der amerikanische Sektor von Berlin in Frage kommt, das alleinige Vertretungsrecht dem Magistrat der Stadt Berlin gegenüber besitzen und auch berechtigt sind, als Kontrahent bei dem Abschluss von Tarifverträgen aufzutreten.

Wir nehmen zunächst an, dass Du über den seit 2 Jahren gegen den kommunistischen Vorstand des FDGB geführten Kampf im Allgemeinen unterrichtet bist und dass Dir auch die Rolle nicht unbekannt geblieben sein dürfte, die der FDGB gegenwärtig bei der großen Auseinandersetzung zwischen der Demokratie und dem Totalitarismus in Berlin spielt.

Der FDGB Berlin hat unseres Erachtens den Charakter einer Gewerkschaft verloren, und ebenso wenig kann nach unserer Meinung der FDGB der Zone als Gewerkschaftsorganisation noch angesprochen werden.

In der Anlage fügen wir eine Broschüre bei, die von uns über die Politik und den Charakter des FDGB herausgegeben wurde.[1] Die einzelnen Absätze werden Dich beim Lesen in ein genaueres Bild setzen.

---

1  Wir klagen an!.

Unser Antrag geht nun offiziell dahin, an der nächsten Interzonenkonferenz der deutschen Gewerkschaften als gleichberechtigte Organisation teilzunehmen.

Du willst so freundlich sein, uns über Zeit, Ort und Tagesordnung der nächsten Konferenz offiziell in Kenntnis zu setzen und uns zu dieser eine ordentliche Einladung zugehen zu lassen. Falls Du noch eine weitere Aufklärung benötigst, willst Du uns dieses recht bald wissen lassen.

Mit gewerkschaftlichem Gruß!
Kommissarische Leitung des FDGB Groß-Berlin (UGO)
Heinemann
[2. Unterschrift im Original unleserlich]

DOKUMENT 53j

## 3. August 1948: Antwort von Lorenz Hagen (Bayrischer Gewerkschaftsbund) an die Kommissarische Leitung des FDGB (UGO).

**SAPMO-BArch. Akte 9. Interzonenkonferenz in Enzisweiler vom 17.–18. August 1948. Protokoll, Vorbereitung und Auswertung. Maschinenschrift. DY 34/22984.**

An die Kommissarische Leitung des FDGB (UGO)
Berlin W 30
Nürnbergerstr. 55

Werte Kollegen!

Euren Brief vom 17. Juli 1948 bestätigend, möchte ich Euch dazu Folgendes mitteilen und einige Fragen stellen, deren Klärung notwendig ist, um Eure Angelegenheit bei der nächsten Interzonenkonferenz vorwärts zu treiben.

Ich darf feststellen, dass ich in meiner Eigenschaft als Vorsitzender der letzten Interzonenkonferenz nicht berechtigt bin, Kreise, die bisher an den Interzonenkonferenzen nicht teilgenommen haben, einzuladen. Darüber zu beschließen ist ausschließlich Recht der Interzonenkonferenz selbst.

Euer Vorgehen bei der letzten Interzonenkonferenz war nicht recht glücklich, und das dort überreichte Memorandum brachte nichts positiv Belastendes für die bisherigen Vertreter des FDGB Berlin bei der Interzonenkonferenz.

Nachdem wir nun nicht das Odium des Bruches der bisherigen Verbindungen interzonaler Art auf uns nehmen wollten, mussten wir leider die Euch ja bereits bekannte Stellung einnehmen. In der Zwischenzeit habe ich von OMGUS-Berlin[1] auch die vorläufige Anerkennung Eurer Organisation mitgeteilt bekommen. Es geht aber aus Eurem oben angezogenen Schreiben nicht mit aller Deutlichkeit hervor, ob Ihr nun bereits eine selbständige Ge-

---

1  Die amerikanische Besatzungsmacht erkannte die UGO am 18.06.1948 offiziell als Gewerkschaft an. Vgl. Berliner Gewerkschaftsgeschichte, S. 125 f.

werkschaft mit eigenen Körperschaften seid oder nicht. Habt Ihr Euch bereits endgültig getrennt und eine selbständige Gewerkschaft gebildet, so dürfte es meiner Meinung nach nicht schwer fallen, dass Ihr an die nächste Interzonenkonferenz einen Antrag um Aufnahme stellt, dem sicher auch stattgegeben wird. Nach einer derartigen Antragstellung ist nichts dagegen einzuwenden, wenn eine Vertretung Eurer Organisation nach Lindau kommt, um bei der bestimmt zu erwartenden Auseinandersetzung die notwendige Auskunftserteilung an Ort und Stelle durch Euch gegeben werden kann.

Euren mir übersandten Brief werde ich abschriftlich den Bundesvorständen der anderen Bünde zur Kenntnisnahme zukommen lassen, damit auf der einen Tag vor der Interzonenkonferenz stattfindenden Tagung des Gewerkschaftsrates nach einem Beschluss der einzelnen Bünde Stellung genommen werden kann.

Mit gewerkschaftlichem Gruß!
Bayrischer Gewerkschaftsbund
Der Bundesvorstand
Lorenz Hagen
Präsident

DOKUMENT 54

# 8. September 1948: FDGB Groß-Berlin lädt zu einer Konferenz in Berlin am 4. Oktober 1948.

**SAPMO-BArch. Akte 9. Interzonenkonferenz in Enzisweiler vom 17.–18. August 1948. Protokoll, Vorbereitung und Auswertung. Maschinenschrift. DY 34/22984.**

An den Vorstand des Deutschen Gewerkschaftsbundes
Düsseldorf, Stromstr. 8

An den Vorstand des Gewerkschaftsbundes Württemberg-Baden
Stuttgart, Rotestr. 2a,

An den Vorstand des Bayrischen Gewerkschaftsbundes
München, Landwehrstr. 7–9

An den Vorstand des Freien Gewerkschaftsbundes Hessen
Frankfurt am Main, Wilhelm-Leuschner-Str. 69–77

An den Vorstand des Badischen Gewerkschaftsbundes
Freiburg/Breisgau, Schwanentorstr. 2

Groß-Berlin

6. September 1948

Werte Kollegen!

Anlässlich der 9. Interzonenkonferenz in Lindau hat die Delegation des FDGB Groß-Berlin und der sowjetisch besetzten Zone in einer Erklärung die

Teilnehmer an der Interzonenkonferenz nach Berlin eingeladen, um jedem Delegierten die Möglichkeit zu geben, die Lage in Berlin unvoreingenommen zu studieren. Da die Berliner Situation sich in steigendem Maße zu einer weltpolitischen Propaganda auszuwirken beginnt, erscheint es uns doppelt zweckmäßig, dass die Vertreter der deutschen Gewerkschaften sich an Ort und Stelle über die durch Rundfunk und Presse gegebenen Darstellungen informieren. Im Interesse der gesamtdeutschen Gewerkschaftsbewegung und zur Beseitigung der Spannungen, die in die deutsche Arbeiterschaft hineingetragen werden, halten wir eine persönliche Prüfung der tatsächlichen Zustände in Berlin für außerordentlich wertvoll.

Wir erlauben uns daher, die Vertreter der Bünde auf den Interzonenkonferenzen zum Montag, dem 4. Oktober 1948, nach Berlin in das Haus des FDGB, Wallstr. 61–65, einzuladen. Die erste Aussprache könnte dann etwa um 10 Uhr vormittags beginnen. Den Teilnehmern an dieser Konferenz wird jede Informationsmöglichkeit frei nach ihrem Ermessen gewährt.

Wir bitten, uns die Namen der an dieser Konferenz voraussichtlich teilnehmenden Kollegen recht bald mitzuteilen.

Mit gewerkschaftlichem Gruß
Freier Deutscher Gewerkschaftsbund
Groß-Berlin
Der Vorstand
Hermann Schlimme
Bernhard Göring

DOKUMENT 55

## 23. September 1948: Württemberg-Badischer Gewerkschaftsbund lehnt Einladung nach Berlin ab.

**SAPMO-BArch. Akte 9. Interzonenkonferenz in Enzisweiler vom 17.–18. August 1948. Protokoll, Vorbereitung und Auswertung. Abschrift, Maschinenschrift. DY 34/22984.**

23. September 1948

An den
Freien Deutschen Gewerkschaftsbund
Groß-Berlin
Berlin C 2
Wallstraße 61–65

Betr.: Einladung der Vertreter der Interzonenkonferenz nach Berlin

Bezug: Euer Schreiben vom 8. September 1948

Werte Kollegen!

Die 9. Interzonenkonferenz ist auf Antrag des FDGB Groß-Berlin und der Ostzone vertagt worden. Die Antragsteller begründeten die Notwendigkeit der Vertagung wie folgt:

»Die Bildung der Berliner ›UGO‹ habe für den Zusammenhalt der deutschen Gewerkschaftsbewegung einen bedenklichen Präzedenzfall geschaffen, weshalb die Delegierten des FDGB der sowjetisch besetzten Zone und Berlins die Stellungnahme ihrer Bundesvorstände vor der Fortführung der 9. Interzonenkonferenz herbeiführen muss«.

Bis heute steht diese Antwort der Bundesvorstände aus Groß-Berlin und der Ostzone noch aus. Wir wissen deshalb nicht, ob die beiden Vorstände nunmehr bereit sind, über die Differenzen im Berliner Gewerkschaftsleben gemeinschaftlich mit uns, den Vertretern der UGO, zu beraten.

Die Darstellung des Streitfalles durch den Vorstand des FDGB Groß-Berlin ist uns durch seine Broschüre bekannt. Wir sind jedoch der Auffassung, dass Streitfragen unter Gewerkschaftlern in gemeinschaftlicher Aussprache geklärt werden sollten. Solange die Kollegen des FDGB Groß-Berlin und der Ostzone zu solchen gemeinschaftlichen Beratungen nicht bereit sind, versprechen wir uns von einer Reise nach Berlin keinen Erfolg.

Überdies soll nach übereinstimmender Meinung aller Konferenz-Teilnehmer die 9. Interzonenkonferenz in der Französischen Zone fortgeführt werden. Auch deshalb entfällt der Vorschlag, die Konferenz am 4. Oktober 1948 in Berlin fortzusetzen.

Mit gewerkschaftlichem Gruß!
Gewerkschaftsbund Württemberg-Baden
Der Bundesvorstand
Schleicher


DOKUMENT 56

# 8. November 1948: Büro für deutsche Gewerkschaftseinheit. Telegramm an alle Teilnehmer der Interzonenkonferenzen.

**SAPMO-BArch. Akte 9. Interzonenkonferenz in Enzisweiler vom 17.–18. August 1948. Protokoll, Vorbereitung und Auswertung. Maschinenschrift. DY 34 / 20108.**

Büro für deutsche Gewerkschaftseinheit[1]

Telegramm an alle Teilnehmer der Interzonenkonferenzen

---

1  Dieses Büro war eine Abteilung des FDGB-Bundesvorstandes. Es wurde am 1.11.1948 gegründet und anfänglich von Franz Slawsky geleitet. Er wurde im Frühjahr 1950 aus politischen Gründen abgelöst. Das Büro versuchte, sich an die westdeutschen Gewerkschaftsmitglieder

Büro für deutsche Gewerkschaftseinheit, den 8. November 1948

Telegramm an alle Teilnehmer der Interzonenkonferenzen

Werte Kollegen!

Wir erhielten am 7. November Kenntnis von Eurem Beschluss auf Durchführung eines für den 12. November geplanten Generalstreiks.[2] Der FDGB-Bundesvorstand begrüßt den in diesem Beschluss zum Ausdruck kommenden Kampfwillen, der dazu beitragen kann, den grundsätzlichen Forderungen von gemeinsam gefassten Beschlüssen auf den Interzonenkonferenzen Nachdruck zu verleihen. Im Sinne unseres Telegramms vom 6. November und zur Durchsetzung Eures nunmehr vorliegenden 10-Punkte-Programms machen wir Euch den Vorschlag, die von uns gewünschte internationale Tagung noch vor Beginn des Generalstreiks anzusetzen. Wir unterstreichen nochmals, dass wir bereit sind, mit Euch an jedem gewünschten Ort zu tagen. Wir erbitten Stellungnahme durch bezahltes Rückantworttelegramm.

Freier Deutscher Gewerkschaftsbund
Bundesvorstand
Warnke
Göring
Lemmer
Krüger
Kaufmann
Chwalek
Schlimme

DOKUMENT 57

## 5. Januar 1949: FDGB an Adolf Ludwig, Betreff: Einberufung der vertagten 9. Interzonenkonferenz.

**SAPMO-BArch. Akte 9. Interzonenkonferenz in Enzisweiler vom 17.–18. August 1948. Protokoll, Vorbereitung und Auswertung. Maschinenschrift. DY 34/22984.**

An das Präsidium der 9. Interzonenkonferenz
z. Hd. des Vorsitzenden Kollege Adolf Ludwig
Mainz
Breidenbacherstr. 25

Einberufung der vertagten 9. Interzonenkonferenz

---

unter Umgehung der gewählten Führungen zu wenden. Das zeigt, dass die FDGB-Führung bereits Ende 1948 die Hoffnung aufgegeben hatte, auf die Vorstände der westlichen Gewerkschaften nennenswerten Einfluss nehmen zu können. Vgl. Kaiser: Westarbeit, S. 113.
2 Vgl. Beier: Generalstreik.

Werte Kollegen!

In der gegenwärtigen ernsten Situation, die immer dringender die Einheit aller Deutschen Gewerkschaften erfordert, kamen Fritz Tarnow und Matthias Föcher als Vertreter der westdeutschen Gewerkschaften nach Berlin und vertieften durch ihre Stellungnahme auf der UGO-Konferenz am 22. Dezember 1948 bewusst die Spaltung der deutschen Gewerkschaften.[1]

Zur gleichen Zeit, in der die Berliner Gewerkschaften mit Hilfe der UGO gespalten werden, die Klassenjustiz der westlichen Besatzungsmächte in Berlin wütet, die Einheit Berlins zerstört, die Rechte der deutschen Bevölkerung und ihr Streben nach Freiheit und Einheit brutal unterdrückt, in einer Zeit, da den Werktätigen in West-Berlin das Koalitionsrecht, die Versammlungs-, Rede- und Pressefreiheit mit Hilfe der UGO genommen, deutsche Demokraten niedergeknüppelt, Gewerkschaftsfunktionäre, Jugendliche und Greise eingekerkert und die fortschrittlich-demokratischen Massenorganisationen unter Mithilfe der UGO verfolgt werden, erscheint Fritz Tarnow in Berlin und erklärt unter dem Beifall der UGO, dass diese Art Gewerkschaftspolitik zugleich das Programm aller westdeutschen Gewerkschaften sei, dass beide, westdeutsche Gewerkschaften und die UGO, den gleichen Zielen zustreben.

Der Vorstand des FDGB Groß-Berlin erhebt im Namen der gesamtdeutschen Arbeiterklasse gegen die Verkündung eines solchen gewerkschaftlichen Programms von Tarnow Protest.

In demagogischer Weise benutzte Tarnow den Berliner Konflikt, um zum Schlage gegen alle Ansätze zur Schaffung der deutschen Gewerkschaftseinheit auszuholen und beschuldigte den FDGB des Verbrechens gegen die Menschlichkeit, weil er die angebliche »Berliner Blockade« unterstütze, obwohl Tarnow wissen muss, dass die Einführung der D-Mark in Berlin und viele andere Spaltermaßnahmen der Westmächte die jetzige Lage der Berliner Westsektoren veranlasst haben. In demselben Atemzuge, wo er die Verbindung mit den starken Gewerkschaften der sowjetisch besetzten Zone und Berlins, dem FDGB, auf der UGO-Konferenz ablehnte, kündigte Tarnow den Zusammenschluss der westdeutschen Gewerkschaften zu einem Westdeutschen Gewerkschaftsbund an.

In einer Situation, wo die Klassengegensätze sich verschärfen, das Ruhrgebiet dem Bestand der deutschen Wirtschaft entrissen und der Herrschaft der internationalen und inländischen Monopolkapitalisten unterstellt wird und die Arbeiter in Deutschland alle Kräfte zur Abwehr der hochkapitalistischen Pläne anspannen sollten, redet Tarnow der Schwächung und Zersplitterung der deutschen Gewerkschaftsbewegung das Wort und solidarisiert sich demonstrativ mit einer Gruppe, der die großkapitalistischen Kreise die Rolle der ehemaligen Gelben[2] zugewiesen haben.[3]

---

1   Vgl. Berliner Gewerkschaftsgeschichte, S. 137 ff.
2   Gemeint sind damit die früheren unternehmerabhängigen Werkvereine sowie »vaterländische« Arbeitervereine aus den Jahren vor 1914, die schwerlich zu Gewerkschaften zu zählen sind. Vgl. aus »marxistisch-leninistischer« Sicht Fricke: Arbeiterbewegung, S. 1089–1095.
3   In dieser Polemik gegen Tarnow kündigt sich die Wiederkehr der kommunistischen »Verrats«-These gegenüber den Freien Gewerkschaften an, die dann ab 1950/51 in SED, FDGB und

Dieses Verhalten entspricht nicht der Auffassung und dem Willen der westdeutschen Gewerkschafter. Diese haben bei unzähligen Gelegenheiten gezeigt, dass sie eine einheitliche deutsche Gewerkschaftsbewegung für notwendig erachten. Die Vorstände der westdeutschen Gewerkschaftsbünde haben aber nichts getan, um diesem Willen der Gewerkschaftsmitglieder zu entsprechen. Ganz im Gegenteil. Sie lehnen es ab, der an sie auf der 9. Interzonenkonferenz der deutschen Gewerkschaften in Enzisweiler bei Lindau mündlich und dann am 8. September 1948 noch einmal schriftlich ergangenen Einladung des FDGB zu folgen, nach Berlin zu kommen und die hiesige Lage unvoreingenommen zu studieren. Sie zogen es stattdessen vor, die Spalter der Gewerkschaftsbewegung in Berlin in ihrer zersetzenden Tätigkeit zu unterstützen.

Wir wissen, dass nicht alle westdeutschen Gewerkschaftsführer der gleichen Meinung wie Tarnow sind. Auch sie ersehnen, ebenso wie die 5 Millionen Gewerkschafter der Sowjetischen Besatzungszone Deutschlands und Berlins, die Einheit der deutschen Gewerkschaften, die das Unterpfand einer demokratischen, friedlichen, zum Sozialismus führenden Entwicklung in ganz Deutschland ist.

In der festen Überzeugung, dass diese Auffassung sich früher oder später auch im deutschen Westen durchsetzen wird, halten wir die Einladung an die westdeutschen Gewerkschaftsbünde, ihre Vertreter zur objektiven Untersuchung der Lage nach Berlin zu entsenden, uneingeschränkt aufrecht.

Außerdem halten wir den erneuten und beschleunigten Zusammentritt der 9. Interzonenkonferenz für dringend geboten. Die 9. Interzonenkonferenz ist nicht abgeschlossen, sondern vertagt worden. Das vom Vorstand des FDGB Groß-Berlin gegebene Versprechen, eine Stellungnahme zum Charakter der UGO und ihrer Zulassung zu den Interzonenkonferenzen auszuarbeiten, ist von ihm in seiner Sitzung vom 1. November 1948 erfüllt worden.[4] Zur Ergänzung dieser Stellungnahme hat der Vorstand des FDGB Groß-Berlin weiteres Tatsachenmaterial über die Rolle und den Charakter der UGO und die Schuldigen an der Spaltung der Berliner Gewerkschaften zusammengestellt. Die heute tagende Vorstandssitzung des FDGB Groß-Berlin übergibt hiermit diese zweite Dokumentensammlung dem Präsidium der 9. Interzonenkonferenz, dem Weltgewerkschaftsbund und gleichzeitig der breitesten Öffentlichkeit.

Unter Bezugnahme auf die vorstehenden angeführten Tatsachen, wie auch im Hinblick auf die wirtschaftliche und soziale Entwicklung in Deutschland, ins-

---

westdeutscher KPD zur Leitlinie wurde. Zu den Ursprüngen ab 1927/28 vgl. Müller: Lohnkampf, S. 46 ff.; Winkler: Arbeiterbewegung. 1924–1930, S. 663 ff.; für den FDGB ab 1948 Brunner: Sozialdemokraten, S. 267 ff., Werum: Gewerkschaftlicher Niedergang, S. 341 ff.; für die KPD vor allem vor und nach ihrem »Weimarer« Parteitag im Frühjahr 1951, Major: Death of the KPD, S. 201 ff.

4  Am 3.11.1948 veröffentlichte die Tribüne den Entschließungstext der Sitzung vom 1.11.1948 im Wortlaut. In der Einleitung dazu wurde die UGO als »Agentur der in- und ausländischen imperialistischen Kräfte« bezeichnet, die die Berliner Gewerkschaften »auftragsgemäß« gespalten habe. Zur Vorstandssitzung des FDGB-Groß-Berlin siehe außerdem Tribüne, Nr. 257, 2.11.1948.

besondere auf die durch das Ruhrdiktat der Westmächte heraufbeschworene Situation schlagen wir vor, den Wiederzusammentritt der vertagten 9. Interzonenkonferenz zu veranlassen.

An Euch, das Präsidium der 9. Interzonenkonferenz, ergeht das Ersuchen, den Termin für die Aufnahme der Weiterberatung schnellstens festzusetzen und die Teilnehmer nach dem hierfür bereits vereinbarten Ort einzuladen.

Mit freigewerkschaftlichem Gruß
Freier Deutscher Gewerkschaftsbund
Groß-Berlin
Der Vorstand
Roman Chwalek
Hermann Schlimme

# Verzeichnis der abgekürzt zitierten gedruckten Quellen und Literatur

Abelshauser: Wirtschaftsgeschichte. — Abelshauser, Werner: Wirtschaftsgeschichte der Bundesrepublik Deutschland 1945–1980, Frankfurt am Main 1984.

Aufbau der Gewerkschaften. — Organisatorischer Aufbau der Gewerkschaften 1945–1949. Bearbeitet von Siegfried Mielke unter Mitarbeit von Peter Rütters, Michael Becker und Michael Fichter (Quellen zur Geschichte der deutschen Gewerkschaftsbewegung im 20. Jahrhundert. Begründet von Erich Matthias. Herausgegeben von Hermann Weber und Siegfried Mielke, Bd. 6), Köln 1987.

Aus der Arbeit des FDGB. — Aus der Arbeit des Freien Deutschen Gewerkschaftsbundes 1947–1949. Herausgegeben vom Bundesvorstand des FDGB, Berlin (Ost) 1950.

Backer: Teilung Deutschlands. — Backer, John H.: Die Entscheidung zur Teilung Deutschlands. Die amerikanische Deutschlandpolitik 1943–1948, München 1981.

Badstübner; Loth: Wilhelm Pieck. — Badstübner, Rolf; Loth, Wilfried (Hg.): Wilhelm Pieck – Aufzeichnungen zur Deutschlandpolitik 1945–1953, Berlin 1994.

Bauerkämper: Bodenreform. — Bauerkämper, Arnd (Hg.): »Junkerland in Bauernhand«? Durchführung, Auswirkungen und Stellenwert der Bodenreform in der Sowjetischen Besatzungszone, Stuttgart 1996.

Behrendt: Interzonenkonferenzen. — Behrendt, Albert: Die Interzonenkonferenzen der deutschen Gewerkschaften. Der Kampf des Freien Deutschen Gewerkschaftsbundes um eine fortschrittliche deutsche Gewerkschaftspolitik auf den Interzonenkonferenzen der deutschen Gewerkschaften. 4., völlig neugestaltete [und letzte] Aufl., Berlin (Ost) 1963.

Beier: Generalstreik. — Beier, Gerhard: Der Demonstrations- und Generalstreik vom 12. November 1948. Im Zusammenhang der parlamentarischen Entwicklung Westdeutschlands, Frankfurt am Main-Köln 1975.

Beier: Vereinigte Gewerkschaften. — Beier, Gerhard: Zur Entstehung des Führerkreises der vereinigten Gewerkschaften Ende April 1933, in: Archiv für Sozialgeschichte, Bd. 15, Bonn 1975, S. 365–392.

Benser; Krusch: Dokumente. — Dokumente zur Geschichte der kommunistischen Bewegung in Deutschland, Reihe 1945/46. Bd. 2: Protokolle der erweiterten Sitzungen des Sekretariats des Zentralkomitees der KPD, Juli 1945 bis Februar 1946. Bearbeitet von Günter Benser und Hans-Joachim Krusch, München [u. a.] 1994.

| Benz: Besatzungsherrschaft. | Benz, Wolfgang: Von der Besatzungsherrschaft zur Bundesrepublik. Stationen einer Staatsgründung, Frankfurt am Main 1984. |
|---|---|
| Benz: Handbuch. | Benz, Wolfgang (Hg.): Deutschland unter alliierter Besatzung 1945–1949/55. Ein Handbuch, Berlin 1999. |
| Berliner Gewerkschaftsgeschichte. | Berliner Gewerkschaftsgeschichte von 1945 bis 1950. FDGB, UGO, DGB. Herausgegeben vom Deutschen Gewerkschaftsbund, Landesbezirk Berlin, Berlin (West) 1971. |
| Bieber: Gewerkschaften. | Bieber, Hans-Joachim: Gewerkschaften in Krieg und Revolution. Arbeiterbewegung, Industrie, Staat und Militär in Deutschland 1914–1920. Teil 1, Hamburg 1981. |
| Bonwetsch; Bordjugov; Naimark: Dokumente. | Bonwetsch, Bernd; Bordjugov, Gennadij; Naimark, Norman M. (Hg.): Sowjetische Politik in der SBZ 1945–1949. Dokumente zur Tätigkeit der Propagandaverwaltung (Informationsabteilung) der SMAD unter Sergej Tjul′panov, Bonn 1998. |
| Borsdorf: Böckler. Bd.1. | Borsdorf, Ulrich: Hans Böckler. Bd. 1: Erfahrung eines Gewerkschaftlers 1875–1945, Essen 2005. |
| Borsdorf: Marshall-Plan. | Borsdorf, Ulrich: In Kauf genommen. Der Marshall-Plan und die Zweiteilung der Einheitsgewerkschaft in Deutschland, in: Der Marshall-Plan und die europäische Linke. Herausgegeben von Othmar Nikola Haberl und Lutz Niethammer, Frankfurt am Main 1986, S. 194–211. |
| Brackmann: Währungsreform. | Brackmann, Michael: Vom totalen Krieg zum Wirtschaftswunder. Die Vorgeschichte der westdeutschen Währungsreform 1948, Essen 1993. |
| Brauchitsch: Staatliche Zwangsschlichtung. | Brauchitsch, Isabelle von: Staatliche Zwangsschlichtung. Die Aushöhlung der Tarifautonomie in der Weimarer Republik, Frankfurt am Main [u. a.] 1990. |
| Brunner: Souveränität. | Brunner, Detlev: Der Schein der Souveränität. Landesregierung und Besatzungspolitik in Mecklenburg-Vorpommern 1945–1949, Köln [u. a.] 2006. |
| Brunner: Sozialdemokraten. | Brunner, Detlev: Sozialdemokraten im FDGB. Von der Gewerkschaft zur Massenorganisation, 1945 bis in die frühen 1950er Jahre, Essen 2000. |
| Bührer: Westdeutschland. | Bührer, Werner: Westdeutschland in der OEEC. Eingliederung, Krise, Bewährung 1947–1961, München 1997. |
| Conze: Jakob Kaiser. | Conze, Werner: Jakob Kaiser. Politiker zwischen Ost und West 1945–1949, Stuttgart [u. a.] 1969. |
| Creutzberger: Sowjetische Besatzungsmacht. | Creutzberger, Stefan: Die sowjetische Besatzungsmacht und das politische System der SBZ, Köln [u. a.] 1996. |
| Dahrendorf: Mensch. | Dahrendorf, Gustav: Der Mensch, das Maß aller Dinge. Herausgegeben von Ralf Dahrendorf, Hamburg 1955. |
| Deuerlein: Quellen. | Deuerlein, Ernst (Hg.): Potsdam 1945. Quellen zur Konferenz der »Großen Drei«, München 1963. |
| Dokumente der SED. | Dokumente der Sozialistischen Einheitspartei Deutschlands. Beschlüsse und Erklärungen des Zentralsekretariats und des Parteivorstandes. Bd. I, 2. Aufl., Berlin (Ost) 1951. |

| | |
|---|---|
| Dokumente Weltgewerkschaftsbund. | Zwanzig Jahre Weltgewerkschaftsbund. Dokumente aus der Tätigkeit des Weltgewerkschaftsbundes, Bd. I: 1945 bis 1957, Berlin (Ost) 1965. |
| Erler; Laude; Wilke: Dokumente. | Erler, Peter; Laude, Horst; Wilke, Manfred (Hg.): »Nach Hitler kommen wir«. Dokumente zur Programmatik der Moskauer KPD-Führung 1944/45 für Nachkriegsdeutschland, Berlin 1994. |
| Feldman: Inflation. | Feldman, Gerald D.: Die Nachwirkungen der Inflation auf die deutsche Geschichte 1924–1933, München 1985. |
| Fichter: US-Gewerkschaftspolitik. | Fichter, Michael: Besatzungsmacht und Gewerkschaften. Zur Entwicklung und Anwendung der US-Gewerkschaftspolitik in Deutschland 1944–1948, Opladen 1982. |
| Fischer: Deutschlandpolitik. | Fischer, Alexander: Sowjetische Deutschlandpolitik im Zweiten Weltkrieg 1941–1945, Stuttgart 1975. |
| Fleck: Sozialliberalismus. | Fleck, Hans-Georg: Sozialliberalismus und Gewerkschaftsbewegung. Die Hirsch-Dunckerschen Gewerkvereine 1868–1914, Köln 1994. |
| Foitzik: Inventar. | Foitzik, Jan: Inventar der Befehle des Obersten Chefs der Sowjetischen Militäradministration in Deutschland (SMAD) 1945–1949, München [u. a.] 1995. |
| Frerich; Frey: Sozialpolitik. | Frerich, Johannes; Frey, Martin: Handbuch der Geschichte der Sozialpolitik in Deutschland, München 1996. |
| Fricke: Arbeiterbewegung. | Fricke, Dieter: Handbuch zur Geschichte der deutschen Arbeiterbewegung 1869 bis 1917 in zwei Bänden. Bd. 2, Berlin (Ost) 1987. |
| Fürstenau: Entnazifizierung. | Fürstenau, Justus: Entnazifizierung. Ein Kapitel deutscher Nachkriegspolitik, Neuwied-Berlin 1969. |
| Geschäftsbericht FDGB. | Geschäftsbericht des Freien Deutschen Gewerkschaftsbundes 1946. Herausgegeben vom Vorstand des FDGB (sowjetisch besetzte Zone), Berlin 1947. |
| Geschichte der SED Mecklenburg. | Geschichte der Landesparteiorganisation der SED Mecklenburg 1945–1952. Herausgegeben von den Bezirksleitungen der SED Neubrandenburg - Rostock - Schwerin, Rostock 1986. |
| Gewerkschaften im Widerstand. | Die Gewerkschaften im Widerstand und in der Emigration 1933–1945. Bearbeitet von Siegfried Mielke und Matthias Freese (Quellen zu Geschichte der deutschen Gewerkschaften im 20. Jahrhundert. Bd. 5. Begründet von Erich Matthias. Herausgegeben von Siegfried Mielke und Hermann Weber, Köln 1999. |
| Gewerkschaften in Politik und Wirtschaft. | Gewerkschaften in Politik, Wirtschaft und Gesellschaft 1945–1949. Bearbeitet von Siegfried Mielke und Peter Rütters unter Mitarbeit von Michael Becker (Quellen zur Geschichte der deutschen Gewerkschaftsbewegung im 20. Jahrhundert. Bd. 7. Begründet von Begründet von Erich Matthias. Herausgegeben von Siegfried Mielke und Hermann Weber) Köln 1991. |

499

| Gewerkschaften in Weltkrieg und Revolution | Die Gewerkschaften in Weltkrieg und Revolution 1914–1919. Bearbeitet von Klaus Schönhoven (Quellen zur Geschichte der deutschen Gewerkschaftsbewegung im 20. Jahrhundert. Bd. 1 Begründet von Erich Matthias. Herausgegeben von Hermann Weber, Klaus Schönhoven und Klaus Tenfelde) Köln 1985. |
| Gewerkschaftlicher Neubeginn. | Gewerkschaftlicher Neubeginn. Dokumente zur Gründung des FDGB und zu seiner Entwicklung von Juni 1945 bis Februar 1946. Herausgegeben und eingeleitet von Horst Bednareck, Albert Behrendt und Dieter Lange, Berlin (Ost) 1975. |
| Gimbel: Besatzungspolitik. | Gimbel, John: Amerikanische Besatzungspolitik in Deutschland 1945–1949, Frankfurt am Main 1971. |
| Gniffke: Ulbricht. | Gniffke, Erich W.: Jahre mit Ulbricht. Mit einem Vorwort von Herbert Wehner, Köln 1966. |
| Gottfurcht: Gewerkschaftsbewegung. | Hans Gottfurcht: Die internationale Gewerkschaftsbewegung im Weltgeschehen. Geschichte, Probleme, Aufgaben, Köln 1962. |
| Graml: Teilung Deutschlands. | Graml, Hermann: Die Alliierten und die Teilung Deutschlands. Konflikte und Entscheidungen 1941–1948, Frankfurt am Main 1985. |
| Grünewald: Ministerpräsidentenkonferenz. | Grünewald, Wilhard: Die Münchner Ministerpräsidentenkonferenz, Meisenheim 1971. |
| Gurland: CDU/CSU. | Gurland, A. R. L.: Die CDU/CSU. Ursprünge und Entwicklung bis 1953. Herausgegeben von Dieter Emig, Frankfurt am Main 1980, S. 269 ff. |
| Haberl: Sowjetische Außenpolitik. | Haberl, Othmar Nikola: Die sowjetische Außenpolitik im Umbruchjahr 1947, in: Haberl/Niethammer, S. 75–96. |
| Halder: »Modell für Deutschland«. | Halder, Winfried: »Modell für Deutschland«. Wirtschaftspolitik in Sachsen 1945–1948, Paderborn [u. a.] 2001. |
| Hampe: Währungsreform. | Hampe, Peter: Währungsreform und Soziale Marktwirtschaft. Rückblicke und Ausblicke, München 1989. |
| Handbuch Parteitage SPD. | Handbuch der sozialdemokratischen Parteitage von 1863 bis 1909. Bearbeitet von Wilhelm Schröder, München 1910 (Reprint Leipzig 1974). |
| Hartwich: Arbeitsmarkt. | Hartwich, Hans-Hermann: Arbeitsmarkt, Verbände und Staat 1918–1933. Die öffentliche Bindung unternehmerischer Funktionen in der Weimarer Republik, Berlin 1967. |
| Hemken: Proklamationen. | Hemken, Ruth: Sammlung der vom Alliierten Kontrollrat und der Amerikanischen Militärregierung erlassenen Proklamationen, Gesetze, Verordnungen, Befehle. Direktiven im englischen Originalwortlaut mit deutscher Übersetzung, Stuttgart 1946. |
| Hemmer: Grundsatzprogramme. | Hemmer, Hans Otto: Stationen gewerkschaftlicher Programmatik. Zu den Grundsatzprogrammen des DGB und ihrer Vorgeschichte, in: Matthias, Erich; Schönhoven, Klaus (Hg.): Solidarität und Menschenwürde. Etappen der deutschen Gewerkschaftsgeschichte von den Anfängen bis zur Gegenwart, Bonn 1984. |

Herbst; Küchenmeister; Winkler: Technik.

Herbst, Andreas; Küchenmeister, Daniel; Winkler, Jürgen: Kammer der Technik, in: Die Parteien und Organisationen der DDR. Ein Handbuch. Herausgegeben von Andreas Herbst [u. a.], Berlin 2002.

Herbst; Ranke; Winkler: DDR. Bd. 1.

Herbst, Andreas; Ranke, Winfried; Winkler, Jürgen: So funktionierte die DDR. Bd. 1, Reinbek 1994.

Herbst; Ranke; Winkler: DDR. Bd. 2.

Herbst, Andreas; Ranke, Winfried; Winkler, Jürgen (Hg.): So funktionierte die DDR. Bd. 2, Reinbek 1994.

Herf: NS-Vergangenheit.

Herf, Jeffrey: Zweierlei Erinnerung. Die NS-Vergangenheit im geteilten Deutschland, Berlin 1998.

Inventar der Befehle der SMAD.

Inventar der Befehle des Obersten Chefs der Sowjetischen Militäradministration in Deutschland (SMAD) 1945–1949. – Offene Serie – Herausgegeben vom Institut für Zeitgeschichte, München [u. a.] 1995.

Kaiser: Westarbeit.

Kaiser, Josef: »Der politische Gewinn steht in keinem Verhältnis zum Aufwand«. Zur Westarbeit des FDGB im Kalten Krieg, in: Weber [u. a.] (Hg.): Jahrbuch für Historische Kommunismusforschung.

Karlsch: Reparationsleistungen.

Karlsch, Rainer: Allein bezahlt? Die Reparationsleistungen der SBZ/DDR 1945–1953, Berlin 1993.

Karlsch; Buchheim: Kriegsschäden.

Karlsch, Rainer; Buchheim, Christoph: Kriegsschäden, Demontagen und Reparationen. Deutschland nach dem Zweiten Weltkrieg, in: Materialien der Enquete-Kommission »Aufarbeitung von Geschichte und Folgen der SED-Diktatur in Deutschland«. Herausgegeben vom Deutschen Bundestag, Band II, 2, Baden-Baden 1995, S. 1030–1069.

Kessel: Deutschlandpolitik.

Kessel, Martina: Westeuropa und die deutsche Teilung. Englische und französische Deutschlandpolitik auf den Außenministerkonferenzen von 1945–1947, München 1989.

Kleßmann; Friedemann: Streiks.

Kleßmann, Christoph; Friedemann, Peter: Streiks und Hungermärsche im Ruhrgebiet 1946–1948, Frankfurt am Main [u. a.] 1977.

Kluge: Bodenreform.

Kluge, Ulrich (Hg.): Zwischen Bodenreform und Kollektivierung. Vor- und Frühgeschichte der »sozialistischen Landwirtschaft« in der SBZ/DDR vom Kriegsende bis in die fünfziger Jahre, Stuttgart 2001.

Kössler: Abschied von der Revolution.

Kössler, Till: Abschied von der Revolution. Kommunisten und Gesellschaft in Westdeutschland 1945–1968, Düsseldorf 2005.

Kruse: Wirtschaftsbeziehungen.

Kruse, Michael: Politik und deutsch-deutsche Wirtschaftsbeziehungen von 1945 bis 1989, Berlin 2005.

Lademacher: Weltgewerkschaftsbund.

Lademacher, Horst: Die Spaltung des Weltgewerkschaftsbundes als Folge des Ost-West-Konflikts, in: Der Marshall-Plan und die westeuropäische Linke, S. 501–535.

Laufer: Stalins Friedensziele

Laufer, Jochen: Stalins Friedensziele und die Kontinuität der sowjetischen Deutschlandpolitik 1941–1953, in: Stalin und die Deutschen. Neue Beiträge der Forschung. Herausgegeben von Jürgen Zarusky, München 2006, S. 150.

Laufer: Währungsfrage.

Laufer, Jochen: Die UdSSR und die deutsche Währungsfrage 1944–1948, in: Vierteljahrshefte für Zeitgeschichte, 46 (1998), S. 455–486.

501

Lauschke: Böckler. Bd. 2.

Lauschke, Karl: Hans Böckler. Bd. 2: Gewerkschaftlicher Neubeginn 1945–1951, Essen 2005.

Lehmann: Marshall-Plan.

Lehmann, Axel: Der Marshall-Plan und das neue Deutschland. Die Folgen amerikanischer Besatzungspolitik in den Westzonen, Münster [u. a.] 2000.

Lehren aus der Gewerkschaftsbewegung.

Einige Lehren aus der Geschichte der deutschen Gewerkschaftsbewegung. FDGB. FDGB, Berlin C 2, Wallstrasse 61–65. Schulungs- und Referentenmaterial Ende Juli 1946/Ausgabe Nummer 20, [o. O.]

Lösche: Vereinigte Staaten.

Lösche, Peter: Vereinigte Staaten von Amerika (USA), in: Mielke, Siegfried: Internationales Gewerkschaftshandbuch, Opladen 1983, S. 1157–1192.

Loth: Teilung der Welt.

Loth, Wilfried: Die Teilung der Welt. Geschichte des Kalten Krieges 1941–1955, erw. Neuausg., München 2000.

Mählert: Freie Deutsche Jugend.

Mählert, Ulrich: Die Freie Deutsche Jugend 1945–1949. Von den »Antifaschistischen Jugendausschüssen« zur SED-Massenorganisation: Die Erfassung der Jugend in der Sowjetischen Besatzungszone, Paderborn [u. a.] 1995.

Mai: Kontrollrat.

Mai, Gunther: Der Alliierte Kontrollrat in Deutschland 1945–1948. Alliierte Einheit – deutsche Teilung?, München 1995.

Major: Death of the KPD.

Major, Patrick: The Death of the KPD. Communism and Anti-Communism in West Germany. 1945–1956, Oxford 1997.

Malycha: SED.

Malycha, Andreas: Die SED. Geschichte ihrer Stalinisierung 1946–1953, Paderborn [u. a.] 2000.

Melis: Entnazifizierung.

Melis, Damian van: Entnazifizierung in Mecklenburg-Vorpommern. Herrschaft und Verwaltung 1945–1948, München 1999.

Mielke: Neugründung der Gewerkschaften.

Mielke, Siegfried: Die Neugründung der Gewerkschaften in den westlichen Besatzungszonen – 1945 bis 1949, in: Hemmer, Hans-Otto; Schmitz, Kurt Thomas (Hg.): Geschichte der Gewerkschaften in der Bundesrepublik Deutschland. Von den Anfängen bis heute, Köln 1990, S. 19–83.

Miller; Potthoff: Geschichte der SPD.

Miller, Susanne; Potthoff, Heinrich: Kleine Geschichte der SPD. Darstellung und Dokumentation 1848–1983, 6., durchgesehene Aufl., Bonn 1988.

Mintzel: Geschichte der CSU.

Mintzel, Alf: Geschichte der CSU. Ein Überblick, Opladen 1977.

Molotow: Außenpolitik.

Molotow, W. M.: Fragen der Außenpolitik. Reden und Erklärungen April 1945–Juni 1948, Moskau 1949.

Montanmitbestimmung.

Montanmitbestimmung. Das Gesetz über die Mitbestimmung der Arbeitnehmer in den Aufsichtsräten und Vorständen der Unternehmen des Bergbaus und der Eisen und Stahl erzeugende Industrie vom 21. Mai 1951. Bearbeitet von Gabriele Müller-List, Düsseldorf 1984.

Mühlhausen: Hessen.

Mühlhausen, Walter: Hessen 1945–1950. Zur politischen Geschichte eines Landes in der Besatzungszeit, Frankfurt am Main 1985.

Müller: Freier Deutscher Gewerkschaftsbund.

Müller, Werner: Freier Deutscher Gewerkschaftsbund, in: SBZ-Handbuch. Staatliche Verwaltungen, Parteien, gesellschaftliche Organisationen und ihre Führungskräfte in der Sowjetischen Besatzungszone Deutschlands 1945–1949. Herausgegeben von Martin Broszat und Hermann Weber, 2. Aufl., München 1993, S. 652–657.

Müller: Gründung der SED.

Müller, Werner: Die Gründung der SED – Alte Kontroversen und neue Positionen um die Zwangsvereinigung 1946, in: Jahrbuch für historische Kommunismusforschung. Herausgegeben von Hermann Weber und Egbert Jahn. Bd. 4, Berlin 1996.

Müller: Interzonenkonferenzen.

Müller, Werner: Die Interzonenkonferenzen der deutschen Gewerkschaften – Zwei konträre Beispiele: Bergbau und Chemie-Papier-Keramik, in: Ein neues Band der Solidarität. Chemie – Bergbau – Leder: Industriearbeiter und Gewerkschaften in Deutschland seit dem Zweiten Weltkrieg. Herausgegeben von Klaus Tenfelde, Hannover 1997.

Müller: Kommunismus.

Müller, Werner: Gab es in Deutschland einen demokratischen Kommunismus?, in:»Ein Gespenst geht um in Europa«. Das Erbe kommunistischer Ideologien. Herausgegeben von Uwe Backes und Stéphane Courtois, Köln [u. a.] 2002, S. 323–382.

Müller: Lohnkampf.

Müller, Werner: Lohnkampf – Massenstreik – Sowjetmacht. Ziele und Grenzen der »Revolutionären Gewerkschaftsopposition« (RGO) in Deutschland 1928–1933, Köln 1988.

Müller: Nachkriegsdeutschland.

Müller, Werner: Noch einmal: Stalin und die Demokratie im Nachkriegsdeutschland, in: Jahrbuch für historische Kommunismusforschung 1997. Herausgegeben von Hermann Weber [u. a.], Berlin 1998, S. 203–218.

Müller; Müller: Sowjetisierung.

Müller, Marianne; Müller, Egon Erwin:»… stürmt die Festung Wissenschaft!« Die Sowjetisierung der mitteldeutschen Universitäten seit 1945, Berlin (West) 1953.

Münch: Dokumente des geteilten Deutschland.

Dokumente des geteilten Deutschland. Quellentexte zur Rechtslage des Deutschen Reiches, der Bundesrepublik Deutschland und der Deutschen Demokratischen Republik. Mit einer Einführung herausgegeben von Ingo von Münch, 2. Aufl., Stuttgart 1976.

Münkler: Antifaschismus.

Münkler, Herfried: Antifaschismus als Gründungsmythos der DDR. Abgrenzungsinstrument nach Westen und Herrschaftsmittel nach innen, in: Manfred Agethen, Manfred; Jesse, Eckhard; Neubert, Ehrhart (Hg.): Der missbrauchte Antifaschismus. DDR-Staatsdoktrin und Lebenslüge der deutschen Linken, Freiburg [u. a.] 2002, S. 79–99.

Niethammer: Entnazifizierung.

Niethammer, Lutz: Die Mitläuferfabrik. Die Entnazifizierung am Beispiel Bayerns, Berlin-Bonn 1982.

Potthoff: Freie Gewerkschaften.

Potthoff, Heinrich: Freie Gewerkschaften 1918–1933. Der Allgemeine Deutsche Gewerkschaftsbund in der Weimarer Republik, Düsseldorf 1987.

Preller: Sozialpolitik.

Preller, Ludwig: Sozialpolitik in der Weimarer Republik, Stuttgart 1949.

503

| | |
|---|---|
| Protokoll »Brüsseler Konferenz«. | Protokoll der »Brüsseler Konferenz« der KPD 1935. Reden, Diskussionen und Beschlüsse, Moskau vom 3.–15. Oktober 1935. Herausgegeben von Erwin Lewin, Elke Reuter und Stefan Weber unter Mitarbeit von Marlies Coburger, Günter Fuchs, Marianne Jentsch und Rosemarie Lewin. 2 Teile, München 1997. |
| Protokoll 11. Kongress der Gewerkschaften. | Protokoll der Verhandlungen des elften Kongresses der Gewerkschaften Deutschlands (1. Bundestag des Allgemeinen Deutschen Gewerkschaftsbundes). Abgehalten zu Leipzig vom 19. bis 24. Juni 1922, Berlin 1922. |
| Protokoll 2. Kongress FDGB. | Protokoll des 2ten Kongresses des Freien Deutschen Gewerkschaftsbundes. Herausgegeben vom Bundesvorstand des FDGB (sowjetisch besetzte Zone), [o. O.] 1947. |
| Protokoll FDGB. 9.–11. Februar 1946. | Protokoll der ersten allgemeinen Delegierten-Konferenz des Freien Deutschen Gewerkschaftsbundes für das sowjetisch besetzte deutsche Gebiet, 9.–11. Februar 1946, Berlin, Berlin 1946. |
| Protokoll SED. 20.–24. September 1947. | Protokoll der Verhandlungen des 2. Parteitages der Sozialistischen Einheitspartei Deutschlands. 20 bis 24. September 1947 in der deutschen Staatsoper zu Berlin, Berlin 1947. |
| Resolution Weltgewerkschaftsbund. | Resolution über die Verwaltung und die Politik des Weltgewerkschaftsbundes, Tagung des Exekutivbüros und des Exekutivkomitees, 30.4. bis 10.5.1948 in Rom, in: Dokumente Weltgewerkschaftsbund. |
| Reuter; Hansel: VVN. | Reuter, Elke; Hansel, Detlef: Das kurze Leben der VVN von 1947 bis 1953. Die Geschichte der Vereinigung der Verfolgten des Naziregimes in der sowjetischen Besatzungszone und in der DDR, Berlin 1997. |
| Röder: Exilgruppen. | Röder, Werner: Die deutschen sozialistischen Exilgruppen in Großbritannien 1940–1945, 2. verb. Aufl., Bonn-Bad Godesberg 1953. |
| Schellenberg: Bundestagsreden. | Schellenberg, Ernst: Bundestagsreden. Mit einem Vorwort von Herbert Wehner, herausgegeben von Wilhelm Nölling, Bonn 1972. |
| Schneider: Unterm Hakenkreuz. | Schneider, Michael: Unterm Hakenkreuz. Arbeiter und Arbeiterbewegung 1933 bis 1939, Bonn 1999. |
| Schönhoven: Freie Gewerkschaften. | Schönhoven, Klaus: Expansion und Konzentration. Studien zur Entwicklung der Freien Gewerkschaften im Wilhelminischen Deutschland 1890 bis 1914, Stuttgart 1980. |
| Schwarzer: Zentralplanwirtschaft. | Schwarzer, Oskar: Sozialistische Zentralplanwirtschaft in der SBZ/DDR. Ergebnisse eines ordnungspolitischen Experiments (1945–1989), Stuttgart 1999. |
| Sowjetische Militärtribunale. Bd. 2. | Sowjetische Militärtribunale. Bd. 2: Die Verurteilung deutscher Zivilisten 1945–1955. Herausgegeben von Andreas Hilger, Mike Schmeitzner und Ute Schmidt (Schriften des Hanna-Arendt-Instituts für Totalitarismusforschung, Bd. 17/2), Köln [u. a.] 2003 |
| Sozialdemokratischer Parteitag 1927. | Sozialdemokratischer Parteitag 1927 in Kiel. Protokoll mit dem Bericht der Frauenkonferenz, Reprint, Glashütten im Taunus und Berlin, Bonn-Bad Godesberg 1974. |

Sozialdemokratischer
Parteitag 1931.

Sozialdemokratischer Parteitag in Leipzig 1931 vom
31. Mai bis 5. Juni im Volkshaus. Protokoll [Reprint]
Glashütten im Taunus, Berlin, Bonn-Bad Godesberg 1974.

Spaltung der Gewerk-
schaften.

Die Schuldigen an der Spaltung der Gewerkschaften von
Groß-Berlin. Eine Sammlung von Tatsachenmaterial über
die Vorgänge in der Berliner Gewerkschaftsbewegung.
Herausgegeben vom Vorstand des Freien Deutschen Gewerkschaftsbundes, Berlin [o. J.]

SPD, Landesorganisation
Hamburg.

Sozialdemokratische Partei Deutschlands, Landesorganisation Hamburg: Die Zwangsvereinigung der Kommunistischen und Sozialdemokratischen Partei in der russischen
Zone. Als Manuskript gedruckt, [o. O.] [o. J.]

Steiner: Wirtschafts-
kommission.

Steiner, André: Die Deutsche Wirtschaftskommission –
ein ordnungspolitisches Machtinstrument?, in: Hoffmann,
Dierk; Wentker, Hermann (Hg.): Das letzte Jahr der SBZ.
Politische Weichenstellungen und Kontinuitäten im Prozess der Gründung der DDR, München 2000.

Stöss: Parteien-Handbuch.

Stöss, Richard: Parteien-Handbuch. Die Parteien der
Bundesrepublik Deutschland 1945–1980, Opladen 1983.

Stüber: Ernährungslage.

Stüber, Gabriele: Der Kampf gegen den Hunger 1945–
1950. Die Ernährungslage in der britischen Zone Deutschlands, insbesondere in Schleswig-Holstein und Hamburg,
Neumünster 1984.

Tenfelde: Band der Solidarität.

Tenfelde, Klaus: Ein neues Band der Solidarität. Chemie –
Bergbau – Leder. Industriearbeit und Gewerkschaften in
Deutschland seit dem Zweiten Weltkrieg, Hannover 1997.

Tenfelde: Gewerkschafts-
bewegung.

Tenfelde, Klaus: Die Entstehung der deutschen Gewerkschaftsbewegung. Vom Vormärz bis zum Ende des Sozia-
listengesetzes, in: Tenfelde, Klaus; Schönhoven, Klaus;
Schneider, Michael; Peukert, Detlev K. J.: Geschichte der
deutschen Gewerkschaften von den Anfängen bis 1945.
Herausgegeben von Ulrich Borsdorf, Köln 1987.

Theodor Leipart.

Theodor Leipart. Persönlichkeit, Handlungsmotive,
Wirken, Bilanz – ein Lebensbild mit Dokumenten
(1867–1947). Ausgew., bearb. und hrsg. von Ulla Plener,
Berlin 2000.

Thomas: Entstehungs-
geschichte SED.

Thomas, Siegfried: Entscheidung in Berlin. Zur Entstehungsgeschichte der SED in der deutschen Hauptstadt
1945/46, 2., durchges. u. überarb. Aufl., Berlin (Ost) 1967.

Tosstorf: Profintern.

Tosstorf, Reiner: Profintern. Die Rote Gewerkschafts-
Internationale 1921–1937, Paderborn [u. a.] 2004.

Trittel: Ernährungskrise.

Trittel, Günter J.: Hunger und Politik. Die Ernährungskrise in der Bizone (1945–1949), Frankfurt am Main
[u. a.] 1990.

UdSSR und deutsche Frage

Die UdSSR und die deutsche Frage 1941–1948. Doku-
mente aus dem Archiv für Außenpolitik der Russischen
Föderation. Bearbeitet und herausgegeben von Jochen P.
Laufer und Gregorij P. Kynin unter Mitarbeit von Viktor
Knoll, 3 Bde., Berlin 2005.

Ulbricht: Gewerkschaften.

Ulbricht, Walter: Über Gewerkschaften. Aus Reden und
Aufsätzen. Bd. II: 1945–1952, Berlin (Ost) 1953.

Vollnhals: Entnazifizierung.

Vollnhals, Clemens (Hg.): Entnazifizierung. Politische
Säuberung und Rehabilitierung in den vier Besatzungszonen 1945–1949, München 1991.

505

| | |
|---|---|
| Weber: Freie Deutsche Jugend. | Weber, Hermann: Freie Deutsche Jugend, in: SBZ-Handbuch. |
| Weber: Geschichte der DDR. | Weber, Hermann: Geschichte der DDR, akt. u. erw. Neuausg., München 1999. |
| Weimer: Wirtschaftsgeschichte. | Weimer, Wolfram: Deutsche Wirtschaftsgeschichte. Von der Währungsreform bis zum Euro, Hamburg 1998. |
| Weinzen: Gewerkschaften. | Weinzen, Hans Willi: Gewerkschaften und Sozialismus. Naphtalies Wirtschaftsdemokratie und Agartz' Wirtschaftsneuordnung, Frankfurt am Main-New York 1982. |
| Weiß-Hartmann: Gewerkschaftsbund Hessen. | Weiß-Hartmann, Anne: Der Freie Gewerkschaftsbund Hessen 1945–1949. Mit einem Vorwort von Wolfgang Abendroth, 2. Aufl., Marburg 1978. |
| Welsh: Entnazifizierngs- und Personalpolitik. | Welsh, Helga A.: Revolutionärer Wandel aus Befehl? Entnazifizierungs- und Personalpolitik in Thüringen und Sachsen (1945–1948), München 1989. |
| Werum: Gewerkschaftlicher Niedergang. | Werum, Stefan Paul: Gewerkschaftlicher Niedergang im sozialistischen Aufbau. Der Freie Deutsche Gewerkschaftsbund (FDGB) 1945 bis 1953, Göttingen 2005. |
| Wettig: Deutschland-Politik. | Wettig, Gerhard: Bereitschaft zur Einheit in Freiheit? Die sowjetische Deutschland-Politik 1945–1955, München 1999. |
| Wetzlaugk: Berliner Blockade. | Wetzlaugk, Udo: Berliner Blockade und Luftbrücke 1948/49, Berlin 1998. |
| Winkler: Arbeiterbewegung. 1918–1924. | Winkler, Heinrich August: Von der Revolution zur Stabilisierung. Arbeiter und Arbeiterbewegung in der Weimarer Republik 1918 bis 1924, Berlin-Bonn 1984. |
| Winkler: Arbeiterbewegung. 1924–1930. | Winkler, Heinrich August: Schein der Normalität. Arbeiter und Arbeiterbewegung in der Weimarer Republik 1924 bis 1930, 2. vollst. durchges. u. korr. Aufl., Berlin [u. a.] 1988. |
| Wir klagen an! | Wir klagen an! Eine Denkschrift des vorläufigen Bundesvorstandes der Unabhängigen Gewerkschaftsorganisation Groß-Berlin, Berlin W 30, Nürnberger Str. 55, mit dokumentarisch belegten Nachweisen über die Ursachen, die nach den Gewerkschaftswahlen im Jahre 1948 zum Aufbau selbständiger, freier und parteipolitisch unabhängiger Gewerkschaften in Berlin geführt haben. Als Manuskript gedruckt, [o. O.] [o. J.] |
| Wirtschaftsdemokratie. | Wirtschaftsdemokratie. Ihr Wesen, Weg und Ziel. Herausgegeben im Auftrag des Allgemeinen Deutschen Gewerkschaftsbundes von Fritz Naphtalie, Berlin 1928. |
| Wittrock: »Akademie der Arbeit«. | Wittrock, Christine: Die »Akademie der Arbeit« in Frankfurt am Main und ihre Absolventen, Frankfurt am Main 1991. |
| Wolff: Währungsreform. | Wolff, Michael W.: Die Währungsreform in Berlin 1948/49, Berlin [u. a.] 1991. |
| Wörtliche Berichte. | Wörtliche Berichte und Drucksachen des Wirtschaftsrates des Vereinigten Wirtschaftsgebietes 1947–1949. Herausgegeben vom Institut für Zeitgeschichte, München 1977. |
| Zank: Wirtschaftliche Zentralverwaltungen. | Zank, Wolfgang: Wirtschaftliche Zentralverwaltungen und Deutsche Wirtschafts-Kommission (DWK), in: SBZ-Handbuch, S. 253–290. |

# Abkürzungsverzeichnis

| | |
|---|---|
| AdA | Akademie der Arbeit |
| AdG | Auslandsvertretung deutscher Gewerkschaften |
| ADGB | Allgemeiner Deutscher Gewerkschaftsbund |
| AdsD | Archiv der sozialen Demokratie |
| ADGB | Allgemeiner Gewerkschaftsbund |
| AG | Aktiengesellschaft |
| AFL | American Federation of Labor |
| | |
| BBZ | Britische Besatzungszone |
| BGB | Bayrischer Gewerkschaftsbund |
| | |
| CALPO | Comité »Allemagne Libre« Pour l'Ouest; Nationalkomitee Freies Deutschland für den Westen |
| CDU | Christlich Demokratische Union |
| CDP | Christlich Demokratische Partei |
| CGD | Christliche Gewerkschaften Deutschlands |
| CGT | Confédération Générale du Travail |
| CIO | Congress of Industrial Organizations |
| CSU | Christlich-Soziale Union |
| | |
| DAG | Deutsche Angestellten-Gewerkschaft |
| DDP | Deutsche Demokratische Partei |
| DDR | Deutsche Demokratische Republik |
| DGB | Deutscher Gewerkschaftsbund |
| DHV | Deutscher Holzarbeiterverband |
| DMV | Deutscher Metallarbeiterverband |
| DP | Deutsche Partei |
| DWK | Deutsche Wirtschaftskommission |
| | |
| EN | Entnazifizierung |
| ERP | European Recovery Program |
| | |
| FDGB | Freier Deutscher Gewerkschaftsbund |
| FDJ | Freie Deutsche Jugend |
| FGBH | Freier Gewerkschaftsbund Hessen |
| | |
| GdED | Gewerkschaft der Eisenbahner Deutschlands |
| GkB | Gewerkschaft der kaufmännischen Büro- und Verwaltungsangestellten |
| | |
| IBFG | Internationaler Bund Freier Gewerkschaften |
| IBS | Internationale Berufssekretariate |
| IG | Industriegewerkschaft |
| ISK | Internationaler Sozialistischer Kampfbund |
| IUE | International Union of Electrical, Radio and Machine Workers |

| | |
|---|---|
| KI | Kommunistische Internationale |
| KPD | Kommunistische Partei Deutschlands |
| KPF | Kommunistische Partei Frankreichs |
| KZ | Konzentrationslager |
| | |
| MdB | Mitglied des Bundestages |
| MdL | Mitglied des Landtages |
| MdR | Mitglied des Reichstages |
| MG | Militärgouverneur |
| | |
| NKFD | Nationalkomitee „Freies Deutschland" |
| NKWD | Narodny Kommissariat Wnutrennich Djel; Volkskommissariat für innere Angelegenheiten |
| NSDAP | Nationalsozialistische Deutsche Arbeiterpartei |
| | |
| OECD | Organisation for Economic Co-Operation and Development |
| OEEC | Organisation for European Economic Cooperation |
| OMGUS | Office of Military Government for Germany, US |
| | |
| Pfg. | Pfennig |
| Pg. | Parteigenosse |
| | |
| RGI | Rote Gewerkschaftsinternationale |
| RGO | Revolutionäre Gewerkschaftsopposition |
| | |
| SAG | Sowjetische Aktiengesellschaft |
| SAPD | Sozialistische Arbeiterpartei Deutschlands |
| SAPMO-BArch. | Stiftung Archiv der Parteien und Massenorganisationen der DDR im Bundesarchiv |
| SBZ | Sowjetische Besatzungszone |
| SED | Sozialistische Einheitspartei Deutschlands |
| SMAD | Sowjetische Militäradministration Deutschland |
| SPD | Sozialdemokratische Partei Deutschlands |
| SS | Schutzstaffel |
| | |
| TUC | Trades Union Congress |
| | |
| UdSSR | Union der Sozialistischen Sowjetrepubliken |
| USA | United States of America |
| USPD | Unabhängige Sozialdemokratische Partei Deutschlands |
| | |
| VdgB | Vereinigung der gegenseitigen Bauernhilfe |
| VEB | Volkseigener Betrieb |
| VfA | Vereinigung freischaffender Architekten |
| VVN | Vereinigung der Verfolgten des Naziregimes |
| | |
| WGB | Weltgewerkschaftsbund |
| | |
| ZdA | Zentralverband der Angestellten |
| ZK | Zentralkomitee |
| ZR | Zentralrat |

# Personenregister

511

# Orts- und Stichwortregister

514